경제사 제3판

세계화와 세계 경제의 역사

송병건 지음

도서출판
해남

송병건

서울대학교 경제학과를 졸업하고 경제학 석사를 받은 후 영국 옥스퍼드대학교에서 경제사를 전공하여 19세기 영국 경제에 관한 논문으로 박사 학위를 받았다. 그 후 케임브리지대학교에서 연구 활동을 하였다. 2000년부터 성균관대학교 경제학과에서 경제사 담당 교수로 재직하고 있다. 18-19세기 인구사, 산업재해의 경제사, 노동 시장과 복지 정책, 재난과 안전의 역사, 직업의 변천사, 혁신의 역사, 금융위기의 역사, 세계 경제 질서의 변화사 등에 관해 국내외 학술지에 다수의 논문과 책을 발표하였다.

주요 저서로는 비주얼 경제사 3부작인 『세계화의 단서들』·『세계화의 풍경들』·『비주얼 경제사』, 『세계사 추리반』, 『지식혁명으로 다시 읽는 산업혁명』, 『산업재해의 탄생』, 『경제사: 세계화와 세계 경제의 역사』, 『세계경제사 들어서기』, 『영국 근대화의 재구성』 등이 있다. 역서로 『세계인구의 역사』가 있다. 해외에서 번역 출간된 책으로는 『图说 世界经济史』(중국), 『讀畵解謎世界史』(타이완), 『讀畵搞懂世界經濟史』(타이완)가 있다.

◈ 제3판 **경제사** 세계화와 세계 경제의 역사

2012년 9월 1일 초판1쇄 발행
2014년 9월 1일 제2판1쇄 발행
2018년 1월 15일 제2판2쇄 발행
2019년 10월 30일 제3판1쇄 발행
2022년 2월 21일 제3판2쇄 인쇄
2022년 2월 28일 제3판2쇄 발행

저 자 송병건
발행인 노현철
발행처 도서출판 해남
　　　　서울특별시 마포구 마포대로8길 9 영명빌딩 405호
　　　　전화 739-4822 팩스 720-4823
　　　　e-mail haenamin30@naver.com
　　　　homepage www.hpub.co.kr
　　　　등록 1995. 5. 10 제 1-1885호

ISBN 978-89-6238-138-2 93320

제3판에 붙여

　『경제사: 세계화와 세계 경제의 역사』를 처음 출간한 해가 2012년이다. 기존의 경제사 교재들이 지닌 몇 가지 한계를 극복하자는 목적으로 준비한 책이었다. 서구 중심적인 관점을 벗어나고 세계 여러 경제권을 포괄적으로 다루면서도 권역 간의 관계를 밀도 있게 논의하자는 생각이었다. 여기에 비주얼한 참고 자료들과 옛 문헌 자료들을 추가해 내용을 풍성하게 구성하고자 노력하였다. 그리고 무엇보다도 세계화라는 관점에서 인류의 경제사를 일관된 흐름으로 재구성하는 데 힘썼다. 2014년에는 초판에서 아쉬웠던 부분을 보완하고 크고 작은 오류들을 수정해 제2판을 출간하였다. 이제 제2판이 나온 지 다섯 해를 맞아 제3판을 펴내기로 하였다.

　제3판에는 다음과 같은 내용을 보강하고 가다듬었다. 우선 본문이 다루는 개별 시기와 내용의 비중을 조정하였다. 설명이 충분히 이루어지지 않았다고 판단되는 부분은 내용을 보강하였고, 지나치게 자세히 기술된 부분은 축약하였다. 이 과정에서 일부 절과 소제목들을 통합하거나 분리하기도 하였다. 둘째, 이 책은 인류 초기부터 현재까지를 하나의 흐름으로 이어 설명하고자 하였으므로 21세기에 발생한 변화들, 특히 최근에 진행되고 있는 사건들에 대해 내용을 확충하는 작업이 필요하였다. 주로 책의 후반부 세 장에서 이런 작업을 진행하였는데, 그 과정에서 중국의 일대일로 사업, 유럽에서 전개되는 브렉시트 사태, 미국과 중국 간의 무역 분쟁 등에 대한 논의가 추가되었다. 시기적으로 제2판에서 다루지 못한 최근의 통계를 수집해 기존 통계도 대폭 보강하였다. 셋째, 시대상을 보다 효과적으로 보여 줄 수 있는 그림 자료와 사진 자료를 수집하는 데 힘을 기울였다. 이 자료들로 책에 기존에 실렸던 자료들을 큰 폭으로 교체하였다. 넷째, 문헌 자료에도 일부 수정을 가하였다. 아예 새로운 자료를 삽입한 경우도 있고, 새 자료로 교체를 한 경우도 있으며, 기존의 번역문을 새로 고치기도 하였다.

　이런 변화들을 담음으로써 제3판은 이전 판에 비해 내용이 업데이트되고 구성이 더 균형 잡히게 되었다고 자부하고 싶다. 여전히 부족한 부분에 대해서는 앞으로도 지속적으로 수정·보완해 나갈 것임을 독자분들께 약속드린다. 제3판이 완성되기까지 많은 분들의 도움이 있었다. 특히, 절친이자 경제사 교육에 애정이 깊은 이성주 박사가 많은 조언과 지적을 해 주었다. 일일이 따로 거명을 하지는 않겠지만 많은 동료분들과 경제사 전공자분들, 그리고 대학원생과 학부생들이 다양한 방식으로 크고 작은 기여를 해 주었다. 도서출판 해남의 노현철 대표님과 편집진은 여느 때처럼 저의 까다로운 요구들을 잘 포용해 주셨다. 이 모든 분들에게 깊은 감사의 뜻을 전하고 싶다.

2019년 무더운 여름 명륜동 연구실에서

송 병 건

제2판에 붙여

이 책은 『경제사: 세계화와 세계 경제의 역사』(2012)의 개정판이다. 『경제사』는 특정 지역과 시기에 편향되지 않은 세계 경제사 교재를 지향하면서 출간한 책이었다. 모든 저자들이 그렇듯이, 필자도 이 책을 출간할 때 높은 수준의 완성도를 갖기를 기대하였다. 그러나 많은 저자들이 그렇듯이, 필자도 출간 이후에 크고 작은 많은 오류들을 발견하게 되었다. 책에 담지 못해 아쉬운 내용들도 떠올라 마음에 걸렸다. 또한 출간 이후에 접한 논문과 자료에서 유익한 내용을 찾기도 하였다. 이번에 개정판을 내게 된 데에는 이런 사정들이 작용하였다.

개정이 이루어진 주요 사항은 다음과 같다. 첫째, 본문의 내용이 정비되고 보강되었다. 새로운 연구 결과들을 반영하여 내용을 수정 혹은 가필하였고, 특히 21세기에 발생한 변화들에 대한 논의를 많이 추가하였다. 둘째, 통계 자료에 나타난 오류들을 바로잡았고, 최근의 통계까지 포함하도록 보강하였다. 셋째, 다수의 그림 자료를 교체하여 독자들이 해당 시대의 모습을 더 잘 이해할 수 있도록 하였다. 넷째, 새로운 문헌 자료를 여럿 추가하였다. 다양한 인물이 다양한 시각에서 작성한 기록들을 소개하고, 이들을 균형 있게 배치하고자 노력하였다. 다섯째, 모형과 이론에 대해 부분적으로 변경을 가하였다. 역사적 사건의 기저에서 작동하는 경제학적 원리를 파악하는 데 도움을 줄 모형과 이론을 추가하였다.

종합하자면, 제2판은 책의 전체적 구조에는 변화를 주지 않은 채로, 새 연구 성과와 최신 통계 자료를 반영하여 내용을 보완하였으며, 그림 자료와 문헌 자료 등을 보강하고, 크고 작은 오류들을 바로잡았다. 전면적인 구조적 개편은 아니지만 책의 완성도는 제1판에 비해 높아졌다고 자평하고 싶다.

제2판의 준비 과정에서 여러 대학에서 경제사 강의를 담당하고 계신 많은 분들이 제1판에 나타난 오류를 지적해 주시고, 내가 모르던 연구 내용을 알려 주시고, 책의 개선에 도움이 될 조언을 해 주셨다. 특히, 이성주·박이택·최상오·정승진·조영준 박사님은 날카로우면서도 꼼꼼한 지적을 통해 개정이 필요한 부분이 무엇인지 필자가 깨닫게 해 주셨다. 이분들께 마음 깊이 감사를 표한다. 마지막으로, 필자가 시도 때도 없이 제기하는 까다로운 요구 사항들을 최선을 대해 수용해 주신 도서출판 해남의 노현철 사장님과 편집진께도 고마움을 전한다.

2014년 명륜동 연구실에서

송 병 건

책머리에

시대가 변함에 따라 학문 세계가 영향을 받는 것은 당연하다. 경제사에도 지난 이삼십 년 동안에 많은 변화가 있었다. 외부적으로는 세계 경제가 역사적 변화를 경험하였다. 소련이 붕괴되고 동구권 국가들이 체제 전환을 한 것, 중국이 세계 무대의 주역으로 등장한 것, 정보 통신 기술이 경제를 이끄는 중심 산업으로 자리를 잡은 것, 지식 기반 사회가 진면목을 보이기 시작한 것, 기술 진보의 영향으로 고용 없는 성장이 일반화된 것, 신자유주의적 경제 질서가 널리 확산된 것, 글로벌 금융 위기와 재정 위기로 한때 고성장을 구가하던 국가들이 졸지에 국가 부도의 위기에 몰린 것 등이 대표적인 사례이다. 내부적으로는 경제사학자들의 관심사와 관점에 변화가 발생하였다. 마르크스주의 또는 근대화론의 색깔을 띤 발전 단계론이 인기를 잃은 것, 그리고 신경제사 연구가 주류 방법론으로 등장한 것이 무엇보다도 특징적이었다. 경제사 분야에서 발생한 또 하나의 중요한 변화는 세계화의 관점에서 진행하는 연구가 주목을 받게 되었다는 것이다. 개별 국가, 개별 기업, 개인의 능력과 노력과 운으로 경제의 성공과 실패를 설명하는 대신에 국가 간, 기업 간, 개인 간의 관련성 및 국가-기업-개인의 상호 작용을 강조하는 연구가 지난 20여 년 동안에 많이 축적되었다. 이런 변화는 국내외 경제사학계에서 공통적으로 관찰된다.

필자는 그동안 경제사 과목을 강의해 오면서 이런 변화를 충실하게 반영하는 교재가 국내에 부족하다는 아쉬움을 느껴 왔다. 2005년에 『세계화시대에 돌아보는 세계경제사』라는 책을 출간하였지만, 의욕과는 달리 지식의 부족과 지면의 제약을 실감해야만 하였다. 다시 5-6년의 시간이 지나자, 새 교재의 등장이 더 이상 늦어지면 곤란하겠다는 생각이 필자를 압박하였다. 그리하여 약 1년에 걸친 집필에 들어서게 되었다. 지난 몇 년에 걸쳐 새로운 논문을 접하거나 책을 읽을 때, 그리고 그림과 문헌 자료를 대할 때마다 조금씩 자료를 수집해 놓곤 하였지만, 막상 본격적으로 책의 구성과 내용을 짜 보려니 그보다 더 본격적인 종류의 결정이 필요하였다. 새 책에서 어떤 관점을 강조할 것인가? 그리하여 기존의 책과 어떤 차별적 내용을 포함할 것인가? 독자의 눈높이는 어느 선에 맞출까?

이런 문제들에 대한 필자의 주요한 결정들은 이러하였다. 우선 세계화의 관점을 강조할 것이다. 그러기 위해서는 무엇보다 그동안의 경제사 교재가 역사적으로 근대화를 주도하였으며 경제사학계도 주도해 왔던 서양에 큰 비중을 두어 왔다는 점을 인정하는 것이 필요하였다. 인류의 장구한 역사 속에서 아시아를 비롯한 비서구 지역의 역할에 대해서 그간 학술적 관심이 부족했다는 점을 반성하면서, 이 책에서 가급적 여러 문화권의 경제사를 포괄하고 이를 세계 경제사의 관점에서 재구성하고자 하였다. 또한 세계화적 관점은 재화, 서비스, 생산 요소 등 경제적인 교환과 이동에 관심을 가질 뿐만 아니라 지식, 정보, 그리고 때로는 종교와 생활 양식까지 포함하는 광의의 '문화적' 교류와 전파의 중요성도 높게 평가한다. 따라서 다른 경제사 교재들보다 논의하는 주제와 소재의 폭을 확대하기로 하였다.

둘째, 어느 시기까지를 다룰 것인가? 세계화의 관점에서 역사를 서술한다는 것은 현대사에 강조점을 둔다는 의미를 내포하는 것이다. 그래서 기존의 경제사 교재들과는 달리 현재 발생하고 있는 세계적 변화에 대해서도 비교적 상세하게 고찰하였다. 최근의 사건을 다루는 데에는 평가의 객관성 문제를 어떻게 확보할 것인가라는 문제가 발생할 수 있지만, 역사를 단순히 지난 과거에 대한 이야기로 보지 않고 현재 발생하고 있는 현상을 만들어 낸 변화의 과정이라고 보게 되는 장점이 앞의 단점을 능가한다고 믿는다.

셋째, 경제 이론을 강조할 것인가 아니면 역사 서술에 치중할 것인가? 두 방식 모두 장점과 단점을 가지고 있어서, 모든 경제사 저자들은 이 문제에 직면할 수밖에 없다. 필자는 이 질문에 대해 그동안의 강의 경험에 비추어 현실적인 판단을 내리고자 하였다. 세계사적 사건과 흐름에 대한 지식이 부족한 채로 경제사 수업을 듣는 학생이 적지 않다는 점, 그리고 경제학 전공 과정에 들어선 지 얼마 되지 않은 시점에 경제사를 수강하는 학생이 많다는 점에 주목하였다. 그래서 세계 여러 지역에서 발생한 역사적 사건들에 대해 가급적 풍부하게 기술하고, 여러 경제 이론을 끌어들이기보다 경제학 원론 수준의 이론만을 수용하기로 하였다.

넷째, 본론 이외에 얼마나 다양한 보조 자료를 제공할 것인가? 우리가 접하지 못한 시간과 공간에서 발생한 역사적 현상들에 대해 현실감 있는 이해를 하도록 돕기 위해 가급적 다양한 보조 자료를 제시하기로 하였다. 그래서 다양한 그림과 사진 자료를 삽입하여 생동감을 높이기로 하였다. 또한 '모형과 이론'이라는 박스를 마련하여 경제학 이론과 기타 모형이 어떻게 유용하게 분석에 활용되는지를 보여 주기로 하였고, '문헌 자료' 박스를 통해 해당 시기의 문학 작품, 공적 발표문, 조약의 주요 내용, 언론 기사 등을 맛볼 수 있도록 하였다.

마지막으로, 한국에 대해 얼마나 지면을 많이 할애할 것인가? 경제사 수업과 독립적으로 한국 경제사를 수강할 기회를 갖지 못하는 학생이 많다는 점, 그리고 세계사와의 관계 속에서 한국 경제사를 고찰하는 것이 유용하다는 점을 생각하여, 한국의 사례를 다른 국가들보다 더 자세히 다루기로 하였다. 한국을 둘러싼 동아시아 지역에 대해서도 비교적 논의를 상세하게 전개하기로 하였다.

새 교재를 집필하는 데에는 기존에 저술되고 발간된 수많은 논문과 책들이 도움이 되었다. 특히, 국내에서는 세계화의 역사적 전개에 관해 많은 연구와 저술을 해 오신 양동휴 교수님의 여러 저작이 큰 도움이 되었다. 세계화의 역사에 대해 필자가 본격적인 관심을 가지게 된 데에도 그분의 영향이 무척 컸다. 일일이 나열하지 않겠지만, 참고 문헌에 제시한 많은 연구자와 저자들의 통찰력과 분석력에 이 책은 기대고 있다. 또한 절친한 벗 박이택 박사와 이성주 박사는 이 책의 초고를 읽고서 유익한 조언을 많이 해 주었다. 오영찬 교수님은 박물관 자료의 사용에 대해 도움을 주셨다. 이분들에게 고마움을 표한다.

자료의 수집과 정리에도 많은 분들의 도움이 있었다. 2011년과 2012년에 개설하였던 창의 심화 탐구 과정을 수강하였던 박현종, 이해리, 최성문, 임유택은 자료를 수집하고, 내용을 요약하고, 오류를 잡아 내고, 색인을 만들고, 강의 자료를 제작하는 등 책을 만들어 가는 데 중요한 기여를 하였다. 박사 과정의 염지희는 책의 내용을 가다듬고 완성도를 높이는 데 많은 도움을 주었다. 그림 자료를 구하는 데에도 많은 분들이 도와 주셨다. 현대자동차 방송홍보팀 김상태 부장님과 성균관대학교 성대신문사로부터 유용한 사진을 구할 수 있었고, 일부 사진은 뉴스뱅크이미지로부터 구입하였다. 해당 사진들을 촬영한 기자분들께 감사한다. 또한 소중한 소장품들의 사진을 실을 수 있게 허락해 준 국립중앙박물관에도 감사를 표한다.

이미 필자의 책을 여러 권 펴낸 적이 있는 도서출판 해남에서는 지도 작성을 포함하여 손이 많이 가는 작업을 꼼꼼하게 마무리해 주었다. 편집진의 노고에 감사한다. 노현철 사장님께서는 변덕스럽고 자잘한 요구가 많은 필자의 뜻을 최대한 반영하느라고 정말 애를 쓰셨다. 깊은 감사를 드린다. 그리고 우리 가족들. 책을 쓴다는 것은 주위 사람들에게 이런저런 부담을 전가한다는 것을 의미함을 잘 알기에 마음이 더욱 짠하다. 아내와 딸 지민에게 생큐.

마지막으로, 이 책을 쓰면서 대학 시절의 필자에게 경제사의 세계를 열어 주셨던 김종현 선생님 생각을 많이 하였다. 그분의 『경제사』는 수십 년 동안 우리나라의 수많은 경제학도에게 깊고 넓게 영향을 끼친 필수적 교재였고, 필자에게는 머릿속에 경제사의 기본적 등고선을 그려 준 지침서였다. 이제 보잘것없는 졸고를 출간하려니 명저 『경제사』가 떠오르면서 부끄러운 마음을 금할 수 없다. 경제사를 공부하는 맛을 알게 해 주시고 전문적 경제사 연구가의 길을 갈 수 있도록 이끌어 주신 은사, 늘 따뜻한 눈길과 너그러운 마음으로 부족한 제자를 품어 주신 진정한 삶의 멘토이셨던 선생님께 깊은 감사의 인사를 이 책에 담아드리고 싶다.

2012년 여름 명륜동 연구실에서
송 병 건

차례

Chapter 1

경제사와 세계화 2

Chapter

6

제**2**부   세계 경제의 형성

Chapter 7

제**3**부	산업 혁명과 1차 세계화

문헌 자료 차례

모형과 이론 차례

제3판

경 제 사

세계화와 세계 경제의 역사

제1장　경제사와 세계화

경제사와 세계화

제1절 이론과 역사, 그리고 경제사

현상, 이론, 정책, 역사

우리가 살고 있는 세계는 복잡하기 그지없다. 수많은 인간이 수많은 사회 조직을 구성하고 수많은 제도와 관습 속에서 수많은 방법으로 수많은 행위를 한다. 이 행위는 수많은 다른 사람들에게 영향을 미치고 그들은 다시 수많은 영향의 움직임을 만들어 낸다. 우리가 경험하는 **현상**은 실로 이런 복잡한 요소들이 복합적으로 작용해서 창조해 낸 만물상과 같은 존재이다. 이런 현상의 움직임을 이해하는 방편으로 학자들은 이론적 접근법을 창안해 냈다. 복잡다단한 모습으로 나타나는 현상을 면밀하게 관찰하여 중요한 변수들을 선별해 내고 이 변수들 간의 관계를 분석함으로써, 현상의 만물상 뒤에 자리하고 있는 일반적 원리를 밝혀 내고자 하는 것이다.

그런데 이런 단순화 · 추상화 과정을 통해 도출된 **이론**은 대부분 단일한 것이 아니라 복수의 것이 된다. 그러면 이론들 간에는 어느 것이 현상에 대해 더 나은 설명력과 예측력을 갖는가를 놓고 경쟁이 벌어진다. 이 경쟁의 승리자가 '통설'이라는 지위를 얻게 된다. 주의할 점은 승리한 이론을 '절대적'으로 옳다고 간주해서는 안 된다는 점이다. 승리자는 현존하는 다른 이론들에 비해 '상대적'으로 높은 지위에 있을 뿐, 언제든지 새로운 이론이 강자로 등장해 기존의 통설이 가진 지위를 빼앗을 수 있다.

현상과 이론의 관계는 여기에서 그치지 않는다. 지금 우리가 경험하고 있는 현상은 과거의 현상들이 **역사**라는 시간적 궤적을 통해 축적되어 만들어진 결과물이다. 즉, 현상이 시간에 따라 변하기 때문에 현상에 바탕을 두고 구성되는 이론도 변할 수밖에 없는 것이다. 일반적으로 현상에 대한 관찰

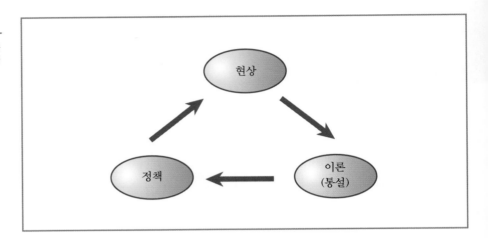

그림 1-1

현상과 이론과 정책 경제사는 이론 및 정책과
상호 작용을 하여 현상이 만들어지는 과정을
시간적 궤적에 따라 연구하는 학문이다.

에 기초하여 이론들이 등장하고, 이론들 가운데 통설이 자리를 잡으면, 이제 통설에 기초하여 여러 **정책**이 고안되고 실행된다. 그리고 정책이 현실에 영향을 끼치게 된다. 이런 과정을 통해 시간이 흐르면서 현상에 변화가 발생하게 된다. 이렇게 현상과 이론이 정책을 매개로 하여 끊임없이 역동적으로 상호 작용을 해 가는 역사적 과정을 형성하는 것이다. 학문적 방법론으로서 우리에게 역사적 접근법이 필요한 것은 바로 이 때문이다.

경제사의 정의

경제사는 **역사적 접근법을 통해 경제 현상을 분석**하는 학문이다. 경제학이 희소한 자원으로 최대의 만족에 도달하기 위한 방법에 관한 학문으로 정의되는 점을 염두에 두면, 경제사는 이러한 인간의 노력이 전개되어 온 과정을 역사적으로 밝히는 학문이라고 정의할 수 있을 것이다. 인간은 일차적으로 생물학적 기본 조건과 주위를 둘러싼 자연환경이라는 제약 속에서 생존을 보장받고 가급적 높은 생활 수준을 향유하고자 힘을 쓴다. 이를 위해 인간은 생산 활동과 소비 활동을 하게 되고, 나아가 교환과 분배 행위를 통해 물질적 만족을 증대시키려고 노력한다.

한 시대에 한 지역에서 행해지는 경제 활동은 그에 상응하는 **기술 수준**과 **조직 체계**를 기반으로 한다. 따라서 경제사는 인간의 경제 활동뿐만 아니라 경제 활동의 기저에 존재하는 생산·소비·교환·분배의 기술 및 이와 관련된 조직의 특성에 대해서도 탐구한다. 경제 구조의 분석이 경제사의 핵심적 내용을 구성하는 것은 바로 이 때문이다. 한편, 경제 구조는 위에서 언급한 경제적 요인들뿐만 아니라 정치·문화·제도·사상 등 비경제적 요인들에 의해서도 영향을 받는다. 따라서 온전한 경제사 탐구를 위해서는 경제 활동과 경제 구조의 울타리를 넘어서 보다 포괄적인 입장에

그림 1-2

생산과 소비 경제사는 인간이 생산과 소비를 통해 높은 생활 수준을 향유하려는 노력의 역사적 과정을 탐구한다. 그림은 중국 송·원 교체기에 노점상에서 패스트푸드(fast food)를 사고파는 모습을 묘사한 청대의 그림.

서 경제 현상을 분석할 필요가 있다. 인접 학문 분야의 방법론과 성과에 대한 이해가 경제사를 공부하는 데 도움이 되는 이유도 여기에 있다. 그중에서도 평민이나 피지배층의 행동 양태와 사회적 관계를 연구하는 사회사(社會史), 인류의 생존과 건강 상태가 변화해 온 역사의 여러 측면을 탐구하는 의사학(醫史學), 환경적 제약과 인간의 수명·출산·사망 등 인구 현상의 상호작용에 주목하는 인구사(人口史), 그리고 경제 행위 및 제도와 관련된 지적 고민의 역사를 추적하는 경제사상사(經濟思想史) 등이 경제사와 밀접한 관련성을 맺고 있다.

다양한 경제사의 시각들

경제사 분야에서 활약한 학자들은 그간 역사적 변화의 특질에 대해 수많은 학설을 피력해 왔다. 경제사적인 변화의 과정을 **연속적인** 것으로 보아야 한다는 주장도 있지만, 많은 학자들은 경제 발전 과정을 **비연속적이고 단계론적인** 것으로 파악하였다. 애덤 스미스(Adam Smith)는 일찍이 인류의 경제 발전 과정을 '수렵-목축-농경'의 세 단계로 구분하였다. 그러나 영국의 다른 고전파 경제학자들은 비역사적이고 불변적인 실체로서 경제를 이해하는 경향이 강하였다.

경제 발전 단계설이 본격적으로 연구된 것은 19세기 중반 이후 독일의

애덤 스미스(1723-1790): 근대 경제학을 창시한 영국의 학자. 1776년 발간한 『국부론』을 통해 중상주의 체제를 비판하고 시장 경제 체제의 장점을 설파하였으며, 맬서스, 리카도, 밀 등으로 연결되는 고전파 경제학의 기초를 이루었다.

그림 1-3

영국 고전파 경제학의 태두 애덤 스미스는 시장 경제에 대한 논의를 통해 근대적 경제학의 기초를 마련하였다.

역사학파: 19세기 중반에서 20세기 초반에 독일에서 활동한 경제학파. 후진국 독일의 근대화 방안에 대해 많은 연구를 진행하였다.

리스트(1789-1846): 독일의 경제학자. 1841년에 『정치 경제학의 국민적 체계』를 발간하여 보호주의론을 주창함으로써 역사학파를 이끌었다.

리카도(1772-1823): 영국의 경제학자로 산업 자본가의 입장에 서서 자유 무역을 강조하는 이론을 발전시켰다. 그는 곡물법을 둘러싼 논쟁에서 보호 무역을 옹호한 맬서스와 대립하면서 경제학의 발전을 이끌었다.

비교 우위론: 두 나라가 생산의 기회비용이 상대적으로 적은 재화를 생산하여 교역을 함으로써 두 나라 모두 이익을 보게 된다는 경제 이론.

마르크스(1815-1883): 독일의 사상가. 『공산당 선언』, 『자본』 등을 통해 자본주의의 문제점을 비판하여 사회주의 혁명 운동의 사상적 기반을 마련하였다.

종속 이론: 제2차 세계 대전 이후 남아메리카 경제의 부진을 배경으로 경제 발전의 지체 요인을 구명하고자 제시한 이론으로, 중심부 국가와 주변부 국가 간의 불균등한 관계를 근본적 원인으로 강조하였다.

세계 체제론: 1970년대 월러스틴(I. Wallerstein)이 내세운 세계 자본주의의 구조와 운행 원리에 관한 이론. 세계사를 중심부와 주변부 간의 비대칭적 구조가 진화해 온 과정으로 이해하였다.

역사학파(歷史學派, Historical School) 학자들에 의해서였다. 예를 들어, 역사학파의 시조라고 불리는 리스트(F. List)는 생산 형태를 기준으로 삼아 '수렵-목축-농업-농공업-농공상업'의 다섯 단계로 경제 발전의 역사를 구분하였다. 뒤를 이어 힐데브란트(B. Hildebrand)는 교환 수단을 기준으로 경제 발전 과정을 '자연 경제-화폐 경제-신용 경제'로 구분하였고, 뷔허(K. Bücher)는 생산에서 소비에 이르는 시간을 중심으로 '봉쇄적 가내 경제-도시 경제-국민 경제'라는 단계론을 제시하였다. 영국의 고전파 경제학자들이 활동한 18세기 후반에서 19세기 중반에 이르는 시기는 산업 혁명이 진행되어 영국이 '세계의 공장'으로서 독보적 지위를 구축하던 시기였다. 리카도(David Ricardo)의 비교 우위론이 각광을 받은 데에는 선도적 공업화를 통해 국제적으로 경쟁력이 높은 제조업 제품들을 생산해 낼 수 있게 된 영국의 시대적 상황이 작용하였다고 볼 수 있다. 리스트를 비롯한 독일 역사학파 학자들의 문제 의식은 후진국 독일의 경제 발전을 어떻게 모색할 것인가에 있었다. 그들은 농공업 단계에 머무르고 있는 독일이 이미 농공상업 단계에 이른 영국과 무조건적으로 교역을 확대하면 독일의 경제적 근대화를 달성하기 어려울 것이라는 주장을 하고 보호 무역주의 정책을 옹호하였다.

마르크스(K. Marx)는 이와는 다른 맥락에서 자신의 경제 발전 단계론을 펼쳤다. 그는 경제적 토대와 상부 구조의 변증법적 상호 작용 과정을 통해 인간 사회가 발전해 왔다고 보았다. '원시 공동체-고대 노예제-중세 농노제-근대 자본제'로 구성되는 단계론은 그의 역사관의 논리적 귀결이었다. 이 단계론은 마르크스의 주장을 좇아 자본주의 체제를 비판하고 사회주의적 체제를 도모하는 사람들에 의해 이후 널리 받아들여졌다. 20세기 후반에 등장한 종속 이론이나 세계 체제론은 마르크스의 경제 발전 단계론을 부분적으로 수용하면서도, 모든 국가가 단선적인 발전 과정을 밟는다는 주장을 대신하여 저개발국 또는 주변부 국가의 경제 발전이 선진국 또는 중심부 국가의 경제에 의존하는 방식으로 이루어진다는 주장을 펼쳤다.

이념적 스펙트럼상에서 마르크스주의자와 정반대에 섰던 로스토(W. W. Rostow)는 제2차 세계 대전 이후 냉전 시대를 배경으로 하여 자본주의 진영에 속한 개도국들에게 경제 발전의 청사진을 제시하였다. 그의 근대화론은 경제 발전의 과정을 '전통 사회 단계-이륙(離陸, take-off)의 준비 단계-이륙 단계-성숙 단계-고도 대중 소비 단계'의 다섯 단계로 구분하였다. 성공적인 근대적 공업화의 핵심은 이륙의 과정으로, 투자율의 두드러진 증가, 특정 공업 부문의 급속한 확장, 농업 생산성의 획기적 상승 등을 특징으로 한다고 그는 주장하였다.

경제 발전 단계론은 1970년대부터 새로이 대두된 **신경제사**(New Economic History)에게 서서히 경제사의 중심적 자리를 내주었다. 신경제사를 한마디로 정의하기는 어렵지만, 분석 대상으로서 수량적 자료를 널리 사용하고 현대 경제학의 분석 방법을 적극적으로 채택하는 경향이 강하다. 이를 위해 새로운 자료의 발굴과 새 추계 작업의 진행이 활발히 이루어졌고, 또한 이론적·계량적 분석 기법이 본격적으로 사용되었다. 한편, 연구 분야도 확대되어 경제 제도 및 사회 제도의 발달 과정을 장기적인 상대 가격의 추이와의 관련 속에서 탐구한다거나, 다양한 '반(反)사실적 가설'에 입각해서 새로운 주장을 펼치기도 하였다. 신경제사는 경제사를 경제학 방법론과 긴밀하게 결합함으로써 분석의 엄밀성을 향상시켰다는 평가를 받기도 하지만, 수량화하기 어려운 주제에 관해서는 관심이 멀어지게 하였다는 비판을 받기도 한다.

그림 1-4

독일 역사학파의 기대 역사학파 학자들은 독일이 영국과 자유 무역을 하면 독일은 근대적인 공업화를 이룰 가능성이 없다고 생각하였다. 그림은 1900년경 독일 에센 지방의 철강 공장에서 베세머 용광로를 사용하여 철강을 생산하는 모습.

로스토(1916-2003): 미국의 경제학자로 『경제 성장의 여러 단계』를 집필하여 독자적인 경제 성장론을 주장하였다. 케네디 대통령의 정책 보좌관으로도 활동하였다.

이륙: 비행기가 땅을 박차고 도약하는 모습을 염두에 둔 용어로, 전통 사회 단계에서 질적으로 다른 근대적 단계로의 대변환을 의미한다. 다른 경제사학자들이 '돌파'(breakthrough), '대질주'(great spurt), '빅 푸시'(big push) 등으로 묘사하는 전환 과정이다.

반사실적 가설: 예를 들어, 포겔(R. Fogel)은 '만약 철도가 존재하지 않았더라면 미국의 경제 성장이 어느 정도 지연되었을 것인가'라는 가설을 세우고 철도를 대신할 교통 수단의 등장을 감안하여 새로이 경제 성장률을 추정하였다. 통념과는 달리 그는 철도가 경제 성장에 끼친 역할이 그다지 크지 않았다는 결론에 도달하였다.

그림 1-5

긴 역사를 지닌 경제적 세계화 중세에 이슬람 상인은 그림에 보이는 다우선(船)을 타고 인도양 무역을 주도하면서 구세계를 동서로 연결하였다.

세계화의 경제사

1990년대부터는 경제사의 새로운 동향으로 세계화의 관점을 강조하는 경향이 나타났다. 세계적으로 정치적·경제적·문화적 장벽이 낮아지고 지역 간의 상호 작용이 비약적으로 증가된 20세기 말-21세기 초의 변화를 설명하기 위해 등장한 **세계화**(globalization)의 개념이 경제사 분야에 도입된 결과이다. 세계화의 관점에서 본 경제사는 기존의 경제사와 어떤 면에서 차이를 나타낼까?

첫째, 기존의 경제사가 개별 국가나 개별 경제 주체의 활동을 주된 분석 대상으로 삼았다면 세계화적 관점의 경제사는 국가 간, 경제 주체 간의 **상호 작용**에 세심한 주의를 기울인다. 둘째, 서구가 국제적인 헤게모니를 쥐게 된 근대를 넘어서 장기적인 역사 과정을 세계화의 관점에서 살펴보면, **비(非)서구 지역의 역할**, 특히 오랜 기간 서구보다 경제력과 기술력에서 앞서 있었던 아시아의 역할에 대해 재조명할 필요성이 대두된다. 예를 들어, 몽골 제국 시기의 유라시아 육상 무역망이나 이슬람 영향하의 인도양 교역로에 대해 기존의 경제사에서보다 높은 역사적 의의를 부과하게 된다. 셋째, 기존의 경제사에서는 재화 및 자본과 노동 등 생산 요소의 국제적 이동 양상이 주된 분석 대상이었지만, 세계화의 관점에서는 이들 못지않게 **정보, 지식, 제도, 문화** 등의 이동과 전파에도 주목을 한다. 즉, 비경제적인 요소들의 역할에 대해서도 깊은 관심을 갖게 된다. 또한 이들이 흡수, 배척 혹은 변용되는 구체적인 과정도 중요하게 인식된다. 넷째, 세계화가 지니는 현재적 성격으로 인해 세계화의 관점에서 본 경제사는 **현 세계의 경제 현상과 직접적인 연장선상**에 있는 것으로 이해된다. 역사는 '과거와 현재와의 대화'라는 카(E. H. Carr)의 표현이 가장 적절하게 받아들여지는 관점이 바로 세계화적 시각인 것이다.

카(1892-1982): 영국의 정치학자·역사가. 러시아 역사를 전공하여 국제 정치사 분야를 개척하였고, 『역사란 무엇인가』를 통해 역사학도들에게 많은 영향을 끼쳤다.

일상 속의 세계화

　우리가 일상생활에서 자주 접하는 사물과 제도는 각각의 역사를 지니고 있다. 개별 사물의 원재료 또는 그 사물을 구성하는 부품들의 재료를 확인하고, 그 물건이 애초에 구상된 시기와 지역을 따져 보고, 더 나아가 그 물건의 기원이 어떤 인간 집단의 노력과 결부되어 있었나를 곰곰이 유추해 보면, 실제로 우리의 일상이 시기와 지역을 달리하는 수많은 사람들의 생각과 행동에 의해 얼마나 지대한 영향을 받는가를 깨닫게 된다(문헌 자료 1-1 참조).

　오늘날에는 기술 수준과 지역 간의 물적·인적인 교류가 과거와는 비교하기 힘들 정도로 발전되어 있다. 우리를 에워싸고 있는 유형·무형의 온갖 사물, 디자인, 조직, 사회 제도, 가치관 등은 다른 지역에서 살아왔거나 또 현재 살고 있는 사람들에 의해 구상되고, 창조되고, 전파된 것들이다. 세계화를 상호 의존적인 네트워크의 전 세계적인 확산으로 이해할 때, 오늘날의 세계가 과거 어느 때보다 높은 수준의 세계화를 경험하고 있다는 데 이의를 달기 어려울 것이다. 또한 정보 통신 산업 및 그와 연관성이 높은 산업들이 최근 보여 주고 있는 비약적인 기술 발전 추세는 앞으로 세계화의 속도가 더

그림 1-6

시공을 넘나드는 세계 마카오에 건설된 카지노 건물에 자리한 이 쇼핑몰은 중세 유럽 경제를 주도하였던 이탈리아 베네치아의 운하를 모델로 하여 지어졌다. 세계 곳곳에서 온 방문객들은 이곳에서 세계 각지에서 생산된 제품을 소비한다.

100퍼센트 미국인

1930년대에 한 미국인이 쓴 글을 참고해 보자. 저자는 이 글에서 자신이 속한 나라의 국민들이 보여 주는 자국 중심주의가 얼마나 편협한 사고의 소산인가를 지적하고 있다.

새벽에 잠자리에서 일어난 이 미국인(미국주의를 신봉하고 미국의 전통을 보존하려는 애국자)은 자기가 파자마를 입고 잔 것을 발견하였는데, 파자마는 원래 동부 인도에서 기원하였으며, 잠을 잔 침대는 페르시아나 소아시아에서 유래된 것이다. 만일 비가 올 것 같으면 고무로 된 덧신을 신는데, 덧신의 원료인 고무는 고대 멕시코인들이 발견한 것이다. 또 우산을 들고 나서려고 하는데, 우산은 원래 인도에서 발명된 것이다. 기차를 타려고 기차역으로 가는데, 기차는 영국인의 발명품이다. 기차역에서 동전을 사용하여 신문을 사려고 잠시 멈추는데, 동전은 고대 리디아(Lydia)인이 발명한 것이다. 기차를 타고 좌석에 기댄 채 담배 한 대를 피우려고 하는데, 담배는 원래 멕시코에서 발명된 것이며, 시가(cigar)는 브라질에서 발명된 것이다. 그가 산 신문의 글자는 셈족(Semites) 사람들이 발명한 것이고, 금속 활자는 독일인이 발명한 것이며, 신문의 재료인 종이는 원래 중국인이 발명한 것이다. 외국 사상을 수용함으로써 생기는 결과를 지적하는 신문 사설을 읽을 때, 그는 인도유럽어로 히브리 신에게 그가 '100퍼센트 미국인'임을 감사하는 것을 잊지 않을 것이다. (이때 '100퍼센트'에 쓰이는 십진법은 그리스 사람들의 발명품이며, '아메리카'라는 말은 이탈리아의 지리학자인 아메리고 베스푸치(Amerigo Vespucci)의 이름에서 온 것이다.)

자료: 유네스코 아시아 · 태평양 국제이해교육원(2004), 14쪽.

금속 활자: 이 글이 쓰인 시기에는 금속 활자가 독일에서 1450년대 구텐베르크에 의해 발명되었다고 알려져 있었다. 그보다 2세기 앞서 한국에서 먼저 사용되었다는 사실을 아는 사람은 매우 적었다.

욱 빨라질 것이란 예측을 가능하게 해 준다.

수많은 변화 가운데 세계화의 영향력을 가장 확실하게 느낄 수 있는 영역은 **경제 분야**이다. 세계적 차원에서 전략과 구조와 행동 양식을 갖추지 못한 기업은 현대 사회의 피말리는 경쟁에서 살아남기 어렵다. 세계 시장을 대상으로 하는 기업이 얼마나 글로벌한 분업 체계를 통해서 생산과 판매 활동을 하는지 스마트폰의 사례를 들어 살펴보자. 문헌 자료 1-2는 우리가 보통 미국산이라고 인식하는 아이폰의 생산 · 판매 · 재활용에 얼마나 많은 국가들과 기업들이 관련되어 있는가를 보여 준다. 이런 분업 체계는 양질의 제품을 낮은 가격으로 소비자에게 전해 주는 긍정적인 경제적 효과를 갖는다. 그러나 세계화가 이끄는 경제적 변화에 대한 평가가 늘 긍정적인 것만은 아니다. 식량 생산과 관계된 국제적인 분업 체계에 대한 한 환경 단체의 비판을 담은 문헌 자료 1-3은 세계화의 영향에 대한 부정적 견해의 전형적인 사례를 보여 준다. 특히, 얼핏 보기에 직접적으로 연결되어 있다고 인식하기 어려운

스마트폰의 글로벌한 생애

탄생

내 이름은 아이폰X ⋯ 시리(Siri: 지능형 개인 비서 서비스)를 호출해서 "넌 어디서 왔니"라고 물어보면 시리가 "⋯ 캘리포니아에 있는 Apple에서 디자인했답니다"라고 답해 줄 거야. 하지만 난 중국 태생. 정저우(鄭州)에 자리 잡은 폭스콘이라는 대만 기업의 공장에서 조립됐지. ⋯ 내 몸속은 '다문화'야. 중국 300개 기업, 일본 100개 기업, 미국 50개 기업 등 수백 곳에서 이곳저곳을 만들었어. 한국의 삼성이 디스플레이를 제작했지. SK하이닉스, 도시바와 대만의 TSMC는 메모리 칩을, 일본 소니가 카메라를, 프랑스–이탈리아 업체 STM이 화면을 세로와 가로로 전환하는 기술을 제공했어. ⋯

청소년기

우리는 공장에서 컨테이너에 올라탔어. 컨테이너에는 아무 표시도 없었지. 보안 요원의 호위 속에 우리는 [미국행] 비행기를 탔어. 페덱스나 UPS를 이용해. 블룸버그에 의하면 어쩔 땐 퇴역한 러시아 군용기도 이용한다는군. ⋯

장년기

나를 비롯한 아이폰 가족은 국내에서 중고폰으로 '재사용'되기로 했어. 갤럭시 친구들은 홍콩으로 수출되고. 중국 직접 수출이 막혀 있어 일단 홍콩에 간 다음 중국으로 가는 거야. ⋯ 홍콩에 들른 뒤 동남아로 가기도 해. 사실상 홍콩이 허브 역할을 하는 게지. 중국으로 간 스마트폰은 재가공된 뒤 다시 중동으로, 아프리카로 나가. ⋯

노년기

나도 내 몸(부품)을 내주며 재활용될 거야. 디스플레이와 메모리 칩이 가장 짭짤하다고 하더군. 그런 뒤에 도시 광산 업체에서 분해될 거야. ⋯ 이런 아이폰의 종착역은 세계 곳곳에 수십 곳. ⋯ 어쨌든 우리는 용광로에 들어가 몸속의 남은 하나까지 기증하고 갈 거야. ⋯ 나의 사후 세계는 영원해. 어디선가, 어떻게든 나의 일부는 남아 있잖아.

자료: 『중앙 SUNDAY』, 2019년 3월 9일자.

요소들 간에 상호 긴밀한 세계적 연결망이 존재하기도 한다는 점을 잘 보여 준다.

세계화의 진전은 사람들의 **경제 활동 양식**에도 변화를 초래하였다. 상이한 시간대에 위치한 국가 간에 교류가 빈번해지면서 근무 시간이 변경되는 경우도 많아졌다. 오전 9시에서 오후 5시까지의 전통적인 근무 시간대에 일하는 대신에 업무 상대국의 시간대에 맞추어 일하거나 심지어는 여러 국

문헌 자료 1-3

맥도날드, 아마존을 삼킨다

"맥도날드가 지구의 허파인 아마존을 갉아먹고 있다." 세계적인 환경 단체 그린피스가 대표적인 글로벌 패스트푸드 업체인 맥도날드를 아마존 열대 우림의 파괴범으로 지목하였다.

...

환경 단체 그린피스는 6일(현지 시간) 성명을 통해 "맥도날드와 같은 대형 패스트푸드 업체가 값싼 고기를 얻기 위해 아마존을 파괴하고 있다"면서 영국과 독일에 있는 맥도날드 점포 앞에서 이에 항의하는 평화 시위를 벌였다. 그린피스는 "맥도날드의 치킨 맥너겟을 살 때마다 아마존을 한 입 베어 먹는 셈"이라며 맥도날드 제품에 대한 불매 운동을 주장하였다.

그린피스가 맥도날드를 아마존 파괴의 주범으로 지목한 이유는 브라질 아마존 열대 우림에서 재배된 콩이 유럽에서 가축 사료로 쓰이고 있으며, 이들 가축에서 나온 고기를 맥도날드가 사용하고 있기 때문이다. 그린피스의 삼림 운동을 이끌고 있는 개빈 에드워드 조정관은 "카길, 아처 대니얼스 미드랜드, 번지 등 미국의 3대 업체들이 브라질 콩 생산의 60%를 장악하고 있다"며 "브라질에서 생산된 콩의 대부분은 유럽과 중국의 맥도날드 체인으로 흘러들어 가고 있다"고 밝혔다.

...

실제 지난달 영국의 과학 잡지 『네이처』에 실린 연구 보고서에 따르면 현 추세대로라면 목축과 콩 재배 등으로 인하여 오는 2050년에는 아마존 열대 우림의 40% 이상이 파괴될 것으로 예상하였다.

자료: 『한국일보』, 2006년 4월 7일자.

소셜커머스: 트위터, 페이스북 등 소셜 네트워크 서비스(SNS)를 활용하여 이루어지는 전자 상거래의 한 종류. 다수의 구매자가 모여 상품을 좋은 조건에 구매할 수 있도록 하는 거래 방식을 말한다.

빅 데이터: 정보 통신 기술의 발달로 수집이 가능해진 방대한 분량의 정보. 개인 혹은 집단의 행동을 예측하는 기초로 사용될 잠재력이 크다.

집단 지성: 다수의 사람들이 지적인 협력과 경쟁을 통해 축적한 집단적 능력.

가를 상대하면서 근무 시간이 불특정해지는 사례도 점차 늘어나고 있다. 필요한 물건을 사기 위해 재래시장이나 백화점을 가는 대신에 인터넷 쇼핑몰을 찾는 사람이 기하급수적으로 늘어나고 있다. 해외 구매 사이트를 통해 원하는 물품을 직접 구매하는 사례도 급증하고 있다. 소셜커머스(social commerce)의 등장도 눈여겨볼 만한 변화이다. 또한 기업들은 빅 데이터(big data)를 이용해 소비자의 선호를 파악하고 맞춤형 광고를 하고 있다. 학생들의 생활도 크게 달라졌다. 학습 과정에서 요구되는 탐색을 위해 과거에는 도서관에 비치된 백과사전을 찾아보아야 하였다면 이제는 인터넷을 통해 검색을 한다. 백과사전의 개별 항목이 개인에 의해 작성되는 경우가 많았던 것과 달리 위키피디아(Wikipedia)처럼 다수의 사람들이 지식을 축적해 가는, 즉 집단 지성(collective intelligence)에 의존하는 인터넷 기반 백과사전이 인기를 끈다. 또한 전자책의 등장으로 서점에서 책을 구매하는 대신에 인터넷 사이트에서 전자책을 접속하여 읽는 방식이 확산되고 있다. TED와 MOOC처럼 공개 강의 사이트를 통해 지식을 습득하기도 한다. 인터넷의 확산과 이동 통신 장비의 발달 및 통신 비용의 저하가 이러한 변화들을 가능하게 한 기술적 배경을 이루었다.

세계화는 경제 분야에서 자신의 모습을 가장 두드러지게 드러내고 있으며, 초국적 활동을 하는 기업이 세계화의 추세를 선도하는 것이 분명하지만, 세계화의 영향이 이 분야에 국한되는 것은 결코 아니다. 그보다 **훨씬 넓은 분야**에서 부지불식간에 세계화는 다양한 경로로 우리에게 영향을 미치고 있다. 예를 들어, 인터넷의 보급과 더불어 국제적 공용어로서의 영어의 지위가 크게 향상된 반면에, 과거에 상당한 영향력을 행사하던 독일어, 프랑스어와 러시아어의 위상은 약화되었다. 뿐만 아니라 소수의 인구가 사용하는 수많은 언어들이 빠른 속도로 지구상에서 사라지고 있다. 언어 생태계의 파괴는 현재 세계화의 대표적 이슈로 손꼽히는 생물 다양성의 문제와 매우 유사하다. 질병의 확산도 세계화에 밀접한 관련을 맺고 있다. 과거 어느 때보다도 인류는 조류 독감이나 신종 인플루엔자 A와 같은 감염성 질병이 세계적으로 창궐할 가능성에 촉각을 내세우고 있다. 인간과 물자의 이동 속도가 유례없이 빨라진 가운데 개별 국가의 노력만으로는 이 질병들의 세계적 전파를 방지할 방법이 없기 때문이다. 또한 우리의 취향과 기호도 세계화의 영향을 피해 갈 수 없다. 축구를 좋아하는 아르헨티나인은 월드컵이라는 초국적 스포츠 산업의 그림자를 벗어나서는 최상급 기량의 경기를 즐기기 어렵고, 스마트폰을 애용하는 미국인은 스마트폰이 제조되는 외국 공장의 근로 환경이 자신이 기대하는 기준에 크게 미치지 못한다는 사실로부터 자유로울 수 없으며, 장미꽃을 좋아하는 한국인은 국내에서 유통되는 장미의 대부분이 독일과 네덜란드 품종이며 한 송이가 팔릴 때마다 15원가량의 로열티가 지급되는 현실 속에서 살고 있다.

TED: 'Technology, Entertainment, Design'의 약자로 미국의 비영리 재단에서 운영하는 강연회이다.

MOOC: 'Massive Open Online Course'의 약자로 대학 강의를 무료 또는 저가로 수강할 수 있는 교육 과정이다.

신종 인플루엔자 A: 신종 플루 또는 H1N1이라고 부르며, 사람, 돼지, 조류의 인플루엔자 바이러스의 유전 물질이 혼합된 새로운 형태의 바이러스에 의해 발병한다. 2009년 세계적으로 유행하여 많은 사망자가 발생하였다.

그림 1-7

아름다움의 세계화 우리가 인식하지 못하는 가운데 주변의 수많은 사물이 세계화의 틀 속에서 만들어지고 거래되고 소비된다. 그림은 국화과에 속하는 12종의 꽃을 보여 주는 포스터.
자료: Alvesgaspar, Tony Willis, CC BY-SA 3.0.

세계화의 정의

세계화란 용어가 사용되기 시작한 1960년대 이래 다양한 개념화 작업이 진행되었다. 기든스(A. Giddens)는 세계화

그림 1-8

인도의 식민지화 식민지화는 세계화의 한 방법이었다. 동인도 회사의 영국인 간부가 인도인 세무사로부터 보고를 받는 모습.

를 "원거리 지역들을 연결하는 사회 관계가 세계적 차원에서 강화되어 한 지역에서 일어나는 사건이 멀리 떨어진 지역에서 사건을 발생시키게 되는 것"이라고 정의하였다. 헬드(D. Held)에 따르면 세계화는 "사회 관계와 거래의 공간적 조직을 전환시키는 과정"이며, 이를 통해 "대륙 간 또는 지역 간에 인간의 활동, 상호 작용, 권력 행사의 네트워크와 흐름을 창출"한다. 한편, 스티거(M. Steger)는 "세계적 규모의 사회적 상호 의존성과 교환을 창출·확대·연장·강화하는 다차원적인 과정"으로 세계화를 규정하고, 이 과정은 "멀리 떨어진 지역 간의 관련성이 심화되어 간다는 것을 사람들이 점차 강하게 자각하도록" 만든다고 주장하였다.

이렇듯 세계화를 한마디로 정의하기 어렵고 학자들 사이에서도 강조하는 요소에 차이가 있기 때문에 이에 대한 의견이 통일되어 있다고 보기 어렵다. 그러나 그간의 주장들을 요약해 보면 세계화는 대체로 다음과 같은 속성들을 지닌 것으로 이해된다. 첫째, 세계화는 사회적 네트워크와 활동이 기존의 지역적 한계를 넘어 확장되는 상황을 말한다. 둘째, 상호 의존성이 지리적으로 확장될 뿐 아니라 강도도 심화된다. 셋째, 상호 의존성은 경제뿐 아니라 정치, 사회, 문화 등 여러 부문에서 다차원적으로 나타난다. 넷째, 사람들이 상호 의존성이 증대되고 있다는 점을 점차 뚜렷하게 인식하게 된다. 다섯째, 세계화는 변화의 결과가 아니라 과정에 초점을 맞춘다. 이를 종합하면, 세계화는 **기존의 경계를 넘어서 경제적·정치적·사회적·문화적 상호 연계성을 지향하는 사회적 과정**으로 정의할 수 있다. 즉, 세계화란 인간과 기술과 정보, 재화와 서비스, 그리고 이들이 사람들과 상호 작용을 하는 양태의 총체로서의 문화가 국경을 넘어 상호 침투함으로써 지역 간·국가 간·민족 간의 상호 의존성이 심화되는 과정이고, 그에 맞추어 사람들의 의식을 전환시키는 과정이다.

세계화와 관련된 개념들

　세계화는 때로 '지구화'(地球化), '전구화'(全球
化), '글로벌화' 등과 혼용되어 사용된다. 학자에
따라, 그리고 국가에 따라 널리 사용되는 정도에
차이가 있지만, 모두 '글로벌리제이션'(globaliza-
tion)을 번역한 것으로 각각의 의미에 별다른 차이

세계화 교육의 현장 박물관은 시간과 공간을
뛰어넘어 문화와 예술이 교류되는 장소라는
점에서 중요한 세계화 교육의 현장이다. 사진
은 프랑스 루브르 박물관의 소장품에 관심을
기울이는 방문객들의 모습.

가 없다. 우리나라에서는 학계는 물론 일반인들 사이에서도 세계화라는 용
어가 가장 널리 사용되어 왔으므로, 이 책에서는 세계화라는 용어를 채택하
기로 한다.

　세계화와 개념적으로 공통된 요소를 가지면서도 의미가 사뭇 다른 용어
들이 존재한다. 먼저 **국제화**(internationalization)는 국가의 경계를 넘어 상호 의
존과 상호 작용이 심화되는 현상을 의미한다. 이는 국가를 행위의 기본 주체
로 놓고 국가들 간의 교류가 증대되는 상황을 말하는 것으로, 세계화가 국가
뿐만 아니라 다국적 기업, 국제기구, 비정부 단체 및 개인의 행위를 망라하
는 것과 비교된다. **탈영토화**(deterritorialization)는 전통적인 국경의 중요성이
감소하는 것을 의미하는데, 특히 국가의 주권과 통제력이 약화되는 측면에
초점을 맞추고 있다. 이 용어도 세계화에 비해 개념의 포괄성이 좁다. **자유
화**(liberalization)란 세계의 통합을 위해 국가 간의 교류에 대한 제한 요인을 철
폐하고 개방도를 높여 가는 것을 말한다. 자유화가 세계화를 유도하는 역할
을 하는 경우가 많기는 하지만, 주로 제도적 장벽의 철폐에 주목하기 때문에
자발적 · 우연적 · 비제도적 변화를 포함하지 못한다.

　한편, **보편화**(universalization)는 다양한 사물 · 제도 · 관습, 경험이 지구상
의 여러 곳에 있는 사람들에게 확산되는 것을 의미한다. 이는 국가와 같은
특정 행위 주체를 상정하지 않는다는 면에서 세계화의 개념에 더 가깝다고
볼 수 있다. 그렇지만 보편화는 확산 과정과 그에 따른 동질화에 주로 관심
을 기울일 뿐, 한 집단의 영향이 퍼져 가는 방향, 과정, 그것이 다른 영향과
접하면서 발생하는 반응 등에 대해서는 무심한 편이다. 근대 세계사를 놓고
본다면 보편화는 **서구화**(westernization), 즉 서구 사회의 제도와 행동 양식이

그림 1-10

세계화와 서구화 세계화 과정이 서구에 의해 주도된 측면이 강하기 때문에 세계화를 서구화와 동일시하는 견해도 있다.

다른 지역으로 확산되어 유사한 성격의 사회로 변모하는 현상을 의미하는 경향이 강하다. 20세기 후반에 들어서서는 미국의 대외 영향력이 증대됨에 따라 보편화가 **미국화**(Americanization)를 지칭하는 것으로 이해되기도 한다. 그러나 장기적인 관점에서 보면 이러한 동일시는 비역사적인 단견에 불과하므로, 세계화에 비해 시간적 지평이 짧다고 볼 수 있다.

제3절 세계화의 척도와 흐름

세계화의 척도

세계화는 우리가 기점으로 삼는 어느 한 시기부터 다른 시기까지 지속적이고 점진적으로 진행되어 왔는가? 아니면 급속하고 단절적인 방식으로 전개되어 왔는가? 이런 판단을 위해서는 어떤 잣대로 세계화의 수준을 측량할 것인가라는 문제가 발생한다. 헬드는 세계화의 계측 기준으로서 **외연**(extensity), **집약도**(intensity), **속도**(velocity), **충격도**(impact)의 네 척도를 제시한다. 특정 시점에 특정 지점에서 발생한 사건이 얼마나 멀리 영향을 끼치는지, 얼마나 집약적인 내적 강도를 갖는지, 얼마나 빨리 영향을 전파시키는지, 그리고 얼마나 강력한 충격을 낳는지를 보면 된다. 경제사에 국한해 본다면, 전문가들이 주로 고려하는 척도들은 아래와 같다.

(1) 경제 활동의 규모와 지리적 범위

(2) 시장 통합의 수준

(3) 시장 통합의 속도

(4) 경제적 사건의 충격 강도

(5) 경제 제도의 상호 의존성

첫째, 무역, 노동과 자본의 이동, 기술 전파 등 경제 활동 및 지식과 정보 등 경제 관련 요소들의 확산 규모와 지리적인 범위를 들 수 있다. 예를 들어, 얼마나 다양한 재화가 얼마나 많은 국가로 얼마나 많이 수출되는지를 보고 세계화의 외연을 파악할 수 있다. 둘째, 지역 간에 경제 활동이 반복적으로 이루어지면 지역들을 포괄하는 시장 통합이 진전된다. 얼마나 시장 통합이 진전되었는가를 판단하는 가장 손쉬운 방법은 운송비 등의 거래 비용을 감안하였을 때 지역 간에 재화, 서비스, 생산 요소 등의 가격이 얼마나 균등화되었는가를 조사하는 것이다. 셋째, 시장 통합의 속도도 중요한 잣대가 된다. 교통과 통신 기술의 발달, 정부 정책의 변화, 외생적인 충격 등 여러 요인들에 의해 시장 통합의 속도가 결정된다. 넷째, 한 곳에서 발생한 경제적 사건이 다른 지역에 얼마나 강한 충격을 미치는가 하는 점이다. 예를 들어, 특정 지역에서 시작된 경제 위기가 다른 지역에 미치는 충격을 분석함으로써 세계화의 수준을 고찰할 수 있다. 마지막으로, 경제 제도의 측면에서도 세계화의 수준을 짐작할 수 있다. 한 국가에서 도입된 경제 제도가 다른 국가들의 경제에 어떤 영향을 가져오는지 살펴보는 작업은 경제사 연구의 중요한 부분이다.

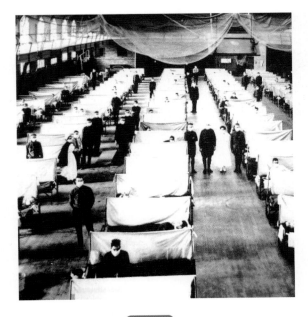

그림 1-11

질병의 세계적 확산 현대로 올수록 사람과 물자의 이동 속도가 빨라지면서 질병이 세계적으로 유행할 가능성도 커졌다. 사진은 1918년 수천만 명의 목숨을 앗아간 스페인 독감 유행 당시 미국의 한 강당에 설치된 임시 병동의 모습.

세계화의 흐름

이 책의 내용을 통해 앞으로 밝혀지겠지만, 이 척도들 간에는 대체로 높은 수준의 상관관계가 존재한다. 따라서 이들 가운데 한 가지를 지표로 삼아도 세계화의 시기적 추이를 대체적으로 짐작할 수 있다. 표 1-1은 이상의 지표들과 높은 상관관계를 가지면서 데이터의 수집이 가장 용이한 세계화의 또 다른 척

표 1-1 수출액이 GDP에서 차지하는 비중, 1870-2012년

(단위: %)

국가	1870년	1913년	1929년	1950년	1973년	1998년	2012년
네덜란드	17.4	17.3	17.2	12.2	40.7	61.2	88.0
한국	–	1.2	4.5	0.7	8.2	36.3	56.6
독일	9.5	16.1	12.8	6.2	23.8	38.9	51.8
멕시코	3.9	9.1	12.5	3.0	1.9	10.7	32.9
스페인	3.8	9.1	5.0	3.0	5.0	23.5	32.7
영국	12.2	17.5	13.3	11.3	14.0	25.0	31.6
프랑스	4.9	7.8	8.6	7.6	15.2	28.7	27.4
중국	0.7	1.7	1.8	2.6	1.5	4.9	27.3
인도	2.6	4.6	3.7	2.9	2.0	2.4	24.0
일본	0.2	2.4	3.5	2.2	7.7	13.4	14.7
미국	2.5	3.7	3.6	3.0	4.9	10.1	13.5
브라질	12.2	9.8	6.9	3.9	2.5	5.4	12.5
세계 평균	4.6	7.9	9.0	5.5	10.5	17.2	–

주: 세계 평균은 GDP로 가중 평균한 수치.
자료: Maddison(2001), 363쪽; http://www.quandl.com.

도를 보여 준다. 이 표는 고소득 국가와 저소득 국가를 포함한 11개국을 대상으로 각국에서 **수출이 국내 총생산(GDP)에서 차지하는 비율**을 나타내고 있다. 이 비율은 해당 국가의 경제가 얼마나 해외 시장에 의존하는가를 보여 주는 지표라고 볼 수 있다. 1870년부터 2012년까지의 기간 중 7개의 시점을 잡아 측정하였고, 국가들은 2012년에 수출 비중이 높았던 순서대로 배열하였다. 가장 아랫줄에는 세계 평균치가 제시되어 있다.

표 1-1에서 몇 가지 특징적인 양상을 관찰할 수 있다. 첫째, 2012년을 기준으로 볼 때 수출 비중은 88%에 이르는 국가로부터 13%에 그치는 국가까지 다양하였다. 둘째, 1870년과 2012년 사이에 수출 비중에 커다란 격차가 있었다. 세계 경제는 GDP 증가를 훨씬 능가하는 무역 증가를 경험하였다. 셋째, 2012년의 순위는 앞 연도들의 순위와 차이를 보였다. 시간의 경과에 따라 각국 경제의 해외 의존도가 상이한 폭으로 변동해 왔음을 확인할 수 있다. 국가별 경제 정책의 차이가 얼마나 큰 변화를 가져오는지 잘 보여 주고 있는 것이다.

마지막으로, 이런 국가별 차이에도 불구하고 거의 모든 국가에서 수출 비중이 일률적인 증가 추세가 아니라 **시기적 변동** 추세를 보였다. 우리의 논의와 관련해서 가장 중요한 점은 시간의 흐름과 세계화의 수준이 꼭 비례적

그림 1-12 GDP 대비 국제 자본 투자액의 비율, 1870-2010년

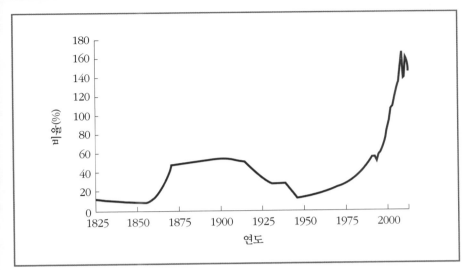

자료: http://so-l.ru.

관계에 있는 것이 아니라는 사실이다. 거의 모든 국가에서 수출 비율이 1870년에 비해 1913년, 즉 제1차 세계 대전 직전이 더 높았다. 그러나 제2차 세계 대전이 끝난 지 얼마 되지 않은 1950년에는 거의 모든 국가에서 1913년보다 낮은 수치를 기록하였다. 이 추세는 다시 역전되어 오일 쇼크(Oil Shock) 직전인 1973년에는 모든 국가에서 1950년보다 수출 비율이 높아진 것을 볼 수 있으며, 이와 같은 상승세는 계속 이어져 1998년에는 모든 국가에서 이 수치가 25년 전보다 현저히 높아졌다. 다시 2012년에는 거의 모든 국가에서 수출 비율이 1998년에 비해 상승하였다.

생산 요소의 이동 추이도 대체로 비슷한 시기적 패턴을 보여 준다. 그림 1-12는 **GDP 대비 국제 자본 이동액이 차지하는 비중**을 보여 준다. 19세기 중반에 상승하여 19세기 후반에 높은 수준을 유지하던 추세가 제1차 세계 대전의 발발과 더불어 급락하였고, 양차 대전 사이에 극도의 부진을 보이다가 제2차 세계 대전 이후에 서서히 회복세를 기록하였다. 이 비중은 1980년을 전후해서부터 급속한 증가세를 나타내었고, 21세기에 들어서는 매우 높은 수준을 기록하였다.

종합하자면, 세계화는 인류의 근대 경제사를 통해 단선적인 확장 추세를 보인 것이 아니며, 시기적으로 진전과 후퇴를 거듭하면서 변천해 왔다. 학계에서는 통상 19세기 후반-20세기 초반을 '1차 세계화'라고 부르며, 20세

오일 쇼크: 석유 수출국 기구(OPEC)의 원유 생산 제한과 유가 인상이 야기한 세계 각국의 경제적 혼란. 1973-1974년의 1차 오일 쇼크와 1979년의 2차 오일 쇼크로 구분된다.

기 후반에서 현재에 이르는 시기를 '2차 세계화'라고 부른다. 그 사이에 끼인 시기, 즉 세계화의 추세가 역전되어 크게 위축된 양차 대전 사이의 시기는 '세계화의 후퇴'(deglobalization)로 특징지을 수 있다. 세계화 추이의 부침은 19세기 이전 시기에 대해서도 마찬가지로 관찰된다. 우리는 앞으로 인류의 경제사를 통해 세계화가 언제 어떠한 강도와 방향성을 가지고 진행 및 후퇴를 경험하였는지 살펴볼 것이다. 그리고 각 시기에 세계화에 영향을 주는 요인들이 어떻게 변화하였는지 논의할 것이다.

제4절 세계화의 시기 구분

현재의 세계화

세계화가 세상을 움직이는 동력으로 본격적으로 인식되기 시작한 것은 1990년대 들어서라고 말할 수 있다. 이 시기는 20세기 세계사를 특징짓는 큰 틀인 **이념적 분단이 종료**되고 자본주의가 유일한 경제 체제로서 자리매김을 하는 시기였다. 1980년대 말에 소련이 해체되고 구소련에 속하였던 동유럽과 중앙아시아의 여러 국가들이 주권을 되찾았다. 이 과정을 통해 제2차 세계 대전 이후 견고하게 유지되어 왔던 냉전 체제 특유의 지역 구분선이 의미를 상실하게 되었다. 신생 독립국들은 대부분 기존의 계획 경제 체제를 버리고 자본주의적 시장 경제 체제로 변모해 갔다. 그중 여러 국가들은 이제 유럽 연합(European Union, EU)의 일원이 되어 사회 제도와 정치 제도까지도 서유럽에 동조해 가는 양상을 보이고 있다.

신자유주의: 경제 운용에 있어서 정부의 역할을 최소화하고 시장의 역할을 최대화하는 것이 바람직하다고 보는 사조.

체제 전환을 수반한 이념적 장벽의 해체를 강조하는 주장과 더불어, **신자유주의**(Neoliberalism) **사조의 세계적 확산**이 끼친 영향에 주목하는 주장도 있다. 1980년대부터 미국의 레이건 대통령과 영국의 대처 총리의 정책을 통해 본격적으로 현실화되기 시작한 신자유주의적 기조는 시장의 역할을 강조하고 정부의 개입과 규제를 줄이며, 노동 시장을 유연화하고 노동조합의 영향력을 제한하며, 자본 이동을 최대한 보장한다는 특징을 지녔다. 이런 기조가 세계적으로 확산되면서 국가 간의 경제적 장벽이 낮아지고 초국적 기업의 활동이 자유로워졌다는 것이다.

마지막으로, **정보 통신 기술의 비약적인 발달**에 초점을 맞추는 주장이 있다. 인터넷과 무선 통신 기술의 급속한 발달과 보급이 세계 각 지역을 촘촘한 네트워크로 묶는 역할을 하였고, 이는 특히 정보 흐름의 범위와 속도를 획기적으로 개선하고 정보 획득의 비용을 급속히 낮춤으로써 국가라는 기존의 제도적 장벽에 크고 작은 구멍을 내는 결과를 초래하였다는 것이다. 현실적으로 대다수의 사람들이 세상의 움직임을 이해하는 개념 틀로서 세계화를 인식하기 시작한 것도 이 시기부터라고 볼 수 있다. 또한 이런 변화에 대한 반작용으로서 반(反)세계화 운동이라는 현상이 이 시기에 발생하였다는 점에도 주목해야 한다.

세계화의 첫 물결

그러나 상호 의존적인 네트워크의 전 세계적 확산이라는 현상 자체가 1990년대에 처음 발생한 것은 아니다. 일부 학자들은 현재의 세계 경제가 서구에 의해 주도되고 있으며, 이러한 서구의 우위는 19세기 이래 진행된 **공업화**에서 비롯되었다고 주장한다. 즉, 19세기 중반부터 제1차 세계 대전에 이르는 시기에 구미 국가들이 앞다투어 공업화를 추진하였고 대외 무역 규모를 빠른 속도로 확대하였다는 사실에 주목한다. 공업화는 경기 변동이라는 현상을 불가피하게 동반하였는데, 이 시기에는 각국의 **경기 변동이 동조화**

그림 1-13

통신 기술의 발달 1차 세계화 시기에 통신 기술은 비약적인 발달을 이룩하였다. 1915년에 발간된 잡지 *Wireless World* 의 표지에 무선 전신의 활용 모습이 그려져 있다.

경기 변동: 생산, 소비와 같은 경제 활동이 활발한 호경기와 그러한 경제 활동이 침체하는 불경기가 번갈아 발생하는 현상. 자본주의 경제의 특징 가운데 하나로 여겨지며, 경기 순환이라고도 한다.

동조화: 한 국가 또는 한 지역의 경제가 다른 국가나 지역의 경제적 흐름과 유사한 양상이 시간 변화에 따라 발생하는 현상을 말한다.

(synchronization)하는 경향이 최초로 발생하였다. 또한 1870년대부터는 각국이 경제 구조의 대규모화 및 독점화를 경험하는 가운데, **제국주의적 팽창 정책**을 경쟁적으로 채택하여 지구상의 거의 전 지역을 식민지 경영의 대상으로 삼았다. 따라서 공업화 경쟁이 격화되는 속에서 지구상의 전 영역이 서구 중심의 경제권에 포섭되었고, 한 나라의 경제 상황은 다른 나라의 경기에 직접적으로 영향을 끼치는 시기가 되었다는 점에서 이 시기를 세계화의 발흥 기점으로 삼는 것이다.

산업 혁명

공업화가 현대의 세계화 추세를 이끈 힘이라는 면에 주목하여 일군의 학자들은 **공업화의 시작**을 세계화의 기원으로 보아야 한다고 주장한다. 이 주장에 따르면 18세기 후반에서 19세기 전반에 이르는 시기에 영국에서 가장 먼저 진행된 산업 혁명이야말로 근대 사회를 형성시킨 주역이며, 근대 사회는 본질적으로 세계화로 향하는 경향성을 지닌다. 공업화가 진행되기 훨씬 이전부터 국제적 무역은 존재해 왔지만, 당시에는 무게나 부피에 비해 가격이 비싼 재화로 무역품이 제한되었다. 세계적으로 시장 통합의 수준이 높지 않아 지역 간 가격 차이가 크게 존재하였음도 사실이다. 경제사학자들은 공업화가 진행된 이후에야 사치재 대신 **대량 생산품이 무역의 주종**으로 등장하였다는 점을 강조한다.

대항해 시대

한 시대를 여는 기점으로서 전 지구적 규모의 시장 형성을 중요시하는 견해도 있다. 유럽 국가들이 앞을 다투어 **신항로 개척**을 추진하고 그 결과 아메리카 대륙과 유라시아가 하나의 무역망으로 포섭된 15-16세기에 강조점을 두는 입장이다. 일찍이 애덤 스미스가 콜럼버스(Christopher Columbus)의 아메리카 도착과 바스코 다가마(Vasco da Gama)의 인도 항로 개척이 지니는 역사적 의미를 높이 평가한 이래 많은 학자들이 그의 의견에 동의해 왔다.

대표적으로 브로델(F. Braudel)은 유라시아와 사하라 이남 아프리카의 대부분이 국제적 무역망에 포함되었다고 강조하였고, 프랭크(A. G. Frank)는 16세기 이래 세계적 분업과 다각 무역(multi-lateral trade)이 작동하는 단일한 세계 경제가 있었다고 주장하였다.

이들뿐만 아니라 다른 역사가들도 이 시기가 중국이 세계 경제의 중심지로서의 지위를 점차 상실하고 유럽이 세계 경제의 주도권을 쥐게 되는 시발점이라는 데 의견의 일치를 보인다. 이 사건은 단순히 중국에서 유럽으로 경제적·정치적 우위가 이전되었음을 의미하는 것이 아니라, 외부 세계와 조공 관계로 연결된 단일한 내향적 제국 체제가 경쟁적으로 팽창 정책을 추진하는 다수의 국가들에게 주도권을 빼앗겼음을 의미한다.

팍스 몽골리카

세계 경제의 형성 시기를 더 앞당겨 보는 견해도 있다. 아부-루고드(J. Abu-Lughod)는 이미 12세기 말에 몽골의 주도하에 유럽과 아시아를 연결하는 무역망이 활발히 작동하였다고 주장한다. 그는 이후 13-14세기의 이른바 '팍스 몽골리카'(Pax Mongolica) 시기에 유라시아 대륙에 걸친 네 핵심 지역을 잇는 여덟 개의 무역 회로(circuits of trade)가 작동하는 세계 체제가 형성되어 있었으며, 이 세계 체제는 14세기 초에 절정기에 도달하였다고 말하였다. 그의 분석에 따르면 서양의 대두에 앞서 동양의 쇠퇴가 먼저 발생한 것이 되는데, 서양의 발흥이 동양의 쇠퇴를 야기하였다는 통상의 이해와는 다른 해석을 제시하는 셈이다.

　시기적으로 더 거슬러 올라가 고대 그리스와 로마 제국의 운영, 유라시아의 실크로드, 메소포타미아의 대외 무역 등을 국지적 세계화의 사례로 드는 역사가도 있다. 인류가 아프리카 남동부에 처음 등장하여 시간이 경과함에 따라 아시아를 거쳐 유럽과 아메리카로 이동해 간 경험을 세계화의 시초로 보는 학자도 있다.

시기 구분

　세계화의 관점에서 인류의 장기적 역사를 구분한 대표적인 학자는 맥닐 부자(J. and W. McNeill)이다. 이들은 인류의 등장부터 6,000년 전에 이르는 시기를 '최초의 세계적 웹'(First World Wide Web)이라 칭하고, 문명의 출현과 발달이 진행된 6,000년 전에서 2,000년 전에 이르는 시기를 '메트로폴리탄 웹'(Metro-politan Web)의 시대로 불렀다. 이때부터 대항해 시대가 개막되는 500년 전까지의 시기를 '구세계 웹'(Old World Web)으로, 그리고 이후 현재까지의 시기를 '범세계적 웹'(Cosmopolitan Web)으로 명명하였다. **'인류의 등장–문명의 시대–구세계의 시대–범세계적 시대'**로 이어지는 시기 구분법은 인간 활동의 지리적 범위에 기초를 두고 있는 것으로 볼 수 있다.

　홉킨스(A. G. Hopkins)는 대항해 시대 이래의 세계사를 세계화의 관점에서 시기를 구분하였다. 그는 공업화 이전 시기인 1600-1800년을 **'프로토세계화'**(Proto-globalization) 시대로, 1800년부터 제2차 세계 대전까지의 시기를 **'근대적 세계화'**(Modern Globalization) 시대로, 그리고 이후의 시기를 **'탈식민지세계화'**(Postcolonial Globalization) 시대로 구분하였다. 그는 세계화의 초기 형태가 형성된 대항해 시대를 지나 공업화 시기가 되어서야 본격적인 세계화가 진행되었다고 보았다. 그런데 공업화를 매개로 한 근대화의 시기는 서구의 열강들이 지구상의 나머지 국가들을 강제적으로 지배한 시기이기도 하였다. 이런 제국주의적 식민 통치가 청산된 제2차 세계 대전 이후에야 과거와는 차별화되는 현대적인 세계화가 전개되었다고 그는 주장한다.

이 책의 구성

　이 책에서는 이들의 시기 구분법은 물론 다른 학자들이 제시한 시기 구분법도 참고하여, 다음과 같이 세계화의 경제사 시기를 구분하고 그에 따라 책을 구성하였다. 제1부에서는 고대와 중세의 세계화를 다룬다. 인류가 지구상에 등장한 이래 어떻게 신석기 혁명을 거치고, 문명을 만들어 내고, 제국을 건설하였는지 살펴본다. 뒤를 이어 구세계에서 대규모 제국 체제가 붕괴된 후 유럽에서 중세 사회가 성립하고, 이슬람 문명권이 확대되고, 중국이 문화적으로 번영하던 모습을 살펴본다. 마지막으로, 중세 사회가 안정화된 후 유럽, 인도양, 중국의 경제 발전과 무역망의 발달을 고찰하고, 원나라 시기 유라시아 무역망의 전성기가 낳은 성과와 부산물을 논의하는 것으로 제1부를 마무리한다. 대체로 인류의 기원에서 15세기까지의 시기를 제1부에서 다룬다.

그림 1-15

신세계와 구세계의 만남 자메이카에 상륙하는 유럽인을 묘사한 그림에 아메리카 원주민의 생태 환경이 나타나 있다.

　제2부에서는 대항해 시대의 전개로 구세계와 신세계가 단일한 경제권으로 통합되는 과정을 다룬다. 흑사병 이후 중세 유럽의 변화 양상과 유럽인에 의해 주도된 대항해 시대, 그리고 뒤를 이어 전개된 중상주의 정책에 대해 살펴볼 것이다. 또한 새로운 기업 조직과 금융 제도의 등장 과정을 통해 중세를 넘어 근대 사회로 옮겨 가는 이행기 경제 체제의 모습을 탐구한다. 마지막으로, 세계 경제 운영의 주도권이 유럽으로 넘어감에 따라 아메리카 대륙, 인도양, 동아시아는 어떤 변화를 경험하게 되었는지 고찰한다. 15세기부터 18세기에 이르는 시기가 제2부의 서술 대상이다.

　제3부는 산업 혁명에서 제1차 세계 대전에 이르는 시기를 대상으로 한

다. 영국의 산업 혁명과 후발국들의 경쟁적 공업화는 1차 세계화의 시대라고 부르는 세계 경제의 부흥기를 맞게 된다. 19세기 중반부터 확산된 자유 무역의 움직임이 1870년대에 보호 무역 기조로 대체되는 과정을 논의하고, 이후 제국주의 식민 정책을 통해 후진국들이 강제적인 세계화를 경험하는 과정을 살펴본다. 또한 이 시기에 다각 결제망과 금 본위제가 세계 경제 운영에 끼친 영향을 탐구한다.

그림 1-16

경쟁의 격화 1900년의 국제 정세를 보여 주는 이 지도에는 구세계의 국가들이 각각의 동물로 상징되어 있다.

　　제4부는 양차 세계 대전과 대공황이라는 세계적 위기 상황으로 시작된다. 이 연속적 위기들이 어떤 상호 연관성을 갖는지 살펴보고, 대공황에 대한 각국의 대응 전략을 비교한다. 세계화의 후퇴 국면이 제2차 세계 대전의 종전과 더불어 마무리되면서 세계 경제는 다시 재건의 과정을 경험하였다. 세계 경제의 황금기로 일컬어지는 이 시기가 1970년대에 타격을 입고 이후

그림 1-17

세계화가 궁금해 세계화의 특징과 세계 경제의 역사적 형성 과정에 대한 궁금증을 하나씩 풀어 보자.

세계 경제가 새로운 길을 모색하는 과정을 살펴본다. 세계적으로 경제 통합의 움직임이 활발해지고, 냉전 체제가 무너져 동구권 경제의 체제 전환이 발생하며, 신자유주의 사조의 확산과 정보 통신 기술의 발달에 힘입어 이른바 2차 세계화가 전개되는 양상을 탐구한다.

　　마지막으로, **제5부**에서는 현재의 세계화를 재조명한다. 지금까지

논의한 인류의 경제사를 참고로 하여 현 세계화의 추이, 방향, 핵심적 이슈 등에 대해 평가해 본다. 특히, 현재의 세계화가 보여 주는 긍정적 측면과 부정적 측면을 비교하고 평가한다. 그리고 세계화를 둘러싸고 인류가 향후에 가질 수 있는 선택의 범위를 고찰하는 것으로 세계화의 경제사에 대한 논의를 마무리한다.

제**1**부 고대와 중세

선사 시대와 문명의 탄생

제1절 인류의 등장과 이동

인류의 첫 걸음

학계에서 널리 받아들여지고 있는 추정에 따르면, 우주의 생성은 지금으로부터 150억 년 내지 200억 년 전에 이루어졌으며, 지구는 약 46억 년 전에 생성되었다. 그리고 지구상에 생물이 등장한 것은 약 40억 년 전이었다고 추정되고 있다. 이에 비해 인류가 지구상에 출현한 것은 아주 근래의 일이었다. **초기 인류의 기원**은 유골과 화석이 새로 발견됨에 따라서 시기가 먼 과거로 계속 올라갔는데, 현재까지 발견된 유골 중에서는 600만-700만 년 전에 아프리카의 사하라 사막 이남 지역에서 발견된 것들이 인류의 첫 조상에 가장 가깝다고 여겨지고 있다. 이 시기에 인류는 침팬지 등 유인원과 확실히 구분되는 특징을 갖추기 시작하였는데, 이들 초기 인류를 호미니드(hominid)라고 통칭한다. 지금까지 많은 수의 호미니드 유골이 발견되었는데, 초기의 것들은 대부분 아프리카의 남부와 동부 지역에 분포한다.

호미니드 중에서는 보존 상태가 아주 좋은 유골을 남기고 있는 경우도 있는데, 특히 고고학자들이 '루시'(Lucy)라고 명명한 호미니드는 나무에서도 생활하였지만 땅 위에서도 두 발로 지낸 것으로 보인다. 지금으로부터 300만 년 전 이후에 출현한 호미니드들은 거의 전적으로 두 발로 활동하였다. 약 250만 년 전부터 지구상에는 빙하기와 해빙기가 주기적으로 반복되었는데, 이는 인간이 살아가야 하는 생태계가 주기적으로 격변을 겪었음을 의미하였다. 호미니드는 뛰어난 적응력을 보이면서 이런 생존의 위험들을 극복하는 데 성공해 갔다.

170만-180만 년 전에 등장한 호모 하빌리스(*Homo habilis*)는 이름 그대로

호미니드: 초기 인류를 지칭하며, 직립 보행, 도구의 사용 등을 특징으로 한다.

루시: 1974년 에티오피아에서 유골이 발견된 호미니드로, 신장 120cm가량의 여성이다. 320만 년 전에 생존하였던 것으로 추정된다. 전체 유골의 40%나 되는 양이 발견되어 매우 귀중한 고고학적 자료로 평가된다.

호모 하빌리스: 오스트랄로피테쿠스보다 조금 큰 뇌를 가진 호미니드로 도구의 사용에 능하였다.

문헌 자료 2-1

인류의 조상

그간 고고학계의 통설은 현생 인류인 호모 사피엔스와 네안데르탈인 간에는 생물학적 차이가 커서 짝짓기에 의한 번식이 불가능하였다는 것이었다. 그런데 최근에 이를 반박하는 연구 결과들이 발표되고 있다. 네안데르탈인의 유전자도 현생 인류의 유전자와 섞여 있다는 새 주장이 장차 통설의 위치에 오르게 될지 귀추가 주목된다.

현생 인류(호모 사피엔스)의 몸에 약 3만 년 전에 멸종한 네안데르탈인의 유전자가 섞여 있다는 연구 결과가 나왔다. 네안데르탈인은 현생 인류의 기원과 관계가 없다는 기존 이론을 뒤집는 내용으로 인류의 기원과 계보를 다시 정리해야 한다는 평가까지 나온다.

미국 워싱턴대 벤저민 베르놋 박사와 조슈아 아케이 박사 공동 연구팀은 30일 과학 저널 『사이언스』에 게재한 논문에서 "호모 사피엔스와 네안데르탈인의 게놈을 비교 분석한 결과 1-3%의 유전자를 공유하고 있는 것으로 확인됐다"고 밝혔다. 같은 날 『네이처』도 호모 사피엔스와 네안데르탈인에게서 머리카락과 피부를 생성하는 유전자, 크론병이나 낭창(결핵성 피부염)을 일으키는 유전자가 공통적으로 발견됐다는 미국 하버드 의대 스리람 산카라라만 교수 연구팀의 연구 결과를 게재하였다.

...

기존 학설은 현생 인류인 호모 사피엔스가 아프리카에서 나타나 대륙으로 이동하면서 다른 종과 경쟁을 했고 유일하게 살아남았다는 것이다. 이 같은 '아프리카 기원설'은 미국 버클리대 레베카 칸 교수 연구팀이 1987년 인간의 미토콘드리아 유전자를 분석해 내놓은 결과이다. 칸 교수는 호모 사피엔스가 이주하면서 동시대에 살던 네안데르탈인을 몰아내 결국 멸종시켰을 것으로 추측했고, 이 같은 가설은 한동안 정설로 받아들여졌다.

그러나 2000년대 들어 호모 사피엔스가 네안데르탈인을 몰아낸 것이 아니라 유럽과 중동에서 함께 살았으며, 짝짓기를 통해 네안데르탈인의 유전자가 현생 인류에까지 전달되었다는 주장이 제기되었다.

...

이번 발표로 네안데르탈인과 호모 사피엔스가 서로 다른 종이라는 의견도 폐기될 가능성이 높아졌다. 과거에는 네안데르탈인과 호모 사피엔스가 짝짓기를 하더라도 종이 달라 번식이 불가능했을 것이라는 주장이 우세하였다.

자료: 『경향신문』, 2014년 1월 30일자.

'손재주 있는' 호미니드였다. 탄자니아에서 발견된 이들의 거주지에서는 초보적인 석기와 뼛조각 등의 유물이 출토되었다. 막대기(digging stick)와 뗀석기 등의 도구를 제작함으로써 이들은 사냥과 채집 능력을 크게 향상시킬 수 있었다. 호모 에렉투스(Homo erectus)는 걷고 뛰기에 적합한 신체적 조건을 갖추었으며 현대인에 버금가는 신장을 가졌다. 이들은 이르면 170만 년 전,

호모 에렉투스: 직립 인간이란 의미를 가지며, 자바 원인, 베이징 원인, 하이델베르크인 등이 이에 속한다.

늦어도 100만 년 전에 원래 거주지였던 아프리카를 벗어나 아시아와 유럽 지역으로 이동해 갔다. 호모 에렉투스의 한 종인 베이징 원인(北京原人, Beijing Man)은 약 50만 년 전에 살았던 것으로 추정되는데, 이 집단이 빙하 시대의 추위와 식량 부족 문제를 극복하면서 생존할 수 있었던 데에는 **불의 사용**이 큰 도움이 된 것으로 보인다. 불을 다루는 방법을 터득함으로써 맹수를 물리치고, 어둠과 추위를 극복하고, 음식을 익혀 먹고, 가무(歌舞)와 결합하여 집단의 연대와 협력을 강화하는 효과를 거둘 수 있었다. 불은 또한 음식의 소화율을 높여 위가 작아지고 뇌가 커지도록 작용하였다. 도구, 불과 함께 **언어**의 사용도 호미니드의 생존 능력을 향상시키는 데 결정적인 역할을 하였다. 자신을 둘러싼 세계를 묘사하고 이를 동료에게 전달할 수 있게 되면서 생존에 필요한 경험적 지식을 공유하고 전파하는 행위가 가능해졌고, 나아가 집단 구성원들 간에 공통된 상징 체계를 만들어 냄으로써 집단의 결속력을 강화할 수 있었다.

20만 년 전 유라시아 대륙의 여러 곳에서는 네안데르탈인(Neanderthal)이 동굴과 하천 주변을 중심으로 군집을 이루어 거주하였다. 그 후 지구상에는 **현생 인류**인 호모 사피엔스(Homo sapiens)가 새로 등장하였는데, 이들이 이동하여 네안데르탈인과 조우하게 되면서 치열한 생존 경쟁을 벌였다. 시간이 흐르면서 결국에는 지능이 더 높고 도구 활용 능력과 집단 사냥 기술이 더 뛰어난 호모 사피엔스에게 밀려나 네안데르탈인은 점차 도태되었고, 마침내 2만여 년 전에 유럽 남동부에 마지막 흔적을 남기고 멸종하였다.

베이징 원인: 1923년 베이징에서 발견되었다. 석기와 골각기를 사용하였고, 불에 탄 동물 뼈가 함께 출토되었다.

네안데르탈인: 유럽과 서아시아에서 많이 거주하였으며, 큰 머리와 강인한 체구를 지녔다.

호모 사피엔스: 지혜가 있는 사람이란 뜻으로 현생 인류와 같은 종을 일컫는다.

그림 2-1

현생 인류의 이동 경로 현생 인류는 기원지인 아프리카로부터 세계 각 지역으로 장기간에 걸쳐 이동해 갔다.
자료: O'Brien(2010), 16쪽으로부터 작성.

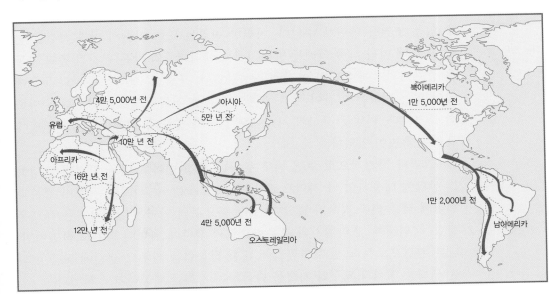

현생 인류의 이동

호모 사피엔스의 최초 화석은 에티오피아에서 발견되었는데, 지금으로 부터 15만 년 내지 18만 년 전에 출현한 것으로 여겨진다. 이들은 약 10만 년 전에 아프리카 대륙을 벗어났고, 그 후 서남아시아로 활동 지역을 확대하였으며, 4만-5만 년 전에는 동남아시아와 유럽까지 이동해 가는 데 성공하였다. 동남아시아에서 이들은 뗏목이나 카누에 몸을 싣고 조류와 바람을 타고 태평양 연안과 오세아니아 지역으로 옮겨 갔으며, 동아시아로 이동하였던 집단 중 일부는 빙하 시대 말기인 약 1만 5,000년 전에 당시 육지로 연결되어 있던 아메리카 대륙으로 건너가 약 3,000년에 걸친 남하를 시작하였다.

그림 2-2

오세아니아의 이동 수단 1807년 이 지역을 탐사한 유럽인의 그림에 나타난 뗏목. 돛을 달지 않았고 그저 가는 노를 저어 배를 움직였다. 선사 시대 이래 이런 뗏목의 형태는 크게 변화하지 않은 것으로 보인다.

생존을 위한 기술이 어느 수준까지 확보되면 종족의 보존과 재생산을 위해 한 지역에 정착하는 것이 도움이 되었을 것이다. 특히, 사냥 무기의 개량, 채집 도구의 향상, 음식 저장 기술의 발달, 주거 시설의 확충 등은 한 지역에 자리를 잡은 인구 집단이 확대될 수 있는 조건을 마련해 주었다. 이러한 변화는 또한 인간의 여가 시간을 늘렸고, 그에 따라 각종 의례를 발전시키고 애니미즘과 같은 원시적 종교 활동을 증가시키기에 유리한 여건을 조성하였다. 프랑스, 스페인 등지의 동굴에 남아 있는 벽화는 인간이 이런 종류의 활동을 적극적으로 행하였다는 명백한 증거이다. 이렇듯 구석기 시대에도 분명히 정착이 집단의 생존과 번영에 유리한 측면이 있었다.

그러나 장기적으로 보면 인구 증가나 환경 변화로 인한 압력이 발생하는 상황에 대응하여 타 지역으로의 **이동성**(mobility)을 확보하는 것이 생존과 번식에 더 유리한 경우가 많았다. 낯선 곳으로의 이동은 한편으로는 새로운 질병, 자연재해 및 약탈자와 조우함으로써 생존에 위협이 되기도 하였지만, 다른 한편으로는 낯선 자연환경에 대한 적응력을 키우고 생존에 도움이 되는 **새로운 지식**과 **도구**와 **기술**을 습득하는 기회를 제공하기도 하였다.

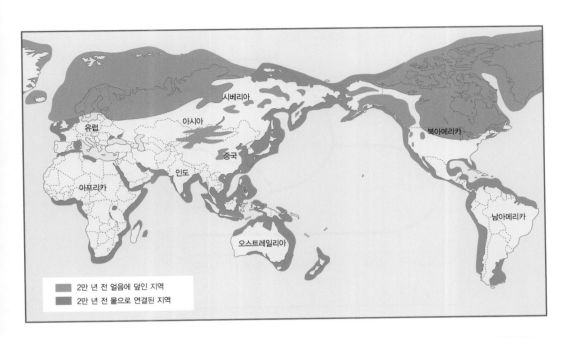

그림 2-3

빙하기의 지구 환경 약 2만 년 전–1만 5,000
년 전의 빙하기에는 지구상의 많은 지역이 얼
음과 눈으로 뒤덮여 있었고, 해수면이 낮았기
때문에 현재에는 분리되어 있는 여러 지역이
물로 연결되어 있었다.
자료: Spodek(2006), 23쪽.

현생 인류의 대륙 간 이동에 대한 전통적인 고고학적 증거는 유골과 유물이었다. 이들이 어느 지층에서 발견되었는가를 면밀히 조사하여 학자들은 인류 이동의 역사를 재구성하였다. 최근에는 DNA 조사를 활용하여 지구상의 여러 지역에 사는 인구 집단들의 계통도를 작성하는 연구들이 진행되었다. 이런 연구의 결과는 그림 2-4에 정리되어 있는데, 위에서 설명한 내용이 대체로 인정됨을 보여 준다. 즉, 현생 인류의 큰 갈래가 약 10만 년 전을 전후해서 아프리카로부터 분기하였고, 다시 약 6만 년 전에는 동남아시아와 오세아니아로 이어지는 흐름과 북서아시아를 거쳐 유럽을 향하거나 동북아시아를 거쳐 아메리카 대륙으로 건너가는 흐름으로 나누어지게 되었다.

이상에서 살펴본 바와 같이 인류의 초기 역사는 공간적 이동의 역사이며 낯선 물리적·인위적 환경과의 접촉의 역사였다. 이런 이동 과정은 이미 먼 옛날부터 좁게는 인접한 지역과 종족 집단 간에 발생하였고, 넓게는 대륙을 넘어서는 수준에서 발생하였다. 인류가 발전해 온 초기 과정은 세계화를 다양한 차원에서 경험하는 과정이었던 셈이다. 이후 대항해 시대가 열리는 15세기까지 세계는 아시아–유럽–아프리카 지역, 오스트레일리아–태평양 지역, 그리고 아메리카 지역 등으로 나뉜 채 내부적인 상호 연계성을 강화하면서 독자적인 역사를 이루어 가는 **국지적 세계화**의 길을 걷게 되었다.

국지적 세계화: 세계화(globalization)는 사전적으로는 지구(globe) 전체가 하나의 단위로 되는 현상을 말하는데, 이와 대조적으로 국지적 세계화는 지구상의 일부 지역이 독자적으로 내부적 상호 의존성을 강화해 가는 현상을 말한다.

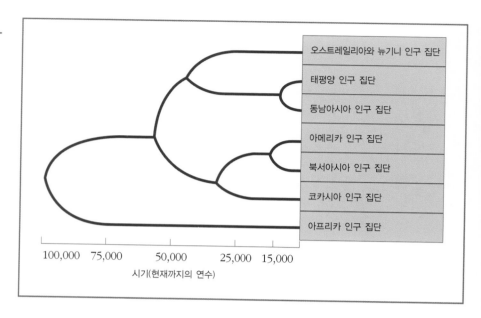

현생 인류의 분기 DNA 조사 결과를 기초로
구성한 인류의 계통도.
자료: Roberts(1998), 1권, 46쪽.

오스트레일리아와 뉴기니 인구 집단

태평양 인구 집단

동남아시아 인구 집단

아메리카 인구 집단

북서아시아 인구 집단

코카시아 인구 집단

아프리카 인구 집단

100,000   75,000   50,000   25,000   15,000

시기(현재까지의 연수)

제2절 신석기 혁명

구석기 시대

인류 최초의 경제 활동은 자연에서 야생의 과일, 근채류, 풀뿌리, 나무뿌리 등을 채취하고 들짐승, 날짐승, 물고기, 조개류, 애벌레 등을 잡아 섭취하는 것이었다. 구석기인들은 원시적인 도구를 이용하여 **수렵ㆍ채집** 능력을 키워 갔다. 이 시기에 가장 특징적인 뗀석기뿐만 아니라 점차 칼이나 송곳 등을 개발함으로써 의식주 문제를 해결하는 능력을 키워 갔다. 불의 사용은 자연에 대한 인간의 통제력을 크게 향상시켰으며, 언어의 발달은 공동체의 생존력에 비약적인 발전을 가져왔다.

시간이 흐르면서 자연에 대한 인간의 이해력이 증대되어 갔고, 그에 따라 채집과 사냥의 대상이 되는 자연물의 지역적ㆍ계절적 변동에 대한 예측력도 향상되었다. 이러한 변화에 기초하여 인간은 수렵과 채집을 위주로 한 불안정한 이동식 삶을 서서히 벗어나, 한곳에서 **정착**하여 생활하는 방식을 점차 받아들이게 되었다. 정착과 더불어 수렵·채집인들은 이미 알고 있었던 식물 활용법의 범위를 넓힐 필요성을 느꼈다. 그들은 이미 다양한 식물을 먹고, 약초로 쓰고, 의복과 그물을 만드는 재료로 사용하여 왔다. 오랜 경험과 관찰을 통해 식물이 번식하는 과정도 이해하였을 것이다. 그들은 이제 밭을 일구고 씨를 뿌리고 수확을 하고 저장을 하는 방식을 도입함으로써 인류 역사에 새로운 장을 열려고 하였다. **농경**과 더불어 **목축**도 시작되었다. 야생 동물을 길들여 가축으로 사육하는 방법, 즉 인간이 가축에게 먹이를 주고 포식자로부터 보호를 해 주는 대신에 가축은 인간에게 복종하는 관계를 발전시켰다. 목축이 시작되는 과정은 이렇듯 인간과 동물이 상호 적응해 가는 과정이었다.

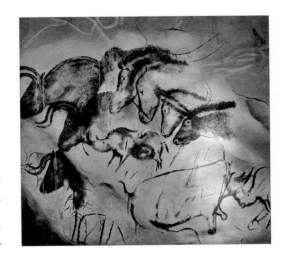

그림 2-5

구석기 동굴 그림 프랑스의 쇼베 동굴에서 발견된 약 3만 년 전의 그림. 구석기인들이 사냥한 동물들이 정교하게 묘사되어 있다.

비옥한 초승달: 고대 문명의 최초 발상지인 서아시아의 티그리스강과 유프라테스강 유역을 칭하는 용어.

최초의 정착 농업

신석기 시대의 가장 중요한 특징인 농경과 목축, 그리고 이를 수반한 정착 생활이 시작된 것은 **약 11,000-12,000년 전**이었다. 메소포타미아의 비옥한 초승달(Fertile Crescent) 지역에서 야생 동물을 길들여 사육하기 시작하였다. 양, 염소, 돼지, 소 등이 이곳에서 가장 일찍부터 사육된 가축이었다. 가축은 인간에게 고기와 젖, 털 등 유용한 식량 자원 및 직물 원료를 공급해 주었고, 짐을 나르거나 쟁기를 끄는 에너지도 제공해 주었다. 한편, 야생 식물이 재배 대상이 되면서 밀, 보리, 렌즈콩 등이 점차 널리 경작되었다. 일부 지역에서는 포도, 올리브, 무화과, 채소류 등도 재배되었다. 약 8,000년 전에는 동쪽으로는 **인더스강 유역**으로부터 서쪽으로는 **지중해 동부와 흑해 연안**에 이르는 넓은 지역으로 농경과 목축에 기초한 정착 농업이 확산되었다. **이집트 하류** 지역과 **아라비아반도** 일부에도 농경이 전파되었다.

지금으로부터 9,000-10,000년 전에는 중국 남부의 **양쯔강 유역**과 북부의 **황하 유역**에서 각각 벼와 기장을 중심으로 경작이 이루어졌다. 남부에서는 논농사가, 그리고 북부에서는 밭농

그림 2-6

이집트의 농경 두레박을 이용해 물을 긷는 모습. 지렛대의 원리를 이용하여 힘들이지 않고 물을 퍼 올리고 있다.

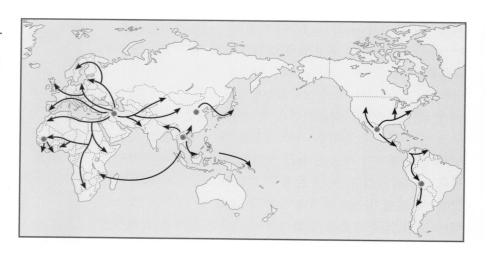

그림 2-7

농경과 목축의 전파 농경과 목축은 메소포타미아에서 처음 시작된 이래 지구 곳곳에서 자생적으로 이루어졌으며, 시간이 흐르면서 인근 지역으로 범위가 확산되어 갔다.

표 2-1 농경과 목축의 발생

연대	지역	주요 작물	주요 가축
12,000-4,000년 전	서남아시아	밀, 보리, 렌즈콩	양, 염소, 소, 돼지, 당나귀, 말, 낙타
10,000-6,000년 전	중국	벼, 기장, 대두	돼지, 닭, 물소
7,000-4,000년 전	중앙아메리카	옥수수, 콩, 스쿼시	칠면조
5,000-4,000년 전	남아메리카	감자, 고구마, 카사바	라마, 알파카
5,000-3,000년 전	아프리카 사하라 이남	수수, 기장, 벼	소
불명확	동남아시아	토란, 사탕수수, 얌, 벼	돼지, 닭

자료: 맥닐·맥닐(2007); 파커(2004); 하트 데이비스(2009) 등.

사가 발달하였고, 호미 경작이 확산되면서 곡물 생산량이 증가되었다. 벼를 키우는 데에는 많은 노동력이 필요하였지만, 서남아시아의 작물들에 비해 단위 토지당 생산량이 많다는 장점을 지녔다. 돼지, 소, 양을 키우는 농가가 증가하였고, 닭과 물소의 사육도 확산되었다. **동남아시아**와 인도의 **갠지스강 유역**에서도 비슷한 시기에 농업이 시작되었다. 열대 지방에서는 토란, 얌 등 뿌리를 먹을 수 있는 작물과 사탕수수가 재배되었지만, 이들은 오래 저장하기 어려웠기 때문에 곡물과는 달리 도시와 국가를 발달시키는 데에는 중요한 역할을 하지 못하였다.

8,000년 전에는 농경이 서남아시아로부터 **유럽**으로 전파되었다. 그 후 2,000년에 걸쳐 지중해 연안에서 북쪽으로 농경과 목축 지대가 확장되었다. 서남아시아에서 재배하던 밀과 보리가 중국으로 유입된 것은 약 4,500년 전이었던 것으로 보인다. **아프리카**의 사하라 사막 이남 지역에서는 5,000년 전

에 수수, 기장, 벼를 중심으로 경작이 확대되었고 소의 사육도 사바나 초원 지대를 배경으로 널리 확산되었다. **아메리카**에서도 자생적으로 농경과 목축이 발생하였다. 6,000-7,000년 전에 중앙아메리카를 중심으로 옥수수 재배가 이루어졌고, 이후 점차 남아메리카의 안데스산맥과 북아메리카 남부 지역으로 전파되어 갔다. 5,000년 전에 안데스산맥의 고원 지대에서는 감자, 카사바, 고구마 등도 재배되기 시작하였다. 라마와 알파카를 사육하는 사람도 늘어났다. 북아메리카에서도 4,000년 전에는 호박의 일종인 스쿼시와 해바라기가 재배되었다. 이렇듯 지구 곳곳에서 여러 식물과 동물이 재배와 사육의 대상이 되고 점차 농업의 지리적 범위가 확대되면서, 각 지역의 기후와 토양에 맞도록 품종도 지속적으로 개량되어 갔다.

인구 증가와 생활 수준

신석기 시대의 도래는 인간의 역사에 결정적인 변화를 가져왔다고 평가된다. 무엇보다도 정착 농업의 확산과 더불어 지구상의 **인구가 크게 증가**하였다. 표 2-2는 100만 년 전부터 현대에 이르기까지 여러 시점의 인구 규모를 보여 준다. 신석기 시대에 이르기 전까지는 지구상의 인구 증가가 매우 느린 속도로 진행되었다. 그러나 정착과 농경이 시작된 기원전 1만 년 전에 약 500만 명에 달한 인구는 그 이후 급속도로 증가하였다. 기원후 1년에 2억 5,000만 명에 이르렀고, 1650년에 6억 명, 1850년에 12억 명, 그리고 2000년에는 62억 명을 기록하게 되었다.

인류의 역사는 구석기 시대의 수렵 채집 시대, 신석기 시대부터의 농업 시대, 그리고 산업 혁명 이래의 공업 시대로 크게 나눌 수 있으며, 각 단계에서 인구는 독자적인 주기를 가진 것으로 나타난다. 그리고 각 단계 내에서 인구는 시간이 지남에 따라 증가하지만 증가 폭은 점차 작아지는 경향이 있다. 이것은 제한된 기술 수준에서 인구가 증가하면 인간이 사용할 수 있는 자원에 제약이 강해지기 때문이다. 인류에게 환경과 가용 자원은 결코 고정된 것이 아니었다. 인간은 혁신을 통해 가용 자원의 크기를 끊임없이 확대시켜 왔는데, 그 가운데 신석기 시대의 정착 농업 도입은

그림 2-8

신석기인의 식생활 기원전 2050-기원전 1800년의 이집트 부엌 모습을 보여 주는 모형. 사람들이 곡물을 갈고 빵을 굽고 술을 빚고 있다.

| 표 2-2 | 세계 인구의 변화, 100만 년 전-2000년 |

(단위: 100만 명)

시기	인구
100만 년 전	0.125
기원전 10만 년	1
기원전 1만 년	5
1	250
1000	250
1340	440
1650	600
1750	770
1850	1,240
1950	2,500
2000	6,236

자료: Malanima(2009), 2쪽.

새로운 인구 주기를 창출해 낼 만큼 영향이 컸던 것이다. 농경과 가축 사육의 도입에 긴 시간이 소요되었음에도 불구하고 이 시기의 변화를 신석기 '혁명'이라고 부르는 이유는 바로 인류사에 끼친 장기적인 영향의 깊이 때문이다.

신석기 혁명이 인구 증가를 가져온 것은 분명하지만, 인구 증가를 초래한 구체적 메커니즘에 대해서는 상이한 견해들이 존재한다. 전통적인 견해에 따르면 정착 농업은 식량 공급의 안정성을 높여 주었고, 기후상의 불안정성과 계절 변동에 기인한 영양 부족 문제를 해결하는 길을 열어 주었다. 밀, 보리, 쌀, 옥수수 등 저장이 용이하고 영양가가 높은 곡물이 널리 재배되면서 가용한 식량이 크게 증가하였고, 이에 따라 사람들의 영양 상태가 개선되었고 곤궁기를 넘어 생존할 가능성도 증가하였다는 것이다. 이에 따르면 **출생률의 증가**와 **사망률의 감소**가 동시에 발생하면서 인구 증가가 지속적으로 이루어지게 되었다.

이와 달리, 정착 농업이 출생률을 증가시킨 것은 맞지만, 사망률은 감소된 것이 아니라 오히려 증가하였다고 주장하는 견해도 있다. 수렵과 채집에 종사하던 구석기인은 다양한 동식물로부터 영양을 섭취할 수 있었던 데 반해 농업을 시작한 신석기인은 단조로운 식단 – 섬유질이 부족하고 지방과 염분이 과다한 – 에 의존해야 하였는데, 이에 따라 많은 인구가 다양한 질병에 시달리게 되었다. 한편, 좁은 지역에 많은 인구가 정착해 살게 되면서 전

인구 주기

인구사(人口史)의 관점에서 본다면 인류의 역사는 크게 세 주기를 거친 것으로 볼 수 있다. 세 주기는 (1) 수렵 채집의 시대, (2) 농업의 시대, (3) 공업의 시대를 말한다. 한 주기에서 다른 주기로의 이행은 혁명적인 생산력의 확대를 의미한다. 기술이 충분히 빠르게 진보하지 않는다면, 각 주기 내에서 시간이 흐를수록 인구가 늘고 그에 따라 자원에 대한 압박도 증가하게 된다. 따라서 개별 주기 내에서 인구 증가율은 점차 하락하게 된다.

산업 혁명에서 시작된 공업의 시대에는 기술 진보의 속도가 이전 시대에 비해 매우 빨라졌다. 따라서 현재의 주기가 과거와 같이 인구 증가율의 하락을 보일 것인지는 불확실하다. 사회적 또는 문화적 요인 ─ 예를 들어, 가족 계획, 정부 정책, 결혼 문화의 변화 등 ─ 에 의해 인구 증가율이 낮아진 모습은 많이 관찰되었지만, 인구 부양에 필요한 기술력이라는 척도로 보면 아직까지는 인구 증가율 하락이 불가피하다는 증거가 뚜렷하게 나타나지 않은 것으로 보인다.

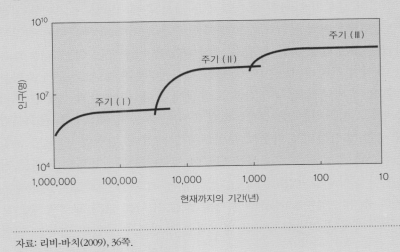

자료: 리비-바치(2009), 36쪽.

염병과 기생충이 퍼질 위험성도 증가하였다. 실제로 선사 시대의 유골을 분석한 연구를 통해 농업으로의 이행이 영양 결핍을 동반하였다는 증거가 많이 발견되고 있다. 인류는 인구 증가라는 집단적 이득을 얻은 대신에 **건강의 악화**라는 개인적 희생을 감내해야만 하였던 것이다. 건강 악화가 사망률 증가로 이어졌다고 한다면, 어떻게 신석기 시대의 인구 증가를 설명할 수 있을까? 이는 구석기 시대에 비해 매우 급속한 출생률 증가가 있었기에 가능하였을 것이다. 수렵과 채집 활동에 종사하는 구석기인에게 아이를 낳고 기르는 비용이 높았던 반면에, 다수가 모여 정착 생활을 하는 신석기인에게는 출산과 양육의 비용이 현저히 낮았다는 점이 작용하였을 것이다. 신석기 혁명에 따른 인구 증가는 **사망률의 증가**와 **이를 훨씬 뛰어넘는 출생률의 증가**가 결합된 결과로 나타났다고 보인다.

잉여의 증가와 사회 분화

신석기 시대를 거치면서 괭이와 낫과 같은 새로운 생산 도구가 개발되었으며 석기나 목기도 더욱 정교하게 제작되었다. 동식물성 섬유를 이용하여 의복이 만들어졌고 방적 및 방직 도구도 발달하였다. 이러한 생산 수단의 발달에 힘입어 신석기 사회의 생산 능력은 점차 증대되었다. 초기에는 일정 토지에 불을 놓아 지력을 확보하고 괭이와 같은 농기구를 사용하여 경작하다가 지력이 고갈되면 다른 토지로 경작 대상을 변경하는 화전(火田, slash-and-burn) 방식이 지배적이었지만, 기원전 3000년경부터 소나 말 등의 축력을 활용할 수 있게 되면서 쟁기 경작으로 발전해 갔다. 이에 따라 동일한 토지를 지속적으로 경작하는 것이 가능해졌고 이는 이동의 필요성을 감소시켰다. 정착 생활이 진전되는 가운데 분업도 활발해졌다. 연령별 및 성별 분업이 진전된 결과 점점 높은 효율성을 이끌어 낼 수 있었고, 특화의 결과로 기술 진보는 더욱 가속화되었다.

생산의 증가는 **잉여**(surplus)의 증가를 낳았고, 이는 다시 **교역**의 증가로 이어졌다. 초기에 자연발생적이고 혈연적인 무리를 이루었던 인류는 이런 발전에 힘입어 점차 공동체의 규모를 확대해 갈 수 있었고 지리적 범위도 확장되어 갔다. 씨족, 즉 동일한 선조를 공유하는 것으로 믿는 사람들의 집단이 사회 조직의 기본 단위를 구성하였지만, 복수의 씨족이 결합하여 부족 집단을 이루는 사례가 증가하였다. 생산력의 발전으로 잉여가 증대되는 가운데

화전: 비경작지나 휴한지의 잡목과 풀을 제거하고 불을 놓아 지력을 얻는 방식의 농경법.

잉여: 생산물 가운데 생산에 종사한 자들이 소비하는 분량을 초과하는 부분. 잉여의 존재는 비생산적 사회 계층이 탄생할 수 있는 물질적 배경을 이룬다.

그림 2-9

메소포타미아의 그림판 이라크의 우르(Ur)에서 출토된 그림판에 기원전 3000년경 왕궁에서 개최된 향연의 모습이 묘사되어 있다. 왕(윗줄 큰 인물), 하객, 공연자 등의 모습이 보이고, 왕궁으로 향하는 행렬 속에 당시에 사육되었던 가축들이 묘사되어 있다.

생산에 직접적으로 종사하지 않는 계층이 점차 사회에서 유력한 지위를 획득하였고, 그 구성원들 사이에서 **다양한 분업과 위계질서의 분화가 이루어**졌다. 경제력의 증대와 이를 기반으로 한 사회 조직의 발달은 과거 혈연이나 지역에 기초하였던 소규모의 정치 · 경제 단위를 넘어서 확장되었다. 이러한 변화를 통해 인류는 생존을 위한 경제 행위 및 원시적인 종교와 예술을 뛰어넘어 우리가 지금 '문명'이라고 부르는 역사적 현상의 기반을 마련해 갔다.

제3절 문명의 발생

문명의 형성

문명(civilization)은 문화 혹은 문화의 복합체를 큰 단위에서 파악한 총체라고 볼 수 있는데, 인류의 고대사를 통해 문명의 형성은 **도시(都市)의 발달, 문자(文字)의 사용, 사회 계층(社會階層)의 분화, 기술(技術)의 발달** 등으로 특징지을 수 있다. 지구상의 여러 곳에서 고대 문명은 시기를 달리하여 자생적으로 성립하기도 하였고 일부 문명은 주위로 전파되어 변용 과정을 거치면서 다른 문명으로 거듭나기도 하였다. 문명을 특징짓는 각 요소들의 발전 시기도 문명에 따라 차이가 크다.

문명의 첫 번째 특징인 도시의 발달은 농업을 넘어선 **초기 교역의 진전과 관련이 깊다.** 지금의 이스라엘에 위치한 예리코(Jericho)는 기원전 8,000년 내지 7,000년에 성곽으로 주위를 둘러싼 도시를 건설하였다. 현재까지 알려진 가장 오래된 도시인 예리코는 소금 교역의 중심지로 성장하였다. 다른 고대 도시들의 발달도 희소한 천연자원의 교역과 관련이 깊었던 것으로 보인다. 예를 들어, 터키의 아나톨리아에 소재한 카탈휘윅(Catal Hüyük)은 기원전 7000년경에 발달한 도시였는데, 날카로운

문명: 인류가 성취한 정신적 및 물질적 발전. 역사적으로는 도시, 문자, 사회적 분화 등을 갖춘 복합 문화를 거시적 단위로서 파악한 것으로 이해된다.

그림 2-10

성벽으로 둘러싸인 예리코 동로마에서 모자이크로 묘사된 성곽 도시 예리코의 모습.

흑요석: 규산이 많이 함유된 유리질 화산암으로, 가벼운 충격으로도 예리한 날을 만들 수 있어서 고대부터 도구의 재료로 인기가 높았다.

도구의 재료로 유용한 흑요석(黑曜石, obsidian)의 산지로 이름이 높았다. 흑요석은 날카롭게 다듬을 수 있어서 곡물을 수확하고, 짐승의 가죽을 벗기고, 굴을 까는 데 편리하였다. 흑요석을 얻는 대가로 다른 집단들은 석기, 목기, 조개껍질, 직물 재료 등 지역적 특산물을 제공하였다. 도시의 발달은 사람들의 접촉 범위를 대폭적으로 확대시켰다. 도시민들은 주변 농촌 배후지 사람들과 교류를 하였을 뿐만 아니라 다른 도시의 거주민들과도 교류를 하였다. 따라서 이런 **연쇄적 도시 네트워크**를 통해 멀리 떨어진 지역과도 사람과 물자와 정보의 이동이 이루어졌으며, 때로는 문명권과 문명권이 상호 연결되는 현상도 발생하였다. 맥닐 부자가 문명 시대의 사회를 메트로폴리탄 웹이라고 규정하면서 이전 시기와 구분한 것은 바로 이와 같은 속성에 근거를 둔 것이었다.

쐐기 문자: 수메르인들이 젖은 점토판에 뾰족한 도구로 눌러 표시한 초기 문자.

상형 문자: 사물의 모양이나 사물과 관련된 관념을 나타낸 문자. 고대 문명들은 대부분 이런 문자를 가졌으나, 특히 이집트에서 널리 발달하였다.

갑골 문자: 거북의 등갑이나 동물의 뼈에 새겨진 상(商) 왕조기의 초기 한자. 점을 치는 목적으로 기록하였다.

문명의 두 번째 특징인 문자의 사용은 인간의 **정보 처리 능력**을 획기적으로 개선하는 역할을 하였다. 메소포타미아와 이집트에서 기원전 6000년경에 처음으로 초기 문자 형태가 등장하기 시작되었고, 점차 쐐기 문자(cuneiform script)와 상형 문자(hieroglyph)의 형태로 발전하였다. 중국에서는 갑골 문자(甲骨文字)와 청동기에 새겨진 상형 문자가 점차 한자로 진화하였다. 문자의 발전은 기록 보존의 능력을 크게 향상시킨 것은 물론이고, 점차 문학의 발달과 과학의 진보에 괄목할 만한 기여를 하였다. 각 문명은 특유의 방식으로 지식을 창출·축적·전파하였다. 이 시기 지식은 주로 산술, 기하학, 천문학 등 자연의 변화를 이해하고 수자원을 통제하고 농지를 관리하는 데 유용한 부문을 중심으로 발전하였다. 이 밖에 행정, 기록 보존, 자원 관리에 도움이 되는 실용적 성격의 학문에서 발전이 두드러졌다.

그림 2-11

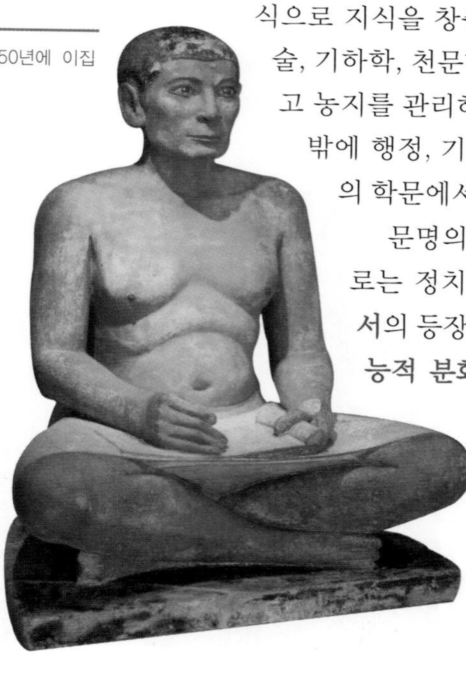

문자 사용자 기원전 2600~2350년에 이집트에서 제작된 서기의 모형.

문명의 세 번째 특징인 사회 계층의 분화는 수직적으로는 정치·경제·종교적 영향력을 기반으로 한 **위계질서의 등장**이라는 모습을 띠었고, 수평적으로는 **직업의 기능적 분화**의 형태로 나타났다. 전사, 성직자, 전업적인 수공업자 등의 구분이 점차 강화되었고, 사회적 지위에 따라 계급으로서 고착화되는 경향을 보였다.

문명의 마지막 특징인 기술 발달을 보면, 집단의 성공적인 유지와 확대에 생산 도구 및 전쟁 도구의 발달이 매우 중요하였다. **쟁기를**

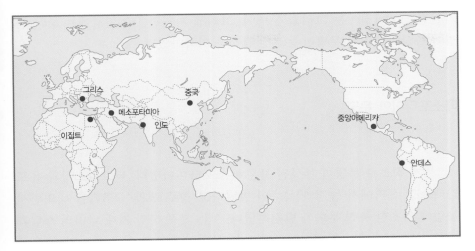

그림 2-12

고대 문명의 발상지 시기와 지역을 달리해서 발전한 주요 고대 문명들의 위치가 표시되어 있다.

표 2-3	문명 발달의 시간표

시기	문명
기원전 3500년	메소포타미아 문명
기원전 3000년	이집트 문명
기원전 2500년	인도 문명
기원전 2100년	그리스 문명
기원전 1500년	중국 문명, 중앙아메리카 문명

사용하는 경작법의 확산은 농업 생산력을 크게 증대시켰고 관개 지대의 한계를 넘어 문명을 정착시키는 데 중대한 기여를 하였다. 석기를 대체하는 **금속의 발달**도 중요하였다. 초기에는 청동기(青銅器)를 제작할 수 있는 야금 능력이 결정적인 중요성을 가졌다. 청동기는 섭씨 1,100도에 도달할 수 있는 용광로를 필요로 하였으므로, 이 기술을 개발한 소수의 지역에서만 제작될 수 있었다. 자연히 청동기의 원료인 구리와 주석을 확보하기 위한 경쟁이 치열하게 전개되었다. 더 높은 수준의 야금 기술이 필요한 철기(鐵器)의 제작은 기원전 1200년 무렵에 키프로스 또는 아나톨리아에서 처음 시작되어 점차 다른 지역으로 전파된 것으로 보인다.

　고대 문명의 주요 발상지들의 위치는 그림 2-12에 표시되어 있다. 시기적으로 본다면, 표 2-3에 정리된 것처럼 기원전 3500년경에 형성된 메소포타미아 문명이 인류 최초의 문명이며, 뒤를 이어 이집트 문명이 기원전 3000년경에 성립하였다. 다시 약 500년의 시차를 두고 인도 문명이 발흥하였으며,

기원전 2100년경에는 그리스 문명이, 그리고 기원전 1500년경에는 중국 문명과 중앙아메리카 문명이 눈부신 발전을 이룩하였다.

메소포타미아 문명

세계 최초로 문명이 형성된 곳은 메소포타미아였다. **티그리스강과 유프라테스강 유역**에서 농경과 목축이 발달하고 정주 생활이 뿌리를 내리면서 농업에 기초한 농경 문화가 발전하였다. 이는 북쪽 산악 지대 너머의 스텝과 남쪽 사막 지대에서 지배적이었던 유목 문화와 대조를 이루게 되었다. 유목민들은 주요 물자를 조달하기 위해 농경 사회와 접촉을 필요로 하였다. 그들은 때로는 교역을 통해 물자를 조달하였지만, 높은 이동성과 전투 능력의 우위를 바탕으로 농경 사회에 대해 지속적으로 군사적 위협을 가하였다. 농업 지역을 점령하여 직접적으로 통치하는 경우도 있었지만 주기적으로 약탈을 하는 경우가 더 일반적이었다. 농경 사회와 유목 사회의 이러한 상호 작용은 농경민이 유목민에게 정기적으로 공납을 하는 방식으로 장기적 균형을 찾는 경우도 많았다.

그림 2-13

메소포타미아의 교역 범위 수메르인들은 비옥한 초승달에서 멀리 떨어진 지역으로부터 필요한 물품들을 조달하였다.
자료: Spodek(2006), 52쪽.

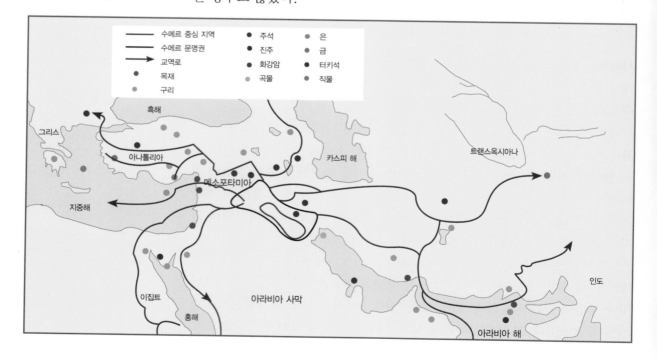

메소포타미아의 정주지는 초기에는 혈연적 집단의 거주지로서의 성격이 강하게 남아 있었지만 점차 교역 중심지로서의 역할이 강화되었다. 인구가 점차 증가하면서 기원전 3500년경부터 10여 개의 도시가 티그리스강과 유프라테스강 어귀에서 형성되었다. 수메르(Sumer)인들에 의해 건설된 대표적인 도시인 우루크(Uruk)는 기원전 4000년경부터 성장을 시작하였는데, 주변 농촌 지역과 산물을 교류하는 것은 물론 점차 장거리 교역까지 담당하게 되었다. 특히, 남부 농업 지대에서 생산된 농산물과 북부의 고지대에서 나오는 금속, 목재 등을 교환하였으며, 때로는 교역로 확보를 위해 멀리 떨어진 지역을 식민지화하기도 하였다. 이집트 문명과 인도 문명은 육로 및 해로를 통해 메소포타미아 문명의 영향을 받았다. 따라서 이 세 문명은 하나의 거대한 문명체의 부분 집합이라고도 볼 수 있다.

수메르: 메소포타미아의 가장 남쪽 지역을 일컫는다.

도시가 성장하면서 사회 구조도 점차 위계적으로 구성되었다. 정치 지도자와 신관이 사회적 신분 사다리의 최상위를 차지하였고, 그 아래에 소수의 가문과 관리 등이 자리하였으며, 이들 아래로 군인, 하급 관리, 장인 등의 중간층과 농민, 그리고 최하위에 예속민이 있었다. 신관은 신전을 들고나는 물류의 관리를 효과적으로 하기 위해 점토판에 출납 내용을 간단한 기호로 적어 넣기 시작하였는데, 이 기호가 진화하여 현존하는 인류 최초의 문자인 쐐기 문자가 되었다. 쐐기 문자로 기록된 함무라비 법전(Code of Hammurabi)은 여러 사회 관계, 특히 경제 행위와 관련된 규범을 정리한 것으로, 지역적 가치 체계와 관습을 뛰어넘어 제국의 넓은 영역 내에서 공동으로 관철되는 규칙을 확립하려는 노력의 소산이었다. 학문의 발달도 두드러졌다. 오늘날까지 이어지고 있는 수메르인의 대표적인 유산으로 60진법을 들 수 있다. 원을 360도로 나누고 시간을 60으로 나누는 계산법을 발명한 것이 이들이었다. 수메르의 장인들이 생산한 모직물, 청동기, 도기, 원통형 인장은 이들의 기술 수준을 말해 준다. 이 제품들은 다른 지역에서도 인기가 높았으므로 수출이 점차 증가하였으며, 이에 따라 생산 규모가 증가하고 분업과 협업이 진전되었다.

함무라비 법전: 기원전 1760년경에 제작된 바빌로니아의 성문법. '눈에는 눈, 이에는 이'라는 이른바 탈리오의 법칙을 따르고 있으며, 농업, 상업, 운송업 등 다양한 경제 활동에 대해 상세한 규정을 두고 있다.

그림 2-14

점토판의 쐐기 문자 보리(가는 줄기 위에 V자형 이삭들이 그려진 것)에 관한 기록이 담겨 있는 것으로 해독되었다.

메소포타미아에서는 이후 바빌로니아, 히타이트, 아시리아 등의 왕국들이 차례로 번영하면서 문명의 확산을 이끌었다. 이 왕국들의 **무역망과 외교망**은 지리적으로 매우 넓어서, 북으로는 흑해와 카스피해 연안, 동으로는 인더스강과 현재의 아프가니스탄 지역, 남으로

문헌 자료 2-2

함무라비 법전

현존하는 가장 오래된 법전 가운데 하나인 함무라비 법전에는 경제 활동과 관련된 처벌 조항이 많다. 이를 통해 고대 메소포타미아 사회와 구성원들의 경제 관념을 파악할 수 있다. 대표적인 일부 조항을 살펴보자.

- 도적질을 하다가 붙잡힌 자는 사형에 처한다.
- 도적이 잡히지 않으면, 물건을 빼앗긴 사람은 신 앞에서 손실액을 선언하며, 도적질이 발생한 지역의 도시와 통치자는 그 손실액을 보상해야 한다.
- 홍수로 인해 … 채무자의 농지가 물에 잠기거나 채무자의 농산물이 떠내려가면, 또는 물이 고갈되어 농지에서 아무것도 자라지 못하게 되면, 채무자는 그해에 곡식을 채권자에게 갚지 않아도 되며, 계약서를 수정하며, 해당 해의 이자를 지불하지 않아도 된다.
- 태만하여 자신의 둑을 다지지 않음으로써 둑이 무너져 경지를 떠내려가게 한 자는 피해를 입은 곡식을 보상해야 한다.
- 곡식을 보상할 수 없는 자와 그의 재산은 매각하여 피해를 입은 이들이 나누어 갖는다.
- 다른 이의 눈을 망가뜨린 자는 눈을 망가뜨린다.
- 다른 이의 뼈를 부러뜨린 자는 뼈를 부러뜨린다.
- 평민의 눈을 망가뜨리거나 평민의 뼈를 부러뜨린 자는 은 1마나를 지불한다.
- 남의 노예의 눈을 망가뜨리거나 뼈를 부러뜨린 자는 절반의 금액을 지불한다.

자료: http://avalon.law.yale.edu/.

는 페르시아만, 그리고 서로는 이집트에까지 뻗어 있었다. 이런 장거리 연결망에 힘입어 메소포타미아의 왕국들은 정치, 경제, 문화 등 여러 면에서 선도적 역할을 수행하였다.

메소포타미아의 상인들은 단체를 조직하여 공동의 이익을 도모하였다. 예를 들어, 아시리아에서는 상인의 동업 조합이 소속 상인들에게 자금을 대여하고, 창고를 공급하고, 운송에 편의를 제공하였다. 또한 지역 통치자들과 거래 조건을 놓고 협상을 벌여 무역에 가장 유리한 대상을 선택하기도 하였다. 상인의 동업 조합은 단순한 상호 부조 단체에 머무르지 않고, 금융 기관이자 물류 집하장이자 대외 교섭을 담당하는 복합적 역할을 수행하였던 것이다.

이집트 문명

이집트 문명은 **나일강의 주기적 범람**을 통해 비옥해진 지역에서 발흥하였다. 고(古)왕국 시대(기원전 2686-기원전 2181)에 정치와 종교의 수장인 파라오가 중앙 집권적 통치 체제를 이끌었다. 파라오는 방대하면서도 치밀하게 조직화된 관료 집단을 활용해 드넓은 영토를 통제하였다. 이집트인들은 나일강 유역에서 경지를 확대하고 수량을 조절하여 농업을 영위하였고, 이를 뒷받침하기 위해서 대규모의 관개 시설을 구축하였다. 강물의 적절한 통제는 농업의 번영은 물론 안정적인 교통 수단의 확보라는 측면에서도 중요하였다. 아프리카 내륙 깊숙한 지역까지 연결된 나일강을 효과적으로 통제함으로써 이집트는 막대한 조세를 수취할 수 있었고, 각 지역에서 생산된 물자를 필요한 곳으로 원활하게 이동시킬 수 있었기 때문에, 간헐적인 혼란기를 제외하고는 정치적 통일을 장기간 유지할 수 있었다. 드넓은 사막은 외부의 군사적 위협으로부터 방어를 하는 데 유리한 조건으로 작용하였다.

고왕국은 피라미드로 대표되는 거대한 석조 건축물들을 남겼다. 피라미드 건설을 위해 거대한 석회암 덩어리들을 멀리서 운반하고 다듬고 쌓아 올리는 힘든 작업이 필요하였다. 이를 위해 2만 명 이상으로 추정되는 장인들이 일을 하였고, 이보다 훨씬 많은 인력이 일정 기간 부역을 제공해야만 하였다. 노예 노동력도 대규모로 동원되었다. 때로는 원자재를 확보하기 위하여 수단, 시리아, 레바논 등의 지역과 장거리 교역을 하였다. 석조 건축물과 더불어 현재까지 남아 있는 수많은 조각상과 상형 문자, 도기 등이 찬란하였던 이집트 문명의 면모를 보여 준다.

중앙 집권적인 통치 체제가 무너진 중(中)왕국 시대를 지나 신(新)왕국 시대(기원전 1550-기원전 1069)에 이르자 이집트는 다시 강력한 군사력과 경제력을 갖춘 제국으로 부상하였다. 이 시기에 이집트의 무역망은 더욱 넓게 확장되었고, 히타이트와 체결한 카데시 조약(Kadesh Treaty)으로 상징되듯이 주변 국가와의 외교에서도 한층 발전된 모습을 보였다.

한편, 아랍인들이 낙타를 길들이기 시작한 기원전 12세기 이래 아라비

그림 2-15

이집트의 농업 이집트의 나일강 유역에 위치한 비옥한 농토에서는 풍부한 노동력을 이용하여 경작이 이루어졌다.

카데시 조약: 인류 최초의 평화 협정으로 평가받는 조약. 기원전 1258년 이집트의 람세스 2세와 히타이트의 하투실리 3세 사이에 체결된 협정으로 상호 불가침, 협정국의 요청 시 지원군 파견 등을 내용으로 하였다.

반도 및 인근 지역에 걸쳐 사막을 관통하는 무역망이 점차 자리를 잡아갔다. 특히, 유향(乳香)을 전하는 이른바 '유향길'(Incense Route)이 아라비아반도와 이집트의 여러 무역 거점들을 연결하였다. 나일강 상류의 누비아에서는 금과 상아의 생산과 교역이 활발히 이루어졌다. 아프리카 북동부와 아라비아반도를 묶는 교역로는 이렇게 완성되었다.

그림 2-16

진귀한 상품 고대 서아시아에서 유향은 인기가 높은 교역물이었다.
자료: Peter Presslein, CC BY-SA 3.0.

유향: 아라비아와 소말리아가 원산인 열대산 나무로서, 상처를 내면 수지가 우유처럼 떨어진다고 하여 이런 이름이 붙었다. 방향제와 약재로서 귀하게 인식되었으며, 동방 박사가 아기 예수에게 준 세 가지 선물 중 하나로 유명하다.

인도 문명

기원전 2600~기원전 1900년에 **인더스강 유역**에서 발흥한 인도 문명은 오늘날의 인도 북서부 지방과 파키스탄 및 아프가니스탄 지역에 그 영향력을 미쳤다. 인도 문명의 번영은 인더스강 유역에 기반을 둔 농업에도 의존하였지만, 메소포타미아, 이란 등지와의 무역으로부터도 많은 도움을 받았다. 세계에서 가장 오래된 **계획 도시**라고 볼 수 있는 모헨조다로(Mohenjo-Daro)와 하라파(Harappa)를 중심으로 체계적으로 구축된 도로망을 갖추었다. 도시 안에는 급수 시설과 하수 처리 시설이 잘 갖추어져 있어서 공중 위생이 발달된 모습을 보여 주었다. 이 지역에서 발견되는 인장들에는 다양한 이미지와 더불어 고유한 문자가 새겨져 있는데, 아직까지 해독되지 않고 있어서 인더스인들의 사회 구조와 경제 활동에 관한 자세한 내용은 파악하기 어렵다. 인도 문명은 여러 측면에서 메소포타미아 문명의 영향을 받았지만, 독자적인 면모도 많이 발휘하였다.

그림 2-17

잘 짜여진 계획 도시 인도 문명의 상징인 모헨조다로는 도로, 건물, 공공시설 등이 완비된 대규모 도시였다.
자료: Comrogues, CC BY 2.0.

모헨조다로와 하라파는 기원전 1500년경에 폐허로 변하였다. 이로써 인도 문명이라고 불리는 번영의 시대가 끝을 맺었지만, 그로부터 800년이 지난 기원전 700년경에 갠지스강 유역에서 도시와 국가가 발전하면서 인도 문명의 재건이 부분적으로 이루어졌다. 이 지역에서는 벼가 주곡으로 재배되었으며, 이란 지방에서 전파된 철 야금술이 국가 군사력의 기반이 되었다.

중국 문명

청동기에 기초한 문명이 중국에서 처음 시작된 것은 기원전 1900년까지 거슬러 올라가는 하(夏) 왕조 시기였다. 뒤를 이은 **상(商) 왕조**(기원전 1600-기원전 1100)는 황하 유역의 씨족 연합체에서 출발하여, 서남아시아에서 유래한 전차와 말, 그리고 청동제 무기를 군사적 기반으로 삼아 화북 지역의 넓은 영토를 통치하였다. 초기 수도인 정저우(鄭州)와 후기 수도인 안양(安陽)에서 발달된 청동 유물이 다량으로 출토되었는데, 그 용도는 의례에서 무기 제조에 이르기까지 다양하였다. 청동기와 갑골에 새겨진 상형 문자는 한자의 초기 형태와 발전 과정을 잘 보여 준다.

주(周) 왕조(기원전 1046-기원전 256)는 공신들에게 영지를 하사하고 반대로 곡물과 부역을 제공받는 봉건제적 정치 체제를 구축하였다. 기원전 770년 정치적 혼란이 계속되면서 이른바 서주(西周) 시대가 막을 내리고 동주(東周) 시대가 시작되었다. 동주 시대는 춘추 시대(春秋時代, 기원전 770-기원전 476)와 전국 시대(戰國時代, 기원전 475-기원전 221)로 구분되는데, 이 시기에는 크고 작은 제후국들 사이에 치열한 쟁탈전이 전개되었다. 전국 시대를 거치면서 소수의 강대한 제후국들이 약소 제후국들을 병합하여 갔고, 결국 가장 강력한 제후국이었던 진(秦)의 시황제(始皇帝)가 나머지 제후국들을 정복하고 중국 역사 **최초의 통일 제국**을 건설하였다.

주 왕조기에 중국 문명은 여러 측면에서 비약적인 발전을 이루었다. 무엇보다도 소가 끄는 쟁기를 사용하는 농법이 널리 전파되었으며, 대규모의 관개 시설과 수리 시설도 설치되어 화북 평야 지대의 농업 생산이 크게 증가하였다. 상업의 발달과 더불어 도시화도 진전되었고, 교통망도 확충되었으며 화폐 주조도 크게 늘어났다. 철기의 도입과 확산이 이 시기에 기술적·경제적 변화를 자극하였다. 한자도 초기적 형태를 벗어나 점차 체계적인 구성을 갖추게 되었고, 이를 바탕으로 학문의 발전이 이루어졌다. 특히, 유가(儒家), 법가(法家), 도가(道家) 등 중국 철학사의 근간을 이루는 사상들이 이 시기에 등장하였다.

중국의 중북부 지방, 특히 **황하 유역의 충적토 지대**에서는 조와 기장을 중심으로 농업이 발달한 반면에, 중국의 **남부 지방**과 동남아시아 지역에서는 몬순 기후에 맞는 벼와 근채류의 재배가 확산되었다. 벼 재배 지역에서는 노동 집약적 방식으로 경작이 이루어졌고, 거주지는 높은 인구 밀도를 특징

시황제(기원전 259-기원전 210): 중국 최초로 중앙 집권적인 통일 제국을 건설한 전제 군주로, 부국강병책을 강력히 추진하였고, 법령 제정, 군현제 실시, 도량형 정비 등의 정책을 실시하였다. 만리장성 등 대규모 토목 공사도 벌였다.

그림 2-18

파종하는 농민들 후한 시대 고분에서 발견된 부조의 탁본. 씨를 뿌리는 농민들의 모습이 생생하게 묘사되어 있다.

적으로 보였다. 그러나 중국 전체로 보아서는 인구의 대부분이 북부 지방에 거주하였고, 남부 지방의 인구는 상대적으로 적은 편이었다.

대외 무역도 점차 확대되었다. 특히, 중앙아시아와 서남아시아에서 생산되는 옥(玉)과 청금석(青金石)에 대한 중국 측의 수요가 증가하면서 동서를 잇는 육상 무역로가 형성되었다. 유라시아를 잇는 장거리 통상 네트워크가 이 시기에 서서히 구축되어 갔던 것이다.

페니키아: 지중해 동안, 즉 오늘날의 시리아와 레바논 해안 지대를 지칭하는 지명으로, 가나안이라는 이름으로 알려지기도 하였다.

그리스 문명

그림 2-19

크노소스 궁전의 생활상 기원전 16세기 벽화에 묘사된 그리스인. 도기를 바치는 행렬의 일부이다.

지중해 동부에 위치한 섬 크레타를 중심으로 한 **미노아 문명**은 기원전 3000~기원전 1400년에 번영을 구가하였다. 미노아인들은 선박을 제작하는 능력이 뛰어났으며 항해에 능하였다. 그들은 공예품과 올리브를 이집트, 레바논, 키프로스 등으로 수출하였으며, 특히 구리와 주석을 확보하기 위해 멀리 시나이반도와 서아시아까지 장거리 무역망을 확립하였다.

기원전 1200년에서 기원전 600년 사이에는 페니키아(Phoenicia)가 지중해의 유력한 세력으로 부상하였다. 기원전 1200년경 이집트와 히타이트의 지배권에서 벗어난 페니키아는 뛰어난 항해술을 바탕으로 북아프리카의 해안 지역, 아라비아반도, 시칠리아, 사르디니아 및 스페인 해안을 잇는 폭넓은 무역망을 형성하였다. 전업적인 상업 민족이라 불릴 만한 페니키아인들은 지중해 무역권을 둘러싸고 그리스와 치열한 각축전을 벌였다. 페니키아인들은 자음뿐만 아니라 모음도 개별 기호로 표시하는 알파벳 체제를 발전시켰는데, 이들의 문자는 훗날 그리스어와 라틴어 문자에 큰 영향을 주었다.

중앙아메리카 문명

멕시코 지역을 중심으로 한 중앙아메리카에서는 기원전 2000년경부터 옥수수 경작을 경제적 기반으로 하여 정착 생활이 시작되었고, 수세기에 걸쳐 중앙아메리카 곳곳으로 농업이 확대되어 나갔다. 옥수수 이외에도 콩, 고추, 호박 등 다양한 작물이 기후와 토질이 적합한 곳을 찾아 재배지를 확대해 갔다. 이 지역은 점차 높은 수준의 문화를 향유하는 문명으로 성장하였다. 기원전 800년경에는 멕시코만 연안에서 올멕(Olmec) 문명이 등장하였고, 기원전 500년경에는 마야(Maya) 문명이 형성되었다. 마야에서는 주위 400km까지 흑요석이 교역되었다는 증거가 남아 있다. 현재까지 남아 있는 대규모의 신전과 성곽, 그리고 저수지와 수로, 계단식 경작지는 중앙아메리카 문명의 높은 기술 수준을 보여 준다.

멕시코 지역과 더불어 남아메리카의 **안데스 고원** 지역도 문명의 흔적을 남기고 있다. 감자는 기원전 8000~기원전 5000년경부터, 그리고 옥수수는 기원전 2000년경부터 이 지역에서도 재배된 것으로 보이며, 특히 인공 경작지가 조성되어 농경이 이루어진 것은 멕시코로부터 농경 기술이 전파되었을 것이라는 추정을 가능하게 한다. 인공 경작지는 소택지(沼澤池)에 흙을 쌓아 올려 섬 형태의 장방형 경지를 만들고, 경지 사이에 조성된 좁은 수로로 물이 흐르도록 하는 형태였다.

올멕: 멕시코 남중부 지방에서 번영하였던 문명. 원뿔형 피라미드, 대형 석조 두상 등을 남겼고, 무역 활동에 적극적이었다.

마야: 멕시코와 과테말라 지역에서 번성한 문명으로 기원전 300년경에 전성기를 맞았다. 거대한 피라미드 신전과 석조물, 역법, 신성 문자 등을 남겼다.

그림 2-20

감자의 재배 안데스 지역에서 일찍부터 재배된 감자는 훗날 구세계로 전파되어 인구를 크게 증가시켰다. 그림은 17세기 초에 유럽인이 묘사한 감자.

Serpillum citratum.   Papas Peruanorum.   Thymus vulgatis.

고대 사회의 경제 발전

제 3 장

제1절 그리스 시대의 정치와 경제

그리스의 경제 발전

기원전 1400년경부터 그리스 본토는 청동기로 무장한 미케네 전사들이 장악하였고, 이들은 다시 기원전 1100년경 철제 무기와 도구를 갖춘 도리아 인들에 의해 대체되었다. 이런 과정을 거치고 나서, 기원전 7세기 이후 그리스는 지중해 전역에 영향력을 미치는 경제적 · 문화적 강국으로 부상하였다. 그리스의 도시 국가인 폴리스(polis)는 각자 독특한 정치 체제와 사회 구조를 지녔는데, 전형적으로는 중심의 시가지와 주변의 농경부로 구성되며 시가지에는 아고라(agora)라는 광장과 신전, 공공건물 등이 자리하였다. 아테네는 특히 기원전 5-6세기를 지나면서 민회(民會)를 중심으로 한 민주정 체제를 확립함으로써 현대 **민주주의의 원형**을 이루었다. 그러나 민주주의 정치를 향유할 권리는 성인 남성 시민권자만으로 제한되고 있었다. 이들은 자유와 자치를 이상으로 삼고 국가의 정무와 군무를 분담하였다. 사회를 부양하는 데 필요한 경제 활동의 대부분은 이들 이외의 계층이 담당하였다. 우선 **노예**가 여러 분야에서 생산을 담당하였다. 노예 인구의 규모는 시기와 지역에 따라 달랐는데, 큰 도시의 경우 전체 인구의 1/4 내지 1/2에 달하였다. 노예의 원천은 전쟁 포로, 피정복민, 채무자 및 그들의 가족 등이었다. 한편, 상공업은 주로 재류외인(在留外人)과 해방 노예가 맡았다.

그리스의 도시 국가들은 지중해의 넓은 지역에 걸쳐 촘촘한 **무역 네트워크**를 구성하였다. 그들은 경쟁 민족인 페니키아인들과 치열하게 경합하면서 지중해의 여러 지역에 **식민지를 건설**하였다. 그리스의 식민지 개척은 기원전 750년경에 시작되었는데, 이탈리아 남부와 시칠리아, 그리고 지중해

폴리스: 고대 그리스의 도시 국가를 지칭하며, 때로는 도시 국가의 공동체적 특징을 지칭하는 용어로도 쓰인다.

재류외인: 메토이코이(metoikoi)라고 불리는 집단으로, 노예와는 달리 자유민으로서 생명과 재산에 대한 권리가 법률로 보장되어 있으나, 시민과는 달리 정치적 권리는 갖지 못하였다. 주로 상공업과 문화 분야에서 활동하였으며 각종 납세의 의무를 졌다.

와 흑해 연안의 여러 지역에 수백 개의 독립적인 도시를 건설하였다. 식민지에 대한 그리스의 관심은 주로 경제적인 것이어서, 대부분의 식민지들은 정치적으로 자치권을 부여받았다. 식민지는 그리스 내부의 인구 압박을 해소하고 정치적 불안 요소를 배출하는 데 매우 유용하였다. 각종 천연자원은 물론이고 특히 부족한 곡물을 공급하는 데 식민지의 역할이 지대하였다. 그러나 이로 인해 국내 농업이 타격을 입어 농민들이 귀족 지주(aristoi)에 의존하는 소작농으로 전락하기도 하였다.

리디아: 소(小)아시아의 서부 지역에 위치한 왕국으로 기원전 7-기원전 6세기에 번성하였다.

그리스는 **주화**의 사용에도 앞섰다. 기원전 700년경에 리디아(Lydia)에서 최초로 사용된 주화는 그리스 도시 국가들의 무역망을 통해 널리 전파되었고, 무역망으로 연결된 여러 지역에서 환전업의 발전을 가져왔다. 주화를 사용함으로써 사람들은 물물교환의 단점에서 벗어나 편리한 상거래 방식을 취할 수 있게 되었고, 그 결과 거래 규모도 확대되었다. 이와 같은 시장의 확대는 다시 생산의 특화와 무역의 신장으로 이어졌다.

한편, 페니키아에서 개발된 알파벳 문자도 기원전 700년경에 그리스로 전해졌다. 알파벳의 유입은 구전되던 서사시들 – 예를 들어, 호메로스의 『일리아드』와 『오디세이아』 – 을 기록물로 전환하여 그리스 문학의 싹을 틔웠으며, 나아가 기원전 6세기부터 눈부시게 꽃피운 철학과 과학의 진보를 가능하게 한 기반이 되었다. 이렇듯 해양 네트워크를 통해 교류된 상품, 자원, 화폐, 문자 등이 그리스 사회가 번영하는 데 중요한 배경이 되었다.

그림 3-1

에라토스테네스의 세계 그리스의 철학자이자 수학자인 에라토스테네스의 원작을 재구성해 만든 19세기 지도. 그는 지구의 둘레를 상당히 정확하게 측정하였지만, 세계 지리에 대해서는 정확성이 부족하였다.

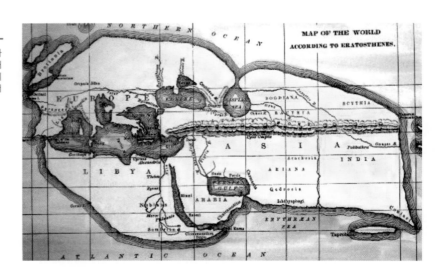

알렉산드로스의 원정

그리스는 기원전 5세기에 페르시아 전쟁과 펠로폰네소스 전쟁을 경험한 후 다음 세기에 **알렉산드로스 대왕**(Alexander the Great)에게 정복되고 만다. 이로써 그리스의 도시 국가들이 정치적·군사적 독립성을 유지하던 시대가 막을 내리고 드넓은 지역을 단일한 통치 체제로 포괄하는 시대가 개막되었다. 알렉산드로스는 그리스의 마케도니아에서 시작하여 이집트, 메소포타미아, 페르시아를 거쳐 인도 북부 지방에 이르는 광대한 지역을 정복하였다.

그의 정복지 가운데 하나인 페르시아 제국에서는 전국적 도로망 – 특히, 국도인 '왕의 길' – 과 역참(驛站) 제도가 완비되어 정보와 물자의 전달 체계가 잘 짜여 있었다. 알렉산드로스는 페르시아의 교통·통신 체제를 수용하여 발전시켰고, 제국 곳곳에 알렉산드리아(Alexandria)라는 이름의 도시들을 건설하여 제국 통치의 거점으로 삼았다. 그의 치하에서 페르시아 방식의 관료적 국가 통제와 그리스적 요소인 민간의 자유로운 경제 활동이 결합되어 이중적 사회 경제 체제가 구축되었다. 또한 이민족을 야만시하는 그리스 도시 국가의 협소한 관념을 대신해 광대한 영토를 단일한 사회 규범과 경제 제도로 통합해야 하였으므로, **보편주의**(cosmopolitanism) 질서가 자리를 잡았다. 문화적으로는 동서양 예술과 문화의 특징을 아우르는 사조가 헬레니즘(Hellenism)이라는 이름으로 널리 확산되었다.

알렉산드로스 대왕(기원전 356-기원전 323): 마케도니아의 왕으로 페르시아와 인도에 이르는 대제국을 건설하고 문화적 교류를 가져왔다.

왕의 길: 페르시아의 다리우스왕이 광대한 제국의 통치를 위해 건설한 국도로 총길이가 약 2,700km에 이른다.

역참 제도: 광활한 영토를 효과적으로 연결하기 위해 일정한 거리마다 역을 설치하고 교통 수단을 갖추는 제도.

보편주의: 그리스어의 세계(kosmos)와 시민(politēs)을 합성하여 만든 용어로, 개별 사회에 특수한 가치와 관습을 부정하고 세계를 단일한 원리로 구성하고자 하는 사상을 말한다.

헬레니즘: 그리스와 오리엔트의 문화가 만나 형성한 새로운 문화. 그리스 도시 국가의 영향력이 약화되면서 스토아 철학이나 에피쿠로스 철학과 같은 개인주의적 사상이 유행하였고, 건축에서는 장식적 요소가 강한 코린트 양식이, 그리고 조각에서는 '라오콘상(像)'과 같이 거칠고 육감적인 작품이 탄생하였다.

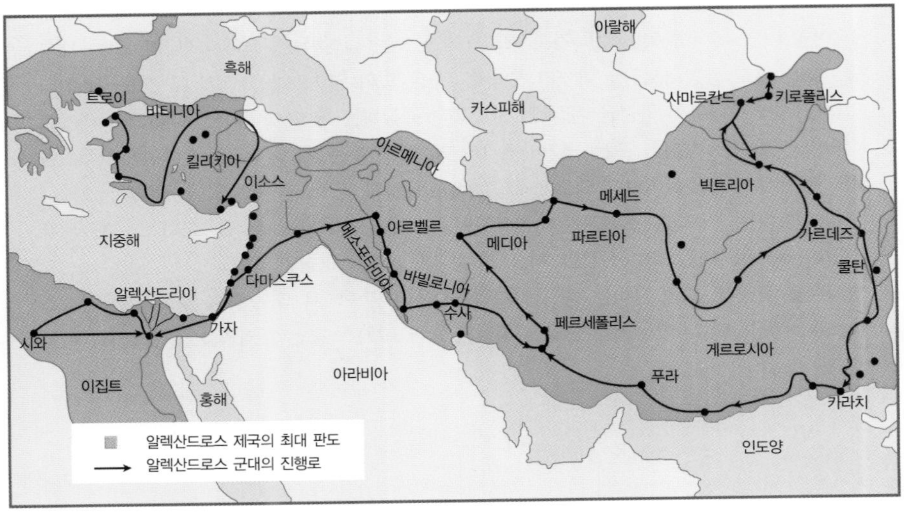

그림 3-2

알렉산드로스의 정벌 루트 그리스에서 출발한 알렉산드로스의 동정(東征)은 이집트를 지나 메소포타미아를 거쳐 인도의 북서부 지방까지 이르렀다.
자료: Roberts(1998), 2권, 161쪽.

알렉산드로스의 정복 활동은 그리스 도시 국가의 종언을 의미하였지만, 이것이 그리스 문명의 소멸을 의미한 것은 아니었다. 오히려 새 정복지에서 그리스 문명이 빠르게 확산되었으며, 알렉산드로스가 사망한 후 제국을 분할한 마케도니아의 장군들은 많은 그리스인들을 기용하여 각자의 제국을 통치하였다.

정복과 통합이 가져온 중요한 경제적 영향은 **광대한 정복지가 그리스의 상업 활동에 개방**되었다는 것이었다. 알렉산드로스와 그의 후계자들은 페르시아 왕실의 재물을 기반으로 화폐를 대량 발행하여 유통시켰는데, 그 결과 이집트와 서남아시아 여러 지역이 화폐 경제 체제로 재편되었다. 이런 배경하에서 금융업이 발달하고 무역 규모가 확대되고 무역의 지리적 범위가 확장되었다. 지중해 동부 지역이 장거리 무역망의 중심으로 자리매김을 하는 가운데, 무역 네트워크가 넓어졌고 또한 촘촘해졌다. 특히, 기원전 2세기에는 그리스 상인들이 계절풍을 이용해 이집트에서 인도양으로 항해해 가는 방법을 익히게 되었다. 이에 따라 **유럽과 아시아를 잇는 해상 교역로가** 역사에 등장하게 되었다.

문헌 자료 3-1

알렉산드로스 대왕의 야망

로마의 역사학자 플루타르코스(Plutarchos)는 동시대 영웅들의 전기를 저술한 것으로 유명하다. 그에 따르면 알렉산드로스는 광활한 세계를 그리스의 문화와 가치로 통일한다는 야망을 품었다. 말하자면 그리스풍으로의 세계화를 꿈꾸었던 것이다.

만일 나의 목적이 야만적인 것과 그리스적인 것을 결합하는 게 아니었다면, 모든 대륙을 가로지르고 문명화시키는 게 아니었다면, 가장 멀리 떨어진 땅과 바다를 찾는 게 아니었다면, 마케도니아의 국경을 가장 먼 바다까지 확장하는 게 아니었다면, 그리고 그리스의 정의와 평화라는 축복을 모든 국가에게 뿌려서 적셔 주는 게 아니었다면, 나는 사치스런 안락한 권력에 안주하기보다 디오게네스(Diogenes)의 검소함을 본받았을 것이다. 그러나 현실에서 나는, 디오게네스에게는 미안하지만, 헤라클레스(Heracles)를 모방하고 페르세우스(Perseus)를 따랐으며, 신성한 저술가이자 내 가족의 조상인 디오니소스(Dionysos)의 발자취를 좇았다. 그리고 나는 승리한 그리스인들이 인도에서 다시 춤을 추고, 카우카소스(Kaukasos)산맥 너머의 거친 산악 부족들과 함께 바커스 향연의 기억을 되살리기를 희망한다.

자료: http://en.wikiquote.org/wiki/Alexander_the_Great.

그리스의 학문

    고대 문명의 학문과 과학은 보통 실용적 성격이 강하였다. 천문학은 시간의 흐름을 측정하는 데 유용하였고, 수학은 농업, 상업과 건축업의 발달에 도움을 주었다. 그러나 세계의 근원에 관한 설명은 대체로 신화와 전설의 영역에 속하였다. 그리스에서는 특징적으로 기원전 600년경부터 **논리와 관찰에 기초한 철학 사상**들이 대두하였다. 세계를 구성하는 기본 원소나 발현 방식 등에 대한 탐구가 다양하게 이루어졌다.

    기원전 3–기원전 4세기에 이르면 플라톤과 아리스토텔레스가 학문적 체계를 확립하게 된다. 소크라테스의 제자였던 플라톤은 현실 세계가 이상적이고 수학적인 완벽한 세계의 불완전한 반영이라고 보았다. 한편, 아리스토텔레스는 진리는 현실에서만 발견될 수 있다는 경험주의적 사고를 강조하였다. 네 원소를 질료로 하여 구성되어 있는 지상의 영역과 이와는 다른 방식으로 구성된 천상의 영역을 구분한 아리스토텔레스의 이분법적 세계관은 17세기에 과학 혁명의 주역인 뉴턴이 중력의 법칙으로 통일된 설명을 내놓을 때까지 장

기간 서구인들의 관념 세계를 지배하였다. 아리스토텔레스는 알렉산드로스 대왕의 교사이기도 하였기 때문에 알렉산드로스의 정복과 더불어 그리스 사상이 널리 전파되는 데 일조하였다. 그렇다고 그리스의 학문이 형이상학에만 침잠해 실용적 성격을 완전히 버린 것은 아니다. 히포크라테스는 질병에 대해 관찰을 강조하는 과학적 접근의 중요성을 강조하였고, 아르키메데스는 수학적 재능을 발휘하여 수많은 계산과 발명을 이끌었다. 어느 경우이든 그리스는 다른 고대 국가들과 달리 국가가 아니라 **민간 학자**들이 과학 연구를 주도하였다는 점이 특징적이었다. 이후 그리스 철학은 많은 학파로 이

플라톤(기원전 428?–기원전 347?): 고대 그리스의 철학자로 형이상학의 틀을 마련하였다.

아리스토텔레스(기원전 384–기원전 322): 플라톤의 제자로 학문 전반에 걸쳐 중요한 기초를 닦았다. 플라톤이 초감각적인 이데아의 세계를 강조한 반면에, 아리스토텔레스는 감각의 범주에 드는 자연물에 대한 현실적 탐구를 강조하였다.

그림 3-3

아테네 학당 르네상스 시대에 라파엘로가 그린 아테네 학당의 일부분. 그리스 학자들의 자연 과학에 대한 관심을 보여 준다. 컴퍼스를 들고서 도형을 그리고 있는 유클리드, 그 옆에 지구의를 들고 있는 프톨레마이오스, 그리고 그 앞에 천구의를 들고 있는 페르시아의 조로아스터가 보인다.

어졌으며, 특히 스토아학파의 철학은 로마인들에게 널리 받아들여졌다.

제2절 로마 시대의 경제

로마의 확장

포에니 전쟁: 기원전 264년에서 기원전 146년 사이에 로마가 페니키아의 카르타고와 벌인 세 차례의 전쟁.

팍스 로마나: 아우구스투스가 제정을 수립한 기원전 1세기 말부터 약 200년에 걸친 시기를 지칭하는 용어. 로마 제국의 지배력이 강력하여 반란이나 전쟁이 발생하기 어려운 시기였으므로 경제적 활동이 활성화되기에 용이하였다.

기원전 8세기경에 작은 촌락으로 출발한 로마는 수세기에 걸쳐 도시 국가를 거쳐 점차 대규모 영토 국가로 발전하였다. 로마 군대는 여러 차례의 전쟁을 승리로 이끌면서 영토를 확장해 갔다. 정복 과정에서 상대 국가가 얼마나 완강히 저항하였는지, 그리고 통치에 용이한 형태가 무엇이었는지 등을 고려해서 피지배 지역을 자치 지역, 식민지, 동맹국 등으로 구분하였다. 그러나 포에니 전쟁(Punic Wars)에서 카르타고를 물리치고 지중해 서부 전역을 장악하고 나서는 대부분의 점령지를 직접 통치하는 방식을 취하였다. 기원후 1세기경 영토 확장이 거의 마무리되는 시점이 되면, 로마는 지중해 연안 전역을 지배하게 된다.

국경을 확장하고 관리하는 데에는 비용(cost)과 편익(benefit)이 존재한다. **제국 팽창의 비용**으로는 군사비(특히, 용병의 고용에 소요되는 비용), 전쟁으로 인한 물적 및 인적 손실, 정복지의 유지 관리 비용, 도로와 항만 등 사회 간접 자본 확충 비용 등을 들 수 있다. 반면에 제국의 확대는 승전에 따른 전리품 획득, 공조 징수, 토지 획득, 국내 사회 문제의 완화와 같은 **편익**을 가져다주었다. 이론적으로 보자면 최적 규모의 영토는 국경 확장에 소요되는 한계 비용과 거기서 얻어지는 한계 편익이 일치하는 수준에서 결정된다. 그러나 현실에서는 정확한 계측이 어려울 뿐만 아니라, 수많은 정치적 · 경제적 · 군사적 요인들에 의해 예상하는 수치가 수시로 변화하게 되므로, 실제 이를 적용하여 구체적인 전략을 짜는 것은 쉽지 않다.

그림 3-4

출항을 준비하는 상인들 로마 제국의 경제적 번영에는 해로를 통한 운송의 힘이 컸다. 그림은 다양한 동물들을 배에 선적하고 있는 모습을 보여 준다.

팍스 로마나

기원전 2세기에 격화되었던 내전이
종식되는 시점인 기원후 1세기부터 로마
는 광대한 영토를 안정적으로 통치하는
시기에 접어들었다. 과거의 공화정을 대
신해서 등장한 강력한 제정(帝政) 체제를
통해 약 200년이라는 기간에 걸쳐 로마
의 통제력이 막강하게 작용한 이 시기를
팍스 로마나(Pax Romana), 즉 '로마의 평화' 시대라고 부른다.

그림 3-5

고대 **로마**의 **쇼핑몰** 로마 시내에 위치한
트라야누스 시장의 현재 모습. 건물에 개
별 상점들이 입점해 있고 전면에 대형 광
장을 갖추고 있다.

이 용어는 압도적인 로마 제국의 통치력에 기초해서 사회와 경제가 통
일된 제도하에 운영된 시기라는 의미를 담고 있다. 제국 전역이 로마법이라
는 통일된 법률 체제에 의해 통치되었으며, 포장도로와 수로로 상징되는 놀
라운 공학적 성과에 힘입어 교통과 통신 인프라가 제국의 구석구석을 연결
하였다. 화폐 제도도 발달하여 상업적 번영을 이끌었다. 이러한 발전이 뒷받
침되어 제국 내에서 지역적 분업이 확대되었고 무역이 크게 번성하였다. 아

그림 3-6

로마 제국의 무역망 지중해를 둘러싼 광대
한 지역에 걸쳐 로마 제국은 무역을 실시
하였다.
자료: O'Brien(2010), 55쪽.

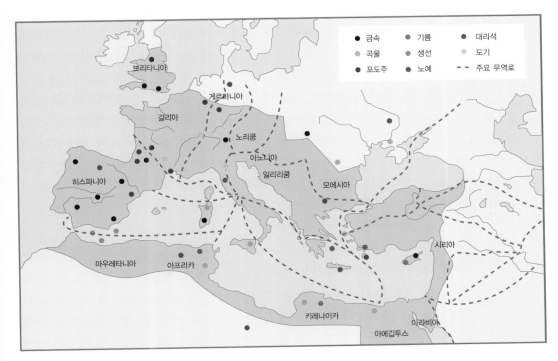

범례:
- 금속
- 기름
- 대리석
- 곡물
- 생선
- 도기
- 포도주
- 노예
- --- 주요 무역로

브리타니아
게르마니아
갈리아
노리쿰
아노니아
일리리쿰
모에시아
히스파니아
시리아
마우레타니아
아프리카
키레나이카
아라비아
아에깁투스

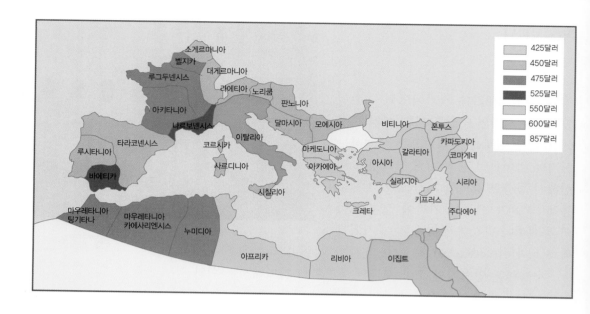

그림 3-7

1세기 초 로마 제국의 지역별 1인당 소득
(국제 달러)
자료: Maddison(2007), 55쪽.

라티푼디움: 라틴어로 대토지라는 의미. 고대 로마의 대토지 소유 제도를 말하며 소유주인 유력자들이 노예를 이용하여 경작하였다.

콜로나투스: 지주에게 토지를 임차해 경작하는 대가로 소작농이 생산물의 일부나 다른 부담을 제공하는 제도. 소작인인 콜로누스는 표면적으로는 자유민이었지만 실제로는 대를 이어 상속된 채무를 부담하였고 이전의 자유도 제한되어 있었으므로 경지에 묶여 있었다고 볼 수 있다.

프리카 북부, 중동, 흑해 연안, 유럽 남부와 북서부를 포함하는 광활한 지역에서 로마를 중심으로 **국지적 세계화**가 강력하게 전개되었던 것이다.

그림 3-7은 로마 제국의 1인당 가처분 소득을 지역별로 나타내고 있다. 이탈리아 반도가 소득 수준이 가장 높은 지역이었으며, 여기를 벗어나서는 이집트 지역이 다음으로 높은 소득 수준을 보였다. 전체적으로 보면, 제국의 서부 지역보다는 동부 지역이 높은 소득 수준을 기록하였다. 특히, 지중해의 동부 연안 지역 주민이 높은 생활 수준을 향유하였다.

로마의 농업은 노예 노동에 의존하는 대규모 경지인 라티푼디움(Latifundium)을 중심으로 이루어졌다. 2세기에 제국이 팽창을 멈추어 노예의 추가적 공급에 애로가 발생하자, 소작농(colonus)을 광범위하게 사용하는 고용 제도인 콜로나투스(colonatus)가 널리 확산되었다. 한편, 무역은 상업 활동에 적극적이었던 시리아인, 아라비아인 및 유대인 등의 이민족들이 주로 담당하였다. 광업은 로마 제국의 경제를 뒷받침한 핵심적 산업이었다. 제국 각지에 산재한 광산으로부터 다량의 금속 및 비금속 광물이 채굴·제련되었다. 연간 철 생산량이 8만 2,000톤, 구리가 1만 5,000톤, 납이 8만 톤에 이른 것으로 추산된다. 로마 제국은 토목과 건축에서도 발군의 솜씨를 보였다. 특히, 콘크리트를 사용하여 콜로세움과 판테온 등 대형 건축물을 건설하고 아치 구조를 이용하여 대규모 교량과 항구 시설을 세웠다. 전투 기술과 관련한 부문에서도 괄목할 만한 기술적 진보가 있었다. 그러나 이것이 로마에서 경제 전반에 걸쳐 기술 진보가 빠르게 진행되었다는 의미는 아니다. 실상을 더 깊이 들여다보면, 로마의 기술 진보는 범위가 제한적이었다. 생산의 중추적 담당 계층이 노예라는 예속 노동력이었다는 사실이 **혁신과 발명의 유인을 감퇴**시켰기 때문이다.

문헌 자료 3-2

팍스 로마나

아에리우스 아리스티데스(Aelius Aristides)는 오늘날의 터키 출신인 그리스계의 유명한 연설가이다. 그의 선조는 지주 집안이었는데 로마 제국의 시민권을 부여받았다. 그가 로마에서 황제에게 바친 연설을 통해 팍스 로마나를 어떻게 인식했는지 생각해 보자.

바다(지중해)를 둘러싸고 있는 대륙들(아프리카, 아시아, 유럽)이 자기 지역의 생산물을 공급해 줍니다. 모든 땅과 바다로부터 여기로 계절에 따른 온갖 곡물과 각 땅과 강과 호수의 농산물, 그리고 그리스인과 야만인들의 생산품들이 모입니다. … 여기로 오는 상선이 너무도 많아 … 이 도시는 마치 온 세상을 한꺼번에 관장하는 상관(商館)처럼 느껴집니다. 인도는 물론 심지어 아라비아에서 오는 화물들을 쉽게 볼 수 있습니다. … 폐하[황제]의 농장은 이집트, 시칠리아, 그리고 경작되는 아프리카의 모든 토지입니다. 선박들은 끊임없이 도착하고 또 출발합니다.

…

폐하의 제국은 광대하지만, 제국의 둘레보다 더 대단한 것은 제국의 질서입니다. … 태수들은 마치 모시는 왕이 없는 듯이 전혀 서로 싸우지를 않습니다. 도시들도 이쪽 편을 들거나 저쪽 편을 들거나 하는 일이 없습니다. … 마치 조금의 소란함도 없는 안뜰처럼 폐하의 제국이 하나의 원으로 둘러쳐 있습니다.

…

폐하는 사람이 사는 세계 전체를 마치 하나의 도시인 양 통치합니다. … 폐하가 임명하는 관리들은 백성들을 지배하는 것이 아니라 그들을 보호하고 감싸 줍니다.

…

폐하는 제국의 모든 사람을 두 부류로 구분하였습니다. … 재주가 많고 고상하고, 유력한 사람들은 타고난 속성과 무관하게 시민으로 만들었고, 나머지 사람들은 피통치자로 만들었습니다. 바다나 중간에 낀 거대한 대지도 시민이 되는 것을 막지 못하며, 아시아와 유럽의 구분도 없습니다. 모두가 모두에게 개방되어 있습니다. … 최고의 지도자 단 한 명 아래에서 세계 공동의 민주주의가 이루어져 있는 것입니다.

자료: Aristides(1986), 73-97쪽.

로마의 장거리 무역

　　로마 제국의 대외 무역은 지중해를 둘러싼 지역에 국한되지 않았으며, 로마 상인의 범위도 폭이 넓었다. 장거리 무역의 핵심적 대상은 멀리 동양에 위치한 인도와 중국이었으며, 광대한 제국의 곳곳에서 무역 활동을 벌인 다양한 민족들, 예를 들어 그리스인, 시리아인, 이집트인, 유대인 및 일부 아랍인이 모두 '로마 상인'의 범주에 포함되었다.

　　이들은 적어도 기원전 1세기에 인도양의 계절풍의 특성을 이해하여 장거리 무역을 영위하고 있었다. **인도 서해안 및 인더스강 하구에 도달한** 로마 상인들 ─ 주로 로마 제국이 건설되기 이전에 이미 무역에 종사하였던 이집트, 메소포타미아, 동지중해 출신의 유대인, 이집트인, 레반트인 등 ─ 은 자신들이 운송해 간 유리 제품, 구리, 납, 향유, 직물, 산호, 포도주, 주화 등을 판매하고, 인도에서 후추, 유향, 염료, 상아, 계피 등 지역 특산품 및 중국으로부터 들어온 견직물, 면직물, 모피 등을 구매하였다. 교역 규모로 보면 후추의 수입이 가장 큰 비중을 차지하였다. 인도 곳곳에서 발견된 1-4세기 로마 주화는 양 지역 간에 교역이 대규모로 이루어졌음을 말해 준다.

그림 3-8

번성한 로마의 항구 1세기 로마의 벽화에는 시설이 완비된 항구의 모습이 묘사되어 있다.

　　로마인들은 다양한 경로를 통해 중국과 교역을 하였다. 인도 서부 지역을 통해 중국 제품을 구매한 것은 물론이고, 오아시스 길을 거쳐 **릴레이 방식**으로 거래된 중국 제품을 아랍과 페르시아 지역에서 사서 로마로 가져갔다. 베트남과 미얀마에서 발견된 로마 유물들은 이 지역들을 통해 로마 상인이 중국 상인과 직접 교역을 하였을 것이라는 추측의 근거가 되고 있다. 중국에서 로마로 유입된 물품은 견직물, 모피, 철, 대황 등이었고, 반대로 로마에서 중국으로 유입된 물품으로는 유리 제품, 모직물, 홍해산(産) 진주, 지중해산 산호 등이 있었다. 로마의 수입품 중에서는 견직물이 가장 대표적이었는데, 로마 제국에서는 한때 비단의 수입이 국가 재정을 악화시키는 주요 요인이라는 비판이 일 정도였다. 로마인들이 비단의 생산지라는 의미로 중국을 세리카(Serica)라고 부르기도 하였다는 점은 이 교역의 중요성을 말해 준다.

세리카: 기원전 1세기경부터 그리스와 로마의 사람들이 중국을 지칭하는 데 사용한 이름.

로마 제국의 쇠퇴

2-3세기부터 로마 제국은 **역병의 반복적인 창궐, 내란의 발발, 게르만족의 압박** 등 내우외환의 상황에 처하면서 위기를 맞게 되었다. 특히, 2세기 후반에 발생한 역병은 로마 제국의 인구를 1/4가량 감소시켰다. 사회적 혼란이 가중되면서 교역이 축소되었고, 화폐에 대한 신뢰가 추락하면서 **실물로 거래하는 경향**이 발생하였다. 중앙 정부의 통제력이 미치는 범위가 축소되고 과세가 어려워지자, 정부는 도시에 거주하는 상공업자들에게 더 높은 세금을 물리고자 하였고 직업도 세습하도록 강제하였다. 이러한 강압적 조치는 상공업자들의 도시 탈출을 자극하여 경제를 더욱 어렵게 하였다. 농촌에서는 소토지 소유자들이 치안 부재 상황에 대응하여 자신의 토지를 지역의 유력자에게 양도하고 대신 사용권을 인정받는 방식인 프레카리움(precarium)이 발생하였다. 이 모든 과정을 통해 로마 제국의 중산층과 자유농은 몰락하였다. 중국, 인도, 아라비아반도와의 교역에서 발생한 대규모 무역 적자가 로마 재정에 타격을 입힌 점도 로마의 쇠퇴에 일조를 하였다.

로마 제국이 약화된 데에는 **기독교**라는 이질적 문화 요소의 전파도 한 몫을 하였다. 기독교는 로마의 빈곤한 피억압 계층에게 새로운 신앙적 공동

프레카리움: 안전을 보장받기 위해 소농민들이 자신의 토지를 유력자에게 넘기고 사용권만을 얻는 제도.

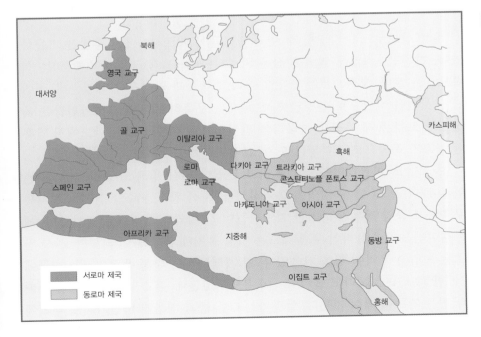

그림3-9

로마 제국의 분열 395년을 기준으로 동로마와 서로마의 영역을 구분한 지도.

콘스탄티누스 대제(274-337): 고대 로마의 황제로 밀라노 칙령을 통해 기독교를 공인하였고 이스탄불로 천도하였다.

훈족: 투르크계의 유목 민족. 동아시아 역사에 등장하는 흉노족(匈奴族) 중 한나라에게 밀려 서쪽으로 이동한 일파를 지칭한다는 주장이 있으나 이견도 존재한다.

비잔틴 제국(330-1453): 동로마 제국을 칭하는 말로서, 수도인 콘스탄티노플의 옛 지명에서 유래하였다.

체를 제공해 주었고, 그 교세는 시간이 흐르자 제국의 국경을 넘어 서남아시아와 인도까지 확장되었다. 콘스탄티누스 대제(Constantinus I)는 이미 제국 곳곳에서 뿌리를 내리고 있던 기독교를 313년에 공인하였다. 그는 또한 330년 지금의 이스탄불에 콘스탄티노플을 건설하고 제국의 새 수도로 삼아 천도를 단행하였다. 곧이어 훈족의 서진(西進)에 밀려 흑해 주변으로부터 게르만족이 대규모로 로마 국경을 넘어 이동해 오면서 로마인들은 게르만족과 혼재하는 상황을 맞이하였고, 로마 제국은 마침내 395년 **동로마와 서로마로 분할**되었다. 서로마는 476년에 로마군의 게르만 용병 대장인 오도아케르(Odoacer)에 의해 멸망하였다. 동로마는 1453년에 오스만 제국에 의해 붕괴될 때까지 오랜 기간 비잔틴 제국(Byzantine Empire)이라는 이름으로 번영을 유지하였다.

제3절 아시아의 발전

페르시아의 변화

파르티아: 기원전 247년부터 기원후 226년까지 고대 페르시아를 지배한 왕조.

사산 왕조(226-651): 조로아스터교에 기반을 둔 신정 국가로, 전성기에 영토가 터키 동부에서 인도 북부까지 이르렀다.

한혈마: 하루에 1,000리(400km)를 달린다고 알려진 서역의 명마. 땀이 피처럼 붉은 색이라고 해서 이런 이름으로 불렸고, 한 무제는 천마(天馬)라고 불렀다.

알렉산드로스가 사망한 후 여러 왕조들이 페르시아에서 흥망을 거듭하였다. 기원전 3세기에 권력을 잡은 파르티아(Parthia, 중국명 안식(安息))는 서쪽으로는 로마, 북쪽으로는 스텝의 유목 민족들과 국경을 접하였는데, 뛰어난 군사력을 바탕으로 안정된 지배 체제를 구축하였다. 파르티아인들은 육상 교역로를 통해 중국의 한나라와 간접적으로 교류하였다. 인도에서 발흥한 불교가 동쪽으로 전파된 것도 이 교역로를 따라서였다.

3세기 초 파르티아를 무너뜨리고 건립한 **사산 왕조(Sassanian Dynasty)**는 이후 400여 년 동안 이 지역을 통치하였다. 사산 왕조는 중앙 집권적 체제를 구축하고 중앙 정부가 파견한 지방관들이 각 지역의 행정을 담당하였다. 페르시아인들의 효율적인 우편 제도는 지방 통치에 큰 도움이 되었다. 사산 왕조는 농업과 무역에 힘을 기울였다. 이 지역에서는 대형 품종의 말 – 중국에서 '한혈마'(汗血馬)라고 불렀다 – 이 유명하였는데, 휴경지에 알팔파를 재배해 만든 건초를 먹여 키웠다. 알팔파는 다른 콩과 식물과 마찬가지로 뿌리에서 자라는 박테리아가 공기 중의 질소를 잡아 토양을 기름지게 하는 효과를 지녔다. 부족한 물을 공급하기 위해서 카나트(Qanat)라고 불리는 **관개 수로 (灌漑水路)**를 건설하여 산기슭 지하의 대수층에서 취수한 물을 마을과 경지로 끌어들이는 방법을 개발하였다. 건조 지대에서 물의 증발을 막기 위해 지하 수로를 통해 송수를 하는 방식을 통해 수십km나 떨어진 지역까지도 물을 공급할 수 있었다. 수원에서 종착지까지 이르는 중간 지역에서는 수직으로 여러 개의 우물을 파내려가 수로와 연결되게 함으로써 물을 길어 쓸 수 있었다. 이러한 기술 진보가 농업 생산성의 증대를 낳았고, 제국의 재정적 기반을 강화하는 데 큰 도움이 되었다. 사산 왕조 시대에는 또한 인도와 동남아시아로부터 면화, 사탕수수 등이 도입되었다. 메소포타미아와 지중해 연안의 저지대를 중심으로 이 신작물의 재배가 확산되어 농업 산출을 크게 늘렸다.

조로아스터교가 공식적인 종교였지만, 사산 왕조는 유대교와 기독교 등 다른 종교에 대해서도 관용적인 태도를 보였다. 이런 태도는 동서양을 잇는 육상 교역로가 활성화되는 데에 도움이 되었다. 육상 수송이 발달하게 된 데에는 **낙타**가 대상의 무역품을 운반하는 수단으로 널리 도입된 것이 중요한 역할을 하였다. 2세기경에 낙타에게 적합한 안장이 개발되어 무게를 적절히 분산할 수 있게 되면서 낙타의 활용도가 커졌다. 낙타는 말과 노새에 비해 많은 양의 짐을 나를 수 있었고, 사막에서도 오래 견딜 수 있었기 때문에 장거리 무역에 적합하였다. 광대한 사막을 통과하는 일은 육체적으로 대상에게 결코 쉽지 않았지만, 강이나 밀림 지대가 없고 맹수의 공격을 받을 염려가 없으며, 건조한 기후 탓에 병원균이 적어 병에 걸리거나 상품이 변질될 위험도 적었다. 이런 장점 때문에 일찍부터 상인들은 육체적 고단함을 무릅쓰고 사막을 관통하는 오아시스 길을 이용하였던 것이다. 고도로 발달된 페르시아 문화는 소그드인과 투르크인의 육상 교역로를 통해 중국까지 전해졌다. 특히, 직물, 동 제품, 보석류 등 서역에서 생산된 제품들이 중국인들에 의해 소비되었다.

사산 왕조의 또 다

카나트: 이런 관개 수로에 대한 호칭은 지역에 따라 상이하다. 카나트라는 명칭은 주로 이란 지방에서 사용되었고, 아프가니스탄에서는 카레즈(Karez), 북아프리카에서는 포가라(Foggara)로 불렸다.

소그드인: 소그디아니아(Sogdiana, 중국명 속특(粟特)) 출신으로서 중국, 인도, 동로마 제국을 연결하는 무역 활동에서 두각을 나타내었다.

그림 3-10

사산조 페르시아와 중국을 잇는 무역 소그드 상인들이 페르시아와 중국을 왕래하는 모습.

른 각별한 중요성은 동로마의 비잔틴 문화와 더불어 **학문 발달의 요람** 역할을 하였다는 점에 있다. 6세기에 동로마에서 유스티니아누스 1세 황제에 의해 아테네 학당이 폐쇄된 후 많은 그리스 학자들이 사산 왕조 영내로 이주해 와서 왕조의 후원을 받으면서 철학과 과학을 발전시켰다. 훗날 7세기에 이슬람 세력이 새로 등장하여 사산 왕조를 패퇴시킨 후 이들의 학문을 수용하고 그리스 학자들의 저작물을 번역하는 사업을 진행하게 되는데, 이 과정을 통해 그리스의 학문적 성과가 훗날 유럽에 다시 전해져 르네상스를 이끌게 된다.

인도 사회의 발전

인도 지역에서는 알렉산드로스의 군대가 철수한 뒤 마우리아 왕조(Maurya Dynasty)가 건립되어 인도의 거의 전역을 지배하였다. 기원 전후부터는 인도 북부 및 중앙아시아에 쿠샨 왕조(Kushan Dynasty)를 포함해 여러 왕조가 지역적으로 난립하였다가, 기원후 4세기 초에 **굽타 왕조**(Gupta Dynasty)가 세워져 인도 문화의 부흥기를 이끌었다. 인도에서 출발한 **불교**가 아시아 여러 지역에서 인기를 끄는 시기에 인도의 굽타 왕조에서는 새로 등장한 **힌두교**가 불교를 몰아내고 세력을 확장하는 현상이 벌어졌다. 굽타 왕조의 역대 왕들이 힌두교를 신봉한 가운데, 다양한 교리가 발달하고 법전이 편찬되었다. 굽타 양식의 예술로는 동서양의 특징이 혼합된 간다라 미술이 유명하였다. 간다라 미술에서 진화한 양식은 이후 중국으로 건너와 당나라의 불교 미술로 꽃을 피웠고, 다시 한국과 일본으로 전해져 불교 문화의 융성에 기여하였다. 이 과정을 통해 인도의 불교는 종교적 신성함과 세속적 가치관이 절충된 생활 방식을 널리 전파하였다.

불교와 힌두교를 포함하여 이른바 4대 종교라고 불리는 종교들은 광대한 지역과 수많은 사람에게 영향을 끼쳤다. 이들은 초월적 세계에 대한 인간의 인식 수준을 높이고, 사후 세계와 구원에 대한 성찰의 기회를 제공한다는 종교 본연의 역할을 수행하였을 뿐만 아니라, 기존의 수많은 지역적 종교들을 밀어내고 통일된 지향과 의식을 지닌 소수의 종교로 사회를 통합하는 결과를 초래하였다. 이 종교들은 추상적 교리를 통해서만이 아니라 도덕적 가치, 문화적 양식, 사회적 질서, 경제적 활동에 대한 가르침과 동질 의식을 통

굽타 왕조: 320년에서 550년에 이르는 시기에 인도 고전 문화의 극성기를 이룬 것으로 평가되는 왕조. 경제가 발전하였고, 예술 분야에서는 아잔타 석굴의 벽화 사르나트의 불상과 같은 걸작을 남겼다.

간다라 미술: 1~5세기에 지금의 파키스탄에서 유행한 불교 미술로, 그리스풍의 현실주의적 표현이 특징적이다.

4대 종교: 인류사에 영향을 크게 끼친 불교, 기독교, 힌두교, 이슬람교를 일컫는다.

해서 사람들에게 막대한 영향을 끼쳤다. 종교가 역사적으로 세계화를 이끈 중요한 원동력의 하나였다는 점에 이의를 달기 어렵다.

굽타 왕조의 경제적 번영은 농업 발달에 기반을 두고 있었다. 아시아의 몬순 지대에 공통적인 현상으로서 벼의 도입은 인구 부양 능력에 획기적인 향상을 가져왔다. 인도에서도 수리 시설과 관개 설비를 구축하면서 벼가 점차 널리 재배되었다. 잉여의 증가는 곧 사회적 분화로 연결되어, 인도 사회에 중요한 변화 요인으로 작용하였다. 남부 해안 지역에서는 **후추와 계피가** 재배되어 수출용 작물로서 각광을 받았다. 면화의 생산도 활발하였고 그를 원료로 한 **면직물**의 생산도 증가하였다. 인도산 면제품의 국제적 경쟁력은 이 시기부터 이미 널리 알려져 있었다. 농업 경제의 기반인 토지는 왕유지(王有地)와 농민의 사유지(私有地)라는 이중적 구조를 지니고 있었다. 사유지는 농민이 증여, 저당, 상속 등을 자유롭게 할 수 있었지만 처분을 하기 위해서는 촌락 공동체의 통제를 받아야 하였다. 왕유지는 왕실 재정 수입의 근간을 이루었는데, 때때로 왕의 뜻에 따라 브라만이나 불교 종단에 시여되기도 하였다. 이 경우 종단은 농민들로부터 수취되는 조세 수입을 국가로부터 얻게 되는 셈이었다.

조세는 수확물의 1/6을 징수하는 지세(地稅)와 요역 및 잡세로 구성되었다. 상공업은 **동업자 조합**의 통제하에서 영위되었다. 동업자 조합에는 상인 조합, 대금업자 조합, 수공업자 조합의 세 종류가 있었고, 이 세 조합이 결합하여 합동 조합을 이루고 있었다. 화폐는 로마의 디나르 금화를 본떠 디나라라는 금화를 주조하여 은화와 함께 사용하였다. 그러나 도시를 중심으로 한 상업 거래에 주로 사용되었을 뿐, 농촌에서는 유통이 보편화되지 않았다.

인도 상인들은 인도 연안을 통과하는 무역에서 주도적 역할을 수행하였다. 아라비아해에서 동남아시아에 이르는 지역에서 이들은 활발하게 무역을 전개하였으며, 특히 **벵골만을 지나는 항해**는 대부분 인도인이 주도하였다. 벵골만을 따라 내려가 동남아시아로 향하면 말레이반도의 크라 지협에 이르는데, 여기에서 교역물을 하역하여 육로로 동남아시아 내륙으로 운송하거나, 지협을 건넌 후 남중국해를 통해 인도네시아와 중국 남해안으로 향한 항해를 다시 시작하였다. 이 교역로를 따라 인도의 문화가 동남아시아의

그림 3-11

인도 금화 4세기 굽타 왕조에서 제작된 금화. 제국의 영토를 크게 확장한 사무드라 굽타의 초상이 새겨져 있다.
자료: PHGCOM, CC BY-SA 3.0.

그림 3–12

국지적 세계화의 진전 진시황의 중국 통일은 동아시아 지역의 넓은 영역을 정치적·경제적·문화적으로 통일시킨 역사적 사건이었다. 법률과 문자는 물론 수레바퀴의 폭까지 통일되었다. 사진은 진시황 때에 만들어진 병마용(兵馬俑).
자료: Maros, CC BY_SA 3.0.

넓은 지역에 전파되어 뚜렷한 영향을 끼쳤다. 힌두교와 불교가 전파된 것도 이와 맥을 같이하였는데, 특히 불교의 포교에는 상인들의 역할이 매우 중요하였다.

인도가 세계사에 남긴 학문적 유산 가운데 손꼽히는 분야는 수학이었다. 기원전 2세기경에 0(零)의 개념이 확립되어 수학 발전에 중대한 기여를 하였다. 그리고 1세기경에는 10진법과 유사한 체제가 완성되었다. 이러한 수학적 진보는 훗날 이슬람을 거쳐 유럽으로 소개됨으로써 계산 능력을 현저하게 향상시켰으며, 나아가 현대 숫자 체계의 기초를 이루었다.

중국의 통일과 경제

중국에서는 전국 시대의 혼란을 딛고 기원전 221년에 진(秦)나라가 통일 왕국을 건설하는 데 성공하였다. 진시황(秦始皇)은 강력한 중앙 집권 체제를 확립하고 군현제를 통해 지방을 통치하였다. 이 체제하에서 군대 유지와 공공사업에 필요한 인력이 대규모로 동원되었다. 진시황은 광대해진 국토를 효과적으로 연결하기 위해 **체계적인 도로망**을 구축하였으며, 북방의 흉노

도로망: 황족과 귀족이 다니는 길인 치도(馳道)와 직선으로 건설된 직도(直道)가 간선 도로망을 이루었고, 좁은 길이 촘촘히 이들을 연결하게 건설되었다. 또한 도로와 수레의 규격을 법으로 규정하였다.

족이 침입할 것에 대비해 **만리장성을** 대대적으로 보수·개축하였다. 그는 법가의 사상에 기초하여 법률을 엄격히 적용하였고, **한자와 도량형을 표준화**하였으며, 경제 활동을 국가가 규제하도록 하였다. 당시에 주조된 화폐는 중앙에 사각형 구멍이 뚫린 원형 동전이었는데, 이 형태는 근대에 이르기까지 중국 화폐의 표준으로 받아들여졌다.

　　진시황의 사후 분열된 중국을 다시 통일한 것은 **한(漢)나라**였다. 기원전 202년 유방(劉邦: 高祖)이 건립한 한 왕조는 진나라와 마찬가지로 관료적 지배 체제를 공고히하였지만, 진과 달리 **유교를** 통치의 기본 이념으로 삼았고 과거제를 통해 인재를 등용하였다. 한자와 유교가

무제(기원전 156-기원전 87): 한의 통치 기반을 닦은 군주. 동중서(董仲舒)를 기용하여 유교를 국교로 삼았고, 고비 사막에서 한반도에 이르는 광대한 영토를 확보하였다.

팍스 시니카: '중국의 평화'라는 의미로, 로마와 비교하여 사용되는 용어. 학자에 따라서는 당나라나 명나라 시기를 지칭하는 용어로 사용하기도 한다.

그림 3-13

중국의 사상적 기둥들 도교의 노자, 유교의 공자, 그리고 어린이로 묘사된 불교의 석가가 함께 있는 그림.

광대한 영토 곳곳에 보급됨으로써 중국은 정치·경제·문화적 통일성을 크게 향상시켰다. 진 왕조에 시작된 전국적 통합 정책이 한 왕조에 와서 결실을 보기 시작한 것이다.

　　한의 영토는 무제(武帝) 때에 크게 확장되었다. 한 초기의 황제들은 북방의 흉노족에게 현금이나 비단, 쌀 등을 제공하는 화친 정책을 폈는데, 이런 정책이 효과를 가지지 못하였다고 판단한 무제는 흉노족에 대해 군사적 원정과 유화책을 병용하면서 고비 사막 너머로 축출하였다. 그는 또한 동쪽으로 한반도까지 세력을 넓혀 한사군을 설치하였으며, 남쪽으로는 베트남 부근까지 진출하였다. 지중해 유역에서 팍스 로마나 시대가 진행되는 동안 동아시아에서는 한나라를 중심으로 **팍스 시니카**(Pax

Sinica)의 시대가 펼쳐졌다.

기원전 138년 무제는 위협적인 공세를 취하고 있던 흉노족을 협공할 동맹 세력을 확보하기 위해 장건(張騫)을 중앙아시아의 대월지(大月氏)로 파견하였다. 동맹을 맺으려는 장건의 시도는 실패하였지만, 13년에 걸친 그의 탐방 결과로 서역의 지리와 산물에 관한 많은 지식이 중국에 전해졌다. 예를 들어, 중앙아시아 여러 국가들은 물론 인도의 풍습과 생산물에 대한 많은 정보가 중국으로 알려졌으며, 페르가나(Fergana, 중국명 대완(大宛))는 밀과 포도의 생산이 풍부하고 특히 질 좋은 말이 많은 곳으로 알려졌다. 한나라의 **대외 무역은 파르티아를 지나 로마 제국에까지** 이르렀다. 가장 대표적인 교역품은 비단으로, 로마인들 사이에서 큰 인기를 끌었다. 한편, 중국으로 돌아오는 대상들은 금, 말, 상아, 향로, 유리 제품, 포도, 석류 등 중앙아시아 및 서아시아의 물품들을 가지고 왔다. 기원전 101년 한의 군대는 최초로 파미르산맥을 넘어 페르가나를 물리치고 다량의 말을 획득하였으며, 중앙아시아 지역의 교역로에 대한 통제력을 강화하였다. 후한 시대(25-220)에 반초(班超)는 카스피해 동쪽에 위치한 50여 국가를 복속시켜 **실크로드(Silk Road)**에 강력한 영향력을 행사하였으며, 감영(甘英)을 로마에 사절로 파견하기도 하였다. 이후 실크로드는 사절뿐만 아니라 상인, 선교사 등이 이동을 하면서 문물을 교환하고 사상을 전파하는 세계화의 주요 통로가 되었다.

국내적으로 한 왕조는 농업의 발달 덕분에 안정적인 경제적 기반을 마

그림 3-14

서역의 특산물 질 좋은 말은 중국이 서역으로부터 들여오기 희망한 대표적인 특산물이었다.
자료: sailko CC BY-SA 3.0.

대월지: 기원전 3세기 말에 세력을 확장한 흉노족에게 압박을 받아 서쪽으로 이동하여 지금의 아프가니스탄 북부 지역을 지배한 국가. 흉노를 협공하자는 한나라 장건의 제안을 거절하고 독자적으로 영토를 통치하였다.

장건: 한 무제의 명령에 따라 대월지에 파견되었고, 귀국길에 흉노족에게 포로로 잡혔다가 돌아왔으며, 나중에 다시 서역에 파견되었다.

페르가나: 오늘날의 우즈베키스탄과 타지키스탄에 걸친 지역으로, 오래전부터 페르시아계 인구에 의해 농경이 이루어졌고 동서 교통의 요지로 알려졌다.

실크로드: 아시아 내륙을 횡단하는 고대 무역로. 중국의 비단이 교역되는 길이라는 의미로 지리학자 리히토펜(Richthofen)이 명명하였다.

감영: 로마로 향하던 감영 일행이 지중해에 도달하자 안내를 하던 파르티아인이 지중해가 매우 크고 험하다면서 항해를 단념시킨 이야기가 전한다. 한나라와 로마가 직접 교역하는 것을 우려한 행동으로 해석할 수 있다.

그림 3-15

서역으로 출발하는 장건 일행 둔황 막고굴의 벽화에 표현된 한나라 사신 장건의 출정 모습.

련할 수 있었다. **쟁기가 개량되고 소가 견인**하는 방식이 널리 전파되면서 곡물 생산이 증가하였다. 또한 일정한 폭의 이랑과 고랑을 설치하고 해마다 교대함으로써 곡물 생산을 증진하는 농경 방법을 정부 주도로 전국에 보급하였다. 벽돌로 만든 우물이 보급됨으로써 관개가 가능한 경지가 늘어나기도 하였다. 흉노족에 의해 소개된 당나귀의 도입과 바퀴 달린 손수레가 운송 능력을 향상시켰고, 국가 주도로 진행된 대형 운하 사업이 중앙 정부로의 물자 이동을 원활하게 만들었다. 정부는 변방 지역의 치안을 확보하기 위해 내륙에 거주하는 인구 100만 명 이상을 만리장성 부근과 서북 변방으로 보내, 이

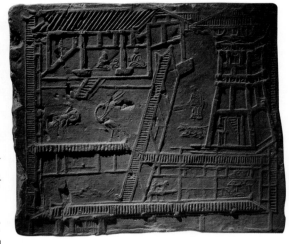

그림 3-16

한나라 귀족의 저택 한나라 고관 집안의 모습을 묘사한 벽돌. 후한 시대의 이 벽돌에는 주인과 손님이 이야기를 나누는 모습 등이 묘사되어 있다.
자료: Editor at Large, CC BY-SA. 2.5.

주민이 평시에는 농사를 짓고 전시에는 병사로 참전하도록 하였다. 주둔 부대가 둔전(屯田)을 경작하도록 한 정책에 따라 서북방 변경 지역은 경제 발전의 기회를 맞이하였다. 이런 여러 개선에 힘입어 한 왕조는 약 6,000만 명의 인구를 부양할 수 있었다.

문헌 자료 3-3

한나라의 물가 정책

한 무제는 상인 출신인 상홍양(桑弘羊)을 관료로 등용하여 소금과 철의 국가 전매와 더불어 물가 정책인 평준법을 실시하였다. 상홍양은 황제에게 이 정책을 다음과 같이 주청하였다.

대농(大農: 농업을 관장하는 정부 부서)의 관리 수십 명을 여러 부(部)로 나누어 국정을 주관하게 하고, 각각 현(縣)으로 가서 균수관(均輸官)과 염철관(鹽鐵官)을 두십시오. 그래서 먼 곳의 지방관들이 물가가 비쌀 때 상인들이 전매한 물자를 조세로 받도록 하고 균수관이 통일적으로 구매하여 각지의 화물을 서로 교류하도록 하십시오. 수도에는 평준관(平準官)을 두어 전국 각지에서 수송된 물자를 받아들이십시오. 또 공관(工官)을 소집하여 수레를 비롯한 각종 운송 기구를 만들게 하되 모든 비용은 대농에 의존하여 공급하십시오. 대농의 관리들은 천하의 물자를 모두 장악하여 값이 오르면 팔고 값이 떨어지면 사들이도록 하십시오. 이렇게 하면 부상(富商)과 대고(大賈)들이 큰 이득을 얻지 못하게 되고 물가는 원래대로 돌아가 만물이 비싸게 오르지 않게 될 것입니다. 이처럼 천하의 물가를 통제하는 것을 '평준'(平準)이라고 부릅니다.

자료: 사마천(2005) 참조.

한편, 한 왕조는 소금, 철, 술 등 **전략 물자를 국가가 독점**하는 경제 정책을 실시함으로써 안정적인 재정 수입을 확보하였다. 대규모의 곡물 거래도 정부에 의해 이루어졌다. 곡물을 공급이 많고 가격이 낮은 지역에서 구입하여 창고에 저장하거나 곡물이 부족한 지역으로 운송하는 균수법(均輸法)을 통해 정부는 물가 안정과 재정 확충을 동시에 도모하였다. 생산량이 많은 산물을 조세로 징수하여 가격이 폭락하는 것을 방지하고, 또한 이 산물을 다른 지역으로 보내 판매함으로써, 물자 유통을 원활하게 하고 물가를 조절하는 정책이었다. 이렇게 모인 물자를 이용하여 물가가 상승하면 이를 방출하고 물가가 하락하면 이를 회수하는 정책도 폈는데 이를 평준법(平準法)이라고 하였다.

그러나 이런 정책들은 상인들의 입장에서는 활동 영역의 제한을 의미하는 것이었다. 사실 한 왕조는 상업을 경시하여 무거운 조세를 부과하였고, 반대로 농민들에게는 세금을 경감해 주는 정책 기조를 취하였다. 이런 정책의 연원은 진한 시대 이래 중국의 통치 이념인 **유가와 법가 사상의 경제에 대한 태도**에 있었다. 유가는 도덕적 가치[義]가 물질적 가치[利]보다 우월하며, 농업이 본(本)에 해당하는 산업인 반면에 상공업은 말(末)에 해당한다고 보았다. 따라서 사농공상(士農工商)이라는 사회적 위계 체제가 강조되었고, 상공업 활동에 대해 국가가 적극적인 지원 정책을 펼 것으로 기대하기 어려웠다. 법가는 상공업 발달이 인간의 탐욕을 자극하고 농업에 피해를 줄 위험이 크기 때문에 법으로 엄격히 제한해야 한다고 주장하였다. 이와 같은 **중농억상(重農抑商) 정책**에 따라 상인의 경제력에 비해 대토지 소유자의 경제력이 더 커지는 현상이 발생하였다. 또한 이는 앞으로 장기간에 걸쳐 중국의 경제 정책이 농업 우선으로 전개되리라는 것을 의미하는 신호로 볼 수 있다.

과학과 기술의 발달도 두드러졌다. 천문과 역법 등 실용적 학문이 정부의 후원을 받아 발전하였으며, 중국 의료의 기초가 되는 의학의 발달도 이루어 화타(華陀)와 같은 의사가 명성을 얻었다. 이 시기 중국의 가장 대표적인 발명품으로 후한의 채륜(蔡倫)

균수법: 한 무제가 정벌 등의 재정 지출에 따른 국고 고갈의 문제를 해결하기 위해 도입한 제도. 각지의 산물을 다른 지방으로 운송하고 판매하여 이익을 거두는 정책.

평준법: 전국적으로 수취한 물자의 방출량을 물가에 따라 조절한 한 무제의 정책.

화타(145-208): 침과 외과 수술에 능하였던 중국의 전설적 명의로, 특히 마취 수술로 이름을 떨쳤다.

채륜(50?-121?): 나무껍질, 헌 헝겊, 낡은 그물 등을 분쇄하여 채후지(蔡侯紙)라는 종이를 만들어 황실에 헌상하였다. 그는 저렴한 재료를 써서 문자 기록이 가능한 매끄러운 종이를 개발하여 지식의 전파에 큰 기여를 하였다.

그림 3-17

가장 오래된 종이 기원전 2세기에 제작된 이 종이는 현존하는 가장 오래된 종이이자 가장 오래된 지도이다.

이 뽕나무와 대나무를 원료로 하여 만든 **종이**를 들 수 있다. 이 혁명적 발명품은 이후 동아시아는 물론 이슬람 지역과 유럽으로 전파되어 지식의 축적과 발달에 심대한 영향을 끼치게 된다.

후한 말기에 이르면 경제력을 집중한 세족(世族)들이 권력을 실질적으로 좌지우지하게 되면서 관직을 세습하는 양상이 나타났다. 이들은 토지 소유를 집중하고 많은 수의 노비를 거느리고서 **장원(莊園)**을 확대해 갔다. 왕조 말기에 군벌의 난립으로 치안이 불안해지면서 평민들이 세족에게 의탁하게 됨에 따라 장원에 딸린 예속민이 되었고, 자급자족적이고 물물 교환에 의존하는 장원이 경제 활동의 기본 구조로 등장한 것이다. 유럽에서 서로마가 붕괴되면서 치안의 공백 상태를 배경으로 하여 장원 제도가 확산된 것과 유사한 현상이었다.

세계의 경제 구조

인구가 증가하고 지역적 이동이 발생하면서, 그리고 사회가 발달하여 국가와 제국이 형성되면서, 지구상에는 경제적 활동 방식을 달리하는 여러 지역들이 대조를 이루게 되었다. 그림 3-18은 3-5세기를 기준으로 세계 각 지역에서 지배적인 경제 활동이 무엇이었나를 보여 준다.

제국이 형성되거나 국가가 체제를 갖춘 지역은 동아시아와 인도를 거쳐 서남아시아를 지나 지중해 연안을 거쳐 서유럽까지 이어진 곳, 그리고 멕시

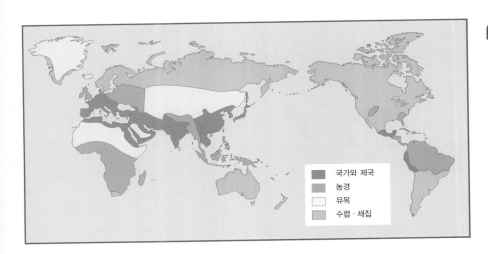

그림 3-18

지구상의 기본적 경제 활동, 3-5세기
자료: O'Brien(2010), 14쪽.

국가와 제국
농경
유목
수렵·채집

코와 안데스 지역 일대에 밀집해 있었다. 농경 활동은 아시아, 유럽, 아프리카, 남북아메리카 여러 지역과 동남아시아 및 태평양 연안 지역에 광범위하게 확산되어 있었다. 그 주위로 아시아와 아프리카 지역에 폭넓은 유목 지대가 형성되었다. 한편, 아시아 북부, 북아메리카 북부, 남아메리카 남부, 아프리카 남부, 오스트레일리아를 중심으로 광대한 영토가 아직 수렵·채집의 단계에 머무르고 있었다.

이 당시 인구의 대다수는 농촌에서 거주하였으며, 이들의 생활 반경은 매우 제한적이었다. 시장이 열리는 도시가 지역 중심지 역할을 하면서 농촌 배후지와 지속적인 교류를 하였을 뿐이다. 그러나 시간이 경과하면서 도시가 규모와 수를 늘려 갔고, 먼 거리에 떨어져 있는 도시들과의 교류도 증가해 갔다. 이와 같은 네트워크는 **무역, 종교, 기술, 전쟁, 외교 등을 매개**로 계속 확장되고 강화되었다. 1-3세기경이 되면 유럽-아시아-아프리카로 구성된 구세계의 여러 제국들에 위치한 중심지들을 잇는 네트워크가 완성되었고, 이 네트워크는 시간이 흐르면서 더욱 견고해졌다. 그림 3-19에 나와 있

그림 3-19

서유럽에서 동아시아까지 이어진 무역로
자료: 하트 데이비스(2009), 133쪽: 벤틀리(2006), 52-53쪽.

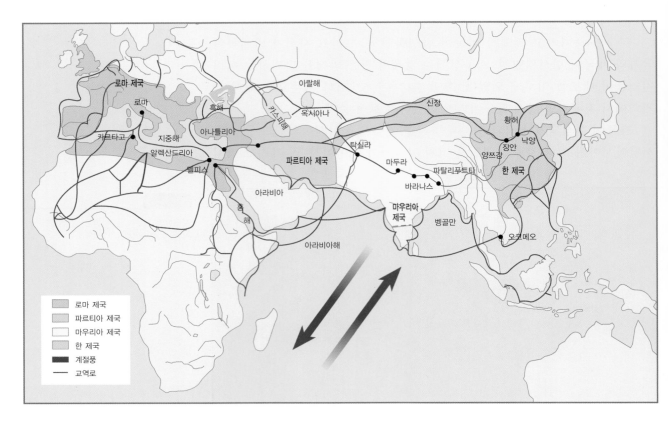

는 국제적 교역로는 당시의 경제적 네트워크를 잘 보여 준다. 특히, **로마-파르티아(후에 사산 왕조)-한나라**를 잇는 무역망은 당시 세계 경제를 주도한 가장 중요한 경제적 연결망이었다.

제 **4** 장

혼란에서 안정으로

제1절 중세 유럽의 성립

게르만족의 대이동

로마 제국은 3세기 이후 제국의 비효율성, 정치 체제의 불안, 부정부패의 심화, 조세 부담의 증가 등이 복합적으로 작용하면서 점차 쇠퇴해 갔다. 휘청거리는 제국에 결정적인 타격을 입힌 충격은 제국 주변이 아니라 머나먼 곳으로부터 왔다. 유라시아의 광활한 스텝 지역에서 유목 생활을 하던 기마 민족인 **훈족**이 4세기경부터 중앙아시아 및 동유럽 지역을 압박하기 시작하였다. 372년 남부 러시아로 밀고 내려온 훈족은 이후 헝가리 평원을 근거지로 삼아 남쪽으로 발칸반도와 서쪽으로 이탈리아와 갈리아를 공격하였다. **게르만족**으로 통칭되는 다양한 부족들은 훈족의 압박에 처하자 **연쇄적으로 이동**하여 약화된 로마 제국을 침범하기 시작하였다. 로마는 외지인들이 국경 내에 거주할 수 있도록 허용하는 정책을 편 데 이어서, 이 외지인들을 로마군으로 편제하여 다른 게르만족들을 방어하도록 하기에 이르렀다. 그러나 이런 정책은 로마의 장기적 안전을 보장하지 못하는 미봉책에 불과하였다.

서쪽으로 향한 게르만족의 흐름은 서로마 제국을 무너뜨렸고, 서유럽의 인구 구성을 크게 변화시켰다. 먼저 흑해 유역의 동고트족(Ostrogoths)이 훈족에게 축출되어 이탈리아반도로 이동하여 동고트 왕국을 건설하였다. 인근의 서고트족(Visigoths)은 로마 제국 영내로 피난한 후 410년에 로마를 약탈하였고, 계속 서진하여 이베리아반도로 이동하여 서고트 왕국을 수립하였다. 반달족(Vandals)은 중부 유럽에서 출발, 이베리아반도를 거쳐 북아프리카에서 반달 왕국을 건립하였으며, 갈리아에는 부르고뉴 왕국이 수립되었다. 한편, 영국

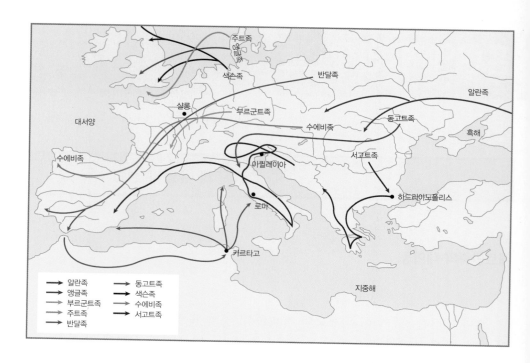

그림 4-1

게르만의 대이동
자료: Robert(1998), 3권, 126쪽.

클로비스(465?-511): 프랑크 왕국의 초대 군주로, 기독교로 개종하여 로마 교황과 우호적 관계를 확립하였다.

프랑크 왕국(481-843): 게르만의 일족인 프랑크족이 수립한 제국. 전기의 메로빙거 왕조(481-751)와 후기의 카롤링거 왕조(751-843)로 구분되며, 훗날 분열 과정에서 독일, 이탈리아, 프랑스의 세 지역으로 나뉘게 된다.

샤를마뉴(742-814): 프랑크 왕국의 팽창과 번영을 이룬 지도자로 카를 대제라고도 부른다. 그는 확장된 국토를 효과적으로 통치하기 위해 지방관을 파견하여 관리하였고 봉건 체제가 자리잡는 데에도 기여하였다.

에서는 켈트족(Celts) 계통의 로마인들이 색슨족(Saxons), 앵글족(Angles), 주트족(Jutes) 등의 게르만 세력에 의해 변방으로 밀려나는 신세가 되었다.

서유럽의 중앙부를 차지한 것은 프랑크족(Franks)이었다. 5세기 말 클로비스(Clovis)에 의해 통일 세력을 구축한 프랑크족은 9세기에 이를 때까지 점령지를 성공적으로 확대해 갔다. 특히, 주변의 경쟁 세력들, 즉 남유럽의 이슬람 세력, 이탈리아반도의 롬바르드족(Lombards), 헝가리의 아바르족(Avars) 등을 격퇴하여 강력한 프랑크 왕국을 수립하였다. 서쪽으로 피레네산맥에서 동쪽으로 엘베강에 이르는 광대한 영역이 프랑크 왕국의 지배하에 놓이게 되었다. 프랑크족은 기독교로 개종함으로써 로마 교회의 지원을 얻을 수 있었고, 점령지 주민들에게도 기독교로의 개종을 강제하였다. 종교적 통일은 8세기 말에 집권한 샤를마뉴(Charlemagne)에 의해 완성되었다. 확장된 프랑크 왕국 전역을 통치하는 지도자로서 샤를마뉴는 자신이 기독교의 수호자라고 천명하였고, 이에 교황은 800년에 그를 서로마 붕괴 이후 최초의 황제로 대관식을 올려 주는 것으로 화답하였다. 이에 따라 프랑크 왕국은 황제가 보유한 **세속적 권력**과 교황이 보유한 **교회 권력**이 중첩적으로 작용하는 지역이 되었다.

게르만족의 경제

게르만족은 원래 정착적인 농경을 주업으로 하는 경제 구조를 가지고 있었다. 한 경지에서 수년간 곡물을 경작한 후 다시 수년간 목초지로 이용하는 조방적 곡초 농법이 지배적이었고, 화전 방식으로 경작이 이루어지는 곳이 많았다. 괭이의 사용이 보편적이었지만, 곳곳에서 쟁기도 사용되었고 따라서 공동 경작도 널리 퍼져 있었다. 사회 구조는 예속민이 최하위 집단을 이루고 그 위로 자유민, 귀족, 왕이 차례로 자리를 잡고 있었다. 특징적으로 왕과 귀족이 귀족과 자유민의 자제와 충성 서약에 기반을 둔 주종(主從) 관계를 맺었는데, 이 종사제(從士制)는 훗날 중세 **봉건제**(封建制, Feudalism)의 형태로 발전하게 된다. 그렇지만 게르만족의 종사제는 주군이 가신에게 **봉토**(封土, fief)를 하사하는 행위를 수반하지 않은 관계라는 점에서 봉건제와는 차이를 지녔다.

봉건제의 개념

유럽 중세 사회의 핵심적 제도인 봉건제는 **주군**(主君)과 **가신**(家臣) **간에 형성된 쌍무적인 인적 관계**를 의미한다. 가신이 주군에게 충성 서약을 통해 복종과 군사적 봉사의 의무를 다짐하고, 주군은 가신에게 토지 재산을 봉토로 하사함으로써 부양 의무를 다하는 관계이다. 봉토의 하사는 단순히 토지 소유권만을 양도

그림 4-2

길 떠나는 반달족 북아프리카의 카르타고에서 발견된 로마식 모자이크에 나타난 반달족의 모습. 이 모자이크는 6세기에 제작된 것이다.

종사제: 상위와 하위의 개인들이 충성 서약을 통해 주종 관계를 맺는 게르만족 특유의 사회 제도

봉건제: 봉(封)의 수수를 매개로 이루어지는 지배 계급 내의 주종 관계를 말한다. 동서양 여러 지역에서 존재하였으나 구체적인 운영 형태에는 다양성이 존재하였다.

그림 4-3

충성 서약 주군이 두 가신을 기사로 임명하고 충성 서약을 받는 모습. 14세기 이베리아반도의 카스티야 왕국에서 제작된 그림.

하는 것이 아니라 주군이 보유하였던 과세권이나 재판권과 같은 공권력도 함께 넘긴다는 의미를 지녔다. 그런데 한 주군은 여러 가신과 개별적으로 주종 관계를 맺을 수 있었고, 가신은 다시 주군으로서 하위에 자신의 가신을 둘 수 있었다. 따라서 사회 전체로 보면 최상위의 주군, 즉 국왕으로부터 시작하여 크고 작은 영주들을 주군과 가신으로 포함하는 **피라미드형 사회 구조**를 형성하였다. 그 아래로 신분적으로 자유로운 농민이 존재하였고, 마지막으로 영주들이 보유한 봉토의 직접적인 생산자인 **농노**(農奴, serf)가 자리하고 있었다.

농노: 인신이 절대적으로 예속된 노예보다는 자유롭지만, 자유민과는 달리 신분제에 기반을 둔 각종 의무를 짊어진 중세의 생산자 계층.

봉건제의 성립 배경

중세 초기를 거치면서 봉건제가 성립하게 된 가장 결정적인 원인은 **치안의 부재**였다. 팍스 로마나 시기에 원활하게 작동하였던 제국의 조세 제도와 이에 기초한 보수 체계가 붕괴된 후, 서유럽에서는 관료제와 군사력을 바탕으로 넓은 영토를 안정적으로 통치하기가 불가능해졌다. 특히, 8세기부터 외부로부터 군사적 위협이 계속되면서 치안 문제가 더욱 심각해졌다.

7세기에 성립하여 빠른 속도로 영향력을 키워 간 **이슬람 세력**은 8세기

그림 4-4

바이킹의 활동 공간 바이킹은 호전적인 침략자 집단으로 알려져 있지만 근래의 연구에 의하면 무역에도 뛰어난 재능을 보였다. 바이킹은 러시아 북부에서 지중해에 이르는 넓은 지역을 활동 범위로 삼았다. 하천과 육로를 통해 동유럽을 아래로 관통하여 서아시아 지역까지 교역의 범위를 확대하였다.

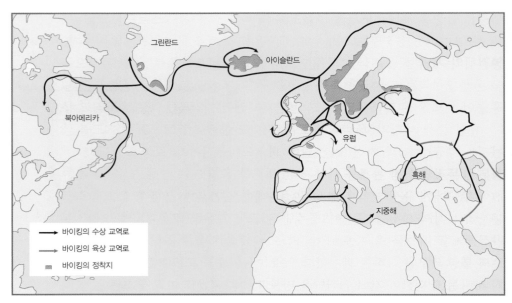

초 북아프리카를 거쳐 이베리아반도로 건너가 서고트 왕국을 멸망시켰고, 프랑스 중부 지방까지도 위협하였다. 이후 이슬람 세력은 이베리아반도는 물론이고 시칠리아, 코르시카, 사르디니아 등 지중해 곳곳을 정복하여 통치하였다. 스칸디나비아와 덴마크에 기반을 둔 **바이킹족**(Vikings)은 바닷길을 통해 영국의 남동부 지역, 프랑스의 노르망디, 아이슬란드 등에 도착하여 정착지를 건설하였고, 일부는 1000년경 북아메

그림 4-5

상륙하는 바이킹 영국에 상륙하는 바이킹을 묘사한 12세기 작품. 바이킹 특유의 롱보트(longboat)가 나타나 있다.

리카의 북동단까지도 진출하였다. 바이킹족의 해상 항해는 북으로 러시아 북부에서 남으로 지중해 연안까지 광범위하였다. 또한 하천을 통해 흑해 및 카스피해 연안까지 나아갔으며, 다시 육로를 통해 더 내륙 지역으로 접촉 범위를 확대하였다. 9세기 말에는 **마자르족**(Magyars)이 이탈리아 북부, 독일 남부, 프랑스 동부 등 여러 지역을 공격하였으며 조공을 강제하였다. 마자르족은 10세기 초에 헝가리 지역에 자리를 잡고 정주 생활을 본격적으로 영위하였다.

치안이라는 공공재(public goods)를 제공할 사회 체제가 부재한 상황에서, 개인은 자체적으로 안전 보장을 담보할 방안을 강구하게 되었다. 봉건제는 이런 필요성에 부응하는 제도였다. 즉, 봉건제하에서 다른 세력과 물리적인 충돌이 임박하게 되면 주군은 가신에게 무장한 **기사**(騎士, knight)로서 출병할 것을 요청하게 되며, 그 반대급부로 평화 시에 봉토를 가신에게 제공하였다. 봉건제는 정부를 대신하여 민간 부문에서 스스로 무력을 확보하는 수단이었던 것이다.

봉건제가 이런 역할을 담당하게 된 데에는 기사의 군사적 효용성이 컸다는 점이 작용하였다. 중세 초부터 사용되기 시작하여 8세기경에 본격적으로 널리 확산된 등자(stirrup)의 등장으로 보병에 대한 마상 창술의 전략적 우위가 확고해졌다. 그에 따라 프랑스 북부와 저지대 국가에서 처음 등장한 기사가 서유럽 전역에 걸쳐 군사력의 중핵으로 자리를 잡아갔다. 중무장한 기

공공재: 시장 기구에 의해 공급되고 개인적으로 소비되는 사유재와 달리 주로 정부에 의해 공급되고 다수의 소비자가 공동으로 소비하는 재화. 한 사람이 소비한다고 해서 다른 사람의 소비가 줄지 않는 속성(비경합성)과 대가를 지불하지 않은 사람의 소비를 금지시키기 어렵다는 속성(비배제성) 때문에 공공재에는 시장 가격이 존재하지 않으며 수익자 부담 원칙도 적용할 수 없다.

등자: 말을 탔을 때 두 발을 디디는 마구로서, 대개 안장에 달아 양 옆으로 늘어뜨렸다. 승마자가 말 위에서 몸을 움직이는 동작을 자유롭게 해 준다.

그림 4-6

기사의 전투력 향상을 위하여 기사가 철갑 옷 아래에 받쳐 입는 사슬 옷을 제작하는 모습.

사로서 군사적 의무를 지닌 가신을 얼마나 널리 확보할 수 있느냐가 주군으로서의 능력을 가늠하는 중요한 기준이 되었다. 이와 같은 기사의 군사적 가치는 중세 중반 이후 중국에서 이슬람을 거쳐 유럽으로 도입된 화약과 화약 무기가 기사를 무력화시키게 될 때까지 계속되었다. 기사의 몰락은 곧 봉건제의 붕괴를 의미하는 것이었다.

비잔틴 제국과 슬라브 지역

4세기에 서로마로부터 분리된 동로마는 수도 비잔티움(콘스탄티노플)을 중심으로 제국의 역사를 이어 갔다. **비잔틴 제국**은 로마 제국으로부터 제도를 계승하였고, 종교는 기독교(그리스정교)를 채택하였으며, 언어는 그리스어를 사용하였다. 비잔틴 제국은 프랑크 왕국과 마찬가지로 게르만족, 마자르족, 바이킹족 등의 공격을 받았고 또한 아랍과 투르크족으로부터도 군사적 압박을 받았지만, 견고한 중앙 집권적 체제를 기반으로 제국의 안전을 지킬 수 있었다. 오히려 서쪽으로는 프랑크 왕국에 접하고 동쪽으로는 이슬람 세력 및 슬라브 지역과 접하는 지정학적 위치 속에서 다양한 문화가 교차하는 상황을 잘 활용하여 독자적인 문화를 만들어 냈다.

학문적으로는 **그리스와 로마의 전통과 지식을 그리스어로 보존하고 탐구하는 역할**을 하였다. 이렇게 축적된 지식은 과거와 학문적으로 단절된 서유럽이 훗날 고전에 대한 탐구를 부활하는 데 중요한 기여를 하게 된다. 무역에 있어서는 오아시스를 통해 중앙아시아와 지중해 지역을 연결하는 역할을 하였다. 지중해 동부와 흑해를 아우르는 지역을 무역망으로 엮고, 알렉산드리아, 로도스, 안티오크, 키예프 등의 도시를 이어 주는 교역로를 발달시켰다.

비잔틴 제국은 7세기부터 번영기를 맞이하였는데, 12세기 이후에는 민족 간의 갈등, 영토 확장 전쟁으로 인해 누적된 피로감, 외부 세력의 침입 등으로 재정과 치안이 약화되어 갔다. 그러나 1453년 오스만 제국에 의해 멸망할 때까지 고유한 경제적·문화적·학문적 특징을 발전시키면서 제국을 유지하였다.

4세기 초까지 발트해와 흑해 사이의 내륙 지방에 위치하였던 **슬라브족**은 7세기까지 게르만족의 대이동과 비잔틴 제국의 쇠퇴가 진행되는 상황에서 세력을 확장하여, 그 지배권이 서로는 독일의 엘베강에 도달하고 남으로는 흑해의 서안을 거쳐 발칸반도에까지 이르게 되었다. 슬라브족은 피정복민에 대해 자신과 동급의 지위자로 대우해 주었기 때문에, 중부 유럽과 동유럽 이민족의 슬라브화(Slavicization)가 신속하게 진행되었다. 그런 가운데 슬라브족은 점차 부족적인 성격을 탈피하여 연합 국가를 형성하여 갔다. 그러나 마자르족 등 주변의 공격에 시달린 시기가 많았다.

그림 4-7

그리스의 불 7세기에 발명된 '그리스의 불'이라 불린 화염 방사기는 비잔틴의 기술력을 상징하는 무기였다.

슬라브족은 로마식 쟁기를 도입하고 윤작을 받아들인 덕택에 5세기경부터 농업 생산을 증대시킬 수 있었다. 은제품 생산 등 제조업 분야에서 전 문화와 기술 진보가 이루어지기도 하였다. 무역에 있어서는 서유럽의 프랑크 왕국과 비잔틴 제국은 물론 이슬람 세계와도 다양한 물자를 교류하였다. 그중에서 **이슬람 세계와의 노예 무역**이 이익의 가장 중요한 원천이었다. 8세기부터 노예 무역이 크게 번성하였는데, 동유럽 곳곳에서 발견된 아랍의 주화더미가 노예 무역과 깊은 관련성을 가지고 있었다.

그림 4-8은 8-10세기 이 지역의 교역로와 주화 더미가 발견된 장소를 보여 준다. 발트해 연안과 러시아 서부 지역이 촘촘하게 짜인 무역망을 갖추고 있었고, 카롤링거 왕국 동부의 대도시들, 비잔틴 제국의 콘스탄티노플, 이슬람 수도인 바그다드까지 교역로가 길게 연결되어 있었다. 노예의 영문명 '슬레이브'(slave)에서 추측할 수 있듯이 슬라브 지역은 노예가 대규모로 공급된 지역으로 유명하였다. 서슬라브와 러시아인들이 주로 동슬라브 지역에서 노예를 잡아 외지에 내다 팔았다. 일부 노예는 프라하 등 동유럽 도시에서 이슬람 상인들에 의해 판매되었고, 더 많은 수의 노예는 이슬람 상인의 손을 떠나 중간 상인을 거쳐 발트해 남쪽에 위치한 도시들(그림 4-8 참조)에서 거래된 후 볼가강 등 여러 강줄기를 따라 이송되어 넓은 지역에 판매되었다.

노예 무역에서 축적한 부를 바탕으로 10세기부터는 국가 건설이 본격화되었다. 서부 지역에서는 폴란드와 보헤미아 지방에서 국가를 건설하려는

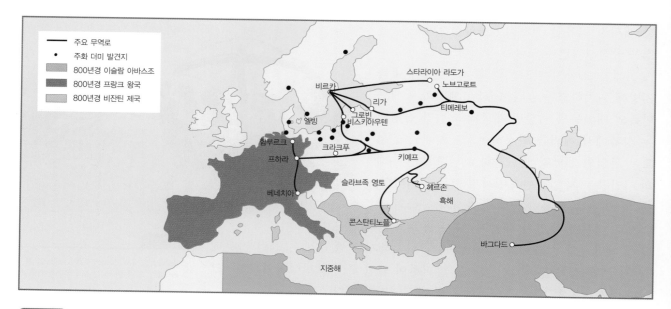

그림 4-8

슬라브 지역과 무역로, 8-10세기
자료: O'Brien(2010), 71쪽.

노력이 계속되었고, 동부 지역에서는 키예프를 중심으로 러시아인들이 국가를 건설하고 슬라브족과 스칸디나비아 출신 상인들을 통치하는 체제를 구축하였다. 기독교가 전파되어 인구의 대부분이 이를 수용하게 된 것도 10세기부터의 일이었다. 주변의 광활한 지역에서도 경제 활동이 확대되어 갔다. 슬라브 상인들, 그리고 인근의 투르크 상인들은 거룻배와 썰매 등의 운송 수단을 이용하여 동유럽과 러시아, 시베리아의 **삼림 지대 및 초원 지대와 남쪽의 농경 지대를 잇는 무역 활동**을 전개하였다. 북쪽에서 온 모피, 노예, 목재와 남쪽에서 생산된 곡물, 직물, 금속 제품이 주된 무역품이었다. 투르크 상인들은 이슬람교로 개종하는 경우가 많았다.

제2절 이슬람 경제의 확산

이슬람 세력의 대두

7세기 초부터 서남아시아에서는 새로운 문화권이 형성되었다. 이슬람

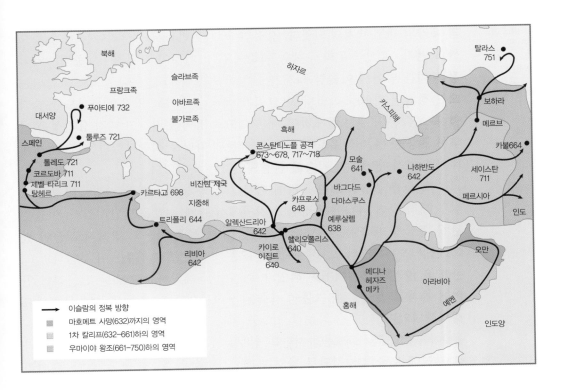

그림 4-9

이슬람의 확산 7~8세기에 이슬람은 아라
비아반도를 벗어나 주변 지역으로 영향력
을 널리 확대시켰다.
자료: Roberts(1998), 4권, 25쪽.

교라는 종교적 특징이 이 문화권을 규정한 가장 직접적인 요인이었지만, 점
차 정치, 사회, 경제, 문화 등 다양한 측면에서 다른 지역과 구분되는 독자적
인 성격을 강하게 띠었다. 아랍의 전통 문화, 유대 문화, 그리스·로마 문화,
페르시아 문화, 인도 문화 등이 이슬람교와 결합함으로써, 이 지역 고유의
문화권이 형성되어 간 것이다.

이슬람교는 610년에 아라비아반도에서 예언자 마호메트에 의해 창시되
었다. 메카와 메디나를 중심으로 성장한 이슬람교는 그 후 **빠른 속도로 확산**
되었다. 수도를 다마스쿠스에 둔 우마이야(Umayya) 왕조하에서 비잔틴 문화
와 페르시아 문화가 융합되면서 발전하였고, 아랍어가 공용어로서 자리를
잡았다. 750년에 시작된 아바스(Abbasid) 왕조는 수도를 바그다드로 옮기고
세력을 더욱 확대하였다. 8세기를 거치면서 이슬람 세계는 중앙아시아, 북
아프리카, 이베리아반도 등을 포함하게 되었고, 이후 10세기까지 빠른 성장
세를 지속하였다. 12세기 이후 신비주의적 성향인 수피(Sufi)의 적극적 포교
활동에 의해 이슬람 세력은 다시 팽창하기 시작하였으며, 마침내 인도, 실
론, 인도네시아, 아나톨리아, 아프리카의 사하라 사막 이남 지역 등으로 확
산되었다. 이슬람교의 영향에 들어온 지역에서는 공통적으로 **이슬람 율법**

우마이야 왕조(661-750): 이슬람 세계의
최초 왕조로, 아랍인을 지배자로 놓고 피
정복민과 이민족에게 군림하는 체제를 갖
추었다.

아바스 왕조(750-1248): 우마이야 왕조
를 이어 이슬람 세계를 지배한 왕조. 아랍
인의 우월주의가 사라지고 민족을 초월하
여 평등주의적 성격이 강한 이슬람 제국으
로 발전하였다.

수피: 이슬람교의 분파로 율법이나 교리
학습 대신에 체험을 통한 알라와의 합일을
강조하는 신비주의적 성향을 지녔다. 9세
기에 기반을 닦았고 12세기부터 독자적 교
단을 설립하여 대외적 포교 활동에 주력하
였다.

코란: 이슬람의 경전으로, 창시자 마호메트가 알라에게서 받은 계시를 집대성한 것.

샤리아: 이슬람의 법 체계를 의미한다. 알라의 말을 담은 코란에 기초하며 코란에서 언급하지 않은 내용은 마호메트의 언행이나 율법학자들의 견해에 의존한다.

과 계약의 관념이 통용되었다. 경전인 코란과 법률서인 샤리아는 가장 중요한 도덕적·법적·문화적 행동 기준이었다. 이것이 정치적·인종적·지역적 차이를 넘어서 이슬람 세계가 단일한 속성을 가진 문화권으로 통합되는 데 결정적인 기여를 하였다. 아랍어가 국제 공용어로 쓰였고 통화도 통합되었다. 이슬람 세계는 전례없이 빠른 속도로 영역을 넓히고 **내적 동질성**을 이루어, 동시대에 가장 유력한 문화권 가운데 하나로 성장하였다. 이슬람 세계 내의 국지적 세계화가 깊숙이 진전되었다는 뜻이었다.

무슬림(이슬람교도)은 초기에 대부분 유목 생활을 하는 사람들이었지만, 점차 세력 확대 과정에서 장악한 지역에서 관개 농업을 발달시켰다. 이들은 관개 수로인 카나트를 대대적으로 건설하여 물을 마을과 경작지로 끌어 썼다. 카나트를 설치하고 보수하는 데 드는 비용은 주로 지주들이 부담하였고, 물의 소유권도 그들에게 속하였다. 카나트를 제작하는 기술은 전문적인 인력이 가지고 있었는데, 그들의 기술은 장인들의 동업 조합을 통해 보호되고 재생산되었다.

이슬람의 확산과 농업 기술의 진보는 다양한 작물이 자생지를 떠나 다른 지역에 보급되는 결과를 낳았다. 쌀, 사탕수수, 면화, 레몬, 수박 등 여러 작물이 이슬람교의 확산 경로를 따라 전파되었다. 그리하여 스페인과 이탈리아 남부 지방 등 유럽 곳곳에서 쌀, 사탕수수, 면화, 감귤 등이 널리 재배되기 시작하였다. 이 **이슬람 녹색 혁명**(Islamic Green Revoultion)은 이슬람 세계의 경제 성장으로 이어졌고, 노예 노동으로 경작하는 방식에서 소작 방식으로 변화하면서 농업 생산성이 크게 높아졌으며 인구가 빠른 속도로 증가하였다.

이슬람 녹색 혁명: 이슬람 세력의 확산과 병행하여 각지로 새 농산물과 재배법이 파급되어 발생한 농업 기술과 생산 면에서의 혁신적 변화.

750년 아바스 왕조가 수도를 다마스쿠스에서 바그다드로 옮기면서 제국의 무역도 서지중해보다 비옥한 초승달 지역과 페르시아만이 중시되는 방향으로 전환되었다. 이곳을 통해 무역선들은 인도양으로 나가 항해를 하

그림 4-10

그리스 학문의 전수자 이슬람 학자들은 그리스에서 발달한 기하학을 받아들여 발전시켰고, 훗날에 이를 다시 유럽에 전해 주었다.

여 당나라 남부의 광저우(廣州)로 향하였다. 북쪽으로는 육상 교역로를 통해 흑해에 도달한 후 유럽과 무역을 하는 유대인 등 여러 상업 민족들과 교역을 하였다.

아바스 시대에 이슬람 세계는 학문의 전성기를 맞이하였다. 9세기에 바그다드에 건립된 '지혜의 집'에서 아리스토텔레스를 포함한 많은 그리스 학자들의 저작이 아랍어로 번역되고 연구되었다. 9세기 말에 북아프리카의 페스에 건립된 고등 교육 기관에서는 이슬람 수학자들이 인도 수학의 도움을 받아 대수학(algebra)을 발전시켰다. 광학, 의학, 지리학 등에 대한 연구도 크게 진전되었다. 이런 학문적 발전은 유럽에 전해져 크게 영향을 끼치게 된다.

피렌의 학설

전통적으로 많은 역사가들은 유럽의 중세를 그리스·로마의 고전 시대와 르네상스의 부흥 사이에 존재한 '암흑기'(暗黑期)라고 보아 왔다. 로마 제국의 문명화된 사회 체제와 발달된 경제 구조가 게르만족의 침입에 따라 붕괴하고 자급자족적인 농업 중심의 사회로 위축되었다는 것이다. 그리고 이때부터 고전 시대에 대한 관심이 다시 고조되고 문화적, 정치적, 경제적으로 새로운 틀이 모색되는 르네상스 시기까지 중세는 낙후성을 면치 못하였다는 것이다.

그러나 모든 학자들이 이에 동의하는 것은 아니다. 대표적으로 피렌(H. Pirenne)은 중세 초기의 서유럽 사회가 로마 제국과 단절적인 것이 아니었고 오히려 **연속성**이 강하였다고 주장하였다. 로마 제국의 행정망이 복구되어 많이 이용되었고, 이주해 온 게르만족이 기독교로 개종하여 프랑크 왕국 전역에 기독교가 파급되었으며, 주화의 사용도 계속되었다는 것이다. 그에 따르면, 중세 서유럽에서 쇠퇴 양상이 두드러지게 나타난 것은 7세기 후반부터였다. 이슬람 세력이 확장하면서 서유럽에 대해 **장거리 교역을 중단**하는 정책을 편 것이 서유럽 쇠퇴의 핵심적 원인이었다고 피렌은 주장하였다. 그 근거로 서유럽 대부분의 지역에서 파피루스, 고급 직물, 향신료, 금화 등 동방 교역과 관계된 주요 재화들이 실종되었다는 점을 들었다.

요컨대, 중세 서유럽 경제의 후진성이 게르만족의 이동으로 발생한 것

그림 4-11

지혜의 집에서 달을 관측하는 천문학자들 지혜의 집은 당시 이슬람 학문의 전당이었다.

지혜의 집: '바이트 알 히크마'(Bayt-al-Hikma)라고 불리는 기관으로, 아바스 칼리프조에 바그다드에 설립되어 연구와 번역 활동을 관장하였다.

피렌(1862-1935): 벨기에의 중세사학자. 게르만족의 침입과 이슬람의 지중해 진출로 중세 유럽의 농경 사회가 시작되었으며, 11-12세기 상업의 부활이 중세의 붕괴를 초래했다고 주장하였다.

이 아니라 훨씬 나중 시기에 이슬람 국가의 무역 중단 정책으로 인해 발생하였다는 것이 피렌이 내세우는 주장의 핵심적 내용이다. 그의 학설에 대해 다른 학자들의 반박이 있었다. 무엇보다도 왜 이슬람이 프랑크 왕국과의 교역만 중단하였는지 설명하기 어렵다는 것이다. 또한 이슬람과 프랑크 왕국 간에 직접적인 교역이 중단되었더라도 유럽의 동쪽 지역을 거친 중개 무역의 가능성은 충분히 남아 있었다는 주장도 제기되었다. 비잔틴 제국과 슬라브족이 활약한 지역에서 대규모로 발굴된 주화는 이 지역이 이슬람 세계와 무역을 활발하게 하였다는 사실을 보여 주는 증거이다. 이런 반박에도 불구하고, 피렌의 학설은 서유럽 경제를 이슬람 세계까지 포함하는 광대한 지역 내에서의 거시적 변화라는 맥락에서 설명하였다는 역사학적 의미를 지녔다. 그의 주장은 또한 적어도 중세 전반기에 서유럽 세계에 비해 이슬람 세계가 **우월한 경제력**을 지녔다는 점을 강력히 시사하였다.

아프리카의 무역

아프리카 대륙에서 장거리 교류와 무역이 본격적으로 이루어진 것은 서력기원을 전후해서였다. 아라비아반도에서 낙타가 전해졌고, 3세기 후반부터는 사하라 사막을 통과하는 교역로가 개척되었다. 소금과 사금이 중요한 무역품으로 떠올랐고 외부로부터 직물 등을 사들일 수 있게 되었다. 이와 같은 경제적 변화는 국가의 발전을 자극하여 여러 신생국들이 곳곳에서 탄생하게 되었다.

북아프리카의 지도자들은 10세기경부터 이슬람교로 개종을 하면서 **이슬람 문화권이라는 더 넓은 세계와 연결**되었다. 종교적 통일성이 확립되고 경제적 교류가 확대된 것은 물론이고, 사회 조직, 지식과 문화 등 선진 문물과 규범이 도입되었다. 이는 다시 사하라 횡단 교역을 통해 사막 이남 지역으로까지 영향을 끼쳤다. 그리하여 아프리카의 광대한 지역이 이슬람 경제권의 일부로 재편되었다.

동아프리카도 외부와의 접촉을 통해 변화를 경험하였다. 동남아시아로부터 5-6세기에 유입된 것으로 추정되는 바나나, 고구마, 토란 등의 식용 작물이 재배되면서 인구가 증가하였고, 이에 따라 중앙아프리카로 재배지와 정착지가 확대되었다. 5세기부터는 페르시아와 중국산 물품들이 교역을 통해 동아프리카 해안 도시에 상륙하는 일이 잦아졌다. 8세기경에는 이슬람교가 들어와 남북 방향으로 전파되었으며, 아랍어의 영향을 받아 스와힐리어가 만들어졌다.

스와힐리어: 아프리카 남동부의 케냐와 탄자니아 지역에서 사용되는 언어로, 반투 어족에 속하지만 아랍어로부터 온 차용어가 많다.

제3절　동아시아의 사회와 경제

시기별 특징

중국의 경제 발전 및 무역의 역사를 왕궁우(Wang Gungwu)는 다음과 같이 제1-4기의 네 기간으로 구분하였다. 제1기는 5세기 이전까지를 말하는데, 이 시기에 중국은 북부 지방과 남부 지방이 경제적으로 통합되지 못하고 **초보적인 수준**에서만 연결되어 있었다. 대외 무역은 오아시스 길을 통한 육로 교역이 중심이었다.

제2기는 5세기에서 8세기에 이르는 시기로, 수(隋) 왕조(581-617)와 당(唐) 왕조(618-907) 전기를 포함한다. 이 시기에 중국의 인구는 크게 증가하였는데, 특히 남부 지방에서 증가세가 더 빨랐다. **양쯔강 유역의 습지가 개간**되어 경지가 확대된 점, 그리고 **벼 재배 기술이 발달**하여 생산성이 증가한 점이 동시에 작용하였다. 대운하의 활용도가 높아짐에 따라 남북 간의 운송비가 절감되었다는 점도 중요하였고, 수와 당 왕조기에 정치적 통합이 진전되어 치안이 개선되었다는 점도 긍정적 기여를 하였다. 남부 지방 내부에서도 여러 성장 요인이 있었다. 국지적 시장이 발달하였고, 남부 항구를 통한 해상 교역이 증가한 것도 이 지역에서 인구와 경제가 성장하는 데 중요한 역할을 하였다.

제3기는 9세기에서 14세기에 이르는 시기, 즉 당 후기와 송(宋) 왕조(960-1279), 원(元) 왕조(1271-1368) 및 명(明) 왕조(1368-1644) 초기를 아우르는 기간이다. 중국 경제는 **9-10세기에 본격적인 팽창 국면**을 맞이하였는데, 여기에는 수문, 댐, 페달형 수차 등 농업 기술의 진보가 중요한 역할을 하였다. 남부 해안 지대를 중심으로 무역이 활발하였고, 공업이 발달하였으며, **도시화도 크게 진전**되었다. 따라서 중국 인구의 증가는 인구의 지리적 중심이 남부 지

그림 4-12

페달형 수차 논에 물을 대기 위해 사용된 페달형 수차의 모습. 수차의 위쪽에는 지렛대의 원리를 이용하여 물을 긷는 농부의 모습이 보인다. 원대의 그림.

방으로 옮겨 가는 것을 의미하기도 하였다. 그리하여 원나라가 수립되는 시점을 기준으로 할 때 중국 인구의 85% 이상이 남부 지방에 사는 것으로 조사되었다.

마지막으로, 제4기는 14세기 말부터 시작되는 시기로, 명 왕조와 청(淸) 왕조(1616-1912) 시기의 대부분을 포함한다. 명 왕조가 시작된 이후 정치가 안정되면서 금융 제도 및 신용 제도가 발달하였고 해상 교역도 증가하였다. 그러나 14세기 초 명이 해금(海禁) 정책을 실시하면서 중국 경제는 **내향적인 체제로 전환**되었다.

수와 당 제국의 기반

위의 시기 구분에서 제2기에 해당하는 5-8세기는 중국이 세계적 제국의 면모를 갖춘 체제를 확립한 시기라고 말할 수 있다. 한 왕조가 붕괴한 후 중국은 위진남북조(魏晉南北朝) 시대의 혼란기를 맞이하면서 전란이 계속되고 경제가 피폐화하는 현상이 자주 발생하였다. 그러나 전란을 피해 대규모 인구 이동이 발생하였고, 불교가 널리 전파되는 등 교류를 자극하는 요인들도 존재하였다. 또한 개별 국가들이 제한된 영토를 최대한 개발하기 위해 노력하였고, 그 과정에서 농지가 새로 개간되고 새로운 경작 방법이 확산되기도 하였다. 약 400년 동안 이어진 이와 같은 시기가 마감된 후 통일 왕조 시대가 열렸다. 그 주인공이 수 왕조와 당 왕조였다.

위진남북조(221-589): 후한이 멸망한 시점부터 수가 건국한 시점까지의 기간을 이르는 용어. 정치적으로는 분열되었고 문화적으로는 다양하면서도 공통된 특징도 보였다.

과거 제도: 전근대 시대에 시험을 통해 관리로 채용할 인재를 선발하는 제도로 동아시아 국가들에서 사용되었다.

먼저 정치적 기반을 살펴보면, 수 왕조는 제국의 통치에 필요한 인재를 등용하는 방법으로서 최초로 과거 제도(科擧制度)를 도입하였고, 당 왕조는 이를 더욱 확대하고 전문적인 관립 교육 기관을 설립하여 유학의 연구 및 교육을 진작시켰다. 과거 제도는 유교적 소양과 지식을 갖춘 인물을 출신과 상관없이 선발하여 관리로 등용하는 제도로 중국 각지의 엘리트들 간의 차이를 극복하고 표준화하는 역할도 하였다. 명문 귀족 계층이 음서제(蔭敍制)를 통해 관직에 진출하는 기회를 더 갖기는 하였지만, 과거 제도가 정치 구조의 기반으로 작동하였다는 점은 분명하다. 수 왕조는 또한 통치 제도를 정비하기 위해 법률을 제정하였는데, 이는 북부 지방과 남부 지방의 전통적 법률들을 통합한 것이었으므로 이것 역시 통일된 제국의 초석이 되었다고 볼 수 있다. 당은 수의 법률 체제를 받아들여 더욱 발전시켜 나갔다.

　　수와 당의 군대 체제는 병농일치(兵農一致)의 민병 체제인 부병제(府兵制)에 기반하였다. 군인 가문 또는 일반 가문에서 병력을 선발하는 부병제는 스스로 농사를 지어 자급자족하는 체제였기 때문에, 정부의 재정 지출에 부담을 주지 않는다는 장점을 지니고 있었다. 그러나 부병은 평시에 수비군으로 이용하거나 단기적 원정에 동원하기에는 유리하였지만, 변방에 고정적인 방어 거점을 마련하거나 장기적 원정을 하는 데 적합하지 않았고, 농업 생산에도 장애가 될 수 있었다. 따라서 7세기 후반부터는 부병 외에 상비군을 확충하는 전략으로 변화를 꾀하게 되었다. 수와 당은 외국 동맹군을 적극적으로 활용하기도 하였다. 특히, 말갈족과 돌궐족 부대는 이 제국들이 주변국과 전쟁을 치르는 데 크게 유용하였다. **이민족을 우대 또는 활용하는 정책**이 제국의 운영에 필수적인 요소라고 많은 통치자들은 이해하였다. 그러나 안록산(安祿山)의 반란에서 보듯이 이민족 출신에게 많이 의존하는 군대 운용은 때때로 제국의 안정을 위협하는 위기를 초래하기도 하였다.

　　대규모 **운하 사업**도 제국의 통합 기반을 마련하는 데 중요한 기여를 하였다. 7세기 초에 수 왕조는 뤄양(洛陽)으로부터 양쯔강 유역인 양저우(揚州)까지 운하를 건설한 데 이어, 이를 다시 남쪽의 항저우(杭州)와 북쪽의 베이징(北京)까지 확장하였다. 운하는 총연장이 2,700km에 이르렀으며, 운하 주변으로 도로와 역참이 개설되었다. 정부는 양쯔강 유역의 경제적 부를 운반할 수 있는 체제를 갖춤으로써 수도인 장안(長安)의 인구와 변방의 주둔군을 모두 지원할 수 있게 되었다. 양저우는 새로운 교통 중심지로 두각을 나타냈으며, 아랍 상인을 포함한 외국인들도 다수 거주하였다.

그림 4-13

황제의 순시 화려한 선박에 올라타고 대운하를 항해하는 수 양제. 그는 여러 차례에 걸쳐 제국 곳곳을 순시하였다.

안록산(703?-757): 당나라의 무장. 아버지는 이란계 소그드인이고 어머니는 투르크족이었다. 현종의 신임을 얻어 번장(蕃將)으로서 국경 수비군 전체 병력의 1/3을 장악하였다. 반란을 일으켜 한때 수도 장안을 점령하였다.

중국 사회가 통일적 체제를 갖추는 데에는 종교도 중요한 역할을 하였다. 이 시기에는 무역이 발달하고 대외 교류가 많았기 때문에 불교는 물론 이슬람교, 조로아스터교, 네스토리우스파 기독교(이른바 경교(景敎)), 마니교 등 다양한 종교가 전파되었다. 또한 도교는 황실의 지원을 받으면서 상당한 인기를 끌었다. 그러나 이들 중에서 가장 번성하였던 종교는 **불교**였다. 기원전 5세기에 인도에서 출발한 불교는 곧 뱃길을 통해 동남아시아로 전파되었고, 뒤를 이어 중앙아시아의 오아시스를 따라 확산되었다. 4세기에 중국에 유입된 이후 불교는 국가의 후원을 받아 신자 수를 급속하게 확대해 갔다. 인쇄술의 발달은 불교의 확산에 긍정적으로 기여를 하였다. 당나라 때에는 많은 승려가 인도로 유학을 떠나 불경의 수집과 교리의 해석에 몰두하였으며, 그 결과 현장(玄奘)의『대당서역기』(大唐西域記)와 같은 서적이 발간되었다. 그러나 이 시기에 중국의 불교는 초기 불교와는 차별화되는 독자적인 유파를 형성하면서 발전해 갔다. 중국의 사찰은 대규모의 토지와 다수의 노비를 보유하였고, 토지 개간, 제분소 운영, 그리고 심지어 대부업까지 관여하였으므로 **지방 경제의 중요한 기둥**이기도 하였다.

경교: 당나라로 유입된 기독교 유파로서, 시리아계 수도사 네스토리우스가 제창하였다. 예수가 신성과 인성을 동시에 지녔다고 주장하였기 때문에 로마 교회로부터 배척을 당하였다.

현장(602?~664): 당나라의 고승으로 인도에서 불교를 공부한 후 불경과 불상을 가져왔고, 태종의 후원하에 불경을 연구하고 서적을 집필하였다.『서유기』(西遊記)는 현장의 여행을 배경으로 한 작품이다.

제국의 경제적 번영

단명한 수의 뒤를 이어 건국한 당은 약 300년간 유지되면서 경제적 번영을 구가하였다. 대내적으로 당의 경제는 **농업의 발달**로 인해 기반이 다져졌다. 특히, 화북 지방에서 2년 3모작이 가능하게 됨으로써 농산물 산출이 크게 증가하였다. 양쯔강 유역에 산재한 습지가 개간되면서 경지 면적이 늘어나게 된 점, 그리고 동남아시아에서 조생종 벼가 도입되어 이모작이 가능해진 점도 농업 생산을 증

그림 4-14

둔황 벽화에 묘사된 농경 비가 오는 가운데 소가 끄는 쟁기를 잡은 농부를 비롯한 여러 농민이 나타나 있다.

균전: 당나라에서 백성들에게 지급한 토지. 백성은 그 대가로 조(租)·용(庸)·조(調), 즉 지세·부역·특산물을 국가에 납부하는 의무를 졌다.

대시키는 데 기여하였다. 농민은 국가로부터 할당받은 균전(均田)을 경작하는 경우가 많았지만, 점차 소작제가 이를 잠식하게 되어 타인의 토지에서 일하는 소작농의 수가 증가하였다. 심지어 사찰이 보유한 대규모 토지도 소작농에 의해 경작되었다.

남부 지방이 원산지인 **차(茶)**가 전국적인 인기를 끌며 주요 무역품으로 등장함으로써 이후 중국의 핵심적 수출품으로서의 기틀이 마련된 것도 이 시기의 일이었다. 이미 오래 전부터 중국 서남부의 윈난성(雲南省)과 쓰촨성(四川省)에서 티베트를 넘어 인도 북부까지 물자를 운송한 육상 교역로였던 차마고도(茶馬古道)도 당대에 크게 활성화되었다. 이 시기에는 상업도 발달하면서 화폐 유통이 활발해졌으며 어음의 사용도 증가하였다. 상업 활동은 행(行)이라는 상인 조합의 주도로 이루어졌다.

그림 4-15
중국의 비단 생산 비단은 중국의 대표적인 전통적 수출품이었다. 13세기 그림에 누에고치를 모아 무게를 재는 모습이 묘사되어 있다.

그림 4-16
7-8세기 당 제국과 무역망
자료: 파커(2004), 54-55쪽.

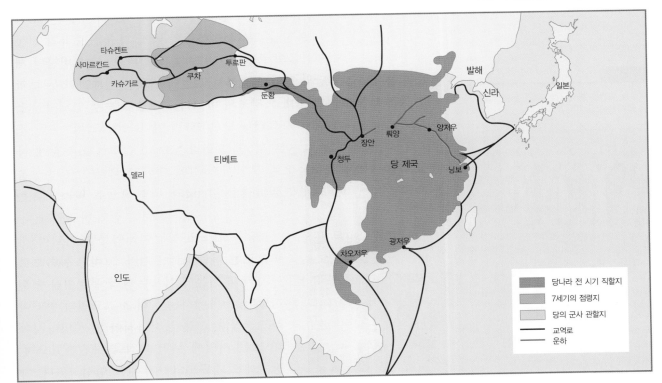

■	당나라 전 시기 직할지
■	7세기의 점령지
■	당의 군사 관할지
—	교역로
—	운하

그림 4-17

사신을 맞는 당 황제 티벳에서 온 사신을 맞이하는 당나라 태종의 모습.

차마고도: 가장 오래된 무역로 가운데 하나로 중국 서남부의 차와 티베트의 말이 대표적인 교역 상품이라고 해서 이런 이름으로 불린다. 길이가 5,000km에 달하고 평균 고도가 해발 4,000m를 넘는 험준한 길이다. 교역을 담당한 상인 조직을 마방(馬幇)이라고 불렀다.

행: 서양의 길드 조직에 대응되는 중국의 상인 동업 조합. 당대와 송대에 기반이 다져졌다. 수공업자의 동업 조합은 작(作)이라고 불렸다.

둔황: 중국 간쑤성(甘肅省)에 위치한 오아시스 도시. 중국과 중앙아시아를 잇는 무역로의 관문 도시로, 4세기부터 13세기에 이르는 시기에 수많은 불교 석굴 사원이 건설되었다. 이곳에서 발굴된 고문헌과 그림은 동양학 연구의 귀중한 자료이다.

탈라스 전투: 지금의 우즈베키스탄 지역인 소그디니아가 당의 지배에 반발하여 이슬람 세력에 지원을 요청하자 당은 고구려 유민 출신인 안서절도사 고선지(高仙芝)를 파견하여 전투를 벌였다. 이 전투에서 포로로 잡힌 당의 기술자를 통해 아랍에 제지법(製紙法)이 전해졌다.

그림 4-18

예배를 드리는 중국 상인 가족 둔황 석굴에 묘사된 상인 가족의 모습.

대외적으로 당은 **국제 무역을 주도**하는 중추적 역할을 충실하게 수행하였다. 수대에 설계되고 당대에 대도시로 성장한 수도 장안은 세계 어느 도시에 비해서도 뒤지지 않는 위용을 과시하였다. 가로 10km, 세로 8km에 이르는 성벽에 둘러싸인 이 대도시에는 100만 명에 이르는 주민을 위해 시장과 주거지가 분리되어 조성되었으며, 매일 열리는 시장은 수많은 인파로 북적였다. 부유한 귀족들은 비잔틴 제국과 서역에서 온 금은 제품, 유리 제품과 악기를 즐겼다. 이 동아시아의 대도시를 중심으로 오아시스 길을 통한 무역이 활발하게 전개되었다. 제국의 보호를 받아 둔황(敦煌)을 비롯한 여러 오아시스 도시들이 국제적인 무역 거점으로 번창하였다. 이 교역로를 통해 많은 물자와 문화가 서방으로 수출되었고, 반대 방향으로 유입된 문물도 많았다. 비단의 생산과 수출은 이 시기에도 계속되었는데, 페르시아로부터 받아들인 방직 기술을 중국의 전통 기술에 접목함으로써 생산물의 품질이 더욱 향상되었다. 당시에 **비잔틴 제국의 콘스탄티노플과 당의 장안**이 오아시스 길에 위치한 세계적인 두 무역 축이었고, 중간에 위치한 아바스 왕조의 바그다드도 중요한 무역 도시였다.

그러나 당은 751년 아바스 왕조의 이슬람 군대와 벌인 탈라스(Talas) 전투에서 패함에 따라 오아시스 길에 대한 통제력에 큰 손상을 입었다. 이후 당의 무역 활동은 육로보다는 해로를 통하는 방식으로 초점이 바뀌었다.

당은 인도와 동남아시아뿐만 아니라 서쪽으로는 아랍과 페르시아, 그리고 동쪽으로는 한국과 일본에 이르는 해상 무역망을 구축하였다. 서쪽에서는 특히 소그드인의 활약이 두드러졌다. 그들은 서아시아 및 중앙아시아의 많은 지역에 무역 거점을 마련하였으며, 장안에도 대규모의 거주지를 형성하였다. 아랍 상인들은 인도양을 거쳐 중국의 남부 지역으로 무역을 활발하게 전개하였다. 국제 무역이 번창하면서 당의 광저우(廣州), 취안저우(泉州), 밍저우(明州) 등 여러 무역항을 통해 각국에서 들어온 다양한 상품들이 거래되었다. 선박 관리와 통관 및 관세 수취 업무를 효과적으로 관리하기 위해 당 정부는 시박사(市舶司)라는 관청을 설치하였다.

농업의 발달과 무역의 번영에 힘입어 7-8세기 중국은 두드러진 경제 성장을 이루었고, 특히 남부 지방은 더욱 빠른 성장세를 보였다. 그리하여 7세기 초 전국 인구의 1/4에 불과하였던 남부 지방의 인구는 8세기 중반이 되면 전국의 절반 수준으로 껑충 뛰어올랐다. **인구의 무게 중심이 남쪽으로 이동**하는 중국 경제 발전의 양상이 이 시기에 자리를 잡았다.

시박사: 중국에서 해상 무역 관계의 사무를 담당한 관청. 무역 허가증의 교부, 무역세의 징수 등 해상 무역 업무를 담당한 관청. 당 왕조기인 8세기에 처음 설치되었고, 이후 송과 원에서 증설되었다.

한국과 일본의 경제와 문화

한반도의 고대 국가들은 **주변국과의 교류**를 통해 외교와 무역을 펼쳤다. 고구려는 한때 발해만에서 서해를 거쳐 남해안에 이르는 해상권을 장악하였다. 백제는 4세기 이후 해상 교역로를 통해 중국과 문물을 교류하였고, 일본에 선진 문물을 전하였다. 신라 역시 인접한 가야, 백제 및 고구려는 물론이고 중국과 일본과도 교류를 활발하게 전개하였다. 한반도의 국가들은 모두 중국으로부터 법률, 정치, 한자, 유교 등을 도입하여 국가 운영의 기초로 삼았음은 물론이고, 천문학, 복식, 음악, 의학 등을 받아들여 국내 사정에 맞게 변용하여 발전시켰다. 또한 서역으로부터 로만글라스(Roman glass), 장식보검, 옥을 박아 넣은 팔찌, 상감 유리구슬 목걸이 등이 들어왔다.

한반도는 4세기에 중국을 통해 불교를 받아들임으로써 국제적인 사상적조류에 동참하게 되었다. 불교는 철학적 인식 수준을 높여 주었을 뿐만 아니라, 왕권을 강화하고 사회를 통합하는이념으로서도 중요한 역할을 하였다.

로만글라스: 로마와 비잔틴 제국 및 시리아 등지에서 생산된 소다글라스의 총칭. 실크로드를 통해 동양으로 전해졌다.

그림 4-19

부유한 집안의 살림 4세기에 제작된 황해도 고분 벽화에 부유한 고구려 집안의 부엌이 묘사되어 있다. 여인들이 요리를 하고 있고 창고에는 각종 고기가 걸려 보관되고 있다.

또한 미술, 음악, 건축, 공예 등 문화와 예술의 전 분야에 걸쳐 불교적 색채가 강하게 표현되었다. 신라의 구법승들이 당나라로부터 들여온 다도(茶道)가 신라 사회에 유행한 사례에서 볼 수 있듯이, 종교적 교류는 선진 문물을 도입하는 경로로도 작용하였다.

통일 신라 시대에도 국제적 교류가 계속되었다. 특히, 9세기에 장보고(張保皐)가 해적 세력을 소탕하고 제해권을 확립한 시기에는 당과의 교류가 빈번하게 이루어졌다. 장보고는 무역 사절인 견당매물사(遣唐買物使)를 당에 파견해 무역선을 인솔하도록 하는 등 이 지역의 무역을 주도하였다. 그는 청해진(지금의 완도)과 밍저우를 거점으로 하여 아시아 무역상들을 대상으로 중개 무역을 펼쳤다. 당시에 많은 신라인들 – 상인, 구법승, 유학생 등 – 이 산동 반도와 남중국해 연안에서 신라방(新羅坊), 신라촌(新羅村)이라 불린 거주지를 형성하여 생활하였다. 발해도 당과 일본의 중요한 무역 대상국이었다. 약재, 모피 등이 주요 수출품이었고, 비단, 서적을 당으로부터, 그리고 황금, 수은을 일본으로부터 수입하였다.

삼국의 문화는 **일본에 전파**되어 커다란 영향을 끼쳤다. 특히, 백제로부터 4세기 후반에 한자와 유교가 일본에 전래되었고, 다시 6세기 중엽에는 불교가 전해져 아스카 문화(飛鳥文化)를 꽃피웠다. 그 밖에도 유학, 미술, 음악, 토목과 건축술 등이 한반도로부터 전래되어 고대 문화가 번영하는 데 도움을 주었다. 일본은 또한 선진 문물을 수입하기 위해 630년부터 약 20년에 한 번씩 중국으로 견당사(遣唐使)를 파견하는 등 다양한 노력을 경주하였다. 이렇듯 이 시기에 일본의 정치와 경제는 주변 국가들로부터 유입된 제도와 문물의 영향을 강하게 받았다.

7세기에는 다이카 개신(大化改新)을 통하여 천황 중

장보고(?~846): 신라의 무장으로 청해진을 설치하고 한반도 인근의 해양 무역을 주도하였다.

아스카 문화: 6세기 말부터 8세기 초에 걸쳐 아스카에 도시와 궁전이 세워진 시기를 의미한다. 불교 예술과 문화가 번성한 시기였다.

다이카 개신: 646년 일본이 중국의 율령제를 도입하여 중앙 집권적인 정치 체제를 구축한 개혁.

그림 4-20

한반도 문화의 전파 고구려의 담징이 그렸다고 전해지는 일본 호류사(法隆寺)의 금당 벽화. 담징이 아니더라도 한반도계 화가의 작품일 것으로 추정된다.

심의 중앙 집권적인 율령 국가가 확립되었다. 과거에는 토지를 천황, 황족, 호족이 각각 사적으로 소유하고 지배하였지만, 이제는 토지와 사람을 모두 국가에 귀속시키는 공지공민제(公地公民制)로 전환된다고 공표하였다. 그렇지만 현실적으로는 토지와 사람의 사유를 금지하지 않았으므로 실효성은 제한적이었다. 공지 공민제에 기반을 둔 실질적 정책은 국가가 호족이 사유하던 토지를 국유화하여 마련한 토지를 농민들에게 지급하고 사망 시에 반환받는 제도인 반전수수법(班田收授法)이었다. 중국과 유사하게 균전의 형태로 농민들에게 토지를 분여하고, 농민들은 하사받은 토지에 대해 조·용·조를 납부하는 제도였다.

애초의 의도와는 달리 시간이 흐르면서 세 부담의 가중되자 호족에게 의탁을 하고 지배를 받거나 심지어 토지와 집을 버리고 도망을 선택하는 농민이 증가하였다. 이는 국가의 세수 감소로 이어졌다. 국가는 제한적 소유권의 부여라는 인센티브를 제공하면서 민간의 개간 사업을 독려하는 방식으로 대응하였으며, 점차 개간지의 일부에 대해 영구적 소유권을 허용하는 방향으로 정책을 실시하였다. 그런 상황에서 유력한 귀족과 사원은 개간 사업을 적극 추진하고 농민들로부터 토지를 매입함으로써 토지 소유를 확대해 갔다. 이것이 장원의 증가로 귀결되었는데, 이는 공지공민제의 시대가 종결되었음을 의미하는 것이었다.

공지공민제: 다이카 개신의 핵심적 정책으로, 토지와 인민이 국가에 소속된다는 것이 핵심 내용이었다.

반전수수법: 702년에 국가가 생존하는 공민에게 토지를 하사하고 그에 대해 조세를 부과한 정책.

제 5 장

중세 유럽의 경제

제1절 장원의 운영

장원과 농노

중세 유럽 인구의 대부분은 농촌에서 생활을 하였다. 농촌 사회의 기본 단위는 **장원(莊園, manor)**이었다. 장원은 **영주의 지배력이 행사되는 공간적 영역**으로, 이 지배력은 소속된 토지에 대한 경제적 지배와 주민에 대한 경제외적 지배로 대별되었다. 경제적 지배는 토지 소유에서 발생하는 지대 수취권 및 이에 부수된 권리를 말하였다. 경제외적 지배는 주민을 장원 토지에 할당하여 이동을 제한하고, 농노라는 신분적 굴레를 씌워 각종 부담을 강제하고, 사법적 통제를 가하는 재판 지배권을 의미하였다.

현실적으로 장원은 촌락을 의미하는 경우가 많았는데, 지역적 상황에 따라 촌락의 일부 혹은 복수의 촌락이 합친 것이 하나의 장원을 구성하기도 하는 등 다양성이 컸다. 게르만족의 이동과 정착 과정에서 왕유지가 증가하였고, 이것이 봉토의 하사를 통해 가신에게 배분되었다. 영주들이 토지를 수탈하여 장원이 형성된 경우도 적지 않았다. 로마 시대로부터 잔존해 온 호족들의 직할령도 장원을 구성하였다. 또한 영주가 교회에 기증한 토지, 즉 교회령은 가신에게 임대하여 성직자나 집사가 관리하는 방식으로 운영되었다. 이렇듯 장원의 기원은 다양하였지만, 중세 전반기를 거치면서 공통적으로 장원 구조를 갖추게 되었다.

농업에 종사하는 주민의 지위도 균일한 것이 아니었다. 크게 보면 자유로운 신분의 농민과 예속적 신분의 농노로 구분할 수 있지만, 예속의 정도에는 다양한 차이가 존재하였다. 로마 제국에서 자작농으로 존재하였던 일부 인구, 그리고 소작농과 별로 다를 바 없는 처지에 놓였던 자유민들은 중세의

장원: 봉건 사회에서 영주의 지배가 미치는 지리적 범위로, 중세 경제의 기본 단위이다.

그림 5-1

농노의 수확 작업 농노들은 영주 밑에서 일하는 장원 관리인의 감독을 받으며 노동에 종사하였다. 이런 노동 지대는 점차 현물 지대와 화폐 지대의 형태로 바뀌어 갔다.

성립 과정을 거치면서 대부분 예속적 지위로 전락하게 되었다. 그 결과 상대적으로 소수의 자유민과 다수의 농노가 존재하는 인구 구성이 이루어지게 되었다. 농노는 영주의 허락이 없이는 다른 촌락으로 마음대로 이주할 수 없었고, 토지를 임의로 획득하거나 처분할 권한도 없었으며, 자기 의사에 따라 혼인을 할 수조차 없었다. 이런 신분적·비경제적 지배권이 영주권의 핵심적 내용을 이루었다.

물론 농노의 지위는 고대의 노예에 비하면 나아진 것이었다. 노예와는 달리 농노는 판매가 자유로운 온전한 '상품'이 아니었고, 생산물의 일부를 자신의 것으로 수취할 수도 있었다. 노스(D. North)는 노예 노동이 널리 사용되었던 고대 사회에서와는 달리 중세에는 왜 농노가 주요 생산자가 되었는지에 대해 경제적 설명을 제시하였다. 중세 초 치안이 불안정하고 인구가 감소하였던 시기를 거치면서 **노동력이 희소한 자원**이 되었다는 점을 그는 지적하였다. 즉, 노동력을 확보하기 위해 영주들 간에 경쟁이 발생하면서 노동력의 가치가 상승할 수밖에 없었고, 그 결과 신분과 지위의 상승이라는 혜택이 주어졌다는 것이 그의 설명이다. 또한 농노는 생산물 중 일정 비율을 자신이 획득하였으므로, 노예와 달리 영주가 전면적으로 감독 및 통제를 할 필요가 없었다. 즉, **관리에 드는 비용**을 절감할 수 있다는 장점을 지녔다고 노스는 설명하였다.

농노는 대개 1주일에 2-3일가량을 영주에게 부역하였다. 여기에 농번기나 특별한 경우에 영주의 요구에 따라 추가로 부역을 제공해야 하는 경우가 많았기 때문에 이 **노동 지대**는 부담이 무거웠다. 중세 초기에는 농노가 부담하는 경제적 의무가 대부분 노동 지대의 형태였지만, 경제가 안정화하고 발전하면서 점차 노동 지대를 대신하여 생산물을 바치는 **현물 지대**가 사용되었고, 나중에는 다시 **화폐 지대**로 바뀌는 경우가 많았다.

노스는 이런 변화에 대해서도 경제적 분석을 제시하였다. 초기에는 재화 시장이 발달하지 않았기 때문에 노동 지대 형태로 직접 노동을 요구하는 방법을 쓸 수밖에 없었다. 또한 이 시기에는 토지가 상대적으로 풍족한 반면에 노동이 부족하였기 때문에 희소한 생산 요소인 노동을 확실하게 확보하는 것이 영주에게 유리하였다. 그러나 이 경우 노예만큼은 아니었지만 노동 과정을 관리하는 데 상당한 비용이 소요되었고, 노동의 성과와 위험도에 대한 책임을 적어도 부분적으로 영주가 짊어져야만 하였다. 그런데 중세의 경제가 성장하고 인구가 증가

함에 따라 **생산 요소의 상대 가격**에도 변화가 발생하였다. 점차로 노동이 증가하여 상대적 가치가 하락한 반면, 토지는 희소한 자원이 되어 갔다. 이런 상황에서는 노동을 직접 확보하는 것보다 토지 또는 토지로부터 나오는 생산물을 확보하는 것이 더 중요해졌다. 시장이 발달하고 화폐 사용이 증가함에 따라, 현물 지대 아니면 더 발달된 형태인 화폐 지대가 초기의 노동 지대를 대체하는 것이 현실적으로 가능해졌다는 사정도 작용하였다. 또한 현물이나 화폐 형태로 지대를 수취할 경우에 영주는 농노의 노동 과정을 감독하는 비용이나 위험에 대한 책임을 농노에게 떠넘길 수 있다는 점도 중요한 요인이었다.

장원의 구조

장원에서 영주권이 행사되는 본부는 장원청(莊園廳, manor house)이었다. 장원청은 영주 및 그 대리인이 거주하는 저택이면서, 영주가 행정적·사법적 권한을 행사하는 공공 기관의 속성도 지니고 있었다. 영주는 대리인인 장원 관리인(bailiff)을 두어 농노의 부역 노동을 관리하고 감독하는 등 실무적 책임을 부담하였다.

전형적인 장원의 토지는 **직영지**(直營地, demesne), **농민 보유지**, 그리고 **공동지**(共同地, common)로 구성되어 있었다. 직영지는 영주의 가계 경제를

공동지: 마을 주민들이 함께 사용할 수 있는 토지 및 그것에 부속된 자원. 이를 사용할 수 있는 권리를 공동권(common right)이라고 부른다.

지탱하는 재산으로, 농민 보유지와 구분되게 울타리가 둘러진 곳도 있었고, 농민 보유지와 분리되지 않은 채 병존한 곳도 있었다. 직영지에는 장원청과 더불어 창고, 방앗간, 마구간, 작업장, 과수원 등의 부속 시설이 딸린 경우가 많았다. 직영지는 주로 농노의 부역에 의해 경작이 이루어졌다. 농민 보유지는 촌락민 스스로 경작을 하는 토지로서, 지조(地條, strip)라고 불리는 긴 띠 모양의 경지로 세분되었는데, 한 지조는 보통 쟁기 한 대를 사용하여 반나절에 갈 수 있는 면적인 1에이커가량의 크기였다. 농민 보유지는 다수의 농민이 공동으로 경작을 하는 **개방 경지(開放耕地, open field)**였고, 단일 농가는 보통 장원 곳곳에 산재한 20여 개의 지조를 자신의 보유지로 가지고 있었다. 농민 보유지 바깥으로는 촌락민들이 방목, 땔감 확보 등을 위해 공동으로 사용하는 공동지가 있었다. 공동지에서는 공유 자원의 남용으로 인한 가치 하락, 즉 이른바 '공유지의 비극'(tragedy of commons) 현상이 발생하지 않도록 역사적으로 진화해 온 관습과 촌락민들 사이에 합의된 방식에 따라 공유지 사용이 세심하게 관리되었다. 공유지를 사용할 수 있는 기간, 가계당 사용 가능한 범위, 계절별 금지 사항 등이 꼼꼼하게 지켜졌고, 위반자에 대해서는 사회적 관습에 따라 강력한 처벌이 이루어졌다.

개방 경지: 복수의 농민들이 공동 경작하는 토지로, 개인의 배타적 소유권이 존재하지 않는 형태의 경작지이다. 인클로저가 이루어지기 이전의 대표적인 경지 형태였다.

공유지의 비극: 미국의 생태학자 하딘(G. Hardin)이 출간한 논문의 제목. 공유 자원이 사적 이익에 맡겨지면 남용되어 공멸에 이르게 된다는 주장을 담고 있다.

경작 방법

3포제: 경작지를 세 부분으로 분할하여, 경작 시기와 여부를 구분하여 작물을 재배하는 농경 방법.

개방 경지를 경작하는 방식은 **3포제(三圃制, three-field system)**가 가장 전형적인 형태였다. 3포제는 경지를 세 부분으로 구획하여, 첫째 경지에는 봄에 씨를 뿌려 가을에 수확하는 곡식을 재배하고, 둘째 경지에는 가을에 파종하여 늦은 봄에 거두어들이는 곡식을 재배하고, 셋째 경지는 지력 회복을 위해 휴한지(休閑地, fallow)로 남겨 두는 방식을 말한다. 이듬해에는 봄 경지를 휴한지로 바꾸고, 가을 경지를 새로 봄 경지로 사용하고, 휴한지를 새로 가을 경지로 조성하는 방식으로 윤작(輪作, rotation)을 실시하였다(그림 5-3 참조). 경지의 바깥쪽으로는 공동지가 존재하여, 가축을 방목하거나 땔감을 채집하는 등 자원이 주민들 사이에서 공동으로 사용되었다.

윤작: 복수의 작물을 일정한 순서에 따라 주기적으로 교대하여 경작하는 것으로 돌려짓기라고도 부른다.

3포제는 과거 2포제가 개량된 것으로서, 8-11세기에 점토질 토양이 많은 서유럽의 여러 지역에서 널리 전파되었다. 이러한 개량은 기술 진보와 더불어 토지 사용의 집약도가 증가하였기 때문에 가능하였다. 가장 중요한 기술

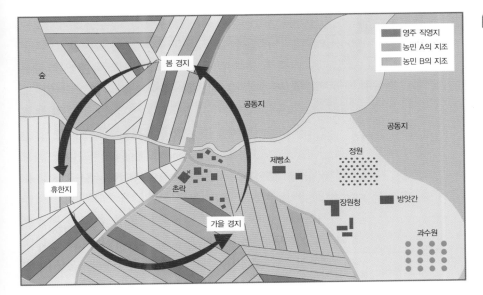

그림 5-3

장원의 구조 영주가 거주하는 장원청이 농가들이 모여 있는 지역의 우측에 보인다. 장원청 주변으로 영주의 정원, 방앗간, 제빵소, 과수원 등이 있다.

진보는 **바퀴를 장착한 무거운 쟁기**의 도입이었다. 점토질 토양에서 지속적으로 경작을 하려면, 무거운 쟁기로 땅을 깊이 가는 것이 필요하였다. 이와 같은 쟁기의 도입을 위해서는 쟁기 자체의 개발뿐만이 아니라 쟁기를 끌 가축, 특히 말을 농업용으로 사용하는 것이 가능해져야 하였다. 쟁기를 끌기 위해서는 보통 4마리 내지 8마리의 말이 필요하였는데, 애초에 말은 다른 가축에 비해 가격이 비싸고 관리에 비용이 많이 든다는 단점을 지니고 있었다. 그런데 중세 전반을 거치면서 치안 상황이 개선되면서 말에 대한 군사용 수요가 감소하였다. 말의 사료로 쓸 수 있는 귀리의 재배가 확산되면서 말의 사육 비용이 하락한 것도 도움이 되었다. 또한 끌채와 말굽쇠가 개발되고 개량되면서 쟁기를 끄는 작업의 효율성이 증가하였다. 이런 상황 변화에 힘입어 말이 견인하는 무거운 쟁기를 이용하여 여러 명이 공동으로 개방 경지에서 작업하는 3포제가 지배적인 경작 형태로 자리를 잡게 되었다. 서유럽과 달리 기후와 토양이 3포제에 적합하지 않은 지중해 연안에서는 2포제가 계속 실시되었고, 3포제가 자리를 잡은 지역에서도 말 대신 소를 쟁기를 끄는 동물로 사용한 곳이 있었다. 그러나 말의 사용이 보편적이었던 프랑스, 플랑드르, 영국 및 독일 일부 지역이 가장 높은 농업 생산성을 기록하였다.

3포제는 2포제와 비교할 때 여러 가지 긍정적인 **경제적 효과**를 보였다. 우선 경작 면적이 확대되었다. 전체 경지의 1/2만 경작하던 것이 2/3로 증가하였으므로, 매년 경작되는 면적이 과거에 비해 1/3 증가하였다. 둘째, 말이

모형과 이론 5-1

공공재와 공유 자원

재화와 서비스는 배제성과 경합성의 유무에 따라 사유재, 공유 자원, 자연 독점, 공공재 등 네 가지로 분류된다. 배제성이란 어떤 사람이 재화나 서비스를 소비하지 못하도록 막는 가능성이고, 경합성이란 어떤 사람이 재화나 서비스를 소비하면 그만큼 다른 사람이 사용 가능한 재화나 서비스가 줄어드는 속성이다. 아래의 그림에 분류법이 정리되어 있다.

		경합성	
		있음	없음
배제성	있음	사유재 (예: 자동차)	자연 독점 (예: 케이블TV)
	없음	공유 자원 (예: 수산 자원)	공공재 (예: 치안)

공공재는 배제성과 경합성이 모두 없는 재화와 서비스이다. 예를 들어, 치안 서비스는 세금을 내지 않았다던가 하는 이유로 특정 사람이 그 혜택을 누리지 못하도록 배제하는 것이 불가능하다. 그리고 어떤 사람이 치안 서비스를 누린다고 해서 다른 사람이 누리는 치안 서비스의 가치가 줄어들지도 않는다. 공공재는 시장을 통한 공급에 의존할 수 없는 '시장의 실패'(market failure)의 대표적 사례이다.

공유 자원은 배제성은 없으나 경합성은 있는 재화나 서비스이다. 가령 바다에 살고 있는 물고기는 배제성이 없어 누구든 포획할 수 있다. 그러나 어떤 사람이 잡아간 물고기만큼 다른 국민이 잡을 수 있는 물고기가 줄어들기 때문에 경합성이 있다. 공유 자원은 사용자가 별도의 대가를 지불하지 않기 때문에 남용되어 고갈에 이를 위험이 있다. 이를 '공유 자원의 비극'이라고 하는데, 이를 막는 데에는 공동의 규범과 감독이 유용하다.

역사적으로 보면 중세 유럽의 치안은 공공재, 그리고 공동지는 공유 자원의 대표적인 사례라고 볼 수 있다.

그림 5-4

바퀴가 달린 무거운 쟁기 새 쟁기의 도입으로 북유럽의 중(重)토양을 효과적으로 경작할 수 있는 길이 열렸다.

끄는 무거운 쟁기를 사용하여 심경(深耕)을 하는 지역은 다른 지역보다 높은 생산성을 기록하였다. 쟁기질을 깊이 함으로써 토질의 악화를 방지하거나 지연시킬 수 있었기 때문이다. 셋째, 봄 곡식과 가을 곡식은 재배에 필요한 노동력의 양이 계절적으로 다른 분포를 가졌기 때문에, 단일한 곡식을 심는 2포제에 비해 봄 경지와 가을 경지에 농사를 짓는 3포제하에서 노동 수요의 계절적 변동 폭이 작아지는 효과가 발생하였다. 이는 동일한 농업 인구를 가지고도 생산을 더 효율적으로 할 수 있게 되었음을 의미하였다. 마지막으로, 경작물의 종류가 증가함에 따라 전면적 흉작의 위험이 감소하여 기근의 빈도가 줄어들었다. 경작물의 다양화는 또한 소비자의 영양 섭취를 개선하는 효과를 가졌으므로 건강 증진으로 이어졌다. 이는 출생률 증가 및 사망률 감소로 연결되어 인구를 증가시키는 요인으로 작용하였다.

유럽의 지리적 확대

중세의 인구를 정확히 알기는 어렵지만 학자들의 추계에 따르면 1000년경 유럽의 인구는 아마도 3,000만 명 정도였다. 14세기 초가 되면 유럽 인구는 약 7,000만 명에 도달하였다. 인구 밀도가 상대적으로 높았던 서유럽 내에서도 유사한 **인구 증가 추세**가 나타났다. 1000년경에 1,200만-1,500만 명에 불과하였던 서유럽 인구는 14세기 초에 4,500만-5,000만 명으로 서너 배가량이나 증가하였다. 이 기간은 기후가 온화하여 농업 생산에 유리한 조건이 갖추어진 시기였다. 또한 전쟁의 빈도와 강도가 낮아진 것도 인구 증가에 긍정적인 영향을 끼쳤다. 가장 중요한 요인으로는 3포제의 확산과 농업 기술의 발달을 들 수 있다. 식량 생산이 증대되고 식량의 종류가 다양화되면서 전반적으로 출생률이 증가하고 사망률이 감소함으로써 인구가 증가한 것이다.

인구의 증가는 토지를 포함한 **가용 자원에 압박**을 가하였다. 인구 압력에 직면한 유럽 사회가 선택할 수 있는 길은 내적 집약도를 증대시키는 것과 외연을 확대하는 것이었다. 농촌 인구가 대다수를 차지하는 시기에 제한된 토지에서 생산되는 수확물로 증가된 인구를 부양하기 위해서는 단위 면적당 노동의 투입을 증가시켜야 하였다. 노동 투입의 증가는 수확 체감으로 이어지기 때문에 일인당 생산량은 감소되는 경향이 있었다. 따라서 이 방법으로 충분한 식량을 생산하기는 어려웠다. 가축을 사육하는 데 필요한 토지나 땔감 마련에 필요한 공유 자원도 인구 압력을 가중시켰는데, 이를 해결하는 것은 쉽지 않았다. 목초지를 경지로 전환하거나 기존에 방치하다시피 하였던 한계지를 본격적으로 개간하여 경지로 만드는 작업도 곳곳에서 이루어졌다.

인구 압력에 대한 더욱 본격적인 대응책은 경지를 외연적으로 확대하는

그림 5-5

노동하는 수사들 시토파 수사들이 야외에서 노동을 하는 모습을 묘사한 12세기 그림.

것이었다. 무엇보다도 **미개간지를 경지로 전환**하는 사업이 곳곳에서 전개되었다. 유럽 여기저기에 아직 농민들이 정주하지 않는 황무지, 늪지, 숲이 존재하였는데, 이를 개간하여 경지로 바꾸는 작업이 여러 지역에서 진행되었다. 저지대가 많은 플랑드르, 질랜드(Zealand), 홀란드(Holland) 등의 해안 지역에서는 매립을 통해 경지를 조성하는 작업도 이루어졌다. 이런 움직임에는 토지로부터의 수입을 증대시키고자 한 영주들이 앞장을 섰다. 하지만 종교 단체도 개간 사업에 적극적이기는 마찬가지였다. 특히, 시토파(Cisterian) 수사들은 금욕적 생활과 힘든 노동 같은 규율을 강조하면서 황무지에 수도원을 건설하고 교세를 확장하는 데 적극적으로 나섰다.

대규모 개간 사업이 가장 활발하게 이루어진 곳은 **엘베강 동쪽**의 드넓은 지역이었다. 이 지역의 제후들은 서유럽의 토지 부족 상황을 기회로 삼았다. 그들은 외지로부터 노동력을 끌어들여 대규모로 식민 사업을 벌이기 위해 청부업자(locator)를 고용하였다. 청부업자는 개간할 토지를 선정한 후, 외지인들에게 신분적 자유, 부역 면제, 보유지 세습권의 인정, 지대 인하 등의 유인책을 제공하면서 이주를 유인하였다. 플랑드르와 홀란드 등 저지대 출신의 인력은 배수와 제방 축조의 경험이 많았기 때문에 습지를 개간하는 지역에서 특별히 선호되었다. 산림의 개간이 필요한 지역에서는 북부 및 북서부 독일 출신자들이 실력을 발휘하였다. 이 과정을 통해 넓은 경지와 많은 촌락이 형성되었고, 영주는 대토지 소유자로서 유입 노동력을 투입해 대량의 곡물을 생산하여 먼 시장에 내다 팔았다. 한계지를 개간하여 조성한 경지에서 높은 토지 생산성을 기대할 수는 없었지만, 대영지에서 생산되는 곡물은 대규모 시장 판매를 목적으로 한 것이었으므로 상업과 교역의 발달에도 기여를 하였다.

이베리아반도에서 10세기부터 활발하게 전개된 기독교도의 **재정복 운동** – '레콩키스타'(Reconquista) – 도 증가하는 인구 압력에 대한 반응의 일종으로 해석할 여지가 크다. 재정복 운동은 이슬람 세력을 반도로부터 밀어내고자 하는 기독교도들의 국토 회복 전쟁의 성격을 표면적으로 띠었지만, 정복

레콩키스타: 711-1492년에 이베리아반도에서 진행된 기독교도의 이슬람 축출을 통한 영토 회복 운동.

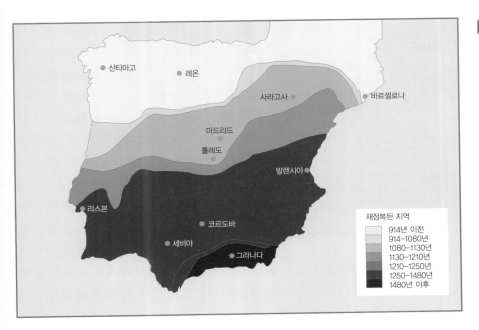

그림 5-6

이베리아의 재정복 운동

재정복된 지역
914년 이전
914-1080년
1080-1130년
1130-1210년
1210-1250년
1250-1480년
1480년 이후

십자군 운동: 이슬람 세력이 장악한 기독교 성지를 되찾기 위해 조직되어 원정을 떠난 서유럽의 기독교 군대.

그림 5-7

기독교와 이슬람교 8세기에 처음 건설이 시작되고 10세기까지 여러 차례 증건된 코르도바의 이슬람 사원 메스키타(Mezquita)는 왼쪽에 보이는 이중 말굽 장식의 기둥들로 유명하였다. 재정복 운동으로 이곳을 점령한 기독교 세력은 사원의 일부를 허물었고 16세기에 르네상스 양식의 예배당이 건물 내에 들어섬으로써, 사진과 같이 두 종교의 특징이 묘하게 병존하는 모습이 되었다.

한 영토에는 북부 지방으로부터 농민들을 대규모로 이주시켰고 그를 통해 장원제를 확립하려고 노력하였다. 재정복 운동이 성공적으로 이루어지면서 13세기까지 이베리아반도의 90%가량이 기독교 지역으로 흡수되었다. 비잔틴 제국의 일부였다가 이슬람 세력에 의해 점령되었던 지중해의 시칠리아를 11세기 후반에 노르만족이 탈환한 사건도 유사한 맥락에서 이해할 수 있다.

　11세기 말부터 약 2세기에 걸쳐 이루어진 **십자군**(Crusades) **운동**도 표면적으로는 성지 탈환이라는 종교적 목적을 내걸었지만, 종교적 외피 안에는 경제적 이해관계가 깊숙이 자리를 잡고 있던 역사적 사건이었다. 파병에 필요한 병력을 마련하는 일은 교황의 호소로부터 시작되었지만, 사회 각 계층은 상이한 세속적 관심을 가지고 원정에 응하였다. 영주 계층, 특히 하급 영주들은 새로운 토지를 획득하려는 욕망을 가졌고, 상인 계층은 동방으로 연결

십자군 원정의 뒷맛 1차 원정을 떠난 십자군은 1099년 예루살렘을 장악하는 데 성공한다. 이후 유대인과 무슬림에 대한 대대적 살육이 발생하였고 도시는 원정대에 의해 약탈되었다.

되는 무역로를 확보하려는 야심을 품었으며, 농민층은 봉건 사회의 신분적·경제적 중압에서 벗어나 보겠다는 기대를 안고 있었다. 십자군 원정은 총 여덟 차례에 걸쳐 이루어졌는데, 성지 탈환에 성공한 경우도 있었지만 궁극적으로는 이슬람 세력을 항구적으로 밀어내는 데 실패하였다. 이에 따라 원정을 주도하였던 교황의 권위가 손상을 입었고, 왕권이 상대적으로 강화되는 현상이 발생하였다. 이는 중세 유럽에 동질성을 부여해 왔던 기독교적 통합성이 흔들리게 되었음을 의미하였다.

십자군 전쟁은 **이탈리아의 도시 국가들**에게 가장 큰 이익을 안겨 주었다. 베네치아, 아말피 등 기존에 동방과 무역 활동을 벌이던 도시 이외에 제노바, 피사 등이 새로이 지중해 무역 경쟁에 뛰어들게 되었다. 이탈리아 도시들은 십자군 원정에 필요한 물자를 공급하는 대가로 베이루트, 트리폴리, 예루살렘, 키프로스, 콘스탄티노플 등에 무역 거점을 마련하였던 것이다. 그리하여 동양의 값비싼 산물들을 안정적으로 수입할 수 있는 여건을 확립하였고, 지중해 무역에서 지배적 위치를 차지하게 되었다.

제2절 도시 경제와 길드

중세 도시와 길드

중세 초기에 방치되다시피 하였던 많은 도시들이 치안이 안정되고 경제가 살아나면서 서서히 활기를 되찾았다. 특히, 대규모 간척 사업을 통한 유럽 경제의 확장과 지중해 상권의 발달이 도시 경제의 발달에 중요한 밑거름이 되었다. 10세기 말에 시작되어 11-12세기에 본격적으로 전개된 무역망의 확장과 무역의 활성화를 **상업의 부활**(Revival of Trade)이라고 지칭한다. 이 과정을 통해 중세의 도시들은 상공업 중심지로서 지위를 공고히 하게 된다. 전형적인 도시는 외형적으로 성곽으로 둘러싸인 공간의 모습을 띠고 있으며, 거주민들은 상공업을 영위하면서 인근 배후지의 농업 부문과 물자를 거래하고, 나아가 장거리 교역을 통해 외지의 산물을 수입하고 지역 생산물을 수출하였다.

도시의 상공업자들은 **길드**(Guild)라는 동업 조합을 결성하여 사업을 운영하였다. 교통이 발달하지 않은 시대에 여러 가지 위험을 수반하는 교역 활동을 해야 하는 상인들에게 길드는 상호 부조의 조직이자, 유용한 정보를 공유하고 정치 집단이나 거래 대상자에 대해 교섭력을 확보할 수 있게 해 주는 수단이었다. 즉, 길드 제도는 **상업의 필요성과 방위의 필요성**이 만나는 접점에 위치한 제도였다. 도시 당국의 입장에서도 개별 상공업자를 일일이 상대하는 것보다 길드와 교섭을 하는 것이 통제에 더 용이하였다. 도시의 통치자들이 길드의 유력한 구성원이거나 그의 가족인 경우도 적지 않았다. 따라서 길드는 상공업자와 도시 양자의 이익에 모두 부합하는 사회 조직이었다.

길드의 형태와 규모는 다양하였다. 한 도시의 상공업자들이 하나의 길드를 형성하기도 하였고, 한 종류의 물품만을 전문적으로 취급하는 길드도 존재하였다. 상이한 도시의 상공업자들이 연합하여 하나의 길드를 구성한 경우도 있었고, 국제적인 장거리 무역망에 속한 다수의 도시들이 연합하여 단일한 길드를 형성한 사례도 있었다.

중세의 주요 도시는 **다양한 기원**을 가지고 있었다. 일부는 로마 제국하에서 번성하였던 도시로서, 중세 초 혼란기의 쇠락을 겪은 후 상업의 부활과 함께 재건된 곳이었다. 어떤 도시는 상업 활동에 유리한 자연적·사회적 조건을 갖춘 지역에서 자연스럽게 성장한 도시였다. 또한 개간이나 식민 과정에서 인위적으로 조성된 도시도 있었다. 어떤 기원을 가진 도시이건 간에 도시의 공간은 성곽의 규모에 의해 기본적인 제약을 받았다. 성 내에는 귀족의 거처, 교

상업의 부활: 중세 초기의 경제적 침체를 벗어나면서 도시가 발달하고 무역이 확대되는 양상이 나타난 것을 말한다.

길드: 중세 유럽에 존재하였던 상공업자들의 동업자 조합. 공동의 안전과 경제적 이익을 위한 단체였다.

그림 5-9

시장 상인들 재단사, 모피 상인, 이발사, 식료품상 등이 가게를 열고 있는 프랑스의 한 시장.

회, 수도원, 창고, 재판소, 시장 시설 등이 있었다. 상공업의 발달 및 인구 증가와 더불어 기존의 공간이 협소해지는 경우도 많았는데, 이런 상황에서 상공업자들은 성곽 밖에 새롭게 거주지를 조성하고 외성을 추가적으로 쌓곤 하였다. 이런 성곽 지구(burg)에 거주하는 사람들을 부르주아(bourgeois)라고 불렀던 데에서 연유하여, 상공업자 계층을 부르주아지(bourgeoise)라고 칭하게 되었다.

부르주아지: 중세에는 도시민을 의미하였으나, 근대에 와서는 봉건 세력을 무너뜨리고 새로 정치적·경제적 권력을 차지한 시민 계급을 일컫는 용어가 되었다.

중세 초기에는 도시에서도 영주가 강력한 권한을 행사하였다. 영주는 도시민에 대해 영주권을 행사하였고, 그 밖에 시장세나 거래세와 같은 다양한 조세를 부과하는 권리와 재판권을 보유하였다. 여기에 덧붙여 도시가 번창하면 토지 가격도 상승하였으므로, 영주는 도시에 대해 호의적인 태도를 취하는 경향이 강하였다. 그러나 도시가 발달하면서 상공인과 영주의 이해관계가 충돌하게 되었다. 스스로 도시를 방어할 경제력을 가졌고 스스로 상거래를 규제하기 원하였던 상공인들은 영주의 영향력에서 벗어나기를 희망하였다. 그들은 신분적 자유, 봉건적인 각종 부담의 면제, 자체적으로 마련한 상거래 관행에 맞추어 운영되는 재판 제도의 확립, 영주의 자의적인 규제로부터의 자유 등을 영주에게 요구하였다. 이런 **자치권 요구**는 영주에 대한 금전적 보상을 지불함으로써 달성된 경우가 많았지만, 갈등이 고조되어 유혈 투쟁 끝에 획득된 경우도 있었다. 어떤 경로를 통하였건 간에 13세기까지 유럽의 대다수 도시는 자치권을 획득하는 데 성공하였다. 유럽에서 도시가 자치적 단위로 등장한 것은 도시가 국가의 관료적 통제하에 놓였던 아시아 국가들의 경험과 뚜렷한 대조를 이룬 역사적 현상이었다. 도시가 자치적 성격을 띤 것과 마찬가지로 도시의 경제 활동을 주도한 길드도 자치적 성격을 강하게 띠었다. 길드는 아시아 국가들의 동업 조합에 비해 혈연적 특성이 약하였으며, 국가의 통제로부터 상대적으로 자유로워서 자율적인 면모를 강하게 보였다.

길드 체제하에서 경제 활동은 광범위한 **통제와 규제**의 대상이었다. 시장 기구의 작동에 따른 균형 가격을 사회가 수용할 가격 수준으로 보는 근대 사회와는 대조적으로, 중세 사회에서는 사람들의 마음속에 공정 가격(just price)의 관념이 강하게 작용하였다. 상인이 이윤을 극대화하는 수준에서 가격을 결정한다는 생각은 중세의 가치관과 맞지 않았다. 해당 사회 구성원의 복리를 위해 적절한 수준에서 가격이 유지되어야 한다는 것이 지배적인 인식이었다. 애당초 중세 사회는 상거래에 대해 별로 호의적이지 않았다. 예를 들어, 토마스 아퀴나스(Thomas Aquinas)는 상행위가 바람직하지는 않으나 불

공정 가격: 시장 가격과 대조를 이루는 개념으로, 시장에서 수요와 공급이 만나서 결정되는 가격이 아니라 공동체 구성원의 역사적 경험 속에 적정한 수준이라고 인정된 가격을 말한다.

토마스 아퀴나스(1225?-1274): 중세 스콜라 철학을 집대성한 이탈리아 신학자.

가피하게 사회적 역할을 수행하는 일종의 필요악이라고 여겼고, 이에 따라 상인은 공정 가격에 따라 거래를 할 것, 이자놀이를 하지 말 것, 그리고 수익은 교회와 빈민에게 되돌려줄 것을 설파하였다. 종교적 가르침이 세속민의 경제적 욕망을 완전히 억누를 수는 없었지만 강한 사회적 제약을 가했다는 점은 분명하다. 실제로 길드제는 도시민의 공공 복리를 핵심적 목표로 삼았고, 상품의 거래는 공공의 이익에 반하지 않는 방식으로 이루어져야 한다는 것이 당시의 기본적 경제 관념이었다. 상공업자들이 경제적 이익을 추구하지 않은 것은 아니지만, 거기에는 넘어서지 말아야 할 사회적 제한선이 뚜렷하게 있었다.

그림 5-10

길드의 정체성 오늘날 외과 의사가 담당하는 업무가 중세에는 금속제 날을 잘 쓸 줄 아는 이발사의 업무와 별로 구별되지 않았다. 그림은 15세기 영국 요크의 이발사 겸 외과 의사(barber-surgeon) 길드가 발행한 책자. 아리스토텔레스가 말한 인체의 네 구성 요소(피, 점액, 황담즙, 흑담즙)와 그에 상응하는 기질이 중세에도 중요하게 받아들여졌음을 보여 준다.

길드가 경제에 얼마나 유익하였는가에 대해서 학자들은 상이한 견해를 보여 왔다. 길드의 역할을 부정적으로 평가하는 학자들은 길드가 독점적 지위를 보유하고 있었고 실제로 **독점적 경제 행위**를 수행하였다고 본다. 길드는 가격을 통제하고, 공급을 제한하고, 시장 지배력을 이용해 잠재적인 경쟁자를 배제하였으며, 길드 조합원이 되는 진입 장벽을 높게 유지하여 독점력을 지속시켰다는 것이다. 이런 부정적 견해와 달리 길드의 독점적 영향이 크지 않았다는 주장도 있다. 교통과 통신이 충분히 발달하지 않은 환경에서, 특히 많은 시간과 자본이 소요되는 장거리 무역에 있어서 계약을 체결하고, 상품을 공급하고, 금전 거래를 수행하고, 분쟁을 해결하는 과정에는 불확실성이 도처에 상존하였다. 이 문제에 대처하기 위해서는 신뢰(trust)와 같은 사회적 자본(social capital)이 필요하였는데, 이를 길드가 제공하였다고 평가함으로써 이들은 길드가 경제에 유익한 영향을 끼쳤다고 주장한다. 이에 대해 길드의 영향을 부정적으로 보인 학자들은 신뢰와 같은 사회적 자본은 길드에 의해서만 제공될 수 있었던 것이 아니라고 반박한다. 공정하고 효율적인 사법 제도, 구체적이고 구속력 있는 계약서의 작성과 이의 체계적인 보관, 공적 기관에 의한 정보의 수집과 제공 등의 방법도 중세를 거치면서 점차 발달한 사회적 자본이었다고 그들은 말한다.

사회적 자본: 사회 구성원 상호간의 이익을 위해 협력과 조정을 수월하게 하는 신뢰, 규범, 네트워크 등을 의미함. 물리적 자본이나 인적 자본과 달리 사회적 자본은 구성원의 집단적 참여를 통해 긍정적인 외부 효과를 가져오는 측면이 강조된다.

도제 제도

도제 제도: 중세 유럽에서 숙련 기술자를 양성하는 제도. 청소년기에 장인의 작업장에서 일정 기간 도제 교육을 받는 방식이다.

사회가 필요로 하는 상공업자는 **도제 제도**(徒弟制度, apprenticeship)를 통해 공급되었다. 도제 제도는 장인(匠人, master), 직인(職人, journeyman), 도제(徒弟, apprentice)라는 세 계층의 연계로 구성되었다. 대개 10대 초반에 다다른 자녀를 가진 부모가 길드에 의해 공인된 전문 상공업자인 장인과 도제 계약을 맺고, 일정 기간 자녀에게 특정 기술을 전수하여 숙련 기술자로 독립할 수 있게 하였다. 도제 교육 기간은 업종에 따라 차이가 있었는데, 배우기 간단한 업종에서는 3-5년, 평균 수준의 숙련도를 요구하는 업종에서는 7년, 고도의 전문성이 필요한 업종에서는 8-9년가량이었다. 도제 교육의 구체적 내용은 개별 계약에 의존하였지만, 획득할 기술의 수준이나 한 장인이 받아들일 수 있는 도제의 수, 계약 위반 시 처벌 및 배상 방법 등은 기본적으로 길드의 규제를 받았다. 도제 교육을 성실하게 이수한 사람은 직인의 지위를 획득하였다. 직인은 숙련된 노동자로서 수년간 여러 지역의 장인들을 찾아가서 자유롭게 고용 계약을 맺고 일을 하였다. 이렇게 축적한 소득을 바탕으로 직인은 자신의 작업장을 새로 열고 독립적인 장인으로서의 삶을 시작하였다.

이와 같은 과정을 통해 일정한 숙련도를 갖춘 상공업자가 사회에서 재생산되었다. 도제가 익히는 기술의 종류와 수준 등이 길드의 통제하에 놓여 있었고, 개인의 이윤을 극대화하려는 행위가 제한을 받았으므로, 도제 제도는 기술의 발달과 전파를 막는 결과를 낳았다는 평가를 받기도 하였다. 특히, 애덤 스미스와 같은 시장 경제 옹호론자의 입장에서 보면, 길드제와 도제 제도는 **기술 진보를 통한 경제 발전을 저해**하는 부정적 역할을 수행한 것으로 보였다.

그러나 이와 상반된 견해도 존재한다. 중세 경제가 필요로 하였던 기술은 다른 업종에서 쉽게 응용될 수 있는 수준이었는데, 이런 높은 이전성을 가진(transferable) 기술은 길드제 아래에서와 같이 강제성을 동반한 규제가 없었더라면 안정적으로 공급되기 어려웠을 것이라고 보는 것이다. 즉, 교육 훈련과 고용의 전 과정을 규제하는 제도가 없었다면 장인은 도제가 중도에 훈련을 그만둘 잠재적 위험을 우려하여 도제를 받아 훈련시킬 마음을 먹기 어려웠을 것이고, 따라서 각종 업종의 기술이 안정적으로 재생산되지 못하였을 것이라고 주장한다. 당시 노동 시장이 근대 사회에서와는 달리 정보 흐름의 불완전성 등으로 인해 효율적으로 작동하지 않았을 것이라는 점도 이런 주장을 뒷받침한다. 결국 중세 사회의 기술력과 시장 통합 수준을 놓고 보면 길드제와 도제 제도는 오히려 **기술 수준을 유지시키고 기술자를 안정적으로 공급해 주는 장치**였다는 것이다.

중세의 대학

도제 제도가 기술 교육을 담당하였다면, 고등 교육은 대학의 몫이었다. 대학은 교회에 부속된 종교 교육 기관에 기원을 두었지만, 점차 독립된 연구 및 교육 기관으로 변모해 갔다. 최초의 본격적 대학은 11-12세기에 이탈리아, 프랑스, 영국 등에서 나타났다. 교수와 학자들이 모여들면서 1200년경에는 볼로냐, 파리, 옥스퍼드 등의 대학이 수백 명의 학생을 수용하게 되었다. 대학의 규모가 확대되면서 구성원들은 다른 상공업 업종과 유사하게 길드 조직을 형성해 갔다. 프랑스의 파리 대학은 교수들이 자치적으로 형성한 길드 형태였고, 이탈리아의 볼로냐 대학은 학생들이 조직한 길드 형태를 취하였다.

이런 차이점에도 불구하고, 대학들은 대부분 교황이나 영주로부터 자치권과 면책 특권을 획득함으로써 명실상부하게 **독립적인 기관**으로서 자리를 잡아갔다. 교양 과정에서 문법, 수사학, 논리학, 수학, 천문학 등을 가르쳤고, 전공 과정에서는 법학, 의학, 신학 과목의 교육이 이루어졌다. 교육 내용 중에는 11-13세기에 이베리아반도의 기독교 재정복 운동 과정에서 이슬람 진영으로부터 확보한 고대 그리스 학문이 중요한 부분을 차지하였고, 이슬람 세계에서 발달한 학문도 많이 다루어졌다. 유럽의 대학들은 이런 학문들을 발전시키고 유럽 내의 여러 지역으로 전파하는 역할을 하였다. 유럽의 대학들은 공통적으로 라틴어를 사용하였기 때문에 **사상과 학문을 널리 확산**하는 데 유리하였다.

점차 도시가 성장하고 상업이 번성하면서 **중산층**이 발달하였는데, 이들이 대학 교

그림 5-11

중세 대학의 강의 14세기 이탈리아 볼로냐의 한 대학에서 교수가 단상에 서서 책을 펴고 강의를 하고 있다.

육의 중요한 수요자로 등장하였다. 지식과 문화에 대한 열망을 품은 중산층이 학생과 교수의 핵심적 구성원으로 등장하면서 대학의 확대와 발전이 가속화되었다. 12-15세기에 유럽 전역으로 대학이 확산되었고, 1500년에는 유럽 전역에 100개가 넘는 대학이 학생들을 교육하고 있었다. 여기에서 이루어진 연구와 교육 활동이 유럽의 학문 수준을 높이는 데 결정적인 기여를 하였다. 훗날 르네상스를 탄생시키게 되는 사회적 환경이 대학을 중심축으로 하여 무르익어 갔던 것이다.

제3절 무역과 공업의 발달

유럽의 무역망

레반트: 지중해 동부 지역. 이탈리아 상인들은 알렉산드리아, 베이루트, 콘스탄티노플 등에 근거지를 마련한 후 동방 상품을 구입하여 유럽 전역에 판매하였다. 15세기 비잔틴 제국의 멸망과 포르투갈의 인도 직항로 개척으로 쇠퇴의 길을 가게 된다.

중세 유럽의 무역망은 크게 세 상권으로 구분할 수 있다. 첫째, 거래액이 가장 크고 이익이 가장 많이 남은 상권은 지중해의 교역로를 통해 이탈리아와 레반트(Levant)를 연결하는 **남유럽 상권**이었다. **베네치아와 제노바**를 필두로 해서 이탈리아의 많은 도시들이 동양으로부터 들어오는 진귀한 재화를 구입하여 유럽 전역에 판매함으로써 많은 이윤을 남겼다. 베네치아가 거래한 주요 물품으로는 향신료, 비단, 면직물이 있었고, 제노바는 명반(明礬, alum), 비단, 설탕, 포도주 등을 들여왔다. 이와 반대 방향으로 거래된 물품들로는 플랑드르에서 생산된 모직물, 북유럽에서 생산된 모피류, 중부 유럽의 금속 제품, 베네치아의 유리 제품 등이 있었다. 이탈리아 상인들은 이슬람 세계로부터 복식 부기(複式簿記)를 도입하여 장부 기록에 혁신을 이룩하였으며, 라틴어로 표기하는 숫자 대신에 아라비아 숫자를 받아들임으로써 계산 능력을 향상시켰다. 해상 무역에 동반되는 위험에 대처하기 위해서 대규모의 자금을 끌어모으는 유한 회사를 설립하고 주식회사의 초보적 형태를 띤 회사를 조직한 사례도 있었다.

동방 무역은 12-13세기에 번창하였으며, 이어지는 세기에는 중국에서 몽골족이 태평양 연안에서 중부 유럽에 이르는 광대한 제국을 건설하면서 다시 한번 도약의 계기를 맞았다. 몽골 기병의 군사력을 바탕으로 유라시아

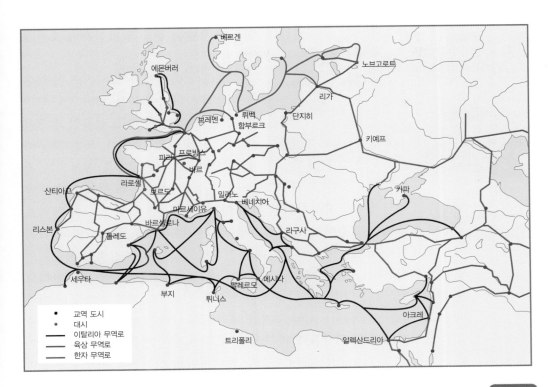

그림 5-12

중세 유럽의 무역망 이탈리아 상인들은 지중해를 중심으로 한 남유럽 상권을 지배하였고, 한자 상인들은 북해 무역로를 통해 북유럽 상권을 주도하였다. 유럽 내륙의 육로는 이 두 상권을 연결하는 역할을 하였다.
자료: Roberts(1998), 5권, 136쪽.

의 광활한 지역에서 치안이 장기적으로 확보되어 교역에 소요되는 거래 비용이 크게 감소하였다. 그리고 몽골 통치자들은 대외 교역 및 이민족의 종교에 대해 개방적인 태도를 취하였기 때문에 무역이 크게 활성화될 수 있었다. 동방 교역이 유럽인의 관심을 끈 데에는 베네치아 출신의 상인 마르코 폴로(Marco Polo)의 중국 체험기도 적지 않은 역할을 하였다. 칭기즈 칸의 5대 계승자인 쿠빌라이 칸(忽必烈, Khubilai Kahn)을 만나고 나서 이탈리아로 돌아와

마르코 폴로(1254-1324): 이탈리아의 상인으로 동방으로 장거리 여행을 하고 중국에서 17년간 살았다. 세칭 『동방견문록』을 지어 많은 유럽인들의 호기심을 자극하였다.

쿠빌라이 칸(1215-1294): 몽골 제국의 제5대 칸으로, 묘호는 세조(世祖)이다. 그는 국호를 원(元)으로 고치고 제국의 영토를 확장하고 통치 기반을 공고히 구축하였다.

출간한 이 책에서 그는 중국으로 가는 육상 및 해상 무역로와 중국 내 각지의 문물과 풍습에 대해 과장을 섞어 가며 풍부하게 묘사를

그림 5-13

마르코 폴로가 본 역참 제도 마르코 폴로는 몽골 제국 전역을 연결하는 역참 제도에 대해 깊은 인상을 받았다.

그림 5-14

기술력에서 앞선 조선업 베네치아의 지위를 결정한 중요한 요소 가운데 하나는 양질의 선박을 저렴한 비용으로 생산하는 기술이었다.

보호 비용: 장거리 교역에 종사하는 상인이 화물의 운송 과정에 존재하는 위험도와 불확실성을 감안하여 계산한 거래 비용. 레인(F. Lane)은 경제학의 지대 개념을 확장하여 보호 비용상의 이득을 '보호 지대'(protection rent)라고 규정하였다.

아르세날레: 베네치아 정부가 운영한 조선소 겸 병기창. 대량 생산 체제를 갖춘 선박 건조 시설로 이름을 날렸다.

하였는데, 이것이 수많은 잠재적 탐험가의 호기심을 자극하였다.

그러나 이탈리아 도시들의 번영이 무역업에서의 수완과 노력만으로 성취된 것은 아니었다. 각 도시들의 경쟁이 격화되면서 때로는 무력, 특히 해군력의 우열이 도시의 흥망을 결정짓는 결정적 변수로 작용하였다. 해군력은 경쟁국과의 전투에서만 유용하였던 것이 아니라, 평시에도 다른 나라 선박으로부터 보호세를 징수하여 국가 재정을 강화하는 데에도 유용하였다. 11세기에 베네치아 상인들이 아드리아해로 진출하였을 때에는 강력한 해군력의 뒷받침 덕분에 비잔틴 제국으로부터 세금을 면제받기도 하였다. 일반적으로 말해서, 물자를 안전하게 수송하여 거래를 완료하기까지 소요되는 이른바 '보호 비용'(protection cost)의 고저가 교역로의 상대적 번영을 결정하는 중요한 요인이었다. 경쟁자들에 비해 낮은 보호 비용을 지불하는 상인 집단이 더 큰 이익을 누리는 것은 당연하였다. 베네치아의 상선들은 경쟁자들에 비해 20% 정도 수입이 더 높았다.

치열한 경쟁 속에서 이탈리아 도시들은 성능이 뛰어난 선박을 대량으로 생산할 수 있는 능력을 갖추고자 노력하였다. 선박 건조 능력이 가장 두드러진 도시는 베네치아였다. 아르세날레(Arsenale)라고 불리는 이곳의 조선소에서는 생산의 효율성을 극대화하기 위해 선박의 구조 및 부품을 표준화하고, 어셈블리 형태의 생산 라인을 갖추었다. 갤리선의 크기와 디자인을 표준화하였고, 나무판자도 호환 가능한 형태로 제작함으로써, 선박 건조에 필요한 시간을 최소화할 수 있었다. 당시 아르세날레는 3,000명의 노동자를 고용하는 유럽 최대의 산업 단지였다. 조선업의 우위에 힘입어 베네치아는 이탈리

그림 5-15

제노바의 금융업자 14세기 그림에 나타난 금융 업무의 모습. 탁자(banko) 위에 금화를 놓고 계산하는 작업에서 유래하여 오늘날 사용하는 '뱅크'(bank)라는 이름이 생겨났다.

마르코 폴로의 여행기

마르코 폴로의 여행기는 유럽에서 큰 인기를 끌었다. 때로는 과장된 표현으로 인해 진실 여부를 놓고 논란의 대상이 되기도 하였지만, 중국에 대해 다른 기록이 보여 주지 못하는 귀중한 자료를 담고 있다. 아래의 글은 원나라의 역참 제도에 대한 묘사를 보여 준다.

이제 여러분은 이 칸발룩에서 출발하는 도로들이 여러 지방을 거쳐 가는데, 하나의 도로는 어떤 지방으로 향하고 또 다른 도로는 다른 지방으로 향한다는 사실을 분명히 알아야 할 것이다. 모든 도로들은 그것이 어디로 향하는가에 따라 구분되는데, 이것은 매우 현명한 방법이다. 또 누군가가 칸발룩을 출발하여 내가 말한 그 길들을 따라 25마일 정도 가면, 그 25마일을 간 대군주의 전령은 역참 하나를 만나게 된다는 것을 알아야 한다. 이것은 그들의 언어로 얌(iamb)이라고 부르는데, 우리말로는 말이 준비된 역을 뜻한다. 전령들은 각각의 역참에서 매우 크고 멋있는 숙사를 보게 되고, 대군주의 전령은 그곳에 숙박할 수 있다. 이 숙박소에는 사치스러운 비단으로 치장된 매우 화려한 침대와 전령의 높은 신분에 적합한 물건들이 모두 갖추어져 있다. 만약 어떤 왕이 그곳에 온다고 해도 역시 거기에 숙박할 수 있다.

여러분에게 다시 한번 말하지만 전령은 이 역참들에서 400마리의 말을 볼 수 있는데, 이것은 대군주가 항상 거기에 배치시켜서 그가 어떤 곳으로든 전령을 보낼 때 그들이 사용할 수 있도록 대기시키라고 명령한 것이다. (그들은 그곳에 내려 피로해진 말들을 두고 새로운 말들을 가져갈 수 있다.) 또한 여러분은 위에서 내가 언급한 각 지방으로 가는 주요 도로들 연변에 25마일 또는 30마일마다 이 역참들이 설치되어 있다는 사실을 알아야 할 것이다. 전령들은 이 역참에서 명령을 기다리며 대기중인 300-400마리의 말들을 볼 수 있다.

…

이런 방식으로 도로들은 대군주 지배하의 모든 지방과 영역을 통과한다. 전령이 도로에서 벗어나 집도 숙박소도 찾아볼 수 없는 곳을 갈 때에도, 대군주는 도로에서 벗어난 곳들에까지 역참을 설치하게 하고 다른 역참들과 마찬가지로 숙사와 말과 마구 등 모든 물건들을 갖추도록 하였다. 그러나 그들은 하루에 더 많은 거리를 여행해야만 하는데, 그것은 역참들이 35마일, 더러는 40마일 이상 떨어져 있기 때문이다.

여러분이 들은 이러한 방식으로 대군주의 전령들은 온 사방으로 파견되며 지상의 어떤 사람, 어떤 국왕, 어떤 황제도 느낄 수 없는 최대의 자부심과 최상의 웅장함이라고 할 수 있다. 여러분은 그가 이들 역참에 특별히 자신의 전령들이 쓸 수 있도록 20만 마리 이상의 말들을 배치시켜 놓았다는 사실을 알아야 할 것이다. 또한 내가 말하였듯이 멋진 가구들이 갖추어진 숙사들도 1만 개소 이상에 이른다. 그것은 너무나 경이롭고 너무나 경비가 많이 드는 일이기 때문에 올바로 말하거나 기록하는 것조차 어려울 정도이다.

자료: 마르코 폴로(2000), 275-277쪽.

칸발룩: 칸의 도시라는 뜻으로, 지금의 베이징에 위치한 원나라의 수도였다.

문헌 자료 5-2

베네치아와 제노바의 대결

지중해 제해권을 둘러싸고 베네치아와 제노바는 치열한 경쟁을 벌였다. 두 도시의 경쟁은 무역업자들 간의 평화로운 방식으로만 이루어지지 않았다. 군사적 우위야말로 두 도시의 대결을 좌우한 핵심적인 요인이었다. 1403년 제노바 함대가 베네치아 함대에게 해전에서 패하자 생존한 제노바의 갤리선들은 제노바로 귀환해야 하였다. 그들은 순순히 귀환하는 대신에 베네치아 선박들을 공격하는 것으로 분풀이를 하였다. 베네치아인인 안토니오 모로시니가 작성한 보고서에는 이 상황과 더불어 베네치아 상선의 교역 내용이 자세하게 묘사되어 있다.

1403년 10월 7일, 앞서 언급한 다섯 척의 갤리선이 불리한 상황에서 제노바를 향해 되돌아가고 있었다. 그런데 우연히 이 배들이 종이와 질그릇을 잔뜩 싣고 가던 우리 측 대형 갤리선 한 척과 맞닥뜨렸다. 제노바 갤리선들은 계략적으로 베네치아 범선에 산마르코(베네치아의 수호성인)의 깃발을 펼쳐 보이며 접근하였고 결국 속아 넘어간 우리 측 범선은 그들에게 다가갔다. 연이어 참패하였던 제노바인들은 베네치아 범선으로부터 공급 부족에 시달리던 종이와 질그릇을 빼앗았다.

곧이어 제노바인들이 쾌속 범선으로 무장한 세 척의 코퀴선을 거느리고 우리 측 만에 나타났다. 그 가운데 쇠뇌와 병력을 갖춘 제노바 전함 두 척이, 금화 2만 2,000두카트에 상당하는 피륙을 싣고 선장 지오바니 오비초의 지휘 아래 마요르카에서 돌아오던 베네치아 코퀴선을 공격하였다. 제노바인들은 그들 모두를 포로로 삼고 제노바로 돌아갔다.

며칠도 채 지나지 않아 선장 니콜로 마르코포의 지휘 아래 밀랍과 가죽과 노예 100명을 싣고 루마니아와 카나에서 되돌아오던 코퀴선 한 척이 제노바인들에게 탈취당하였다는 소식이 또 들려왔다. 제노바인들은 베네치아인들과 금화 1만 2,000-1만 5,000두카트 상당의 가치를 지닌 노예들을 포로로 삼아 제노바로 보냈다.

또 미켈레 스테노가 총독으로 있던 시기에 다음과 같은 소식이 베네치아에 전해졌다. 네콜로 로소가 지휘하는 코퀴선이 플랑드르에서 돌아오다가 카디스 항에 정박한 날 밤, 근처에 있던 제노바의 네프선에게 탈취당하였다. 베네치아 코퀴선에는 금화 4만 두카트 상당의 향신료와 설탕, 1만 두카트 상당의 목화가 실려 있었다. 2월 11일에는 플랑드르에서 돌아오던 제노바의 코퀴선 한 척이 사라지는 사건이 발생하였다.

자료: 카르팡티에 · 르브룅(2006), 251-252쪽.

아는 물론 유럽의 어느 지역보다도 빠른 속도로 선박을 대량 생산할 수 있게 되었고, 결국 경쟁 도시들을 물리치고 최강의 무역 도시라는 지위를 차지하게 되었다.

유럽 남부 상권의 발달은 금융업의 발달을 동반하였다. 이탈리아의 상인 자본가들은 무역에 얻은 이익과 장거리 교역의 경험을 바탕으로 각종 금융 거래와 중개를 담당하였다. 이들은 교황, 군주, 귀족 등에게 거액의 자본을 대부하면서 국제적인 금융가로서 명성을 구가하였다.

둘째로, 플랑드르와 북부 독일의 도시들을 중심으로 한 **북유럽 상권**이 있었다. 이 지역은 배후지에서 집약적인 농업이 이루어지고 다수의 상공업 중심지가 포진한 곳이었다. 북유럽 상권은 상인 조합인 한자(Hansa)가 주도하였는데, 전성기에 독일의 뤼베크, 함부르크, 브레멘, 쾰른 등 200여 개의 도시가 **한자 동맹**(Hansa Bund)에 포함되었고 런던 등에도 상관을 설치하였다. 한자 동맹의 결속력은 자치 확보, 치안 유지, 무역 증진 등에서 큰 힘을 발휘하였다. 북유럽 상권에서는 각 지방에서 특화된 물품들, 예를 들어 플랑드르의 모직물, 보르도의 포도주, 런던의 금속 제품, 함부르크의 맥주, 발트해의 청어와 대구, 포르투갈의 소금, 발트해 연안의 목재와 곡물, 러시아의 모피와 꿀 등이 북해와 발트해를 잇는 해상 교역로를 따라 다른 지역으로 판매되었다.

그림 5-16

한자 상인들 15세기 함부르크 항구의 모습. 상인들의 모습과 더불어 왼쪽에는 세관원으로 보이는 사람도 보인다.

한자 동맹: 13-15세기에 독일 북부 지방의 무역항들과 발트해 연안의 무역 도시들이 결성한 도시 연맹. 공동의 안전 보장과 무역로 확장이 핵심적인 목적이었다.

대시: 중세 유럽 내륙 지방에서 정기적으로 개설된 국제적 시장.

마지막으로, 남유럽 상권과 북유럽 상권을 연결하는 **중부 내륙 상권**이 있었다. 주로 프랑스의 샹파뉴 지방이나 독일의 라이프치히, 프랑크푸르트 등에서 개설되는 **대시**(fair)가 핵심이었다. 대시는 지역의 과세로부터 면제가 되는 특권을 누렸고, 국가를 불문하고 자유로운 거래가 보장되었다는 장점을 보유하고 있었다. 대시에서는 이탈리아 도시들을 통해 알프스산맥을 넘어 남쪽에서 유입된 상품과 한자 상인들이 북쪽에서 가져온 상품이 많이 거래되었고, 이베리아반도나 비잔틴 제국 등에서 온 상인들도 여기에 가세하였다. 대시가 열린 여러 지역 가운데 특히 **샹파뉴 지방**은 접근성이 뛰어난 여러 통상로가 잘 연결되어 있고, 지방 영주가 외부 상인들의 고유한 상관습을 존중하고 원활한 상업 활동을 위해 각종 편의를 제공하는 장점이 있어서 국제적으로 명성이 높았다. 대시는 보통 연 1회, 지정된 3-6주 동안 개설되었다. 그러나 샹파뉴 지역처럼 인기가 좋은 곳에서는 인근의 네 도시에서 6주씩 대시가 열렸으므로, 실제로는 훨씬 긴 기간 동안 시장이 운영되었다. 유럽 각지에서 온 모직물, 견직물, 마직물, 가죽 제품, 공예품, 포도주, 노예, 가축, 향료, 명반, 보석, 소금 등이 이곳에서 거래되었다. 이런 국제적 특성에 주목하여 브로델은 샹파뉴의 정기시를 일컬어 '최초의 세계 경제'의 중심지라고 불렀다.

대시 신용장: 대시의 금융 기관이 거래처의 요청으로 신용을 보증하기 위해 발행한 증서.

대시가 열리는 도시는 금융 중심지의 역할도 수행하였다. 대시의 금융업자들은 상이한 지역에서 온 상인들에게 일종의 환어음인 대시 신용장(大市信用狀, letter of fair)을 발급함으로써, 거액의 화폐를 직접 가지고 다니지 않고도 신용을 바탕으로 안정적으로 금융 거래를 할 수 있도록 하였다. 또한 대시는 상업 재판소를 운영하여 교역과 관련된 분쟁을 합리적으로 해결할 수 있는 제도적 기반을 마련해 주었다. 대시를 유치하기 위한 도시들 사이의 경쟁이 치열해지면서, 장거리 상인들에게 제공되는 편의도 다양해져 갔다.

한때 번영을 구가하였던 이 '유럽의 어음 교환소'는 약 2세기 동안 전성기를 맞은 후 13세기부터 점차 쇠퇴하게 되었다. 이탈리아 도시들의 조선술과 항해술이 발전하면서, 힘든 육로 교역을 대신해서 지중해를 통과해 이베리아반도를 돌아 북해와 발트해 지역으로 상인들이 직접 상품을 운송하는 방식이 자리를 잡았기 때문이다. 이런 변화 속에서 플랑드르의 브뤼주(Bruges)는 새로운 교역 중심지로 부상하였다. 샹파뉴 지역을 병합한 프랑스의 군주가 과세를 하는 정책을 편점도 유럽 내륙 상권이 쇠퇴를 하게 된 요인으로 작용하였다. 이 지역을 대신해서 프랑크푸르트 대시가 국제 무역, 특히 동유럽과 서유럽을 잇는 동서 교역의 중심지로서 새로 각광을 받았다. 서유럽에서는 브뤼주가 무역 및 금융의 중심지

그림 5-17

대시의 개장 통과세와 조세 수입을 기대한 영주들은 대시를 자신의 지역에 유치하기 위해 경제적·법률적·종교적 편의를 제공하는 경우가 많았다. 그림은 프랑스 랑디(Lendit)에서 대시 개장일에 주교가 축성(祝聖)을 하는 모습이다.

로서 번영을 누리다가, 시간이 흐르자 점차 **안트베르펜(Antwerpen)**이 이탈리아 운송업자에게 더 큰 인기를 끄는 무역 및 금융 중심지가 되었다. 이 과정에서 이탈리아 주요 도시에 본부를 두고 유럽 여러 지역에 지점을 두는 대규모 무역 및 금융 회사가 성장하였다.

공업의 발달

중세 초기에 공업은 농업에 부수하는 역할에 불과하여, 농기구와 옷감 등 생산과 생활에 필요한 물품을 지역적으로 제조하는 데 머물렀다. 그러나 인구가 증가하면서 분업이 확대되어 전업적인 수공업자가 늘어 갔고, 도시가 발달하면서 도시 수공업자가 본격적으로 성장하였다. 도시 수공업자들은 해당 도시와 주변 농촌 지역이 필요로 하는 물품을 제조하여 지역 시장을 통해 판매하였다.

이런 소매 수공업과 더불어 장거리 무역의 대상이 되는 도매 수공업도 발달해 갔다. **플랑드르와 영국의 모직물, 프랑스의 아마직물, 벨기에의 금속** 등이 이런 도매 수공업의 대표적인 사례였다. 동양에서 유입된 기술에 기초한 견 공업은 12세기 이후에 유럽 여러 지역으로 전파되었는데, 특히 루카, 나폴리, 피렌체 등이 생산지로서 이름을 날렸다. 베네치아에서는 유리 공업이 발달하였고, 뉘른베르크와 리에주에서는 무기 제조업이 번성하였다.

안트베르펜의 번영 새로운 국제적 무역항으로 부상한 안트베르펜의 번화한 풍경.

광업은 12세기에 유럽 곳곳에서 금, 은, 동, 납, 철 등이 채굴되면서 성장하였고, 적어도 14세기까지 번영을 구가하였다. 야금업도 용광로의 개량과 수차(水車)를 동력으로 사용하는 방법의 도입을 통해 생산성을 높였다. 놋쇠와 같은 합금의 생산과 판매도 증가하였다. 특히, 철제품이 많이 생산된 데에는 알프스 북쪽 지역에서 목탄을 사용하게 된 점과 더불어 풀무와 기계식 해머가 도입된 점이 중요하게 작용하였다. 11세기에 사용이 확산된 수차, 그리고 12세기에 등장한 풍차(風車)는 새로운 동력원으로서도 의미가 컸지만, 동시에 정밀한 **기어의 제작**을 유도하였다는 점에서도 중요하였다. 이 기술의 발달은 다시 성능이 향상된 제분소를 낳았을 뿐만 아니라, 13-14세기에 유럽 도시를 장식하게 되는 기계식 시계를 탄생시켰다. 시계의 개발과 전파는 중세 유럽인들의 생활 방식에 심대한 영향을 끼쳤다.

또한 성벽, 주택, 교회 등의 건축 수요가 이 부문의 기술 진보를 자극하

그림 5-19

대성당의 건축 중세 건축물 가운데 가장 크고 중요한 것은 고딕 양식의 대규모 교회였다. 그림은 브뤼주의 교회 건축 광경.

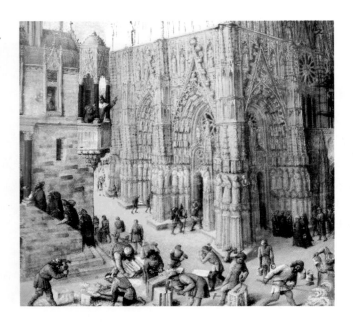

였다. 건축의 개별 분야를 이루는 석공, 목공, 조각공 등의 수가 늘어 갔으며, 다양한 기술의 개발이 이루어졌다. 특히, 12세기 말에 고딕 양식의 건축이 인기를 끌면서, 아치 구조를 활용하는 방법이 정확하고 정교해졌다.

제4절 흑사병의 충격

발병 이전의 사회

흑사병: 중세에 수많은 희생자를 낸 대역병. 대표적인 증상이 피부가 괴사되어 검게 변하는 것이라고 해서 이렇게 명명되었다.

금납화: 세금이나 지대 등을 화폐로 납부하게 되는 것. 이는 화폐 경제가 발달하였다는 증거이다.

중세 사회가 안정화되어 가면서 농업 생산성의 증대와 경작지의 확대를 통해 식량 생산이 증가하였고, 새로운 도시의 형성과 국지적 및 장거리 교역의 발달을 통해 상공업도 발달을 거듭하였다. 이런 변화에 힘입어 1000년경 3,000만 명에 불과하였던 유럽의 인구는 1200년에 4,900만 명에 도달하였고, **흑사병(黑死病, Black Death)**이 창궐하기 직전인 1340년에는 7,400만 명에 이르렀다.

이러한 장기적 성장세에 발맞추어 유럽의 봉건제와 장원제도 점진적인 변화를 경험하고 있었다. 시장과 화폐 경제가 발달하면서 노동 지대가 현물 지대로 바뀌었고, 나아가 많은 지역에서 금납화(金納化, commutation)가 진전되었다. 이런 추세는 특히 서유럽에서 괄목할 만하게 전개되었는데, 그 결과 농민은 예속적 성격을 점차 탈피하여 자유민에 가까운 지위를 획득해 갔다. 영주는 과거에 행사하였던 영주권을 점차 상실하고 다만 자신의 직영지를

임대하고 거기에서 지대를 수취하는 지주로 성격을 변화시켜
가고 있었다.

다른 한편 흑사병이 발병하기 이전의 3-4세기는 **인구의 압력**이 거세지는 시기이기도 하였다. 특히, 13세기 말부터 인구 증가의 동력이 약화되고 있었다는 증거가 많이 존재한다. 양질의 토지는 더 이상 획득하기 어려워졌고, 정착지의 확대도 찾아보기 힘들어졌다. 스페인과 이탈리아에서는 그간의 벌채로 인해 지력이 약화되는 양상이 나타났다. 경지 부족은 목초지나 황무지였던 곳을 새로 경지로 전환시키는 결과를 낳았는데, 이에 따른 가축의 감소는 퇴비 감소로 이어져 곡물의 수확량이 줄었을 뿐만 아니라, 사람들의 단백질 섭취 기회도 줄어들었다. 기후 조건이 악화되어 흉작과 기근이 빈번하게 발생하였다는 증거도 존재한다. 특히, 1315-1317년에 일어난 대기근은 북서유럽에서 많은 수의 사망자를 발생시켰다. 인구 압력과 자연적 악조건은 농민들의 생활 수준을 압박하였으므로, 이에 따라 영주와 갈등을 빚는 상황이 전개되기도 하였다. 흑사병이라는 전대미문의 강도를 지닌 감염병이 유럽을 강타한 시점은 이렇게 3-4세기에 걸쳐 진행되던 인구 성장세가 자원의 한계를 초래하던 때였다.

흑사병이 창궐하기 10년 전에 시작된 영국과 프랑스 간의 **100년 전쟁**(百年戰爭, Hundred Years' War)은 유럽 사회에 타격을 준 또 하나의 사건이었다. 이 전쟁은 모직물 생산지인 플랑드르와 포도주 생산지인 기엔 등 경제적 가치가 큰 지역에 대한 지배권을 놓고 양국이 벌인 군사적 경쟁이었다. 전쟁 과정에서 대규모의 약탈과 파괴가 자행되면서 인명과 재산의 손실이 대규모로 발생하였다. 주된 전장이었던 프랑스 서부에서 토지의 황폐화와 인적 손실이 매우 컸고, 특히 전쟁의 충격을 상대적으로 크게 받은 귀족층의 세력이 약화되는 상황이 전개되었다.

그림 5-20

100년 전쟁의 신무기 중국에서 발명된 화약과 화포는 유럽으로 전해져 14세기 공성전에 사용되었다. 그러나 아직 신무기의 위력은 제한적이었다.

100년 전쟁(1338-1453): 중세 후반기에 전쟁과 휴전을 반복하면서 116년 동안 지속된 영국과 프랑스 간의 전쟁.

흑사병의 창궐

1347년 지중해 연안에 상륙한 흑사병은 빠른 속도로 유럽 전역으로 전파되어 수년 만에 서유럽의 거의 대부분 지역과 동유럽을 휩쓸었다. 흑사병의

그림 5-21

흑사병의 증상 흑사병에 걸린 수도사들을 묘사한 당시의 그림으로부터 흑사병의 전형적인 증상인 검붉은 반점을 볼 수 있다.

범유행성: 감염의 범위가 세계적이라고 인정되는 종류의 질병. 중세의 흑사병과 1918년의 스페인독감이 대표적이다.

직격탄을 피해 간 운 좋은 소수의 지역을 제외하고는 이 대재앙으로부터 안전한 곳이 없었다. 훗날 예르시니아 페스티스(yersinia pestis)라고 명명된 원인균은 쥐들이 옮기는 벼룩을 통해 전파되었다. 이 '선(線)페스트'에 감염된 쥐벼룩이 쥐나 사람을 물어 감염을 확산시키는데, 질병이 지리적으로 전파되는 속도가 매우 빨랐다는 점 때문에 어떤 학자들은 사람의 호흡을 통해 직접 감염이 되는 '폐(肺)페스트'를 병원체로 의심하기도 한다.

이 시기에 유럽에 나타난 흑사병이 전적으로 새로운 현상은 아니었다. 비잔틴 제국의 유스티니아누스 황제 시절인 6세기 중엽에 지중해 동부 지역에서 흑사병이 확산되었고, 7세기 말까지 반복적으로 발병한 기록이 존재한다. 그러나 이후 약 700년 동안에는 발병이 실질적으로 보고되지 않았다. 한편, 흑사병이 유럽을 14세기 중반에 단 한번만 강타한 것도 아니었다. 흑사병은 이후에도 10년 내지 15년을 주기로 유럽 곳곳에서 발생하였다. 그러나 최초의 발병기인 1340년대에 비해 이 감염병의 위력은 점차 줄었고, 지역적으로 동시에 발생하지 않는 사례도 많아졌으며, 마침내 18세기 초가 되면 '범유행성'(汎流行性, pandemic) 질병이라는 지위를 상실하게 되었다.

흑사병의 **전파 경로**를 보자. 흑사병의 최초 출발지는 흑해의 무역항 카파였다고 전해진다. 1347년 동쪽으로부터 진격해 온 몽골 군대와 카파를 수비하고 있는 제노바의 군대가 맞붙는 시점에, 몽골 진영에서 발생한 흑사병 감염자의 시신으로부터 제노바 진영으로 전염이 이루어졌다. 곧이어 제노바인들이 이탈리아 및 지중해 연안에 상륙하면서 흑사병의 본격적인 전파가 시작되었다. 이 역병은 맹렬한 속도로 확산되어 불과 4-5년 만에 유럽 대륙을 관통하고 러시아까지 도달하였다(그림 5-22 참조).

흑사병으로 인해 **인구가 격감**하였다. 유럽 전체로 보아 인구의 약 1/3이 사망한 것으로 추정된다. 이 엄청난 인구 감소는 단기간에 회복되기 불가능한 수준이었다. 실제로 유럽 인구가 흑사병 이전의 수준을 회복하게 된 것은 16세기에 이르러서였다.

흑사병의 영향은 인구의 감소에만 국한된 것이 아니었다. 사회 구성원들의 분업과 협업에 의해 유지되던 여러 사회 조직이 더 이상 작동하지 않게 되었고, 죽음의 불확실성이 사회 전체를 휘감은 상태에서 기존의 가치 체계도 대혼란을 겪지 않을 수 없었다. 특히, 흑사병에 대한 이해와 대응을 둘러

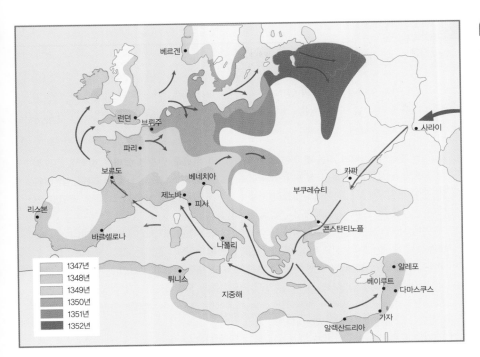

그림 5-22

흑사병의 전파 경로

베르겐

사라이

런던 브뤼주

파리

카파

보르도

베네치아

제노바

부쿠레슈티

리스본

피사

바르셀로나

나폴리

콘스탄티노플

튀니스

지중해

알레포

베이루트

다마스쿠스

가자

알렉산드리아

1347년
1348년
1349년
1350년
1351년
1352년

싸고 교회의 권위가 추락하면서, 새로운 성향의 이단적 종파들이 등장하기도 하였다. 대표적인 것이 채찍파(flagellant)로서, 이들은 길게 열을 지어 각 지역을 순례하면서 채찍질을 통해 고행을 수행하였다. 이들의 행렬은 애초 의도와는 달리 감염을 확산시키는 역할을 하였다. 유대인, 이방인 등 소수자 집단이 공격의 대상이 되기도 하고, 마녀 사냥의 광풍이 몰아치기도 하는 등 사회가 분열되었다.

채찍파: 13세기에 처음으로 기록된 광신적 종파로, 흑사병 시기에 유럽의 북부 및 중부를 중심으로 폭발적으로 확산되었다. 예수의 일생을 일자로 계산해 33.5일간 채찍질 속에서 고행과 참회를 수행하였다. 교황청은 채찍파의 확산에 깊은 우려를 갖고 있었으며, 마침내 1372년 이 종파를 이단으로 규정하였다.

그림 5-23

채찍파의 고행 1349년 네덜란드의 한 지역에서 줄을 지어 행진하는 채찍파 고행단의 모습. 막대기 끝에 뾰족한 금속을 연결한 채찍을 들고 있다.

흑사병이 초래한 변화

유럽인들에게 엄청난 인적 · 물적 손실과 심리적 고통을 안겨 준 흑사병이 수그러들자, 이전과는 다른 사회적 · 경제적 상황이 전개되었다. 노동력이 희소해지면서 임금이 등귀하는 한편, 식료품 가격은 하락하였다. 이에 따라 농민의 실질 임금이 크게 상승하고 생활 수

문헌 자료 5-3

보카치오의 『데카메론』(Decameron)

'열흘 간의 이야기'라는 뜻의 이 책은 흑사병을 피해서 피렌체 교외의 한 별장에 모인 열 명이 하루에 각자 한 이야기씩을 들려 주는 형식을 취하고 있다. 흑사병에 관한 아래와 같은 묘사로 책이 시작된다.

이 유행병은 천체의 작용에 의한 것인지, 아니면 우리들 인간을 올바른 것으로 만드시기 위해서 하느님이 가하신 정의의 노여움에 의한 것인지 알 도리가 없습니다만, 몇 해인가 전에 동양 쪽에서 유행병이 발생하여 무수한 사람의 목숨을 빼앗고 그칠 줄 모르고 잇달아 번져서 무섭게도 서양에까지 만연해 온 것입니다.

이에 대해서는 어떤 인간의 지혜도, 예방의 대책도 소용이 없었습니다만, 아무튼 그 때문에 임명된 관원들이 시내에서 산더미 같은 오물을 치우고, 환자는 일체 시내에 있지 못하게 금하였으며, 병을 막기 위한 별의별 주의가 다 내려졌습니다. 그리고 또 신앙심 깊은 사람들이 자주 행렬을 짓는다든가, 갖가지 기도문들을 되풀이한다든가 하였습니다만 아무런 소용도 없었으며, 앞에서 말씀드린 해의 초봄에는 흑사병이 무서운 감염력을 발휘하여 처참한 양상을 띠기 시작하였습니다.

그런데 동양에서는 코피가 나기 시작한 자는 죽음을 면치 못하는 현상이 일어났습니다만, 그것과 달리 여기서는 병에 걸린 시초에는 남자나 여자나 똑같이 살이라든가 겨드랑이 밑에 세칭 가래톳이라고 부르는 보통 사과나 달걀만한 멍울이 생겼습니다. 그리고는 몸의 그 두 부위에서 순식간에 치명적인 이른바 그 가래톳이 온몸에 번지기 시작하는 것이었습니다. 그리고 금방 팔이나 허벅지에 납빛 또는 검은 반점이 나타나고, 이어 몸의 다른 부분에도 무수히 나타나는데, 큰 반점은 그 숫자가 적게, 작은 반점은 그 숫자가 많게 나타나는 양상을 보였습니다. 그리고 가래톳이 옛날이나 지금이나 다가오는 죽음의 틀림없는 전조이듯이, 이 반점은 누구에게 나타나건 죽음의 조짐을 나타냅니다.

이 감염병에는 어느 의사의 진단도 어떤 약도 소용이 없었고 효력이 없었습니다. 아니 그것보다 병의 성질이 약을 받아들이지 않는 것인지, 의사의 무지 탓인지(실제로 의사의 자격이 있는 자는 남녀 간에 그 수는 매우 많았습니다만, 워낙 의학에 대해서는 도무지 무지하였으므로), 어떻게 병이 진척되는지 전혀 짐작을 못하였기 때문에 적당한 치료를 할 수가 없었습니다. 그 결과 낫는 자는 극히 드물고, 아니 오히려 거의 전부가 앞에서 말씀드린 반점이 나타나고부터 다소 늦고 빠른 차이는 있더라도 사흘 이내에 열도 없고 다른 발작도 없이 죽어 간 것입니다.

이렇게 흑사병은 무서운 기세로 퍼져 나갔습니다. 환자를 잠시 찾아보기만 해도 마치 불을 옆에 갖다 댄 바짝 마른 것이나 기름 묻은 것에 확 옮겨 붙듯 건강한 자에게도 옮겨 갔습니다. 아니, 더 지독한 일이 일어났습니다. 그것은 환자와 말을 주고받거나 환자와 사귀는 것만으로도 전염되거나 죽음의 원인이 되었을 뿐 아니라, 심할 때는 환자가 우리를 만지거나 혹은 우리 쪽에서 환자가 입은 옷, 혹은 그 밖의 물건을 만지기만 해도 이 병에 감염될 정도였으니까요.

자료: 보카치오(1996), 11-12쪽.

그림 5-24 **흑사병 이후 영국 노동자의 실질 임금**

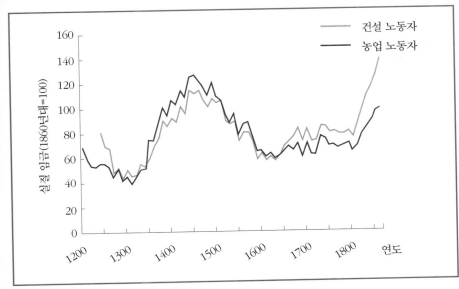

자료: Clark(2007), 109쪽.

준이 향상되었다. 많은 토지가 충분한 수의 경작자를 찾지 못하는 상황이 되어 버려지다시피 되었고, 영주의 통제력이 약화되면서 농민들의 지리적 이동성도 커졌다.

　　그림 5-24는 1200-1860년 사이에 영국의 노동자들의 실질 임금이 어떻게 변화하였는가를 보여 준다. 농촌과 도시의 대표적 노동자인 농업 노동자와 건설 노동자의 실질 임금은 전체적으로 같은 방향으로 움직였다. 13세기에 인구 증가를 배경으로 하락하던 노동자의 실질 임금은 흑사병의 창궐을 계기로 급격한 상승세로 전환되었다. 실질 임금의 상승 추세는 15세기 중반에 최고조에 이르렀고, 이후 하락으로 반전하여 1600년경에는 13세기 초반의 수준으로 돌아왔다. 14세기 후반-15세기 후반에 실질 임금이 도달한 수준은 19세기 이전에 다시는 경험하지 못하는 수준이었다.

　　한편, 흑사병의 발생으로 인구가 감소하면서 많은 경지가 버려지거나 황폐화되었다. 이에 따라 경지를 임대함으로써 얻게 되는 **지대가 하락**하였다. 그림 5-25가 보여 주는 것처럼, 흑사병을 계기로 노동과 토지의 상대 가격이 혁명적으로 변화하였다. 임금 대 지대의 비율이 흑사병 시기를 지나면서 단숨에 두 배로 치솟았고, 이 비율은 장기간 역전되지 않는 추세로 굳어졌다.

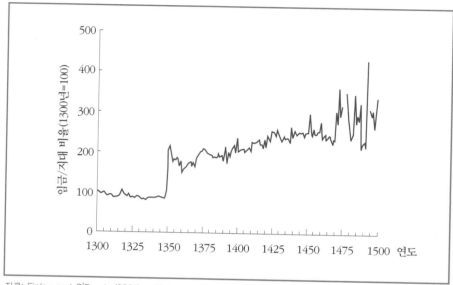

그림 5-25 영국의 임금/지대 비율

자료: Finlay and O'Rourke(2007), 그림 3.3.

그림 5-26

와트 타일러 봉기의 최후 영국에서 일어난 농민 봉기는 초기에 위세를 떨쳤지만 정부군과 협상 도중에 지도자 와트 타일러가 살해되면서 세력이 와해되었다.

노동자 조례: 영국 최초의 노동 규제 법령으로, 노동력의 확보와 임금의 통제가 주된 내용이었다.

이렇게 도래한 '농업 노동자의 황금기'는 곧 영주의 위기를 의미하는 것이었다. 영주 계층은 노동력 확보의 어려움에 직면하여 강압적인 정책을 취하였다. 가장 대표적인 정책으로 영국에서 1351년 제정된 노동자 조례(Statute of Labourers)를 들 수 있다. 이 법률은 농민의 임금을 흑사병 이전 수준으로 고정하고, 농민이 장원에서 이탈하는 것을 엄격히 금지하며, 영주가 부역을 강제할 수 있도록 규정하였다. 다른 나라에서도 임금을 억제하고 영주제적 통제 권한을 강화하려는 시도가 줄을 이었다. 농민과 영주 사이에 긴장과 대립이 고조되는 상황은 피하기 힘든 시대의 대세였다. 프랑스

1351년 영국의 노동자 조례(Statute of Labourers)

페스트가 기승을 부리면서 특히 근로자와 하인 등 인구의 상당수가 죽어 없어지자 주인의 고난과 하인의 부족 현상을 기회 삼아 과도한 임금을 요구하며 의무를 다하길 거부하는 자들이 생겨났다. 특히, 쟁기꾼과 같은 노동력의 부족에서 초래되는 심각한 불편을 우려하는바 잉글랜드 왕국의 모든 남녀에게 명하노니 자신의 봉사가 필요하다고 여기는 주인의 명령에 따라야 할 것이며, 자신이 봉사하는 현장에서 지급하는 제복과 보상, 임금만 받을 지어다. 국왕 폐하 통치 20년(1347년—역자 주) 혹은 이후 5년에서 6년은 평균적으로 받던 수준으로 임금을 제한하는 바다.

…

수확하는 자나, 풀 베는 자, 어떤 지위와 조건의 노동자와 하인이라 하더라도 해당 신역이 주인에 예속되어 있음에도 불구하고 계약 기간이 만료되기 전 주인의 허락이나 합당한 사유 없이 상기 신역을 파기하는 자는 징역형에 처한다. 그 누구도 상기한 관습적 수준 이상의 임금, 제복, 보상을 요구하거나 허용하지 못한다.

자료: 애쓰모글루·로빈슨(2012), 152-153.

에서는 자크리(Jacquerie)의 봉기(1358)라는 형태로 표출되어 농민 세력이 영주와 정부에 대항해 전투를 벌였다. 영국에서는 얼마 후 와트 타일러(Wat Tylar)의 봉기(1381)가 발발하였으며, 독일, 이탈리아, 스페인, 포르투갈 등지에서도 반란이 발생하였다.

14세기 후반의 봉기와 반란은 대부분 초기에 일시적인 성공을 거두었지만, 시간이 경과하면서 영주와 정부에 의해 진압되었다. 영주의 지배 체제는 일시적으로 강화되는 것처럼 보였다. 그러나 지배 계급의 강압적인 정책에도 불구하고 결국 농민들은 장원의 굴레에서 탈피하여 **자유민의 지위**를 얻고 보유지에 대한 자유 처분권을 획득하게 되었다. 희소한 노동력을 확보하는 것이 절실한 영주들 간에 공식적 및 비공식적으로 맺어진 노동 억압적 담합 체제가 장기적으로 지속되기는 어려웠던 것이다.

서유럽에서 흑사병 이후 농민에 대한 영주의 통제력이 약화되어 간 것과는 달리, **동유럽에서는 영주가 영향력을 강력하게 행사**하였다. 엘베강 동쪽 지역은 과거에 대규모 간척 사업을 통해 대영지가 조성된 곳이었다. 이곳에서는 간척에 필요한 노동력을 유치하기 위해 서유럽에서보다 나은 사회적·경제적 지위를 농민들에게 보장해 주었다. 그런데 흑사병 이후 경제가 위축되고 노동력이 부족하게 되자, 영주는 자유 농민의 지위를 낮추고 예속

자크리의 봉기: 프랑스 북부 지방을 휩쓸었던 대규모 농민 봉기.

와트 타일러의 봉기: 영국 남동부에서 발생한 농민 봉기로서, 한때 잉글랜드의 절반이 봉기의 영향하에 놓이기도 하였다.

화하는 정책을 강력하게 추진하였다. 15세기 전반 대규모의 농민 전쟁이 영주 세력의 승리로 종결된 후 진행된 이런 예속화 과정의 결과로, 농민들은 이동의 자유를 제한받고 경제적 지위도 하락하게 되었다. 동유럽의 이른바 '봉건 반동'(封建反動)으로 인해 봉건제적인 사회 조직과 장원제에 기초한 경제 구조는 이 지역에서 오래 존속되는 결과를 낳았다. 시장 경제가 발달하고 화폐 경제가 자리를 잡은 서유럽에서는 경제적 및 인구학적 환경 변화에 농민이 적극적으로 대응할 수 있었던 반면에, 지역 경제의 발달이 지연된 가운데 장거리 시장이 발달하고 이를 대영주가 주도하던 동유럽에서는 영주가 상황에 적극적이고 효과적으로 대응할 수 있었던 것이다.

흑사병의 광풍이 지나고 난 후 서유럽을 중심으로 발생한 소득 증가는 제조업 제품과 수입품에 대한 수요의 증가로 이어졌다. 이에 따라 많은 도시가 새로이 발전의 전기를 마련하였고, 장거리 교역과 금융도 마찬가지로 새로운 성장의 기회를 맞이하였다.

봉건 반동: 흑사병 이후 엘베강 동쪽 지역에서 영주가 농노에 대해 지배력을 강화한 것.

그림 5-27

금융가 푸거의 사무실 장부를 기록 중인 직원 앞에 서 있는 푸거(Jakob Fugger)의 모습. 뒤편의 서랍장에는 거래하는 지역 ─로마, 베네치아, 리스본 등─ 의 자료가 들어 있다.

메디치가: 이탈리아 피렌체에 거점을 둔 유력한 시민 가문으로, 15-16세기에 금융과 무역에서 발군의 실력을 과시하였으며, 수많은 예술가와 학자를 후원하여 르네상스 문화를 꽃피웠다.

푸거가: 독일의 아우구스부르크에 근거를 둔 대상인 가문. 15세기 후반부터 세력을 유럽 전역으로 확장하여 무역과 금융을 주도하였다. 마인츠의 대주교가 푸거가에서 빌린 돈을 갚기 위해 면죄부를 판매함으로써 종교 개혁을 촉발한 사건은 유명하다.

국제적 금융가의 등장

경제가 활력을 되찾아 가는 상황이 되면서 기존의 한자 동맹 도시들이 다시 북유럽의 교역로를 활성화시켰고, 특히 **메디치**(Medici)가(家)와 **푸거**(Fugger)가(家)는 순차적으로 유럽의 넓은 지역을 대상으로 무역과 금융을 주도하는 강자로 등장하였다. 그림 5-28에 이들의 주된 활동 범위가 표시되어 있다.

이탈리아의 피렌체에서 1400년경부터 상업과 은행업에서 두각을 나타내며 등장한 메디치가는 점차 유럽 전역으로 사업 영역을 확장해 갔다. 교황청과 거

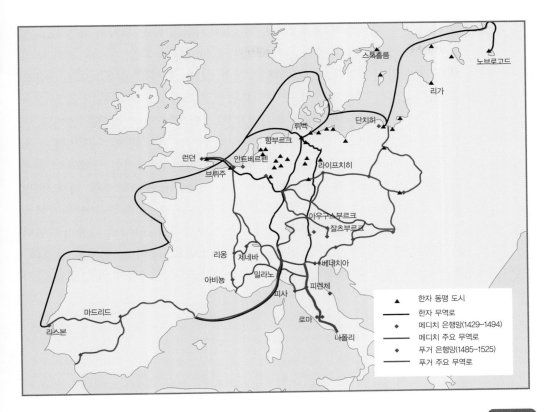

그림 5-28

흑사병 이후의 유럽 경제
자료: O'Brien(2010), 107쪽.

래를 하고 유럽 곳곳에 10여 개의 지점을 두는 등 경제적 영향력을 확대해 갔을 뿐만 아니라, 피렌체의 유력 정치가와 교황을 다수 배출하는 등 정치적으로도 큰 힘을 과시하였다. 15세기 후반에 메디치가는 전성기를 구가하였다.

뒤를 이어 독일 남부의 아우구스부르크에 거점을 둔 푸거가가 국제적 상인이자 금융가로 명성을 날렸다. 처음에 모직물 무역으로 재산을 축적한 푸거가는 점차 사업 영역을 동양 제품 수입, 은과 구리의 채굴, 그리고 교황, 황제와 제후들을 대상으로 한 대부 등으로 넓혀 갔다. 15세기 후반에서 16세기 전반에 이르는 시기에 푸거가는 유럽 전역에 지점을 둔 대(大)금융가의 면모를 과시하였다. 푸거가는 지점들을 활용해 유럽 각국의 정치와 경제에 관해 방대한 정보를 수집하였다. 16세기 후반 쇠퇴의 길에 접어들 때까지 푸거가는 유럽 내의 무역, 금융, 정보의 흐름을 주도하는 강력한 세계화 세력이었다.

도시 경제가 다시 번영을 구가하고 국제적 금융가가 명성을 떨치게 된 데에는 흑사병 이후에 경제가 회복된 점만이 아니라 유럽에서 전쟁의 양상이 변한 점도 중요하게 작용을 하였다. 14세기부터 화약 무기가 등장하고 성능이 점차 개선되면서 종래 군사력의 중핵이었던 중무장 기사의 전략적 가치가 크게 약화되었다. 이제 군대는 기병, 보병, 포병이 체계적으로 조율을 해야만 하였고, 그에 맞추어 군사를 모집하고 무장하고 훈련하는 일 및 후방으로부터 전방까지 보급품을 효과적으로 전달하는 일이 전쟁을 승리로 이끄는 데에 중요한 요소가 되었다. 한편, 신무기의 개발에 막대한 비용이 소요되었고, 이를 위해 광업, 조선업, 대포 제조업이 점차 개인 기업가의 손에 맡겨졌다. 방어력을 제고하기 위해 새로운 축성술도 필요하였다. 이 모든 변화가 통치자들에게 재정적 압박을 가져왔다. 정부들은 기업가에게 거액을 지불하거나, 광산 채굴권과 같은 이권을 제공하거나, 아니면 금융가로부터 차입을 하여 필요한 자금을 마련하는 수밖에 없었다. 이런 '**전쟁의 상업화**' 또는 '**군사 혁명**'(軍事革命, Military Revolution)이 국제적 금융업의 성장을 야기한 배경을 이루었다.

군사 혁명: 근대 초기 유럽에서 발생한 군사 기술과 전략의 획기적 변혁. 정부는 군사 훈련, 화기 보급, 군사 재정 등에서 전면적인 정책 변화를 맞이하였다.

질병의 세계화

흑사병이 몽골 군대로부터 시작되었다는 사실은 흑사병의 애초 기원지에 대한 의문을 낳는다. 그간의 연구에 따르면 흑사병은 중앙아시아 지역에 오랜 기간 존재해 온 국지적 풍토병이었는데, 유라시아를 잇는 오아시스 길을 이용하는 대상의 수가 많아지고 이동의 빈도가 높아지면서 넓은 지역으로 전파된 것이라고 한다. 즉, 무역의 확대 속에 사람의 이동이 증가하고 쥐의 서식처가 확대되면서 흑사병이 퍼질 수 있는 생태적 환경이 마련된 것이다. 질병의 세계화는 **무역의 세계화가 낳은 예기치 않은 부산물**이었다.

그렇다면 흑사병은 유럽에서만 창궐한 것일까? 통상로의 활성화가 토착 질병의 장거리 전파를 초래하였다면, 이 역병이 서쪽으로만 영향을 미치지는 않았을 것이다. 실제로 최근의 연구들은 14세기 전반기에 **아시아의 여러 곳에서** 흑사병이 크게 유행하였다는 사실을 보여 주고 있다. 중국에서는 1330년대 초에 허베이(河北) 지방을 포함한 여러 곳에서 대규모로 흑사병이 돌아 엄청난 수의 희생자를 냈고, 다시 1353-1354년에 흑사병이 창궐해 2,000만 명 이상의 사망자가 발생하였다. 1349년에는 메카와 모술을 포함한 중동 여러 지역에서 흑사병이 창궐하였다. 인도에서도 1340년대에 흑사병

표 5-1 중세 대륙별 인구, 600-1600년

(단위: 100만 명)

연도	아시아	유럽	소련	아프리카	아메리카	오세아니아	세계
600	134	22	11	24	16	1	208
1000	152	30	13	39	18	1	253
1200	258	49	17	49	26	2	400
1340	238	74	16	82	32	2	442
1400	201	52	13	68	39	2	375
1500	245	67	17	89	42	3	461
1600	338	89	22	113	13	3	578

자료: 리비-바치(2007), 41쪽에서 작성.

이 발생하였다. 1409년에는 아프리카 대륙의 동안에서도 흑사병이 발생한 것으로 보고가 되었다.

표 5-1은 600년에서 1600년에 이르는 시기에 대륙별 인구 규모의 추계치를 담고 있다. 아시아의 경우 1200-1340년 사이에 인구가 감소하였는데, 몽골의 정복 전쟁과 1330년대 흑사병이 주된 원인이었던 것으로 보인다. 인구의 감소 추세는 1400년까지 계속되었는데, 여기에도 흑사병의 영향이 컸을 것이다. 1340-1400년 기간에 인구가 감소하는 양상은 아시아뿐만 아니라 유럽, 소련, 아프리카에서도 공통적으로 발견된다. 이는 인구 감소를 경험하지 않은 아메리카와 오세아니아의 사례와 대조를 이룬다. 14세기 흑사병은 실로 아시아-유럽-아프리카 전역을 휩쓴 범유행성 질병이었던 것이다.

도시와 길드의 변화

흑사병 이후 변화의 바람이 농촌 지역에서만 몰아친 것은 아니었다. 14세기 중엽 이후 장인들이 지배력을 강화하는 경향이 증가하였다. 이전에는 도제 과정을 마친 직인이 여러 해 동안 장인에게 고용되어 숙련도를 높이고 노동의 대가로 번 소득을 축적한 후 독립적인 작업장을 갖게 되는 것이 장인이 되는 일반적인 경로였는데, 이제 장인의 지위가 자식이나 친인척에게로 세습화되는 경향이 강화되었다. 장인이 연고가 없는 직인의 임금을 낮게 유지함으로써 독립적 장인이 되는 데 필요한 자금의 저축을 어렵게 하는 모습

도 많이 목격되었다.

장인 길드가 이렇게 폐쇄화되는 가운데, 직인들은 자신의 이익을 담보하고자 독립적인 길드를 형성해 갔다. **직인 길드**의 주된 목적은 직인의 노동 여건과 임금에 대해 장인과 교섭할 수 있는 능력을 제고하는 데 있었다. 이런 면에서 직인 길드는 근대적 노동 조합의 선구적 조직이라고 볼 수 있다.

그림 5-29

길드의 분화 다양한 도구를 손에 들고 있는 수공업자들. 흑사병 이후 길드의 장인들이 폐쇄적 태도를 취하자 직인들은 독립된 길드를 구성하였다.

길드의 폐쇄적 구조와 독점적 운영으로 도시 경제가 활력을 상실해 간 것과 대조적으로, 농촌에서는 영주의 통제력이 약화되면서 오히려 **경제 활동이 자유롭게** 이루어질 환경이 조성되었다. 장원제가 약화되는 가운데 자유로운 독립 자영농이 성장해 갔고, 일부 농민은 보조적인 소득원으로 공업 생산 활동에 뛰어들었다. 더욱이 농촌에는 도시에 비해 저렴한 노동력이 풍부하게 존재하였으며, 원료의 조달도 용이하다는 장점이 있었다. 공업이 도시라는 범위를 벗어나 농촌 지역으로 확산될 수 있는 여건이 마련된 것이다. 이에 따라 도시의 직인과 소(小)장인들이 대규모로 도시를 떠나는 '**농촌 대이주**'(rural exodus) 현상이 발생하였다.

농촌 대이주: 중세 후반기에 수공업자들이 도시를 벗어나 농촌으로 이동하여 생산 기반을 확장한 현상.

농촌으로 공업 기반이 이동하는 이런 변화를 주도한 것은 경제 환경의 변화를 재빨리 포착한 일부 상인들과 상인적인 기능을 수행하기 시작한 장인들이었다. 이들은 농촌 지역의 생산자들에게 가내 수공업을 영위할 기반을 마련해 주고 이를 조직화해 **선대제**(先貸制, putting-out system) 지배 체제를 확립하였다. 개별 가계는 상인이 정기적으로 가져다주는 원료 또는 반제품을 받아 정해진 기간 내에 특정된 공정을 수행한 후 상인에게 전달하게 되는

선대제: 상인이 개별 수공업자들에게 원료와 도구를 제공하여 제품을 생산시키는 방식.

데, 상인은 상이한 공정을 담당하는 다수의 가계를 순차적으로 연결하여 원료 공급에서 완제품 취합 및 시장 판매에 이르는 일련의 과정을 종합적으로 통제하였다.

　　가내 수공업 형태의 농촌 공업이 가장 번성하였던 분야는 모직물 공업이었다. 특히, 영국에서는 모직물 공업이 도시의 기반을 벗어나 농촌에 자리를 잡으면서 농촌 경제에 새로운 경제적 활력을 불어넣었다. 영국은 과거 모직물 공업이 발달한 플랑드르 지방에 양모를 수출하는 국가였으나, 농촌에서 모직물 공업이 발달함에 따라 15세기에는 오히려 양모를 수입하고 모직물을 수출하는 국가로 변모하였다.

제 **6** 장

아시아와 아프리카의 경제

제1절 이슬람 무역망

이슬람 경제의 발달

이슬람 세력이 확산되면서 지역에 따라 여러 제국이 부침을 거듭하였다. 특히, 중앙아시아 지역에 기반을 둔 투르크족의 대두가 돋보였다. 아바스 왕조가 쇠약해지면서 이를 대체하여 셀주크 투르크(Seljuk Turk)가 11세기부터 빠르게 세력을 확장하였고, 마침내 페르시아에서 지중해 동안에 이르는 드넓은 지역을 통치하는 대제국을 건설하기에 이르렀다. 한편, 아프리카에서는 북아프리카와 사하라 사막 지역의 베르베르족(Berbers)이 11세기부터 이슬람으로 개종한 후 지중해와 이베리아반도로 진출하였다. 카이로에 수도를 정한 파티마(Fatimid) 왕조가 번영하면서, 이집트와 홍해가 동서 교역의 새로운 통로로 각광을 받았다. 파티마 왕조의 무역망은 지중해로 확대되어 서유럽과 비잔틴 제국의 상인들과 교역이 증가하였다. 13세기에는 몽골 세력이 서진하면서 아바스 왕조가 멸망하는 등 이슬람의 정치 세력들이 큰 타격을 입었다. 그러나 곧 몽골족이 중앙아시아와 서아시아에 걸쳐 세운 한국(汗國, Khanate)들이 이슬람화하면서 이슬람은 새로운 시대를 맞게 되었다. 가장 오랜 기간 가장 광대한 영토를 통치한 이슬람 국가는 오스만 제국(Ottoman Empire)이었다. 13세기 말에 흥기하여 이후 아시아, 유럽, 아프리카의 세 대륙에 걸친 광대한 지역을 장기간 통치한 오스만 제국의 기틀 내에서 투르크의 문화는 페르시아적인 요소와 결합되어 융합적인 이슬람 문화를 이루었다.

1000-1500년의 시기는 전반적으로 이슬람의 약진기였다. 비록 이베리아반도에서는 기독교에 의해 세력이 축소되었지만, 전체적으로는 이슬람의

셀주크 투르크: 11-14세기에 서아시아와 중앙아시아를 지배하였던 이슬람의 수니파 세력.

베르베르족: 아프리카 북부에서 거주한 민족. 특히, 이슬람화된 11세기 이후 세력을 크게 확장하여 북서아프리카의 가나 왕국을 점령하고 이베리아반도의 기독교 세력을 밀어내는 등 군사적 · 종교적 위세를 떨쳤다.

파티마 왕조(909-1171): 아바스 제국으로부터 독립한 군소 국가 가운데 가장 강력하였던 국가로 북아프리카 유목민인 베르베르인의 적극적인 지지를 받았다.

한국: 칸이 다스리는 국가라는 뜻으로 원, 차가타이, 오고타이, 일 한국이 대표적이다.

오스만 제국(1299-1922): 투르크족이 주축이 되어 형성한 이슬람 제국. 16-17세기에 전성기를 누렸으나 그 이후 점차 쇠퇴하였고 최종적으로 제1차 세계 대전에서 패전한 것을 계기로 소멸되었다.

영토가 두 배 가까이 확대되었다. 서아시아는 물론이고 중앙아시아, 아프리카와 동남아시아로도 이슬람의 확산은 거침이 없었다. 종교적 열정과 정치적 열망과 경제적 욕망이 합쳐져 이와 같은 이슬람권의 확장을 낳았다.

　이슬람의 영향권에 들어온 지역에서는 다양한 경제적 발달이 이루어졌다. 다른 여러 종교와 마찬가지로 이슬람교에서도 이자와 대부업에 대해서 부정적인 태도를 취하였다. 중세 유럽의 기독교 사회가 대부 행위를 비생산적 활동이라고 여겨 금기시하였던 것과 유사하게 이슬람 사회도 대부업을 허용하지 않았다. 그러나 상업 전반에 대해서는 이슬람 사회가 더 **호의적인 입장**을 보였다. 이슬람교의 창시자인 마호메트 자신도 상인 출신이었다. 이슬람 통치자들이 유대인이나 기독교인에 대해서 **관용적인 태도**를 취한 것도 상업 발달에 도움을 주었다. 이슬람교도가 아닌 사람이 국가가 정한 인두세(人頭稅)를 납부하는 한 경제 활동에 제한을 받지 않았던 것이다. 대규모 개종이 세수 감소로 이어질 위험도 있었으므로, 무슬림 통치자들은 이교도들에게 적극적으로 개종을 독려하지 않았다. 토지세의 경우에는 무슬림을 포함한 모든 토지 소유자에게 차별 없이 부과되었다. 이런 환경에서 무슬림, 유대인, 기독교인 등이 종교를 불문하고 관용적이고 평화적인 협력 관계를 유지하는 현상이 곳곳에서 발생하였다. 대표적으로 재정복 이전 이베리아반도에서는 세 종교 간의 공생(Convivencia)이 문화적 교류를 낳았는데, 특히 그리스 학문이 무슬림에 의해 아랍어로 번역되었다가 기독교인과 유대인에 의해 라틴어와 히브리어로 번역되어 부흥을 맞이할 수 있었다.

공생: 이슬람이 이베리아반도를 차지한 711년에서 기독교 재정복 운동이 완료되는 1492년 사이에 세 종교가 상대적으로 관용적인 관계를 유지한 상황을 뜻한다.

아랍 대상들의 숙소 카라반세라이라고 불린 숙소는 오아시스를 중심으로 위치하고 있었다. 정부는 종교적 기부자에게 이런 숙소에 기부하도록 하고 조세를 감면해 주는 조치를 취함으로써 무역 활동을 보조하였다.

　일찍이 사산 왕조 페르시아에서는 은행, 수표, 환어음 등 여러 금융 기관과 금융 제도가 발달하였다. 이런 금융 발전은 이슬람의 경제, 특히 상업의 발달에 크게 기여하였다. 유럽의 길드와 마찬가지로 이슬람 지역에서는 상인들의 조합이 조직되었다. 이슬람교가 창시되기 이전에도 장거리 대상 무역에 요구되는 비용 부담과 위험 분산을 위해 여러 종류의 결사체가 존재하였다. 그중에서 자금을 제공하는 투자가와 경영 기법 및 노동을 제공하는 사업가 사이에 맺는 신탁 계약이 이슬람 경제권에서 더욱 발달하여 **코멘다**(commenda)의 형태가 성립되었다. 코멘다는 계획하는 사업의 종류에 따라 다양한 규모의 투자가와 다양한 종류의 사업가가 결합할 수 있는 제도적 유연성을 지녔기 때문에 널리 확산되었다. 이슬람 경제권에서는 종교적 관용이 유지되었으므로, 금융업에서 두각을 나타낸 사람들 중에는 유대인과 기독교인도 많았다.

그림 6-2

도공 동업 조합 중세 이슬람 경제권에서도 동업 조합은 수공업자와 상인들의 조직으로서 제품의 품질 유지와 가격 결정 등에 있어서 중요한 역할을 하였다. 오스만 제국에서는 각 동업 조합의 구성원들이 각자 제작한 물건을 들고 축제 때 술탄 앞에서 행진을 하도록 하였다.

아시아 교역로

이슬람 상인들은 구세계에서 장거리 교역을 담당한 핵심적 주체였다. 장거리 통상로는 크게 세 줄기로 이루어져 있었다. **북방로**는 콘스탄티노플에서 중앙아시아로 이어지는 오아시스 길이었다. 이 통상로는 오래 전부터 아시아와 유럽을 잇는 대표적인 육상 교역로였다. **중앙로**는 바그다드에서 바스라를 거쳐 페르시아만에 이르고 여기에서 해상으로 인도양까지 이어지는 무역로였다. 마지막으로 **남방로**는 알렉산드리아에서 카이로를 거쳐 홍해를 통해 인도양에 이르는 교역로였다. 이들 세 통상로를 통해 아시아와 유럽, 아프리카에 물자와 인력이 오고갔으며, 다양한 지식과 기술과 정보가 전파되었다.

물론 세 교역로가 모두 늘 활력이 넘친 것은 아니었다. 교역로가 지나는 지역이 정치적으로 긴장 상태

코멘다: 주로 기업가와 자본가가 결합한 형태로 이루어진 조합. 이슬람 경제에서 발달하였고, 10세기부터는 이탈리아 및 지중해 연안 지역에서도 빈번하게 조직되었다. 이슬람 경제에서는 기업가와 노동자의 결합 형태도 많았다.

그림 6-3

대상의 행렬 14세기 카탈루니아의 지도에 그려진 대상의 모습. 마르코 폴로 일행의 여행 모습이 이와 유사하였을 것이다.

에 있는지, 치안이 불안한지, 통과세 등 경제적 비용이 얼마나 되는지 등 여러 요인에 영향을 받아 시기에 따라 각 통상로가 활성화되는 수준이 결정되었다. **안정된 정치 권력**이 통제력을 발휘한 교역로에는 무역상이 몰리기 마련이었다. 바그다드가 수도였던 아바스 왕조에서는 페르시아만이, 카이로에 수로를 정하였던 파티마 왕조에서는 홍해가 교역로로서 번영을 누렸다. 정치적 안정이 보호 비용을 줄이는 데 중요한 요인이었던 것이다.

때로는 **기술 진보**가 보호 비용을 줄이는 효과를 가져왔다. 예를 들어, 인도양을 거쳐 동남아시아와 중국에 이르는 항해를 위해서 과거에는 선박들이 해안에 근접해 이동하였고 때로는 육로 이용을 병행해야 하였지만, 항해술과 장비의 발달로 아라비아해와 벵골만을 가로지른 후 말레이반도를 돌아 남중국해로 들어가는 것이 가능해졌다. 그에 따라 항해 시간이 절감된 것은 물론이고, 중간에 정박해야 하는 항구의 수가 줄어듦에 따라 납부해야 할 세금이 크게 감소되었다. 이런 변화가 아시아의 해상 무역을 비약적으로 확대시켰다. 아프리카산 금과 상아, 인도산 면직물과 후추, 동남아시아산 육두구와 정향, 중국산 차와 도자기를 교역하는 장거리 무역망이 발전해 갔다.

인도양의 아라비아 상인 13세기에 제작된 아랍 그림에 묘사된 항해하는 상인들의 모습.

디아스포라: '이산'(離散)을 의미하는 그리스어로, 타지에 진출한 외지인들이 자신들의 생활 습관이나 종교 규범을 유지하면서 살아가는 거주지를 의미한다. 과거에는 팔레스타인 밖에서 거주하는 유대인들의 공동체를 의미하였으나, 점차 대상 범위가 확대되었다.

바자르: 이슬람의 전통적 시장. 동종의 상점들이 모여 하나의 바자르를 이루기도 하고, 다양한 업종을 포괄하는 것도 있다.

멀리 해외로 진출한 이슬람 상인들은 자신들 고유의 문화와 제도와 시설을 갖춘 거류지를 형성하였다. 그들은 아라비아반도, 인도, 동남아시아 및 아프리카 동부 지역 등 인도양 곳곳에 디아스포라(diaspora)를 건설하였다. 관공서와 모스크 등의 공동체적 기관들, 화물 창고 및 바자르(bazaar)와 같은 경제 시설들을 설립함으로써 상인들은 이곳을 장거리 무역의 전초 기지로, 그리고 상인들의 사회관계를 지탱하는 기반으로 삼았다.

시기적 추이

인도양에서 전개된 무역은 시기적으로 다음과 같이 구분할 수 있다.

650-1000년에 이르는 시기는 아랍 지역에 기반을 둔 이슬람 상인들이 국제 무역을 주도하던 시기였다. 이들은 인도양 전역을p 활동 영역으로 삼았고, 수많은 디아스포라를 통해 활발한 무역 활동을 보였다. 예를 들어, 9세기 중국의 광저우에 있는 이슬람 거주지에는 아랍과 페르시아 출신자들의 수가 무려 10만 명에 이르렀다고 한다.

1000-1500년에는 인도양 무역의 주도권을 둘러싸고 여러 나라의 상인들이 경쟁을 치열하게 벌였다. 아라비아 상인들의 활동은 아프리카 동부 지역으로부터 인도 남서부 지역에 이르는 지역에서 가장 활발하였고, 인도 상인들은 실론–벵골만–말라카를 잇는 통상로에서 두드러진 활약을 보였다. 대부분 무슬림이었던 이 상인들과 더불어 또 하나의 유력한 세력이었던 중국 상인들은 말라카에서 중국 남부 지방으로 연결되는 통상로에서 주도적 위치를 차지하였다. 이렇게 인도양 무역권이 세 부분으로 나뉜 것은 이 지역이 무역풍의 영향 아래에 놓여 있었기 때문이다. 범선의 항해 주기는 강력한 계절성을 띨 수밖에 없었다. 그러나 세 상인 세력이 무역권역을 안정적으로 분점하였던 것은 아니다. 때로는 치열하게 서로 경쟁을 하면서, 또 때로는 협력적 시스템을 구축하면서 각 상인 세력은 세력 확장을 도모하였다. 이 시기를 거치면서 국제적인 무역 도시로 성장한 항구들도 많았다. 아덴, 호르무즈, 모가디슈 등은 이슬람 상인의 무역 활동에 의해 발전하였고, 캄베이와 캘리컷은 인도 상인의 무역 중심지로 성장하였으며, 말라카와 같은 도시는 동남아시아에서 가장 중요한 항구 도시라는 명성을 얻었고, 중국 남부에서는 취안저우(泉州)와 광저우가 대형 무역항으로 번성하였다.

1500년 이후에는 포르투갈을 필두로 하여 유럽의 상인들이 인도양 무역에 참여하였다. 이들은 무력에 의존하지 않았던 기존의 무역 질서를 깨고, 군사력을 동원하여 무역 전진 기지를 건설하고 통상의 기반으로 삼았다. 유럽 상인들은 아시아 상인들과 비교할 때 두 가지 강점을 지니고 있었다. 첫째, 유럽 상인들은 강력한 군사력을 보유하였기 때문에 자신의 무역선을 안전하게 보호할 수 있었을 뿐만 아니라, 아시아 선박들에게 발포하지 않는 조건으로 보호세를 요구할 수도 있었다. 둘째, 유럽 상인들은 활동 반경이 넓었기 때문에 정확하고 유익한 장거리 시장 정보를 많이 보유하고 있었다. 따라서 아시아 상인들이 관심을 두지 않은 사업 기회를 포착할 수 있었다. 예를 들어, 몰디브 제도에서 대량으로 채취되는 카우리조개가 서아프리카에서 화폐로 널리 사용된다는 점에 착안하여, 카우리조개를 매입하여 유럽으로 항해할 때 선박의 밸러스트로 사용한 후 다시 아프리카로 가져가 노예 구입 비용으로 사용하였다.

밸러스트: 선박에 복원력을 주어 안전한 항해를 할 수 있도록 배의 바닥에 놓는 물체. 바닥짐이라고도 한다.

그림 6-5는 1500년경 구세계의 주요 장거리 교역로를 보여 준다. 이슬람 세계의 영역도 함께 표시하였는데, 주요 통상로 가운데 많은 부분이 이슬람 세력권에 놓여 있었음을 쉽게 확인할 수 있다. 또한 위에서 설명한 세 통상로를 넘어선 지역에서도 이슬람 세력이 무역을 통제하였음을 알 수 있다. 예를 들어, 인도양에 다다른 남방로는 인도를 거쳐 동남아시아의 도서 지역으로 이어졌는데, 이 지역들도 대부분 이슬람 세력권에 속해 있었다. 아프리카의 교역로도 마찬가지 상황이었다. 이 지역에서는 7세기에 아랍이 북아프리카로 진출하기 이전에 이미 사하라 사막을 관통하는 복잡한 무역망이 형성되어 있었다. 그 후 사하라 사막과 주변 지역 및 아프리카 동부 지역으로 이슬람이 전파되면서 교역로가 더욱 확충되었다.

그림 6-5

구세계 교역로와 이슬람 영향권
자료: 로빈슨 외(2002), 173쪽.

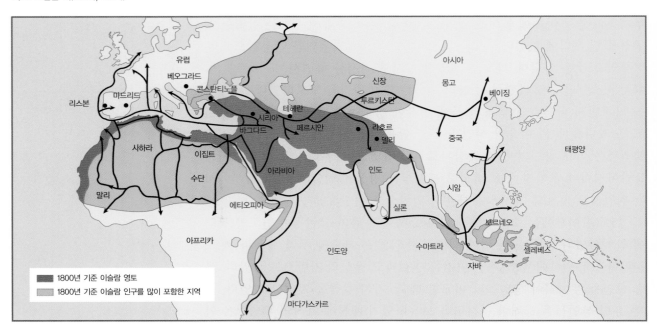

아프리카의 경제

아프리카 경제가 확장과 통합의 길을 걷게 된 데에는 **이슬람의 영향**이 결정적이었다. 10-12세기에 사하라 이북 지역과 교역을 하였던 국가들은 모두 이슬람으로 개종을 하였다. 특히, 대륙 서부에서 중부에 이르는 니제르강은 이 지역을 관통하는 중요한 교역로였다. 이 지역에 위치한 **가나 제국**(Ghana Empire)은 7세기부터 12세기에 이르기까지 북아프리카에서 경제가 가장 번영한 국가로 이름을 날렸다. 가나 제국은 이슬람으로부터 중개 무역의 노하우를 익혀 사하라 횡단 무역을 주도하였다. 금, 상아, 소금 등 사하라 사막 이남에서 생산되는 산물과 북부 지방 및 서아시아와 유럽에서 들어오는 직물, 무기, 말, 서적 등을 거래하였다. 무역에서 발생하는 관세 수입은 왕국의 재정 수입을 구성하는 가장 중요한 원천이었다.

13-15세기에는 **말리 제국**(Mali Empire)이 새로운 경제 강국으로 등장하였다. 말리 제국은 인도 등지로부터 직물, 말, 거울, 보석, 소금 등을 수입하였고, 자국에서 생산되는 금을 해외로 수출하였다. 14세기에 말리는 세계 최대의 금 생산국으로 명성이 높았다. 1324년 말리의 국왕 만사무사(Mansa Musa)가 메카를 향해 성지 순례를 떠나 카이로에 머물 때 엄청난 양의 금을 지출하여 카이로의 물가가 25%나 상승하였다는 일화는 말리의 경제력이 얼마나 대단하였는가를 여실히 보여 주는 사례이다. 뒤를 이어 **송가이 제국**(Songhai Empire)이 15세기에 번영하였다. 이 국가에서는 금과 노예를 주고 사하라 사막의 소금을 구입하였다. 아프리카 제국들은 일정한 수준의 번영을 누렸지만, 수면병을 일으키는 체체파리 때문에 운송용 가축을 사용할 수 없었고, 배의 운항이 가능한 강도 거의 없었기 때문에 다른 대륙에 비해서 불리한 여건을 지녔다. 또한 재정 확충을 위해 주위에서 노예 사냥을 하여 이슬람 지역 및 신대륙으로 송출하였기 때문에 안정적인 농

가나 제국: 7세기 이래 약 5세기 동안 서아프리카에서 번영하였던 국가로, 아프리카 최초의 토착 왕국이라고 전해진다. 중개 무역에 능하여 이슬람 경제권의 중요한 일부가 되었다.

말리 제국: 주요 도시 팀북투를 중심으로 13세기에 부상하여 17세기까지 존속한 이슬람 국가. 금의 대량 생산으로 유명하였다.

만사무사: 14세기 초에 말리를 통치한 군주. 메카로 가는 순례길에서 엄청난 양의 금을 사용한 것으로 유명하다.

송가이 제국: 말리 제국이 15세기에 쇠퇴한 후 등장한 이슬람 국가. 무역의 지리적 범위를 확대하고 종교와 학문의 지역적 중심지 역할도 하였다.

그림 6-6

소비왕 만사무사 말리의 경제력은 금의 생산에 기초해 유지되었다. 말리의 번성은 12세기 말부터 본격화된 아랍인들이 보인 금 획득 노력의 소산이었다.

업 발달을 기대할 수 없었고 인구도 증가하기 어려웠다. 아프리카 서부의 경제적 번영은 16세기 이후 포르투갈인들이 새로운 무역로를 개발함에 따라 서서히 약화되었다.

이집트 지역에서는 10-12세기에 카이로를 수도로 존속하였던 파티마 왕조의 뒤를 이어서, 13-16세기에 **맘루크(Mamluk)** 왕조라는 독특한 성격의 국가가 존재하였다. 맘루크는 아랍어로 노예를 의미하며, 구체적으로는 투르크, 비잔틴, 쿠르드, 슬라브 등지 출신인 백인 노예를 지칭하였다. 이슬람 제국들은 아바스 왕조 이래 이미 노예 출신의 군인을 많이 기용해 왔지만, 맘

맘루크 왕조(1250-1517): 이집트에서 250년 동안 존재하였던 국가로, 노예 군인이 권력을 쥔 이슬람 국가였다. 몽골군에 승리한 것으로 유명하며, 오스만 제국에 의해 멸망하였다.

그림 6-7

맘루크 왕조와 이탈리아 상업 15세기 말 베네치아 대사들이 다마스쿠스 지배자들에게서 영접을 받고 있다.

루크 왕조 시기에는 노예 군인의 활동 범위와 위상이 크게 확대되었다. 맘루크는 어린 노예들을 군인으로 키우고, 성장하면 이슬람으로 개종시켜 자신을 양육한 주인에게 충성을 다하도록 하였다.

이슬람 사회에서는 노예가 담당하는 일의 종류를 특정하지 않았으므로, 능력이 있는 노예는 교육과 훈련을 받을 수 있었고 사회의 요직에 등용될 수도 있었다. 또 여자 노예의 아들에게도 자유민이 될 기회가 열려 있었고, 심지어는 술탄의 지위에 오를 수도 있었다. 이런 유연한 가치관과 제도가 노예 왕조가 수립될 수 있는 배경이었다. 맘루크의 군사적 역할은 십자군 전쟁과 몽골군과의 전투에서 공적을 쌓으면서 더욱 강화되었고, 마침내 정치 일선에까지 이르게 되었다. 강대한 국력을 과시하던 맘루크 왕조는 15세기 말부터 쇠퇴하였다. 1492년 창궐한 흑사병으로 인해 이집트 사회가 큰 타격을 받았고, 특히 외래인인 맘루크는 이 감염병에 더 취약해서 막대한 인명 손실을 입었다. 왕조 말기에 가중된 과세 부담, 토지 징발 등이 저항을 불러일으켰다. 최종적으로는 포르투갈이 아프리카 남단을 경유해서 인도에 이르는 새 항로를 개척한 결과, 16세기 초에 맘루크 왕조가 누렸던 중개 무역의 이익이

표 6-1 사하라 이남 아프리카 노예의 송출 지역

(단위: 1,000명)

도착지	650-1500년
아메리카	81
사하라 횡단	4,270
아시아	2,200
합계	6,551

자료: Lovejoy(2000).

사라지게 된 점이 왕조의 몰락을 가속화하였고, 결국 오스만 제국에 의해 최후를 맞게 되었다.

아프리카가 이슬람 경제권에 편입된 후 수출한 품목 중 가장 두드러진 것은 **노예**였다. 흑인 노예들은 주로 사하라 이남 지역에서 공급되었는데, 표 6-1에 표시되어 있는 송출 지역으로 보내졌다. 중세 아프리카(650-1500)의 노예 수출은 대항해 시대 이후(1500-1800)보다는 적었지만, 절대적 규모 자체는 결코 작지 않았다. 대항해 시대 이후에는 흑인 노예가 주로 아메리카 대륙으로 보내졌지만, 중세에는 사하라를 횡단하여 북부 아프리카의 이슬람 지역으로 팔려 나간 수가 훨씬 많았다. 전체 흑인 노예 650만 명 가운데 2/3인 약 430만 명이 사하라 사막을 관통하여 팔려 나갔던 것으로 추정된다. 아시아로의 송출도 주로 이슬람 지역을 향한 것이었는데 그 규모가 220만 명으로 뒤를 따랐으며, 아메리카로의 송출은 아직 미미한 수준이었다.

한편, 동아프리카에서는 관개 시설이 갖추어지고 여기에서 벼와 바나나가 재배된 덕분에 농업에 기반을 둔 왕국들이 건설되었다. 이 지역의 남쪽에 위치한 짐바브웨는 농경 사회를 이루어 번영하였을 뿐만 아니라, 금을 수출하고 아시아 국가들로부터 다양한 사치품을 수입하였다. 그러나 이는 예외적인 경우였고, 동아프리카 전체로서는 구세계 무역 네트워크의 주변부에 머물렀다.

이슬람 지식의 영향

이슬람 세계는 아랍의 전통적 지식을 기초로 하고 인도, 페르시아, 그리스 · 로마의 성과물을 결합하여 융합적인 지식 체계를 만들어 냈다. 그리고

이렇게 형성되고 축적된 이슬람의 지식은 다양한 경로를 통해 **유럽에 영향**을 끼쳤다.

　　무엇보다도 **자연 과학 지식**의 발달이 두드러졌다. 수학에서는 인도로부터 들어온 영(0)의 개념과 아라비아 숫자를 확립하고, 이것을 10세기경에 유럽으로 전했다. 천체 관측 기구의 발달에 힘입어 경도와 위도의 정밀한 측량이 가능해졌고, 자오선의 측정도 이루어졌다. 이슬람력이 발달하여 중국 원나라를 거쳐 한국에까지 영향을 미쳤다. 실험을 통한 화학 지식도 진보하여 알칼리, 알코올, 알케미(연금술) 등의 용어가 탄생하였다. 의학 분야에서도 눈부신 업적이 이루어졌다. 11세기에 이븐 시나(Ibn Sina)가 저술한 『의학정전』(*The Canon of Medicine*)은 아랍 의학을 집대성한 역작으로 오랫동안 유럽의 대학에서 핵심적인 교재로 사용되었다. 그의 의학 지식은 그리스의 갈레노스와 히포크라테스의 연구에 영향을 받았다고 전해진다. 이븐 시나는 철학자로도 이름을 떨쳤다. 그는 아리스토텔레스와 플라톤의 철학을 기초로 이슬람 신앙을 해석하였으며, 철학적 해석을 통해 유럽 스콜라 철학에 기여하기도 하였다.

　　이븐 시나의 사례에서 보듯이 이슬람 학자들은 **유럽의 고전**에 대해 많은 연구를 수행하였다. 아바스조에 수도 바그다드에 건립된 '지혜의 집'은 아리스토텔레스 등 그리스와 로마의 많은 사상가들 저작을 아랍어로 번역하고 소장하는 연구 센터였는데, 여기에서 체계적으로 번역된 저작들은 이슬람 제국의 여러 지역에 위치한 도서관에 보내졌다. 이슬람 세계에서 축적된 지식의 유럽 전파는 그리스·로마의 고전에 대한 중세 유럽의 지식 수준을 높이는 데 결정적인 기여를 하였다. 예를 들어, 이베리아반도에서 전개된 재정복 운동의 과정에서 코르도바를 점령한 기독교도들은 이곳

이븐 시나(980-1037): 페르시아 출신의 학자. 철학과 의학에 뛰어났으며, 유럽에 학문적 영향을 크게 끼쳤다. 유럽식 이름은 아비센나(Avicenna)이다.

그림 6-8

이븐 시나의 고전적 의학서 이슬람 학자가 집대성한 의학은 중세 유럽 의학의 표준이 되었다. 그림은 이븐 시나의 책에 묘사된 사람의 신경 조직.

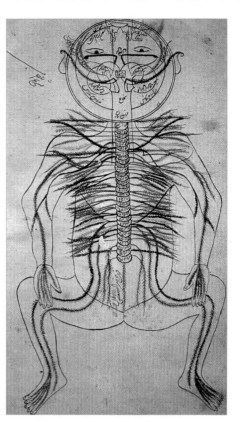

의 이슬람 도서관에 소장된 40만 권에 이르는 장서를 손에 넣게 되었다. 아리스토텔레스의 저작에 주석을 붙이는 작업을 수행한 이븐 루슈드(Ibn Rushd)의 연구서가 유럽으로 들어가 이탈리아의 대학을 중심으로 학자들에게 널리 수용되기도 하였다. 십자군 운동도 이슬람 지식이 유럽에 소개되는 계기로 작용하였다.

이븐 루슈드(1126-1198): 코르도바 출신의 철학자로 라틴어로는 아베로에스(Averroes)라고 불리었다. 그래서 그를 따르는 학파를 유럽에서는 아베로에스학파라고 칭하였다.

그림 6-9

아랍 문헌에 나타난 아리스토텔레스 13세기 초 아랍 문헌에 그려진 아리스토텔레스의 모습. 그의 제자와 토론을 하는 광경이 묘사되어 있다. 이슬람 세계는 그리스 철학을 적극적으로 수용하였다.

제2절 인도와 동남아시아의 경제

인도의 사회와 경제

인도는 오랜 기간에 걸쳐 **다양한 민족**이 유입되면서 형성된 혼합 민족 국가였다. 그리스계인 박트리아(Bactria)인, 스키타이인, 몽골인 등 북서부 방향에서 시기를 달리하여 들어온 인구, 그리고 티베트와 버마 등 북동부에서 들어온 인구가 토착민과 혼합되면서 복잡한 인종 구성을 이루었다. **종교적 다양성**도 사회 구성을 복잡하게 만드는 요인이었다. 이 시기에는 많은 종교들이 혼재하면서 다양한 인구 집단에 영향을 끼쳤다. 특히, 7세기부터는 서부 지역으로부터 이슬람의 영향력이 증대되면서 굽타 왕조기에 성장하였던 힌두교 세력을 약화시켰다. 세력을 확장한 이슬람교도들은 마침내 13세기 초에 델리에 이슬람 왕조를 건설하였고, 이후 인도에는 여러 이슬람 왕조들이 흥망을 거듭하였다. 1526년에 바부르(Babur)가 건설한 **무굴 제국(Mughul Empire)**도 이슬람교에 기반을 둔 것이었다. 자이나교와 시크교를 믿는 신도들까지 포함하여 인도는 다양한 종교가 혼재하는 사회를 구성하고 있었다.

무굴 제국(1526-1857): 인도의 광대한 지역을 3세기 이상 통치한 이슬람 국가. 타지마할 등 위대한 유산을 남겼으나, 18세기부터 쇠퇴하였고 결국 19세기에 영국에 정복당하였다.

카스트: 인도 사회의 고유한 신분 제도로서, 신분 간에 엄격한 차별이 이루어졌다.

여기에 오랜 역사를 가지고 있는 카스트(caste)라는 인도 특유의 신분 제도도 **사회 통합을 저해**하는 요인으로 작용하였다. 브라만(Brahman, 사제), 크샤트리아(Kshatriya, 귀족·무사), 바이샤(Vaisya, 농민·상인), 수드라(Sudra, 노예·수공업자)의 네 계급으로 대별되는 경직적인 신분 체제로 인해 인도 사회에서는 직업이 세습되고 카스트 간 통혼이 금지되는 등 계층적 이동성이 매우 낮았다. 이는 자원 배분을 비효율적으로 이루어지게 하는 요인으로 작용하였다.

복잡한 인종적·종교적·신분적 구성을 배경으로 인도는 통일 국가를 이루지 못한 채 정치적·사회적·문화적 분열을 계속하였다. 예를 들어, 16세기 초에는 인도 남부 데칸의 이슬람 왕국과 비자야나가르의 힌두 왕국이 적대적으로 대립하는 모습을 보였는데, 이로 인해 인도양에 침투한 포르투갈 세력에게 유리한 국면이 조성되기도 하였다.

경제적으로 인도는 **자급자족적 농업**이 우세한 사회였다. 특히, 토착 작물인 면화의 재배가 폭넓게 이루어졌고, 이를 기반으로 북서부의 구자라트, 남부의 마드라스, 북동부의 벵골 등에서 **직물 제조**가 방대한 규모로 이루어졌다. 무역에 대해서 정부는 방임적 태

그림 6-10

인도의 항구 인도 서해안의 캄베이만에서 유럽으로 향할 물품을 선적하는 장면.

도를 취하였다. 인도 북부 지역을 거치는 오아시스 길과 근해의 교역로가 주된 활동 영역이었다. 무역에서 주도권을 행사한 세력은 **구자라트의 상인들**이었다. 배후에 직물 생산지를 갖추고 캄베이와 같은 항구 도시를 보유한 이 지역의 상인들은 아라비아에서 동남아시아에 이르는 인도양 무역에서 중요한 역할을 수행하였다. 그렇지만 이슬람 상인들과의 경쟁 속에서 해운업이 축소되는 양상을 보인 시기도 많았다. 이런 경우 인도 경제는 무역업보다 농업에 치중하는 양상을 보였다.

동남아시아의 문화와 경제

　　동남아시아에서는 버마, 태국, 베트남, 캄보디아 등 여러 지역에서 정치와 경제의 중심지들이 부상하였다가 쇠퇴하기를 반복하였다. 인도로부터 유입된 힌두교와 불교는 이 지역 특유의 문화를 창출하였다. 특히, 8세기부터 두 종교를 결합시킨 **대규모의 사원**들이 건설되었다. 캄보디아(앙코르 사원), 버마(파간 사원), 자바 중부, 베트남 중부 등이 이에 해당하였다. 대(大)사

그림 6-11

앙코르 와트의 건축 캄보디아의 앙코르 사원은 건축물의 규모와 섬세함 면에서 빼어난 솜씨를 유감없이 보여 준다.

원의 건설은 강력한 국가의 존재를 의미하는 것이었다. 수마트라 남동부의 팔렘방은 7-11세기에 말레이반도와 수마트라를 아우른 스리비자야 왕국의 수도로서 동남아시아의 문화 중심지로 이름을 떨쳤다. 교통의 요지인 말라카 해협과 순다 해협의 인근에 위치하고 있었기 때문에 국제적인 통상의 중심지 역할도 수행하였다.

　　대사원을 통해 국가적 위세를 과시하였던 국가들은 12세기 이후 서서히 쇠퇴를 맞이하였다. 13세기에 파간 왕국이, 14세기에 앙코르 왕국이, 그리고 15세기에는 태국에 위치한 수코타이 왕국이 차례로 몰락하였다. 베트남의 참파 왕국도 15세기에 쇠퇴기에 접어들었다. 이들을 대신하여 새로운 정치 세력들이 등장하였는데, 그들은 대체로 남방 불교의 영향을 많이 받았다. 한편, 13세기를 전후한 시기부터 이슬람 세력의 확장이 진행되었다. 이슬람은 수마트라 북부에서 시작하여 자바 북부, 몰루카 제도(일명 향료 제도(香料諸島, Spice Islands)), 보르네오 북부, 필리핀 남부 등으로 영향력을 확장하여 갔다. 특히, 스리비자야 왕국이 약해지면서 1400년경에는 말라카를 중심으로 이슬람 국가가 등장하였는데, 그 결과 무역 중심지인 말라카 해협이 이슬람의 세력권에 들어오게 되었다. 16세기 초에는 발리섬만을 남기고 동남아시아의 거의 모든 도서 지역이 이슬람 세계에 편입되었다.

그림 6-12

값비싼 향신료들 좌로부터 검은 후추, 계피, 육두구.

그림 6-13

13-15세기 동남아시아의 무역망
자료: O'Brien(2010), 65쪽.

그림 6-13은 13-15세기 **동남아시아의 무역망**을 보여 준다. 중국 남부, 인도차이나반도의 여러 왕국, 말라카와 브루나이를 중심으로 한 이슬람 술탄국들 및 몰루카 제도와 필리핀과 같은 도서 지역이 여러 교역로를 통해 긴밀하게 연결되었다. 쌀, 향신료, 목재, 귀금속, 주석 등 다양한 상품이 지역적으로 생산되고 무역망을 통해 거래되었다. 동남아시아의 여러 지역은 이와 같은 네트워크하에서 활발하게 교역을 전개하였다. 말라카가 이 지역에서 가장 중요한 무역 중심지 가운데 하나였는데, 서쪽으로는 캄베이, 아덴, 알렉산드리아로 무역망이 이어졌고, 동쪽으로는 광저우, 취안저우는 물론 일본까지 무역선이 오갔다.

15세기에 전성기를 맞은 **말라카**의 경제 활동은 동남아시아 무역을 이해하는 데 중요한 사례이다. 14세기에 말레이반도와 수마트라 해협을 배경으

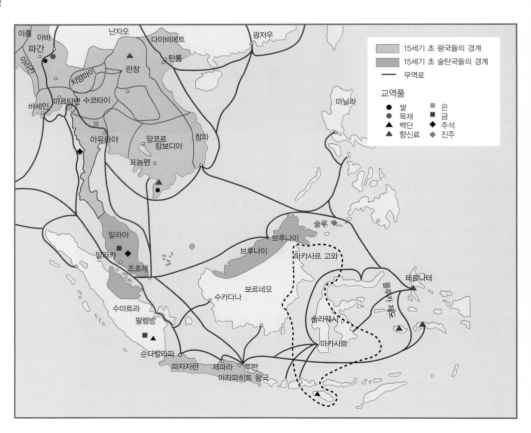

말라카의 교역

동남아시아 무역의 중심지 가운데 하나인 말라카에서 교역이 어떤 모습으로 이루어졌는지를 토메 피레스(Tomé Pires)의 저작에서 잘 보여 주고 있다. 중국에 파견된 포르투갈 관리인 피레스는 말라카에서 80여 개의 언어가 사용되었다고 기술한 바 있다. 그가 포착한 16세기 초 말라카 교역의 특징은 공동 가격 협상이었다. 무역선이 들어오면 지역 상인들이 도착한 상품에 대해 공동으로 가격을 매기는 방식이 그의 글에 상세히 묘사되어 있다.

상인들은 도착하자마자 화물을 하역하고 관세를 지불하거나 선물을 내놓는 것이 말라카의 오래된 상관습이었다. 10-20명 정도의 지역 상인이 하역한 상품의 주인과 만나 상품의 값을 매겼다. 지역 상인들은 가격을 정하고 나면 하역한 상품을 일정한 비율로 나눴다. 시간이 없고 처리해야 할 상품이 많았기 때문에 가격 협상을 끝낸 상인들이 그 자리를 떠나면 말라카의 상인들이 상품을 자기들 배로 옮기고 수시로 그것을 팔았다. 무역 상인들은 숙소를 제공받고 물건값을 받았으며 지역 상인들도 이익을 올렸다. 이런 상관습으로 질서 있게 생활하고 거래하였다. 모든 것이 법에 따라 행해졌다. 사람들은 배를 타고 온 외국 상인을 좋아하지 않았지만 외국 상인이 화를 내며 떠나지는 않았다. 말라카의 법과 대가를 잘 알고 있었기 때문이다.

자료: Pires(1513), 173-174쪽, 커틴(2007), 227-228쪽에서 재인용.

로 무력을 키워 성장한 이 도시는 시간이 지나면서 약탈보다 무역에 의존하는 경제로 탈바꿈하였다. 교통의 요지에 위치하였고, 상인들에게 낮은 수준의 세금만을 요구하였으며, 이슬람 중심지로서의 이익을 누릴 수 있었고, 정치적 영향으로부터 중립적인 태도를 취한 것이 도움이 되었다. 각지에서 몰려든 다국적 상인들은 말라카에서 공동체별로 고유의 거주지를 할당받았다. 말라카의 술탄은 이들로부터 네 명의 관리를 뽑아 교섭권을 부여하였다. 네 관리는 구자라트 상인, 버마와 인도 동부 상인, 동남아시아와 필리핀 상인, 그리고 중국, 일본과 오키나와 상인을 각각 담당하였다. 말라카 정부는 이 관리들을 통해 상인들에게 창고를 제공하였고, 선적과 하역에 코끼리를 쓰도록 해 주었으며, 세금을 낮게 부과하는 등 여러 가지 편의를 제공하였다.

다른 지역과 마찬가지로, 동남아시아 국가들에서도 상인들은 영향력을 확대하고 위험을 분산하기 위해 동업 조합을 결성하고 결속력을 유지하였다. 무역선이 도착하였을 때 상인들은 개별적으로 가격 협상을 하는 것이 아니라 상인 조합의 이름으로 **집단적인 협상**을 하는 것이 일반적이었다. 말라

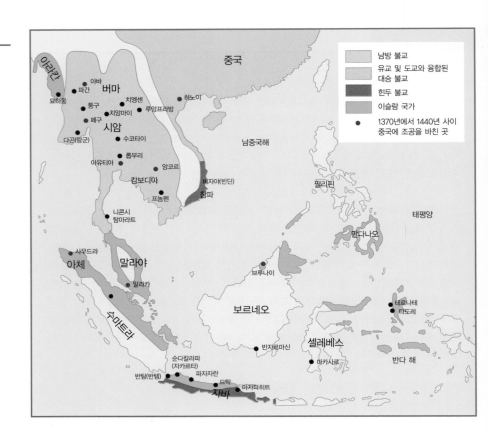

그림 6-14

1500년경의 동남아시아
자료: 파커(2004), 72쪽.

카를 포함한 대다수의 무역항에서 이와 같은 현상이 관찰되었다. 그러나 이 것이 이 지역의 시장에서 가격 기구가 제대로 작동하지 않았음을 의미하는 것은 아니었다. 상인 조합의 영향력은 대체로 개별 무역항을 넘어서지 못하 였으며, 따라서 각 무역항에서 결정되는 가격은 상이하였다. 판매자의 입장 에서는 어느 무역항에 상품을 가져가서 거래할 것인가를 현명하게 결정하 면 이득을 확대할 수 있었다.

　동남아시아의 국가들 가운데에는 중국에 대해 조공 관계를 유지한 곳이 많았다. 그림 6-14에는 중국에 조공을 바친 대표적인 지역이 표시되어 있다. 1500년경의 종교적 분포도 함께 표시되어 있다. 명대 초기에 중국이 조공 관 계의 강화를 요구하기도 하였으나, 곧 중국이 내향적 체제로 전환하면서 동 남아시아는 독자적인 문화권 및 경제권을 유지하였다. 이런 상황은 16세기 초에 유럽인들이 이 지역에 발을 들여놓을 때까지 계속되었다.

　아시아 본토에서 거리가 멀어질수록 계절풍의 영향도 작아져 장거리 무 역망에 편입되기가 어려웠다. 이런 자연적 특성이 구대륙 무역 네트워크의 실질적 경계를 이루었다. 그 아래 지역에서는 훨씬 느슨한 네트워크가 존재하였다. 태평양에 산재한 도서에 거주하던 폴리네시아인들은 1300년경에 뉴질랜드에 정착하여 식민화하였다. 이스터섬과 하와이까지 진출한 이들은 교류를 통해 태평양 내부에서 독자적인 무역망을 형성하였다. 멜라네시아와 미크로네시아에서도 도서 지역 간에 주로 **호혜와 재분배**에 기초한 교류와 교역이 이루어졌다. 그러나 태평양의 무역 네트워크는 규모나 빈도 면에서 유라시아 본토에 비해 현저하게 뒤떨어졌으며, 유라시아의 무역망과 연결되지도 못하였다.

호혜와 재분배: 폴라니(K. Polanyi)는 인류의 물자 교환 방식을 크게 호혜, 재분배, 시장 교환으로 구분하였다. 호혜는 위계가 다른 집단 간의 의례적 물자 교환을 말하며, 재분배는 중앙 권력이 물자를 수취하여 다시 배분하는 방식을 말한다. 이들은 시장 교환과 달리 가격 기구에 의존하지 않는다.

제3절 팍스 몽골리카

송대의 정치와 사회

당이 멸망한 후 오대십국(五代十國) 시대의 분열을 거친 다음 중국은 송(宋) 왕조(960-1279)에 의해 다시 통일 제국을 이루었다. 귀족 중심으로 정치가 운영되었던 당과 달리, 송에서는 황제의 독재적 통치하에 사대부를 중심으로 한 문신 관료제가 확립되었다. 지방에 기반을 둔 지주이자 학자인 향신(鄕紳) 계층이 중국 역사의 전면에 등장하게 된 것이 바로 이 시기였다. 이런 변화를 반영해서 문화도 귀족적 색채가 약해지고 서민적 성격이 강해졌다. 그러나 문신 관료제에 기초한 중앙 집권적 체제는 관료 기구의 비대화와 재정의 효율성 저하라는 부정적인 효과를 초래하기도 하였다.

송대에는 사상적 측면에서 커다란 변화가 발생하였다. 유교와 불교와 도교가 서로 영향을 주고받으면서 결합되었고, 그 과정에서 학문적·철학적 지평이 넓어졌다. 특히, 유교 사상은 불교와 도교로부터 영향을 강하게 받아

오대십국: 당의 멸망한 907년에서 송이 건국한 960년에 이르는 기간을 지칭한다. 화북에 있었던 5개 왕조와 화남과 기타 지역에 있었던 10개 국가를 의미하였다.

향신: 과거에 합격하였으나 관직을 받지 않고 향촌에 거주하거나 퇴직하여 향촌으로 돌아온 사회 계층으로, 지역 사회의 실질적 지도자 역할을 하였다.

그림 6-15

황제의 그림 송 황제 휘종이 그린 문회도(文會圖). 문인 학사들을 위해 조정에서 개최한 연회의 모습을 담고 있다.

그림 6-16

동아시아의 문화적 융합 10세기 중국의 밤 향연 그림을 12세기에 다시 제작한 작품. 중국의 문화는 인근 국가들에게 깊은 영향을 미쳤으며 반대 방향으로도 부분적으로 영향이 전해졌다.

11-12세기에 형이상학적 우주론과 도덕관을 가진 신유학(新儒學), 즉 **성리학(性理學)**으로 재탄생하였다. 주희(朱熹)가 집대성한 새로운 사상 체계는 이후 통치 이념이자 과거 시험의 중심 과목이 됨으로써, 중국은 물론 중국과 유사한 제도를 가진 동아시아 여러 국가들에서 장기간 지대한 영향을 미치게 된다.

주희(1130-1200): 성리학의 체계를 완성한 대학자. 우주의 구성을 이(理)와 기(氣)의 작용으로 이해하였다.

　　제국이 지닌 장점 가운데 하나는 경제 규모의 확대가 가능하다는 것이다. 광대한 영역의 제국이 건설되고 평화가 도래하자, 상품의 유통과 생산 요소의 이동에 지리적 제약이 없어지고 관세 장벽이 사라짐으로써 시장이 크게 확대되었다. 또한 수운(水運)이 발달하여 물자 운송이 원활해졌다. 송대에 정비된 운하망을 통해 전 국토의 3/4 지역이 연결될 수 있었다. 특히, 곡창 지대인 남부에서 전국으로 쌀이 운송될 수 있는 체제가 확립되었다. 수도인 카이펑(開封)은 이 운하망을 통해 전국의 물류를 총괄할 수 있었던 데 힘입어 당시로서는 세계 최대 규모인 100만 명의 인구를 유지할 수 있었다.

정크선: 중국의 전형적인 무역선 형태로, 보통 돛대가 세 개이고 선박의 바닥이 평평한 모양이었다.

그림 6-17

송나라 수도의 시장 봄 축제를 맞은 북송의 수도 카이펑의 번화한 시장 풍경.

　　정크선(junk)의 건조 능력도 향상되어, 국내는 물론 일본에서 인도 연안에 이르는 광대한 지역의 해운에서 중국의 지배력을 확대시켰다. 송 왕조의 경제 번영은 일부 학자들이 '**경제 기적**'이라고 부를 만큼 인상적이었다. 송의 정부는 다양한 제도적 개혁을 통해 이러한 번영을 뒷받침하였다.

송의 경제적 번영

이 시기에 **농업 생산**이 크게 증가하였다. 여기에는 여러 요인이 작용하였다. 우선 국토의 확장과 안정화에 따라 자연스럽게 경지가 증대하였다. 특히, 양쯔강 삼각주 지역의 저습지에 대한 개간 사업이 진척되면서 양질의 농지가 대규모로 확보되었다. 둘째, 농업 기술이 발달하였다. 벼의 품종이 개량되어 지형이나 기온, 강수량에 맞는 종자를 선택할 수 있게 되었다. 특히, 한발에 저항력이 강한 품종의 보급은 벼 수확량의 증가에 많은 기여를 하였다. 벼와 보리의 이모작이 확대된 점, 농기구의 개량이 이루어진 점, 그리고 비료의 종류가 늘어난 점도 눈길을 끈다. 셋째, 차 재배, 과수 재배, 면화 재배, 양잠 등이 지역에 따라 집중적으로 이루어진 점도 주목할 만하다. 특히, 차는 이 시기에 일반인의 생활필수품이 되어 정부의 전매 수입을 올려 주는 데 지대한 공헌을 하였다.

그러나 이 요인들 외에 **정책적인 변수도** 중요한 역할을 하였다. 송 왕조기의 개혁 정책을 상징하는 인물은 왕안석(王安石)이었다. 그는 1069-1076년에 소위 신법(新法)이라 불리는 일련의 제도를 도입하였다. 여기에는 농민에게 춘궁기에 저리로 곡식을 대여하고 수확

신법: 왕안석의 개혁 정책의 총칭. 이에 대해 찬성파(신법당(新法黨))와 반대파(구법당(舊法黨))가 존재하였는데, 반대파의 논리 중 하나는 정부가 재원을 독점하여 민간 부문이 피폐해진다는 이른바 '구축효과'(驅逐效果, crowding-out effect)에 대한 것이었다.

그림 6-18

이앙법과 이모작 송나라 정부는 새로운 농업 기술을 전파하는 데 심혈을 기울였다. 모판에서 논으로 벼 포기를 옮겨 심는 이앙법은 생산 증대와 이모작에 유익한 기술이었다.

기에 이자를 덧붙여 상환하도록 하는 청묘법(靑苗法), 전국적으로 수리 시설을 지어 농토를 확장하는 농전수리법(農田水利法) 등의 농업 정책과, 상품 유통에서 정부의 역할을 강화하여 대상인의 영향력을 축소시키고 국가 재정을 확충하는 균수법(均輸法)이나 소규모 상인에게 저리로 융자를 함으로써 고리대의 폐해를 시정하고자 한 시역법(市易法)과 같은 상업 정책이 있었다. 이러한 제도 개혁 속에서 송의 경지 면적은 크게 증가할 수 있었다.

　　농업뿐만 아니라 **공업도 발달**하였다. 지역적인 분업이 진전되었을 뿐만 아니라 생산 과정의 분화도 진전되면서 대규모 생산 체제를 갖춘 조직들이 늘어났다. 공업 기술 측면을 보면 **석탄을 연료로 사용**하는 사례의 증가가 두드러졌다. 석탄의 활용은 철과 동의 제련 기술을 발달시켜 생산의 증가로 이어졌다. 철 생산 능력의 증대는 농기구의 대량 생산을 가져와 농업 생산성을 증가시켰고, 화약의 개발과 결합되면서 무기의 발달에 결정적인 기여를 하였다. 주철을 생산하는 데 용광로를 사용하였고, 목탄만이 아니라 석탄의 순도를 높인 코크스(cokes)를 쓰는 등의 기술 진보가 나타났다. 철의 생산량은 매우 많아서, 한 추계에 따르면 1070년대 중국의 철 생산량이 12만 톤을 넘어섰는데, 이는 그로부터 700년이 지난 후 영국이 생산한 철의 양을 능가하는 수준이었다. 이렇게 철의 생산량이 많았던 것은 내수 시장의 규모가 매우 컸음을 의미하는 것이기도 하였다. 동 생산의 증가는 동전 주조를 자극함으로써 상업 발달에 긍정적인 역할을 하였다. **주화**는 국내 경제 발전에 윤활유 역할을 하였을 뿐만 아니라, 동남아시아 및 인도양 연안의 여러 국가들에게 수출되었다. 한국과 일본으로도 많은 양의 주화가 수출되었다. 일본에서는 10세기 중엽 이래 동전이 주조되지 않았기 때문에 상품 거래와 세금 납부를

그림 6-19

중국의 주화 수출 10-15세기에 중국에서 주조된 화폐가 발견된 지역을 나타내는 지도. 남중국해와 인도양 전역에 걸쳐 분포하고 있다. 한국과 일본으로도 주화가 수출되었다.

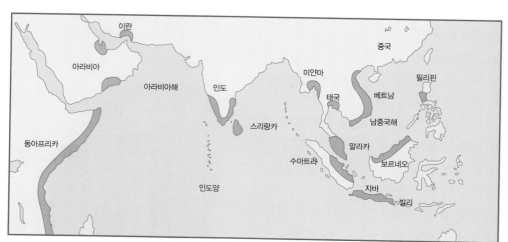

위해 중국 및 주변 국가들에서 들여온 동전 – 일명 도래전(渡來錢) – 을 사용하였고, 이를 불상 제작의 재료로 사용하기도 하였다. 제지술과 인쇄술에서도 기술 진보가 일어나 다량의 서적이 출간되었고 지식의 보급이 활발해졌다. 당과 마찬가지로 송의 문화도 귀족층이 주도한 것은 틀림없지만, 송대에는 일부 서민들도 발달된 인쇄 문화의 혜택을 볼 수 있었다. 불교와 유교 서적만이 아니라 시문, 희곡, 소설, 실용서 등 통속적인 성격의 서적도 많이 발간되었다.

도래전: 중국 등에서 일본으로 유입되어 거래에 사용된 주화.

세계사를 크게 바꾸게 될 **화약**은 당 왕조에서 제작 기술이 처음 알려졌는데, 전투에서 실제로 사용할 수준으로 성능이 개선된 것은 송 왕조에 이르러서였다. 화약을 이용하는 화총(火銃), 화창(火槍), 화포(火砲) 등의 무기 개발이 병행되면서 가능해진 일이었다. **나침반**도 세계사적인 중요성을 지닌 발명품이었다. 자석을 갈아 바늘 모양으로 만들어 나침반을 제작하는 방식은 송대에 개발되었고, 늦어도 12세기에는 실제로 항해에 사용되었다. 12세기 말에는 나침반이 이슬람 세계를 통해 유럽으로 전파되었다. 1086년에 소송(蘇頌)이 제작한 기계식 시계는 송대의 기술 진보를 상징하는 또 하나의 발명품이었다. 높이 12m에 달하는 이 기계는 시간을 알려 줄 뿐만 아니라 해, 달, 행성의 움직임을 추적할 수 있는 장치였다.

소송(1020-1101): 송나라의 관리이자 과학자로 체인 전동 장치를 이용한 대형 시계를 제작하였다. 이 시계는 1127년 카이펑을 점령한 금(金)에 의해 파괴되었다.

농업과 공업의 발달은 **상업의 번영**으로 이어졌다. 도시와 배후지 농촌 간의 거래가 빈번해지고 규모도 확대되었다. 상거래가 활발해지고 상업 활동의 지리적 영역이 확대되면서 상인 조합인 행(行)의 영향력이 강대해졌다.

그림 6-20

송나라 농촌의 생활 12세기 송나라 시기의 그림으로 농촌에서 사람들이 집안과 바깥에서 생활하는 모습이 묘사되어 있다.

그림 6-21

최초의 지폐 세계 최초로 사용된 지폐인 교자. 송나라 때에 전국적으로 유통되었다.

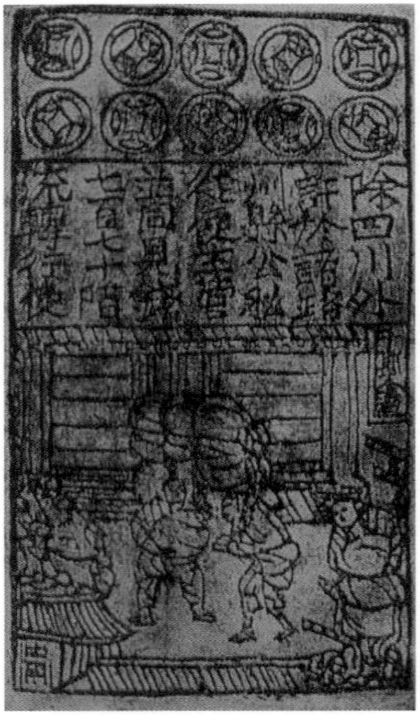

교자: 중국 쓰촨(四川) 지방에서 발행되었던 가장 오래된 지폐. 1023년 정부의 승인을 얻었고 유통도 널리 되었으나 이후 재정난 타개를 위해 남발됨으로써 가치가 폭락하였다.

징더전요: 장시성에 위치한 중국의 대표적 도자기 산지. 송대와 원대에도 많은 도자기를 생산하였으며, 명대 초에 관영 가마가 설치되면서 최대 산지로서 명성을 구가하였다.

그림 6-22

송나라의 선박 북송 시대에 강줄기를 따라 화물을 운송하는 데 사용된 선박들.

장거리 무역업에서 큰 이익을 남기는 대상인도 등장하였다. 상업 발달에 힘입어 도시가 성장하였으며, 도시 내에서의 영업 활동이 과거에 비해 한층 자유로워졌다. 점포명이나 장인의 이름을 제품에 표시하는 사례가 빈번해진 것으로 보아 상표와 광고의 중요성에 대한 인식도 깊어진 것으로 보인다. 도시민과 상인의 요청에 따라 통행 금지가 해제되었고 야시장이 번성하였는데, 이런 변화들이 서민 문화의 확산과 발을 맞추어 발생하였다. 한편, 금융업의 발전도 뒤따라 나타났다. 약속 어음의 사용이 확산되었고, 동전의 유통이 전국적으로 이루어졌으며, **세계 최초의 지폐**인 교자(交子)가 발행·유통되었다. 화폐 사용이 증가하면서, 국가의 조세 수취도 화폐의 형태로 이루어지는 비율이 늘어났다. 11세기 후반에는 국가 재정 수입의 절반이 화폐 형태로 들어왔다.

　　대외 무역도 활발히 이루어졌다. 육상 교역로를 통해서는 서역의 위구르인이 상업에 뛰어난 능력을 보였으며, 남중국해와 인도양에서는 아랍인이, 그리고 동아시아에서는 한국인과 일본인이 활발히 교역하였다. 송이 수출한 주요 품목으로는 직물, 칠기, 철기류, 서적 등이 있었고, 특히 도자기는 당대에도 이미 수출되었지만 14세기를 전후해서 국가의 정책적 지원을 받아 더욱 번성하였다. 장시성(江西省)의 징더전요(景德鎭窯), 저장성(浙江省)의 룽취안요(龍泉窯), 허베이성(河北省)의 딩요(定窯) 등이 수출용 도자기를 대량으로 생산한 유명 가마터였다. 이곳에서 생산된 도자기들은 광저우, 밍저우(明州) 등의 무역항을 통해 정크선에 실려 수출되어 동쪽으로는 한국과 일본으로, 남쪽으로는 동남아시아와 남중국해 연안, 그리고 서쪽으로는 아랍과 유럽으로 보내졌다. 이러한 수출 활동에 힘입어, 12세기 초에 무역을 통해 수취한 조세가 정부 수입의 20%나 되었다.

중국의 무역선

송나라의 주욱(朱彧)은 1119년에 저술한 『평주가담』(萍州可談)이라는 책에서 당시 중국에서 무역에 이용되었던 선박에 대해 다음과 같이 묘사하였다.

가장 큰 배는 수백 명의 선원을 태울 수 있다. 그런 배의 선장은 화물이 다 선적될 때까지 출항하지 않으며, 선원들의 숫자는 위험한 바다를 항해해도 될 만큼 충분하다. 다른 나라에서는 중국의 온갖 종류의 물자에 대한 수요가 매우 높으므로 대형 선박을 사용하는 건 언제나 위험이 따른다. 배에 수많은 상인들은 각각 창고를 할당받고 자기 물건 옆을 떠나지 않는다. 선원들은 바람이나 파도는 겁내지 않지만 표류하는 것은 두려워한다. 왜냐하면 그런 일이 생기면 그 배는 다시 바다로 나가기 어렵기 때문이다. 그리고 어떤 일로 배가 안에서 수리하기 힘들 만큼 파손되면 선장은 외국 노예들(아마도 아랍인들이 아시아에 팔아넘긴 아프리카 흑인들)에게 물속에 뛰어들어 고치라고 명령한다. 이들은 수영 솜씨가 뛰어나기 때문에 물속에서도 눈을 감지 않는다.

자료: 과달루피(2004), 26쪽.

송대의 경제적 번영은 **재정적 기반**의 강화로 나타났다. 정부의 주요 재정 수입원은 크게 지세(地稅)와 상세(商稅)로 양분할 수 있었는데, 양자 모두로부터 세입이 안정적으로 확보되어 양호한 재정 상태를 유지할 수 있었다. 경제적 번영의 또 하나의 지표는 인구였다. 5,000만-6,000만 명을 넘지 못하였던 중국의 인구는 이 시기에 크게 증가하여 11세기 초에 9,000만 명에 이른 것으로 추정된다.

송 왕조의 최대 약점은 취약한 군사력이었다. 여기에는 문(文)을 숭상하고 무(武)를 천시한 송의 이념적 체제도 작용을 하였지만, 북방 지역을 장악하지 못해서 발생한 군마의 부족과 같은 실질적 요인도 크게 작용하였다. 송은 화약 무기의 개량, 보병의 확충, 해군력의 강화 등을 통해 약점을 보완하였지만, 주변의 강성한 세력, 특히 기마 부대 중심으로 짜인 군대에게 고전을 면치 못하는 경우가 많았다. 송은 이런 국방 문제를 외교적 방법으로 해결하고자 하였다. 이미 송은 거란족이 세운 요(遼, 916-1125)의 공세에 밀려 1004년에 화친 조약 – 이른바 전연

그림 6-23

차를 마시는 북방인 오래 전부터 차마고도를 통해 중원으로부터 수입한 차는 거란과 여진 등 북방 민족들이 즐긴 음료였다.

그림 6-24

중국의 명품 12세기 송나라의 여인들이 고급 비단 천에 다리미질을 하고 있다.

(澶淵)의 맹약(盟約) - 을 맺고 해마다 은 10만 냥과 비단 20만 필을 지급하기로 한 바 있었다. 이 화평은 100년 이상 지속되었다. 송은 새로 부상한 서하(西夏, 1038-1227)

와도 1044년 화친 조약을 맺었다. 표면적으로는 서하가 신하의 지위를 받아들이는 형태였지만, 실제 내용 면에서는 송이 해마다 은 5만 냥, 비단 13만 필, 차 2만 근을 서하에 보내기로 합의하였다. 또한 여진족이 건립한 금(金, 1115-1234)이 요를 멸망시키고 송을 남쪽으로 압박하면서 남송(南宋) 시대가 열렸는데, 남송은 금과의 조약을 통해서 매년 은 25만 냥과 비단 25만 필을 지급해야만 하였다. 이렇듯 송의 정치적 평화는 막대한 경제적 비용을 수반한 것이었다.

몽골의 원정과 원대의 사회

칭기즈 칸(1162-1227): 몽골의 유목 민족을 통일하고 제국을 건설한 통치자.

그림 6-25

말의 사육 유목 사회에서 출발한 원 왕조에게 말은 중요한 자원이었다. 말에게 사료를 주는 원대의 그림.

몽골의 수많은 부족을 통합하면서 광대한 제국을 형성한 칭기즈 칸(成吉思汗, Chingiz Kahn)과 그의 후예들은 세계사에 중요한 발자취를 남겼다. 1211년에 몽골의 부족들을 통합하는 데 성공한 칭기즈 칸은 그 후 대대적인 정복을 통해 중앙아시아 각지를 점령해 갔고, 마침내 동쪽으로 연해주에서 서쪽으로 카스피해에 이르는 광활한 지역을 차지하였다. 칭기즈 칸의 확장 정책을 이어받은 몽골 지도자들은 1230년대에 서방 원정에 나서 러시아의 모스크바와 키예프를 함락시킨 후 중부 유럽으로 선회하여 신성 로마 제국과 폴란드를 격파하였다. 칭기즈 칸의 손자인 쿠빌라이 칸은 서방 원정을 통해 바그다드를 파괴하고 아바스 왕조를 멸망시켰다. 그는 적극적인 공략 끝에 마침내 남송을 멸망시키고 중국 대륙을 통일하여 원(元) 왕조(1271-1368)를 건립하였으며, 남으로는 버마, 동으로는 고려를 점령하였고 나아가 일본까지 두 차례 공격하였다. 티베트도 몽골의 지배하에 들어갔다.

화약 무기의 개발 송대에 개발된 화약 무기는 원대를 거치면서 성능이 향상되고 다양한 형태의 무기로 개량되었다.

　몽골군의 정복 과정에서 초기에는 말과 단궁이 군사력을 결정한 중요한 요인이었는데, 점차 화약과 화포의 중요성이 증가하였다. 화약을 이용하는 무기는 적어도 12세기 초반에 송에 의해 개발되었고 실전에서도 사용되었지만, 곧 인접한 국가들에게 전파되었다. 13세기 초에 금이 송을 공격할 때 철제 통에 폭발 효과를 높인 화약을 채워 넣은 진천뢰(震天雷)와 같은 무기를 사용하였다고 전해진다. 그리고 13세기 후반에 몽골군이 송을 공격할 때에는 아랍 기술자들이 제작한 회회포(回回砲)가 혁혁한 공을 세웠다. 회회포는 사람의 힘을 이용하는 대신 추의 반발력을 이용한 탄환 투척기였다. 화약과 화약 무기 자체는 애초에 송에 의해 개발되었지만, 몽골은 해외에서 기술을 도입하고 개량해서 더 성능이 좋은 무기를 생산할 수 있었던 것이다.

쿠빌라이 칸에게 여권을 하사받는 마르코 폴로의 가족 이탈리아 출신인 이들은 이 여권을 지니고 있어서 원나라 이곳저곳을 돌아다니는 데 불편함을 겪지 않았다.

　원은 국민을 네 집단으로 구분하여 관리하였다. 첫째 집단은 제국의 주인공이라 할 수 있는 몽골인이었다. 둘째는 색목인(色目人)으로, 서역의 이슬람인이 주류를 이루었는데, 특히 상업에 능하였다. 셋째는 한인(漢人)으로, 이 범주에 화북의 중국인뿐 아니라 거란인, 여진인, 고려인도 포함하였다. 마지막으로 남인(南人)은 몽골에게 끝까지 저항하였던 남송 출신의 중국인이었다. 원의 신분제는 공직 임명, 조세 징수, 형벌 부과 등 사회의 여러 측면에서 차별의 기초가 되었다. 최고위직은 몽골인의 차지였지만, 다른 민족들도 관직에 등용되는 기회를 잡은 경우가 많았다. 이들은 종교적으로도 이슬람, 불교 등 다양하였다.

원의 통치자들은 제국의 원활한 운영을 위해 **교통망을 확충**하는 것이 필수적임을 알았다. 쿠빌라이 칸이 수도로 정한 베이징으로부터 전국의 주요 도시들을 잇는 방사형의 간선도로[大公道]가 정비되었고, 10리 간격으로 잠치(站赤, Jamchi)라고 하는 역참(驛站)이 설치되어 여행하는 관리와 군대 및 사신에게 마필과 숙박이 제공되었다. 역참의 관리에 소요되는 물자나 노동력은 인근의 주민들부터 충당하였다. 역참제는 원래 군사적 필요성에 의해 마련된 것이었지만, 제국이 안정되면서 육상 통상로를 오가는 무역상들에게도 큰 도움이 되었다.

잠치: 몽골 제국의 역참. 본래 잠치는 몽골어로 역참의 역장을 의미하였다.

팍스 몽골리카의 전개

쿠빌라이 시대의 세계사적 중요성은 **개방적인 정책**을 실시한 점에 있다. 그는 송 왕조의 통치 체제를 많이 참조하였고, 한족(漢族)을 포함한 다양한 출신자들에게 군대의 지휘를 맡겼으며, 서역의 다양한 종족 출신들에게 관료직을 맡기기도 하였다. 몽골은 서역에서 들어온 문화를 중시하였고, 티베트로부터는 라마교를 수용하였으며, 서양인에 대해서도 관대한 정책을 폈다. 이런 정책에 힘입어 몽골 제국은 광대한 영토 내에 존재하는 수많은 이질적 요소들을 포용하는 다문화 체제를 이루었다.

쿠빌라이가 새 수도로 정한 대도(大都, 현재의 베이징)를 중심으로 원은 국제적 교역과 교류를 활발히 전개하였다. 개방적인 국가 정책 덕택에 마르코 폴로와 같은 방문객이 오래 머물면서 활동을 할 수 있었고, 결국 고향인 베네치아로 돌아가는 길에 저술한 그의 저서를 통해 많은 유럽인들이 중국

표 6-2 500-1500년 실크로드를 통해 교역이 이루어진 주요 상품과 그 생산지

지역	대표적 교역품
중국	비단, 대나무, 거울, 화약, 종이, 대황, 생강, 칠기, 국화
중앙아시아와 시베리아	모피, 바다코끼리 상아, 호박(보석), 말, 매, 구리 그릇, 노예
인도	면직물, 약초, 보석류, 향신료
서아시아	대추야자, 견과류, 말린 과일, 염료, 청금석, 도검류
지중해 연안	금화, 유리 제품, 포도, 보석, 공예품, 향수, 마직물, 올리브유

자료: Strayer(2010), 337쪽.

에 관한 지식을 얻고 호기심을 키울 수 있게 되었다. 외교적 목적을 띤 교류도 이루어졌다. 마르코 폴로에 앞서 교황의 명을 받은 프란체스코회 수도사 카르피니(G. Carpini)나 프랑스 왕의 대사인 뤼브룩(G. Rubrouck)이 원을 방문하였고, 이들의 여행 기록은 제한적이나마 유럽 사회에 중국을 알리는 역할을 하였다. 한편, 원나라도 유럽에 여러 차례 사신을 보냈다. 제노바 출신으로 몽골에 정착하였던 부스카렐로(Buscarello de Ghizolfi)가 대표적인 몽골 사신이었다. 이들의 이동 경로였던 오아시스 길뿐만 아니라 제국 남부의 여러 항구 도시도 국제적인 교역과 교류의 창구였다. 당과 송에 이어 원에서도 주요 항구에 시박사를 설치하여 관세 징수와 항구 관리 임무를 수행하였는데, 특히 취안저우에 설치된 시박사는 규모가 가장 컸다. 이 항구들에서는 다양한 국적의 무역선들이 북적였고, 일본 원정 과정에서 국교가 단절되었던 일본으로부터도 사무역 상인과 유학생을 통한 교류가 이어졌다.

카르피니(1182?-1252): 교황 이노센트 4세의 명에 따라 중국의 내정을 파악하고 포교를 할 목적으로 육로로 몽골의 카라코룸에 도착하여 칸의 즉위식을 보고 회신을 받아 돌아갔다. 그가 교황에게 제출한 복명서가 몽골의 사정을 전한 유럽인 최초의 문서다.

뤼브룩(1220?-1293?): 기독교 선교를 위해 1254년에 원에 입국한 프란체스코회 수도사.

문헌 자료 6-3

이븐 바투타의 여행기

이븐 바투타는 아시아, 아프리카, 유럽의 세 대륙에 걸쳐 무려 12만km를 돌아다니며 관찰하고 경험한 바를 연대기 형식으로 기술하였다. 중국에 관한 그의 서술에는 지폐, 석탄 등에 대한 자세한 묘사가 등장한다.

중국 사람들은 디나르나 디르함 같은 금은 경화를 사용하지 않는다. 금은 경화는 생기기만 하면 앞에서 말한 것처럼 주조하여 덩어리를 만든다, 매매는 지폐를 통해 이루어진다. 지폐는 손바닥 크기의 종이 조각인데, 술탄의 옥새가 찍혀 있다. 25장을 발리슈트라고 부르는데, 우리의 디나르란 뜻이 되겠다. 만일 지폐가 사람 손에 의해 찢어지거나 하면 우리네의 전폐소 비슷한 곳에 가지고 가서 해진 것을 주고 새 것으로 바꾼다. 교환할 때에는 수수료 같은 것은 전혀 지불하지 않는다. 왜냐하면 이러한 교환 업무를 맡아 보는 사람들의 생활비는 술탄으로부터 지급되기 때문이다. 이 교환소는 한 고위 아미르가 위임받아 관장하고 있다. 만일 어떤 사람이 은화나 금화를 가지고 시장에 가서 물건을 사려고 하면 시장에서는 받지도 않거니와 거들떠보지도 않는다. 발리슈트로 환전해야 필수품을 구입할 수 있다.

모든 중국 사람이나 거란 사람들이 쓰는 탄은 우리네 도토 비슷한 점토인데, 색깔은 도토색이다. 코끼리로 운반해서는 우리네의 목탄 덩어리 크기만큼의 덩어리로 자른다. 불을 피우면 목탄처럼 타는데, 그 열은 목탄불 열보다 더 세다. 타서 재가 되면 거기에 물을 부어 반죽한 다음 말렸다가 다시 화석 연료로 쓴다. 이렇게 완전히 재가 되어 없어질 때까지 반복 사용한다. 앞에서 언급하다시피 이러한 점토에다가 다른 돌을 첨가해서 도기를 만든다.

자료: 이븐 바투타(2001), 324-325쪽.

이렇듯 13세기 중반 이래 약 1세기 동안 원의 지배로 유라시아의 드넓은 지역이 단일한 질서하에 놓이게 되었고, 그에 따라 **실크로드 교역의 전성기**를 맞게 되었다. 실제로 상인, 학자, 종교인 할 것 없이 여행자는 누구든 정부가 발급하는 증명서만 보유하면 제국 내 어디든 간에 신변의 위협을 받지 않고 방문을 할 수 있었다. 흑해 연안에서 동아시아까지 무역의 흐름이 끊임없이 이어진 이른바 '팍스 몽골리카' 시대였다. 14세기 중반 몽골 제국이 여러 칸들의 영토로 분할되어 무역과 교류의 범위가 좁아질 때까지 팍스 몽골리카 시대는 동서양 교역의 전성기라는 명성을 얻었다. 모로코의 이븐 바투타(Ibn Batutah)가 역사적인 여행기에서 중국에 대해 기록을 남긴 것도 팍스 몽골리카 시대의 일이었다.

중세의 유라시아 무역망

몽골 제국이 안정적 체제를 구축하고 개방적인 정책 기조를 유지한 시기에 세계적으로 **무역 활동이 번창**하였다는 사실에는 의문의 여지가 없다. 아부-루고드(J. Abu-Lughod)는 13세기 중반부터 유럽 서부 지역에서 아시아 동부 지역에 이르는 공간에 총 8개의 **무역 회로**가 부분적으로 상호 중첩하면서 작동하고 있었다고 주장하였다. 이 무역 회로들이 몽골 제국 시대에 교역을 통해 연결됨으로써 아시아와 이슬람 세계 및 유럽이 하나의 세계 체제를 이루었다고 보았다. 그림 6-28은 이 무역 회로들을 지도상에 표시하고 있다.

첫째 무역 회로는 유럽의 북부–중부–남부 상권을 포괄하는 유럽 무역망이고, 둘째 무역 회로는 지중해를 지리적 매개체로 해서 유럽을 이슬람 지역 및 중앙아시아로 연결하는 무역망이다. 셋째 무역 회로는 동유럽에서 육상 통상로를 통해 동아시아까지 연결되는 무역망으로, 팍스 몽골리카의 영향력이 가장 두드러지게 작동한 곳이라고 볼 수 있다. 넷째와 다섯째 무역 회로는 각각 메소포타미아에서 페르시아만을 거치고 호르무즈 해협을 지나 아라비아해로 이르는 무역망과 이집트에서 홍해를 거쳐 아라비아해로 연결되는 무역망으로서, 이슬람 상인들의 활동이 중심을 이룬 곳이다. 나머지 세 무역 회로는 인도양 전역과 남중국해를 아우르는 해상 무역망들이다. 여섯째 무역 회로는 아프리카 동부–아라비아반도 남단–인도 서부의 아라비아해

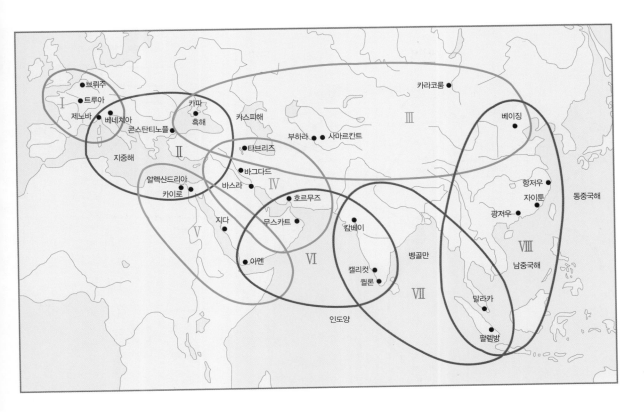

그림 6-28

유라시아의 무역 회로 아부–루고드가 13세기를 기준으로 작성한 유라시아 대륙의 국제 무역 회로. 총 8개의 무역 회로가 중첩되어 세계적 무역 네트워크를 완성하고 있다.
자료: 아부–루고드(2006).

무역망이고, 일곱째 무역 회로는 인도 동부–벵골만–동남아시아 서부를 연결하는 무역망이며, 여덟째 무역 회로는 동남아시아–중국 연안을 포괄하는 남중국해 무역망이다. 이 세 무역 회로들은 무역풍의 존재로 인해 구분되는 속성을 지니고 있었다. 계절적으로 바람의 방향이 일정하기 때문에, 무역선들의 항해는 풍향과 지리적 거리라는 두 변수에 의해 범위가 한정될 수밖에 없었다. 인도양과 남중국해를 잇는 통상로가 세 무역 회로로 구분되는 이유가 바로 여기에 있었다.

한편, 유례없이 활성화된 교역과 교류는 유럽에서와 마찬가지로 새로운 질병의 창궐이라는 예기치 않은 부산물을 낳았다. 1330년대에 발생한 흑사병은 중국에서도 수많은 희생자를 발생시켰으며, 이후 여러 차례에 걸쳐 재발하면서 중국의 인구와 경제에 타격을 입혔다. 특히, 유럽에서 흑사병이 유행하기 직전인 1351-1354년에 발병한 흑사병으로 화이허강 유역에서는 사망률이 50%에 이르는 엄청난 재난이 발생하였다. 감염병의 창궐은 원 왕조의 사회적 기반을 크게 약화시켰고, 결국 중앙 정부의 권력 투쟁과 맞물리면서 제국의 쇠퇴로 이어지게 되었다. 애초에 원의 경제 정책은 상업 발달에 초점

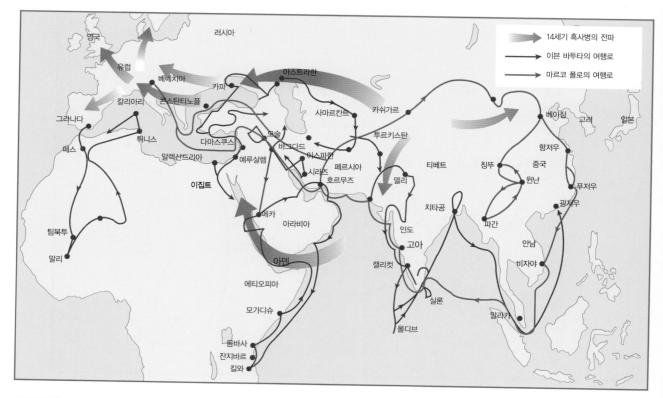

그림 6-29

흑사병의 세계적 전파 경로
자료: Spodek(2006), 420쪽.

을 맞추고 있었으므로 여기에서 소외된 농민층은 불만이 컸다. 또한 국가가 남송인(南宋人)을 차별하는 정책을 폈기 때문에 그들의 반발도 사회 불안의 요소로 작용하였다. 결국 지방으로부터 시작된 저항의 움직임이 점차 전국으로 확산되면서 원 왕조는 돌이킬 수 없는 쇠락의 과정으로 빠져들게 되었다. 1351년 대규모 치수 사업을 위해 동원된 농민 세력이 일으킨 홍건적의 난은 제국에 최후의 일격을 가하였다. 14세기 중반에 전개된 이러한 역사적 변화의 결과로 팍스 몽골리카와 세계적 무역망은 종언을 맞게 되었다.

그림 6-29는 구세계에서 발병한 흑사병의 전파 경로를 보여 준다. 내륙 통상로의 양 끝에 위치한 유럽과 중국이 흑사병으로 인해 큰 타격을 입었을 뿐만 아니라, 무역과 종교적 순례를 통해 사람들 간의 교류가 왕성하였던 인도와 아라비아반도 등도 흑사병을 피할 수 없었다는 것을 알 수 있다. 이 시대에 가장 대표적인 두 장거리 여행자인 이븐 바투타와 마르코 폴로의 여행 경로도 함께 표시되어 있다.

카이로의 역병

흑사병은 구세계 전역에 걸쳐 창궐하였다. 이집트 맘루크 왕조기의 역사가인 알-마크리지(Ahmad al-Maqrizi)는 1349년 카이로를 덮친 역병의 충격을 다음과 같이 묘사하였다.

[1349년 1월] 새 증상이 나타났고 사람들은 피를 내뱉기 시작했다. 한 환자는 체열이 높아지고, 참을 수 없는 구토 증세를 보이더니, 피를 뿜고서 죽었다. 환자의 집에서 가까이 있었던 사람들도 하나씩 병에 걸렸고, 하루 이틀 밤 사이에 모두 숨졌다. 모두가 죽음이 임박했다는 염려에 사로잡혀 지냈다. 사람들은 가난한 이들에게 자선을 베풀고, 다른 이들과 화해를 하고, 몇 배나 많은 기도를 하면서 죽음을 준비하였다.

아무도 의사를 보거나, 물약을 먹거나, 다른 약을 먹을 틈도 없이 아주 빨리 죽어 갔다. [1월 7일까지] 거리와 장터에 시신이 쌓여 갔다. [도시 지도자들은] 장례반을 임명하였고, 몇몇 독실한 이들은 카이로 신구 시가지의 예배소에 계속 남아서 망자를 위한 위령 기도를 암송하였다. 상황은 걷잡을 수 없게 악화되었고, 아무런 해결책도 없어 보였다. 왕실 호위대는 거의 사라졌으며, 술탄이 거주하는 성채의 막사에는 병사가 남아 있지 않았다.

...

사람들이 장례식에서 코란을 낭독할 사람을 찾기 시작하자, 많은 이들이 장례 행렬의 선두에서 기도문을 암송하기 위해 자신의 직업을 버렸다. 일부는 묘소 안쪽에 진흙을 바르는 일을 담당했다. 시신을 닦는 일을 맡기로 지원한 사람도 있었고, 시신을 나르는 사람도 있었다. 이 지원자들은 상당한 임금을 받았다. 예를 들어, 코란을 암송하는 사람은 10디르함을 벌었다. 이들은 한 장례식이 끝나자마자 곧바로 다음 장례식을 향해 뛰어갔다. 시신 운구자는 6디르함을 선불로 요구하였는데, 그나마도 이런 사람을 구하기 어려웠다. 무덤 파는 일을 하는 사람은 한 무덤에 50디르함을 요구하였다. 그러나 이들도 대부분 자신이 번 돈을 미처 써보기도 전에 죽어 갔다.

자료: Gettleman and Schaar(2003), 52-53쪽.

일본의 변화

고대 일본에서는 국가가 개인에게 과세하는 율령제가 통치 체제의 기초를 이루었으나, 헤이안 시대(平安時代)에 이르러서는 토지를 과세 대상으로 삼게 되었다. 이런 변화는 민간 유력자에게 국가의 여러 권한이 위임되고 현지에 파견된 수령이 이를 관리하는 통치 체제가 성립하였음을 의미하는 것이었다. 10세기 이후 중앙 집권적 체제가 존속하기는 하였지만, 지방에서는

헤이안 시대(794-1185): 지금의 교토(京都)인 헤이안쿄(平安京)로 천도하였던 794년에 시작한 일본의 중세 전기 시대.

몽골군과 일본군 1281년 원나라의 군대는 고려 군대를 동원하여 일본 정벌에 나섰지만 실패하였다. 그림은 몽골군과 일본군이 선상 전투를 벌이는 모습.

가마쿠라 막부(1192-1333): 일본 최초의 무사 정권. 교토 근교의 가마쿠라에 기반을 두었으며, 교토에는 조정을 감시하는 기구를 설치하였다. 교토의 귀족 문화와 가마쿠라의 사무라이 문화가 구분되어 발전하였다.

자: 일본 상공업자들의 동업 조합.

무장 세력이 토지를 찬탈하면서 공적 치안이 부재한 상황이 발생하였다. 이 시기에 무예에 능한 세력이 중앙 정부나 지방에서 권력에 접근하게 되는데 이들이 무사(武士) 계급의 기원이 되었다. 또한 11세기 중반부터는 지방의 호족과 귀족들이 스스로 개간한 농지를 사유화하고 자체 무장을 하게 되는데, 이에 따라 지방 영주로서의 무사가 등장하였다. 이들이 토지를 상위의 권력자에게 기진(寄進)하는 사례가 늘어나고, 이것이 사회 전체적으로 피라미드형 구조를 만들면서 일본의 장원제가 발달하게 되었다. 이에 따라 영주는 유력한 농민에게 경지를 할당하였고, 농민은 다시 경지의 일부를 예속적 농민에게 경작시키고 세금과 부역을 영주에게 납부하였다.

　가마쿠라 막부(鎌倉幕府) 시대에 영주의 장원 체제는 계속되었다. 영주는 세금이 면제된 직영지를 영지 내의 농민과 예속 농민에게 경작시켰고, 경지를 개발하고 경영하는 역할도 수행하였다. 이 시기에 농업 생산이 크게 증가하였다. 벼 품종과 농기구가 개량되고, 시비법이 향상되었으며, 이모작이 도입되고, 축력이 사용되면서 생산력이 증대되었다. 농촌 수공업도 발달하여 생사, 마포, 종이, 염료 등의 생산과 판매가 증가하였다. 교토(京都), 나라(奈良), 가마쿠라 등 큰 도시에서는 상설 시장이 열렸고, 교통의 요지에서는 정기시가 개설되었다. 도로가 정비되고 역참이 설치된 것도 전국적인 시장 발달에 도움을 주었다. 상공업자들은 동업 조합인 자(座)를 결성함으로써 사업의 안정성을 증대시킬 수 있었다. 자는 중앙 권력에게 영업세를 납부하고 그 대신에 독점적인 생산 및 판매 권한을 부여받았다. 화폐 경제도 발달하여, 영주에게 헌납하는 공납도 화폐로 보내지는 사례가 증가하였다. 전문적 금융업자가 성장하였고, 이들이 장거리 대금 결제의 수단으로 어음을 사용하는 일도 잦아졌다. 송나라로부터 다량의 동전이 유입되어 한때 정부가 유통을 금지하기까지 한 사실은 양국 간에 교역이 대규모로 이루어졌음을 보여 준다. 일본 서부 지역에 송나라 상인의 거류지가 형성된 사실도 대외 교역이 활발하게 진행되었음을 말해 준다. 가마쿠라 막부는 두 차례에 걸친 몽골의 침략 – 1272년과 1281년 – 을 물리치는 등 원나라와 군사적으로 대치하였다. 그러나 전후에는 원의 개방적 통상 정책과 맞물려 무역을 재개하였다.

고려의 신안 앞바다에서 침몰한 원의 무역선은 일본과 중국의 활발한 무역 관계를 보여 주는 좋은 예이다. 고려와도 무역을 하였는데, 주로 유황, 수은, 도검 등을 수출하고 고려로부터 식량, 인삼, 서적 등을 수입하였다.

고려의 경제

고려 시대에는 화폐의 주조가 처음으로 이루어졌다. 아직 쌀과 베 등의 물품이 화폐로 널리 사용되고 있었지만, 철전, 동전, 고액 화폐인 은병 등 다

그림 6-31

고려의 통상로와 무역품
자료: 한국교원대학교 역사교육과 교수진 (2004), 79쪽.

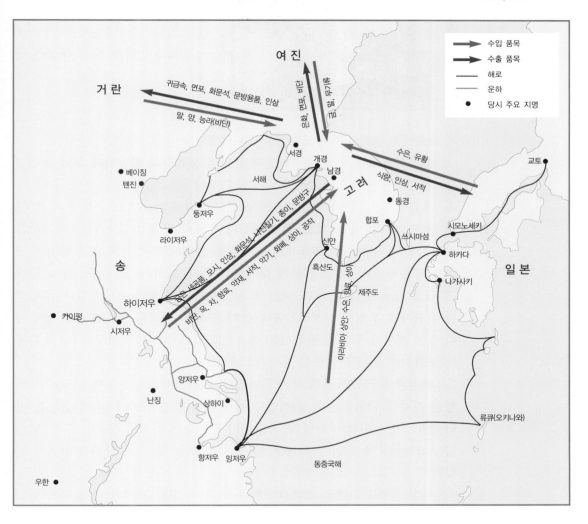

그림 6-32

의천(義天)의 건의 대각국사 의천은 화폐를 사용하여 얻는 이익에 대해 적극적으로 주장함으로써 고려에 주전도감이 설립되고 주조가 이루어지는 데 중요한 기여를 하였다.

양한 종류의 화폐가 주조되었다. 중국, 특히 북송에서 유입된 동전도 유통되었으며, 996년에 주조된 건원중보(乾元重寶)처럼 중국 동전을 모방한 화폐가 제작되기도 하였다. 동전의 유통은 승려 의천(義天)의 건의에 힘입은 바가 컸는데, 물품 화폐에 의존하던 문벌 세력을 압박하는 수단이 되기도 하였다. 정부는 조운 제도를 확립하였고, 수도 개성을 전국 각지와 연결하는 교통망을 정비하였다. 또 쌀, 금, 은, 구리, 소금 등 공물 수취의 효율성을 높이기 위해 도량형을 정비하였다.

대외적으로는 대형 무역선을 운항하여 **송나라와 활발하게 교역**을 벌였다. 고려에서 중국으로 수출한 무역품으로는 금, 은, 인삼, 화문석, 종이, 청자, 나전칠기, 잣 등이 있었고, 중국으로부터의 수입품으로는 차, 도자기, 동전, 서적, 약재, 비단, 향료, 물소 뿔, 악기 등이 있었다. 『고려사』의 기록을 보면, 260여 년 동안 적어도 120회에 걸쳐 총 5,000명 이상의 송 상인들이 고려를 방문하였다. 한편, 일본에 대해서는 인삼, 호피, 면포, 마포, 서적, 대장경, 곡물 등을 수출하였고, 유황, 금, 은, 향로, 침향 등을 수입하였다. 주변국과의 관계가 우호적인 것만은 아니었다. 고려를 침략한 원나라의 요청에 따라 일본 정벌에 필요한 원정선을 건조하고 군대를 파견하였고, 왜구의 활동에 대항하여 군사적 공세를 취하기도 하였다.

서역과의 교류도 활발히 이루어졌다. 아라비아의 상인들이 고려의 무역항에 자주 드나들었는데, 11세기 기록에 따르면 한꺼번에 100명이 넘는 아라비아 상인들이 입국하였다. 아라비아 상인들이 가져온 물품은 수은, 점성향(占城香), 몰약(沒藥), 용치(龍齒), 대소목(大蘇木) 등 주로 약재와 염료가 많았다.

무신 정권(武臣政權, 1170-1270)이 무너진 후 고려는 80여 년에 걸쳐 원의 부마국(駙馬國) 신세가 되었다. 해마다 다수의 공녀(貢女)는 물론, 막대한 양의 금, 은, 마포, 모시, 매, 인삼 등의 특산품을 원에 보내야 하였다. **원과의 교류**는 장기적으로 매우 중요한 문물의 도입을 낳았다. 성리학, 면화, 화약 제조 기술, 수시력 등이 모두 이 시기에 들어왔다. 한편, 원의 언어, 복장 등 이른바 '몽고풍'(蒙古風)이 고려 사회에서 유행을 하였고, 반대로 고려의 의복과 장신구 등이 원에 전해져 '고려양'(高麗樣)이라고 불렸다.

제**2**부 세계 경제의 형성

새 질서의 대두

제1절 새로운 신호들

역사적 개념들

흑사병 창궐 이후에 유럽에서 발생한 일련의 역사적 사건들은 중세적 사회 질서와 경제 체제가 더 이상 유지될 수 없음을 보여 주었다. 새로운 변화의 신호들은 다양한 부문에서 다양한 형태로 나타났다. 이들은 근대 사회의 태동을 알리는 신호탄이었다.

첫째, 유럽의 문화적 조류에 대변화가 발생하였다. **르네상스**(Renaissance)라고 일컬어지는 새 사조는 용어가 의미하듯이 새로운 탄생을 의미하였다. 오랫동안 영향력을 발휘한 전통적인 서양사 해석에 따르면, 그리스 · 로마 시대의 찬란하였던 학문과 예술이 중세 '암흑기'를 거치면서 쇠퇴하였는데, 근대 초기에 이를 새롭게 부흥시킨다는 의미로서 르네상스라는 용어가 만들어진 것이다.

둘째, **지리 혁명**(Geographic Revolution)도 이 시기에 새롭게 등장한 역사적 사건을 묘사하는 용어이다. 유럽을 출발해 아프리카 남단을 돌아 인도양을 관통하는 인도 항로가 개척되고, 대서양을 건너 아메리카 대륙으로 진출을 하면서, 지구에 대한 서양인의 지식은 혁명적으로 변화하였다. 새로운 항로의 개척, 새로운 지도의 제작, 새로운 측량 도구의 사용, 지구 각지의 정확한 위치에 대한 지식의 축적 등을 포괄하는 개념으로 '지리 혁명' 또는 '지리상의 대발견'이라는 용어가 사용된다.

셋째, 중세의 전형적인 정치 체제는 봉건제에 기초한 분권적인 통치 질서였고, 주군이 다스리는 영토의 크기가 대체로 작았다. 이에 비해 새롭게 등장한 **절대 왕정**(Absolute Monarchy) 체제는 강력한 권력을 가진 군왕이 대규

르네상스: 14-16세기에 서유럽에서 진행된 문화적 변화. 고전 학문과 예술의 부흥을 통해 중세 암흑기를 극복하고 문명의 새로운 번영을 맞을 수 있다는 생각에 기초하였다.

지리 혁명: 기존에 알려지지 않았던 지구상의 지역을 탐사하여 지리적 지식의 범위를 넓히고 교류를 확대한 사건을 일컫는다.

절대 왕정: 절대주의적 이념에 근거하여 권력을 행사한 군주 중심의 통치 제도.

모 영토를 통치하는 형태였다. 기사를 대신해서 상비군이 군사력의 주축이 되었고, 관료제가 확충되면서 국민 국가(nation state)를 통치하는 새로운 방식이 자리를 잡게 되었다.

국민 국가: 일정한 영토와 주민을 통일된 법과 제도에 기초하여 단일 국가로서 통치하는 국가.

넷째, **종교 개혁**(Reformation)은 유럽의 종교 지도를 근본적으로 바꾸어 놓았다. 중세를 거치면서 강력한 지배력을 행사하였던 구교에 맞서 신교가 대두하면서 기독교 세계는 대분열을 맞이하였다. 이 변화는 세속 권력의 이해관계와 밀접하게 관련되어 있었고, 따라서 종교 개혁의 영향은 종교를 넘어 사회와 경제 전반에 엄청난 변화를 가져왔다.

종교 개혁: 16세기 구교의 세속화와 타락에 대한 반발로 시작하여, 신교가 독립적으로 등장하여 구교와 대립 구도를 형성하게 된 역사적 사건.

다섯째 개념은 **과학 혁명**(Scientific Revolution)이다. 중세의 신학적 우주관이 설득력을 잃고 새로이 합리적 추론과 실험을 통한 지식 체계가 지배적 담론으로 등장하게 된 역사적 변화를 의미하는 용어가 바로 과학 혁명이다.

과학 혁명: 갈릴레이의 지동설과 뉴턴의 만유인력의 법칙으로 대표되는 17세기 유럽 과학의 획기적 변화로, 기독교적 세계관을 이성적·합리적 세계관으로 바꾸었다.

여섯째, **중상주의**(Mercantilism)는 절대주의 국가들이 추구한 부국강병 정책과 이를 뒷받침한 사상 체계를 의미한다. 국제적 교역과 전쟁을 통해 귀금속을 최대한 확보하는 것이 국부 증진의 왕도라는 관념은 새 항로의 개설에 뒤이은 새로운 식민지의 개척과 같은 시대적 변화상을 반영한 것이었다.

중상주의: 대내적으로는 부국강병책을 쓰고 대외적으로는 보호 무역을 통한 국제 수지 흑자 확대에 중점을 둔 경제 정책.

시민 혁명: 부르주아 시민 계급이 봉건제와 절대 왕정 체제를 거부하고 자유와 평등을 가치로 하는 근대 국가를 지향한 변혁 운동.

마지막으로, **시민 혁명**(Civil Revolution)은 정치 권력이 군주로부터 시민 계급으로 이전되는 것을 의미한다. 절대 군주가 통치력을 상실하고 의회를 중심으로 한 상공업자 계층이 권력의 실질적인 보유자가 되는 변화는

그림 7-1

코페르니쿠스의 우주관 1543년에 제작된 지도에 그려진 태양계의 모습. 태양을 중심으로 지구가 공전한다는 코페르니쿠스의 주장에 입각해 있다.

법에 의한 통치, 국가 권력의 자의적 행사 제한, 경제 활동의 자유 보장 등 본격적인 근대 사회의 핵심적인 요소들을 포함하고 있다. 시민 혁명은 앞서 설명한 근대 초의 여러 변화들을 녹여 내어 근본적인 정치 변화와 사회 변화로 이끈 역사적 대사건이었다.

종합하자면, 르네상스, 지리 혁명, 절대 왕정, 종교 개혁, 과학 혁명, 중

상주의, 시민 혁명은 중세의 전통적 질서의 종언을 알리는 조종이자 새로운 시대의 서막을 알리는 신호탄이었다. 앞으로 자세히 살펴보게 될 이 역사적 과정들을 통해 중세의 성서적 세계관은 자연 과학적 세계관에 자리를 내주었고, 봉건제에 기반을 둔 분권적 사회 체제는 절대주의 국가 체제로 재편되었으며, 중세적 경제 질서는 중상주의적 질서로 전환되었고, 마침내 정치 권력이 시민 계층에게 이양되면서 근대 사회의 기본적 틀을 완성하게 되었다. 유럽으로서는 약 1,000년에 이르는 기간에 이슬람 사회 및 동아시아 사회에 비해 왜소하였던 지식 기반과 경제력이 이 시기를 거치며 조금씩 정비되면서 세계에 대한 주도권을 강화할 기회를 마련하였다.

그림 7-2

프랑스의 시민 혁명 프랑스 대혁명은 시민 혁명이 가장 큰 변혁을 가져온 사례였다. 그림은 국왕 루이 16세가 처형되는 모습.

내부적 변화와 외부적 영향

르네상스와 지리 혁명으로 시작되어 시민 혁명에 이르기까지의 일련의 변화는 기본적으로 유럽 내부에서 국가 간 상호 작용을 거치면서 발생하였다. 절대주의 군주들의 주요 관심사는 어떻게 하면 국가 간의 경제적·군사적·문화적 경쟁에서 우위에 설 수 있을까 하는 것이었다. 과학 연구의 장려, 탐험의 후원, 군대의 개편, 무기의 개발, 관료제의 개혁, 유명 예술가의 고용 등이 모두 이런 맥락에서 이루어졌다. 인접국에서 어떤 혁신과 변화를 추구하는지 군주들은 늘 면밀하게 관찰하였다.

그러나 근대 초에 유럽에서 발생한 변화들을 **유럽 내부적 요인들**만으로 설명하는 것은 편협한 시각이라고 볼 수 있다. 범세계적이고 장기적으로 본다면 유럽의 중대한 변화 중에는 **아시아로부터 받은 영향**에 의존한 것이 많기 때문이다. 첫째, 봉건적 질서가 무너지게 된 데에는 기사의 군사적 유용성이 줄어든 탓이 컸다. 그런데 이렇게 기사 계층이 상비군에게 자리를 내주게 된 데에는 중국에서 최초로 개발된 화약과 화약 무기가 유럽에까지 전해진 사실이 결정적으로 작용하였다. 화약 무기는 중국 송대에 본격적으로 사

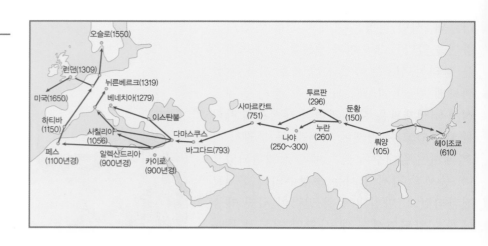

그림 7-3

제지법의 세계적 전파
자료: 정수일(2009), 360쪽.

구텐베르크(1394-1468): 서양 활판 인쇄술의 개발자. 금속 활자를 이용하여 『구텐베르크 성경』을 인쇄하여 서구 사회에 큰 영향을 끼쳤다.

정보 혁명: 인쇄술의 발달을 통해 지식과 정보의 입수·전파·보존이 용이해짐으로써 중요한 사회적 변화가 발생하는 현상.

용되기 시작하였는데, 이것이 아랍을 거쳐 유럽으로 전파되었다. 둘째, 나침반은 11세기경에 중국에서 발명되어 12세기에는 직접 항해에 사용되었다는 기록이 있다. 이것이 12-13세기에 이슬람 세계를 통해 유럽으로 전파되었는데, 그 이후 유럽에서 성능이 개선되어 14-15세기 장거리 항해의 필수품이 되었다. 셋째, 일찍이 중국에서 발명되었다가 이슬람 세계를 거쳐 유럽에 전파되었던 종이, 그리고 한국과 중국에서 이미 널리 사용되고 있었지만 유럽에서는 구텐베르크(J. Gutenberg)에 의해 1440년경에 새로이 만들어진 금속 활자가 결합하면서 출판의 대중화를 이룰 수 있었다. 이는 종교 개혁의 확산에 크게 기여하였다. 종이를 제작하는 기술은 105년에 중국에서 발명되었는데, 751년 탈라스 전투에서 당을 격파한 이슬람군이 제지술을 보유한 중국 군인들을 사마르칸트로 데려감으로써 제지술이 전파되었다. 이후 바그다드(793), 이집트(900), 스페인(1150), 영국(1309)으로 전파되었다고 알려져 있다. 새 인쇄술이 유럽 사회에 끼친 영향은 여기에서 끝나지 않았다. 1450-1500년 사이에만 해도 유럽에서 무려 2,000만 권에 달하는 인쇄본이 출간되었다. 이런 **정보 혁명**이 유럽에서 학문 발전과 지식 보급에 많은 공헌을 한 것은 당연하였다. 인쇄술의 발달이 없었다면 과학 혁명도 지연되었을 것이라는 주장은 바로 이런 맥락에서 나온다.

제2절 르네상스와 지리 혁명

남유럽과 북유럽의 르네상스

르네상스는 학문과 예술의 부활을 의미하며 14세기 후반에서 15세기 전반에 이르는 시기에 이탈리아에서 출발하여 점차 유럽 전역으로 퍼졌다고 보는 것이 전통적인 견해이다. 중세를 고대의 찬란하였던 문화가 쇠퇴하고 인간적 창조성이 억압된 암울한 시기로 보고, 이 추세가 역전되는 현상을 르네상스로 파악하는 것이다. 나아가 전통적 견해는 **인간성의 재발견과 합리적 사유**에 기초한 근대성의 초석을 닦은 시기로 르네상스를 이해한다.

이탈리아가 새로운 변화의 중심축을 이루게 된 데에는 몇 가지 요인이 작용하였다. 첫째, 이탈리아는 로마 제국의 중심지로서 고전의 문화와 예술이 번영하였던 기원지라는 상징적 및 실질적 지위를 차지하고 있다. 둘째, 지정학적으로는 비잔틴 제국 및 이슬람 세계와 지속적으로 접촉하는 위치에 있으면서 이들과 서유럽의 연결 고리로서 역할을 수행해 왔다. 특히, 장거리 교역의 활성화와 십자군 운동에의 적극적인 참여 속에서 이탈리아 도시들의 역량이 확인되고 강화되었고, 13세기 이래의 경제적 호황 국면에서 자치적 통치 기반이 견고화되었다. 이에 따라 도시 특유의 문화가 성장하고 융성하게 되었다. 셋째, 정치적으로 보면 장기간 지속되어 온 교황과 황제 사이의 긴장과 갈등 관계가 막바지에 이르면서 새로운 정치 환경이 조성되었다. 전통적인 도시 국가 형태의 정치 체제가 15세기를 거치면서 마키아벨리 (N. Machiavelli)가 『군주론』(君主論, *Il Principe*)에서 묘사하는 군주 국가 체제로 전환하였다. 북부의 밀라노와 베네치아, 중부의 피렌체와 교황령, 남부의 나폴리 등이 독자적인 힘을 키우면서 군주 권력의 강화, 호화로운 궁정 생활 등과 같은 현상이 발생하였다. 이

마키아벨리(1469–1527): 이탈리아 르네상스기 정치 이론가 및 역사가로, 정치 권력의 획득과 유지·강화에 필요한 수단과 방법에 대해 설파하여 근대적 정치 사상의 토대를 마련하였다는 평가를 받는다.

그림 7-4

르네상스 시대에 묘사된 피타고라스 르네상스를 대표하는 화가인 라파엘로가 그린 아테네 학당에는 피타고라스가 저술을 하는 모습이 묘사되어 있다. 뒤에 아랍 복장을 한 사람이 이븐 루슈드이다.

에 따라 상호 경쟁하는 군주들의 후원하에 궁정 문화가 싹텄고, 이것이 학문과 예술의 부흥에 큰 도움이 되었다. 대표적으로 피렌체에서는 메디치가(家)의 적극적인 후원 아래 그리스 철학을 연구하는 기관이 설립되었고, 미켈란젤로와 같은 화가가 명작을 남길 수 있었다.

르네상스 시대는 미술 부문에서 매우 두드러진 인상을 남겼다. 미켈란젤로, 다빈치, 라파엘로 등 회화·조각·건축의 거장들이 이 시대의 전성기를 상징하는 인물이었다. 르네상스 미술가들은 인체의 균형미에 대한 탐구 및 원근법에 대한 관심 등 자연주의적 흐름을 발전시켜 나갔다. 그들은 이전과 다름없이 주로 성서적 내용을 작품의 주제로 삼았지만, 작업에 사용한 기법이나 표현 방식에서는 뚜렷한 차이점을 보였다.

그러나 르네상스의 중심지로 이탈리아만을 강조하는 데에는 무리가 있다는 지적도 많다. 이와 같은 주장은 **알프스 이북**의 유럽 지역에서도 학문과 예술에 새로운 조류가 확산되었다는 점에 주목한다. 15-16세기를 거치면서 이탈리아는 경제적으로 쇠퇴기에 들어서게 된다. 여기에는 포르투갈과 스페인이 주도한 신항로의 개척으로 이탈리아의 지정학적 가치가 하락한 점, 네덜란드와 영국과 같은 새로운 경쟁 세력이 대두한 점, 국제 정치적 분쟁과 전쟁 속에서 국토가 피폐화하고 정치적 역량이 약화된 점 등이 작용하였다.

이탈리아의 르네상스가 빛을 잃어 가는 동안 유럽의 다른 국가들이 변화의 새로운 중심지로 등장하였다. 특히, 16세기에 들어서면서 영국, 프랑스, 독일 등에서 자국의 특성을 살린 독자적인 르네상스가 전개되었다. 이 국가들에서 르네상스가 꽃핀 데에는 부분적으로는 이탈리아에서 발달한 사조나 이탈리아 출신으로 외국에서 활약한 인문주의자들의 역할이 기여를 하였다. 그러나 이탈리아와 차별화되는 독자적 색깔도 존재하였다. 종교 개혁을 시대적 배경으로 하였기 때문에 종교 문제에 대한 관심이 지대하였다는 점, 그리고 프랑스, 스페인, 영국 등에서와 같이 절대 왕정이라는 정치적 환경 속에서 변화가 진행되었다는 점이 이에 해당한다. 영국의 토머스 모어, 스페인의 세르반테스, 네덜란드의 에라스무스 등이 대표적으로 종교 문제에 천착한 르네상스 지식인이며, 프랑스의 몽테뉴와 영국의 셰익스피어의 작품은 루이 14세와 엘리자베스 여왕의 궁정 문화와 떼어서 생각할 수 없는 것이다. 이탈리아에서 익힌 르네상스적인 인체미를 독일의 미술 전통과 결합시킨 뒤러도 궁정의 후원 체제하에서 걸작을 남길 수 있었다.

르네상스의 역사적 평가

르네상스는 중세의 신학적 전통을 뛰어넘어 자연 과학에 큰 관심을 기울였다. 그렇다면 르네상스를 근대 과학의 기원이라고 볼 수 있을까? 다빈치의 스케치에서 보듯이 당대인들이 자연 과학에 대해 많은 관심을 표명한 것은 사실이지만, 과학사에 빛날 핵심적인 발명이나 발견은 당시에 별로 이루어지지 않았다. 오히려 르네상스 시기의 과학에 대한 관심은 중

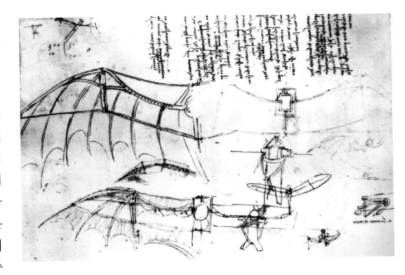

그림 7-5

과학적 탐구심 다빈치가 남긴 많은 스케치 가운데에는 과학적 및 기술적 탐구의 내용이 들어 있다. 그는 본격적으로 과학에 집중적인 관심을 보인 소수의 인문주의자 중 한 사람이었다.

세에도 지속되었던 지적 사고의 전통과 장인적 문화가 결합한 것으로 보아야 한다는 주장이 있다. 본격적인 과학적 발전은 과학 혁명의 시대에 접어들게 되는 16-17세기에야 이루어졌다고 보아야 한다는 것이다.

르네상스에 대한 또 다른 평가 문제는 르네상스를 중세와의 단절로 볼 수 있는가 하는 점이다. 앞서 살펴본 전통론은 르네상스를 중세 암흑기에 매몰되었던 고전 문화와 예술을 부활시키는 것으로 이해하였는데, 이런 단절론적인 인식에 대해서 비판적인 평가를 내리는 학자들이 많이 있다. 또 르네상스의 기반인 도시는 고대 사회에 직접적인 기원이 있는 것이 아니라 10-11세기 이후 성장한 중세 도시가 진화한 것이라는 점도 지적할 수 있다. 사회 경제적 측면에 초점을 맞춘다면, 르네상스는 중세 도시 경제의 발달, 도시민 문화의 형성, 궁정의 후원으로 이어지는 당시의 역사적 변화에 기반을 둔 것이었다고 볼 수 있다. 이런 측면을 반영하여, 일부 학자들은 르네상스를 상업의 부활과 십자군 운동 이래 16세기에 이르는 긴 기간에 발생한 점진적 변화이며, 고대의 부활이나 새 시대의 개막이 아니라 중세 후반기에 발생한 **연속적 역사 현상**으로 인식하고자 한다.

마지막으로, 르네상스를 유럽의 내부적 변화로 인식하는 것이 타당한가 하는 문제를 지적할 수 있다. 르네상스가 이탈리아에서 시작되고 유럽의 여러 지역으로 전파되었다는 점은 분명하지만, 르네상스가 발생한 데에는 비잔틴과 이슬람 세계의 기여가 매우 컸기 때문이다. 이미 기독교 재정복 운동 과정에서 아랍어로 번역된 많은 그리스 고전 작품들이 기독교권으로 전해지고 이슬람 학자의 일부 저작이 유럽에 소개되어 문예의 부흥 기반을 닦은

그림 7-6

그리스 지식의 전수 이슬람 세계는 그리스의 학문과 지식을 도서관과 학자를 통해 보존하고 유럽으로 전파시켰다.

바 있었다. 이슬람은 이후에도 간접적인 방식으로 르네상스에 기여를 하였다. 1453년 오스만 제국이 콘스탄티노플을 함락시킴으로써 비잔틴 제국을 멸망시키는 세계사적 중대 사건이 발생하자, 다수의 비잔틴 학자들이 이탈리아로 건너와 그리스 학문을 전하였다. 또 베네치아에서는 비잔틴에서 유입된 다량의 고전 필사본을 금속 활판 인쇄술을 이용해 발간하는 작업이 이루어졌다. 이런 점들에 비추어 볼 때, 유럽 내부적인 관점만으로는 르네상스의 역사적 의의를 충실하게 파악할 수 없음이 분명하다. **유럽과 이슬람 세계의 상호 작용**이라는 시각에서 르네상스를 이해하는 것이 타당하다.

그림 7-7

새 항로의 개척 1500년경에 포르투갈이 새 항로의 개척과 무역 활동을 위해 사용한 무장 상선의 모습.

지리 혁명

15세기 후반에 본격화되어 이후 2-3세기 동안 지속된 지구에 대한 지리적 이해의 증가를 의미하는 지리 혁명은 비록 강조점에 다소의 차이가 있기는 하지만, '신항로 개척', '신대륙 발견', '대항해 시대'와 같은 용어들과 대체적으로 유사한 의미를 지닌 것으로 받아들여진다. 지리 혁명의 핵심은 새로운 항로의 개척을 통해 유럽인들이 그간 잘 알지 못하였던 지역에 대해 파악하게 되었다는 점에 있다. 그간 발달한 측량술, 항해술, 조선술, 지도 제작술 등 상호 의존적인 다양한 과학 기술의 진보가 지리 혁명을 가능하게 하였고, 유럽 각국의 군주들이 경쟁적으로 탐험을 지원한 점이 현실적으로 큰 힘이 되었다.

유럽인과 아메리카인의 조우 19세기 그림에 묘사된 콜럼버스의 상륙 장면. 놀라 당황하는 원주민들의 모습과 기뻐하는 유럽 탐험대의 모습이 대조를 이룬다.

아프리카 남단을 돌아 인도에 이르고 더 나아가 동남아시아와 동아시아까지 도달하게 되는 새 **항로의 개척**도 중요하였지만, 장기적으로 세계사에 더 큰 변화를 야기한 것은 **아메리카 대륙의 '발견'**이었다. 1만여 년 전에 이미 아시아인들이 얼어붙은 베링해를 넘어 아메리카 대륙으로 이주해 가서 대륙 전역으로 거주지를 확대하고 인구를 늘려 간 원주민들이 있었지만, 유럽인의 시각에서는 – 이들은 중세 초기 바이킹족이 북아메리카 북단에 약간의 주거 흔적을 남겼다는 사실도 몰랐다 – 지도에 나와 있지 않은 새로운 땅덩어리를 분명 발견한 것이었다. 이 발견을 통해 신세계와 구세계가 접촉을 하게 되었다는 데에 지리 혁명의 역사적 가치가 있다. 이 대륙 간 조우로 인해 이후 지구는 진정으로 단일한 세계가 되었다.

지리 혁명은 몇몇 위대한 탐험가의 개인적 노력만으로 이루어진 것이 아니었다. 성공적인 탐험을 위해서는 선박과 장비와 선원의 마련에 드는 비용을 감당할 주체가 있어야 하였다. 또한 장거리 항해를 가능하게 하는 개선된 측량 장비, 정확한 지도, 조류와 기후에 대한 향상된 지식 등이 필요하였다. 이런 조건들은 절대 왕정들의 탐험 및 과학 연구 활동에 대한 후원에 의해 충족되었다. 지리 혁명은 **후원 체제**와 **자연 과학적 탐구**라는 측면에서 르네상스와 닮은 측면이 많았다. 비록 관심의 방향은 달랐지만 르네상스와 지리 혁명은 시대가 낳은 쌍둥이였다고 볼 수 있다.

제3절 절대 왕정, 종교 개혁, 과학 혁명

프랑스 절대 왕정의 보루 절대주의 군주 루이 14세는 베르사유 궁전을 중건하고 정치와 문화 활동의 주 무대로 활용하였다. 당시 프랑스는 유럽의 예술과 학문을 선도하는 중심지로 자처하였다.

왕권신수설: 군주의 권위와 권력은 신에 의해 부여된 신성한 것이라는 사상으로, 국민들에게 군주에 대한 절대 복종을 요구하였다.

절대 왕정과 국가 재정

중세의 전형적인 정치 구조는 분권적이었고 통치 영역은 제한적이었다. 그러나 이 시기에는 권력이 집중화되고 드넓은 지역에 대해 통치가 이루어지는 체제가 등장하였다. 이탈리아와 독일 같은 예외가 있긴 하였지만, 대부분의 지역에서는 15세기 중엽 이래 점차로 지방 분권적 속성을 지닌 봉건제를 대신해서 중앙 집권적인 정치 제도가 자리를 잡았다. 중세적인 지역 분할 구도를 벗어나 새로이 형성된 대규모의 영토를 보유한 국민 국가를 통치한 것은 절대 왕정이었다. 절대 왕정은 **중앙 집권적 통일 국가**였다는 점에서 분권적인 중세의 봉건 국가와 차별화되고, 국민적 권리를 인정하지 않고 **신분적 계층 구조**를 유지하였다는 점에서 근대 국가와도 구별이 가능하다. 훗날 시민 혁명과 산업화를 거치면서 부르주아로 정치 권력 및 경제 권력이 이동하는 근대 국가의 성립기까지 절대 왕정 하의 국민 국가 체제는 중세적 질서와 근대적 질서의 **과도기**를 규정하는 정체였다.

군주가 봉건 귀족으로부터도 그리고 부르주아로부터도 권력의 제약을 받지 않는다는 의미에서 절대 군주의 권력은 '절대적'이었다. 절대 왕정은 군주의 권력이 신의 뜻에 의해 주어진 것이라는 왕권신수설(王權神授說, divine right of kings)을 통치 이데올로기로 삼았다. 군주를 제외한 어느 누구도

런던의 관료층

브로델은 근대 초기 관료제의 성장에 주목하였다. 영국의 수도 런던의 인구 구성에 대한 아래의 설명을 통해 그는 관료제의 경제적 기반에 대해 논의하였다.

물론 이 도시(런던)에 괴물같이 거대한 집중이 일어나도록 만든 원동력 중의 하나는 상업이었다. 그러나 베르너 좀바르트는 1700년에 교역의 이윤으로 살아갈 수 있는 사람의 수는 기껏해야 10만 명이라는 것을 보여 주었다. 이 이윤을 다 합해도 윌리엄 3세가 민간 부문에서 받은 왕실 유지비 기여금(liste civile) 70만 파운드에도 미치지 못하였다. 런던을 먹여 살린 것은 국왕과, 국왕이 부양하는 상급·중급·하급 공무원들이었다. 상급 공무원들은 군주만큼이나 보수를 받아서 봉급이 1,000파운드, 1,500파운드, 심지어 2,000파운드나 되기도 하였다. 런던을 먹여 살린 또 다른 사람들은 이 도시에 거주하는 귀족과 젠트리(gentry) ─하원을 구성하는 이들은 앤 여왕 치세기부터 부인과 아이들을 데리고 런던에 거주하는 것이 관례가 되었다─ 와 해가 갈수록 그 수가 늘어난 국채 소유자들이었다. 그리고 무위도식하는 3차 부문이 번성해서 지대와 임금, 이윤의 형태로 이익을 취하였으며, 영국의 탄탄한 삶을 왜곡하여 런던에 이익이 돌아가도록 불균형을 조장하였고, 그러면서 영국 전체에 통합성을 부여함과 동시에 가수요를 만들어 냈다.

자료: 브로델(1995), 774쪽.

좀바르트(W. Sombart, 1863-1941): 독일의 경제학자이자 사회학자. 막스 베버와 함께 사회 정책의 과학성 확립에 힘썼다. 역사학파가 이론적 기반이 취약하다고 질타하고 역사와 이론의 종합을 시도하였다.

왕권에 대해 도전을 해서는 안 된다는 절대주의 사상이 사회를 지배하는 가운데, 군주는 국가를 효과적으로 통치하기 위해 **상비군**을 설치하고 **직업적 관료제**를 정비하였다. 화약 무기의 등장과 함께 실효성을 상실한 기사와 비상시에 동원되는 농민군을 대신해서, 새로이 총포로 무장하고 상시적으로 훈련을 받는 상비군이 국방 체제의 핵심으로 등장하였다. 절대 왕정은 행정 능력과 통치에 필요한 지식을 갖춘 다수의 관료들을 배치해서 국가 운영의 전문성과 효율성을 높였다. 상비군과 관료제가 원활하게 작동하기 위해서는 국가 권력이 재정적 기반을 확보하는 것이 필수적이었다. 역사학자 브로델(F. Braudel)은 국민 국가인 영국의 수도 런던의 관료 집단이 지니는 경제적 의미에 대해 설명을 하였다(문헌 자료 7-1 참조).

절대 왕정은 국부를 증진하기 위해 다양한 정책을 추진하였는데, 이 정책들을 종합해서 **중상주의**라고 부른다. 중상주의 체제하에서 각 경제 주체는 자유롭게 원하는 대로 경제 활동을 할 수 있었던 것이 아니었다. 정부가 지정하는 특권적 상인 집단만이 주어진 업종에서 생산과 유통을 담당하는 것이 일반적이었다. 이런 시장 규제 방식으로 취득한 **독점적 이익**이 왕실 재정의 근간을 이루었다. 절대 왕정은 다른 국가들과의 경쟁에서 이기기 위해 많은 노력을 기울였다. 경제력에서 우위에 서고자 한 것은 물론이고, 학문적 소양이나 예술적 취향 면에서도 앞섰다는 점을 과시하기 위해 저명한 학자와 예술가를 후원하고 과학 기술 개발을 장려하였다. 르네상스와 지리 혁명은 이렇게 절대 왕정과 관련되어 있었다.

종교 개혁의 전개

루터(1483-1546): 가톨릭 교회의 면죄부 판매에 대한 비판으로 1517년 「95개조 반박문」을 저술하여 종교 개혁의 발단을 이룬 독일 출신의 신학자. 그러나 종교 개혁에서 파생된 과격파나 농민 전쟁에 대해서는 성서 신앙적 입장을 취함으로써 이들과는 분명한 선을 그었다. 『신약 성서』를 독일어로 번역하면서 독일어 통일에도 크게 기여하였다.

종교 개혁은 기독교의 형식화와 세속화 경향에 대한 저항으로 시작되었다. 면죄부(免罪符) 판매를 비판하는 「95개조 반박문」을 루터(M. Luther)가 교회 문 앞에 게시한 사건에서 촉발된 개혁의 바람은 루터가 애초에 의도하였던 수준을 훨씬 뛰어넘어 걷잡을 수 없는 변화로 이어졌다. 신의 뜻을 신도들에게 전달하는 매개자로서 성직자의 지위는 의심을 받게 되었고, 성서에 직접 의존하여 신의 뜻을 찾으려는 움직임이 확산되었다.

이와 같은 움직임에 결정적인 힘이 되어 준 사건이 **금속 활자를 이용한 활판 인쇄술**의 보급이었다. 값비싼 양피지에 직접 라틴어로 필경을 해서 완성하는 것이 일반적이었던 성경은 일반인이 구매하기가 거의 불가능하였고 일반인 중에 독해가 가능한 사람도 제한적이었지만, 1450년경 구텐베르크가 개발한 금속제 활판 인쇄술 덕택에 성경의 대량 보급이 가능하게 되었다. 사용이 편리하고 경제적이었던 그의 인쇄기는 빠르게 전파되어, 1500년에는 독일 지역에서만 최소한 200곳의 인쇄소가 존재하였다. 유럽 전체로 보면 이 시점에 10개 이상의 언어로 5만 종의 책이 총 2,000만 권 발간되었다. 새 인쇄술은 대단한 생산성을 과시하였다. 이전에는 책 한 권을 필사하는 데 약 2개월이 소요되었지만, 새 인쇄술이 도입되면서 하루에 70권 이상을 찍어 낼 수 있게 되었다.

인쇄술의 보급 종교를 주제로 한 책을 중심으로 수많은 책이 새로운 인쇄 기술을 채택한 인쇄소에서 출간되었다.

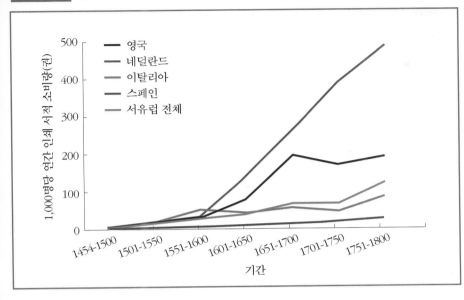

그림 7-11 유럽 국가들의 1,000명당 연간 인쇄 서적 소비량

자료: Buringh and van Zanden(2009), 422쪽.

인쇄술의 보급으로 가장 큰 인기를 모은 작가는 바로 루터였다. 1521년에서 1545년 사이에 시중에 나온 출판물 가운데 약 절반이 루터가 집필한 글이었을 정도였다. 인쇄술의 보급과 더불어 개혁가들이 각국에서 자국 고유의 언어로 성경을 번역하는 사업을 벌이면서 개혁에 속도가 붙었다. 예를 들어, 1526년 틴들(Matthew Tyndale)이 최초로 영어판 『신약 성서』를 출간하였다. 이제 기독교는 전통적 신학 질서를 고수하려는 구교 측과 새로운 신앙관으로 무장한 신교 측으로 세력이 나누어지게 되었다.

한편, 종교적 책자 이외에 과학, 수학 등 다양한 분야의 지식도 대량 보급의 시대를 맞이하게 되었다. 또한 17세기 초에는 정기적인 신문이 발간되어 주로 상업과 관련된 소식을 전파하였다. 유럽에서 인쇄술의 개발과 사용은 한국과 중국 등 아시아 국가들에 비해 시기적으로 늦었지만, 정보와 지식의 유통 확대와 비용 감소라는 측면에서는 가장 두드러진 효과를 경험하였다. 그림 7-11은 15세기 중반-18세기 말 서유럽 국가들의 연간 인쇄 서적 소비량을 보여 준다. 서유럽 전체에 비해 네덜란드와 영국은 높은 수준을, 그리고 이탈리아와 스페인은 낮은 수준을 기록하여, **신교 지역과 구교 지역 간에 격차가 컸음을** 보여 준다.

종교의 이름으로 1572년 8월 파리에서 발생한 이른바 '성 바르톨로메오 대학살'은 구교 측이 치밀하게 계획하여 벌인 사건이었다.

신성 로마 제국: 종교적으로는 로마 가톨릭이, 그리고 세속적으로는 독일 황제가 통치하는 체제를 갖추었던 제국으로, 공식적으로는 962-1806년에 존속하였지만 실제로 신성 로마 제국이라는 호칭이 사용된 것은 15세기부터였다.

트리엔트 공의회(1545-1563): 종교 개혁에 맞선 내부 개혁 노력으로서 구교의 교리와 체계를 재정비하고자 개최된 일련의 회의. 루터를 비롯한 종교 개혁가들이 제기한 문제에 대한 구교 진영의 답을 정리하여 발표하였다.

예수회: 1504년 로욜라(Loyola) 등이 창설한 구교 수도회. 사비에르(Xavier)가 일본에서 포교를 하고, 마테오리치(Matteo Ricci)가 중국에서 활약하는 등 해외 선교 사업에 적극적으로 나섰다.

유럽 전역에 걸쳐 구교와 신교의 대립이 격화되면서, 종전의 관용적 입장이 불관용적 태도로 변화되었고, 이것이 다시 박해로, 그리고 마침내 내란과 전쟁으로 비화되었다. 이런 격변 속에서 신앙적 분열은 세속적 이해관계와 얽힐 수밖에 없었다. 일부 지역에서는 절대 왕정이 **정치적·경제적 통치 기반을 강화하는 수단**으로 종교적 대립 구도에 뛰어들었다. 예를 들어, 영국의 헨리 8세는 이혼 문제를 계기로 영향력을 확대하려는 교황권에서 벗어나기 위해 성공회(Anglican Church)라는 신교를 만들었다. 영국 특유의 이 교회에서는 종교적 수장직을 세속 권력의 수장, 즉 군주가 맡게 되어 있었다. 그러나 구교와 거리를 둠으로써 헨리 8세가 얻게 된 이익은 이것만이 아니었다. 그는 전국 각지에 산재한 수도원을 해산함으로써, 국부의 1/3에 해당하는 토지 재산의 획득을 통해 경제적 기반을 획기적으로 강화할 수 있었다. 이렇듯 신교에 대한 지원은 교황의 지배권으로부터 벗어남과 동시에 경제적 이득도 취할 수 있는 기회를 제공하였던 것이다. 독일에서도 신교 세력이 신성 로마 제국(Holy Roman Empire)으로부터 독립적인 정치적 지위를 확보하고자 한 제후들로부터 적극적인 후원을 받았다.

구교 진영 내부에서도 개혁의 목소리가 커져 갔다. 트리엔트 공의회를 통해 부패 성직자에 대한 처벌을 강화하고 성직 제도를 효율적으로 개편하였다. 더 적극적인 변화로는 대외적인 개종 사업을 체계적으로 수행하기 위해 예수회(Jesuit)라는 새로운 조직이 창설된 사실을 들 수 있다. 예수회 신부들은 신학적 지식을 갖추었음은 물론이고 자연 과학과 같은 새로운 학문에 대해서도 밝았다. 이들은 이후 지리 혁명을 통해 새롭게 접촉하게 된 수많은 지역에서 매우 적극적으로 선교 활동을 벌이게 된다.

종교 개혁 이후 벌어진 일련의 사건들은 **유럽의 종교적 지형을 혁명적으로** 바꾸어 놓았다. 신교는 잉글랜드, 스코틀랜드, 북부 독일, 노르웨이, 덴마크, 스웨덴, 스위스 등 유럽의 북서부에 기반을 마련하였고, 구교는 스페인, 프랑스, 이탈리아, 남부 독일, 보헤미아, 폴란드 등 유럽의 남서부를 장악하였다. 종교적 반목의 종착지는 전쟁이었다. 1618-1648년 독일에서 발생한 30년 전쟁(Thirty Years' War)은 구교와 신교가 벌인 최대 규모의 종교 전쟁

그림 7-13

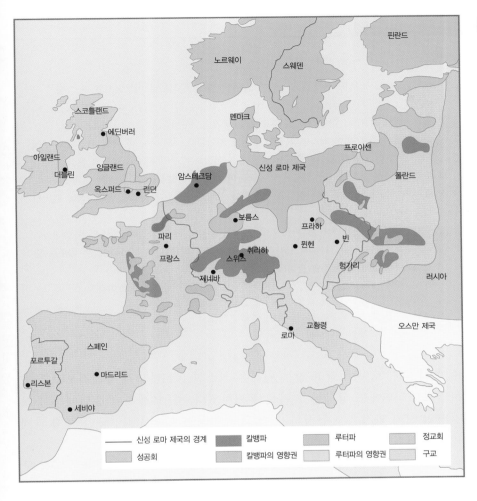

16세기 유럽의 종교 지도

─── 신성 로마 제국의 경계	칼뱅파	루터파	정교회
성공회	칼뱅파의 영향권	루터파의 영향권	구교

이었다. 독일은 물론 프랑스, 스페인, 네덜란드, 덴마크 등 유럽 전역의 국가들이 대거 참가하여 격렬한 전쟁을 벌였다. 전쟁은 1648년에 **베스트팔렌 평화 조약**(Peace of Westfalen)이 맺어짐으로써 종지부를 찍게 되었다. 이 조약에 따라 신성 로마 제국의 지배력은 실질적으로 붕괴하였고, 종교적 관용 원칙에 따라 가톨릭, 루터파, 칼뱅(Jean Calvin)파가 모두 동등한 지위를 확보하게 되었다.

베스트팔렌 조약의 역사적 의의는 여기에 머무르지 않는다. 이 조약은 당시 국가 간의 관계에 대한 공인된 기준을 제시하였다. 조약의 기본 정신은 영토 주권, 국가 간의 공식적 평등, 타국에 대한 내정 불간섭, 국제법적 의무의 토대로서 국가의 동의 요구 등으로, 이후 점차 명확한 근대 국제법의 표

베스트팔렌 평화 조약: 30년 전쟁을 종결시킨 조약으로, 유럽 최초의 국제 회의라는 성격을 지녔다. 이 조약의 결과로 프랑스, 스웨덴, 브란덴부르크, 바이에른, 작센 등의 영토 분할선이 결정되었고, 스위스와 네덜란드는 독립국이 되었다. 이 조약으로 독일은 분권적 경향이 더욱 심화되었고, 스웨덴이 엘베강 하구를 장악함으로써 무역 활동에 제약을 받게 되었다.

칼뱅파: 프랑스 출신의 종교 개혁가인 칼뱅(1509-1564)을 따르는 종파. 칼뱅은 박해를 피해 스위스로 피신하여 신교 사상을 옹호하였고, 제네바를 중심으로 엄격한 신앙 생활을 요구하며 신권 정치적인 종교 개혁 노선을 발전시켰다.

문헌 자료 7-2

베스트팔렌 조약의 주요 내용

1. 세계는 그보다 상위의 권위를 인정하지 않는 주권 영토 국가로 이루어지고 또 그렇게 구분된다.
2. 입법, 분쟁 해결, 법 집행 과정은 주로 개별 국가의 소관이다.
3. 국제법은 공존을 위한 최소한의 규칙 설정을 지향한다. 국가 목적에 부합하는 한도 내에서만 국가들, 인민들 사이의 항구적인 관계를 설정하는 것이 하나의 목표가 된다.
4. 국경 간 불법 행위에 대한 책임은 당사국들이 해결해야 할 '사적인 문제'에 불과하다.
5. 모든 국가는 법 앞에서 평등하다고 간주한다. 법규는 국가 간 권력의 비대칭성을 고려하지 않는다.
6. 국가들 사이의 견해 차이는 흔히 무력으로 해결된다. 권력의 '실효성 원칙'은 절대적이다. 무력 사용을 방지할 법적인 구속은 없는 것이나 마찬가지이다. 국제법적 기준은 단지 최소한의 보호를 제공할 뿐이다.
7. 국가 자유를 방해하는 요인을 최소화하는 것이 국가들의 '최우선 과제'이다.

자료: 헬드·맥그루·골드블라트·페라턴(1999), 72-73쪽.

준이 되었다. 조약이 담고 있는 원칙은 최소한 1945년까지 세계적으로 유효하였고, 그 후에도 상당한 효력을 유지하였다. 즉, 17세기에 유럽에서 종교전쟁의 처리 과정에서 등장하게 된 국제 질서가 이후 3세기 동안 국제 관계의 표준이 되어 유럽의 세력 균형을 가져오게 된 것이다.

종교 개혁의 경제적 영향

구교와 신교 간의 갈등과 반목이 야기한 극심한 혼란과 공포 속에서 다수의 신교도들이 프랑스와 벨기에 등 구교 지역을 떠나 네덜란드, 영국, 독일, 스위스 등으로 이주해 갔다. 통상 **국제적 이주**는 출발지의 저임금이나 목적지의 고용 전망과 같은 경제적 요인에 의해 크게 영향을 받는데, 종교 개혁기의 이주에서는 이와 달리 종교적 요인이 결정적인 역할을 하였다. 이는 경제적 요인에 의한 이주자에 비해 이들이 평균적으로 나은 사회적·경제적 위치에 있었음을 의미하였다. 실제로 신교도들의 이민에 따라 그들이 보유하였던 **자본과 기술과 지식이 국제적으로 이전**하는 결과를 낳았다. 도

막스 베버, 『프로테스탄트 윤리와 자본주의 정신』

베버는 프로테스탄트 윤리의 확산이 자본주의적 경제 발전에 중대한 효과를 미쳤다고 보았다. 역사학계에 큰 영향을 끼친 그의 저술 중 금욕적 생활에 대한 종교적 가르침이 자본주의 발전에 미친 영향에 대해 서술한 부분을 보자.

우리는 이러한 논점을 다음과 같이 정리할 수 있다. 즉, 프로테스탄트의 내적 금욕은 소유의 방만한 향유에 강하게 반발하였고, 소비 −특히 사치− 를 제한하였다는 것이다. 한편, 그것은 재화의 획득을 전통주의적 윤리의 장애로부터 해방시키는 심리적 효과도 가졌다. 그것은 이윤 추구를 합법화시켰을 뿐만 아니라 (이미 논의된 의미로) 직접적으로 신에 의해 의도된 것으로 파악함으로써 이윤 추구를 향한 충동의 질곡을 깨뜨려 버렸다.

…

즉, 끊임없이 지속적이고 체계적인 세속적 직업 노동을 (최고의 금욕 수단으로서, 또 재생이나 진정한 신앙의 가장 확실하고 분명한 표징으로서) 종교적으로 높이 평가하는 입장은 우리가 이제껏 자본주의 정신이라고 불러온 인생관을 넓혀 가는 가장 강력한 원동력이었음에 틀림없는 것이다.

소비의 제한이 이러한 영리 활동의 해방과 연결되는 경우, 피할 수 없는 실제적 결과는 명백하다. 즉, 그것은 금욕적 절약의 강제를 통한 자본의 축적인 것이다. 부의 소비에 강요된 제한은 자본의 생산적 투자를 가능케 함으로써 자연히 부를 증대시키는 데 이바지하였다.

자료: 베버(1996), 209-211쪽.

착지 국가의 경제가 자극을 받은 것은 당연하였다.

종교적 이주의 구체적 사례를 보면, 우선 일찍이 1492년에 이베리아반도에서 기독교의 재정복 운동이 완료된 후 유대인들은 이교도라는 낙인이 찍혀 추방되었다. 이들은 오스만 제국으로 건너갔다가 1509년부터 베네치아의 게토(ghetto)에 정착하게 되었다. 이들은 기독교인에게 금지된 대부업에서 뛰어난 능력을 발휘하였다. 1566년 스페인의 지배에 반기를 든 네덜란드에서 1579년에 신교도 국가가 건립되자, 종교적 박해와 불관용을 피하고자 하는 사람들에게 암스테르담이라는 새로운 피난처가 생겼다. 1685년에는 프랑스에서 쫓겨난 신교도인 위그노(Huguenot)들이 영국, 네덜란드, 스위스 등지에서 새로운 삶의 터전을 마련하게 되었다. 특히, 시계 기술자들은 스위스에서 환영을 받았다.

종교 개혁이 세계 경제사에 끼친 영향을 가장 포괄적인 맥락에서 강조한 사람은 **베버**(Max Weber)였다. 그는 『프로테스탄트 윤리와 자본주의 정신』

게토: 베네치아에 위치한 유대인 거주 지역. 유대인들은 이 지역에서의 출입을 엄격히 규제받으면서 생활하였고 대부업을 포함한 제한된 업무에 종사하였다.

위그노: 종교 개혁에서 프랑스 혁명에 이르는 기간에 프랑스의 칼뱅파 신도들을 지칭하는 용어.

베버(1864-1920): 독일의 사회 과학자로 과학과 가치 판단의 명확한 구분을 강조하는 방법론을 발전시켰다. 그의 사회 과학 인식론은 독일 역사학파에 대한 비판이기도 하였지만 마르크스주의에 대한 비판이기도 하였다. 즉, 마르크스주의를 유물론에 입각해서 인식 주체가 주관적으로 구성한 이념형(理念型)으로 파악함으로써 그 가치를 상대화하였고, 역사 발전에 있어 경제적 요인의 규정성을 축소하고 종교나 정치 영역에서의 동기를 강조하였다.

이라는 저서를 통해 금욕적인 프로테스탄트 윤리가 자본주의 정신(Spirit of Capitalism)을 고취시켜 근대 **자본주의 발전에 긍정적인 기여**를 하였다고 주장하였다. 그에게 자본주의 정신이란 영리 추구가 생활의 주요 목적이 되고 윤리적으로도 긍정적으로 인식됨으로써 일상을 전적으로 이 목적의 달성을 위해 합리적으로 조직하는 정신이었다. 종교 개혁 지도자인 루터는 직업 관념을 강조하고 세속적 의무의 수행을 신에게서 부여받은 사명이라고 해석하였는데, 이를 계승하고 수정하여 칼뱅은 구원을 받을 자가 미리 결정되어 있다는 예정설(豫定說)을 주장하고 자신의 구제 여부를 확신하는 수단으로 부단한 금욕적 노동을 강조하였다. 이러한 믿음의 확산으로 세속 생활의 합리화가 신의 영광을 추구하는 신앙 체계와 상통하는 것이 되었다고 베버는 파악한 것이다. 종교 개혁과 자본주의 발전의 관계에 대한 베버의 주장은 이후 오랜 논쟁의 대상이 되었다. 그 가운데에는 베버의 주장이 종교적 변화와 경제적 변화 간의 인과성을 지나치게 단순하게 이해하였다고 비판하는 견해도 있다.

과학 혁명

16-17세기에 유럽은 과학 혁명의 시대를 맞이하였다. 고대와 중세에 걸쳐 과학은 아리스토텔레스의 학문 체계에 기반을 두고 있었는데, 새 과학적 탐구는 이를 뿌리째 부정하고 전적으로 새로운 지식 체계를 이루었다. 중세에는 신의 뜻에 따라 창조된 진리를 고정적인 것으로 파악하고 이를 수용하는 것이 지식 추구의 목표였다면, 과학 혁명의 시대에는 인간이 자연의 주인으로서 적극적으로 인류의 복리에 기여하는 길을 찾는 것으로 목표가 전환되었다. 방법론상으로도 **상식과 직감 대신에 이성**에 기초하여 탐구하는 방식이 주도하게 되었고, 연역적 및 귀납적 방법을 발달시켜 근대적인 학문 체제의 초석이 되었다.

다른 여러 부문에서와 마찬가지로 과학의 발전도 처음부터 혁명적인 비약을 의도하였던 것은 아니다. 역사가들은 과학 혁명의 기점으로 16세기 중반, 특히 1543년을 들고는 한다. 이 해는 코페르니쿠스(N. Copernicus)의 『천구의 회전에 대하여』와 베살리우스(A. Vesalius)의 『인체의 구조에 대하여』가 발간된 해였다. 두 저서는 각각 물리학과 생물학 분야에서 중요한 진전을 이룬

코페르니쿠스(1473-1543): 기존의 천동설을 대신하여 태양 중심설을 주창한 폴란드 출신의 천문학자.

베살리우스(1514-1564): 벨기에의 해부학자로 전통적 해부학 이론을 부정하고 근대적인 해부학의 기초를 닦았다.

업적이기는 하지만, 둘 모두 애초에는 기존 연구를 수정·보완하는 것을 목표로 하였다. 그러나 케플러, 갈릴레이, 데카르트 등의 연

그림 7-14

갈릴레이의 종교 재판 과학 혁명 시기에 많은 과학자들은 자신의 과학적 세계관과 사회의 기독교적 세계관 간의 충돌을 경험하였다.

구를 거치면서 점차 과거의 자연관·세계관과는 본질적으로 다른 지식 체계를 구축하게 되었던 것이다. 그리하여 역사가들이 과학 혁명의 완결 시점이라고 보는 1687년에 뉴턴(I. Newton)이 발간한 『자연 철학의 수학적 원리』 - 일명 '프린키피아'(*Principia*) - 에는 기존의 우주관과는 양립이 전혀 불가능한 지식이 담겨 있었다.

　르네상스와 종교 개혁을 거치면서 종교의 영향력이 약화되고 자연 과학

뉴턴(1642-1727): 영국의 과학자로 새로운 역학 체계를 확립하였고, 미적분학을 발전시켰으며, 광학에도 조예가 깊었다.

문헌 자료 7-4

과학 혁명의 연표

1543년	코페르니쿠스(N. Copernicus)가 『천구의 회전에 대하여』를 통해 지동설 주장
1543년	베살리우스(A. Vesalius)가 『인체의 구조에 대하여』를 발표, 해부학 발달을 주도
1609년	갈릴레이(G. Galilei)가 망원경을 발명하여 천체를 관측
1628년	하비(W. Harvey)가 인체 내의 혈액 순환을 밝힘
1637년	데카르트(R. Descartes)가 해석기하학을 연구
1654년	페르마(P. de Fermat)와 파스칼(B. Pascal)이 확률 이론을 발전시킴
1662년	보일(R. Boyle)이 기체의 부피와 압력이 반비례한다는 '보일의 법칙'을 발표
1676년	레벤후크(A. van Leeuwenhoek)가 최초로 미생물을 발견
1687년	뉴턴(I. Newton)이 『프린키피아』를 통해 만유인력의 법칙과 운동의 법칙을 발표
1735년	린네(C. Linnaeus)가 『자연의 체계』에서 생물을 체계적으로 분류
1746년	게타르(J.-E. Guettard)가 지질도를 작성하여 발표
1789년	라부아지에(A. Lavoisier)가 '질량 보존의 법칙'을 발표

뉴턴의 과학 실험 뉴턴이 최초로 저술한 논문들은 광학에 관한 것이었다. 나중에 그는 왕립협회의 회장에 올랐다.

에 대한 관심이 고조된 것은 분명히 과학 혁명이 발생할 수 있는 토대를 형성하였다. 그러나 르네상스나 종교 개혁을 곧바로 과학 혁명과 연결할 수 있는가에 대해서는 의문이 있다. 르네상스 인물들 가운데 과학에 많은 관심을 보인 다빈치와 같은 이는 예외적인 사례에 속하였으며, 대부분은 과학에 대한 관심과 이해가 부족하였다. 그리고 대표적인 종교 개혁가 루터와 칼뱅은 모두 코페르니쿠스의 주장을 거부한 바 있다. 따라서 르네상스와 종교 개혁은 과학 혁명을 만들어 낸 직접적인 원인이라기보다는, 교회의 신학의 지배력을 약화시키고 사회의 세속화라는 결과를 낳음으로써 장차 과학 혁명이 탄생할 수 있는 여건을 서서히 마련해 갔다고 보는 것이 타당할 것이다. 보다 직접적으로는, 유럽이 정치적·종교적으로 분열되고 인쇄술과 교통망의 발달 등에 힘입어 지역 간에 사람과 지식의 이동이 활발하게 된 상황이 과학 혁명에 유리한 조건이었다고 볼 수 있다.

과학의 발달과 사회

이 시기 과학적 진보의 과정을 살펴보면, 뛰어난 두뇌들의 기여가 축적되어 위대한 업적을 이루었음을 쉽게 파악할 수 있다. 뉴턴이 말하였듯이 앞선 '거인들의 어깨'가 밑받침하고 있었던 덕분에 과학 혁명이라는 금자탑이 세워질 수 있었음이 분명하다. 그러나 과학 발전을 사회적 맥락에서 살펴보는 것도 의미가 있다.

머튼(R. K. Merton)은 17세기 영국의 과학 발달 과정에 대한 연구를 통해 과학 혁명과 종교관의 관계를 분석하였다. 그는 권위 있는 과학자 단체인 왕립 협회(Royal Society) 구성원들의 종교적 성향을 조사한 결과, 청교도(Puritan)의 기여가 각별히 두드러졌다는 점을 발견하였다. 신의 의지에 대해 합리적이고 경험적인 탐구를 강조하는 청교도적 태도가 과학적 사고와 일맥상통하는 면이 강하였기 때문이라고 그는 해석하였다. 독일의 경건주의(Pietism)도 이와 유사한 특징을 가졌으며 과학에 대한 기여 역시 컸다고 한다. 이른바 머튼 명제(Merton's Thesis)는 청교도적 금욕주의가 단순한 교리에 그치는 것이 아니라 하나의 문화적 가치이자 행동 양식이었고, 이것이 과학에 대한 관심을 증대시켰다는 점을 강조한다. 프로테스탄트 윤리의 경제적 영향에 대한 베버의 주장에 비유될 만한 요소를 많이 내포하고 있다.

왕립 협회: 1660년에 창립된 학자와 지식인들의 협회로서, 정부의 후원하에 과학 진흥에 많은 기여를 하였다. 뉴턴도 이 협회의 회장을 역임하였다.

청교도: 16-17세기 칼뱅주의에 입각하여 철저한 개혁과 엄격한 절제를 강조한 신교 개혁파 신도를 지칭한다. 이들은 성공회를 거부해 박해를 받았고, 그중 일부는 메이플라워호를 타고 북아메리카로 건너가는 선택을 하였다.

머튼 명제: 자본주의와 프로테스탄트 윤리의 관계에 대한 베버의 논의를 과학과 청교도주의의 관계로 옮겨 적용한 것으로, 17세기 영국의 과학 발달이 청교도 윤리의 영향을 받았다는 것이 골자이다.

대항해 시대

탐험의 배경

유럽인들의 장거리 탐험에 나서게 된 데에는 여러 가지 이유가 있었다. 무엇보다도 흑사병으로 감소하였던 유럽의 인구가 점차 회복세를 보였다. 15세기에는 사망률의 감소 추세가 뚜렷하게 나타났고, 실질 소득이 높이 유지되는 가운데 출생률이 상승하였다. 이에 따라 인구가 증가하였고, 경제 활동의 **대외적 확장에 대한 욕구**도 증대되어 갔다. 특히, 장거리 무역망을 확대하고 교역량을 증가시키고자 하는 욕망이 점차 커져 갔다.

유럽이 탐험에 나서게 된 더욱 결정적인 이유는 1453년 오스만 제국에 의해 비잔틴 제국의 수도 **콘스탄티노플이 함락**된 사건에서 찾을 수 있다. 이 사건은 유럽인들에게 엄청난 충격을 주었다. 정신적으로는 중요한 기독교 성지가 이교도의 손에 넘어갔다는 소식이 충격으로 다가왔으며, 경제적으로는 비잔틴 제국의 멸망으로 인해 아시아로부터 들어오는 각종 향신료와 직물 등 수입품의 가격이 폭등할 것이라는 우려가 유럽 전역에 퍼졌다. 특히, 동방 무역에서 큰 이익을 남겨 왔던 이탈리아 상인들은 이교도와의 교류를 탐탁하지 않게 여긴 교황의 반대를 무릅쓰고 콘스탄티노플과 교역을 재개할 방안을 모색해야 하는 상황으로 내

그림 8-1

콘스탄티노플의 함락 1453년 오스만 투르크가 비잔틴 제국의 수도를 함락시킨 사건은 세계사의 중요한 전환점이 되었다.

그림 8-2

문화 사절단의 파견 이슬람 술탄의 호의를 얻기 위해 베네치아는 유명한 화가 젠틸레 벨리니(Gentile Bellini)를 파견하였다. 그가 그린 메흐메트 2세의 초상화.

메흐메트 2세(1432-1481): 콘스탄티노플을 함락시킨 오스만 제국의 술탄. 대외적으로는 정복 전쟁에서 발군의 실력을 과시하였으며, 대내적으로는 관료제를 완비하고 외국 문물에 대해 관용적 정책을 폈다.

프레스터 존: 동방에 그리스 왕국을 건설하였다고 알려진 중세의 상상 속 인물. 유럽인들은 거란과 몽골 국가에 있었던 기독교의 일파인 네스토리우스파(派), 또는 몽골과 인도의 특정 지도자와 연관을 짓곤 하였다.

엔히크 왕자(1394-1460): 포르투갈의 왕자로 북서아프리카를 장악한 데 이어 아프리카 대륙의 서단을 따라 남하하는 항해를 후원하였다.

몰렸다. 결국 베네치아인들은 오스만 제국의 술탄 메흐메트 2세(Mehmet II)에게 사절단을 보내 교역을 재개하는 데 성공하게 되었다. 메흐메트 2세가 기독교인 및 유대인에게 관대한 정책을 편 점도 교역을 재개하는 데 유리하게 작용하였다. 그러나 이것으로써 이탈리아인들의 고민이 해결된 것은 아니었다. 유럽의 다른 지역에서 이탈리아 중심의 남유럽 상권을 우회하는 새로운 교역로를 개척해 보자는 움직임이 대두하였던 것이다. 유럽인들이 동양으로 향한 데에는 사라진 성인 프레스터 존(Prester John)이 살고 있다는 전설 속의 왕국을 찾을 수 있을지 모른다는 기대도 작용하였다. 기독교 세력의 협력 체제를 구축함으로써 거센 이슬람 세력을 협공하여 물리칠 수 있을 것이라는 희망이 장거리 탐험 움직임을 부추겼다.

이런 움직임을 주도한 것은 대서양에 연한 이베리아반도의 국가들이었다. 포르투갈과 스페인의 왕실은 새로운 항로 개척을 위한 탐험에 지원을 아끼지 않았다. 포르투갈의 엔히크 왕자(Henrique O Navegador)와 주앙 2세, 그리고 스페인 카스티야 왕국의 이사벨라 여왕과 같은 절대 군주들은 적극적으로 **탐험을 후원**하였다. 특히, 항해왕(航海王)이라고 불렸던 엔히크 왕자는 국내의 지리학자, 천문학자, 지도 제작자 등이 함께 모여 탐험에 필요한 지식을 축적하고 공유할 수 있도록 연구소를 설립하여 후원하였다. 이를 통해 이슬람의 수학과 천문학이 유대인의 과학 전통과 결합하여 개선되고, 이것이 다시 항해사들의 실제 경험과 통합됨으로써, 실용성이 높은 항해술로 재탄생하는 길이 마련되었다. 그의 후원을 받아 진행된 과학적 탐험 활동은 이후의 탐험에 값진 밑거름이 되었다.

장거리 항해에 도움이 되는 기술이 진보한 것도 탐험을 계획하는 데 큰 힘이 되었다. 대표적인 기술적 개량으로 **조선 및 항해술의 발달**을 꼽을 수 있다. 노와 보조 돛대를 이용하는 갤리선이 중세를 거치면서 점차 3-5개의 돛대를 장착하고 선미에 방향키를 단 범선으로 대체되었다. 특히, 캐럭(carrack)은 지중해와 북해 등에서 사용되던 선박들의 장점을 활용하여 개량된 범선으로서, 선박이 넓고 깊으면서도 견고해서 대양 항해에 적합하였다. 그래서 이보다 소규모인 카라벨(caravel)과 더불어 장거리 탐험과 무역에서 뛰어난 능력을 발휘하였다. 또한 이슬람 세계로부터 나침반이 도입되었고, 다른 측량 기구들도 개량되었으며, 지도 제작 기술도 발달하였다. 또한 선박에 여러 문의 대포를 장착함으로써 전투 능력도 크게 향상되었다. 선박 설계에 보수적인 성향을 지닌 이탈리아인보다는 이베리아인들에게 대양 개척의 기회가 주어진 것은 당연하였다.

그림 8-3

성공적인 동방 외교 1501년 베네치아에서 새로 선출된 도제(Doge)의 초상. 그는 오스만 제국에서 들여온 값비싼 옷감으로 지은 옷을 입고 있다. 화가는 젠틸레 벨리니의 동생인 조반니 벨리니(Giovanni Bellini)였다.

캐럭: 주 돛대가 3개 내지 그 이상인 대형 범선으로, 15-16세기에 원양 항해에 가장 널리 사용되었다.

카라벨: 2개의 세로 돛을 장착한 소형 범선으로, 포르투갈이 아프리카 서부 해안을 따라 탐험하는 데 사용되었다.

디아스(1450?-1500): 희망봉에 도달한 포르투갈의 탐험가.

주요 탐험들

포르투갈은 아프리카의 남단을 돌아 인도에 도착하는 항로를 개척하는 데 전력을 기울였다. 계속된 시도 끝에 주앙 2세의 후원을 등에 업은 디아스

그림 8-4

새 항로를 찾아서 엔히크 왕자와 포르투갈의 주요 탐험가들을 묘사한 기념상. 각종 측량 기구의 모습도 보인다.

다가마(1469-1524): 포르투갈의 탐험가로 인도 항로 개척을 완성하였다. 힌두와 이슬람 연합 함대의 공격을 물리치고 상관을 설립함으로써 포르투갈이 동방 무역을 독점하는 길을 열었다.

(Bartholomew Diaz)가 아프리카 서안을 따라 항해를 계속하였고, 마침내 1488년 최남단 희망봉에 도달하였다. 이러한 성과는 **다가마**(Vasco da Gama)의 탐험으로 이어졌다. 그가 이끄는 캐럭은 대서양을 서쪽으로 크게 도는 혁신적 항로를 타고 희망봉을 돌아 아프리카 동안에 이르렀고, 거기서 이슬람 안내인의 도움을 받아 인도양을 횡단하여 1499년 인도 서해안의 캘리컷에 도착하였다. 그 후 포르투갈은 함대를 이끌고 인도로 가서 코친, 카나놀 등을 포함한 여러 지점에 **상관(商館)**을 설치하고 유럽의 **인도 무역을 독점할 기반을** 구축하였다. 이후에 포르투갈은 점차 인도양에서 이슬람 상인 세력을 축출하고 모잠비크, 페르시아만, 몰루카 제도를 연결하는 무역 기지 네트워크를 건설하였다. 16세기 중엽에는 마카오를 거점으로 삼고 중국 교역권을 획득하였으며, 비슷한 시기에 일본과도 외교 관계를 맺고 교역을 시작하였다.

콜럼버스(1451-1506): 이탈리아 출신의 탐험가. 스페인의 후원을 받아 유럽에서 서쪽으로 인도 항로를 개척하기 위해 출항하여 신대륙에 도달하였다.

　　마르코 폴로의 여행기에 깊은 인상을 받은 제노바 출신의 **콜럼버스**(Christopher Columbus)는 지구의 반대편으로 돌아 향료 생산지로 가는 항로가 그리 길지 않을 것이라 믿고 포르투갈, 프랑스, 영국 등지에서 후원자를 물색하였으나 여의치 않았다. 때마침 스페인의 군주인 페르디난트와 이사벨라는 1492년 그라나다의 무어 왕국을 굴복시켜 기독교 재정복 운동을 완성한 것을 기념하여 콜럼버스의 항해를 지원하기로 결정하였다. 2개월여의 항해 끝에 그는 카리브해의 서인도 제도(West Indies)에 도달하였고, 그곳이 인도라고 믿으며 직항로의 발견을 자축하였다. 콜럼버스가 도달한 곳이 새 대륙이라는 사실은 1499년 이탈리아 탐험가 베스푸치(Amerigo Vespucci)에 의해 밝혀졌고, 후에 그의 이름을 따서 아메리카라고 명명되었다.

베스푸치(1451-1512): 콜럼버스 이후 신대륙 항해에 동참하였고, 신대륙이 인도가 아니라는 것을 파악하고 신대륙을 탐험한 여행기를 출판하였다.

그림 8-5

선박의 발달 16세기를 거치면서 포르투갈에서는 그림에서 보듯 다양한 종류의 선박들이 대양 항해를 위해 건조되었다.

　　해상 강국으로 떠오르게 된 포르

콜럼버스의 일지

콜럼버스가 항해를 하면서 기록한 일지는 그의 관심사와 선택을 시시각각 잘 보여 준다. 아래의 일지를 보고 탐험가 콜럼버스의 입장에 서 보자.

10월 23일 화요일

오늘은 쿠바(Cuba) 섬으로 항해하고 싶다. 이곳 원주민들이 설명한 섬의 규모나 자원에 관한 정보를 근거로 판단해 볼 때, 그 섬은 시팡고(Cipango)가 분명하다. 더 이상 여기서 기다리지 않고 또 애초의 계획대로 섬 주변을 일주하지도 않고, 곧장 그 마을로 가서 추장이나 지배자와 이야기를 나눌 생각이다. 여기에 금광이 있는지 여부를 파악하는 데 더 이상의 시간을 허비하고 싶지 않다. 또한 이 섬들을 일주하려면 다양한 풍향의 변화를 잘 이용해야 하는데, 바람이라는 것이 항상 인간의 의지대로 불지는 않기 때문이다.

거래 가능성은 큰 곳으로 가는 편이 현명하다. 지체하지 말고 큰 이익을 올릴 수 있는 곳을 찾을 때까지 계속 항해하면서 많은 지역을 조사해 볼 필요가 있다고 생각한다. 지금 우리가 있는 곳에서 많은 양의 향료를 공급받을 수도 있을 것 같다. 그러나 정말 유감스럽게도 나는 향료에 대해 전혀 알지 못한다. 이곳에는 엄청나게 다양한 나무들이 있는데, 저마다 독특한 열매가 매달려 있다. 마치 스페인의 5, 6월처럼 푸르다. 또한 풀이나 꽃들도 마찬가지로 그 종류가 다양하다. 하지만 지금까지 우리가 알게 된 것이라고는 알로에밖에 없다. 두 분 폐하께 가져가기 위해 오늘도 많은 양의 알로에를 배에 싣게 하였다.

자료: 콜럼버스(2001), 70쪽.

> **시팡고:** 일본을 가리키는 명칭. 시팡고는 금과 보물이 가득한 땅이라고 콜럼버스와 당시 유럽인들은 기대하였다.

투갈과 스페인은 새로 개척되고 있는 지역을 놓고 교황에게 분쟁 가능성을 제거해 줄 것을 요청하였고, 1494년 토르데시야스(Tordesillas) 조약에 따라 분할선이 설정되었다. 이에 따라 아조레스 제도 서쪽 100리그를 지나는 경선(經線)을 중심으로 왼쪽에서 발견되는 땅은 스페인에게, 그리고 오른쪽에서 발견되는 땅은 포르투갈에게 귀속하도록 결정되었고, 이후 분할선의 위치가 다소 조정되었다. 이 합의는 두 당사국에게는 유효하게 작동하였지만, 후발 주자인 네덜란드, 영국, 프랑스에게는 받아들여질 소지가 전혀 없었다. 분할선의 또 다른 문제점은 대서양을 지나는 경선의 위치는 명확하였던 반면에 지구 반대편의 경선은 어느 지역을 지나는지가 불명확하였다는 점이다.

1519년 포르투갈 출신의 **마젤란**(Ferdinand Magellan)은 향료 주산지가 분할선의 스페인 쪽 영역에 위치하고 있을 것이라고 스페인 국왕을 설득하여 항해를 떠났다. 그는 남아메리카 동안을 남하하여 태평양에 이르렀고, 3개월을 항해한 끝에 필리핀에 도달하였다. 그와 여러 대원들은 필리핀의 세부섬

> **토르데시야스 조약:** 스페인과 포르투갈 사이에 영토 분쟁을 회피하고자 체결된 조약. 당사국들의 조정 과정 끝에 서경 43도 37분으로 정해졌다. 이에 따라 브라질은 포르투갈에, 그리고 아메리카의 나머지 영토는 스페인에 귀속되었다.

> **마젤란(1480-1521):** 포르투갈의 인도 항로에서 근무한 경험을 바탕으로 스페인 국왕을 설득하여 세비야-리우데자네이루-남아메리카 남단-괌-필리핀으로 이어지는 항해를 하였으며, 그의 선원들은 인도양을 거쳐 세비야로 귀환하였다.

에서 원주민에게 무리한 개종을 시도하다가 전투 과정에서 목숨을 잃었지만, 잔여 대원들은 몰루카 제도에서 향신료를 배에 가득 채우고 인도양을 거쳐 아프리카를 돌아 1521년에 스페인에 귀환함으로써, 애초에 의도하지는 않았지만 인류 최초의 세계 일주(circumnavigation)를 완수하였다.

유럽의 다른 나라들도 탐험 대열에 속속 합류하였다. 1497년 이탈리아 선원 카보토(Giovanni Caboto)는 영국 국왕의 허락을 받고 출항하여, 북아메리카의 뉴펀들랜드를 발견하고 북아메리카 해안을 탐사하였다. 1534년 프랑스인 카르티에(Jacques Cartier)는 세인트로렌스강을 탐사하고 몬트리올에 이르러, 훗날 프랑스가 캐나다를 통치하게 되는 토대를 닦았다. 그 밖에도 수많은 탐험대가 지구 곳곳을 항해하면서 지리적 지식을 확대하고 유럽인의 진출 지역을 넓혀 갔다.

카보토(1450-1498): 제노바 출신으로 영국으로 이주한 후 항해를 떠나 북아메리카 해안을 탐사하였다. 영국식 이름은 존 캐벗(John Cabot)이다.

카르티에(1491-1557): 몬트리올 부근을 탐사하고 이 지역을 프랑스령이라고 선언함으로써 프랑스가 캐나다를 통치하는 기초를 닦았다.

그림 8-6

지리 혁명을 이끈 탐험들

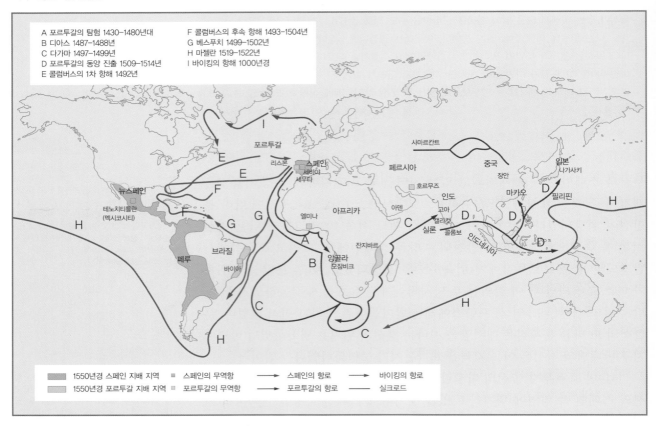

대항해의 특징

대항해 시대를 연 장거리 탐험들의 구체적 면면을 통해 몇 가지 특징을 찾을 수 있다. 첫째, 탐험가가 탐험을 실제로 성사시키기 위해서는 **후원자**를 찾는 일이 중요하였고, 이를 위해 탐험가는 국경을 초월해서 후원자를 찾는 사례가 다반사였다. 예를 들어, 이탈리아 출신인 콜럼버스와 포르투갈 출신인 마젤란은 스페인에서 후원자를 구할 수 있었고, 이탈리아인 카보토는 영국 국왕의 후원을 받아 탐험대를 꾸렸다. 경쟁적 관계에 놓여 있었던 절대 군주들은 탐험의 잠재적 투자자였고, 탐험가들은 일종의 사업 설명회를 통해 이들에게 투자를 설득하였던 것이다.

둘째, **지리적 지식**의 부족으로 인해 탐험가들은 큰 어려움을 겪었다. 콜럼버스와 마젤란은 모두 항해 과정에서 선상 반란을 경험하였는데, 이는 탐험대장이 제시한 일정을 훨씬 넘는 기간에 기대하였던 발견이 이루어지지 못하였기 때문이다. 또한 콜럼버스 자신이 인도에 도착하였다고 믿었던 사실이나 마젤란이 태평양을 만나 예상하지 못한 장기 항해를 해야만 하였다는 사실도 이 당시 탐험이 유럽인에게 새로 지리적 지식을 창조해 가는 과정이었음을 말해 준다.

마지막으로, 당시의 탐험은 **경제적 이익의 추구**와 **종교적 포교**라는 두 목적을 염두에 두고 진행되었다. 향신료와 같은 국제적으로 인기가 높은 상품을 얻을 수 있는 통상로를 개척하는 것이 탐험가와 후원자에게 중요한 동기였지만, 원주민을 기독교로 개종시키는 것도 탐험의 중요한 동기였음이 분명하다. 때로는 마젤란과 같이 성급하게 개종을 밀어붙이다가 물리적 충돌을 야기하는 경우도 적지 않았다.

그림 8-7

콜럼버스의 상륙 16세기 화가 드 브리(De Bry)가 상상한 역사적인 아메리카 상륙의 모습. 그림 오른쪽의 원주민들이 들고 있는 귀금속과 왼쪽의 선원들이 세우고 있는 십자가가 탐험의 목적을 말해 준다.

제2절 접촉 이전의 아메리카

대항해 시대 직전의 세계 경제

대항해 시대가 개막되는 15세기 말 이전에 세계의 각 지역은 기후와 지형에 맞는 농업을 영위하면서 인구를 부양하였고, 충분히 생산되지 않는 물자를 공급받기 위해서 다른 지역과 교역을 하였다. 그림 8-8은 대항해 시대가 시작되기 직전 지구상의 식량 생산 방식을 보여 준다. 서유럽에서 지중해 연안, 서아시아, 남아시아, 동남아시아를 거쳐 동아시아에 이르는 넓은 지역, 그리고 태평양 연안의 일부 도서 지역과 아프리카 서부의 일부 지역에서는 쟁기를 이용한 발달된 영농을 하고 있었다. 남북아메리카의 넓은 토지와 아프리카의 중부 지역, 그리고 아시아, 유럽, 오세아니아의 일부 지역에서는 손 도구를 이용하는 덜 발달된 농경 형태를 보여 주고 있었다. 기후 및 토양 요인에 의해 시베리아, 아라비아반도, 아프리카의 사하라 사막 지역과 동아프리카 등에서는 목축업이 주된 농업 형태를 이루었다. 극지에 가까운 지역에서는 인간의 경제 활동이 거의 없었다.

그림 8-8

15세기 세계의 식량 생산 방식
자료: O'Brien(2002), 58쪽.

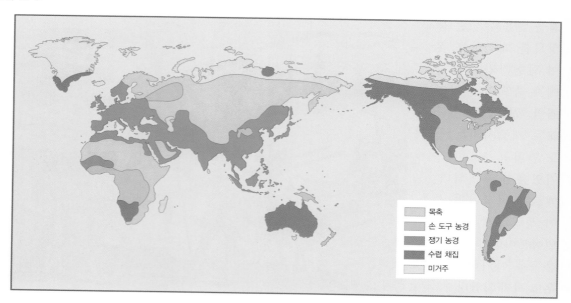

이들 가운데 사회 조직과 기술 및 경제 수준이 가장 높은 지역은 **쟁기 농경 지역**이었다. 당시 세계 인구의 약 3/4이 구세계에 거주하였다는 점은 이 지역의 기술이 인구 부양에 유리한 수준에 올라 있었다는 점을 시사한다. 세계적으로 가장 큰 도시, 농업 생산성이 가장 높은 토지, 군사력이 가장 강한 국가, 과학과 기술이 가장 발달한 사회, 무역이 가장 활발하게 이루어진 항구가 모두 쟁기 사용 지역에 위치하고 있었다. 이 지역들 사이의 상호 작용을 통해 대항해 시대의 막이 오르게 된 것은 당연한 귀결이었다.

구세계를 연결하는 장거리 간선 교역로에서는 성쇠가 엇갈렸다. 동아시아에서 시작하여 중국을 관통하고 중앙아시아를 거쳐 지중해와 흑해 연안에 이르고 다시 유럽으로 이어지는 **육상 교역로**는 전통적으로 무역품만이 아니라 종교, 사상, 동식물, 무기, 질병 등이 광범위하게 오간 동서 교류의 대(大)통로였다. 특히, 팍스 몽골리카의 시기에는 이 교역로를 둘러싸고 치안이 안정적으로 확보되어 보호 비용이 낮게 유지됨으로써, 구세계의 양단을 잇는 대상 무역이 크게 활성화되었던 바 있다. 그러나 몽골 제국이 붕괴되면서 이런 조건도 약화되었다. 중앙아시아에서 경쟁 관계인 여러 칸들이 권력 투쟁을 벌이면서 무역이 위축되었고 다른 교류도 축소되었다. 티무르(帖木兒, Timur)의 제국이 건설된 약 30년 동안 일시적인 무역의 부흥이 있었으나, 그 후에 중앙아시아는 여러 정복자들에게 분할되었고 동서 교역로도 쇠퇴를 맞았다.

육상 교역로와 달리 **해상 교역로**에서는 번영이 지속되었다. 해상 교역로는 일본과 한국에서 시작하여 남중국해를 거치고 동남아시아의 군도와 해협을 지나 인도양을 거쳐 페르시아만과 홍해에 이르렀다. 이 대(大)인도양 항로는 국지적 치안 부재와 약탈 활동이 간헐적으로 무역을 방해하였음에도 불구하고 구세계의 동서를 연결하는 가장 중요한 교역로로서 역할을 지속적으로 수행하였다.

티무르(1336-1405): 중앙아시아에 티무르 제국을 건설한 몽골계 지도자. 1370년 사마르칸트를 수도로 정한 후 확장을 거듭하여 모스크바 인근에서 델리에 이르는 광대한 제국을 수립하였다. 학자를 우대하고 산업을 장려하는 정책도 실시하였다.

아즈텍 문명

15세기 말-16세기 초 유럽인들이 아메리카 대륙에 상륙하였을 때 이들은 두 문명 집단과 조우하였다. **중앙아메리카 멕시코 지역의 아즈텍(Azteca)과 남아메리카 안데스 산지의 잉카(Inca)**가 그들이었다. 아메리카 대륙 곳곳

그림 8-9

테노치티틀란의 구조 호수에 둘러싸인 이 도시의 도로망, 교량, 신전이 그림에 나타나 있고 다양한 경제 활동을 하는 주민들의 모습도 보인다.

코르테스(1485-1547): 스페인의 하급 귀족 출신으로 1519년 중앙아메리카 신식민지 탐험대장이 되었다. 500여 명의 병력을 이끌고 아즈텍 황제 목테수마 2세를 강압, 스페인 왕에게 충성 서약을 하게 하였다. 이듬해 인디오의 반란을 제압하고 멕시코를 탈환하여 노바 스페인 식민지를 건설하였다.

포치테카: 상업에 종사하는 아즈텍의 계층. 자치권을 누렸고 주거 지역이 특정되었다.

에는 많은 수의 원주민이 대부분 부족 사회를 이루며 산재하였지만, 가장 큰 세력을 거느린 집단은 바로 아즈텍과 잉카였다.

아즈텍은 멕시코 지역에 존재한 유일한 국가가 아니었고, 장기간 안정된 제국을 유지해 온 것도 아니었다. 마야(Maya) 문명이 300-900년에 번영을 구가하고 10세기에 멸망하였다가, 이후 마야 유민들이 유카탄 반도에서 새로 문명을 이루어 살고 있었다. 반도 서쪽의 멕시코 고원과 계곡 지역에서는 12세기경 톨텍(Tolteca)인들이 수도를 정하고 통치 기반을 구축하였다. 이들과 마야인들은 이미 9세기경부터 장거리 무역을 해 오고 있었다. 14세기가 되자 아즈텍인들이 북쪽으로부터 들어와 텍스코코호(湖) 주변의 습지에 정착하고, 그곳에 수도 테노치티틀란(Tenochtitlan)을 건설하였다. 그들은 호수 주위에 인공 경작지를 조성하고 댐을 쌓아 담수가 염화되는 것을 막는 방식을 사용하였다. 수도의 건설에는 대규모 노동력이 동원되었다. 이후 아즈텍은 주변 지역을 무력으로 점령하면서 **세력을 확장**하여 갔다. 1519년 코르테스(Hernando Cortez)가 이끄는 스페인 부대가 들어왔을 때에는 아즈텍이 마야의 영토로 진입해 들어가고 있는 상황이었다.

아즈텍은 톨텍족의 우주관을 이어받아 발전시켰는데, 그에 따르면 태양이 사멸하여 우주가 멸망하는 것을 막기 위해서는 인신 공양(人身供養)이 필요하였다. 이를 위해 대규모의 신전을 건립하고 달력에 맞추어 진행하는 의식을 발전시켰다. 제사장과 세습 전사의 주도하에 아즈텍인은 강력한 군사 조직을 구축하고 전쟁을 지속하여 정복지의 포로를 잡아다가 정기적으로 제물로 바쳤다. 정복한 도시로부터 수취하는 조세와 공물이 이런 체제를 유지하는 경제적 기반이었다. 국내적으로는 계급과 직능에 따라 직업의 종류와 주거 지역이 통제되었다. 포치테카(Pochteca)는 아즈텍의 상인 계급을 의미하였는데, 이들은 도시에 대규모 시장을 개설한 것은 물론이고 장거리 무역 활동에도 적극적이었다. 이 상인 계급은 국가의 관료보다는 낮지만 일반민보다는 높은 사회적 지위를 부여받았다. 이들은 도시의 특정 구역에서 거주하였으며, 상당한 수준의 자치권을 국가로부터 인정받았다. 상인 계급은 다시 한 곳에 정착하여 무역과 대부를 하는 부유한 상인층과 직접 교역로를 따라 이동하면서 무역을 담당한 하급 상인층으로 나뉘었다. 코르테스는 1519년 자신이 목격한 아즈텍 대도시의 시장에서 매일 6만 명 이상이 각종 상품을 거래하고 있었다고 감탄하는 기록을 남겼다. 아즈텍 제국과 인근 지역에서는 다양한 작물이 재배되었다. 옥수수, 토마토, 호박, 콩 등이 대표적으로서, 훗날 구세계로 전해져 식단에 혁명적 변화를 가져올 작물들이었다.

아즈텍의 영향력은 정치적으로 보면 멕시코 중부 지역에 한정되어 있었지만, 경제적 및 문화적으로는 멕시코 북부 지역, 미시시피강 유역, 북아메리카 동부의 삼림 지역에까지 미쳤다. 하지만 이 교류가 장기적으로 안정된 형태로 유지된 것은 아니었다.

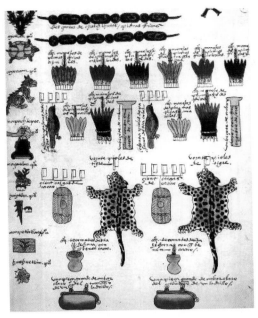

그림 8-10

아즈텍이 요구한 공물 아즈텍은 정복을 통해 속국으로 만든 주변 국가들에게 정기적으로 공물을 바칠 것을 요구하였다. 옥구슬, 새의 깃털 장식, 재규어 가죽 등이 나열되어 있다.

잉카 문명

남아메리카 안데스 산지의 중앙부, 지금의 페루가 위치한 지역에서 수도 쿠스코를 중심으로 15세기 초에서 16세기 초에 이르는 시기에 잉카 문명이 번성하였다. 잉카 제국은 전성기에 북쪽의 에콰도르에서 남쪽의 칠레 중부에 이르는 넓은 영역을 통치하였으나, 1533년 잉카 제국의 마지막 황제 아타왈파(Atahuallpa)가 스페인의 정복자 – '콘키스타도르'(conquistador) – 피사로(Francisco Pizarro)에 의해 살해되면서 제국이 종말을 고하였다.

잉카 제국은 종교적 권위를 지닌 절대 군주 잉카를 정점으로 하고, 왕의 친족으로 구성된 귀족이 지배층을 이루고, 그 아래로 피지배층인 일반민이 존재하는 중앙 집권적 전제 정치 체제를 이루고 있었다. 전국 각지로부터 징수된 곡물과 특산물은 수도 쿠스코로 운송되었고, 이 물자를 기반으로 해서 군대와 관료가 유지되었고, 도로와 관개 수로의 건설, 계단식 경지의 조성,

콘키스타도르: 정복자란 의미의 스페인어로, 특히 16세기 초에 아메리카를 정복한 스페인인을 지칭한다.

피사로(1475?-1541): 1513년 발보아(V. Balboa)와 함께 태평양을 발견한 27명의 스페인 사람 가운데 한 명이다. 발보아의 후계자가 되어 파나마와 콜롬비아를 탐험하였고, 잉카 제국에 대한 정보를 수집한 후 병력 180명을 이끌고 잉카 황제 아타왈파를 체포하여 잉카 제국의 정복을 시작하였다.

아즈텍의 옥수수 저장 옥수수 재배는 아즈텍 제국의 농업에서 가장 중요한 식량 자원 중의 하나였다.

마추픽추: 잉카 문명의 대표적 유적으로, 스페인 정복자에게 발견되지 않고 남았다가 20세기 초에 서양에 알려졌다.

신전의 건축 등 대규모 사업이 이루어졌다. 장거리에 걸쳐 뻗어 나간 **도로망**과 솜씨 좋은 석공들의 **축성술**은 잉카의 기술력을 대표한다. 키푸(quipu)라고 불리는 매듭을 맨 실타래를 이용하여 10진법에 기초한 계산을 하였고, 조세 징수와 인구 조사에 이를 사용하였다. 농업에서는 고랭지 협곡의 경사면에 조성한 계단식 경지를 활용한 재배가 두드러졌다. 옥수수와 감자가 잉카의 대표적 작물이었다. 가축으로서는 라마가 사육되어 수송용으로 사용되었다. 라마는 낙타에 비해 짐을 1/4밖에 실을 수 없다는 약점이 있었지만, 잉카 제국에서는 대안적 육상 운송 수단을 찾을 수 없었다. 수상 운송이 이런 한계점을 보완해 주었는데, 주로 카누와 뗏목이 사용되었다. 이 점에서 잉카는 아즈텍과 유사한 양상을 보였다. 또한 잉카는 두 개의 간선 도로를 포함하여 총연장이 수만 km에 이르는 도로를 건설함으로써 안데스 산지 및 태평양 연안을 연결하는 교통망을 확충하였다.

잉카 제국에서 중앙 정부는 전국에 걸쳐 노동력을 동원하는 체제를 갖추었다. 각 지역의 공동체를 대표하여 선발된 남성들이 지배층을 위해 부역을 제공하였고, 여성들은 제사 및 군대를 위한 물자 생산에 동원되었다. 15세기에 건설된 것으로 추정되는 마추픽추(Machu Picchu)는 잉카인의 도시 공학 능력을 잘 보여 준다. 해발 2,300m의 고지에 위치하고 있다는 약점에도 불구하고 이 도시에는 계단식 농경지와 인공적으로 조성된 수로, 그리고 목축을 위한 방목지가 적절히 배치되어 자급자족에 충분한 생산이 이루어졌다. 신전과 석조물이 잉카인의 높은 건축술 수준을 말해 주는 이 도시는 고지에 위치한 덕분에 스페인 정복자의 파괴적 손길을 벗어날 수 있었다.

종합해 보자면, 대항해 시대 이전에 아메리카 대륙은 멕시코 중부와 안데스 지역을 중심으로 지리적으로 광대한 교역과 교류의 네트워크를 보유하였지만, 그 밀도는 구세계에 비해 매우 낮은 편이었다. 이는 무역량이나 교류의 빈도를 통해서 쉽게 확인이 된다. 또한 신세계 내에서는 생태계의 상호 교류도 구세계에 비해 제한적이었다. 이에 따라 구세계에 비해 인간이 접촉한 질병의 종류도 제한적이었고, 따라서 질병에 대한 저항력이 상대적으로 약했던 것으로 보인다.

제3절 구세계와 신세계의 조우

정복과 수탈

코르테스에 의한 아즈텍 정복과 피사로에 의한 잉카 정복은 지극히 폭력적인 방법에 의해 이루어졌다. 1519년 500여 명의 병사를 이끌고 유카탄반도에 상륙한 코르테스는 우선 말과 대포를 앞세워 마야족을 공격하였다. 이어서 코르테스의 부대는 황금이 가득 차 있다는 풍문이 있는 아즈텍을 향해 진군하였다. 그들은 아즈텍을 기습 공격하여 군주인 목테수마 2세를 인질로 잡아 지도층을 제거하고 수도 테노치티틀란을 장악하였다. 1520년에는 인디오들의 반란에 의해 스페인 정복자들이 살해되고 일시적으로 쫓겨나기도 하였다. 그러나 이듬해 유럽에서 들어온 천연두가 인디오에게 치명적 타격을 가했고, 전열을 정비한 코르테스가 잔인하고 파괴적인 방법으로 공격을 가함으로써 테노치티틀란을 다시 점령하였다. 당시 약 50만의 인구를 보유하였던 아즈텍은 불과 수백 명의 스페인 정복자들에 의해 붕괴되고 말았다.

스페인의 식민 도시 파나마에서 관리로 근무하던 피사로는 국왕의 승인을 얻어 1531년 180명의 부대를 이끌고 남아메리카 원정에 나섰다. 피사로는 잉카 제국의 군주 아타왈파를 접견하는 자리에서 기습 공격을 감행하여 그를 인질로 삼았고, 이를 빌미로 많은 양의 금과 은을 받아 낸 후 그를 처형해 버렸다. 1533년 피사로의 부대는 잉카의 수도 쿠스코를 점령하였고, 잉카인들부터 귀금속을 약탈하는 데 열을 올렸다. 스페인의 아메리카 정복 활동은 계속되었고, 16세기 말이

그림 8-12

신구 세계의 군사적 충돌 말과 신식 무기로 무장한 스페인 군인들에게 전통적 무기에 의존하는 인디오 군대는 적수가 되지 못하였다.

yeq̃tla ti tetzavitl
yn mal ques.

문헌 자료 8-2

코르테스의 아즈텍 정복

스페인 출신의 프란시스코 수도사인 베르나르디노 데 사아군(Bernardino de Sahagun)은 1529년부터 멕시코에서 선교 활동을 했다. 그는 인디오의 역사와 문화와 관한 자료를 모으고 인디오에게 그림으로 설명을 붙이게 해 1570년에 귀중한 가치를 가진 책을 편집하였다. 이 책에 스페인 정복자들의 아즈텍 정복 과정이 다음과 같이 묘사되어 있다.

스페인인들은 왕궁에 들어서자 목테수마를 에워쌌다. … 그리고 그들이 대포 한 발을 쏘자 도시 전체는 대혼란에 휩싸였다. 시민들은 여기저기로 흩어졌다. 그들은 방향성도 없고 이유도 없이, 마치 누군가에게 쫓기는 것처럼 도망쳤다. 마치 정신을 혼미하게 만드는 버섯을 먹었거나 무시무시한 유령을 본 것 같았다. 그들은 공포에 질려 정신을 잃은 것 같았다. 그리고 밤이 오자 공포는 도시 전역으로 퍼졌고, 사람들은 두려움에 잠을 이루지 못하였다. …

왕궁을 장악한 스페인인들은 목테수마에게 도시의 재원과 비축 물자에 대해, 그리고 군대 깃발과 방패에 대해 물었다. 그들은 목테수마를 철저히 심문하였으며, 그리고는 금을 요구하였다. 목테수마가 그곳을 가리켰다. 스페인인들은 무기를 들고 그를 바짝 에워쌌다. 스페인인들이 둥그렇게 둘러싼 가운데 목테수마는 걸어갔다.

그들이 보물 창고에 이르자 … 수많은 금과 깃털이 그들 앞에 놓였다. 케트살 깃털로 만든 장신구, 화려하게 장식된 방패, 황금으로 만든 원반, 우상 목걸이, 황금 코걸이, 황금 정강이 보호대, 팔찌, 왕관 등이었다.

스페인인들은 곧바로 황금 방패와 깃발로부터 깃털을 떼어 냈다. 그들은 모든 금을 모아 한무더기로 쌓고 나머지에 대해서는 가치에 신경 쓰지 않고 불을 놓았다. 그리고 그들은 금을 녹여 금괴를 만들었다. 초록색 보석 중에서는 최고의 것만을 챙겼다. … 스페인인들은 심문을 하고 언쟁을 해 가며 보석 창고를 샅샅이 뒤졌다. 그리고는 아름답다고 생각되는 것들을 모두 챙겼다.

다음으로 스페인인들은 목테수마의 개인 보물이 보관되어 있는 토토칼코라는 … 창고로 갔다. 그들은 짐승처럼 이를 드러내고 웃었고 서로를 툭툭 치면서 기뻐하였다.

보물이 쌓인 홀에 들어서자, 그들은 마치 천국에 온 것만 같았다. 그들은 샅샅이 수색을 하고 모든 물건들을 탐냈다. 그들은 탐욕의 노예였다. 목테수마의 모든 소유물, 즉 정교한 팔찌, 큰 보석이 달린 목걸이, 작은 황금 종이 달린 발찌, 왕관과 왕의 장신구 등 왕의 소유였고 왕만이 보유할 수 있었던 모든 것들이 건물 밖으로 끄집어내졌다. 그들은 이 보물들을 마치 자기 소유인 것처럼 강탈하였고, 이 약탈품들이 행운의 소산인 것처럼 치부하였다.

자료: Sanders et al. (2006), Vol. 2, 47-48쪽.

되면 스페인은 북으로는 캘리포니아 남부와 플로리다, 남으로는 브라질을 제외한 남아메리카 전역에 이르는 광대한 지역을 통치하게 되었다.

정복자들의 뒤를 이어 많은 수의 스페인인들이 아메리카로 이주해 왔다. 그들은 정복지를 확대해 갔고, 인디오 노동력을 마음대로 동원하는 체제를 갖추어 갔다. 16세기 초에 스페인 왕실의 구상에 따라 **레파르티미엔토**(repartimiento) – '할당'이라는 의미 – 라고 불리는 강제 노역 체제가 마련되었다. 이에 따라 인디오 인구는 정복자들에게 할당되어 황금 채굴, 가축 사육, 농장 노동, 개인적 봉사 등에 종사하도록 강요당하였다. 원래 레파르티미엔토에서는 부역 기간에 제한이 있었고 노동에 대한 보수도 지불하도록 되어 있었지만, 실제로는 이런 조건들이 무시되기 일쑤여서 인디오들은 가혹한 착취에 신음하였다.

학대와 질병, 자살 등으로 인해 인디오 인구가 급감하자 레파르티미엔토 제도를 대신하여 **엔코미엔다**(encomienda) – '위탁'이라는 의미 – 제도가 들어섰는데, 이 제도도 본질적인 성격은 크게 다르지 않았다. 스페인 국왕은 정복지의 스페인인들에게 일정한 수의 인디오를 배정하여 인디오를 다른 호전적 부족으로부터 보호하고 기독교와 스페인어라는 '혜택'을 누릴 수 있도록 허용한다는 명분을 내세우면서, 반대급부로 인디오로부터 노동, 재화, 금 등의 형태로 조공을 받도록 하였다. 현실에서 인디오가 처한 여건은 이를 데 없이 처참하였다. 인디오들은 정복자들의 명령에 따라 가족으로부터 격리되어 한 지역에서 다른 지역으로, 한 주인에게서 다른 주인에게로 강제로 빈번하게 이주당하였다. 이에 따라 **전통적인 생활 방식과 공동체적 안전망이 붕괴**되었다. 귀금속 채굴을 위해서 징집된 인력은 1년 중 8달 내지 10달 동안 가혹한 노역에 종사해야 하였다. 과중한 노동, 식량 부족, 광산 지역의 낯선 기후, 주인의 폭력과 학대 등으로 인해 인디오 노동력은 빠른 속도로 고갈되었다.

레파르티미엔토: 원래 이베리아반도의 기독교 재정복 운동시에 이슬람 영토를 획득한 군인들에게 부여한 분할 토지를 의미하였다. 스페인은 아메리카 대륙에 진출한 정복자들에게도 유사한 방식으로 토지를 하사하였다. 그러나 아메리카에서는 귀금속 확보를 위한 노동력의 동원이 더 필요하였으므로, 인디오 노동력의 할당이라는 의미가 더 컸다. 잉카 제국에서 국가를 위해 일정 기간 의무적으로 부역하는 미타(mita)라는 제도가 있었다는 점이 스페인 정복자들에게 유리하게 작용하였다.

엔코미엔다: 왕권이 원주민을 보호하며 기독교를 전파하는 대신 부역과 조공을 부과하는 권리.

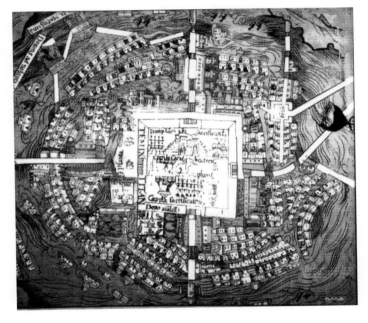

그림 8–13

콘키스타도르에게 넘어간 테노치티틀란 코르테스가 스페인 왕실로 보낸 편지에 동봉한 지도에 아즈텍의 수도 테노치티틀란의 모습을 자세히 묘사하고 있다.

감염병과 인구 격감

이상의 모든 조건이 인디오의 사망률을 증가시키고 출생률을 감소시켰다. 여기에 유럽인으로부터 전해진 감염병들이 결정적인 타격을 입혔다. 특히, **천연두, 홍역, 발진티푸스** 등은 면역력을 갖지 못한 인디오들에게 가공할 만한 치사율을 보였다. 이들은 모두 가축으로부터 사람에게 전이된 질병인데, 현생 인류가 아메리카로 건너온 것은 인간이 구세계에서 가축을 사육하기 이전의 일이었기 때문에 인디오들은 이 질병들에 대해 면역력을 키울 기회를 전혀 갖지 못하였던 것이다. 팍스 몽골리카 시기에 대륙의 동서 교역 활성화가 흑사병의 창궐이라고 하는 '질병의 세계화'를 초래하였던 것과 마찬가지로 구대륙과 신대륙의 조우라는 전대미문의 역사적 사건은 **아메리카 원주민 인구의 격감**이라는 가공할 대재앙을 초래하였다.

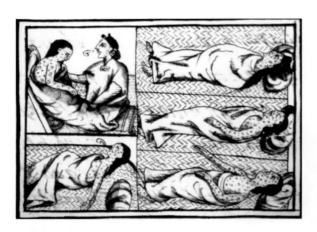

그림 8-14

천연두의 증상 유럽인과의 조우에 따른 질병의 전파는 인디오에게 치명적인 영향을 미쳤다. 아메리카 최초의 천연두는 1520년대 초에 발병하였다. 그림은 인디오가 묘사한 천연두의 증상이다.

한 추계에 따르면, 대항해 시대가 개막하기 직전에 중부 멕시코의 원주민 인구가 1,700만 명가량이었던 것이 17세기가 시작할 무렵에는 100만 명을 겨우 넘는 수준으로 줄어들었다. 구세계에 비해 신세계의 인구가 훨씬 큰 인구학적 타격을 입은 이유는 무엇이었을까? 무엇보다도 구세계에서는 인간과 병원균, 인간과 인간 사이의 접촉과 상호 작용의 역사가 신세계에 비해 길어 질병에 대한 거주민의 면역력이 상대적으로 강하였다는 점이 지적된다. 다양한 미생물과 바이러스에 노출될 기회가 많았다는 점 때문에 구세계인들은 비교적 약한 충격 - 신세계에서 넘어온 대표적인 질병으로 매독을 들 수 있다 - 만을 받게 된 것이다. 그러나 이러한 **역학적(疫學的) 요인**만으로는 양 세계의 차이를 모두 설명하기 어렵다.

표 8-1은 16세기에 멕시코 중부 지역의 인구 변화를 보여 준다. 1532년에 1,600만 명을 넘었던 인구가 빠른 속도로 줄어들어 불과 70여 년 만에 1/16 수준인 100만 명 수준으로 떨어졌다. 이는 연평균 3.6%의 하락에 해당하는 높은 수준이며, 특히 초반기에는 연평균 인구 감소율이 무려 6.2%에 이르렀다. 한편, 고원 지대에 비해 해안 지대에서 더 빠른 인구 감소세가 나타났는데, 여기에는 해안 지대가 상대적으로 기온이 높아 병원체의 활동이 활발하였다는 점과 더불어, 인디오가 높은 밀도로 거주하였고 정복자들의 수탈로

표 8-1 멕시코 중부의 인구, 1532-1608년

연도	인구(1,000명)			연간 인구 증가율(%)		
	고원	해안	합계	고원	해안	합계
1532	11,226	5,645	16,871	−	−	−
1548	4,765	1,535	6,300	−5.4	−8.1	−6.2
1568	2,231	418	2,649	−3.8	−6.5	−4.3
1580	1,631	260	1,891	−2.6	−4.0	−2.8
1595	1,125	247	1,372	−2.5	−0.3	−2.1
1608	852	217	1,069	−2.1	−1.0	−1.9

자료: 리비-바치(2007), 74쪽.

인해 생활 여건이 크게 파괴된 곳이었다는 점도 작용하였다. 다시 말해, 인구 감소는 질병 자체의 위력에만 기인한 것이 아니며, **사회적 환경의 변화에**도 원인이 있다고 볼 수 있다.

콜럼버스의 교환

구세계와 신세계의 조우는 점차 많은 수의 사람과 가축, 많은 양의 재화가 상호 이동하는 것을 의미하였고, 이는 두 지역이 경제적으로 긴밀하게 연결되는 결과를 낳았다. 그중에서도 여러 **동식물의 이동**은 인류에게 장기적으로 엄청난 영향을 끼쳤다. 대표적으로 담배, 인디고, 감자, 호박, 토마토, 고추, 옥수수 등이 신세계에서 구세계로 전파되었다. 초콜릿, 바닐라, 카사바, 땅콩, 강낭콩, 파인애플, 피망, 칠면조 등도 같은 방향으로 이동해 갔다. 반대로 밀, 보리, 귀리 등의 곡물류와 사탕수수 그리고 소, 말, 돼지, 양, 당나귀, 염소 등은 구세계에서 신세계로 유입되었다. 이어서 아시아 원산의 바나나, 쌀, 감귤도 신세계로 들어갔다. 이들은 시간이 흐르면서 성장과 번식에 적합한 기후와 토질, 수요처를 찾아 지구 곳곳으로 퍼져 나갔다.

이 '콜럼버스의 교환'은 본질적으로 유전자의 세계적 혼합과 확산을 의미하였으며, 이는 지구의 생태계에 혁명적인 변화를 초래하였다. 교환된 생물들은 **새로운 식량 자원, 새로운 원료, 새로운 운송 수단, 새로운 기호품으**로서 앞으로 세계 경제에서 중요한 역할을 수행하게 된다. 특히, 기후와 토

콜럼버스의 교환: 구세계와 신세계가 연결되면서 상호 교차하여 흘러들어 간 물적 · 인적 · 생물학적 요소들과 이것이 초래한 변화를 말한다.

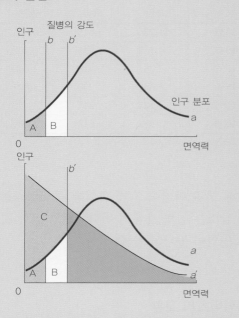

모형과 이론 8-1

급속한 아메리카 원주민 인구 감소의 원인

　아메리카 대륙의 인구가 유럽에서 전파된 질병으로 인해 대재앙을 맞게 된 이유를 간단한 모형으로 표시해 보자. 질병이 입히는 피해는 질병의 강도, 즉 치사율에 의해 직접적인 영향을 받는다. 그러나 같은 병원체에 함께 노출이 되어도 병에 걸리는 사람과 그렇지 않은 사람이 있다. 이는 개인이 지닌 면역력 차이 때문이라고 생각할 수 있다. 두 그림을 보자.

　먼저 위쪽 그림에는 아메리카 원주민의 인구 분포가 면역력을 기준으로 표시되어 있다. 면역력이 보통인 사람이 가장 많고 면역력이 약하거나 강한 사람이 점차 줄어들어, 그림의 *a*와 같이 정규 분포에 가까운 모습을 보였을 가능성이 크다. 이때 만일 강도가 *b*인 질병이 발생하면 사망자의 수는 A가 될 것이다. 강도가 *b′*로 더 강해진 질병이 발생하면 추가로 B만큼의 사망자가 발생하여 총사망자는 (A+B)가 된다. 강도 높은 질병의 등장은 사망률을 높인 중대한 요인임에 틀림이 없다.

　그러나 아메리카 원주민 인구의 급속한 축소는 이것만으로 설명되지 않는다. 아래쪽 그림에서 보는 것처럼 인구 분포 자체가 변하기 때문이다. 아메리카에 진출한 유럽의 정복자들은 원주민을 강제로 차출하여 가혹한 노역을 시켰고, 때로는 채굴 인력으로 사용하기 위해 기후나 식생이 원주민 지역과 크게 다른 광산 지역으로 강제 이동시키기도 하였다. 이런 변화는 면역력이 약한 원주민의 비중을 높였을 것이다. 이것이 그림에 새 인구 분포 *a′*로 표시되어 있다. 따라서 강도가 *b′*인 질병의 공격은 (A+B+C)만큼의 인구를 사망에 이르게 한다.

질에 대한 적응력이 강한 감자나 옥수수와 같은 작물은 구세계에서 전통적으로 곡물이 재배되지 못하던 지역에 전파됨으로써 지구 전체의 인구 부양 능력을 크게 증대시켰다. 대항해 시대는 질병의 세계화로 인해 아메리카 인구의 급속한 감소를 초래하였지만, 장기적으로는 세계적으로 더 많은 인구를 부양할 수 있는 물질적 기반을 마련하였던 것이다.

　콜럼버스의 교환은 **식량 증가**와 같은 양적인 변화뿐만 아니라 **식단의**

다양화나 **기호 식품 소비의 확산**과 같은 질적 인 변화도 유발하였다. 예를 들어, 유럽인의 식단에 아프리카산 커피, 아메리카산 코코아, 아시아산 차가 상호 경쟁하면서 등장하게 된 것이 바로 이 시기의 일이었다. 시간이 흐르면 서 식단은 더 극적인 형태로 변화하였다. 예를 들어, 아메리카에서 건너온 고추는 인도에서 카레의 풍미를 강화시켰고, 이것이 17세기 포 르투갈과 18세기 영국의 요리책에 등장하였 다. 중국으로 유입된 토마토는 케첩으로 개발

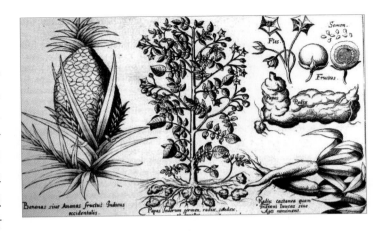

그림 8-15

아메리카산 신작물 왼쪽부터 파인애플, 감 자, 카사바가 묘사되어 있다. 이들은 모두 대항해 시대 이전에 유라시아인들에게 알 려져 있지 않았다.

되어 동남아시아 화교들을 통해 인도에 전해졌으며, 이것이 나중에 영국으 로 전해졌다. 인구 부양 능력의 급속한 확대와 식단의 다양화와 향후 세계적 전파를 놓고 볼 때, 대항해 시대는 농경과 목축을 시작한 이래 인류의 식생 활에 가장 중대한 변화가 발생한 시기라고 보아도 과언이 아닐 것이다.

신작물의 세계적 이동과 전파가 언제 어디서나 순탄하게 이루어진 것은 아니었다. 낯선 작물의 유입에는 항상 생태적·경제적 위험이 뒤따랐고, 예 비 경작자들이 **경계심과 거부감**을 갖는 것은 당연하였다. 또한 예전 방식대 로 농사를 짓던 농민들은 경쟁이 심화되는 것을 못마땅해 하였고, 일부 지역 에서는 전통적인 식생활 방식이 위협받는 것에 대해 문화적 반감도 존재하 였다.

신작물이 구세계에 전파되는 과정에서 발생한 문제점들은 신세계의 대 표적 작물인 옥수수와 감자의 사례를 통해 살펴볼 수 있다. 옥수수는 이탈리 아인들에 의해 서아시아로 전해졌고, 지중해 연안으로의 전파에는 스페인 인들이 많은 역할을 하였다. 이어서 필리핀 군도에까지 옥수수가 전해졌고,

표 8-2 **대륙 간에 전파된 주요 작물과 가축**

지역	주요 작물과 가축
동남아시아	사탕수수, 쌀, 오렌지, 레몬, 라임, 시금치, 가지, 바나나
유럽	밀, 보리, 오트밀, 양, 소, 말, 돼지, 벌, 토끼
아메리카	옥수수, 담배, 감자, 토마토, 카사바, 코코아, 고무, 파인애플, 아보카도, 후추, 스쿼시, 호박, 땅콩
아프리카	경질 밀, 당밀, 커피

자료: 폰팅(1996), 178쪽, 주경철(2008), 196쪽에서 재인용.

아메리카의 전통적 농업 16세기 아메리카 원주민의 농장을 묘사한 그림. 오른쪽에 있는 옥수수밭에서는 수확 시기가 다양하도록 옥수수가 재배되었다.

펠라그라: 니코틴산의 결핍으로 나타나는 질병으로, 홍반, 신경 장애, 발열, 설사 등의 증상을 보인다. 니코틴산을 함유하는 비타민 B3의 결핍이 중요한 원인이다.

1550년대에는 중국 일부 지역에서 본격적으로 재배되었다. 아프리카에서도 16세기에 포르투갈인들이 노예 무역에 필요한 선박 용품을 구매할 자금을 확보하기 위해 옥수수를 전파하였다. 옥수수는 척박한 토양에서도 재배가 용이하고, 성장이 빠르며, 여자 혼자서도 재배를 할 수 있으며, 저장이 용이하고, 높은 열량을 지녔다는 장점에 힘입어서 전 세계적으로 전파되었다. 18세기가 진행되면서 오스만 제국에서 옥수수 재배가 확산되었으며, 이를 통해 남유럽으로도 널리 전파되었다. 하지만 옥수수를 주식으로 한 식단은 펠라그라(pellagra)라는 질병의 발생을 유발하였다. 남아메리카의 원주민들은 옥수수와 더불어 토마토, 고추, 생선 등을 섭취하였기 때문에 이 질병을 피할 수 있었지만, 과일과 채소 등 비타민이 많이 함유된 식품이 부족하였거나 비타민 성분을 잃게 하는 조리법을 사용하였던 사람들, 또는 육류와 생선류의 소비가 제한되었던 사람들은 이 질병을 피하기 어려웠다. 구세계에서 옥수수를 주식으로 삼은 인구의 대부분이 저소득층이었다는 사실이 이 질병이 만연할 수 있는 여건을 제공하였다.

새로운 작물의 도입에는 질병과 같이 물리적인 장애만 있었던 것이 아니다. 때로는 심리적인 거부감이 더 높은 장벽으로 작용하였다. 도입 초기에 감자는 스페인인들이 항해를 떠날 때에 선박에 적재하는 저장 식품으로 각광을 받았고 유럽 곳곳에도 소개가 되었다. 감자는 거친 모래땅이나 기온이 낮은 산악 지대에서도 잘 자라며, 단위 면적당 수확량이 많고, 고열량의 식량원이라는 장점을 가지고 있었기 때문에 확산이 용이할 것으로 보였다. 그러나 감자에 대한 유럽인의 반응은 환영과는 거리가 멀었다. 감자는 곡물에 비해 열등한 식량으로 인식되었으며, 감자의 전파는 빈곤의 확산과 동일시되곤 하였다. 아일랜드, 러시아, 북유럽 등에서 감자가 가장 널리 퍼진 것은 이와 무관하지 않다.

구세계과 신세계 간의 무역품 가운데 역사가들의 이목을 가장 많이 사로잡은 것은 **노예**였다. 노예 무역은 일찍부터 아시아, 아프리카, 유럽, 아메리카 등 대부분의 대륙에서 존재해 왔다. 아프리카의 노예들은 대항해 시대 이전에 이미 아프리카의 다른 지역 및 아시아와 유럽 여러 곳으로 판매되고 있었다.

아프리카의 사하라 이남 지방에서 송출된 노예의 수를 시기별 및 송출

감자의 도입 과정

유럽인들은 오랜 기간 감자에 대해 부정적인 태도를 보였다. 감자를 '악마의 작물'이라고 본 심리적 편견은 매우 뿌리가 깊어 쉽사리 해소될 수 없었다. 유럽에서 감자가 전파된 역사적 과정에 대한 전형적인 묘사를 읽어 보자.

지난 4세기 동안 감자를 대하는 서구인들의 태도는 불신이라고 하는 여러 그늘을 관통해 왔다. 17세기에 감자는 이국적이고 두려움을 주는 식물로 다른 무언가 더 나은 먹거리가 없거나, 너무 미개해서 음식을 가리지 않는 자들만이 먹는 음식으로 여겨졌다. 17세기부터 18세기 초까지 감자는 불길한 성질이 있다는 누명은 벗었으나 값이 싸고 조리가 간편하다는 이유로 하층 계급 사람들이 먹는 음식이라는 꼬리표를 달았다.

...

기근이 닥치거나 식량 위기가 올 때면 유럽의 감자는 유달리 적이 많아졌다. 특히, 영국에서 심하였다. 그러나 18세기 중반이 막 지나 과학이 가지과 식물에 씌워진 누명을 벗겨 내자 또 다른 두려움이 이를 대신하였다. 일련의 혼란스런 사태들과 감자의 대두를 연관지어 생각한 것이다. 보기에 따라서는 틀린 것도 아니었다. 1750년에서 1850년 사이 영국과 웨일스의 인구는 대략 세 배로 늘어났는데, 식량 공급이 늘지 않았다면 일어나지 않았을 일이었다. 감자가 이에 대한 혐의를 받았는데, 특히 워털루 전쟁 이후 더 심한 중상모략을 받았다. 그렇다고 모든 사람들이 다 이에 동조하였던 것은 아니었다. 영국은 인구가 급속히 늘어나고 도시화가 진행되었으며 빈민 계급도 다른 나라보다 빠르게 성장을 하는 듯 보였다. 비평가들은 감자가 빈곤의 원인이거나 빈곤과 함께하는 것으로 생각하였는데, 특히 감자가 빵과 고기를 대체할 때 더 그랬다. 다시 말해, 신성한 전통이 사라지고 있었고 감자가 이 전통의 파괴자로 보였던 것이다.

자료: 주커먼(2000), 297-299쪽.

지별로 구분하여 제시한 표 8-3에 따르면, 1500년 이전에 수출된 노예의 약 2/3는 사하라 사막을 횡단하여 북아프리카로 향하였고, 약 1/3은 아시아로 향하였다. 아직 아메리카 대륙으로 송출된 노예는 소수에 불과하였다. 그렇지만 대항해 시대부터 이 추세는 크게 변화되었다. 1500-1800년에 수출된 전체 노예 가운데 3/4이 아메리카 대륙을 향하였고, 사하라 이북과 아시아는 각각 20%와 10% 수준에 불과하였다. 대항해 시대에 노예 무역은 구세계를 벗어나 새로운 범위와 방향으로 전개되었고, 그 결과 세계 무역의 향방에 중대한 변화가 발생하게 된 것이다.

새로운 노예 무역의 배후에는 신세계의 경영을 둘러싼 유럽인들의 경제

표 8-3 아프리카 사하라 이남으로부터 수출된 노예 수, 1500-1900년

(단위: 천 명)

송출지	1500-1800년	1800-1900년
아메리카 대륙	7,766	3,314
사하라 이북	1,950	1,200
아시아	1,000	934
합계	10,716	5,448

자료: Lovejoy(2000), 19, 26, 47, 142, 147쪽, Maddison(2007), 223쪽에서 재인용.

그림 8-17

카리브해의 사탕 농장 프랑스 화가가 묘사한 대규모의 설탕 정제 시설을 보여 준다.

플랜테이션: 서구인이 자본과 기술의 제공 및 경영을 담당하고 아프리카 원주민과 같은 이주 노동자의 값싼 노동력을 이용해서 단일 작물을 경작하는 수출 지향형 대규모 농업 경영 형태를 말한다.

적 이해가 자리하고 있었다. 인디오 원주민의 사망률 증가와 출생률 감소로 인구가 격감하자 유럽인들은 새로운 노동 공급원으로 아프리카인에 주목하게 되었다. 아프리카에서 실려 온 노예들은 식민지 개척의 초기에는 금은 광산의 채굴 노동력으로 투입되었지만, 시간의 흐르면서 점차 사탕, 담배, 면화 등 신작물을 재배하는 노동력으로 이용되었다. **플랜테이션** (plantation)이라고 불린 대농장 경영에 아프리카로부터 운송된 노예 노동은 필수불가결한 요소였다.

제4절 세계 경제 체제의 형성

세계 무역망의 성립

새 항로의 개척과 유럽인의 진출을 통해 전 세계는 이제 **단일 경제권**으로 재편되었다. 이 시기 인구 및 신작물의 국제적 이동이 지닌 역사적 의의는 단순히 이주와 교역의 지리적 범위가 확산되었다는 데 머무르지 않는다. 세계 각 지역이 어떤 산업의 발달, 어떤 작물의 재배에 가장 적합한지에 대

한 판단에 따라 전 세계가 **생산의 특화**(specialization)를 본격적으로 경험하기 시작하였다는 점이 중요하였다. 한 지역의 생산 활동이 다른 지역의 수요 조건 변화나 기술 변화와 직접적으로 관련되는 현상이 전 세계적 차원에서 발생하게 된 것이다. 대항해 시대는 분명 경제적 상호 작용의 지리적 범위를 전 지구적으로 넓혔다는 점에서 세계화를 진전시켰을 뿐만 아니라, 세계적 분업 체제를 발전시켰다는 점에서도 세계화를 촉진하였다고 볼 수 있다.

생산의 특화는 **무역의 발달**과 동시적으로 진행되었다. 대항해 시대가 개막함으로써 무역망이 주요 대륙들을 대부분 포함하는 전 지구적인 수준으로 확대되었고, 무역 규모가 과거에 비해 크게 신장되었다. 이 시기 이전에도 대륙 간의 무역이 없었던 것은 아니지만, 교역로가 제한적이었고 교역

특화: 모든 산업이나 업종에 종사하는 대신 하나의 산업이나 업종에만 종사하는 행위. 이를 통해 전문적인 기술의 향상, 생산 비용의 절감, 시장의 확대 등의 경제적 이익을 도모할 수 있다. 다양성의 부족이 여러 가지 부작용을 초래한다는 주장도 있다.

문헌 자료 8-4

대항해 시대에 대한 애덤 스미스의 견해

애덤 스미스는 대항해 시대의 개막을 인류사적 대사건으로 평가하였다. 새 시대가 가져올 변화에 대해 그는 희망 섞인 낙관적 견해를 제시하였다. 그는 『국부론』에서 세계화에 대해 장기적으로 긍정적인 비전을 서술하였다.

아메리카의 발견과 희망봉을 경유하는 동인도 항로의 발견은 인류 역사에 기록된 가장 위대하고 가장 중요한 두 가지 사건이다. 그것들의 성과는 이미 너무나 거대한 것이었다. 그러나 그 발견 이래 아직 2-3세기밖에 지나지 않았으므로 그 성과들의 모든 크기가 나타나는 것은 불가능하다. 어떤 인간의 지혜도 장차 이 위대한 사건들로부터 인류에게 어떤 이익이나 불행이 생길지를 예견할 수 없다. 세계에서 가장 멀리 떨어져 있는 지역들을 어느 정도 결합시키고, 서로의 부족분을 경감시킬 수 있게 하며, 서로의 즐거움을 증대시킬 수 있게 하고, 서로의 산업을 북돋우게 함으로써 그 발견들의 일반적 경향은 이로운 것 같다. 그러나 동서 인도의 원주민들에게는, 그 발견들로부터 생길 수 있었던 모든 상업적 이익들이 무서운 불행 속에서 상실되었다. 그렇지만 이런 불행은 그 발견들 자체의 속성에 있는 어떤 것으로부터 발생한 것이 아니라 우연히 생긴 것처럼 보인다. 이런 발견들이 이루어졌던 특정 시점에서 우연히 유럽 사람 쪽의 힘이 월등하여 멀리 떨어진 나라들에서 온갖 불의를 저지를 수 있었던 것이다. 앞으로 그 나라들의 주민이 더 강하게 되거나 유럽 주민들이 더 약하게 되어, 세계 모든 지역의 주민들이 용기와 힘의 균등 상태에 도달해서 상호의 공포심을 고무시킴으로써 독립국들이 불의를 저지르지 않고 서로서로의 권리를 존경할 수 있게 될 것이다. 이런 힘의 균등을 확립하는 방법으로서는, (나라들 사이의 광범위한 교역이 자연히 또는 필연적으로 가져오게 될) 지식과 각종 개량들의 상호 교류가 가장 확실한 방법인 것 같다.

자료: 스미스(2007), 770-771쪽.

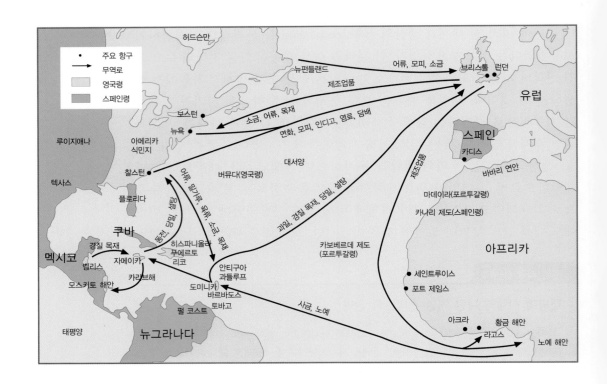

그림 8-18

삼각 무역의 발달
자료: Roberts(2002), 6권, 147쪽.

삼각 무역 체제: 제조업품(유럽→아프리카), 노예(아프리카→아메리카), 신작물(아메리카→유럽)로 묶인 무역 체제로, 대항해 시대에 새로 형성된 국제적 무역망이다.

량도 상대적으로 적었었다. 대항해 시대에는 교역품의 종류도 다채로워졌다. 전통적인 교역품인 면직물, 비단, 도자기, 차와 같은 아시아의 생산물 이외에 아메리카의 유럽인 정착지에서 생산된 설탕, 담배, 면화 등이 새로운 무역품으로 등장하였다. 스페인 식민지로부터 나온 수출품 중에는 금과 은이 압도적인 비율을 차지하였다.

특히, 이 시기에 와서 유럽, 아프리카, 아메리카를 잇는 **삼각 무역 체제**(Triangular Trade System)가 성립된 것은 세계 무역의 역사에 한 획을 긋는 중대한 변화였다. 유럽의 상인들은 총기류, 탄약, 옷감, 철제품, 알코올, 장신구 등을 서아프리카로 가지고 가서, 인근 부족을 공격해서 노예로 삼는 아프리카 부족들로부터 이런 노예들을 사들였고, 이렇게 구매한 노예들을 서인도와 아메리카 대륙으로 수송하였다. 그곳에서 노예를 판매하여 얻은 대금은 면화, 설탕, 담배, 럼주 등의 구매 자금으로 사용되었고, 이 무역품들은 최종적으로 유럽 시장에서 판매되었다. 이와 더불어 아시아를 포함하는 삼각 무역 체제도 작동하였다. 유럽 상인들이 거래한 서아프리카의 금과 상아는 중국과 인도 및 동남아시아에서 향신료, 차, 면직물 등 유럽으로 가져갈 물품을 구입하는 데 사용되었다.

월러스틴의 세계 경제

월러스틴(I. Wallerstein)은 세계 체제 이론을 주창한 대표적인 학자이다. 그의 서술을 통해 세계 경제의 범위 및 중심과 주변부에 대한 지리적 구분을 살펴보자.

그러나 정치적 용어로 정의되지 않는 사회 체제, 우리가 이제까지 다루어 온 '세계 경제'의 경계들에 대해서는 어떻게 이야기해야 할까? 16세기에 유럽 세계 경제가 있었다는 말은 그 경계들이 지구 전체보다는 작은 범위라는 것을 뜻한다. 그러나 얼마나 작은가? 단순히 '유럽'이 교역하였던 모든 지역을 그 안에 포함시킬 수는 없다. 1600년에 포르투갈은 일본뿐만 아니라 중앙아프리카의 모노모타파 왕국과도 교역하였다. 그러나 모노모타파나 일본이 그 당시에 유럽 세계 경제의 일부였다고 주장하는 것은 언뜻 보기에도 어려운 일일 것이다. 하지만 우리는 브라질(혹은 적어도 브라질 해안 지역들)과 아조레스 제도가 유럽 세계 경제의 일부였다고 주장한다. 러시아를 경유하여 서유럽과 페르시아 사이에 통과 무역이 이루어졌다. 그러나 우리는 페르시아가 분명히 이 세계 경제 외부에 있었으며 러시아조차도 마찬가지였다고 주장한다. 러시아는 세계 경제의 외부에 있었지만, 폴란드는 내부에 있었다. 헝가리는 내부에 있었지만, 오스만 제국은 외부에 있었다. 어떤 근거에서 이러한 구분들이 결정되고 있는가? 그것은 단순히 교역량이나 교역 품목 구성의 문제가 아니다.

…

우리는 세계 경제의 주변부(periphery)와 외부 지역(external arena) 사이의 구분이라는 의미에서 이러한 구분법을 적용할 것이다. 하나의 세계 경제의 주변부는 그 내부에서 주로 낮은 등급의 상품들(다시 말해, 노동에 대하여 많은 대가를 받지 못하는 상품들)을 생산하지만, 그 상품들이 일상적인 생활필수품이기 때문에 전체 분업 체제에서 없어서는 안 될 지리적 영역이다. 세계 경제의 외부 지역은 하나의 세계 경제가 때때로 '호화스러운 교역'이라고 불리는 귀중품들의 교환을 위주로 무역 관계를 맺고 있는 다른 세계 체제들로 구성된다.

자료: 월러스틴(1999), 463-464쪽.

이상과 같은 변화에 주목하여 일군의 학자들은 대항해 시대의 세계사적 의의를 세계 경제 체제의 형성에서 찾는다. 이들은 세계를 구성하는 지역들이 중심(core)과 주변부(periphery)로 차별화되고 이들 간에 존재하는 체계적 분업 체제가 세계 경제를 움직이는 기본 틀이라고 본다. 이러한 국제적 분업 질서가 작동하는 시스템을 **세계 경제 체제**(World Economic System)라고 부르며, 이 체제가 지구상의 넓은 지역을 포함하는 형태로 형성된 것이 대항해 시대에 시작된 서방의 식민지 개척을 통해서라고 한다. 이 경우 어떤 지역이 세계 경제의 범위에 속해 있는지 아닌지는 지리적 위치가 아니라 국제적 분

중심과 주변부: 국제 분업과 교역 과정에서 주도적 힘을 행사하는 지역과 그로부터 잉여를 수탈당하는 위치에 있는 지역을 각각 지칭한다.

업 체계에 포함되어 있는지, 그렇지 않으면 그 외부에서 단지 부차적인 교역 관계를 맺고 있는지에 달려 있다.

대서양 노예 무역

포르투갈과 스페인 상인들은 대항해 시대 초기부터 아프리카인을 노예로 삼고자 시도를 거듭하였다. 초기의 대서양 횡단 노예 무역은 아프리카인을 직접 포획하여 노예로 삼아 남아메리카로 수출하는 포르투갈 상인이 주도하였다. 1530년대에 포르투갈이 브라질에 사탕수수 플랜테이션을 대규모로 조성하면서 노예 수요가 급증하였다. 스페인은 노예 무역의 권리를 국내 및 국외의 특정 상인들에게 부여하는 방식으로 노예 무역에 관여하였다. 16세기 후반부터는 영국, 프랑스 및 네덜란드 상인들도 노예 무역에 본격적으로 가세하였다. 국가 간의 경쟁이 심화되면서 노예 송출 규모는 더욱 커졌고, 특히 신작물 재배지로 부상한 서인도 제도로 향하는 노예의 수가 크게 증가하였다. 북아메리카의 버지니아와 체서피크에도 노예가 유입되었는데, 이들은 주로 담배 플랜테이션에서 노역을 하였다.

노예들이 가장 많이 출발한 지역은 **서아프리카**와 **중앙아프리카**였다. 아프리카에서는 범죄자나 전쟁 과정에서 포획한 자들을 노예로 삼아 왔는데, 이들 가운데 상당수는 노예 무역의 대상이 되어 해외로 팔려 나갔다. 유럽인과의 노예 무역 규모가 점차 확대되면서 아프리카에서는 노예 획득을 위해 부족 간에 전쟁이 발발하는 사례가 많아졌다. 통상 아프리카인들은 농사일이나 가사 노동에 쓰기 위해 여성과 아동 노예를 선호하였는데, 대서양 횡단 노예로서는 남성 노예에 더 높은 값이 매겨졌다. 이는 아프리카 노예 상인의 이해관계에 부합되는 상황이었다.

대항해 시대부터 19세기 초까지 아프리카에서 대서양을 건너 아메리카로 수송된 노예의 수는 약 1,100만 명에 이르렀던 것으로 추정된다. 아메리카로 떠난 노예의 80% 이상은 대서양의 중간 항로(Middle Passage)를 통해 운송되었다. 항해 도중에 사망한 노예 – 노예선에 승선한 전체 수의 10% 내지 20%로 추정된다 – 가 많았으므로, 아프리카 해안을 떠난 총노예의 수는 이를 훨씬 상회하였다. 아프리카를 떠나기 전에 포획 및 수감 과정에서 사망한

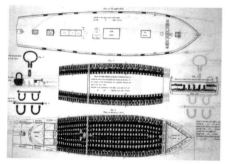

그림 8-19

노예의 선상 배치 선박의 주어진 공간에 노예를 최대한 많이 싣는 것이 이윤 극대화를 위해 필요하였다. 그림은 얼마나 비인간적인 환경에서 노예들이 수송되었는가를 여실히 보여 준다.

중간 항로: 아프리카에서 아메리카에 이르는 노예 무역 항로. 기후 조건에 따라 1-6개월에 이르는 험한 항해와 열악한 운항 조건으로 악명이 높았다.

표 8-4 대서양 횡단 아프리카 노예의 도착지, 1450-1900년

지역	노예 숫자(1,000명)	비율(%)
서인도	4,128	36.3
영국령	2,000	17.7
프랑스령	1,600	14.1
네덜란드령	500	4.4
덴마크령	28	0.2
브라질	4,000	35.4
스페인 제국	2,500	22.1
영국령 북아메리카	500	4.4
유럽	200	1.8
합계	11,328	100.0

자료: Thomas(1997).

노예의 수도 많았다.

　노예 무역의 분포는 시기에 따라 변화하였다. 한 연구에 따르면 15-16세기에 아메리카로 끌려간 아프리카 노예의 수는 전체 노예의 3%를 조금 상회하는 수준이었다. 17세기에는 이 비율이 16%에 이르렀으며, 노예 무역의 전성기인 18세기에는 전체의 절반 이상을 차지하였다. 19세기에 이동한 아프리카 노예의 비중은 30%에 조금 못 미치는 수준이었다.

　대항해 시대부터 19세기 초까지 노예 무역을 담당한 상인을 국적별로 보면, 포르투갈이 가장 많았고 다음으로 영국, 프랑스, 스페인, 독일의 순서였다. 이를 보다 자세히 살펴보면, 1650년 이전까지는 **포르투갈 상인**이 독점적인 위치를 차지하였다가 그 후 **영국 상인**의 진출이 눈에 띄게 증가하였다. 1650-1800년에는 전 세계 노예 상인 가운데 영국 상인의 비중이 가장 높았다. 그렇지만 노예 무역의 전성기인 18세기를 거치면서 프랑스, 네덜란드 등의 노예 상인들도 점차 점유율을 늘려 갔기 때문에, 영국 상인의 비중은 40% 수준을 넘어서지 못하였다. 따라서 노예 무역에서 한 국가가 독점적인 지배권을 행사할 수는 없었다.

　표 8-4는 1450-1900년에 이송된 아프리카 노예들의 도착 지역을 보여 준다. 가장 많은 노예가 향한 곳은 **서인도 제도**였다. 전체 아프리카 노예 1,200만 명 가운데 약 36%인 410만 명 이상이 이곳에 도착하였는데, 국적별로 보면 영국령(200만 명), 프랑스령(160만 명), 네덜란드령(50만 명)의 순서였다. 다음으로 많은 아프리카 노예를 받아들인 지역은 브라질이었다. 전체 아프리

카 노예의 35%에 해당하는 400만 명이 이곳에서 하선하였다. 브라질은 사탕수수 생산지로 각광을 받았으며, 18세기에는 금의 채굴이 대규모로 전개되어 세계 최대의 금 수출국이 되었다. 이 과정에서 다량의 노예 노동력이 필요하였기 때문에 대규모로 노예 수입이 이루어졌던 것이다. 스페인령 아메리카 지역에는 250만 명, 그리고 영국령 북아메리카 지역에는 50만 명의 아프리카 노예가 유입되었다.

아프리카 노예가 경제적 가치가 높은 상품으로 부각되면서 노예에 대한 유럽인의 의식은 노예 무역에 호의적인 방향으로 자리를 잡았다. 이러한 분위기는 노예 무역 폐지 운동이 본격적으로 진행되기 시작하는 18세기 후반 이전까지 계속되었다. 당대에 이름을 떨친 저명한 정치가나 학자의 경우도 예외가 아니었다. 대항해 시대 이래 노예에 대한 인식은 인종주의와 불가분의 관계를 맺으면서 고착화되는 경향을 띠었다. 18세기 전반 프랑스를 대표한 계몽주의 사상가인 몽테스키외(Montesquieu)의 노예관은 좋은 예가 된다.

몽테스키외(1689-1755): 프랑스의 법학자. 대표작은 1748년에 발간한 『법의 정신』으로, 그는 삼권 분립 및 견제와 균형의 원리를 강조하여 미국의 독립과 19세기 자유주의 사상에 강한 영향을 끼쳤다.

문헌 자료 8-6

몽테스키외의 노예관

몽테스키외는 유럽 사회에 계몽주의적 가치관을 확산하고 삼권 분립에 기초한 법률 체계의 도입을 강조함으로써 근대 사회의 형성에 큰 기여를 한 대학자였다. 그러나 노예에 관한 몽테스키외의 인식은 매우 구태의연한 것이었다. 어쩌면 노예 노동이 현실적으로 유럽 사회와 경제에 막대한 기여를 하고 있었다는 점이 대학자의 눈을 가린 것일지도 모른다. 그는 아프리카 노예에 대해 이렇게 서술하였다.

유럽 민족은 아메리카 민족을 근절시켜 버렸으므로, 그 광대한 토지를 개척하기 위해서 아프리카 민족을 노예 상태로 둘 의무가 있었다. 노예들이 설탕을 재배하지 않는다면 그 값이 너무 비쌀 것이다. 문제가 되는 것은 흑인들이다. 그들의 코는 너무 납작해서, 그들을 동정한다는 것은 거의 불가능할 정도이다. 대단히 현명한 존재인 신은 영혼을, 특히 선량한 영혼을 새까만 육체 속에 깃들이게 하였다고는 도저히 생각되지 않는다.

...

흑인에게 지적 능력이 없다는 증거는 그들이 문명국에서 대단히 귀중히 여기는 금 목걸이보다는 유리 목걸이를 중히 여긴다는 점에 있다. 이들을 인간이라고 상상하는 것은 불가능하다. 왜냐하면 우리가 그들을 인간이라고 생각한다면, 우리는 기독교도가 아니라는 의심이 생기게 될 것이기 때문이다.

자료: 이성형(2003), 194-195쪽.

가격 혁명

아메리카에 진출한 스페인인들이 관심을 가장 크게 가졌던 것은 금과 은의 확보 가능성이었다. 초기에는 인디오들이 소유한 귀금속 공예품을 탈취하는 데 주력하였지만, 점차 이것이 고갈되자 금과 은의 광맥을 찾는 것으로 노력의 방향을 전환하였다. 그들의 노력은 1545년 볼리비아의 포토시(Potosi)에서 대규모의 은 광산을 발견함으로써 결실을 맺게 되었다. 초기에 스페인인들은 인디오의 노동력을 사용하여 전통적인 용해 방식으로 채굴을 하였지만, 시간이 흐르면서 은 함유량의 높은 광맥이 고갈되자 이 방식으로는 채산성의 저하를 피할 수 없게 되었다. 그런데 스페인에서 수은을 이용하여 하급 광맥에서도 저렴하게 은을 추출할 수 있는 기술인 아말감법(法)이 개발되고, 이어서 페루에서 수은 광산이 발견되면서 은의 생산이 다시 크게 증가하게 되었다. 새로운 제련법에 따른 은 생산이 증가함에 따라 인디오 노동력의 고갈은 더욱 심화되었고, 이를 대체하기 위해 아프리카에서 노예를 수입하는 방안이 적극적으로 추진되었다.

아메리카에서 생산된 은은 스페인 국왕에게 1/5세(稅)(quint)를 지불한 후 대부분 스페인 본국으로 운반되었다. 아메리카에서 유럽으로 수송된 귀금속의 양은 막대하였다. 표 8-5는 16-17세기에 유럽으로 유입된 금과 은의 양을 보여 준다. 16세기 초에는 거의 금만 유입되었다가 1530년대 이후에는 은의 유입량이 급증세를 보였다.

그 후 30년간 금의 중요성은 여전하였지만 은의 유입이 더욱 빠른 속도로 증가하였다. 1560년대에 금의 공급은 한 차례 축소되었고 1620년대부터는 규모가 눈에 띄게 줄어든 반면에, 은은 16세기 말까지 지속적으로 유입량을 늘렸고 1620년대까지는 대규모를 유지하다가 그 후에야 감소세가 뚜렷해졌다. 종합하자면, 금은 16세기 전반기에 두드러진 유입 추세를 보였으나 은은 1530

TO BE SOLD on board the Ship *Bance-Island*, on tuesday the 6th of *May* next, at *Afhley-Ferry*; a choice cargo of about 250 fine healthy NEGROES, just arrived from the Windward & Rice Coast. —The utmost care has already been taken, and shall be continued, to keep them free from the least danger of being infected with the SMALL-POX, no boat having been on board, and all other communication with people from *Charles-Town* prevented. *Auftin, Laurens, & Appleby.*

N. B. Full one Half of the above Negroes have had the SMALL-POX in their own Country.

그림 8-20

노예 경매 공고 방금 수송된 노예를 선상에서 경매한다는 공고문. 노예들이 천연두에 걸리지 않도록 세심한 주의를 기울일 것이라고 강조하고 있다.

표 8-5	16세기부터 아메리카에서 유럽으로 유입된 금과 은의 무게	
		(단위: 톤)

시기	금	은
1503-1510	5.0	0.0
1511-1520	9.2	0.0
1521-1530	4.9	0.1
1531-1540	14.5	86.2
1541-1550	25.0	177.6
1551-1560	42.6	303.1
1561-1570	11.5	942.9
1571-1580	9.4	1,118.6
1581-1590	12.1	2,103.0
1591-1600	19.5	2,707.6
1601-1610	11.8	2,213.6
1611-1620	8.9	2,192.3
1621-1630	3.9	2,145.3
1631-1640	1.2	1,396.8
1641-1650	1.5	1,056.4
1651-1660	0.5	443.3

자료: Clough and Cole(1952), 127쪽, 김종현(1998), 174쪽에서 재인용.

년대 이래 오랫동안 지속적으로 유입 물량의 확대를 보였다.

아메리카로부터 대규모로 유입된 금과 은은 스페인에게 장기적 경제 성장의 기틀을 마련할 호기를 제공하였다. 그러나 스페인의 경제 성적표는 매우 부진하였다. 감염병과 기근의 발생이 증가하였고, 많은 국민들은 생활 수준의 하락을 경험하였다. 왕실은 메스타(Mesta)라는 목양업자 동업 조합에게 방목에 관하여

그림 8-21

포토시 광산에서 노역하는 인디오들 포토시 광산의 내부 모습을 묘사한 그림. 옷을 거의 걸치지 않은 인디오 원주민들이 힘들게 채굴 작업을 하는 모습이 보이고, 광산 밖에서는 채굴된 은이 외부로 운반되고 있다.

메스타: 스페인의 목양업자는 여름에는 북쪽의 산악, 겨울에는 남쪽의 저지대로 양을 이동시키면서 방목하였는데, 이 방식은 농민의 경작지에 피해를 끼칠 위험이 컸다. 메스타의 강력한 로비와 조세 부과가 용이하다는 중앙 권력의 판단에 따라 공동지에서의 무제한 방목과 같은 특권이 부여되었다. 16-17세기에 스페인의 농업 생산성은 서유럽에서 가장 낮은 수준에 머물렀다.

지나치게 많은 특권을 부여함으로써 국내 곡물 농업의 발전을 저해하였으며, 조세 수입을 증대시킬 목적으로 길드의 통제권을 강화시켰고, 하층민들

그림 8-22

아메리카산 은으로 만든 주화 스페인 정복자들에 의해 채굴된 아메리카의 은은 스페인으로 들어와 이런 형태의 은화로 주조되었다.

에게는 무거운 세금을 부과하였다. 아메리카에 스페인 식민지들이 건설되자, 16세기에 약 10만 명의 스페인인이 그곳으로 이민을 떠났다. 이민자의 거의 절반이 지주층이었고, 농민, 기술자, 상인이 뒤를 이었다. 젊고 유능한 인력의 유출은 스페인에게 적지 않은 타격을 입혔다. 종교적 이유로 무어인들(이슬람)을 축출한 것도 마찬가지의 이유로 스페인 경제에 부정적인 영향을 끼쳤다.

또한 스페인의 정치 지도자들은 과도한 정치적 야망으로 유럽에서 전쟁을 지속하면서 막대한 비용을 전쟁 자금으로 지불하였다. 신교도와 이슬람 교도의 탄압에도 많은 비용이 소요되었다. 스페인에 유입된 금과 은은 왕실의 채무 변제를 위해, 내국인 사치품 수입에 대한 대금 지급을 위해, 그리고 아메리카에 수출할 목적으로 유럽 국가들로부터 여러 물품들을 수입하기 위해 하릴없이 지출될 수밖에 없었다.

이러한 **스페인의 정책 실패**를 배경으로 금과 은은 네덜란드, 독일, 이탈리아 등 유럽의 다른 국가들로 유입되어 갔다. 16세기를 거치면서 유럽에서 화폐 공급량은 약 세 배 증가한 것으로 추정된다. 이른바 '**가격 혁명**'(Price Revolution)이라고 지칭되는 장기적인 인플레이션이 발생한 것이다. 그림 8-23은 1200년 이래 영국의 물가 상승률 추이를 보여 준다. 가격 혁명 시기의 물가 상승률은 이전보다 훨씬 높았고, 이후 가격 혁명 시기에 버금가는 물가 상승은 18세기 후반 나폴레옹 전쟁, 20세기 초반 제1차 세계 대전 등 전쟁기에만 목격되었다. 20세기 후반에는 불환 지폐를 발행하였기 때문에 물가가 훨씬 자유롭게 상승하였다.

가격 혁명이 가져온 첫째 효과는 **소득과 부의 재분배**였다. 인플레이션

가격 혁명: 신대륙으로부터의 은이 대량으로 유입됨으로써 유럽 전체의 물가가 폭등한 현상을 지칭한다.

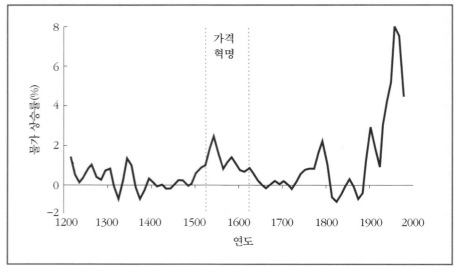

그림 8-23 영국의 장기적 물가 상승률

자료: 클라크(2008).

은 고정적 화폐 소득을 수취하거나 명목 금액을 기준으로 대부를 한 사람에게 불리하고 반대로 현물로 소득을 수취하거나 명목 금액을 기준으로 한 채무자에게 유리하다. 따라서 이 시기에 상인, 제조업자, 자영농, 지주에게 고정 지대를 지불하는 차지농(借地農, tenant farmer) 등은 물가 상승으로 인해 이익을 보았고, 반대로 연금 수급자, 지주 등은 손해를 보았다. 가격 혁명은 일반적으로 상업과 공업 발달에 유리한 여건을 조성하였다.

가격 혁명의 둘째 효과는 **실질 임금**에서 발생하였다. 유럽 대부분의 지역에서 화폐 임금의 상승이 이러한 물가 상승에 미치지 못하였으므로 노동 인구의 실질 임금이 하락하였다. 영국에서는 16세기 동안에 물가가 2.6배 상승한 반면에 명목 임금은 1.3배 상승하였다. 같은 기간 프랑스에서는 물가가 2.2배 오른 반면에 명목 임금은 1.4배 오르는 데 그쳤다.

그러나 이 시기의 실질 임금 하락 경향이 가격 혁명에 기인한 것만은 아니었다. **인구 증가**와 **농업 생산성의 정체**도 중요한 요인이었다. 16세기를 거치면서 서유럽의 인구는 7,400만 명에서 8,100만 명으로 증가하였고, 동유럽 인구도 1,700만 명에서 1,900만 명으로 증가하였는데(제10장의 표 10-4 참조), 이에 비해 농업 생산성의 향상은 지지부진하였다. 주요 곡물의 파종량 대 수확량의 비율을 보면, 서유럽은 대체로 1:4 내지 1:5 수준이었지만 동유럽은

1:2 내지 1:3에 불과하였다. 낙농, 화훼, 공업용 작물 재배 등 부가가치가 높은 작물 재배에 일찍 눈을 뜬 결과로 다른 나라들에 비해 농업 생산성이 특별히 높았던 네덜란드만이 1:10이라는 높은 수준을 보였을 뿐이다. 서유럽과 동유럽의 전반적인 농업 생산성은 13세기에 비해서도 별다른 증가가 나타나지 않은 셈이다. 인구의 대부분이 종사하는 농업 부문에서 생산성이 낮은 상태에 머물렀다는 점은 당시 실질 임금의 하락을 야기한 원인 가운데 하나로 지목된다.

은의 세계적 이동

스페인에 의해 아메리카에서 채굴된 은은 세계적 네트워크를 통해 지구상의 다른 지역으로 이동해 갔다. 국제적 대부, 스페인 선박에 대한 해적의 노략질, 자금의 비공식적 유출 등도 은의 이동에 한몫을 담당하였지만, 가장 중요한 것은 **무역을 통한 은의 이동**이었다. 그림 8-24는 17세기 전반 은이 세계 각지로 이동해 간 경로를 보여 준다. 이동한 은의 양에 대한 추계는 학자들 간에 차이를 보이지만, 은의 이동 방향에 대해서는 이견이 거의 없다. 아메리카 대륙에서 생산된 은은 대부분 스페인으로 유입된 후 그 가운데 많은 금액이 서유럽의 여러 국가들에게 흘러들어 갔다. 서유럽은 무역 적자를 보

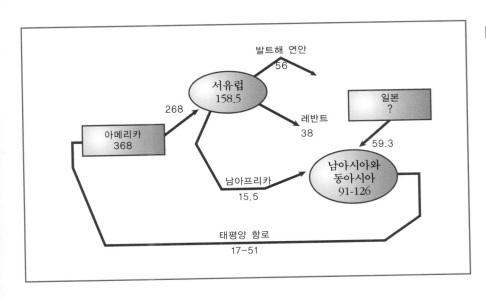

그림 8-24

은의 국제적 흐름, 1600–1650년 사각형은 은의 생산 지역, 원은 은의 흡인 지역, 숫자는 은의 연간 이동 톤수.
자료: Findlay and O'Rourke(2007), 218쪽.

고 있는 여러 지역들, 예를 들어 목재와 곡물을 수입하는 발트해 연안, 오스만 제국으로 이어지는 지중해 동부의 레반트 지역, 그리고 남아프리카를 우회하여 인도양을 거쳐 아시아로 향하는 항로를 통해 인도와 중국으로 은을 유출하였다. 아메리카에서 생산된 은 가운데 일부는 당시 세계 최장 무역 항로인 태평양을 관통하는 항로를 통해 마닐라의 상관을 거쳐 남아시아와 동아시아로 흘러들어 갔다. 당시 아메리카를 빼고는 유일하게 많은 양의 은을 생산하였던 일본도 아시아 국가들과의 교역을 통해 다량의 은을 유출하였다. 조선에서 개발된 연은분리법(鉛銀分離法), 즉 납과 은을 분리하는 기술이 일본에 전해짐으로써 은의 대량 생산이 가능해졌다. 일본의 은 생산량에 대해서는 정확한 규모를 추정하기가 어렵지만, 당시 지구상의 전체 은 생산량의 1/5 내지 1/3에 이르는 수준이었다는 추계가 있다. 중국으로의 은 수출 규모도 확실하지는 않은데, 한 연구에 따르면 16세기 후반에 일본에서 중국으로 수출된 은의 양이 이미 연간 30-40톤에 이르렀고, 17세기 초에 도쿠가와 막부가 정치적으로 안정되면서 은의 교역 규모는 훨씬 높은 수준을 기록하였다. 이 시기에는 남아프리카를 돌아가는 항로의 기여도가 낮은 편이었는데, 점차 이 항로의 무역 비중이 높아져서 1세기 후에는 발트해와 레반트로 향하는 무역량을 합한 것보다 많은 양을 담당하게 된다.

그림 8-24가 보여 주듯이 신대륙과 일본에서 생산된 은은 국제 무역을 통해 지구상의 여러 지역을 거쳐 결국 아시아의 **중국 및 인도** 등으로 모였다. 유럽에서와 마찬가지로 중국에서도 인플레이션이 발생하였고, 상업과 수공업이 발달하기에 유리한 여건이 조성되었다. 또한 국내에 은이 많이 증가하여 화폐 경제가 발달하자, 그에 걸맞게 조세 제도에 변화가 발생하였다. 당나라 이래 중국에서는 전통적으로 곡물을 현물로 징수하는 토지세와 다양한 형태의 요역이 조세의 근간을 이루었다. 명 중기인 1560년대부터는 강남(江南)을 중심으로 징세 절차를 간소화하고 비용을 절감하기 위한 조치로서 납세자가 소유한 토지 면적과 정구수(丁口數)에 따라 결정된 세액을 은화로 통일해서 납부하도록 하였다. 일조편법(一條鞭法)이라고 불린 이 세역 제도는 점차 중국의 다른 지역으로 확산이 되었다. 일조편법은 은의 유입을 바탕으로 성립한 제도이면서, 동시에 은에 대한 수요를 증가시킴으로써 은의 유입을 더욱 촉진한 제도이기도 하였다.

1630년대부터 여러 요인들로 인해 중국으로의 은 유입이 감소하였다.

연은분리법: 16세기 초에 양인 김감불과 노비 검동이 개발한 기술로, 소나무 재를 이용하여 은광석으로부터 은과 납을 분리하는 방법이다.

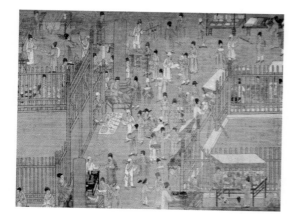

그림 8-25

명나라 경제의 번영 베이징에서 열린 시장을 묘사한 당시의 그림. 많은 상인과 손님으로 북적이는 모습이다.

일조편법: 이 제도는 청대에 와서 더욱 간소화되어 1720년대부터 요역에 대한 과세는 실질적으로 사라지고 토지세만이 과세 대상으로 일원화되었다. 이에 따라 부과된 세액을 은으로 납부하는 제도를 지정은제(地丁銀制)라고 불렀다.

1620년대부터 이미 일본의 도쿠가와 막부는 은의 수출을 엄격하게 제한하고 있었다. 1630년대에는 스페인 국왕도 국부 유출을 우려하여 은 유출을 가져올 교역을 억제하였다. 중국 내에서는 새로 건국한 청조가 대만에 근거지를 두고 명의 재건 운동을 벌인 정성공(鄭成功)을 압박하기 위해 1661년에 산둥에서 광둥에 이르는 지역의 모든 항구를 폐쇄하는 해금(海禁) 조치를 단행하였다. 이 천계령(遷界令)이 20여 년 동안 지속되면서, 명·청 교체기의 사회적·경제적 혼란과 더불어 중국으로 들어오는 은의 양을 제한하는 결과를 낳았다. 17세기 중반에 중국에 발생한 불황과 디플레이션은 이상의 여러 요인들이 복합적으로 작용하여 은의 유입량이 감소된 결과였다. 중국 경제가 회복하기 시작한 것은 청조의 지배 체제가 안정화되고 항구들이 다시 열리게 된 1680년대 이후의 일이었다.

인도에서도 은의 유입이 경제에 큰 영향을 미쳤다. 초기에는 도시를 중심으로 시장 거래에서 동전을 은이 점차 대체하였고, 시간이 흐르면서 농촌에서도 은이 거래의 매개체로 자리를 잡았다. 조세의 납부 방식에도 변화가 발생하여, 무굴 제국의 주요 재원인 토지세가 16세기 후반에 현물에서 은으로 바뀌었다. 정부가 관리와 군인에게 지급하는 보수도 토지가 아니라 은화로 지불되었다.

이렇듯 중국과 인도에서 모두 화폐 경제가 발전하고 조세의 은납화(銀納化)가 진행되었다. 물가가 상승하는 양상도 나타났다. 그러나 서유럽에서 나타난 것과 같이 두드러진 인플레이션 추세는 이 국가들에서는 뚜렷하게 나타나지 않았다. 이 현상에 대해서 통화량의 증가가 서유럽에서는 물가 상승으로 곧바로 연결된 반면에, 중국과 인도에서는 기존에 현물로 교환되던 것이 화폐로 교환되는 방식으로 전환되는 효과, 즉 **화폐화** (monetization)의 효과가 더 컸던 때문이라는 해석이 있다.

은의 세계적 이동은 당시 세계 각지의 수출 경쟁력을 보여 준다. 신항로를 개척한 주체는 서유럽이었지만, 신항로를 통해 이루어진 교역의 결과 서유럽의 무역 수지는 적자를 기록하였고, 반대로 중국과 인도는 큰 폭의 무역 흑자를 보였다. 대항해 시대가 문을 연 세계적 무역은

정성공(1624-1662): 청의 공세에 대항하여 명의 부흥 운동을 주도한 인물로 일명 국성야(國姓爺), 영어로 Coxinga라고 불렸다. 중국과 일본 사이에서 해상 무역을 하였던 아버지로부터 무역권을 이어받아 군비를 충당하여 청과 전투를 벌였으나 패배하였다.

천계령: 정성공의 세력을 봉쇄하기 위해 청나라가 연안 다섯 성의 주민을 내지로 옮긴 명령. 이에 정성공은 타이완에서 네덜란드 세력을 내쫓고 새로운 기지로 삼아 청에 저항하였다.

그림 8-26

무굴 제국의 주화 제작 17세기 인도에서 주화를 만드는 작업이 진행되고 있다. 위쪽에는 저울을 이용해 무게를 다는 모습이 보이고, 아래쪽에는 주화 틀을 대고 망치로 때려 주화를 제작하는 모습이 보인다.

모형과 이론 8-2

은 유입의 효과

한 사회에서 통용되는 화폐의 양은 어떻게 수식으로 표현할 수 있을까? 경제학자 마셜 (Alfred Marshall)이 제안한 수식은 다음과 같다.

$M=kPY$
단, M: 통화량, k: 화폐화 지수, P: 물가, Y: 산출

통화량은 산출에 가격을 곱한 수치, 즉 명목 국민 소득을 국민들이 화폐로 보유하고자 하는 욕구를 나타내는 지수(k)로 나눈 값이다. 이 지수를 경제학자들은 '마셜의 k'라고 부른다. 이 지수는 유동성에 대한 욕구를 의미하므로 우리는 여기서 이 지수를 화폐화 지수라고 부르기로 하자. 산출이 일정하다고 가정할 때, 통화량의 증가는 물가의 상승이나 화폐화 지수의 상승을 가져온다. 서유럽의 가격 혁명은 아메리카로부터의 은 유입으로 인한 통화량 증가가 주로 물가 상승으로 연결되었음을 의미한다. 반면에 중국과 인도처럼 물가 상승이 두드러지게 나타나지 않은 국가에서는 은의 유입이 주로 화폐화 지수를 증가시켰다는 것을 뜻한다. 현물로 거래되던 부분이 화폐를 매개로 한 거래로 전환되는 것, 그리고 조세를 화폐로 납부하는 비율이 증가한 것이 모두 화폐화의 진전이 있었음을 말해 준다.

당시 아시아의 국가 경쟁력이 세계적으로 가장 앞서 있었다는 점을 명백하게 보여 주었다. 그러나 앞으로 이 무게 중심이 새 시대의 개막을 주도한 유럽으로 서서히 이동해 갈 것이라는 점을 암시하기도 하였다.

제5절 아시아의 변화

정화의 원양 항해

유럽 국가들이 앞을 다투어 신항로의 개척과 식민 사업에 힘을 기울인 결과, 오랫동안 아시아에 비해 수세에 몰려 있었던 지위를 역전시킬 전기를 마련할 수 있었다. 그렇다면 왜 아시아 국가들은 이와 유사한 기회를 잡는

데 실패를 한 것일까? 특히, 명대 초기의 중국은 운송 체계의 발달, 농법의 향상과 정치적 안정을 배경으로 15세기 중엽에 인구 1억 이상을 부양하는 경제력을 가졌다. 거대한 땅덩어리, 엄청난 경제 규모, 그리고 높은 수준의 기술을 자랑하던 중국은 무엇을 하고 있었던 것일까?

유럽의 탐험대만큼 널리 알려져 있지는 않지만, 당시 세계 최고 수준의 기술력과 경제력을 보유하였던 중국에서도 장거리 원정대가 존재하였다. 유럽보다 반 세기 이상 앞선 15세기 초반, 1405년에서

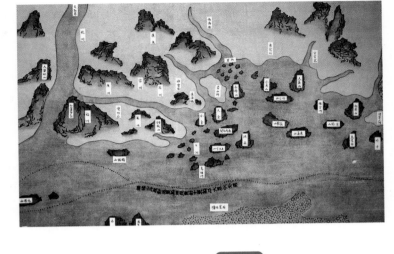

그림 8-27

원정대의 항로 정화 항해 전도(鄭和航海全圖)에는 500곳의 장소 이름과 56개의 항로가 등장한다. 지도는 장거리 항로의 첫 부분으로 왕궁에서 바다로 나아가는 물길을 보여 준다.

영락제(1360-1424): 명나라의 3대 황제로, 건문제를 몰아내고 권좌를 차지하였다. 영토를 넓히고 통치 기반을 강화하였으며, 정화를 보내 장거리 해상 원정을 실시하였다.

영락대전: 영락제의 명령에 따라 제작된 방대한 분량의 백과전서.

정화(1371-1433): 환관이며 항해가. 1405년부터 1433년까지 일곱 차례에 걸쳐 동남아시아-인도-서아시아-아프리카에 이르는 대원정을 지휘하였다.

1433년에 이르는 기간에 영락제(永樂帝)의 명령에 따라 중국의 대양 원정대가 총 일곱 차례에 걸쳐 항해를 떠난 바 있다. 명대 초기 중국은 새로운 통치 기반을 견고하게 구축해 가고 있던 시기였다. 1407년에 완간된 『영락대전』(永樂大典)은 새로 자리를 잡은 통치 체제의 상징이었다. 총 1만 권이 넘는 엄청난 분량의 이 대작을 편찬하는 데 2,000명이나 되는 학자가 참여하였다. 20세기 말이 될 때까지 방대함에서 이를 능가하는 사전은 지구상에 존재하지 않았다.

영락제가 **장거리 항해를 명령한 목적**은 복합적이었다. 행방불명이 된 건문제(建文帝)라는 전(前) 황제를 찾는 것, 중국의 국제적 위상을 과시하고 조공 체제를 확고히 하는 것, 항해술을 개선하고 지리적 이해의 폭을 넓히는 것, 항로에 위치한 국가들의 정세를 파악하는 것 등이었다. 대양 원정대를 지휘한 총사령관은 중국 서부의 이슬람 출신인 환관 **정화**(鄭和)였다. 정화는 1405년부터 1433년까지 총 일곱 차례에 걸쳐 원양 항해에 나섰다. 기록에 의하면, 함대는 60여 척의 대형 함선을 포함한 총 300여 척의 선박과 2만여 명의 승무원으로 구성되었으며, 가장 큰 보선(寶船)의 경우 길이가 130m, 폭이 50m에 이르렀고 아홉 개의 돛대를 달았다고 한다. 선박의 정확한 규모에 대해서는 논란의 여지가 있지만, 콜럼버스의 함대가 길이 20m 이하의 선박 3척과 88명의 승무원으로 구성되었음을 상기할 때 정화 함대의 대체적인 규모를 상상해 볼 수 있다. 또한 선박 바닥에 격실을 설치하여 선박이 좌초되거나 공격을 당하더라도 한 부분에서 발생한 피해가 전면적 침몰로 이어지지 않도록 하는 등 기술적 측면에서도 뛰어났다. 함대의 규모 또한 1588년

당시 유럽 최대 규모였던 스페인의 무적 함대가 132척의 선박으로 구성되었다는 사실과 비교가 된다.

정화 함대는 지금의 베트남, 말레이시아, 스리랑카, 인도, 사우디아라비아를 거쳐 동아프리카의 케냐까지 30여 개 국가를 방문하였다. 정화는 이 국가들과 중국의 조공 관계를 확립하여, 외교 사절단과 진귀한 산물들이 중국으로 들어오도록 바다의 실크로드를 닦았다. 다양한 종교에 대해 관용적이었던 그는 실론에 불교 건축물을 세웠고, 말레이반도에 위치한 말라카 등지에는 중국의 무슬림 집단을 이주시키는 정책을 실시하기도 하였다. 그의 원정은 동남아시아 각지에서 화교(華僑) 사회를 형성하는 결과를 낳기도 하였다. 화교들은 15세기부터 이 지역의 무역에서 두드러진 활약을 보이게 된다. 특히, 말라카와 바타비아(지금의 자카르타) 등의 무역항에서 이들은 주도적 역할을 수행하였다.

대양 항해는 1433년을 끝으로 막을 내렸다. 영락제의 뒤를 이은 황제들은 대양 항해를 금지하고 운항 선박을 파괴하였으며, 정화의 원정 기록까지 파기하려고 하였다. 중국이 이렇게 **해금 정책으로 전환**하게 된 이유는 무엇일까? 가장 널리 알려진 설명은 중국이 대양 항해를 통해 변방의 '오랑캐'에 대한 중국의 우위를 확인하였을 뿐, 실질적으로 얻는 이익이 없었기 때문이라고 말한다. 그러나 **중화(中華) 사상**만으로 쇄국 정책의 급속한 시행을 설명하기는 어렵다. 중앙 정부가 국가적 통치 이념으로서 **유교적 도덕 이데올로기**를 강화하고자 한 탓이라는 주장도 있지만, 이 설명도 충분하지는 않다. 그보다는 베이징에 권력 기반을 둔 문인 관료(만다린) 집단이 해안에 근거지를 두고 있던 대(大)상인들 및 그들과 긴밀하게 연결되어 있는 **환관 세력을 약화**시키기 위해 유교 이데올

화교: 중국인의 해외 이주는 당 말에도 활발하였으나, 정화의 원정을 계기로 동남아시아를 비롯한 여러 지역에 정착한 중국 이민자가 크게 증가하였다. 이후 청대에는 네덜란드와 영국의 동남아시아 개발과 맞물려 이 지역으로 대규모 이주가 발생하였다.

그림 8-28

상서로운 이국의 동물 정화는 아프리카로부터 이국적인 동물을 중국으로 데려왔다. 사자, 낙타, 표범, 얼룩말 등이 이에 해당하였는데, 그중 가장 흥미를 끈 것은 기린이었다. 오늘날의 케냐에 있었던 말린디의 술탄이 보내 준 이 동물의 생김새는 중국 고대 전설에 등장하는 기린(麒麟)이라는 영험한 동물과 외양이 유사해서 많은 중국인들의 호기심을 자극하였다.

로기를 내세우고 해금 정책을 폈다는 주장이 설득력이 더 있다. 당시 명이 **재정적 어려움**을 겪었다는 사실도 주목된다. 장기적으로는 흑사병의 창궐 이후 유라시아를 연결하는 육상 교역로가 쇠퇴한 것이 중국의 재정에 타격을 주었다. 단기적으로는 몽골과의 무력 충돌이 지속되면서 군비 지출의 부담이 가중되었으며, 농민들의 반란도 곳곳에서 일어났다. 1415년 보수 공사로 대운하의 수심이 깊어졌기 때문에 해상 운송의 필요성이 줄어든 측면도 있었다. 이런 상황에서 비용이 많이 드는 원양 항해를 계속하는 것이 바람직하지 않다고 명의 조정은 판단하였다. 이와 같은 요인들이 복합적으로 작용함으로써, 중국은 해금 정책으로 전환하고 내향적 사회 체제와 농업을 중심으로 한 보수적 경제 구조를 지향하게 되었다.

1499년 포르투갈의 탐험대가 인도양에 들어섰을 때 중국의 대양 함대는 거기에 없었다. 만일 양국의 함대가 조우하였더라면 이후 역사는 어떻게 달라졌을까? 중국의 대외 정책이 역사적 사실과 달리 외부 세계의 정세에 주목하고 대처하는 방향으로 나아갔을 것으로 예상해 볼 수 있다. 그리고 원양 항해에 나타난 중국의 기술 수준, 군사력과 경제력을 놓고 볼 때 분명히 서구의 전 지구적인 헤게모니 장악이 훨씬 어려웠을 수도 있다. 이렇듯 중국의 잃어버린 기회는 서양에게 역전의 전기를 마련해 줌으로써 인류 역사가 예기치 않았던 길로 나아가도록 만들었다.

중국과 동남아시아의 해상 무역

16세기에 들어서 인도양에는 유럽의 상인들이 인도양 무역에 진출하였다. 이들은 강력한 군사력을 앞세워 인도양 곳곳에서 무역 전진 기지를 건설하고 무역에 관여하거나 보호세를 요구함으로써, 아시아 상인들이 오랜 기간 유지해 온 무역망의 균형 상태에 중대한 변화를 가져왔다. 동아시아에서 동남아시아와 인도양을 거쳐 서아시아 내륙을 통해 지중해로 이르는 교역로를 대신하여 유럽인들이 개척한 아프리카 남단을 통해 아시아에 이르는 새 항로가 점차 중요성을 확대해 갔다.

그러나 이런 변화가 기존 무역망을 곧바로 붕괴시켰던 것은 아니다. 중국과 동남아시아와 서남아시아를 잇는 무역의 대부분은 여전히 **아시아의 현지 상인**들에 의해 이루어졌으며, 유럽 상인들도 아시아와 유럽을 잇는 장

동남아시아의 **중국 상인** 16세기 후반에 묘사된 반탐(Bantam)의 중국 상인. 이들은 저울을 들고서 여러 마을을 돌아다니며 후추와 같은 향신료를 사들였다.

거리 무역 이외에 아시아 내부의 무역에 침투하여 지역적 무역으로부터 이익을 얻고자 애를 썼다. 따라서 아시아의 무역항들에서는 아시아와 유럽의 여러 지역에서 온 상인들이 집결하여 거래를 하는 모습이 형성되었다. 아시아의 무역상들은 다양한 문화적 배경 출신이 혼재되어 있었다. 종교적으로 가장 큰 비중을 차지한 것은 이슬람교였지만, 이슬람 상인들은 다수의 무역 공동체로 분리되어 있었고, 독자적인 영역을 고수하는 경향이 강하였다. 무슬림 이외에 유대교도, 힌두교도, 조로아스터교도, 자이나교도, 네스토리우스교도 등도 나름의 무역 공동체를 형성하고 있었다. 이들이 다양한 언어를 사용하면서 다양한 방식으로 자유로운 경쟁 속에서 무역을 영위하였다.

유럽의 침투가 동남아시아 경제에 초래한 중요한 변화 가운데 하나는 생산의 지리적 특화를 진전시켰다는 것이다. 육두구, 정향, 후추 등 유럽에서 인기가 높았던 **향신료와 설탕, 커피** 등 세계적으로 재배지의 확대를 도모한 작물들이 동남아시아의 특정 지역에서 집중적으로 생산되는 현상이 발생하였다. 표 8-6은 동남아시아의 주요 수출 작물이 어느 지역에서 주로 생산되었는가를 보여 준다. 대항해 시대는 생산의 특화를 가속화함으로써 단작(單作, monoculture) 지역을 확대하였으며, 이를 통해 각 지역 세계 경제 체

단작: 단일한 작물만을 재배하는 것을 말하며, 자급자족적 농경보다는 시장 판매용 농경에서 주로 채용된다.

표 8-6 **동남아시아의 주요 수출 작물과 대표적 재배지**

주요 수출 작물	재배지
쌀, 후추	자바
정향(clove)	몰루카
육두구(nutmeg)	반다
장뇌(camphor), 안식향(benzoin)	수마트라
백단향(sandlewood)	티모르
커피	수마트라, 자바
설탕	자바

제에서 분업 체계를 갖도록 만들었다.

일본의 경제와 무역

14세기 중반 일본에서 중앙 권력이 약화되고 남북조로 분열하자 **왜구**(倭寇)가 대규모로 발호하였다. 이 '전기(前期) 왜구'는 무로마치 막부(室町幕府) 시대 초기의 혼란기를 거치면서 한국과 중국 연안에 빈번하게 출몰하였다. 1368년 중국에서 명나라가 건국하자, 일본과 중국 간에는 조공 무역이 다시 시작되었다. 감합 무역(勘合貿易)이라고 불리는 이 무역 형태를 통해 일본은 중국과 정기적인 무역을 실시하였고, 특히 막대한 양의 동전을 견명선(遣明船)에 실어 수입하였다. 무로마치 막부는 이를 통해 큰 부를 획득할 수 있었다. 그러나 전국 시대(戰國時代)에 들어서 무로마치 막부의 힘이 약화되자, 지방은 막부의 영향력에서 벗어났다. 이와 같은 배경에서 16세기에 '후기(後期) 왜구'가 다시 세력을 확대하였다. 이들은 일본 서부 지역에 기반을 두고 조선과 일본의 해안 지대에서 준동하였다. 그런데 후기 왜구는 일본인만이 아니라 중국인과 같은 외국인도 다수 포함한 강력한 다국적 해상 세력이었다.

무로마치 시대에 일본 경제는 발전을 이루었다. 농업에서는 양수기의 도입, 시비법의 개량, 이앙법의 확산 등으로 벼의 생산이 증대되었고, 조선에서 수입된 면화의 재배도 널리 확산되었다. 상공업도 발달하여 품목별 소비재 전문 시장이 들어섰고, 도검, 총기 등의 수출이 증가하였으며, 상인 조합인 자(座)의 조직도 전국적으로 확산되었다. 하지만 15세기 말부터는 자에 속하지 않는 신흥 상인도 등장하였는데, 이는 자의 특권을 제한하려는 전국 다이묘(大名)의 정책에 힘입은 것이었다. 무로마치 시대에 경제가 발전한 데에는 교통망의 개선과 도시의 발달도 기여를 하였다. 육운과 수운이 발달하면서 운송업과 숙박업이 자극을 받아 성장하였고, 전국 다이묘의 성과 교통의 요지에 자리를 잡은 항구를 중심으로 도시가 발달하였다.

일본은 전국 시대의 오랜 전란을 겪다가 16세기 말 도요토미 히데요시(豊臣秀吉)의 전국 통일을 통해 새로운 국가 통치 체제를 구축하였다. 전국 시대 후반기에 전세를 결정한 요인 가운데에는 1543년 일본 서남단 규슈의

그림 8-30

반탐의 시장 지금의 자바인 반탐에서는 대규모 시장이 열렸다. 일용품과 더불어 후추, 가축, 직물 등이 거래되었다. 16세기 말에 제작된 이 그림에는 다양한 국적의 상인들이 묘사되어 있다.

무로마치 막부(1336-1573): 교토 지방의 무로마치에 근거를 둔 무인 정권. 정치적으로는 혼란하였으나, 문화적으로는 번영을 누렸다.

감합 무역: 감합(확인서)이라는 증표를 가지고 교역을 하였다고 해서 명명된 무역 형태. 정부가 인증한 수출입품만이 교역되었다.

전국 시대(1467-1573): 1460년대에 중앙 정부의 통치력이 약화되면서 시작된 군웅할거의 시대. 각 지방의 세력들이 지역 국가를 세워 무력으로 우열을 겨루었다. 1590년 도요토미 히데요시의 전국 통일로 종말을 맞았다.

다이묘: 대영지를 보유한 일본의 봉건 영주.

그림 8-31

신무기의 도입 일본 남서 해안에 표류한 포르투갈인들로부터 조총을 제작하는 기술을 전수받기 위해 일본인들은 많은 공을 들였다. 새 무기는 서양에서 군사 혁명을 야기하였던 것과 마찬가지로 일본에서도 큰 변화를 가져왔다.

에도 막부(1603-1867): 도쿠가와 이에야스가 천하통일을 이룬 후 지금의 도쿄인 에도(江戸)에 수립한 일본의 무인 정권. 전국 각처의 다이묘들을 포괄하는 막번 체제(幕藩體制)를 구축하였고, 전국 수확고의 약 4분의 1에 해당하는 직할 영토를 보유하면서 수만에 이르는 대군을 거느렸다.

데지마: 막부의 쇄국 정책의 일환으로 건설된 인공 섬으로, 1641-1859년에 서양과의 무역은 이곳에서 네덜란드와만 배타적으로 이루어졌다.

다네가시마(種子島)에 도착한 포르투갈 표류 선원들로부터 전수받은 화승총 ─ 혹은 조총(鳥銃) ─ 생산 기술이 있었다. 이 서양 신무기는 전국 시대를 거치면서 널리 전파되었고, 1592년 발발한 조선과의 임진왜란에서도 대대적으로 사용되었다.

전후인 1603년에 쇼군의 칭호를 얻은 도쿠가와 이에야스(德川家康)는 도쿄를 수도로 한 **에도 막부(江戸幕府)**를 수립하였다. 이로써 이후 1867년까지 오랜 기간 지속될 일본의 통치 구조가 마련되었다. 에도 막부 시대에 쇼군은 250개에 달하는 전국의 영지를 통제하였다. 이 기간에 일본은 한국, 중국 및 서양의 한 국가에게만 무역을 허가하는 **폐쇄적인 대외 정책**을 폈다. 일본인의 해외 여행도 전적으로 금지되었다. 그러나 이러한 쇄국 정책에도 불구하고 에도 막부 시대에 도시와 상업이 발달하였다. 인구는 2,000만 명에서 3,000만 명으로 급증하였고, 문자 해독률이 상승하였으며, 신용 제도도 발달하였다. 임진왜란 때 조선에서 데려간 도공을 통해 도기 생산 기술이 비약적으로 발전하기도 하였다.

일찍이 서양 기술과 문물의 유용성을 인식한 일본은 1570년에 **나가사키(長崎) 항**을 포르투갈에 전면적으로 개방하는 조치를 취하였다. 이 개방 조치는 무역 증대와 더불어 기독교가 일본 사회에 전파되는 결과도 초래하였다. 초기에 일본 정부는 기독교에 대해 방임 정책을 폈으나, 기독교 신자가 급증하고 나가사키 영주까지 개종하는 상황이 되자, 봉건적인 사회 질서에 위협이 된다고 판단하여 1590년대부터 탄압 정책을 폈다. 그리하여 1630년까지 약 30만 명의 일본인 기독교도들이 신앙을 버리거나 심지어 목숨을 잃어야만 하였다.

독점적인 무역권을 보유한 포르투갈인들의 상업 활동에 대해서도 여러 제약이 가해졌다. 그리고 1636년에는 나가사키의 한 쪽에 데지마(出島)라는 인공 섬을 건설하고 포르투갈인들이 이곳에서만 교역을 할 수 있도록 강제하였다. 이듬해 기독교도가 포함된 폭동이 발생하자, 일본 정부는 포르투갈의 무역권을 박탈하고 대신에 기독교 전파에 관심 없이 무역에만 전념하겠다는 **네덜란드를 새 교역 파트너로 지정**하였다. 1641년 데지마 상관에 입주한 네덜란드 상인들은 이후 200여 년 동안 일본에서 독점적인 무역권을 누렸다. 막부는 일본인 관리를 나가사키에 파견하여 네덜란드 상관장과 연합 동인도 회사에 소속된 상인들의 활동을 철저히 감시하고 통제하였다. 이 시기에 일본은 데지마라는 제한된 통로를 통해 유럽의 문물과 학문을 접하게 되었다.

그림 8-32

나가사키의 데지마 일본은 서구와의 접촉을 나가사키 항구로 제한하였다. 그것도 그림의 왼쪽에 보이는 초승달 모양의 인공섬 데지마에서만 교역을 허용하였다.

조선 전기의 경제

1392에 수립된 조선 왕조는 성리학 이념을 내세우고 중앙 집권적 관료제의 국가 체제를 갖추었다. 과거 제도를 통해 인재를 등용하였고, 성균관을 비롯한 교육 기관들이 국가가 필요로 하는 관리를 양성하는 기능을 수행하였다. 모든 사람을 양인과 천민으로 구분하는 신분제가 확립되어 있어서, 양인은 납세와 국역의 의무를 지고 과거에 응시할 권리를 보유하였으며, 천민은 국가나 개인에 소속되어 천역을 부담하였다. 이것이 점차 분화되어 양반, 중인, 상민, 천민으로 이루어지는 위계 체제로 자리를 잡았다.

경제적으로는 전국의 토지를 국가 소유로 인식하는 국전제(國田制)에 기초하여 수조권(收租權)이 국가에 있는 공전(公田)과 개인에 있는 사전(私田)으로 구분하였는데, 왕권이 강화되면서 사전의 지급이 점차 소멸되어 갔다. 이에 따라 국가가 상위의 토지 소유권을 갖고 개인이 사실상의 토지 소유권을 갖는다는 중층적인 토지 소유권 제도가 확립되었다.

조선 초에 위정자들은 **농업을 중시**하는 정책을 폈다. 중앙 정부는 토지 개간을 장려하고 토지 사용 실태를 파악하는 작업을 벌여 경지 면적을 크게 늘리는 성과를 거두었다. 역법 시행, 측량 기구 발명, 농서 발간, 농기구 보

국전제: 국가를 토지의 소유자로 파악하는 제도.

그림 8-33

이앙법의 발달 봄철에 모내기를 하는 방식의 영농법은 농업 생산성을 높이는 역할을 하였다. 이앙법은 고려 시대에도 부분적으로 이루어졌지만 조선 전기에 확산되기 시작하였고, 임진왜란 이후 전국적으로 보급되었다.

급, 수리 시설 확충, 중국 농업 기술의 전파 등을 통해 조선 초기의 농업 생산은 크게 증대되었다. 논농사의 이앙법과 밭농사의 윤작법이 농업 생산성을 높이는 데 기여하였고, 면화의 보급으로 면직물 생산이 크게 증가하였다. 그렇지만 1592년 임진왜란이 발발하여 국토가 황폐해지고 토지 대장이 소실됨에 따라 국가의 토지 및 농업 조정 능력은 쇠퇴하게 되었다. 전후 경제가 회복되는 데에는 많은 시간이 소요되었다.

조선 전기에 농민의 약 1/3이 **노비(奴婢)**였던 것으로 추정된다. 고려 시대에 비해 노비의 수가 증가한 것은 조선 초에 다수의 양인이 몰락하였기 때문이었다. 국역을 부담할 수 없거나 노비와 혼인하게 된 양인들이 노비로 신분이 낮아졌던 것이다. 노비제는 17세기 이후 약화되고 점차 해체의 길에 들어서게 되는데, 이것은 이 시기에 **자급적 소농 경제**가 핵심적 경제 체제로 등장하였음을 의미하였다. 이러한 전환이 발생한 근본적 배경은 인구의 증가였다. 노동이 더 이상 희소한 자원이 되지 않아 노동보다는 토지가 더 중요한 생산 요소로 여겨지는 상황이 전개되었고, 이에 따라 노비제를 엄격하게 유지해야 할 유인이 약해졌던 것이다. 또한 집약적 농법이 확산된 것이 소농 경제를 가능하게 만든 기술적 배경을 이루었다. 지주가 경지를 농민에게 빌려 주고 수확의 절반을 지대로 수취하는 이른바 **병작지주제(並作地主制)**는 이런 소농 경제를 기반으로 하여 조선 후기에 널리 확산되었다. 생산 요소의 희소 여부는 국가의 부세 제도에도 영향을 미쳤다. 노동력이 부족하였던 조선 전기에는 공물과 요역이 과세 대상으로 중요시되었으나, 17세기 이후에는 토지세가 조세의 중심에 서게 되었다.

병작지주제: 작인이 지주에게 땅을 빌려 경작한 후 수확물의 절반을 지주에게 납부하는 제도. 타조법(打租法) 또는 병작반수제(並作半收制)라고도 부른다.

수공업도 일정한 수준까지 발달하였다. 15세기까지는 관영 수공업이 주를 이루었으나 16세기부터는 민영 수공업의 비중이 눈에 띄게 높아졌다. 관영 수공업은 정부가 숙련된 장인들을 관아에 소속시켜 일정 기간 관수품을 생산하도록 부역을 부과하는 방식으로 이루어졌다. 이와 달리 민영 수공업자는 정부에 부역을 제공해야 하기는 하였지만, 이들은 부역을 하지 않는 동안 생산한 물품을 판매하고 수익의 일부를 세금으로 정부에 납부하였다. 농

촌에서는 농민들이
부업으로 면직, 견직
등의 가내 수공업에
종사하였다. 이렇게
생산된 면포는 화폐
의 기능도 담당하였
으며, 일본으로 수출
이 되기도 하였다.
　　정부가 적극적
으로 지원하지는 않
았지만 **상업 활동**도
점차 활기를 띠었다.

그림 8-34

명에서 돌아가는 조선 사신 명에 조회를
왔다가 돌아가는 조선 사신을 배웅하는 모
습. 오른쪽에 자금성(紫禁城)이 묘사되어
있다. 『송조천객귀국시장』(送朝天客歸國詩
章)이라는 작품에 담긴 모습으로, 시대는
17세기 초로 추정된다.

수도인 한양의 간선로인 종로를 따라 시전(市廛)이 개설되었는데, 시전 상인
들은 정부가 수요하는 물자를 공급하는 대신에 특정 물품을 독점 거래할 수
있는 특권을 향유하였다. 시전 중에서도 육의전(六矣廛)은 대표적인 어용 상
점으로서 이름이 높았다. 지방에서는 15세기 말과 16세기를 거치면서 장시
(場市)의 설립이 증가하였다. 장시가 개설되는 장소가 늘어났고, 장시가 열
리는 빈도도 증가하였다. 그러나 화폐의 유통은 제한적이었고 쌀과 면포가
교환의 매개 역할을 담당하는 경우가 많았다.

　　조선 왕조의 대외 정책은 명과 친선 관계를 맺고 안전을 보장받는 사대
(事大) 정책과 중국 이외의 주변 민족들과 평화적 관계를 유지하는 교린(交
隣) 정책으로 요약된다. 사대 정책은 책봉(冊封)과 조공(朝貢)의 형태로 이루
어졌다. 책봉은 새로 즉위한 조선의 왕이 명 황제의 승인을 받고 명의 달력
을 쓰는 것을 말하며, 조공은 사절을 통해 조공품과 답례품을 교환하는 것을
일컬었다. 조선의 정부는 조공을 위해 명으로 사신이 왕래할 때에 **공무역(公
貿易)과 사무역(私貿易)**이 이루어질 수 있도록 허락하였다. 공무역은 조선 사
신이 가져가는 의례적인 예물과 그 보답으로 명이 사여(賜與)하는 답례품의
교환을 의미하였고, 사무역은 역관들에게 허용된 거래를 의미하였다. 이를
제외한 무역에 대해서는 정부가 통제와 단속을 강력하게 실시하였다. 교린
정책을 보자면, 여진족과의 국경 부근에 무역소를 설치하여 교역을 제한적으
로 허용하였다. 이와 달리 일본에 대해서는, 왜구의 활동을 둘러싸고 무력을
동원해 정벌을 단행하면서도 항구를 개방하여 무역을 허용하는 강온 양면책
을 썼다.

시전: 관용 물품을 조달하고 민간에서는
독점적 판매권을 누린 어용 상점. 정부는
관리를 파견하여 시전 제품의 품질과 도량
형을 감독하였다.

육의전: 면포, 비단, 모시, 삼베, 종이, 어물
등 여섯 품목의 시전. 육의전의 각 전들은
독립적인 동업 조합을 조직하고 있었다.

장시: 민간을 대상으로 상품을 판매하던
전통적 정기 시장.

그림 8-35

조선 통신사의 행렬 17세기 초부터 일본을 방문한 조선의 통신사 일행은 한일 간의 중요한 교류 통로였다.

임진왜란 이후 조선의 대외 관계는 중대한 변화를 맞았다. 명을 멸망시키고 건국한 청에 대해서는 거부감이 강해서 북벌론(北伐論)을 내세우기도 하였지만, 시간이 흐르면서 공적 및 민간 차원에서 청과 교류가 빈번해지고 청의 사회와 학문에 대한 학자들의 이해가 확대되면서 청의 실질적 위상을 받아들이게 되었다. 서구의 학문과 사상이 중국에서 입수한 서적과 문물을 매개로 국내에 소개되는 사례도 점차 늘어났다. 임진왜란은 일본과의 관계를 단절시켰지만, 1607년 일본의 요청으로 다시 사신 파견이 시작되었고 이어서 1609년에 양국 간의 국교가 정상화되었다. 이에 따라 부산에 왜관이 건립되었고, 쓰시마(對馬島)가 양국으로부터 외교와 무역의 특권

표 8-7 1607-1811년 일본을 방문한 조선 통신사의 정사와 인원

회	연도	조선 연대	정사	인원(명)
1	1607	선조 40년	여우길	467
2	1617	광해군 9년	오윤겸	428
3	1624	인조 2년	정 립	300
4	1636	인조 14년	임 광	475
5	1643	인조 21년	윤순지	462
6	1655	효종 6년	조 형	488
7	1682	숙종 8년	윤지완	475
8	1711	숙종 37년	조태억	500
9	1719	숙종 45년	홍치중	479
10	1748	영조 24년	홍계희	475
11	1764	영조 40년	조 엄	472
12	1811	순조 11년	김이교	336

주: 인원은 기록에 따라 약간의 차이가 있음.
자료: 한일공통역사교재제작팀(2005), 88쪽.

을 인정받았다. 일본으
로부터 수입한 물품은
유황, 동, 은, 물소 뿔,
향료, 약재, 염료 등이었
고, 수출품은 쌀, 직물,
인삼, 서적 등이었다. 류
쿠국(琉球國, 지금의 오키
나와), 시암(지금의 태국)
등과도 특산물과 종교
물품을 교역하였다.

　　조선에서 파견된 **통
신사(通信使)**는 두 국가
사이의 교류와 문화 전파에 중요한 역할을 하였다. 통신사는 1607-1811년 동
안에 총 12차례 일본을 방문하였는데, 그 중 일곱 차례는 17세기에 파견되었
다. 표 8-7에 각 방문의 연도와 정사 및 총인원이 담겨 있는데, 300-500명에
이르는 대규모의 방문단이었음을 알 수 있다.

　　중국과 일본을 제외하고는 조선의 대외 접촉, 특히 서양인에 대한 접촉
은 극히 제한되었다. 한반도 부근에서 표류를 한 외국 선박 등을 통해 드물
게 접촉을 하였을 뿐이다. 1653년 제주도에 표류한 네덜란드인 하멜(H.
Hamel)이 대표적인 사례였다.

중상주의 경제 정책

제 9 장

제1절 중상주의의 개념

중상주의에 대한 시각

중상주의(Mercantilism)의 개념을 확립한 학자는 애덤 스미스였다. 그는 1776년 발간한 『국부론』에서 당시 영국에 자리를 잡아 가고 있는 시장 중심적 경제 체제와 대조되는 개념으로서 전통적인 경제 체제를 중상주의라고 정의하였다. 스미스에게 중상주의는 화폐가 곧 국부라는 인식에 기초한 보호 무역 정책이자, 광범위한 규제에 기초한 경제 정책을 의미하는 것이었다. 그는 중상주의가 점차 현실적 동력을 상실해 가고 있는 상황을 목격하면서 중상주의를 신랄하게 비판하였고, 새로 대두하고 있는 경쟁적 시장 경제 체제와 자유 무역주의를 적극적으로 옹호하는 이론을 폈다.

한편, 독일의 **역사학파** 학자들은 중상주의 체제를 국가 경제력을 증강시키고 국민 국가의 기반을 공고히하고자 하는 제반 정책과 이념으로 이해하였다. 근대화에 뒤처져 있었던 독일의 현실을 놓고 보았을 때, 중상주의는 폐기되어야 할 구시대적 유물이 아니라 오히려 독일을 강성한 국가로 키우는 데 유용한 사상 체계라고 파악하였다.

중상주의에 대한 인식이 부정적인가 긍정적인가 하는 문제와 별도로, 현재의 경제사학자들은 공통적으로 16-18세기 유럽의 경제 체제를 중상주의 체제로 규정

그림 9-1

주인공이 된 상인들 암스테르담이 세계 경제의 중심지가 됨에 따라 상인들의 지위도 상승하였다. 렘브란트가 그린 그림 속에 자신감이 넘치는 상인 조합 간부들의 표정이 나타나 있다.

문헌 자료 9-1

중상주의 시대의 독점적 경제 체제

중상주의 경제는 자유로운 경쟁을 허용하지 않는 방식으로 운영되었다. 역사가 크리스토퍼 힐(Christopher Hill)은 17세기 초 영국인들의 생활 전반이 독점적 경제 체제의 굴레에 꽁꽁 묶여 있었다고 서술하였다.

누구나 독점 벽돌로 지은 집에 산다. 창문 역시 독점 유리로 만든다. 난방은 독점 무쇠로 만든 난로에 독점 석탄(아일랜드에서는 독점 땔감)을 태워 해결한다. 독점 비누로 몸을 씻고 독점 전분으로 옷에 풀을 먹인다. 독점 레이스, 독점 섬유, 독점 가죽, 독점 금실로 지은 옷을 입는다. 독점 혁대와 독점 단추, 독점 옷핀으로 옷을 여민다. 옷감 염색도 독점 염료로 한다. 독점 버터와 독점 포도, 독점 청어, 독점 연어, 독점 가재로 배를 채운다. 독점 버터와 독점 소금, 독점 후추, 독점 식초를 사용한다. 글을 쓸 때도 독점 종이 위에 독점 펜을 사용한다. 독서를 할 때도(독점 촛불 아래 독점 안경을 쓰고) 독점 책을 읽는다.

자료: 애쓰모글루 · 로빈슨(2012), 37쪽; 원출처는 Hill(1961), 25쪽.

한다. 이때 중상주의는 역사적으로 일정한 특징을 지닌 사상 체계 및 정책으로 이해된다.

중상주의의 성격

첫째, 중상주의는 **국부 증진**을 목적으로 삼았다. 절대주의 왕정이 지배적인 권력 구조를 이루던 시기에 각국의 군주는 자국을 경제적으로 타국보다 부강하게 하고 이를 기반으로 대내외적 통치 역량을 강화하고자 힘썼다. 따라서 국부 증진을 둘러싼 국가 간의 치열한 경쟁이 바로 중상주의의 외양을 이루었다.

둘째, 국부는 금과 은이라는 형태의 **화폐와 동일시**되는 경향이 강하였다. 절대 군주들은 무역 흑자를 통해서, 또는 식민지의 귀금속 광산 채굴을 통해서, 또는 타국과의 군사적 충돌을 통해서, 그리고 심지어 타국의 상선을 습격하는 해적을 비호하는 방법을 통해서 화폐를 국내에 축적하고자 하였다. 무역만을 놓고 보자면 보호 무역주의 정책이 무역 흑자를 극대화하는 최상의 방안이라고 여겼다.

셋째, 중상주의 정책은 **정부의 적극적인 개입**이라는 형태로 나타났다. 절대 군주와 그를 보필하는 유력한 관료들은 각국의 현실적 조건을 고려하여 다양한 종류의 정책을 기획하고 실시하였다. 귀금속 채굴, 무역 독점, 식민지 개척, 공업 육성 등 정책의 종류는 다양하였지만 어느 분야에서건 간에 정부는 적극적인 행위 주체였다.

넷째, 정부의 개입주의는 곧 **규제에 기초한 경제 체제**를 의미하는 것이었다. 정부는 통상 특정한 상인 또는 상인 단체에게 경제 활동에 있어서 독점적인 지위를 부여하였고, 그들로부터 이익의 일부를 수취하여 국가 재정의 기초로 삼았다. 따라서 영업의 자유, 사적 재산권의 안전한 보호, 다수 기업 간의 경쟁 등과 같은 근대 경제 체제의 특징들이 설 자리가 마련되지 않았다.

종합하자면, 중상주의는 16-18세기 국민 국가적인 통일의 실현과 국력의 증강을 위해 추구하였던 여러 경제 정책과 이를 뒷받침한 사상을 총칭하며, 그 구체적 양상은 시기에 따라, 그리고 국가에 따라 다르게 나타났다.

군사 혁명

중상주의 경쟁에서 우위를 차지하기 위해서는 강력한 군사력의 확보가 중요하였다. 15세기 이래 발생한 군사적 변화는 각국의 경제와 정치에 엄청난 영향을 끼쳤다. 화약 무기 시대에 강한 군사력을 갖추기 위해서는 우선 효과적인 **포병대**를 갖추어야 하였다. 야전 포대의 위력이 수많은 전투에서 승리의 열쇠로 작용하자, 곧이어 포탄의 충격을 흡수할 수 있도록 흙으로 비스듬히 벽을 쌓는 **축성술**이 도입되었다. 다음으로 머스킷 총의 전투력을 극대화하는 데에는 정교한 밀집 대형의 일제 사격이 효과적임이 밝혀졌는데, 이에 따라 병사들에게 일사분란하게 집단 동작을 수행할 수 있도록 강도 높은 훈련과 규율을 강제해야 하였다. 이를 거친 **상비군**을 대규모로 유지하는 것이 군사력 강화에 필수적인 요인이 되었다. 이상의 변화에 대응하기 위해서는 **보급 체제**

그림 9-2

해군력의 중요성 영국의 해군은 경쟁국들을 압도해 나갔다. 그림은 1758년 프랑스의 요새를 공격하는 영국 함대의 모습.

| 표 9-1 | 유럽 국가들의 함선 수, 1689-1790년 |

(단위: 척)

국가	1689년	1739년	1756년	1779년	1790년
영국	100	124	105	90	195
프랑스	120	50	70	63	81
네덜란드	66	49	–	20	44
스페인	–	34		48	72
러시아	–	30	–	40	67

자료: Kennedy(1987), 표 5.

의 정비가 요구되었다. 또한 보급 업무를 담당할 전문적인 **관료 집단**의 양성
도 중요하였다. 이 모든 변화가 엄청나게 증가된 재정 지출을 필요로 하였다.
군사 혁명(Military Revolution)은 곧 재정의 혁명적 확충을 의미하는 것이었다.

군사적 변화는 세계사적인 영향을 끼쳤다. 합스부르크 왕가, 오스만 제
국, 무굴 제국, 청, 일본 등에서 지방 세력을 축출하고 통일 국가를 유지할
수 있었던 데에는 군사적 변화를 효과적으로 수용하였다는 점이 결정적인
작용을 하였다. 따라서 군사 혁명이 권력의 집중과 국가의 확대를 낳았다고
말할 수 있다. 반면에 아메리카와 아프리카에서는 토착민들이 군사적 변화
를 제대로 수용하지 못하였는데, 특히 무기 도입보다 훈련이나 보급과 같은
측면이 더 취약하였다.

유럽으로 한정해 보더라도 중상주의 시기는 수많은 **군사적 충돌로 점철**
되었던 기간이었다. 17세기의 100년 동안에 영국은 43.5년, 프랑스는 46.5년,
네덜란드는 62.5년을 전쟁 속에서 보냈고, 스페인의 경우 무려 82년이 전쟁
기간이었다. 18세기에도 사정이 비슷했다. 영국은 55.5년, 프랑스는 50.5년,
네덜란드는 29.5년, 스페인은 38.5년간 전쟁을 하였다. 따라서 전쟁에서의
승패가 국가 간 경쟁에서 매우 중요한 역할을 하였다.

특히, **해군력**의 중요성은 매우 컸다. 좋은 성능의 무기를 장착하고 잘 훈
련된 병사와 안정된 보급망을 갖춘 대양 해군의 존재가 전쟁의 결과를 결정
적으로 좌우하였다. 표 9-1은 17세기 말엽부터 18세기 말엽까지 유럽 국가들
이 보유한 함선의 수를 보여 준다. 초기에는 프랑스에 비해 뒤져 있었던 영
국의 해군력이 시간이 흐르면서 다른 국가들을 압도하는 위치에 오르게 되
었다. 특히, 강력한 중상주의 경쟁국인 네덜란드 및 프랑스와의 차이는 점차
두드러졌다. 이와 같은 군사적 우위에는 군대의 지휘 능력과 전략 등 전쟁
수행 능력에 미치는 요인들도 작용하였지만, 정부가 군사력을 지속적으로

증강시킬 수 있는 재정적 수단을 보유하였는가도 매우 중요하였다.

제2절 초기 중상주의

포르투갈의 중상주의

시기적으로 볼 때 중상주의는 크게 16세기와 17-18세기로 구분할 수 있다. 16세기에는 대항해 시대를 개막하였던 포르투갈과 스페인의 활약이 두드러졌다. 반면에 17세기부터는 후발 강국들이 등장하여 포르투갈과 스페인의 지위를 잠식하고 새로운 중상주의 정책을 펼쳤다. 이 시기에는 네덜란드, 영국, 프랑스의 세 국가가 치열한 각축전을 전개하였다.

포르투갈은 다가마의 인도 도착 이후 신속하게 **무역망 확대**와 **식민지 건설**에 나섰다. 16세기 초에 포르투갈인들은 아프리카 동부의 모잠비크 해안에 요새를 건설한 데 이어 페르시아만 입구의 호르무즈를 점령하였다. 그들은 인도양을 건너 항해를 계속해 말라카에 전진 기지를 구축하였는데, 이곳은 향료 생산지로 유명한 몰루카 제도(향료 제도) 및 인근 도서 지역으로 통하는 교통의 요지였다. 인도 남서부 해안의 고아는 포르투갈의 인도양 경영에서 중심적 위치를 점유한 도시로 성장하였다. 아프리카 남동부 지역도 아랍 도시들과의 경제적 관계가 단절되었고, 대신 포르투갈이 지휘하는 고아 중심의 무역 통제 체제의 일부로 편입되었다.

그림 9-3

포르투갈의 요새 1511년 말라카를 점령한 포르투갈인들은 그곳에 요새를 쌓아 전진 기지로 삼았다.

이어서 포르투갈인들은 남중국해로도 발을 들여놓았다. 그들은 무역 도시 말라카를 점령한 후 16세기 초에 중국의 광둥(廣東)에 입항하였고, 이어서 16세기 중엽에 마카오에 거주지를 마련하였다. 16세기 중엽에 표류를 통해 처음으로 일본과 접촉하게 된 포르투갈인들은 일본과의 교류를 늘려 갔고, 1570년에는 나가사키 항을 통해 일본과 무역을 할 수 있는 권리를 획득하였다.

포르투갈의 해상 활동은 **무력에 의존**하였다.

그림 9-4

리스본 항구의 번영 16세기 리스본 항구의 번화한 풍경. 수많은 무역선이 입항과 출항을 하고 있고 선적될 화물이 부둣가에 정렬되어 있다.

카르타스: 16세기와 17세기 전반에 인도양에서 포르투갈이 발급한 해상 무역 통행증을 말한다. 항해왕 엔히크 시대에 아프리카 해안에서 발급한 통행증이 효시였다. 인도양에서 포르투갈 함대는 매년 무역풍이 불어오는 시기에 해안을 순찰하며 통행증을 요구하였다.

포르투갈인들은 위력적인 대포로 무장한 함선을 앞세워 아시아의 해안 지역을 점령한 후, 요새를 쌓고 거주지를 조성하여 무역 전진 기지로 삼았다. 포르투갈의 봉건 귀족은 군사적 전통을 보유하였을 뿐만 아니라 일찍부터 무역에 관심을 가져왔기 때문에, 이런 선택은 자연스럽게 여겨졌다. 포르투갈인들은 현지인과의 무역에서만 이익을 얻은 것이 아니라 약탈도 하였으며, 나아가 현지인들에게 특정 항로에 대한 안전한 통행의 대가로 금품을 받았다. 이런 목적으로 통행증을 발급하는 제도를 카르타스(Cartaz) 제도라고 불렀다. 이 제도는 포르투갈인들이 무력에 기초하여 현지 무역 상인들에게서 보호세를 편취하는 방편이었다. 통상적으로 이윤의 20%에 달하였던 이 금액은 고아, 말라카, 호르무즈 등으로 보내져 포르투갈인들이 아시아의 물품을 구입하는 자금으로 사용되었다.

아시아에서 포르투갈인들이 관심을 가장 크게 기울인 것은 **향신료 무역**이었다. 그들은 과거 이슬람 상인들이 주도하였던 인도양 무역 활동을 무력으로 축출하면서, 유럽 시장에 가져갈 향신료의 거래에 대한 지배력을 확대해 갔다. 인도와 실론에서 생산되는 후추와 계피, 몰루카 제도에서 생산되는 정향과 육두구는 유럽에서 특히 큰 인기를 끌었다. 이 향신료들은 유럽에서 음식 맛을 돋우거나 질병을 치료하는 약품으로서 수요가 높았다. 포르투갈은 16세기 내내 남아프리카 남단을 도는 항로에 대해 독점적 지배를 할 수 있었다. 대항해 시대 이전에 이탈리아 상인들이 독점적 지위를 누렸던 향신료 무역의 주도권이 포르투갈 상인들에게로 넘어가면서 포르투갈은 막대한 이익을 향유하였고, 리스본은 새로운 부가 축적되는 도시로 명성을 떨쳤다.

그러나 비록 포르투갈이 무역과 통행세를 통해 지배력을 확대해 가기는 하였지만, 인도양에서 제해권을 장악하였다고 볼 수는 없었다. 많은 역사가들은 16세기 인도양에서 포르투갈의 **해상력이 제한적**이었다고 지적한다. 16세기 대부분의 기간에 인도양 무역에 투입된 선박의 수가 100척 미만이었고, 톤수로는 많아야 5만 톤 정도에 불과하였기 때문이다. 16세기 중반을 기준으로 볼 때, 아시아에 거주하는 포르투갈인은 약 7,000명 정도에 머물렀던 것으로 추정된다. 카르타스 제도도 다른 국가들의 무역에 끼친 영향력이 제한적이었다. 한정된 인력과 자원 때문에 인도양 항로에 대한 포르투갈의 영향력이 명백한 한계를 보였기 때문이었다.

또한 신항로 개척이 서아시아와 지중해를 거쳐 이탈리아 항구 도시들에게로 이어지는 기존 교역로를 즉각적으로 무력화시킨 것도 아니었다. 16세기 중엽 지중해에서는 향신료 무역이 다시 상당한 번영을 누렸다. 이탈리아 상인들의 사업운은 다시 살아나는 것처럼 보였다. 하지만 지중해 향신료 무역의 이런 부활은 일시적인 것에 지나지 않았다. 포르투갈 선단이 인도양 전역에서 통제권을 확고히 함에 따라 지중해의 경쟁력은 결국 약화되었고, 이에 따라 향신료 수입업의 수익성이 크게 하락하면서 이탈리아 상인들은 돌이킬 수 없는 타격을 입게 될 운명이었다.

스페인의 중상주의

새 항로를 찾아 아메리카 대륙으로 향하였던 스페인은 초기에는 포르투갈에 비해 경제적 전망이 밝지 않았지만, 시간이 흐르면서 점차 많은 부의 원천을 확보하게 되었다. 특히, 포토시 광산을 포함한 아메리카의 **은광 개발**은 스페인 경제를 번영으로 이끄는 견인차였다. 은광의 개발 및 스페인인이 경영하는 **농장의 경작**에 필요한 노동력은 주로 아프리카에서 데려온 노예에 의존하였다. 초기에 스페인은 아프리카 노예를 포르투갈 상인들로부터 구입하였는데, 1580년 포르투갈이 스페인에 병합되면서 노예 공급의 독점적 권한이 리스본 상인들에게로 일원화되었다.

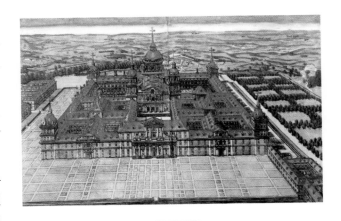

그림 9-5

스페인 중상주의의 본부 마드리드 서북부의 엘에스코리알(El Escorial)은 스페인의 왕궁이자 교회, 수도원, 대학 등의 기능이 통합된 시설로, 스페인의 중상주의 정책이 기획된 본부에 해당하였다.

중심 국가의 교체

중상주의 국가들의 국부(國富) 관념은 금·은 형태의 화폐를 가급적 많이 획득하고 가급적 적게 유출하는 것이었는데, 은을 대규모로 채굴할 수 있었던 스페인은 가장 직접적이고 손쉬운 방법으로 국부 증진을 이룰 수 있었

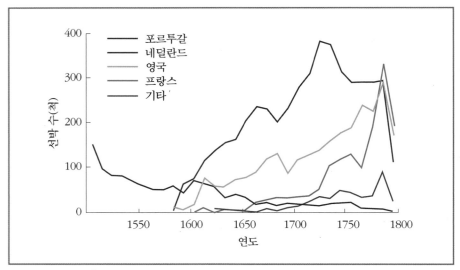

그림 9-6 아프리카 남단을 도는 아시아 항로의 선박 수, 1550-1750년

자료: Findlay and O'Rourke(2007), 186쪽.

다. 그러나 앞에서 언급한 바와 같이 스페인 경제의 번영은 장기적으로 지속되기 어려웠다. 한편, 스페인과는 달리 국가의 화폐 보유량을 직접적으로 증가시킬 수단을 보유하지 못한 국가들은 수출을 증대시키고 수입을 억제하여 무역 수지 흑자를 늘리거나, 해운업과 금융업 등의 육성을 통해 국내로 유입되는 금·은의 양을 늘리고자 하였다. 특히, 포르투갈과 스페인의 뒤를 이어 중상주의 경쟁에 가세한 네덜란드, 프랑스, 영국은 17세기부터 국제 무역의 패권을 놓고 본격적인 쟁탈전에 돌입하였다.

그림 9-6은 16세기 중반에서 18세기 중반까지 아프리카 남단을 돌아 인도양으로 항해해 간 무역선의 숫자를 기간별로 표시한 것이다. 초기에는 포르투갈이 완전한 독점을 누렸지만 16세기 후반부터 **신흥 경쟁국들이 등장**하였다. 특히, 네덜란드는 1600년경에 포르투갈을 따라잡고 인도양 항로의 새 주인공으로 등장하였다. 그 후 네덜란드의 무역선 수는 계속 증가하여 절정기인 18세기 전반에는 약 380척에 이르렀다. 네덜란드의 뒤를 이어 영국도 빠른 속도로 무역 규모를 늘렸다. 그러나 네덜란드에 비해서는 인도양 항해에 나선 선박의 수가 약 절반 수준에 머물렀다. 두 나라 사이의 간격이 좁아지기 시작한 것은 18세기 중반에 가까워지면서였다. 이후 영국은 네덜란드의 해상 지배력을 빠르게 잠식해 가서 18세기 후반에는 네덜란드와 거의

같은 무역선 수를 기록하게 된다. 프랑스는 17세기 중반부터 본격적으로 인도양 무역에 참여하였고 18세기 전반에 빠른 성장세를 보였다. 18세기 중후반까지 네덜란드와 영국의 선박 수를 따라잡지는 못하였지만, 이 국가들과의 격차는 점차 줄어들게 된다.

제3절 후기 중상주의

네덜란드의 중상주의

네덜란드는 서유럽에서 가장 농업이 발달한 지역이었다. 저지대를 간척하고 마련한 농지에서 채소, 튤립 등의 원예 작물 및 각종 사료 작물의 재배에 특화하여 높은 농가 소득을 얻을 수 있었으며, 곡물 재배의 생산성도 높았고, 낙농에서도 뛰어난 경쟁력을 보였다. 유기질 비료의 사용과 다양한 윤작법의 개발이 농업 생산성 증대에 큰 기여를 한 것으로 평가된다. 그러나 농업과는 달리 공업에서는 네덜란드의 성과가 두드러지지 않았다. 공업 원료는 대부분 수입에 의존해야 하였고 자립적 기반도 견고하지 못하였다. 따라서 반제품을 외국에서 수입한 후 이를 가공해서 완제품으로 만들어 수출하는 가공 공업 방식이 지배적이었다. 예를 들어, 네덜란드의 모직물 공업은 영국에서 직포를 수입하여 표백과 염색을 하여 완성한 후 수출하는 방식을 취하였다. 국내적 자립 기반이 취약한 상태에서 공업 발달은 제한적일 수밖에

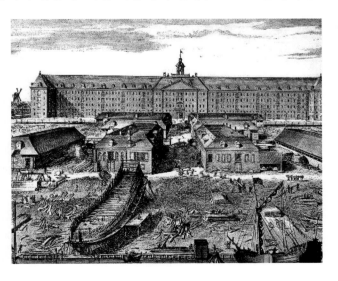

그림 9-7

네덜란드의 **조선소** 뛰어난 선박 건조 능력은 네덜란드의 해운업이 세계를 주도할 수 있게 한 원동력이었다.

없었다.

이러한 배경을 바탕으로 네덜란드의 중상주의가 초점을 맞춘 곳은 해양이었다. 14세기에 이미 북해에서 청어잡이와 저장 기술에서 다른 국가들보다 앞섰던 네덜란드는 북해는 물론 남유럽과 발트해 지역에서 수산물 무역으로 **무역과 해운** 능력을 축적해 갔고, 곡물, 목재, 철, 구리, 항해용품 등으로 거래 품목도 확대해 갔다. 이러한 과정을 통해 네덜란드 상인들은 점차 대양 무역으로 활동 영역을 확장하여 갔다.

네덜란드 중상주의의 특징적 성격이 형성된 것은 16세기의 일이었다. 네덜란드에 대한 통치권을 가진 스페인의 합스부르크 왕가가 구교를 강요하자, 1579년 네덜란드의 17개 주 가운데 북부에 위치한 7개 주가 도시 엘리트 집단을 구심점으로 삼아 저항을 한 끝에 독립을 선언하였다. 이렇게 성립된 유트레히트 동맹은 70년에 걸쳐 독립을 위한 전쟁을 치렀으며, 마침내 1648년 베스트팔렌 평화 조약에 의해 독립국으로 인정을 받게 되었다.

이런 과정을 통해 형성된 네덜란드 공화국은 상인 세력이 정치 권력을 효과적으로 분점하는 체제를 갖추었다. 유럽 최초로 **부르주아 세력**이 주권을 행사하는 위치에 오른 영토 국가로서 네덜란드는 상업 활동에 도움이 되는 정책들을 실시하기에 유리한 정치 지형을 보유하였던 것이다.

뛰어난 조선 기술의 확보는 해운업에서 우위를 지키는 데 필수적인 요소였다. 16세기 말에 네덜란드의 조선 기술자들이 기존의 캐럭(carrack)이나 갤리온(galleon) 같은 선박을 대체하기 위해 개발한 선박인 플류트(fluyt)는 당시 해운 상황에 대처하기 위한 혁신적 사고의 산물이었다. 플류트는 항해 속도를 높이기 위해 무장을 최소화하였고, 갑판 면적에 따라 징수하던 세금 부담을 줄이기 위해 배의 아래쪽으로 올수록 선폭이 넓어지도록 설계를 하였다. 또한 건조비를 최소화하기 위해서 선박의 부품을 표준화하여 대량 생산이 가능하도록 하였다. 이와 같은 노력에 힘입어 네덜란드는 유럽 최대의 해운 국가로 자리를 잡았으며, 17세기 중반을 기준으로 볼 때 연간 250-350척의 선박을 건조할 수 있었다. 이 수치는 2위 해운국인 영국보다 3배나 큰 규모였다. 위에서 살펴본 여러 장점과 더불어 규모의 경제(economies of scale)도 작용하여 네덜란드는 해운 운임을 경쟁국에 비해 30% 이상 저렴하게 유지할 수 있었다.

네덜란드가 세계 무역을 주도할 수 있었던 데에는 새로운 기업 조직인 **연합 동인도 회사**(Vereenigde Oostindische Compagnie, VOC)의 역할이 중요하였다. 1602년에 설립된 연합 동인도 회사는 장거리 항해를 통해 아시아의 여러

플류트: 200-300톤을 실을 수 있게 설계된 범선으로 보통 대포를 12-15문만 적재하였다. 17세기에 연합 동인도 회사가 널리 사용한 화물선으로, 네덜란드가 해양 운송에서 세계 최고의 경쟁력을 갖는 데 크게 기여하였다.

규모의 경제: 기업이나 공장 설비의 확대로부터 얻어지는 이득. 규모를 늘림에 따라 고정 설비를 충분히 활용할 수 있고, 노동의 전문화를 기할 수 있으며, 새로운 종류의 기계를 도입할 수 있게 되는 등의 이익을 기대할 수 있다.

연합 동인도 회사: 아시아 무역을 위해 설립된 여러 회사를 통합해서 설립한 회사. 무역 독점권뿐만 아니라 정치적 지배권도 함께 보유하였으며, 여러 지역에 무역 기지를 건설하고 장거리 무역을 주도하였다.

지역으로부터 향신료, 직물, 차 등을 수입하여 유럽 전역에 판매하는 독점적 권한을 국가로부터 획득한 기업이었다. 이전에도 장거리 무역을 위해 복수의 투자자가 자금을 대는 경우가 있었지만 항해가 종료하면 곧 해체하는 일회성이었다. 이와 달리 연합 동인도 회사는 한 번의 사업 후에 해체되지 않고 연속성을 유지하는 조직이었다. 또한 기존 기업들과는 달리 다수의 투자가 유한 책임만을 지는 주식회사 형태로 운영되었다. 투자가는 투자금을 회수하고 싶으면 증권거래소(Bourse)를 찾

인도에 건설된 상관 연합 동인도 회사가 인도 벵골 지방의 도시 후글리에 건설한 상관의 전경.

아가서 자신의 주식을 팔면 그만이었다. 주식을 발행하는 시장과 유통하는 시장이 발달하면서 연합 동인도 회사는 2년 전에 설립된 경쟁자인 영국의 동인도 회사보다 10배나 많은 자본금을 모을 수 있었다. 연합 동인도 회사는 운영에 대한 실권을 이사들에게 부여하여 전문적 경영이 가능하도록 하였다. 소유와 경영의 분리라는 근대적 기업의 특징을 이미 보유하였던 것이다.

　연합 동인도 회사는 **무역과 관련된 각종 규제권**을 보유하였을 뿐만 아니라, 동인도 지역에 대한 선전 포고권과 조약 체결권 등 **영토적 지배권**도 행사하였다. 이에 기초하여 연합 동인도 회사는 해외에 요새를 건설하고 병력을 징집하고 행정 관료를 지명하는 등의 활동을 할 수 있었다. 네덜란드 정부는 국가 고유의 권한을 이 회사에게 일부 이양하면서 그 대신에 회사의 대주주가 되는 길을 택하였던 것이다. 달리 표현하자면 연합 동인도 회사는 실질적으로 '국가 안의 국가' 역할을 수행하였다.

귀환하는 대양 항해선 암스테르담으로 입항하기 위해 대기하고 있는 연합 동인도 회사의 무역선.

　연합 동인도 회사는 아시아에서 포르투갈 세력을 몰아내면서 빠른 속도로 지배권을 확장해 갔다. 포르투갈이 지정학적 요충지에 성채를 건설하여 전진 기지로 삼고 약탈 또는 현지인과 무역을 하는 데 만족한 반면에, 네덜란드는 향신료 생산지를 물리적으로 지배하는 방식을 선호하였다. 이런 면에서 네덜란드는 유럽의 초기 제국주의를 이끈 선도 국가였다. 네덜란드는 동남아시아에서 수마트라,

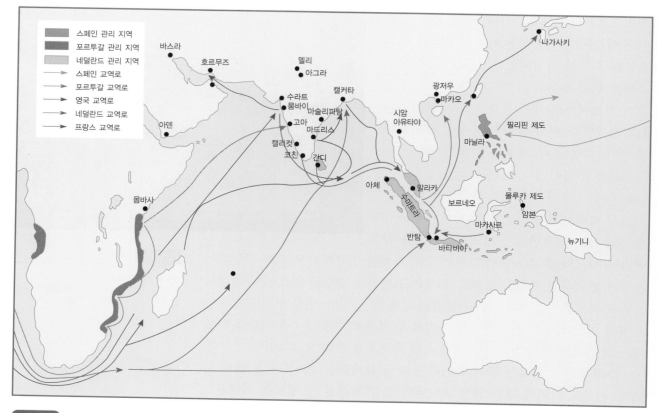

그림 9-10

17세기 초 영국과 네덜란드의 아시아 교역 루트
자료: Spodek(2006), 471쪽.

자바, 몰루카 제도, 말레이반도, 실론 등에서 차례로 무역 기반을 마련하였고, 이어서 대만, 중국의 광둥, 일본의 나가사키 등 동아시아로 활동 범위를 넓혔다. 바타비아(지금의 자카르타)에는 네덜란드의 아시아 무역을 총지휘하는 본부가 설립되었다. 네덜란드는 아프리카 남단 희망봉에 무역 중개 기지를 건립하여 인도양으로의 항해를 도왔고, 멀리 러시아와도 무역을 전개하였다.

그림 9-11

현지의 조선소 연합 동인도 회사는 바타비아 인근의 섬에 아시아 최대의 조선소를 지어 운영하기도 하였다. 여기에서 현지 노동자들이 네덜란드인의 감독을 받으며 일하였다.

무역에 있어서도 포르투갈보다 훨씬 진전된 사업 방식을

표 9-2	연합 동인도 회사의 선박 수와 톤수, 1602-1790년					
시기	네덜란드 출항 선박(A)		네덜란드 귀항 선박(B)		비율(B/A) (%)	
	선박 수	톤수	선박 수	톤수	선박 수	톤수
1602-10	76	34,970	49	22,580	64.5	64.6
1610-20	117	56,280	50	29,130	42.7	51.8
1620-30	141	54,720	71	37,380	50.4	68.3
1630-40	157	63,970	75	40,300	47.8	63.0
1640-50	164	100,950	93	74,240	56.7	73.5
1650-60	206	123,990	103	84,560	50.0	68.2
1660-70	238	129,349	127	89,240	53.4	69.0
1670-80	232	147,647	133	99,132	57.3	67.1
1680-90	204	130,849	141	105,322	69.1	80.5
1690-1700	235	143,295	156	108,123	66.4	75.5
1700-10	280	186,364	193	135,407	68.9	72.7
1710-20	311	228,066	245	185,274	78.8	81.2
1720-30	382	289,233	319	251,662	83.5	87.0
1730-40	375	280,035	311	236,640	82.9	84.5
1740-50	314	252,715	234	185,605	74.5	73.4
1750-60	291	278,845	244	237,760	83.8	85.3
1760-70	292	291,605	233	231,720	79.8	79.5
1770-80	290	290,340	244	245,500	84.1	84.6
1780-90	297	243,424	228	170,923	76.8	70.2
전체	4,602	3,326,647	3,249	2,570,498	70.6	77.3

자료: Bruijn and Gaastra(2001), 179쪽.

개발하였다. 연합 동인도 회사는 아시아의 한 지역에서 사들인 물품을 아시아의 타 지역에 가져가서 판매함으로써 이익을 얻고 이것으로 그곳 물품을 구입하여 또 다른 곳에서 판매하는 연쇄적 거래 방식을 발달시켰다. 역사학자 스틴스고르(N. Steensgaard)는 이러한 현지 무역(country trade)을 통해 연합 동인도 회사 및 영국과 프랑스의 동인도 회사들이 아시아의 여러 지역을 시장 생산 지향적으로 전환시키는 결과를 초래하였다고 주장하였다.

현지 무역: 아시아-유럽의 대륙 간 교역이 아니라 아시아 지역 내에서 이루어지는 무역.

표 9-2는 17-18세기에 장거리 무역에 종사한 연합 동인도 회사 소속 선박의 수와 톤수를 보여 준다. 네덜란드를 출발하여 아시아로 향한 선박과 아시아를 출발하여 네덜란드를 향한 선박의 수와 톤수를 비교하고, 그 비율을 계산하여 놓았다. 1602-1790년 동안에 총 4,602척의 선박(330만 톤)이 네덜란드를 출발한 반면에, 아시아를 출발한 선박은 총 3,249척(257만 톤)에 불과하였

표 9-3 연합 동인도 회사의 유럽 수입액 비중

(단위: %)

품목	1619–1621	1648–1650	1668–1670	1698–1700	1738–1740	1778–1780
후추	56.5	50.4	30.5	11.2	8.1	9.0
기타 향신료	17.6	17.9	12.1	11.7	6.1	3.1
직물	16.1	14.2	36.5	54.7	41.1	49.5
차, 커피	–	–	–	4.2	32.2	27.2
약물, 향수, 염료	9.8	8.5	5.8	8.3	2.8	1.8
설탕	–	6.4	4.2	0.2	3.7	0.6
초석	–	2.1	5.1	3.9	2.6	4.4
금속류	0.1	0.5	5.7	5.3	1.1	2.7
기타	–	0.2	0.2	0.4	2.3	1.7
합계	100.0	100.0	100.0	100.0	100.0	100.0

주: 1619–1780년 각 시기의 수입액 가운데 각 품목이 차지한 비중.
자료: Findlay and O'Rourke(2007), 308쪽.

다. 전자에 대한 후자의 비율은 선박 숫자로 71%, 톤수로 77%였다. 이러한 차이가 발생한 이유는 여러 가지인데, 해상 사고로 인한 선박 파손과 적국에게 선박을 빼앗긴 것은 총 150건에 미치지 못하였으므로, 나머지는 다른 이유에 기인한 것이었다. 연합 동인도 회사가 많은 수의 선박 – 대략 전체의 1/4 – 을 인도양 내에서 무역을 영위하는 데 사용하였다는 견해가 설득력이 높다.

연합 동인도 회사가 유럽으로 수입한 물품의 주요 목록과 시기별 추이가 표 9-3에 나와 있다. 17세기 초반에 수입품의 주종을 차지한 것은 후추를 필두로 한 향신료였다. 총수입액의 3/4에 육박하는 금액이 향신료 수입을 위해 지출되었다. 그러나 시간이 흐르면서 향신료의 수입 비중은 감소하였고, 18세기 중반에는 15% 이하로 떨어지게 되었다. 특히, 후추 수입액 비중의 감소가 컸는데, 이는 연합 동인도 회사와 영국의 동인도 회사 등 유럽의 기업들 사이에서 벌어진 치열한 경쟁에 기인하였다. 17세기에 유럽에서 판매된 후추의 가격은 16세기 포르투갈이 수입을 독점하던 시기에 비해 30-40% 하락한 수준이었다.

이 자리를 대신한 것은 직물 및 차와 커피 등의 음료였다. 직물은 17세기 말에 전체 수입액의 절반을 넘어섰고, 그 이후에도 비중이 크게 줄지 않았다. 차와 커피는 17세기 말에 본격적으로 수입되기 시작한 이후 빠르게 성장하여 18세기 중반에는 전체 수입액의 30% 수준을 유지하였다. 이 물품들 외에도 설탕, 화약 재료인 초석, 금속류 등이 많이 수입되었다.

그림 9-12 동남아시아와 암스테르담의 향신료 가격 차이, 1620-1780년

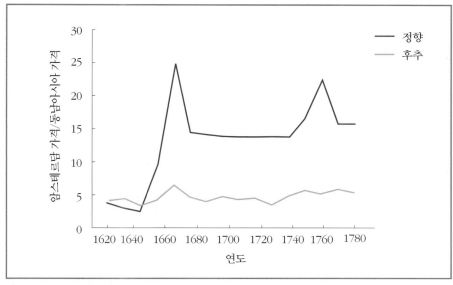

자료: Bulbeck et al.(1998).

    무역업, 해운업 및 조선업에서의 경쟁력을 바탕으로 한 네덜란드의 중상주의는 유럽의 경쟁국과 달리 **자유 무역적인 성격**이 가장 강하였다. 그러나 연합 동인도 회사의 식민지 개척과 운영을 보면 **보호 무역적인 요소도 강**하였다는 점을 알 수 있다. 생산지가 여러 곳으로 분산되어 개별 유럽 국가가 가격에 대한 통제력을 가질 수 없었던 후추와는 달리, 정향과 육두구는 거의 전적으로 몰루카 제도에서 재배되고 있었다. 이곳을 지배한 네덜란드 상인들은 수요 독점의 이익을 살려 생산자로부터 싼 값에 이 향신료들을 구입하였고, 이를 공급 독점의 이익을 살려 유럽에 비싼 값으로 수출하였다.

    그림 9-12는 후추와 정향의 이런 차이를 극명하게 보여 준다. 후추는 1620-1780년 사이에 동남아시아에서 거래되는 가격의 5배 내외의 가격으로 암스테르담에서 판매되었다. 이와 대조적으로 정향은 1620년에는 후추와 유사한 가격 차이를 지역 간에 보였지만 1650년대부터 이 비율이 급증하였다. 이 비율은 1660년대에 25배로 급증하였다가 14-15배 수준으로 감소하여 100년가량 지속되었고 18세기 중반에 다시 상승하였다. **생산지를 엄격하게 통제**함으로써 독점적 이윤을 누릴 수 있었던 정향에 대해 연합 동인도 회사가 취한 정책을 보면, 네덜란드가 자유 무역적인 기조를 취하였다는 주장을 전면적으로 받아들이기 어렵다는 점을 알 수 있다. 한편, 이러한 가격 차이

그림 9-13

독점 체제의 구축 네덜란드 군대가 1605년 몰루카 제도 남쪽에 위치한 암본(Ambon)을 무력으로 점령하는 장면. 네덜란드는 이곳을 정향의 독점적 생산지로 삼았다.

는 생산지 농민들에게 저임금과 착취를 강요하였다는 것을 의미하였다. 강력한 통일 국가를 유지한 도쿠가와 막부 시기의 일본과 청 왕조 시기의 중국과는 달리 동남아시아의 소규모 국가들은 해군력을 앞세운 네덜란드의 '제국주의적' 점령 통치를 벗어날 수 없었고, 국가의 보호막이 작동하지 않는 상황에서 생산자들은 고통을 겪을 수밖에 없었다.

네덜란드는 북아메리카로 진출을 모색하였으나 아시아에서의 성과에 비할 수준은 아니었다. 허드슨강 유역에 식민지를 건설하였고, 맨해튼 (Manhattan)을 인디언으로부터 매입하여 뉴암스테르담(New Amsterdam)이라 칭하고 이곳을 중심으로 모피 무역을 하였다. 그러나 1664년 뉴암스테르담은 영국 함대에 점령당한 뒤 뉴욕(New York)으로 개명된다. 남아메리카와 서인도에서는 브라질에 식민지를 건설하는 사업과 스페인의 은(銀) 수송선을 나포하는 활동에 치중하였다.

15세기 이전에 이미 유럽의 거래 중심지로 번영을 구가하였던 안트베르펜은 16세기에 스페인과의 군사적 대치와 봉쇄 속에서 점차 위상을 잃어 갔다. 스페인으로부터의 독립운동을 계기로 북부 네덜란드가 경제 발전의 전기를 마련하자, 마침내 17세기 초반 네덜란드 북부 연합에서 가장 중요한 주였던 홀란드에 위치한 **암스테르담**으로 주도권이 넘어갔다. 암스테르담은 이후 급속히 성장하여 17세기 전반 50년 동안에 인구가 5만 명에서 20만 명으로 급증하였다.

암스테르담은 네덜란드의 중개 무역 중심지로서, 그리고 안트베르펜을 대체하는 금융 중심지로서 번영의 토대를 닦았다. 암스테르담이 오랫동안 **국제적인 금융 중심지**로 명성을 떨친 데에는 1609년에 설립된 암스테르담 은행의 역할이 컸다. 이 은행은 여러 주화, 지금(地金, bullion), 환어음(bill of exchange) 등을 예치하고 그에 상응하는 자체 은행권─플로린(florin)─을 발행함으로써 결제상의 편의를 제공하였다. 풍부한 자금 덕택에 낮은 이자율을 유지할 수 있었으므로, 상인뿐 아니라 정부도 대부를 원하는 경우가 많았다.

지금: 주화의 재료가 되는 금속을 적당한 크기로 자른 덩어리나 판 조각.

환어음: 어음 발행인이 지급인에 대해 특정 기일에 어음에 기재된 금액을 어음 수취인에게 지급하도록 위탁하는 증권. 유럽에서는 16세기부터 대외 무역의 결제 수단으로 널리 사용되었다.

증권 시장도 크게 성장하였다. 네덜란드의 증권 시장에서는 연합 동인도 회사와 같은 자국 회사뿐 아니라 잉글랜드 은행이나 영국의 동인도 회사와 같은 외국 회사의 주식, 그리고 국내외 공채도 거래되어 성황을 이루었다. 다양한 금융 상품이 개발되면서 투자 열기가 고조되었고 때로는 투기 열풍으로 이어지기도 하였다. 암스테르담은 국내 상인과 정부만이 아니라 외국 상인과 정부에도 대부를 실시하였다. 그러나 이 경우 국내 상인과 정부는 상대적으로 유리한 조건에서 자금을 공급받을 수 있었다. 18세기 후반에 국제 금융의 주도권이 영국으로 넘어갈 때까지 네덜란드는 당대의 월 스트리트로 명성을 떨쳤다.

그림 9-14

암스테르담의 증권 거래소 네덜란드의 국제적 위상을 바탕으로 암스테르담의 증권 거래소는 당시 세계 경제를 쥐락펴락하였다.

　이렇게 번영을 구가하던 네덜란드도 점차 쇠퇴의 길을 걷게 되었다. 대외적으로는 경쟁국인 영국이 강력한 중상주의 정책과 해군력을 바탕으로 경쟁력을 키운 것이 중요한 요인이었다. 향신료의 공급 독점을 위해 지배해 온 식민지에서 노동 착취에 반발해 원주민들이 반란을 일으키기도 하였다. 대내적으로는 우선 부유해진 상류층들이 무역보다 점차 금융과 토지 소유에 관심을 기울이게 되었고, 이와 동시에 관세를 부과하는 등 자유 무역적인 정책을 축소하였다는 점이 지적된다. 또한 연합 동인도 회사가 수익성 악화에도 불구하고 계속 높은 배당금을 지불하였고, 경영이 점차 방만하게 되었다는 점도 작용하였다. 이와 더불어 경쟁국인 영국, 프랑스와 달리 네덜란드는 국내에 자립적 경제 기반이 취약한 채로 가공 공업, 중개 무역과 해운업에 의존하였다는 점을 들 수 있다. 경쟁 국가들이 국내적 경제 발전을 이루어 가면서 네덜란드의 약점은 점차 두드러지게 되었다.

영국의 중상주의

　영국에서 중상주의는 튜더 왕조(1458-1603) 시기에 절대주의 왕정이 권력 기반을 공고히하면서 윤곽이 형성되었다. 구교와 단절하고 성공회를 창설한 헨리 8세와 해상 세력으로 영국이 부상하는 길을 닦은 엘리자베스 1세가

그림 9-15

엘리자베스 1세의 야망 오른손을 지구본 위에 올려놓은 여왕 뒤로 스페인 무적 함대를 격파하였던 영국 함대의 그림이 보인다.

대표적인 튜더 절대 군주였다. 스튜어트 왕조(1603-1714) 시기에 영국은 중상주의 정책을 더욱 다양하게 실시하였다. 특히, 17세기 중반 이래 정치적 변혁 과정 – 뒤에서 다루게 될 '시민 혁명' – 을 통해 절대 왕정 체제가 붕괴되고 입헌 군주제가 자리를 잡으면서 지주와 상공업자로 구성된 의회가 정치권력의 새로운 핵으로 부상하였고, 이러한 시민 세력이 자신의 이익에 부합하는 종류의 중상주의 정책들을 실시하였다.

우선 영국은 **공업의 육성**과 **공업 제품의 수출**에 힘을 기울였다. 양모 등 원료의 수출을 억제하고, 해외로부터 원료의 수입은 낮은 관세 정책을 통해 장려하였다. 반대로 완제품의 수출에 대해서는 보조금을 지원하는 방식으로 장려 정책을 폈으며, 해외 완제품의 수입은 억제하였다. 기술적 우위를 확보하기 위해서 숙련공의 해외 이민을 금지하였고, 반대로 외국의 숙련공을 국내로 유치하는 데 힘을 쏟았다. 국내적으로는 생산자 규제를 통해 경제적 안정을 도모하였다. 무엇보다도 전국적으로 도시 길드의 통제를 강화하는 정책을 펼쳤다. 1563년에 제정된 직인 조례(Statute of Artificers)는 이런 목적을 위한 법령으로서, 제조업품의 품질과 가격 유지, 노동자의 임금 통제, 7년제 도제 제도의 확립 등을 내용으로 하였다. 이미 농촌에 수공업이 널리 확산된 상황이었기 때문에 도시 길드의 통제력이 강화되는 데에는 한계가 있었지만, 광업 및 소금, 유리, 초석 등의 제조업 부문에 대해서는 정부가 기업에 독점적 영업권을 부여하는 방식을 통해서 경제적 통제를 유지하였다.

머천트 어드벤처러스: 중세 후반부터 활동한 영국의 모직물 수출업자의 동업 조합. 1407년 특허장을 얻어 독점적인 상인 조합으로서의 세력을 확장해 갔다. 1808년 해산할 때까지 영국 수출 산업의 주축으로 활약하였다.

규제 위주의 경제 정책은 공산품의 **무역 부문**에서 특히 두드러졌다. 모직물 수출 상인 조합인 머천트 어드벤처러스(Merchant Adventurers)에게 유럽 대륙 시장에 대한 독점적인 무역 특권을 보장하는 면허장을 교부한 것이 대표적 사례였다. 영국 경제에서 모직 공업이 차지하는 비중은 점차 증가하였다. 1700년에 영국 전체 수출액의 50%가 모직물 수출에서 이루어졌다. 견직물 생산도 증가하였는데, 17세기 후반 많은 수의 신교도 – 위그노(Huguenot) – 가 프랑스로부터 이주해 오면서 성장의 전기를 맞았다. 영국은 자국산 견직물의 수출 장려와 프랑스산 견직물의 수입 금지 정책을 통해 이 산업을 보호·육성하였다.

　　식민지 경영도 영국 중상주의의 중요한 일부였다. 서인도 제도에서 스페인 세력을 축출한 것은 물론이고, 1607년에 버지니아의 제임스타운(Jamestown)에 최초의 영주 식민지를 건설한 이래, 17세기 전반을 거치면서 현재의 미국 동부 지역인 버지니아, 뉴잉글랜드, 메릴랜드 등지에 다수의 정착지를 구축하였다. 그리고 영국은 물론 해외 여러 지역으로부터 노동력을 유입하여 신작물 재배 등의 작업에 투입하였다. 유럽 각국에서는 계약 노동자(indentured laborer)를 대규모로 들여왔는데, 이렇게 유입된 노동자들은 계약에 따라 일정 기간 강도 높은 노동에 종사한 후 자유로운 노동자가 될 수 있었다. 그러나 아메리카의 스페인 식민지들과 마찬가지로 북아메리카의

계약 노동자: 해외로 이주할 때에 이주 비용을 먼저 지급받고, 계약서에 확약한 대로 4-7년 동안 주어진 일터에서 노동에 종사할 것을 계약한 노동자. 계약 기간 이후 자유 노동자가 될 수 있었다.

영국 식민지에서도 점차 아프리카로부터 유입된 흑인 노예의 비율이 증가하였다. 식민지에서는 자체 수요가 증가함에 따라 공업을 발달시킬 필요성이 커졌지만, 본국의 공업 제품과 잠재적으로 경쟁 가능성이 있는 공업은 식민지에서 발달시키지 못하도록 통제가 가해졌다. 직물 공업, 제철 공업 등이 여기에 해당되었다. 식민지에서 생산하지 못하는 물품들, 특히 공산품은 대부분 영국으로부터 수입되었다. 1700년 영국 총수출액의 15%가 식민지를 향하였으며, 이 비율은 지속적으로 증가하여 1775년에는 33%에 이르렀다.

그림 9-16

뭄바이의 상관 1730년대 초반에 묘사된 인도 뭄바이의 영국 상관 모습.

곡물법: 국내 곡물가가 올라도 해외로부터 수입을 제한하여 지주의 이익을 보장하도록 한 법률. 1846년에 자유 무역주의적 분위기 속에서 폐지되었다.

　　17세기 중반부터 의회에서 다양한 법률을 제정하면서 영국 중상주의를 상징하는 각종 제도가 마련되어 갔다. 1670년에 새 틀을 갖춘 **곡물법(Corn Law)**은 영국산 곡물의 수출에 대해 보조금과 같은 장려 정책을 폈고, 해외의 곡물이 낮은 가격으로 수입되는 것에 대해서는 높은 관세를 부과하여 수입을 억제하는 정책을 폈다. 곡물법은 국내 지주의 경제적 이익을 보장하는 보호주의 정책이었다. 19세기 중반에 폐지될 때까지 곡물법은 영국 중상주의를 상징하는 대표적 정책으로 인식되었다.

그림 9-17

해군력의 증강 중상주의 시대에 국제적 경쟁에서 승리하기 위해서는 군사력, 특히 해군력의 강화가 필수적이었다. 그림은 영국 플리머스 부근에 위치한 해군 기지의 모습.

항해법: 네덜란드의 해운에 대항하고 자국의 무역·해운을 발달시키기 위한 보호 무역주의 법률로 1849년 폐지되었다.

열거 상품: 영국 식민지에서 출항하는 선박이 반드시 영국과 영국 식민지에만 수출하도록 규정한 상품들.

빈민법: 17세기에 기초가 마련된 영국의 중상주의적 빈민 구호 법률. 1662년부터 모든 국민은 개인의 출생지, 고용 경력, 도제 경력 등에 따라 하나의 교구(마을)에 속하게 되고 생계가 곤란해지면 해당 교구가 구호를 책임지는 제도였다.

항해법(Navigation Act)도 영국 의회가 마련한 대표적인 중상주의 법률이었다. 1650-1660년대에 핵심적 내용이 확립된 항해법은 네덜란드와의 해운업 경쟁에서 고전하고 있었던 영국 상인들에게 유리한 조항을 담았다. 영국 식민지의 수출입 물품은 반드시 영국 국적의 선박으로 영국 선원이 운송해야 하며, 외국 선박에 의해 수입된 해외 생산물에 대해서는 높은 관세를 매기며, 영국 식민지에서 생산된 담배, 설탕, 면화, 인디고, 코코아, 모피 등 특정한 열거 상품(enumerated commodities)은 반드시 영국 및 영국 식민지에만 수출되어야 한다는 것, 식민지의 무역업자는 영국 국적이어야 한다는 것 등이 주요 내용이었다. 해운업에 비교 우위를 가지고 있었던 네덜란드에 대해 영국은 상대적으로 굳건한 식민지 체제를 이용한 보호주의 무역 정책으로 대응하였던 것이다.

한편, 국내의 사회적 문제에 대응하기 위한 제도도 마련되었다. **빈민법**(Poor Law)은 모든 영국 국민을 개별 교구(마을의 행정적 단위)에 소속시키고 고용, 빈민 구호, 인구 이동, 부랑자 처벌 등에 관한 권리와 의무를 해당 교

문헌 자료 9-2

영국 항해법의 주요 내용

1. 선장과 선원의 4분의 3이 영국인인 선박을 영국 선박으로 본다.
2. 영국 식민지의 모든 수출입 상품은 영국이나 영국 식민지 선박으로 운반되어야 한다.
3. 원산국 선박에 의해서 수입된 상품에 대해서는 고율의 외국인 관세를 부과한다.
4. 열거 상품은 반드시 영국 또는 여타 영국 식민지에만 수출되어야 한다.
5. 식민지 상인과 대리인은 영국인이어야 한다.

자료: 김종현(1998), 191쪽.

표 9-4 영국 동인도 회사의 유럽 수입액 중 각 품목이 차지한 비율, 1668-1680년

(단위: %)

품목	1668-1670년	1698-1700년	1738-1740년	1758-1760년
후추	25.35	7.02	3.37	4.37
직물	56.62	73.98	69.58	53.51
생사	0.60	7.09	10.89	12.27
차	0.03	1.13	10.22	25.23
커피	0.44	1.93	2.65	–
인디고	4.25	2.82	–	–
초산	7.67	1.51	1.85	2.97
기타	5.15	4.52	1.44	1.65
합계	100.00	100.00	100.00	100.00

자료: Findlay and O'Rourke(2007), 309쪽.

구가 담당하도록 강제하였다. 이 강압적 성격의 사회 통제 제도는 개인의 행동을 마을 단위에서 통제하도록 한 것으로서, 규제 중심의 경제 운용과 짝을 이룬 것이라고 볼 수 있다.

또한 영국은 프랑스와는 달리 국내 관세가 없어서 상대적으로 큰 국내 시장의 이익을 누릴 수 있었다. 1707년 스코틀랜드가 잉글랜드 및 웨일스와 통합되면서 유럽 최대의 관세 자유 지역을 형성하게 되었다.

1600년에 설립된 영국의 **동인도 회사**(East India Company)는 네덜란드 및 프랑스의 경쟁 회사들과 국제 무역의 패권을 놓고 치열하게 경쟁해 갔다. 표 9-4는 중상주의 시대에 영국 동인도 회사가 유럽으로 수입한 물품을 시기적으로 보여 준다. 영국 동인도 회사의 수입품은 네덜란드의 연합 동인도 회사가 수입한 물품과 크게 다르지 않았다. 그러나 품목별 비중에는 다소 차이가 있었다. 후추의 비중은 17세기 중반 이래 하락세를 보였고, 직물은 수입 비중이 증가하여 17세기 말에 74%에 이르렀다가 이후에 점차 감소하였다. 차의 수입 비중은 18세기에 눈에 띄게 늘어났다. 생사가 18세기에 많이 수입되었다는 점은 영국에 특유한 현상이었다. 양국의 동인도 회사가 수입한 물품이 크게 다르지 않았다는 점은 놀라운 사실이 아니다. 두 회사 모두 자국만이 아니라 유럽 시장을 표적으로 삼아 수입을 하였기 때문이다. 특히, 영국에서 17세기 중반 절대 왕정 체제가 붕괴되고 입헌 군주제하에서 **시민 세력**이 의회를 통해 실질적인 권력을 행사하는 체제가 되면서, 영국의 중상주의는 일찍부터 상인들이 정치 권력을 장악하였던 네덜란드의 중상주의와 유사성이 더 많아졌다. 정치적 실권을 쥔 부르주아 계층이 자신에게 유리한 경

동인도 회사: 장거리 교역을 목적으로 영국에서 설립된 회사. 향신료, 면포, 인디고, 차 등을 무역하였고, 1833년까지 운영되었다.

표 9-5	연합 동인도 회사와 영국 동인도 회사의 아시아산 상품 수입액	

(단위: 1,000페소)

기간	연합 동인도 회사	영국 동인도 회사
1621-1630	402.8	–
1631-1640	870.5	–
1641-1650	954.6	–
1651-1660	1,017.2	–
1661-1670	980.8	437.2
1671-1680	1,299.2	1,215.8
1681-1690	1,669.8	1,634.7
1691-1700	1,592.9	744.2
1701-1710	2,015.8	1,161.4
1711-1720	2,370.0	2,056.7
1721-1730	3,176.8	2,723.2
1731-1740	2,506.6	2,820.3
1741-1750	2,418.7	3,345.0
1751-1760	3,163.9	3,348.2

자료: Steensgaard(1990), 110쪽, 주경철(2008), 100쪽에서 재인용.

제 체제와 경제 정책을 수립할 수 있었기 때문이다.

영국 동인도 회사는 네덜란드의 연합 동인도 회사와 무역에서 강력한 라이벌 관계를 형성하였다. 표 9-5에 나타나 있는 것과 같이 영국 동인도 회사는 18세기 초반까지 연합 동인도 회사에 비해 약간 뒤처지는 무역 규모를 보였다. 그러나 1730년대에는 추세가 역전되어 영국 동인도 회사가 우위에 서게 되었다.

포르투갈과 스페인은 물론이고 네덜란드보다도 늦게 장거리 무역 경쟁에 합류한 영국으로서는 대양 항해 능력의 개선이 절실하였다. 영국 정부는 이 문제에 대해 효과적인 **유인 체계**(incentive system)를 마련하는 방식으로 대응하였다. 즉, 항해 능력을 향상시킨다는 과업을 달성한 사람에게 충분한 보상이 이루어지도록 정책을 입안함으로써, 기술 혁신에 대한 수요를 증가시킨다는 전략을 채택한 것이다. 대표적인 사례를 들어 보자. 1707년 잘못된 경도 계산으로 약 2,000명의 선원이 수장되는 사고가 발생하자, 1714년 영국 의회는 정확한 경도 측정 방법을 제시하는 사람에게 거액의 포상금을 내거는 경도법(經度法)을 제정하였다. 뉴턴 등 당대의 최고 과학자들은 천문 관측에서 해답을 구하고자 하였으나 성공하지 못하였고, 시골 출신의 목공 장인인 해리슨(John Harrison)이 수십 년에 걸친 노력 끝에 정교한 시계를 제작

경도법: 경도의 정확한 측정을 독려하기 위해 영국 정부가 제정한 법률. 정확한 시계를 제작하여 경도를 계산한 해리슨이 포상을 받았다.

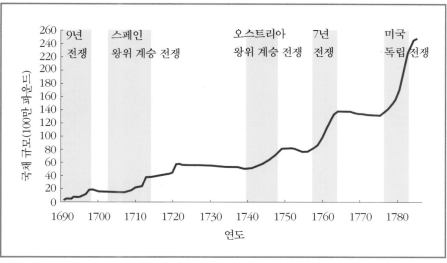

그림 9-18 영국 국채의 증가

(단위: 100만 파운드)

자료: Harris(2004), 217쪽.

함으로써 결국 경쟁에서 승리하였다. 달성하고자 하는 목표에 맞추어 신중하게 기획된 유인 체계가 기술 혁신을 얼마나 효과적으로 유도할 수 있는가를 잘 보여 준다.

중상주의적 경쟁에서 우위를 차지하는 데 군사비의 조달 문제는 매우 중요하고 절실하였다. 그림 9-18은 영국 정부가 발행한 국채 규모를 보여 준다. 전쟁이 거듭될수록 요구되는 전비 규모는 확대되었는데, 이에 대해 영국은 국채 증발을 통해 대처하였음을 알 수 있다. 시민 혁명을 통해 부르주아 층이 주도하는 의회가 정치 권력을 장악하고 있는 상황이 전비 조달에 유리한 여건이었다는 것을 시사한다. 이와 같은 정부 정책하에서 국내 총생산 대비 공공 부채의 비율이 두드러지게 높아졌다. 이 비율은 **명예혁명**(名譽革命, Glorious Revolution) 이전에는 미미한 수준이었으나 그 후 급속하게 증가하여 18세기 중반에는 100%를 넘어섰다. 이 추세는 계속되어 19세기 전반이 되면 200%를 초과하게 되는데, 이 수치는 20세기의 제1차 및 제2차 세계 대전 시기보다도 높은 수준이었다. 무장 수준을 낮추고 해운업의 경쟁력을 강화하는 방향으로 중상주의 전략을 짰던 네덜란드나 부실한 재정 문제로 골머리를 앓아 오던 프랑스로서는 영국의 해군력 증강 정책을 따라잡기가 불가능하였다.

명예혁명: 1688년 영국에서 일어난 무혈 혁명으로, 제임스 2세를 폐위시키고 의회 정치의 기초를 이루는 계기가 되었다.

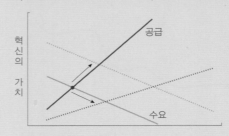

모형과 이론 9-1

혁신의 경제학

　　한 경제에서 이루어지는 혁신의 양은 혁신의 수요 곡선과 공급 곡선이 만나는 균형점에서 결정된다. 아래의 그래프를 보자. 혁신에 대한 긍정적 인센티브 – 예를 들어, 포상금의 지급, 독점적 이윤의 안정적 확보, 사회적 예우 등 – 는 혁신의 수요 곡선을 상향 이동시킨다. 혁신의 공급 곡선이 불변한다고 가정할 때, 수요 곡선의 이동에 따라 균형점은 우상향으로 이동하여, 더 많은 혁신과 더 높은 보상 수준을 보이게 된다.

　　반대로 혁신의 수요 곡선이 불변한다고 가정할 때, 혁신의 공급 증가 – 발명가의 증가, 해외 기술자의 유입, 장인 수의 증가 등에 의한 – 는 균형점을 우하향으로 이동시키며, 그에 따라 더 많은 혁신과 더 낮은 보상 수준을 낳게 된다.

　　혁신의 증가가 수요와 공급이 동시에 증가하면서 발생한 경우에는 상대적으로 어느 요인이 중요한가를 평가하는 문제가 남는다. 이는 혁신자에게 돌아오는 이익이 증가하였는지 아니면 감소하였는지를 확인함으로써 평가할 수 있다. 혁신자의 이익이 증가하였다면 이는 수요 증가의 효과가 공급 증가의 효과보다 컸다는 것을 의미하기 때문이다. 클라크(G. Clark)는 이와 같은 분석에 입각해서 영국의 산업 혁명에서는 혁신의 공급이 수요보다 더 큰 역할을 하였다고 주장한 바 있다.

그림 9-19

루이 14세의 베르사유 궁전 베르사유 궁전은 '태양왕' 루이 14세가 프랑스의 문화적 지위를 과시한 장소이자, 중상주의적 통치 체제를 기획하고 실시한 본부였다.

프랑스의 중상주의

　　영국과 마찬가지로 프랑스의 중상주의도 15세기에 초보적 틀이 마련되었다. 프랑스 정부는 금과 은의 해외 유출을 억제하는 정책을 실시하였다. 16세기에는 더욱 다양한 정책들이 수립되었다. 국내 공업 발전을 위한 면세 정책 및 보조금 지급 정책, 수출 증대와 수입 억제를 위한 관세 제도의 정비, 조선업 육성을 위한 자금 지원 등이 이에 해당하였다.

그러나 프랑스의 중상주의를 상징하는 본격적인 정부 정책들은 17세기에 들어와서 수립되고 시행되었다. 유럽 최고의 절대 군주가 되고자 하였던 루이 14세 시기에 재정총감으로 막대한 영향력을 행사하였던 콜베르(Jean-Baptiste Colbert)의 지휘하에 전면적인 중상주의 경제 개혁이 이루어졌다. 콜베르는 지구상에 금과 은의 보유량이 한정되어 있으므로 국부를 증대시키기 위해서는 무역 흑자를 달성하여 금과 은의 보유량을 확대해야 한다고 보았다. 일명 **콜베르티즘**(Colbertism)이라 불리는 그의 주장은 외국 제품의 수입 제한과 자국 제품의 수출 촉진을 정책의 기조로 삼았고, 이를 달성하기 위해 무엇보다도 특권 회사를 설립하고 해운업을 육성하며 보호 관세를 적극적으로 운용하였다. 한편, 수출을 증대시키기 위해서는 공업의 발전이 필수적이라고 보고, 이를 위해 다양한 국립, 왕립 및 민간 **매뉴팩처**(manufacture)를 건립하고 필요한 인력과 자본을 지원하였다. 콜베르는 공업의 보호와 육성 방안으로 공산품의 규격을 통일하였고 길드제를 강화하여 상인과 수공업자들에게 가입을 강제하였으며, 개별 경제 부문에서 필요한 인력을 길드로부터 할당하는 정책을 정부 주도로 펴기도 하였다. 그 결과로 견직물, 레이스, 메리야스 등의 직물 생산 및 가구, 거울 등 사치품 생산에서는 괄목할 만한 성장이 나타났다. 그러나 국내외 수요의 부족과 폐쇄적인 독점 체제가 지닌 한계로 인해 공업 발달은 부분적인 성공만을 거둘 수 있었다.

정부 주도로 과학 기술을 발전시키기 위한 노력도 경주되었다. 콜베르의 제안에 따라 1666년에 설립된 **과학 아카데미**(Académie des Sciences)는 30년 후 왕립 기관의 지위를 획득하면서 활동이 더욱 강화되었다. 과학 아카데미는 17-18세기에 프랑스의 과학 발달에 큰 기여를 하였고, 그 예를 따라 훗날 프로이센, 스웨덴, 러시아 등지에서 국립 과학 아카데미들이 설립되었다.

한편, 도로와 운하의 건설, 해군력의 증강과 같은 정책에서는 성과를 거두었지만, 도량형의 통일이나 국내 통과세의 철폐와 같은 정책은 실질적 효과를 거두지 못하였다. 농업 발전에도 관심이 없었던 것은 아니지만, 공업 및 무역업에 비해서는 우선순위에

콜베르(1619-1683): 루이 14세 때인 1664년 재정총감이 되어 재정, 상공업, 농업, 식민지 문제, 해군 업무 등을 두루 담당하였다. 국가적 규제의 원칙을 강력히 밀어붙였다.

매뉴팩처: 자본주의적 생산 체제의 초기 형태라고 볼 수 있는 공장제 수공업. 생산 기술 측면에서는 기계가 아닌 도구를 주로 사용하므로 수공업에 가까우나 다수의 임금 노동자가 고용되어 공장에서 함께 작업을 한다는 면에서는 공장제라고 볼 수 있다. 분업에 기초한 협업을 통해 생산성 향상을 도모하였는데, 역사적으로는 일부 업종에서만 존재하였다.

과학 아카데미: 과학 연구 및 보급을 위해 창설된 과학 단체로 정부의 적극적인 후원을 받았다.

그림 9-20

과학 아카데미 루이 14세는 과학 아카데미를 설립하여 재능 있는 과학자들을 모아 연구에 전념할 수 있게 하였다. 이와 같은 노력의 결과로 프랑스는 높은 과학 수준을 보유할 수 있었다.

| 표 9-6 | 아시아 구입 가격 대비 유럽 판매 가격 비율, 1641-1670년 |

(단위: %)

기간	연합 동인도 회사	영국 동인도 회사	프랑스 동인도 회사
1641-1650	3.97		
1651-1660	3.43		
1661-1670	3.32	2.71	
1671-1680	2.89	2.40	
1681-1690	2.59	2.08	
1691-1700	2.77	3.35	
1701-1710	2.63	2.73	
1711-1720	2.66	2.75	
1721-1730	2.25	2.60	2.16
1731-1740	2.44	1.96	1.90
1741-1750	2.46	2.26	1.76
1751-1760	2.19		1.80
1761-1770	2.37		1.80

자료: De Vries(2010), 723쪽.

서 뒤처진 것이 사실이었다. 식민지 개척 분야에서도 많은 시도가 있었지만, 경쟁국인 영국이나 네덜란드에 비해 **제한적인 효과**만을 거두었다. 보다 근본적인 측면에서 보면, 프랑스의 중상주의는 영국과 네덜란드의 중상주의와는 달리 시종일관 절대주의 권력의 영향력하에서 전개되었다는 차이점을 보였다. 시민 세력의 정치적 영향력이 한계를 내포한 상황에서, 그리고 국내의 공업 및 상업의 자생적인 발달 수준이 영국과 네덜란드에 비해 낮은 상태에서 진행된 프랑스의 중상주의 정책은 국민적 기반의 경제 발전으로 이어지는 데 불리하였다. 또한 프랑스의 절대 군주들은 합스부르크 왕가와의 전쟁 등 유럽 경쟁자들과 수많은 전쟁을 치르면서 재정을 소진하였다. 18세기 내내 프랑스는 부채의 증가로 인한 재정 위기를 반복적으로 맞게 되었다. 1789년 프랑스 혁명의 원인이 된 삼부회(三部會, États généraux, Estates-General)의 소집도 이러한 재정 위기를 배경으로 발생한 사건이었다.

    표 9-6은 17세기 중반부터 18세기 후반까지 네덜란드, 영국, 프랑스 세 국가의 동인도 회사가 거래한 내역을 정리하여 보여 준다. 대유럽 수출품을 아시아에서 구입한 가격과 유럽에서 판매한 가격을 비교함으로써 장거리 무역의 수익률을 보여 준다. 이 표를 통해서 세 회사 모두 시간이 경과함에 따라 수익률이 낮아졌음을 알 수 있다. 세 회사가 취급한 상품의 구성에 차

삼부회: 14세기에 국왕이 국민 대표에 협력을 요청하는 자문 기구로서 설립되었다. 성직자, 귀족, 제3신분(부르주아와 농민)으로 구성되었으며, 1610년대 이후 170년 동안 한 번도 소집되지 않았다.

이가 있기 때문에 일률적인 비교가 어렵긴 하지만, 대체로 네덜란드와 영국의 동인도 회사는 수익률이 엎치락뒤치락한 반면에, 프랑스 동인도 회사는 상대적으로 낮은 수익률을 기록하였던 것으로 보인다. 이것은 중상주의 경쟁에서 프랑스의 경쟁력이 두 나라에 비해 상대적으로 낮았음을 말해 준다.

독일의 중상주의

독일이 유럽의 강대국 대열에 이름을 올리게 된 것은 프리드리히 대왕(Friedrich der Grosse) 시기의 일이었다. 신성 로마 제국에 속하였던 독일에는 많은 수의 영방이 존재하였기 때문에 본격적인 중상주의 정책을 실시하기 어려웠다. 18세기에 프리드리히 대왕 치하에서 프로이센의 세력이 확대되면서 변화가 시작되었다. 프로이센은 중앙 집권적 통치 체제를 확립하고 농업과 공업 기술을 해외로부터 도입하고 해외 기술자의 이주를 장려하는 등 강력한 중상주의 정책을 실시하였다. 도로와 운하가 새로 건설되고 특권 매뉴팩처가 설립된 것도 이 시기의 일이었다. 계몽 전제 군주의 대표격인 프리드리히 대왕은 계몽주의 학자들의 학문과 예술을 후원하고 과학을 진흥하는 데에 적극적이었다. 그가 포츠담에 건설한 상수시 궁전은 이런 활동의 중심지로 기능하였다. 그는 또한 프로이센 아카데미를 설립하였는데, 영국의 왕립 협회가 학자들의 개방적인 연구망이라는 성격이 강하였던 것과 달리 절대주의적 속성의 하향식 체제를 갖추고 있었다.

프리드리히 대왕의 업적 중에서 가장 두드러진 것은 **군사력의 강화**였다. 그의 치하에서 프로이센의 군대는 엄격한 규율과 체계적인 훈련으로 이름을 날리게 되었다. 인구 대비 군대 규모에서도 인접한 프랑스와 오스트리아의 두 배에 이르렀다. 이런 군사력을 바탕으로 주변국들과 수차례 전쟁을 벌였으며, 그 결과 프러시아의 세력을 확장하는 공적을 올렸다.

프리드리히 대왕(1712-1786): 프로이센의 부국강병을 이끈 프리드리히 2세를 일컫는다. 그는 강력한 대외 정책을 추진하여 경제적 가치가 큰 슐레지엔을 병합하여 대대적인 개발 사업을 벌였으며, 폴란드 분할에도 참여하였다.

러시아의 중상주의

세계사에서 아직 네덜란드, 영국, 프랑스 등과 견줄 위치에 오르지는 못

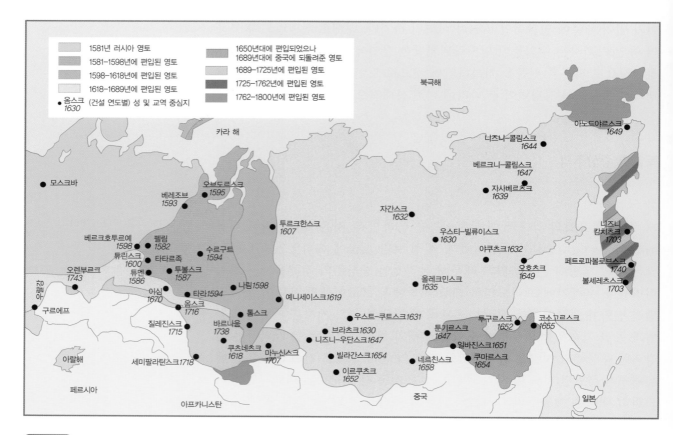

그림 9-21

러시아의 영토 확장, 1581-1800년
자료: 파커(2004), 92쪽.

하였지만 장기적인 관점에서 눈여겨보아야 할 국가가 러시아이다. 15세기 후반에 공국의 틀을 벗어나 영토 국가의 기반을 마련한 러시아는 16세기를 거치면서, 특히 전제적 군주(차르) 이반 뇌제(雷帝)의 통치기에 중앙 집권적 국가 체제를 확립하고 영토 확장의 길을 열었다. 뒤를 이어 로마노프 왕조(1613-1917)가 개막하면서 러시아의 중상주의 체제가 확립되기 시작하였다.

러시아의 존재가 외국인들의 주목을 받게 된 가장 큰 이유는 **영토의 확장** 때문이었다. 러시아의 영토 확장은 1580년대에 모피 무역의 이익을 노린 러시아인들이 **시베리아 내륙으로 진출**하면서 시작되었다. 이반 뇌제의 지원을 받아 무장을 갖춘 이들은 시베리아 서부 지역으로부터 점차 동쪽으로 진출하여 점령지를 넓혀 갔다. 특히, 중앙아시아 인접 지역의 카자크인들의 활약이 두드러졌다. 시베리아로의 확장을 목적으로 한 이 민관 합작 계획은 성공적이었다. 1649년에는 모스크바에서 약 9,700km 떨어진 태평양 연안의 오호츠크에까지 이르러 그곳에 정착지를 건설함으로써, 러시아는 세계 최대의 면적을 보유한 대국으로서의 기반을 닦을 수 있었다. 이 과정에서 많은 수의 시베리아인들이 외지인의 무력, 새로 접한 질병, 그리고 생활 터전의 상실로 인해 사망하였다. 러시아의 지배를 받게 된 시베리아인들은 러시아에 모피로 공납을 바치도록 강요를 받았는데, 이 공납은 러시아 재정 수입의 10%에 육박하는 가치를 지녔다. 시베리아인들은 또한 점차 러시아정교로 개종하고 러시아어를 배움으로써 문화적으로도 러시아의 일부가 되었다.

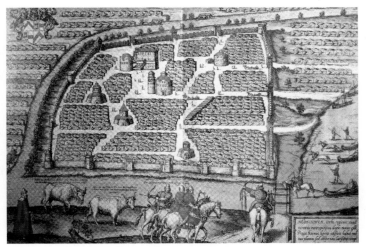

영토 확장 과정에서 17세기 중엽부터 러시아가 헤이룽강(黑龍江) 유역으로 진출하면서 청나라와 분쟁이 여러 차례 발생하였다. 1689년 양국의 무력 충돌을 계기로 국경선 확정과 통상 허용 등을 내용으로 한 네르친스크 조약(Treaty of Nerchinsk)이 체결되었다. 청나라 입장에서 본다면, 주변국 러시아와 대등한 관계에서 조약을 체결하였다는 사실 자체가 전통적 조공 체제가 약해진 것을 의미하는 것이었다. 러시아 입장에서 볼 때에는 이 조약은 장기적인 영토 확장 과정에 수반된 일시적 조치였다. 러시아는 18세기에 크리미아반도, 폴란드 등을 병합하면서 계속 국경선을 넓혀 갔다. 1730년대에는 태평양을 넘어 알래스카까지 건너가 정착지를 건설하였고 이어 북부 캘리포니아까지 뻗어 갔다. 이곳에서 러시아인들은 요새와 교역소를 지어 제국의 교두보로 삼았다.

러시아가 본격적으로 유럽의 정치 및 경제 지형에서 두각을 나타낸 것은 계몽 군주 표트르 대제(Pyotr I)의 치세였다. 그는 낙후된 러시아를 발전시키기 위해서는 서유럽의 발달된 제도, 학문 및 기술을 본받아야 한다고 판단하고, 러시아를 서구화시키는 정책을 적극적으로 추진하였다. 표트르 대제는 러시아의 서유럽 사절단의 일원으로 변장하고 여러 국가를 방문하

문헌 자료 9-3

표트르 대제의 외국인 초빙 칙령(1702)

러시아의 계몽 군주 표트르 대제는 낙후된 국가를 빠르게 근대화하기 위해 서유럽으로부터 많은 인재를 들여오기를 희망하였다. 그가 1702년에 발표한 칙령에서 그의 국가 발전 전략을 엿볼 수 있다.

전능하신 신이 우리의 통치하에 놓으신 모든 지역에서 널리 알려진 바와 같이, 즉위 이래 우리의 모든 노력과 의도는 일반 선(善)을 고양함으로써 우리의 국민이 더욱더 번영할 수 있게 영토를 통치하는 것이었다. 이 목표를 위해 우리는 국내 질서를 유지하고, 외침으로부터 국가를 보위하고, 무역을 증진시키고 확대시키기 위해 모든 최선을 다해 왔다. 이 목적에 맞게 우리는 행정에 있어서 요긴하고 유익한 변화를 도모해 왔다. 그리하여 국민들이 이전에 무지했던 사안에 대한 지식을 쉽게 얻고 통상 관계에서 더욱 숙련되도록 해 왔다. 이에 따라 우리는 외국인과의 교역을 증대시키기 위해 명령을 내리고, 공문을 내고, 제도를 만들어 왔으며, 앞으로도 그럴 것이다. 그럼에도 불구하고 우리는 상황이 우리의 기대만큼 좋지 않으며, 우리 국민들이 우리 노고의 과실을 아주 조용한 가운데 즐길 수 없다고 우려한다. 그래서 우리의 국경을 외적의 침략으로부터 보호하고, 우리 국가의 권리와 권한을 보존하며, 기독교 군주의 의무를 다하여 모든 기독교인의 평화를 유지하기 위하여, 다른 수단을 강구해야만 한다. 이 가치 있는 목표를 달성하기 위해서, 우리는 국방을 책임지는 우리의 군사력을 강화하여 잘 훈련되고 완전한 질서와 규율을 보유한 군인들로 구성된 군대를 갖추고자 노력해 왔다. 이 면에서 보다 나은 성과를 얻기 위해서, 그리고 우리를 이 면에서 도울 수 있는 외국인과 국가에 이익이 되는 예술가와 기술자가 우리나라로 많이 들어오도록 독려하기 위해서, 우리는 이 선언문을 발표하였고, 이 선언문을 복사하여 유럽 전역에 보내도록 명하였다. 그리고 모스크바의 우리 거주지에서 모든 종파의 종교 활동이 비록 우리 교회와 어긋나더라도 자유롭게 이루어질 수 있도록 이미 허용하였다. 차제에 다시 한번 새로이 확인하건대, 전능하신 신이 우리에게 부여한 권한에 따라 우리는 사람들의 양심을 강제하는 일이 없을 것이며, 모든 기독교인이 스스로의 믿음에 따라 구원의 길을 찾도록 기꺼이 허용할 것이다.

자료: Sanders *et al.*(2006), Vol. 2, 146-147쪽.

여 포술과 조선술을 익히기도 하였다. 귀국 후 그는 스웨덴 등과의 전쟁을 통해 북해와 발트해 연안으로 국토를 확장하였고, 귀족 세력을 약화시키고자 복장과 수염 등 풍습 개혁까지 실시하였다. 1703년 새로운 도시 **상트페테르부르크** – '표트르의 도시'라는 의미 – 를 건설하고 수도로 삼아 러시아의 정치·경제의 중심 도시로 만들었다. 그는 서유럽적인 색채가 짙은 이 도시를 유럽으로 통하는 창구로 활용하였다. 표트르 대제는 과학을 진흥하기 위해 러시아 과학 아카데미를 설립하기도 하였다.

그러나 이와 같은 많은 노력에도 불구하고 러시아는 유럽 중상주의 세력으로서의 한계를 지녔다. 낙후된 경제와 사회적·기술적 조건으로 인해 국가 경쟁력이 서유럽 국가들에 비해서 크게 뒤처졌으며, 표트르 대제의 정책 중에는 즉흥적으로 기획된 것들도 많이 있었다. 따라서 국제적 상업 활동, 식민지 개척 활동, 국내 공업 진흥 활동 모두에서 발전이 더딘 모습을 보였다.

종합하자면, 중상주의 정책의 구체적인 내용은 각 국가가 처한 경제적·정치적·사회적 상황에 크게 좌우되었다. 네덜란드를 제외한 거의 모든 국가에서 보호 무역주의가 지배적인 정책 기조로 채택되었다. 그리고 자유 무역주의가 널리 받아들여진 네덜란드에서조차도 식민지 경영에 관해서는 의도적으로 보호 무역주의적인 요소가 강하게 가미되었다. 절대 왕정의 중상주의 정책 기조는 중세에 비해 생산 능력과 무역 규모를 비약적으로 확대시킨 것이 분명하지만, 시간이 경과하면서 점차 세계적인 차원에서 시장 경제의 발달을 저해하는 측면도 지니고 있었다. 본격적인 근대적 경제 체제가 등장하기 위해서는 자유로운 경제 활동에 대한 신뢰에 바탕을 둔 제도들이 서구의 주요 국가들에서 채택되는 것과 관련이 깊은데, 규제를 주된 정책 수단으로 삼은 중상주의적 사고로는 이러한 변화를 받아들이기 어려웠던 것이다.

제4절 농업과 농촌 경제의 변화

농업과 공업의 관계

농업은 경제의 다른 부문에 **다양한 경로**로 영향을 미친다. 특히, 공업화를 앞둔 근대 초기에 농업의 역할은 공업 발달과의 관계 속에서 살펴볼 필요가 있다. 농업은 다음에 요약된 바와 같은 경로를 통해 공업 발달에 기여할 수 있다. 첫째, **식량**을 풍부하고 저렴하게 공급함으로써, 노동자의 실질 소득을 높게 유지해 주고 임금 상승의 압력을 낮출 수 있도록 해 준다. 둘째, 농업은 공업 생산에 필요한 **원료**를 제공해 준다. 셋째, 농업은 공업 부문에

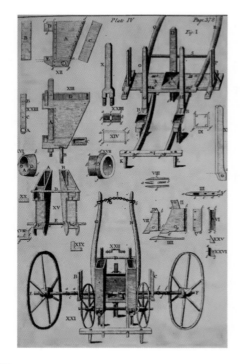

그림 9-24

농업과 공업 공업이 발달하여 농기계가 개량되면 그에 따라 농업이 발달하게 되며, 이는 다시 공업 발달을 자극하게 된다. 그림은 18세기에 영국에서 개발된 말이 끄는 기계화된 쟁기.

서 고용될 **노동력**을 공급하는 원천이 될 수 있다. 넷째, 농업 부문은 **공산품의 시장**이 된다. 소비재는 물론이고 농업에 필요한 생산재도 이에 포함된다. 다섯째, 농업 부문에서 축적된 부는 공업 부문이 필요로 하는 **자본**의 조달원이 될 수 있다.

이런 경로들을 통해 농업 발달이 공업 발달을 위한 핵심적인 선행 조건으로 기능하였다고 많은 학자들이 주장해 왔다. 하지만 농업 발달이 공업 발달을 위한 선행 조건이라는 주장에 동조하지 않는 견해도 있다. 이런 견해의 핵심은 위에서 살펴본 농업의 역할을 대체할 방법이 있을 수 있다는 인식이다. 예를 들어, 국내 농업이 값싼 식량을 대량으로 공급할 수 없다면 외국으로부터 수입을 할 수 있다는 것이다. 또 공업 원료도 반드시 국내 농업 부문으로부터 공급될 필요는 없다. 영국 산업 혁명을 상징하는 면직물 공업은 원료인 면화를 전량 외국으로부터 수입하는 방식으로 발달할 수 있었다. 노동력의 공급도 농촌으로부터의 이주 대신에 자연 증가나 외국인의 국내 이민을 통해 이루어질 수 있다. 생산 요소와 시장의 대체 가능성을 강조하는 이와 같은 견해는 논리적으로 타당하며 큰 설득력을 지닌다. 그러나 개별 사회가 특정 역사적 시점에 이런 대체 가능성을 얼마나 누릴 수 있었는가에 대해서는 면밀한 검토가 필요하다.

농촌과 도시, 농업과 공업을 이분법적으로 놓고 상호 관계를 논의하는 방식도 비판의 대상이 될 수 있다. 아래에서 살펴볼 바와 같이, 농촌에서 공업이 상당한 수준까지 발달하여 도시에 기초를 둔 공업과 경쟁 관계를 가졌던 사례가 있다. 농업과 공업의 실제 관계는 매우 중층적이며, 상호 작용의 경로가 다양하였으며, 상호 영향은 긍정적일 수도 있고 부정적일 수도 있었다. 이상의 논의를 바탕으로, 근대 초기에 가장 농업 발달과 농촌의 변화가 두드러졌던 영국의 사례를 중심으로 농업의 역할을 살펴보기로 한다.

인클로저와 농업 발달

인클로저: 공동 경지에 울타리를 쳐서 사유지임을 명시하는 행위. 근대적인 토지 소유권 제도를 확립하는 계기가 되었고, 많은 농민들이 임금 노동자가 되었다.

중세 후반에 발생한 농업 부문의 변화를 상징하는 사건은 영국의 **인클**

로저(enclosure)였다. 인클로저는 과거에 개방 경지 혹은 공동지였던 토지를 개별적 구역으로 분할하고, 울타리나 돌담 등으로 그 경계선을 표시하는 작업이었다. 인클로저의 역사적 의의는 과거에 공동으로 경작을 하고 자원을 공동으로 이용하던 체제를 버리고 특정 필지를 개인이 완전하게 소유하고 사용하는 체제, 즉 토지 재산에 대해 근대적인 사적(私的) 소유권 체제가 확립된 데 있다.

인클로저의 의의가 배타적인 사적 소유권의 확립에만 있는 것이 아니었다. 우선 인클로저가 진행되는 과정 및 그 이후의 적응 과정에서 토지 소유의 분포에 큰 변화가 발생하였다. 인클로저에 의해 개인에게 할당되는 토지의 크기는 인클로저 이전에 보유하였고 관습에 의해 인정받았던 여러 권리 – 개방 경지에 대한 권리와 공동지에 대한 공동권(common rights) 등 – 의 크기에 따라 대체로 결정되었다. 그런데 기존에 보유하였던 권리가 작아서 소규모 토지밖에 할당받지 못한 사람들은 토지에만 의존해서는 가족을 부양하기 어렵게 되었다. 이들은 토지를 팔아버릴 수밖에 없는 처지에 놓였고, 이들이 판매한 토지는 부유한 토지 소유자의 손에 들어갔다. 이런 과정을 거쳐 토지 소유의 집중화(consolidation) 현상이 발생하였다.

공동권: 마을 주민이 공동지와 같은 특정 자원을 함께 사용할 수 있는 권리.

이 변화는 **농민층의 분해**로 귀결되었다. 즉, 소토지 소유자는 요먼(Yeoman)이라고 불린 자영농으로서 존재하였지만, 토지를 잃게 된 농민은 자신의 노동력을 제공하는 대가로 임금을 받는 농업 노동자가 되었고, 대토지 소유자는 토지를 임대해 주고 그에 대한 보수로서 지대를 수취하는 지주가 되었다. 한편, 대토지 소유자의 토지를 임차하는 계층으로 차지농(tenant farmer)이 등장하였다. 이 계층은 농업 경영에 필요한 핵심적 생산 요소인 토지와 노동을 각각 지주와 농업 노동자로부터 공급받고 농장 운영의 결과로 얻은 수입으로부터 지대와 임금을 뺀 나머지를 자신의 이윤으로 취하였다. 마치 현대의 기업가가 생산 활동의 결과로 얻은 수입에서 자본과 노동을 사용한 대가로 이자와 임금을 지불하고 난 부분을 이윤으로 얻게 되는 것과 같은 방식이었다. 지주-차지농-농업 노동자가 결합된 이러한 **삼분제**(三分制, tripartite system)는 영국에서만 두드러지게 발달한 근대적 농업 제도였다.

인클로저가 이루어진 경지에서는 경작자 – 차지농이나 자영농 – 가 자

삼분제: 지주, 차지농, 농업 노동자의 3자가 결합되어 농업 생산을 하는 체제.

신이 원하는 작물을 자신이 원하는 시기에 자신이 원하는 방식으로 재배하고 자신이 원하는 방식으로 처분할 수 있었다. 모든 위험 부담이 전적으로 경작자에게 달리게 된 영농 체제가 자리를 잡자, 일부 도전 정신이 강한 경작자들을 중심으로 새로운 영농 방법이 시도되었다. 다양한 시행착오를 거친 끝에 이런 실험은 **생산성의 평균적 향상**으로 귀결되는 경우가 많았고, 시간이 흐르면서 주위의 보수적 성향의 경작자에게까지 전파되었다. 따라서 단위 면적당 수확량은 인클로저 이후에 증가하는 경향이 있었다. 한편, 생산성의 증가는 농사에 필요한 인력이 예전보다 적게 필요하다는 뜻이기도 하였다. 따라서 영국의 농촌에는 잉여 노동력이 존재하는 상태가 되었고, 이 잉여 노동력은 시간이 지나면서 대도시와 신흥 공업 도시의 성장을 배경으로 이농(離農)을 하는 경우가 많아졌다.

그림 9-26

구획이 된 토지 인클로저는 전통적인 개방 경지와 공동지를 개인별로 구획하여 근대적인 소유권을 부여하는 작업이었다.

영국에서 인클로저는 **두 차례**에 걸쳐 집중적으로 진행되었다. 인클로저가 처음 대규모로 이루어진 것은 16세기를 전후한 시기였다. 양모 가격이 상승하던 시기였기 때문에 인클로저의 주된 목적은 양을 기르는 목초지를 확보하는 것이었다. 대부분의 인클로저는 개방 경지 및 공동지에 대해 일정한 권리를 가진 이해관계 당사자들 사이의 합의에 기초하여 이루어졌으며, 대부분 지역별로 작은 규모 단위로 사업이 진행되었다.

한동안의 소강 상태를 지나 인클로저가 다시 대규모로 진행된 것은 18세기 중반부터 19세기 초반에 이르는 시기의 일이었다. 프랑스와의 정치적 긴장 및 나폴레옹 전쟁이 포함된 이 시기는 앞선 시기와 달리 밀 가격의 지속적 상승이 인클로저 운동을 견인하였다. 또 다른 차이점은 사업의 실행 여부를 이해 당사자 전원의 합의로 결정하지 않았다는 점이었다. 인클로저를 원하는 지주는 의회에 사업 승인을 위한 청원을 하여 법률적인 근거를 만들었는데, 이 경우 개별 법률에 따라 차이는 있지만 대개 인클로저의 대상이 되는 토지 면적의 2/3 내지 4/5를 소유한 사람들의 합의가 있으면 나머지 이해 당사자의 반대에도 불구하고 사업을 실시할 수 있었다. 이 시기의 인클로저를 의회 인클로저(parliamentary enclosure)라고 부르는 것은 이 때문인데, 속성상 의회 인클로저는 강제적 성격을 내포하고 있었다. 따라서 토지 소유의 집중화가 가속화되고 그 과정에서 많은 수의 농업 노동자가 발생한 것은 자

의회 인클로저 의회에 입법 청원을 함으로써 토지 구획 정리 사업을 하는 형태의 인클로저. 주로 18세기부터 사용된 방식이다.

그림 9-27 유럽 국가들의 농업 부문 일인당 생산성

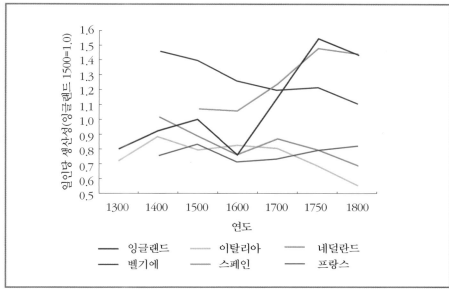

자료: Allen(2009), 60쪽.

연스러운 귀결이었다.

　인클로저는 영국의 농업 발달을 주도한 중요한 변수였음이 분명하지만, 농업 발달의 모든 성과가 인클로저에 기인한다고 보는 것은 무리이다. 최근의 연구에 따르면, 시기적으로 상이한 요인들이 영국의 농업 발달에 기여하였다. 1550-1650년에는 곡물 경작지와 목초지의 경계를 무너뜨리고 시장 상황에 맞추어 경작 내용을 결정하는 이른바 전환 농법(convertible husbandry)의 확산이 농업 산출의 증가를 이끌었고, 1700-1750년에는 터닙, 클로버 등 **사료 작물의 도입**이 중요한 역할을 하였다. 인클로저가 토지 소유의 집중을 통해 영국 농업에 중대한 변화를 가져온 시기는 주로 1750년-19세기 전반이었다.

　인클로저가 영국의 고유한 현상은 아니었다. 벨기에, 네덜란드, 프랑스, 프로이센, 이탈리아, 스페인 등에서도 인클로저가 진행되었고, 개방 경지에 비해 평균적으로 높은 수확량을 기록하였다. 그러나 지주-차지농-농업 노동자의 근대적인 분업 구조는 영국 이외의 국가에서는 거의 자리를 잡지 못하였다. 프랑스 등 많은 국가에서는 전문적인 농업 경영자 계층이 형성되지 못하였고, 지주와 소작농이 직접 연결되는 방식이 훨씬 일반적인 형태였다.

　영국 농업의 변화는 생산성의 증가로 확인된다. 그림 9-27은 유럽 6개국

전환 농법: 상황에 맞추어 일정한 토지를 경지 또는 곡초지로 자유롭게 사용하는 방법.

의 일인당 생산성의 장기적 추이를 보여 준다. 16세기까지 유럽에서 가장 높은 일인당 생산성을 기록한 것은 벨기에와 네덜란드였고, 잉글랜드는 이탈리아, 스페인, 프랑스와 비슷한 수준에 머물렀다. 그러나 잉글랜드의 농업 생산성은 17세기부터 빠르게 상승하였고, 18세기를 거치면서 유럽 최고 수준에 도달하였다.

농촌 공업의 발달

중세 후반 길드 제도의 영향력이 약화되고 도시에 국한되었던 수공업 활동이 영주제적 지배력이 축소된 농촌으로 널리 퍼지는 상황을 배경으로 **선대제**(先貸制, Putting-out System)가 새로운 생산 조직으로 등장하였다. 선대제란 상인이 수공업 생산자들에게 생산에 필요한 도구와 원료를 제공하면서 생산을 하도록 조직화한 후에, 매주 생산된 물품을 정기적으로 인수하여 시장에 내다 판매하는 방식을 말한다. 중세에는 도시와 농촌 지역의 읍내에서 사업장을 운영해 왔던 장인과 이들을 묶는 길드 조직이 생산의 중핵이었지만, 근대 초기에 들어서면서 농촌에서 일반민이 부업 또는 전업으로 작업을 행하는 가내 수공업 체제가 주된 생산 형태가 된 것이다. 생산자는 더 이상 최종 소비자를 위해 제품을 만드는 것이 아니라 상인에게 인도하기 위해 생산을 하게 되었다. 모직물 공업의 사례를 보면, 개별 생산자는 원모를 공급받아서 씻기, 고르기, 빗기, 실뽑기, 천짜기, 올배게 하기, 물들이기 등의 공정 가운데 한두

그림 9-28

소박한 농촌 수공업 물레를 돌려 실을 잣고 있는 가난한 농가의 모습.

종류의 일을 맡았다. 소비 시장의 수요 상황에 대한 지식은 상인만이 가졌기 때문에, 생산 규모가 확대되고 수요처인 시장의 규모가 커질수록 수공업자의 상인에 대한 의존도는 높아지게 되었다. 일부 수완이 좋은 생산자는 상인의 역할을 담당하는 위치에 오르기도 하였다.

선대제는 유럽의 여러 곳에서 광범위하게 전개되었다. 다양한 공업 부문에서 상인이 원료, 도구, 그리고 때때로 운영 자금까지 선대하는 모습이

선대제 속의 시간 관념

　　선대제하에서 가내 수공업에 종사한 생산자들은 상인이 원료와 반제품을 새로 가져오고 그간 제작한 물품을 회수해 가는 날짜에 맞추어 1주일 내의 노동 시간을 배분하였다.

　　특히, 마감 일자까지 여유가 많은 월요일은 일을 하지 않는 경우가 많았는데, 이를 '성 월요일'(Saint Monday)이라는 가공의 축일 개념을 풍자적으로 들여와 정당화하기도 하였다. 17세기에 가내 수공업자들이 읊었던 시 한 수에서 당시 생산자들의 마음을 살짝 엿볼 수 있다. 이런 시간 관념은 훗날 공장제가 도입되어 기계의 시간대와 일치하도록 다수의 노동자가 동일한 시간대에 일하는 방식이 확산되면서 혁명적인 변화를 맞게 된다.

　　알다시피 월요일은 일요일의 형제이고,
　　화요일도 다른 형제라네.
　　수요일엔 교회에 가서 기도를 해야 하고,
　　목요일은 반(半)휴일이라네.
　　금요일엔 실을 잣기에 이미 늦었고,
　　토요일은 또다시 반(半)휴일이라네.

　　You know that Munday is Sundayes brother;
　　Tuesday is such another;
　　Wednesday you must go to Church and pray;
　　Thursday is half-holiday;
　　On Friday it is too late to begin to spin;
　　The Saturday is half-holiday again.

자료: *Divers Crab-Tree Lectures*(1639), Thompson(1991), 373쪽에서 재인용.

영국, 프랑스, 독일 등지에서 널리 나타났다. 이렇게 선대제가 광범위하게 확산될 수 있었던 데에는 당시의 **생산 기술과 사회적·경제적 조건**이 선대제 도입에 적합하였기 때문이다. 무엇보다도 생산 과정이 높은 숙련도를 요구하지 않는 다수의 공정으로 나뉠 수 있었고, 공정에 고가의 생산 장비가 소요되지 않았다. 생산 공정 자체에 대한 엄격한 감독이 필요하지 않고, 다만 각 공정에서 완성된 반제품의 품질을 확인하기만 하면 되었다. 원료가 대체로 비싸지 않은 종류였고, 필요 노동력을 농촌에서 쉽게 구할 수 있었다는 상황도 도움이 되었다. 마지막으로 중세적인 독립 수공업 생산으로는 충족시킬 수 없는 규모의 수요가 존재하고 있었으며, 이 수요를 생산과 연결시킬 수 있는 기업가적 상인이 존재하였다는 점도 지적할 수 있다. 선대제에 기초한 농촌 공업은 번영을 누렸으나, 공업화 과정에서 새로운 생산 조직으로 등장한 공장과의 경쟁 속에서 서서히 역사의 뒤안길로 사라지게 된다.

제5절 기업과 금융의 성장과 공황

기업 조직의 변천

근대 초기에 들어서면서 생산 조직도 점차 변화해 갔다. 개인 중심의 사업 방식이 지닌 한계를 극복하고자 기업이 지배적인 생산 조직으로 자리를 잡아 갔다. 이 시점까지 지배적인 생산 조직의 형태는 **파트너십**(partnership)이었다. 파트너십은 각자가 무한 책임(無限責任, unlimited liability)을 지는 개인들의 결합체인데, 개인 단독으로 사업을 하는 경우에 비해 자본 규모를 어느 정도 늘릴 수 있다는 장점을 지니긴 하였지만 인적 결합이라는 속성 때문에 근본적인 한계를 가질 수밖에 없었다.

파트너십의 한계를 극복하기 위해서는 본격적인 기업 조직이 필요하였다. 그에 따라 영국의 머천트 어드벤처러스(Merchant Adventurers)와 같은 **제규 회사**(regulated company)가 설립되게 되었다. 제규 회사는 조직에 부여된 특권에 기초하여 특정한 해외 무역을 독점적으로 수행하기 위해 조직된 상인 단체로서, 여전히 인적 결합이라는 한계를 지니고 있었지만 동원할 수 있는 자본 규모는 크게 늘릴 수 있었다. 영국의 경우, 16-17세기에 설립된 러시아 회사(Russia Company), 레반트 회사(Levant Company), 동인도 회사(East India Company), 허드슨만 회사(Hudson's Bay Company), 왕립 아프리카 회사(Royal Africa Company), 남해 회사(South Sea Company) 등이 이에 해당하였다. 주로 해외 무역에 주력하는 이 회사들에게는 중상주의 경제 정책의 일환으로서 법인 고유의 여러 특권뿐만 아니라 특정 지역에 대한 독점적 무역권이 부여되었다. 17세기 말에 이러한 사업에 종사하는 영국 상인은 1,000명에 육박하는 규모였다고 추정된다. 정부 입장에서는 지구 전역을 지리적으로 구분하여 개별 무역 회사에게 독점적인 무역 권한을 할당한 셈이었다. 재정적 측면에

무한 책임: 사업이 실패하였을 때 회사의 자산을 초과하는 부채에 대해 회사의 구성원이 모든 변제 의무를 갖는 것을 말한다. 런던에서 독점권 보유 면허장을 획득하고 네덜란드, 독일, 프랑스 등에서 조직을 운영한 영국의 특권적 제규 조합. 16-17세기에 외국 상인과 경쟁하면서 번성하였다.

머천트 어드벤처러스: 사업이 실패하였을 때 회사의 자산을 초과하는 부채에 대해 회사의 구성원이 모든 변제 의무를 갖는 것을 말한다.

제규 회사: 상인 단체가 중심이 되어 결성하는 파트너십 방식의 회사 형태.

서는 정부의 채무를 이런 기업들에 대한 장기 채권으로 전환하는 효과를 누릴 수 있었다.

경제학자 코즈(R. Coase)가 설명한 바와 같이, 기업은 원료 획득, 자본 조달, 제품 판매 등에 있어서 자연인(自然人)이 가질 수밖에 없는 불확실성을 극복하고 영업의 연속성을 보장할 수 있으며, 사업의 각 단계에서 발생하는 거래 비용(transaction cost)을 크게 감소시킬 수 있다. 법적으로 경제 행위를 할 수 있도록 허용된 법인(法人)이 가진 이러한 장점은 기업의 등장과 발달이 역사적인 필연임을 시사한다.

기업 조직 진화의 자연스러운 귀결은 **주식회사**(joint-stock company)였다. 주식회사는 기존 회사와는 달리 법인체 성격을 지녔기 때문에 기업 활동에서 장기적인 안정성을 확보할 수 있었고, 또한 투자자가 유한 책임(有限責任, limited liability)만을 진다는 점을 명확히 함으로써, 다수의 소액 투자자를 끌어모을 수 있다는 장점을 지녔다. 네덜란드의 연합 동인도 회사와 17세기 초에 제규 회사에서 주식회사로 탈바꿈한 영국 동인도 회사가 근대적 주식회사의 선구적 모델이었다. 그러나 주식회사의 도입과 발전이 순탄하게 이루어지지는 않았다. 17세기 말부터 주식회사의 설립이 크게 증가하고 이와 동시에 기업 부실과 투기 과열의 위험이 커졌지만, 이를 제어할 제도적 장치는 마련되어 있지 않았다. 결국 18세기 초반에 영국과 프랑스에서 주식 시장 **거품**(bubble)이 발생하였다가 대폭락하는 사태가 발생하였고, 주식회사에 대한 여론은 급속히 냉각되었다. 미처 준비가 부족한 상태에서 너무 급속하게 발생한 변화는 엄청난 역풍을 초래하였고, 그에 따라 경제적 유용성 측면에서 매우 우수한 제도가 장기간 현실화되지 못하게 하는 부작용을 낳았다.

주식회사: 주주로 구성된 유한 책임 회사. 다수의 소액 투자자를 모집할 수 있다는 장점을 가졌다.

유한 책임: 회사의 구성원이 출자액에 대해서만 책임을 지고 이 이상에 대해서는 책임을 지지 않는 것.

그림 9-29

런던의 왕립 거래소 수많은 상인과 중개인이 만나 다양한 거래를 한 왕립 거래소는 금융 중심지 런던의 상징이었다. 이 건물은 불에 타버린 왕립 거래소의 구조를 따라 1838년 다시 지은 것이다.

금융업의 발달

17세기 초반에 세계적 금융 중심지로 등장하였던 암스테르담의 명성은 18세기 후반까지 지속되었다. 암스테르담의 역할을 물려받은 것은 영국의 런던이었다. 우선 **증권 시장**은 17-18세기를 거치면서 성장하였다. 왕립 거래소(Royal Exchange)를 중심으로 수많은 상인과 금융업자

그림 9-30

런던의 커피 하우스 18세기 초 런던의 커피 하우스를 묘사한 그림. 일과 후 금융가들이 모여 결산을 하고 업무와 관련된 의견과 정보를 나누기도 하였다.

잉글랜드 은행: 명예혁명 이후 두 차례의 전쟁을 겪으면서 재정이 부족해진 영국 왕실에 돈을 빌려주기 위해 설립되었다. 출자금을 모으고 그만큼의 은행권을 발행하였다. 이후 영국의 중앙은행으로 기능하였다.

들이 모여 주식, 국채, 환어음 등을 거래하였다. 영국 금융 시장의 상징인 이곳에서 해외 무역 및 국내 투자에 필요한 자금의 수요자와 공급자가 연결되었다.

영국에서 **은행**의 역할은 두 집단에 의해 이루어졌다. 첫째, 금장(金匠, goldsmith), 즉 금을 가공하는 장인이 은행 역할의 일부를 담당하였다. 17세기부터 부유한 금장들은 고객의 귀금속과 주화의 예탁 업무를 맡았는데, 이를 관리하고 고객에게 거래의 편의를 제공하는 과정에서 예금 통장과 수표를 발행하는 등 개인 은행가의 역할을 수행하게 되었다. 둘째로 공증인(scriver)은 문서의 기록과 공증을 담당하는 직업이었는데, 점차 자금이 필요한 사람과 채권자를 연결하는 업무로 활동 영역을 확장하였다. 공증인은 중개의 대가로 2-5%의 수수료를 받았다. 한편, 런던에서는 수출입 어음을 인수하고 주식과 채권의 발행을 지원하는 머천트 뱅커(merchant banker)들이 개인 은행을 운영하기도 하였다. 또한 1694년에 설립된 잉글랜드 은행(Bank of England)은 중앙은행으로서의 역할을 충실히 수행함으로써 이후 세계 여러 나라 중앙은행의 모델이 되었다.

한편, 중상주의 시기 장거리 무역의 증가를 배경으로 하여 해상 보험을 비롯한 다양한 **보험**이 등장하였다. 보험은 고대 바빌로니아와 페니키아에서도 이미 존재하였고, 14세기 이래 이탈리아의 제노바 등지에서 발달하였지만, 대항해 시대 이후 본격적으로 성장하였다. 17세기 후반 런던 템스강변에서 운영된 커피 하우스를 중심으로 로이드(Lloyd)가 해상 보험을 크게 발달시켰고, 다른 종류의 보험도 차례로 등장하였다. 영국이 제해권을 장악하고 국제 무역을 주도하는 시기였기에 영국만큼 보험업의 발달에 유리한 위치에 있는 국가는 없었다.

튤립 공황

대항해 시대와 중상주의 시기는 수많은 사업 기회를 새로이 창출하였고, 서유럽 국가들과 그들의 후원에 힘입은 기업들은 큰 부를 축적할 절호의 기회를 맞았다. 새로운 기업 조직이 등장하고 새로운 금융 제도가 만들어지면서 이런 기회를 현실화할 수 있는 가능성도 커졌다. 그러나 새로운 경제 환경은 높은 수익성만큼이나 높은 위험성을 의미하는 것이기도 하였다. 현대인에게 낯익은 **공황(恐慌)**이 이 시기에 반복적으로 발생한 것은 자연스러운 결과였다.

중상주의 시기 최초의 대규모 공황으로 1637년에 발생한 튤립 공황을 들 수 있다. 16세기에 오스만 제국으로부터 유입된 튤립은 네덜란드의 호사가들에게 큰 인기를 얻었다. 성공적인 품종 개량의 결과로 다양한 줄무늬를 가진 튤립이 재배되면서 튤립의 인기는 절정에 이르렀다. 이렇게 폭발성이 커진 경제 환경에 결정적으로 불을 댕긴 것은 금융 투기를 가능케 한 새로운 금융 기법의 등장이었다. 17세기에 들어서면서 암스테르담 증권 거래소에서 목재, 향신료 등에 대해 선물 거래(futures trading)를 하기 시작하였다. 이듬해에 수확할 튤립 알뿌리에 대해서도 선물 거래가 등장하면서, 1630년대 전반에 투기 열풍이 전국을 강타하였다. 대상인에서 하녀에 이르기까지 수많은 사람들이 이 **튤립광(Tulipomania)**에 합류하였고, 튤립의 가격은 천정부지로 솟아올랐다. 여기에 옵션(option)도 새로이 등장하면서 투기를 부추겼다.

그림 9-31

수입 명품 튤립 터키에서 수입된 튤립은 네덜란드에서 투기 열풍을 불러일으켰다. 특히, 단색이 아닌 빨간색과 흰색이 섞인 줄무늬 품종의 인기는 대단하였다.

선물 거래: 미래의 일정 시점에 미리 정한 가격으로 매매하기로 현재의 시점에서 약정하는 거래를 말한다. 선물은 현물 시장에서 운용되는 기초 자산 – 채권, 주식 등 – 의 가격 변동에 따라 가격이 결정되는 파생 상품이다. 위험 회피를 목적으로 거래를 할 수 있지만 반대로 위험을 증가시킬 수도 있다.

튤립광: 1630년대에 네덜란드에 불어닥친 튤립에 대한 투기 열풍.

옵션: 특정 자산을 미래의 일정 시점에 미리 정한 가격으로 사거나 팔 수 있는 권리를 말한다. 옵션 거래는 이런 권리를 사고파는 행위를 말한다.

그림 9-32

튤립 광기에 대한 풍자 1630년대 후반 네덜란드의 투기 열풍을 조롱하는 그림. 원숭이들이 튤립을 거래하고, 부를 얻었다가, 거품 붕괴 후 재판을 하고, 장례식을 치르는 모습을 보여 준다.

투기 과열이 낳은 거품(bubble)은 언젠가는 터질 수밖에 없었다. 주가 상승은 무한히 계속될 수 없었고, 결국 1637년에 대폭락을 하면서 투자자와 국가 경제에 커다란 피해를 안겼다.

남해 회사 거품과 미시시피 거품

남해 회사: 영국 정부가 부실한 재정을 해결하기 위해 설립한 회사. 부실 채권을 남해 회사에 넘겨주고 노예 무역으로 이익을 얻으려 하였으나 실패하여 공황을 초래하였다.

거품법: 남해 회사가 파산한 후 영국 정부가 민간 주식회사의 설립을 금지한 법령. 1825년까지 유지되었다.

17세기 후반 스페인과의 전쟁 등으로 인해 국채가 급속하게 증가하자, 영국 정부는 재정 부담을 회피하고자 1711년 **남해 회사**(South Sea Company)를 설립하였다. 회사가 국채를 매입하는 대신 정부는 스페인령 남아메리카와 태평양 지역에 대한 무역 독점권을 회사에 부여하였다. 그러나 스페인과의 관계가 악화되고 해난 사고가 발생하는 등의 어려움을 겪은 남해 회사는 투기적 이윤 창출을 도모하였다. 1720년 영국은 투기 광풍에 휩싸였고, 주가는 10배 이상 상승하였다. 남해 회사의 사례를 뒤이어 수많은 주식회사들이 난립하였고 투기 열풍이 경제 전반으로 확산되었다. 뒤늦게 위험을 인식한 영국 정부는 1720년 거품법(Bubble Act)를 제정하여 민간 회사가 주식회사 형태로 설립되는 것을 금지하였다. 그러나 이미 거품이 가득한 남해 회사가 주가 폭락을 피할 길은 없었다. 결국 수많은 투자자들이 파산하였고, 영국의 주식

시장은 혼란에 휩싸였다. 그 여파로 다른 나라의 금융 시장도 상당한 타격을 입게 되었다. 남해 회사의 거품 붕괴는 국제적 공황의 초기 사례라고 볼 수 있다.

남해 회사의 파산을 지켜보면서 **기업 경영의 투명성** 확보에 대한 사회적 요구가 확산되었고, 그에 따라 회계 감사 제도의 도입이라는 변화가 이루어졌다. 남해 회사 거품이 가져온 더 큰 영향은 주식회사 제도에 대한 국민적 불신과 경계심이 고조된 데에 있다. 이 영향은 매우 완강하고도 끈질겼다. 영국 경제는 이후 100년 이상 주식회사를 수용할 가치가 있는 제도로 인정하지 않게 되었던 것이다. 남해 회사 파산의 여파로 영국의 경제 성장과 산업 혁명은 적어도 거품법이 폐지되는 1825년까지 주식회사라는 근대적인 기업 제도를 동반하지 않은 채 전개될 수밖에 없었다.

그림 9-33 남해 회사와 미시시피 회사의 주가 추이, 액면가 대비 주식 가격(기준: 100)

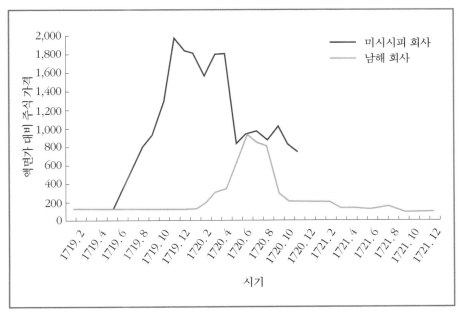

자료: Ferguson(2001), 315쪽.

그림 9-34

존 로의 은행권 존 로는 영국과 암스테르담 은행을 참조하여 은행권을 발행하였다.

존 로: 프랑스에서 경제 정책의 실권을 행사한 사업가. 발권력을 가진 왕립 은행을 동원하여 미시시피 회사의 주식 거품을 일으켰다가 파산하였다.

미시시피 회사: 존 로가 미시시피 회사를 인수해 북미와 프랑스 무역과 미시시피 개발의 독점권을 얻어 냈다. 회사 선전과 화폐 제조가 맞물려 엄청난 투기가 일어났다.

그림 9-35

미시시피 회사의 환상 루이지애나가 미시시피 회사의 투자자들에게 큰 부를 안겨 줄 것이라고 많은 사람들은 믿었다.

프랑스도 공황을 벗어나지 못하였다. 스코틀랜드 출신의 사업가 존 로(John Law)는 암스테르담의 금융 변화를 목격하고 프랑스의 정치가들에게 자신의 경제 재건 계획을 받아들여 줄 것을 설득하였다. 당시 프랑스는 대외 전쟁의 수행 등으로 인해 정부 재원을 고갈시킨 루이 14세의 사망 후 정치적으로 불안정한 상황이었는데, 국가가 금융업을 독점하는 중앙은행을 창설하고 국가 기업을 세워 이윤을 창출하고 그 이윤으로 국가 채무를 변제한다는 로의 야심 찬 경제 재건 계획은 정치가들의 마음을 흔들기에 충분하였다. 그는 **미시시피 회사**(Mississippi Company)를 통해 북아메리카의 프랑스 식민지인 광활한 루이지애나(Louisiana) 지역에 대한 독점적 무역권을 획득한 데 이어 아시아 시장에 대한 무역권도 확보하였다. 나아가 로는 왕립 은행인 방크 루아얄(Banque Royale)까지 소유하기에 이르렀다. 그는 루이지애나의 경제적 가치를 과장하여 투자자들을 현혹시켜 주식 시장으로 끌어들였고, 미시시피 회사의 주가를 더욱 상승시키기 위해 왕립 은행의 발권력(發券力)을 이용하기를 주저하지 않았으며, 다시 증자(增資)를 반복하여 기업의 외형을 확대해 나갔다. 프랑스 국내뿐만 아니라 영국과 네덜란드 등에서도 투자자들이 줄을 이었다. 은행권의 증발(增發)은 인플레이션으로 이어져, 파리의 경우 물가가 88%나 상승하기에 이르렀다.

그러나 식민지의 실제 가치가 보잘것없다는

사실이 알려지면서 투기 열풍은 종지부를 찍을 수밖에 없었다. 결국 1720년 영국에서 남해 회사 문제가 폭발하기 직전에 로가 추진하였던 미시시피 계획은 파탄으로 치달았다. 프랑스 경제는 미시시피 거품의 붕괴 충격으로 인해 심각한 재정 문제에 봉착하게 되었다. 또한 지폐와 대형 은행에 대한 불신이 팽배하게 됨으로써 프랑스의 은행은 발달에 차질을 빚게 되었다. 그리하여 한동안 프랑

미시시피 버블의 광기 존 로의 미시시피 개발 계획이 초래한 투기 과열을 풍자한 그림.

스의 은행 업무는 개인 은행가에 의해서 수행될 수밖에 없는 상황이 되었다. 중상주의 대국 중 하나인 프랑스의 경제를 좌지우지하면서 한 시대를 풍미하였던 로는 한때 금융 혁신을 이끈 최고의 혁신가로 불렸으나, 미시시피 계획의 실패로 인해 프랑스 경제에 오랜 기간 회복하기 힘든 무거운 부담을 안겼다.

비유럽 경제권의 변화

제1절 아메리카의 재편

세계 경제의 변화

대항해 시대와 중상주의 시대를 거치면서 구세계와 신세계가 접촉을 통해 통합됨으로써 전 세계는 명실상부하게 **단일한 경제권**으로 거듭났다. 세계 각 지역은 과거보다 촘촘한 무역망으로 연결되었고, 교역품의 종류도 크게 늘어났다. 대륙 간의 교역량 추이에서 이를 쉽게 확인할 수 있다. 표 10-1은 1640년대부터 1780년대까지 유럽에 수입된 물품의 총액을 보여 준다. 신세계가 유럽 경제에 충분히 통합되지 않았던 1640년대에 유럽으로 수입된 아시아와 신세계산 제품의 총액이 2,400만 길더였다. 중상주의 시대를 거쳐 1750년대가 되면 유럽의 총수입액이 5배 이상 늘어 1억 4,000만 길더에 이르렀고, 1780년대가 되면 무려 10배에 육박하는 2억 3,400만 길더에 이르렀다. 일인당 수입액으로 보면, 1640년대에 0.32길더이던 것이 1750년대에는 1.50길더, 그리고 1780년대에는 2.03길더에 도달하였다. 무역을 통한 **국제적 시장 통합**이 크게 진전되었다는 점을 여실히 보여 주는 결과이다.

유럽에 수입된 제품을 아시아산과 신세계산으로 구분하면, 시기에 따른 지역적 변화를 분명하게 파악할 수 있다. 1640년대에 아시아와 아메리카는

표 10-1 유럽으로 수입된 금액, 1640-1780년대

(단위: 1,000길더)

시기	아시아	아메리카	합계	일인당(길더)
1640년대	12,000	12,000	24,000	0.32
1750년대	52,000	88,000	140,000	1.50
1780년대	63,000	171,000	234,000	2.03

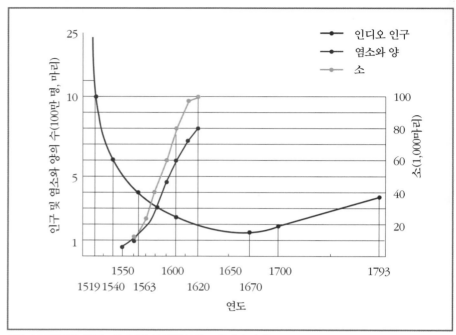

그림 10-1 아메리카의 인디오 인구와 가축 수의 시기적 변화

자료: 브로델(1995~1997), 1권, 30쪽, 주경철(2008), 73쪽에서 재인용.

유럽에 각각 1,200만 길드씩을 수출하였다. 그러나 대서양 무역이 충분히 확립된 시기인 1750년대에는 아시아의 수출액이 5,200만 길더에 머물렀던 데 비해 신세계의 수출액은 8,800만 길더에 이르렀다. 1780년대가 되면 그 격차가 더욱 확대되어, 신세계의 수출액은 아시아 수출액 6,300만 길더의 2.5배에 육박하는 수준인 1억 7,100만 길더에 이르렀다. 신세계가 세계 경제의 핵심적인 부분으로 자리를 잡았다는 점을 의심의 여지없이 확인할 수 있다.

신세계와 구세계의 연결은 무역으로만 이루어진 것이 아니었다. 구세계에서 신세계로 대규모의 **인구 이동**이 있었으며, **동식물의 쌍방 이동**도 엄청난 규모로 이루어졌다. 그림 10-1은 대항해 시대가 개막한 이래 아메리카 대륙에서 발생한 인디오 인구의 변화와 가축 수의 변화를 시기에 따라 보여 준다. 이 추계에 따르면, 인디오 인구는 구세계와의 접촉 이후 급감하여 17세기 중반에 최저점에 도달하였다. 그 후에 다소 회복을 보여 18세기 말에는 400만 명에 조금 못 미치는 수준에 도달하였지만, 이는 애초의 인구 규모에는 전혀 미치지 못하는 수준에 불과하였다. 구세계에서 유럽인들에 의해 유입된 가축은 16-17세기 동안에 신세계에서 마릿수를 급격하게 늘려 갔다. 1620년이 되면 소는 10만 마리, 염소와 양은 800만 마리에 이르러 신세계의 생태계 및 목축의 모습은 혁명적인 변화를 맞이하였다. 신작물 재배를 위해 식물의 생태계도 가축과 마찬가지로 혁명적으로 변화하였다. 인구와 동식물의 이동은 아메리카 전역에서 발생하였지만, 지역별로 변화가 발생한 양상에는 큰 차이가 있었다. 이런 차이는 기후, 지형 등 지리적 요인에 의해 생겨나기도 하였지만, 인간이 이 지역의 식민지화를 둘러싸고 어떤 정책을 기획하고 시행하였느냐에 따라서도 크게 영향을 받았다.

라틴 아메리카의 식민지화

　일찍이 멕시코 및 남아메리카에 진출한 스페인은 점령지를 점차 식민지로 재편해 갔다. 1530년대에 스페인이 차지한 라틴 아메리카 영토는 본국의 4배에 달하였고, 인구는 무려 8배에 이르렀다. 1560년대부터는 식민지에서 채굴한 은이 대규모로 본국으로 송출되기 시작하였으며, 1580-1620년대에는 은 수출이 절정기를 맞이하였다. 아메리카로 건너온 스페인인들은 광업 이외에 농경과 목축에도 많이 종사하였다. 이들은 광대한 토지를 소유하고 엔코미엔다 제도에 기초하여 배정된 인디오 노동력을 이용하여 대농장을 운영하였다.

　라틴 아메리카의 식민화가 진전되면서 스페인으로부터 이주가 대규모로 진행되었고 이들과 인디오와의 통혼을 통해 많은 수의 **메스티소**(mestizo)가 탄생하였다. 이들은 다시 세대를 거듭하면서 스페인 출신의 백인, 인디오, 아프리카에서 온 흑인 등 다양한 인종 집단과 결혼함으로써 남아메리카의 다양한 인종 구성을 창출하였다. 스페인에서 온 이주민이 대부분 남자였기 때문에 혼혈인의 수는

메스티소: 아메리카 인디오와 스페인 및 포르투갈계 백인의 혼혈 인종. 남아메리카 대부분의 국가에서 이 인종의 비중은 현재 60-90%에 달한다.

그림 10-2

인디오 가족의 삶 유럽인의 정복 이후에도 인디오는 변함없이 곡물을 빻아 만든 전통 음식을 먹고 오두막집에 살았다. 그러나 벽에 걸린 마리아 그림과 문 밖으로 멀리 보이는 서양식 건물은 시대의 변화를 말해 준다.

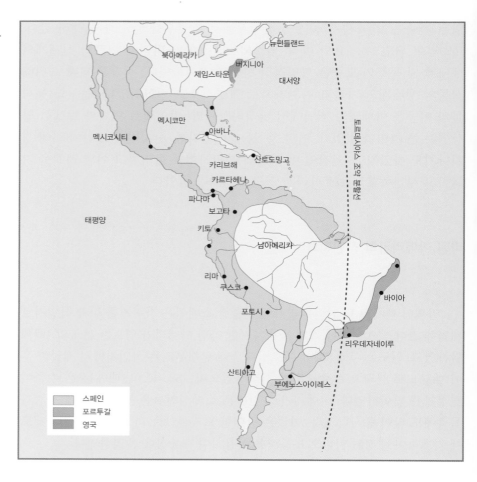

그림 10-3

유럽의 아메리카 경영 포르투갈, 스페인, 영국 등은 아메리카에서 식민지를 개척하고 경제적 이익을 도모하였다.

그림 10-4

메스티소 가족 18세기 그림에 백인 남편과 인디오 아내, 그리고 메스티소 아이가 묘사되어 있다.

빠르게 증가하였다. 16세기 말에 멕시코에는 백인과 다른 인종 간의 혼혈인이 2만 5,000명을 넘었고, 50년 후 그 수는 40만 명으로 늘어났다. 19세기 말에 혼혈인은 150만 명에 이르렀다.

남아메리카에서 스페인 이외의 국가로서 식민지 경영에 본격적으로 참여한 것은 포르투갈이었다. 1550년경 남아메리카의 대서양 연안에 정착한 포르투갈인들은 1600년경부터 아프리카에서 많은 수의 노예를 데려와 **브라질** 해안 지역의 대규모 사탕수수 플랜테이션에서 일을 시켰다. 그리고 1690년대 이후 브라질 내륙 지역에서 금광이 대규모로 발견되면서 다시 한번 유럽인들이 몰려들

었고, 이 지역의 식민지화가 가속화되
었다. 스페인 식민지와 마찬가지로 이
곳에서도 이주민과 원주민 및 아프리
카 출신 간의 인종적 결합이 널리 진행
되었다.

북아메리카의 식민지화

북아메리카의 경우 초기에는 유
럽인의 관심이 제한적이었다. 거친 기
후와 척박한 토질로 인해 식민지의 경
제성이 낮아 보였기 때문이다. 1600년
대부터 유럽 국가들의 진출이 서서히
본격화되었다. 프랑스인들이 1608년
세인트로렌스강 연안에 퀘벡과 몬트

그림 10-5

브라질의 노예 노동 식민지화된 브라질에서
노예 노동의 역할은 컸다. 18세기에 다이아몬
드 광산에서 일하는 노예들이 채찍을 든 백인
의 감독을 받고 있다.

리올을 건설하고 식민지화를 진행해 갔고, 네덜란드인들은 1624년 뉴암스
테르담(New Amsterdam)에 식민지를 조성하였으며, 영국인들은 1628년 노바
스코샤(Nova Scotia)에 식민지를 건설한 것을 시작으로, 뉴펀들랜드
(Newfoundland) 지역의 어업권을 차지하였고, 허드슨만 지역으로 거주와 통
상의 범위를 확대해 갔다. 그 후 프랑스는 미시시피강을 따라 남하하면서 멕
시코만에 이르는 드넓은 지역으로 진출하였고, 네덜란드는 세력이 위축되
었으며, 영국은 뉴암스테르담을 획득한 후 허드슨만 유역에서 모피 사냥과
무역을 통해 식민지 경제를 확대하였다. 이곳에 건설된 요새와 교역소는 유
럽인의 위상을 강화시켰고, 대신에 인디언의 존립 기반을 약화시켰다. 영국
은 1750년대에 시작된 7년 전쟁에서 프랑스에 승리함으로써 캐나다에 대한
지배권을 확인받게 되었다.

남아메리카에서와는 달리 북아메리카에서 영국인들은 원주민 인디언
들을 살해하거나 폭력적으로 추방하면서 **백인 위주의 사회**를 조성해 갔다.
원주민의 수가 남아메리카에 비해 급속히 감소한 것은 이런 정책의 소산이
었다. 부족한 노동력은 유럽에서 들어오는 계약 노동자들에 의해 충원되었
지만, 시간이 경과하면서 **아프리카 흑인 노예**가 자리를 대신하였다. 미국 동

인디언 소비자와 유럽 상인 유럽에서 온 상인들은 인디언들에게 직물, 금속 제품, 총, 술 등을 판매하였다.

부의 버지니아와 캐롤라이나를 중심으로 담배 생산이 증가하면서 아프리카 노예의 수요가 급증하였다. 또한 쌀, 면화 등의 생산이 증가하면서 더 많은 아프리카 노예가 플랜테이션에서 노동을 하게 되었다. 한편, 영국 식민지로 이민을 간 영국인의 수도 많았는데, 남아메리카와는 달리 남녀가 함께 이주해 간 경우가 많았기 때문에 이주 후 인구의 자연 증가율이 매우 높았다. 이런 과정을 거쳐 북아메리카는 라틴 아메리카와 달리 인종적으로 분리된 특성을 지닌 채 식민지화가 진행되었다. **자영농을 창설**하는 방향으로 정책이 이루어진 것도 라틴 아메리카와 대조를 이루었다. 1760년대 영국이 프랑스 세력을 식민지로부터 축출하면서 식민지에 대한 조세 부담을 증가시켰다. 이에 따라 식민지의 영국계 이주자들의 반발심도 증대해 갔다.

> **문헌 자료 10-1**
>
> ## 토머스 제퍼슨의 자부심
>
> 미국의 독립과 건국을 주도했던 토머스 제퍼슨(Thomas Jefferson)은 지인에게 보내는 편지에서 미국의 경제 상황에 대해 긍정적인 시각을 보여 주었다. 성장하는 자영업 노동자 집단에 대한 자부심이 드러난 편지의 일부 구절을 읽어 보자.
>
> 여기서는 가난한 이들을 찾아볼 수 없다. … 대부분의 사람들이 노동자다. 정신적 · 육체적 노동 없이 살아갈 수 있는 부자들이 아주 소수에 불과하며, 그들이 가진 재산 역시 그리 크지 않다. 노동 계층 대부분이 재산을 소유하고, 자신의 땅을 경작하고, 가정을 꾸려 나가고, 그리고 그들의 노동을 필요로 하는 부자들에게 충분한 음식과 좋은 옷, 적절한 노동, 가족을 부양하기에 충분한 보수를 취할 수 있다. … 다른 한편으로 편안하게 살아가는 부자들 역시 유럽에서 말하는 사치와는 거리가 멀다. 그들은 자신을 위해 일하는 사람들보다 단지 조금 더 편안하고 우아하게 살아가고 있을 뿐이다. 이보다 더 멋진 사회가 존재할 수 있을까?
>
> – 토머스 제퍼슨이 토머스 쿠러 박사에게 보낸 편지, 1814년 9월 10일.
>
> 자료: 프릴랜드(2013), 35쪽.

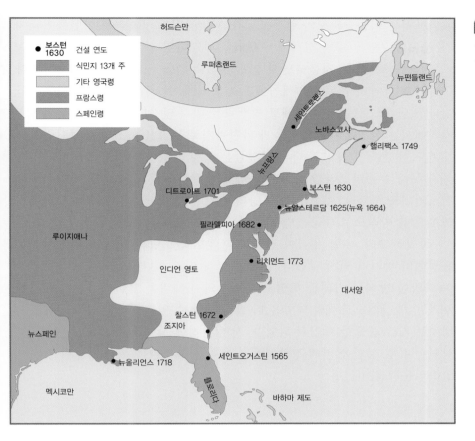

그림 10-7

1756년 유럽의 북아메리카 진출 현황
자료: Spodek(2006), 488쪽.

제2절 이슬람 경제권과 주변 지역

인도양 무역

　16세기에 유럽 상인들이 무력을 앞세워 인도양에 진입하여 부분적으로는 무역으로, 그리고 부분적으로는 통행세 징수로 이익을 얻어 갔지만, 인도양 무역의 주도권이 유럽으로 넘어갔다고 볼 수는 없었다. 예를 들어, 포르투갈의 관리하에 있는 호르무즈 항구는 페르시아만 입구에 위치한다는 장점 덕분에 포르투갈에 큰 통행세 이익을 가져다 주었다. 그러나 인근의 해상 교역에서는 이슬람교도와 힌두교도가 혼합된 인도 구자라트 상인들이 유대인, 포르투갈인 등과의 경쟁에서 우위를 차지하였다. 구자라트 상인들은 포르투갈에 보호세를 지불하면서 안전하게 무역을 영위하기를 선호하였다. 구자라트 상인의 활동은 17세기에도 계속되어, 이 지역에 새로 들어온 영국이나 네덜란드 세력과 비교해도 경쟁력을 잃지 않았다. 인도 남서부의 일부 지역에서는 상인들이 서양인들과 마찬가지로 무장을 하고서 유럽인들과 겨루기도 하였다. 인도양의 다른 상인들은 서양 상인들의 영향력이 쉽게 도달하지 못하는 수마트라섬 북서단의 아체와 같은 곳을 새로운 무역항으로 발전시키기도 하였다. 이렇듯, 인도양의 여러 무역 집단들은 유럽의 진입에 대해 **다양한 방식으로 대응**하면서 무역상의 우위를 지키고자 힘썼다.

종합하자면, 유럽 세력이 진출한 후에도 인도양의 해상 패권은 곧바로 유럽인의 차지가 되지 않았다. 수많은 교역 민족이 다수의 무역항을 이용하여 다양한 방식의 거래를 하였고 유럽인의 통제력은 제한적이었기 때문에, 누가 중개 상인으로서의 역할을 더 잘 수행할 수 있느냐가 무역의 성패를 결정짓는 가장 중요한 요인이 되었다. 지역 사정에 상대적으로 더 밝은 아시아 상인이 유럽 상인에 비해 경쟁력에서 우위를 차지한 경우가 많았던 것은 자연스러운 귀결이었다.

예니체리: 노예로 태어나 고등 교육과 훈련을 받고 이슬람으로 개종한 집단으로, 오스만 제국 술탄의 주력 부대로서 명성을 떨쳤다. 평시에는 제국의 관리로, 전시에는 투르크 기마대의 지휘관으로 활약하였다.

그림 10-8

술레이만과 예니체리 1526년에 헝가리에서 모하치 전투를 지휘하는 술레이만과 그의 부대. 오스만 제국의 전성기라고 부를 만한 시기였다.

오스만 제국과 사파비 왕조의 성쇠

유럽 주도의 대항해 시대가 개막된 배경을 이룬 1453년 **오스만 제국**에 의한 콘스탄티노플의 정복은 이 시기에 이슬람 세력이 얼마나 강력하였는가를 보여 주는 일대 사건이었다. 이슬람 정복 세력은 새로운 보병 부대인 예니체리(Yeniceri)를 술탄의 행정적·군사적 기반으로 삼고 이슬람 세계의 최전선을 방어하고 확장하는 역할을 자부하였다.

오스만의 술탄은 효율적인 관료 조

직을 통해 제국을 다스렸다. 종교적·인종적·문화적 차이를 지닌 여러 집단들이 공존할 수 있는 체제를 조성하고 유지하는 역할을 관료제가 담당하였다. 오스만 제국은 **16세기 전반에 전성기**를 맞이하였다. 경제적 노른자위였던 이집트를 병합하였고, 메카와 메디나를 제국 내에 포함하게 됨으로써 세속적 및 종교적 차원 모두에서 이슬람의 중심이라고 자부할 수 있는 위치에 올랐다. 특히, 술레이만 대제(Suleiman I)는 절대 군주로서의 위상을 강건히 구축하고 학문, 의학, 문학, 건축 등을 적극적으로 후원하였으며, 뛰어난 천문대를 건설하고 서양의 지리적 발견에 대해서도 큰 관심을 기울였다. 그는 유럽에 대해 대대적인 공세를 취하기도 하였다. 그의 군대는 베오그라드를 거쳐 부다페스트를 점령한 후 1529년 빈을 포위 공격하였는데, 이것이 오스만 제국이 확장할 수 있었던 최대 범위였다. 이는 1683년에 빈에서 재현된 전투를 통해 확인되었다. 술레이만 육군의 패배는 1571년 레판토 해전에서 해군이 유럽의 연합 해군에게 패배한 사실과 더불어, 오스만 제국의 확장 국면이 막을 내리고 점차 쇠퇴에 접어들게 됨을 의미하는 것이었다.

술레이만 대제(재위 1520-1566): 술레이만 1세를 칭하는 이름. 오스만 제국의 문화적·예술적 전성기를 이끈 술탄.

레판토 해전: 오스만 제국의 서지중해 진출을 저지하기 위해 교황청과 스페인의 연합 해군이 싸워 승리한 전투.

　　술레이만 대제는 **경제 활동을 장려**한 군주이기도 하였다. 그는 광대한 제국의 국경 내에서 지역과 인종에 상관없이 공통으로 적용될 수 있는 법령을 정비하고 시행하였다. 이는 제국의 구성원들이 공정하게 재산권을 향유할 수 있도록 뒷받침하는 역할을 하였다. 그는 또한 유럽 국가들과 상호 조약을 체결하여 제국 내의 유럽 상인들에게 외교적 면책권을 부여하였다. 이와 같은 제도적 개선에 힘입어 오스만 제국은 경제적 번영의 기틀을 마련하였다.

　　그러나 17세기부터 오스만 제국은 과거의 역동성

그림 10-9

이슬람의 과학 16세기 콘스탄티노플(이스탄불)에 위치한 천문대에서 이슬람 과학자들이 다양한 측량 도구를 다루고 있다. 아스트롤라베(astrolabe), 사분의(四分儀, quadrant), 직각기(直角器, cross-staff) 등 유럽인들에게 널리 알려진 도구들이 보인다.

을 상실하고 경제적, 사회적으로 쇠퇴하게 되었다. 쇠퇴에는 외부적 요인과
내부적 요인이 모두 작용하였는데, 외부적 충격보다 내부적 대응 능력의 부
재가 더 결정적이었다고 볼 수 있다. 17세기 중반 이후 오스만 제국은 줄곧
재정 적자에 직면하였다. 신세계로부터 유입된 은이 야기한 물가 앙등은 이
곳에서도 큰 영향을 끼쳤다. 물가가 상승하면서 사회 문제가 심화되었는데,
약화되고 있었던 중앙 권력은 이에 대해 효과적인 대응책을 제시하지 못하
였다. 종교적 갈등과 사회에 만연한 부패도 상황을 악화시켰다. 국정의 중심
축 가운데 하나였던 예니체리가 연고주의에 의해 변질되어, 예니체리 소속
의 아버지가 자식을 예니체리로 입대시키는 일이 잦아졌다. 결국 오스만 제
국은 취약해진 체제를 안은 채, 눈에 띄게 강성해져 가는 유럽에 의해 군사
적, 경제적으로 변방에 몰리는 상황에 처하게 되었다.

오스만 제국이 유럽 국가들에 비해 지지부진한 경제적 성과를 보였다는
점은 그림 10-10을 통해서 확인할 수 있다. 잉글랜드의 1820년 일인당 GDP
를 100으로 삼아 각국의 일인당 GDP를 보여 주는 이 그래프를 보면, 1500년
경에 오스만 제국의 일인당 GDP는 이탈리아의 50%, 그리고 잉글랜드, 네덜
란드, 폴란드의 70% 수준이었다. 그 후 유럽 국가들과의 격차가 지속적으로

그림 10-10 유럽 국가들과 오스만 제국의 일인당 GDP, 1500-1820년

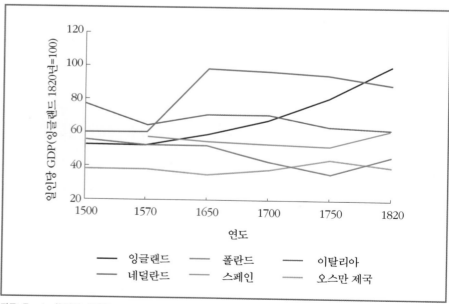

자료: Zanden(2009), 272쪽.

확대되었다. 그리하여 1700년을 기준으로 볼 때, 오스만 제국의 일인당 GDP
는 네덜란드의 40%, 잉글랜드와 이탈리아의 55%, 스페인의 85% 수준에 머물
렀다. 이 비율은 이후에도 계속 확대되었다.

한편, 페르시아 지방에서는 16세기 초 티무르 왕조가 쇠퇴한 틈을 타서
사파비 왕조(Safavid Dynasty)가 부상하였다. 이슬람의 시아파(Shi'a)가 주축이
된 사파비 왕조는 오스만 제국과 분쟁을 계속하며 이슬람 세력의 한 축으로
성장하였다. 사파비 왕조는 이스파한에 수도를 정하고 관료 체제와 군사 기
구를 정비하여 강력한 중앙 집권적 통치를 실시하였다. 특히, 16세기 말~17
세기 초반에 관용적인 종교적 태도를 취하였고, 상업 활동에 능한 유대인과
아르메니아인에게 왕국에 정착하여 무역에 종사하도록 장려하였다. 이와
같은 개방 정책의 영향으로 사파비 왕조는 경제적 번영을 누렸으며, 동시에
페르시아적인 특색이 강한 이슬람 문화가 이 지역에서 꽃을 피웠다. 그러나
17세기 중반 이후 사파비 왕조는 점차 쇠퇴하여 갔고, 18세기에 결국 아프간
족에 의해 멸망하였다.

사파비 왕조(1501~1736): 사산 왕조 이
후 다시 이란 전역을 통합한 이슬람 왕조.
인근의 오스만 제국과 경합하면서 이슬람
문화를 발전시켰다.

시아파: 이슬람에서 수니파와 대립한 종
파. 이슬람 공동체의 지도자로 모하메드의
사위인 알리(Ali)를 적통으로 여겨 수니파
와 견해를 달리하였다. 현재 이슬람 인구
중 약 10%를 차지하며, 주로 이란과 이라
크 지역에 분포한다.

아프리카의 변화

대항해 시대 이전에도 이미 사하라 사막 이북 지역과 동부 아프리카는
구세계 무역 네트워크의 일부로서 다른 지역들과 밀접하게 상호 작용을 하
고 있었다. 사하라 사막 이남 지역과 동부 아프리카에 인접한 내륙 지방도
비록 낮은 수준이었
지만 교역과 교류를
통해 외부 지역과 느
슨하게 연결되어 있
었다. 대항해 시대가
도래하자 **아프리카
의 서부와 남부 해안
지방**이 유럽과 아시
아를 잇는 항로의 일
부로서 국제 무역망
에 긴밀하게 통합되

그림 10-11

팀북투의 주거지 팀북투는 아프리카 중서부
말리의 경제 및 문화 중심지로 중세 이래
오랜 기간 명성을 누렸지만, 대항해 시대 이
후 서서히 쇠퇴를 맞았다. 그림은 19세기 초
의 모습.

어 갔다. 또한 유럽 주도로 중상주의적 장거리 무역이 활성화되면서, 아프리카는 유럽 및 신대륙과 삼각 무역 체제로 연결되는 한 축으로 발달하였고, 특히 노예의 주된 수출 지역인 아프리카 서부 지방을 중심으로 무역망이 유례없이 촘촘해져 갔다.

그러나 이런 지역은 아프리카 대륙의 일부에 불과하였다. 나머지 지역들은 17-18세기에도 여전히 세계적인 **교역과 교류의 네트워크에서 소외**된 채 남아 있었다. 특히, 아프리카의 열대 지방과 남부의 내륙 지방은 외부와의 무역 활동으로부터 별다른 영향을 받지 않은 채 고립된 경제권을 유지하였다. 이 지역들에서는 주민들이 대부분 농업에 의존하였고, 교역도 국지적인 범위에서 소규모로만 이루어졌다.

서양인과의 접촉을 통해 가장 많은 변화를 경험한 지역은 아프리카의 남부와 서부 지역이었다. 인도 항로를 개척한 포르투갈이 희망봉을 중간 기착지로 삼으면서, 그리고 1600년경부터는 네덜란드가 인도양에 들어서기 전에 보급품을 공급하는 기지로 사용하면서, 아프리카의 남단은 유럽의 아시아 교역망의 중요한 일부로 편입되었다. 17세기 중반 네덜란드는 희망봉 부근에 연합 동인도 회사의 무역 사무소를 개설하였고, 곧이어 본국으로부터 농민들을 이주시켜 농업 식민지로 발전시켰다. 18세기에는 모잠비크, 인도, 동남아시아 등지에서 조달한 노예 노동력을 많이 고용하였다.

아프리카 서부 지방은 포르투갈이 15세기에 마데이라와 카나리아 제도에서 사탕수수 플랜테이션을 운영할 때부터 노예 노동의 공급지로서 역할을 하였다. 16세기에 브라질에 엄청난 규모로 플랜테이션이 조성되면서 노예 수출도 대규모화하였다. 사탕수수 외에 담배, 인디고 등의 재배가 확산됨에 따라 아프리카 노예의 송출은 지속적으로 증가하였다. 이에 따라 초기에는 가나 해안을 중심으로 이루어지던 노예 송출이 아프리카 서안 전체로 확산되었다. 18세기에는 모잠비크와 대륙 동부 해안도 노예선의 출항지가 되었다. 노예를 공급한 대가로 아프리카인들은 다양한 물품을 유럽인들에게 얻었다. 유럽의 상인들은 유럽으로부터 가져온 무기류, 금속 제품, 직물, 장신구 등을 교역에 사용하기도 하였지만, 아메리카에서 가져간 은으로 아시아 여러 지역에서 구입한 물품들을 사용하기도 하였다. 또한 인도양의 몰디브 군도에서 대량으로 채취되는 카우리 조개를 구입하여 노예 매매 대금으로 지불하기도 하였다. 이런 과정을 통해 아프리카 서부 지역은 국제적 무역망의 한 부분으로 통합되어 갔다.

노예가 된 과정

1789년 아프리카 노예 출신인 올라우다 에쿼아노(Olaudah Equiano)는 자서전을 출간하였다. 지금의 나이지리아에서 1745년에 태어난 그는 11살 때에 노예 사냥꾼에게 잡혀 유럽 노예 상인의 손에 의해 아메리카의 버지니아에 있는 플랜테이션에 팔려 갔다. 에쿼아노는 자신이 노예 사냥의 대상이 되는 과정을 상세히 묘사하였다.

우리의 주거지에서 몇 시간을 걸어야 나오는 넓은 들판이나 공동지에서 농사를 지었다. 이웃 주민들이 무리를 지어 거기서 함께 일했다. … 이 공동지는 종종 전쟁터가 되기 때문에 우리 마을 사람들은 농사를 지으러 갈 때 무리를 이루어 갈 뿐만 아니라 갑작스런 공격에 대비해 무기를 지니고 갔다. 그리고 침입이 염려되면 마을에 이르는 길바닥에 장대를 꽂아 방어를 했다. 장대는 끝이 아주 뾰족해서 발을 뚫을 수 있었고 보통 독을 발랐다. 전투에 대해 내가 기억하는 바로는, 한 나라나 지역이 다른 나라나 지역으로부터 포로나 전리품을 얻기 위해 기습 공격을 감행한다. 아마 … 유럽 물건을 가져오는 상인들이 이들을 선동했을 것이다. 아프리카에서 노예를 이런 방식으로 얻는 일은 흔하다. 내 생각에는 이 방식과 유괴가 다른 어떤 방식보다 더 많이 이루어지고 있다. 노예를 원하는 상인은 족장에게 이를 청하고 여러 물건을 가지고 족장을 유혹한다. 이런 경우 족장이 유혹에 흔들려 … 주저하지 않고 동료 피조물의 자유를 팔아넘기고자 하는 게 다반사이다. 족장은 이래서 이웃에 눈독을 들이게 되고, 그리하여 처절한 전투가 발생한다. 만일 족장이 승리하면 포로를 잡아 팔아넘김으로써 자신의 탐욕을 충족시키지만, 족장 편이 패배하면 그는 적의 손에 붙잡혀 죽음을 맞게 된다. 그가 이 싸움을 일으켰다는 사실을 모두 알기 때문에 그를 살려 두면 위험하다고들 생각한다. 그래서 다른 이들은 모두 몸값을 받고 풀려날 수 있지만, 이 족장만은 풀려날 수 없다.

자료: Equiano(1789), 2장.

인도의 식민지화

서아시아에서 오스만 제국과 사파비 왕조가 이슬람의 두 국가적 축이었다면, 인도 지역에서는 **무굴 제국**(Mugal Empire)이 이슬람 세계의 중심축이었다. 무굴 제국은 중앙아시아에 기반을 둔 투르크 집단에 의해 건설되었다. 이슬람교를 믿는 이 집단은 16세기 초반에 델리의 술탄을 축출하고 제국을 건설하는 데 성공하였다. 특히, **악바르**(Akbar) 치하에서 인도는 북부 지방을 중심으로 영토를 확장하고 관료제적 통치 기반을 강화하였을 뿐만 아니라,

무굴 제국(1625-1867): 16세기에 인도 지역에서 건립된 이슬람 제국. 17세기까지 전성기를 누렸고, 18세기부터 약화되다가 19세기에 영국에 의해 멸망하였다.

악바르(1542-1605): 무굴 제국의 3대 황제이자 실질적인 제국의 확립자. 대제국을 건설하고 통치 구조를 확립하였다.

힌두교도 등의 비(非)이슬람교도에게 부과하던 인두세를 폐지하는 등 자신감에 충만한 포용적이고 개방적인 정책을 실시하였다. 그러나 그의 사후 차별적인 인두세가 다시 부활하였고, 시크교, 힌두교 등과의 갈등이 심화되었으며, 국가 정책에서 폐쇄적 속성이 강화되었다. 그렇지만 17세기에 무굴 제국의 국가 체제는 전반적으로 견고하게 유지되었고, 문화적으로도 번영을 이루었다. 샤 자한(Shah Jahan)이 아그라에 건설한 타지마할은 당시 건축물의 백미였는데, 이를 건축하기 위해 페르시아, 이탈리아, 프랑스의 기술자를 불러들였고, 장식용 재료는 미얀마, 티베트, 중국, 이집트 등에서 수입하였다. 17세기에 무굴 제국의 인

그림 10-12

유럽의 진출 1650년경 무굴 제국의 황제 샤 자한에게 선물을 바치는 유럽인들.

샤 자한(1592-1666): 무굴 제국의 5대 황제로 타지마할을 포함한 많은 건축물을 남겼다.

문헌 자료 10-3

유럽 여행자가 본 무굴 제국의 악바르 황제

포르투갈의 예수회 신부인 안토니오 몬세라테(Antonio Monserate)는 1578년 가톨릭 교리를 일러달라는 악바르 황제의 요청을 받아 인도로 와서 1589년까지 머물렀다. 그는 황제의 통치에 대해 관찰하였고 종교를 비롯한 여러 주제에 관해 황제와 이야기를 나눌 기회를 여러 차례 가졌다. 그는 이 무굴 제국 황제의 통치 방식을 어떻게 기록했을까?

악바르는 스무 명가량의 족장을 관료 및 조언자로 삼아 제국의 통치와 황실 가계의 관리를 돕도록 했다. 족장들은 황제에게 충실하였고, 공무를 집행함에 있어서 현명하고 믿음직하게 행동했다. 그들은 늘 황제와 함께 있었고, 궁궐의 가장 내밀한 부분까지도 갈 수 있었는데, 이는 무굴 귀족들에게조차 허용되지 않는 특권이었다. 그렇지만 황제는 지방 통치에 있어서는 자신과 관련된 족장을 믿으려 하지 않았다. 족장들 가운데 일부는 황태자의 교사 역할을 했을 뿐만 아니라 황태자의 보호자 역할도 했다. 이런 방식을 통해 황제는 족장들을 매우 끈끈하게 결속시키고, 동시에 아들이 악의에 찬 숙적들로부터 보호받을 수 있도록 의도하였다.

···

황제는 제국의 각지로부터 엄청난 양의 공물을 수취하였다. 제국은 농경과 목축 모두에서 경이롭게 풍요롭고 생산적이었으며, 무역 면에서도 수출과 수입 모두 번영하였다. 대귀족들이 사망하면 재산이 황제에게 귀속되도록 법과 관습으로 정해져 있었기 때문에, 이 재산으로부터 나오는 황제의 수입도 아주 많았다. 이에 덧붙여, 정복지의 왕들과 족장들로부터 획득하는 전리품, 그리고 최근에 정복한 지역의 주민에게 부과하는 부담금과 공물도 많았다. 이 헌상품과 부담금은 새로 신민이 된 사람들을 파멸시킬 수 있을 정도로 엄청났다. 황제는 또한 자신의 재산을 가지고도 무역을 하여 적지 않은 부를 늘렸다. 그는 이윤을 낼 수 있는 가능한 모든 원천을 부지런히 팠던 것이다.

자료: Hoyland(1922), 204-207쪽.

구는 1억 내지 1억 5,000만 명에 이르렀으며, 국가 재정도 안정적으로 관리되었다.

　18세기에 들어서 힌두교 세력이 커지면서 무굴 제국의 황제들은 실권을 잃어 갔는데, 이런 상황에서 유럽 열강의 인도 침투가 가속화되었다. 영국은 1757년 **플라시**(Placey) **전투**에서 승리를 거둠으로써 벵골을 포함한 인도 북동부 지역을 차지하였다. 동인도 회사는 유럽식 군사 훈련을 받은 인도 출신 군인인 세포이(Sepoy)를 10만 명 넘게 보유하게 되었다. 동인도 회사는 계속 점령지를 넓혀 갔다. 인도아대륙(印度亞大陸) 내부에서 통치 지역을 넓혀 갔음은 물론이고, 북쪽으로는 히말라야 산맥과 버마 접경 지역으로까지 점령지를 확장해 갔다. 영국의 통치권 확대에 반발해 1857년에 **세포이의 항쟁**(Sepoy Uprising)이 발생하였고, 이 봉기는 북부 전역으로 빠르게 확산되었다. 영국은 1년이 넘는 격전 끝에 이들을 진압하였고, 1858년부터 인도에 대한 직접 통치를 결정하였다. 이로서 인도는 영국의 세계 경략에서 중추적인 역할을 담당하게 되었다.

　표 10-2는 1836년을 기준으로 **인도의 수출** 내역을 보여 준다. 가장 큰 비중을 차지한 것은 아편이었고, 인디고와 원면, 원견이 그 뒤를 이었다. 중국 공략을 위한 필수적 재화였던 아편이 이미 가장 중요한 수출품이었고, 공업 원료인 인디고, 원면, 원견이 다음으로 중요한 수출품이었던 것이다. 과거에 인도 경제의 자부심이었던 면직물의 비중은 이미 많이 축소되어 있었다.

　1869년 수에즈 운하가 개통되면서 인도의 교통망도 그에 맞추어 새로이

플라시 전투: 1757년 인도에서 영국의 동인도 회사 군대와 벵골 군대가 벌인 싸움. 이 전투를 통해 영국은 벵골의 지배권을 확립하고 인도를 식민지화하는 기반을 닦았다.

세포이의 항쟁: 델리 근교에서 영국 동인도 회사에 고용된 세포이가 식민 지배에 대한 반발로 일으킨 항쟁. 처음에는 세포이에 대한 차별적 대우가 원인이었으나, 점차 폭압적 식민 지배의 폐지를 주장하였다. 농민층과 일부 상인층의 지원을 받으며 점차 인도 북부 전역으로 확산되었으나, 영국의 반격에 의해 진압되었다.

표 10-2 인도의 수출 통계, 1836년

(단위: 파운드)

상품	수출량	가치
아편	1,640톤	2,880,000
인디고	1,000만 파운드	2,500,000
원면	1,000만 파운드	1,500,000
면직물	불명	250,000
원견	1,600만 파운드	950,000
견직물	불명	200,000
곡물	468,750쿼터	375,000
설탕	16,000톤	256,000
초석	14,000톤	160,000
합계		9,071,000

자료: Trocki(1999), 97쪽, 주경철(2008), 286쪽서 재인용.

그림 10-13

인도의 식민지화 1765년 영국의 인도 총독 클라이브(R. Clive)가 무굴 제국의 황제로부터 벵골 지역의 조세 징수권을 받는 모습. 이를 계기로 인도는 무역 대상지에서 식민지로 성격이 변모하였다.

건설되었다. 특히, 철도 건설은 인도산 차 수출과 천연자원 개발을 목적으로 추진되었다. 그렇지만 공업의 발달은 제한적이었다. 본국에 원료를 수출하고 본국에서 공산품을 수입하는 **식민지 경제**의 특징이 이곳에서도 예외 없이 나타났다.

동남아시아의 무역

유럽 상인들의 인도양 진입과 직접 수입으로 인해 아시아의 무역이 유럽 중심으로 완전히 선회한 것은 아니었다. **동남아시아 상인**은 여전히 해상 무역에서 중요한 역할을 수행하였다. 표 10-3은 동남아시아의 대표적 생산품인 후추가 수출된 지역을 시기별로 보여 준다. 1500년부터 150년간 유럽과 중동에 수출된 후추의 양은 1만 5,850톤이었는데, 이는 같은 시기 전 세계로 수출된 양의 40%에 해당하였다. 유럽으로의 수출로만 한정하면 그 양은 더욱 제한적이었다. 유럽과 중동이 16세기 초에 수출량이 가장 적은 지역이었다가 17세기 중반에 수출이 가장 많이 되는 지역으로 급성장한 것은 분명하지만, 다른 지역에 대한 동남아시아의 수출이 급격하게 타격을 받지는 않았다. 같은 시기에 중국으로의 후추 수출은 두 배 가까이 증가하였고, 인도, 일본, 아메리카로의 후추 수출은 세 배나 증가하였다. 아시아 경제권에 대한 유럽 세력의 영향에는 분명히 한계가 있었다.

표 10-3 동남아시아의 후추 수출량, 1500-1649년

(단위: 톤)

기간	유럽과 중동	중국	인도, 일본, 아메리카	합계
1500-1529	350	1,500	1,200	3,050
1530-1559	1,600	1,500	1,800	4,900
1560-1589	4,000	2,500	2,400	8,900
1590-1619	4,900	3,000	3,000	10,900
1620-1649	5,000	2,800	3,600	11,400
전체 기간	15,850	11,300	12,000	39,150

자료: Bulbeck et al.(1998), 86쪽.

남중국해와 동남아시아에서는 중국 정부의 무관심을 틈타 류큐국(琉球國, 지금의 오키나와섬) 상인들이 16세기 초에 활발하게 무역 활동을 하였고, 이후 일본 상인들이 이 자리를 대체하였다. 17세기에 일본 상인들은 태국을 비롯한 동남아시아의 여러 지역에서 유민 집단을 구성하였고, 많은 수의 선박을 동원하여 무역을 활발하게 전개하였다. 중국 남부의 푸젠성(福建省) 출신 상인들도 명 정부의 규제를 피해 이 지역에서 무역 활동을 계속하였다. 18세기에 방콕은 부근의 티크나무 숲을 활용하여 정크선을 건조하는 대형 조선소로 성장하였다.

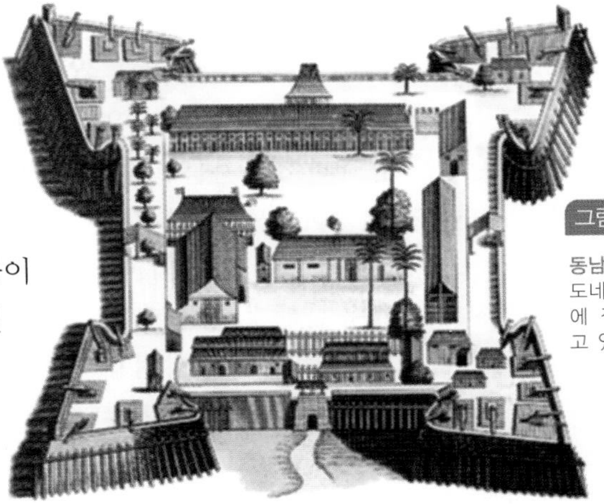

스페인의 전진 기지였던 마닐라는 포르투갈과 연합하여 영국과 네덜란

그림 10-14

동남아시아에 건설된 네덜란드의 요새 인도네시아 반다에 건축된 네덜란드의 요새에 잘 정비된 포대와 주둔 시설이 자리잡고 있다.

그림 10-15

1700년경의 이슬람 세계
자료: 로빈슨(2002), 106쪽.

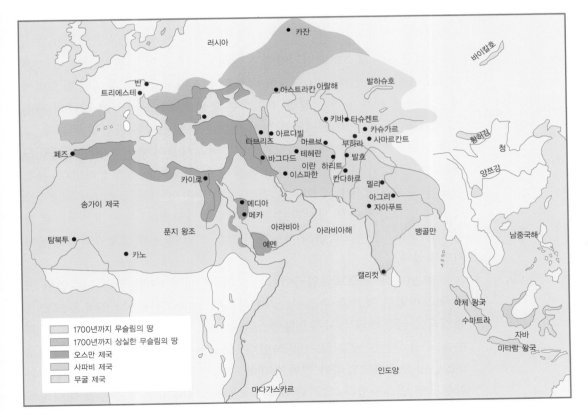

1700년까지 무슬림의 땅
1700년까지 상실한 무슬림의 땅
오스만 제국
사파비 제국
무굴 제국

드 세력의 침투를 막는 데 힘을 쏟았다. 그러나 이 항구에서도 무역을 영위한 대부분의 사람들은 중국인을 중심으로 한 아시아 출신이었다. 스페인이 마닐라의 중국인 거주자를 학살한 사건을 계기로 17세기 초에 주기적으로 소요 사태가 발생하기도 하였다.

18세기에 유럽 국가들의 **아시아 진출은 더욱 본격화**되었다. 스페인은 아시아에서 유일하게 통치 기반을 마련하였던 필리핀에서 18세기 후반부터 사탕수수, 담배, 대마 등 상업용 작물을 경작하였다. 네덜란드는 자바섬과 몰루카 제도를 중심으로 통치 지역을 더욱 늘려 갔다. 영국은 1786년 말레이시아의 페낭에 전진 기지를 건설하였고, 이후 1819년에는 말레이반도의 싱가포르에 자유 무역항을 건설하기에 이르렀다. 아시아 상인들의 활동이 소멸한 것은 아니었지만, 점차 유럽의 무역 지배력이 확대되는 추세는 확연해졌다.

오스트레일리아와 뉴질랜드

제임스 쿡(1728-1779): 영국의 탐험가로 별명은 캡틴 쿡이다. 태평양을 세 번 항해하였으며, 타히티, 뉴질랜드, 하와이 등 주요 지역을 탐사하고 해도를 제작하였다.

뉴질랜드와 오스트레일리아가 본격적으로 유럽의 침투 대상이 된 것은 18세기 말의 일이었다. 1300년경에 정착한 폴리네시아인의 후예인 마오리족이 수렵과 원시적 농경 생활을 영위하던 **뉴질랜드**는 18세기에 영국의 제임스 쿡(James Cook)이 인근 지역을 탐사한 이후 유럽인들의 관심을 받았다. 고래와 바다표범을 잡으려는 선원과 상인, 선교사들이 유입되면서 뉴질랜드에는 마오리족과 유럽인의 문화가 혼재된 항구 도시들이 성장하였다. 뉴질랜드가 국제적 교역망의 일부로 편입이 되면서, 남섬(South Island)을 중심으로 19세기 중반에 양모 생산과 수출이 크게 증가하였다. 이와 대조적으로 북섬(North Island)은 마오리족의 격렬한 저항으로 인해 세계 경제권과의 통합이 지연되었다.

1780년대에 **오스트레일리아**에는 50만 명 내지 100만 명의 원주민이 거주하고 있었던 것으로 추정된다. 이 시기부터 1830년대까지 영국은 오스트레일리아 남동부의 뉴사우스웨일스(New South Wales)를 영국에서 송출한 죄수를 수용하는 식민지로 이용하였다. 영국은 프랑스의 위협을 의식해서 1829년에 오스트레일리아 전체에 대해 지배권을 주장하였고, 1840년에는 뉴질랜드를 병합하였다. 그러나 지리적 장애에 비해 유럽에 수출할 매력적인 생산품이 부족하였기 때문에 본격적인 식민지화는 지연되었다. 1851년 금의 발견을 계기로 오스트레일리아 내륙 지역으로 정착이 증가하였고, 그와 더불어 양 사육이 비약적으로 늘어났다. 시드니와 멜버른 등 항구 도시들이 교통과 통신 시설의 확충과 더불어 빠르게 성장하였다.

더욱 극적인 변화를 맞은 곳도 있었다. 오스트레일리아 남쪽의 섬 태즈메이니아(Tasmania)에는 19세기 초 영국인들이 유형지로 삼았을 때 약 5,000명의 원주민이 살고 있었는데, 죄수와 간수가 퍼뜨린 질병과 폭력으로 인해 곧 대규모 사망 사태가 발생하였고, 마침내 원주민은 멸종을 맞았다.

초창기 오스트레일리아 사회 19세기 초 강제 노역을 하는 수형자와 이들을 감독하는 교도관이 일반인들과 혼재되어 있는 풍경이다.

태평양의 크고 작은 섬들도 **세계 경제로의 통합** 과정을 경험하였다. 그 과정에서 많은 수의 민족과 종교와 언어가 소멸되었고, 유럽이 중심이 된 국제적 분업의 한 부분을 담당하면서 생태계의 파괴와 경제 구조의 급변을 겪었다. 대표적인 사례가 이스터섬(Easter Island)이었다. 18세기에 네덜란드에 의해 외부 세계에 알려진 이 섬은 한동안 외부의 관심에서 벗어나 있었다. 그러나 19세기 중반 페루에서 구아노가 유럽에 수출하는 인산질 비료로서 인기를 끌자, 이스터섬 원주민들은 페루의 노예 사냥꾼들에 의해 구아노를 채취할 노동력으로 팔려 갔다. 이 노동 유출과 질병의 유입이 결합되어 이스터섬 원주민들의 인구는 급속히 줄어들었고, 남은 원주민들은 서구 선교사의 영향을 받아 기독교로 개종하였다.

제3절 중국의 사회와 경제

명청 시대 경제 개관

유럽에서 절대 왕정들이 중상주의 정책을 통해 치열한 경쟁을 벌이는 동안 중국에서도 변화가 일어났다. 원 왕조가 몽골 지배층 내부의 불화, 감

중국 도자기 상점 18세기에 그려진 도자기 상점의 모습. 구입을 타진하기 위해 온 서양 상인들의 모습이 왼쪽에 보인다.

염병의 창궐, 황허의 제방을 붕괴시킨 대홍수, 한족의 봉기 등이 복합적으로 작용하여 14세기 초에 붕괴되었다. 중국은 이후 등장한 **명조**(明朝, 1368-1644)와 **청조**(淸朝, 1636-1912)를 통해 사회적 변화와 경제 발전을 경험하였다. 경작 도구의 발달, 관개 시설의 확대, 품종 개량 등에 힘입어 농업 생산력이 눈에 띄게 증가하였고, 주식인 쌀의 경작 증가와 더불어 해외로부터 들어온 옥수수, 담배, 감자, 고구마 등이 재배지를 늘려 갔다. 일부 지방은 차, 뽕, 면화 등의 환금 작물 생산에 특화된 모습을 보였고, 면직과 견직 등 수공업도 상당한 발전을 이루었다. 17세기에 양쯔강 하류의 삼각주 지역은 면직물과 견직물의 생산이 집중된 지역으로 크게 발달하였다.

농업과 더불어 공업의 발달도 이루어졌다. 황실과 관청 및 군대가 필요로 하는 물품을 공급하기 위한 수단으로 관영 수공업이 발달하였다. 그러나 점차 민영 수공업의 중요성이 커져 갔다. 장시성(江西省)에 위치한 징더전(景德鎭)에서 생산된 도자기는 유럽 대륙에서 선풍적인 인기를 끌었고, 쑤저우(蘇州)에서 생산된 견직물도 수출품으로 각광을 받았다. 수출 증가에 따라 은의 국내 유입이 크게 증가하면서 이를 배경으로 하여 명대의 일조편법과 청대의 지정은제와 같이 은 본위제에 기반을 둔 조세 제도가 마련되었다.

상인들은 동업 조합이나 동행 조합을 결성하여 자신의 이익을 유지하고자 노력하였고, 전국을 활동 반경으로 삼는 대상인도 출현하였다. 외국과의 교역에 특화하여 부를 축적한 상인들도 증가하였다. 특히, 남부 지방을 중심으로 상업 도시들이 성장을 거듭하였다. 대운하를 통한 수운의 발달이 도시 발달에 중요한 자극제가 되었다. 이런 변화를 배경으로 전통적인 관료적 성격과 경제적 이익에 밝고 활동적인 근대적 성격이 결합된 새로운 사회 계층이 대두하기도 하였다.

농업의 변화

명청 시대에 농업은 **수리 시설이 확충**되고 **시비 기술이 발달**한 데 힘입어 발전하였다. 명대부터 서양의 수리 기술이 소개되었을 뿐만 아니라, 수리 시설의 관리를 국가에서 법으로 규정하여 관리하였다. 비료의 장점이 널리 알려지면서 기존의 유기질 비료 이외에 여러 무기질 비료가 사용되었고, 경작 면적당 비료 투입량이 괄목할 만하게 증가하였다.

벼의 생산도 크게 증대되었다. 성장 시기가 상이한 다양한 품종의 벼가 개량됨으로써 여러 조합의 다모작이 가능해졌다. 기후 조건이 좋은 남부 지방과 타이완에서는 벼를 한 해에 이모작 내지 삼모작하거나, 벼 2회와 보리 1회를 결합하는 방식의 삼모작이 확산되었다. 도시화의 진전과 인구의 증가는 식량으로서의 쌀 이외에 술과 떡의 재료로서의 찰벼에 대한 수요를 늘렸고, 이에 따라 시장을 겨냥한 재배가 크게 증가하였다. 이상과 같은 변화는 경지 면적을 증가시켰을 뿐만 아니라, 단위 면적당 산출도 대폭적으로 증가시키는 결과를 낳았다.

그림 10-18

농업을 장려하는 의식 청의 옹정제가 농사철의 시작을 알리는 쟁기질 의식을 거행하고 있다.

벼 이외의 작물도 생산량과 유통량이 증가하였다. **신대륙으로부터 유입된 다양한 작물**이 중국 농업의 일부로 자리를 잡았다. 옥수수는 16세기 중엽에 전래되었지만 명대에는 별다른 관심을 받지 못하였다. 18세기 중반부터 식량에 대한 남부 및 중부 지방 인구의 압박이 커지고 타지로 이주하는 인구가 증가하면서 서서히 전국 각지로 전파되었다. 17세기 중엽에 도입된 감자도 초기에는 농민들의 주목을 끌지 못하다가 19세기에 들어서서야 평민층의 식량원으로 받아들여졌다. 이들과 대조적으로 고구마는 일찍부터 재배지가 크게 확대되었다. 토질과 기후 조건에 영향을 적게 받고 재배가 쉬우며 단위 면적당 산출도 많다는 장점을 지닌 고구마는 18세기를 거치면서 중국 전역으로 재배가 확대되었다. 명대 말에 중국 남부에 보급된 담배는 환금 작물로서의 가치가 부각되면서 기존의 농경지를 잠식할 정도로 재배가 늘어

그림 10-19

중국의 차 수출 대규모 노동력을 동원해 차를 상자에 밟아 넣는 장면. 이렇게 채워진 상자들은 유럽으로 수출되었다.

낳다. 담배 재배지의 증가로 식량 생산이 위협을 받는다는 비판이 제기될 정도였다.

담배와 더불어 중국의 전통적 작물들 중에서도 **환금 작물**로서 각광을 받은 것들이 있었다. 차는 이미 당송 시대에 전매 제도의 대상이 될 만큼 인기가 있었지만, 명대에 들어서 경제적 중요성이 크게 증가하였다. 국내 소비의 증가와 아울러 해외 수요가 지속적으로 증가함에 따라 차 생산의 증가가 요구되었던 것이다. 차 재배 면적이 확대되었고, 효과적인 차 생산을 위해 많은 농서가 발간되었다. 이 시기에도 차 판매에 부과된 세금은 관청의 경비, 관료와 군인의 급료 지급 등에 쓰일 중요한 재원이었다. 청대에는 양잠의 증가가 두드러졌다. 저장성(浙江省)과 장시성(江西省)이 생산의 중심지였는데, 양쯔강의 수운과 대운하, 그리고 해운이 연결되는 교통의 요지로서 시장이 발달하였고 넓은 배후지가 존재하였다는 장점이 있었기 때문이었다. 재배된 뽕을 원료로 하여 비단을 직조하는 공방도 이 지역에 집중되어 있었다. 면화 재배도 같은 시기에 널리 보급되어 넓은 경지가 면화 재배지로 사용되었다. 이와 같은 환금 작물의 재배 확대는 농업의 지역 간 분업을 가져왔고, 도시의 발달을 촉진시키는 결과를 가져왔다.

공업의 발달

명대 초기에는 황실, 관청, 그리고 군대에 필요한 물품을 보급하기 위해 **관영 수공업**이 널리 이루어졌다. 일정한 기술 수준을 유지하고 충분한 숙련 수공업자를 확보하려는 목적으로 정부는 관영 수공업자를 등록하도록 강제하여 관리하는 제도를 마련하였다. 이 장적 제도(帳籍制度)하에서 관영 수공업자는 사회적 지위가 낮았을 뿐만 아니라 무거운 요역의 대상이 되어 경제적으로 곤궁한 상태에 빠지기 쉬웠다. 그 대응으로 관영 수공업자는 태업(怠

業)을 하거나 도망을 가는 등의 방법으로 저항을 하는 사례가 많았고, 그에 따라 산출의 저하와 생산물의 품질 저하 문제가 만연하였다. 명대 중기에 시장이 발달하고 화폐 경제가 진전되면서 민간 수공업이 발달하자, 관영 수공업은 존폐 위기에 몰리게 되었다. 정부는 관영 수공업자가 요역 부담을 피하기 위해 일종의 뇌물을 바치던 관행을 합법화하는 방안을 도입하였다. 즉, 관영 수공업자로부터 공식적으로 세금을 징수하고, 이를 재원으로 삼아 민간으로부터 필요한 물품을 조달하는 방식을 취하였다.

그림 10-20

17세기 제철 작업 오른쪽 그림이 용광로에서 선철을 만드는 과정이고, 왼쪽 그림이 쇳물을 휘저어 순도가 높은 연철을 만드는 과정이다.

　관영 수공업의 쇠퇴는 **민영 수공업**의 번영을 배경으로 하는 것이었다. 강남 지방의 여러 도시들을 중심으로 다양한 업종의 민영 수공업이 번영을 구가하였다. **견직업**은 쑤저우(蘇州)에서 크게 번성하였다. 쑤저우는 강남의 물산이 유통되는 중심 도시로서, 각지로부터 온 대상인들이 영업을 하는 곳이었다. 이러한 대도시 환경을 배경으로 쑤저우의 견직업은 대단한 호황을 누렸다. 명대 초기에는 정부가 이곳에 설치한 직염국에서 황실이 수요하는 고급 견직물을 생산하였다가, 관영 수공업이 쇠퇴하자 직조태감을 이곳에 파견하여 민간 견직업자로부터 황실이 필요로 하는 제품을 조달하였다. 명조 중기 이후 쑤저우의 견직물 생산자들은 고급 관용 제품뿐만 아니라 지주와 사대부를 위한 제품, 그리고 상인과 평민 및 해외 소비자를 위한 중저가 제품까지 다양한 종류를 공급하게 되었다. 명대 말기에 쑤저우에는 소규모 가내 수공업이 널리 확산되었을 뿐만 아니라, 수십 대의 직기를 갖추고 수십 명의 직포공을 고용하는 수많은 대규모 공방에서 견직물이 생산되었다.

　광둥의 포산진(佛山鎭)에서는 **철기 제조업**이 발달하였다. 주강(株江)을 통한 수로 교통의 요지에 위치한 포산진은 광둥뿐만 아니라 전국 각지의 상인들이 모이는 대규모 상업 도시였고, 주철과 연료를 공급받기에 교통이 편리하였으며, 고로를 제작하는 데 유용한 도자기 제조업이 인근에서 발달하

그림 10-21

난징의 거리 네덜란드 사절단이 묘사한 대도시 난징의 모습. 간판을 내건 다양한 가게들이 늘어서 있다.

자본주의 맹아론: 제국주의 국가에 의해 식민지화 또는 반식민지화가 되기 이전에 대상국에서 자본주의적 경제 발전의 싹이 이미 존재하였다는 주장. 식민지화가 정체된 체제에 근대화를 가져왔다는 식민 사관을 비판하는 주장이다. 그러나 경제 발전의 양상을 보이는 일부만을 선택하여 역사를 재구성하였다는 비판을 받기도 한다.

였다는 장점을 지녔다. 포산진에서 생산된 철기 제품은 중국 전역으로 판매되었을 뿐만 아니라 청대에는 광저우와 마카오를 통해 동남아시아, 일본 및 네덜란드에까지 수출되었다. 17세기 말에서 18세기 초에 이르는 시기에 포산진에서 생산된 철의 양은 연간 3만 톤이 넘어, 산업 혁명 직전 영국의 연간 철 생산량의 두 배 수준이나 되었다.

징더전에서는 **도자기 산업**이 번영을 이루었다. 이미 송대부터 도자기 생산지로 유명하였던 징더전에는 명대에 어요(御窯)가 설치되어 관용 도자기를 대규모로 공급하였고, 점차 민수용 도자기의 생산이 크게 증가하였다. 징더전은 포산진과 더불어 중국의 4대 시진(市鎭)의 하나로 이름을 떨칠 만큼 대규모 상업 도시로서 명성을 얻었고, 18세기에는 인구가 50만 명에 달하기도 하였다. 이 도시들 외에도 항저우, 난징(南京) 등지에서도 각종 민영 수공업이 번영을 구가하였다. 쑤저우의 견직업과 포산진의 철공업에서는 명대 후기가 되면 한 고용주가 대규모 설비를 두고 많은 노동자를 고용하는 자본주의적 형태의 고용이 드물지 않게 존재하였다. 중국이 자생적인 자본주의적 성장의 궤도에 들어서고 있었다는 이른바 **자본주의 맹아론(資本主義萌芽論)**의 근거를 이루는 고용 형태가 여기에서 나타났던 것이다.

명조 중기부터 민영 수공업의 일부로서 **농촌 수공업**이 발달해 갔다. 강남의 여러 지역에서 소농 경영이 지배적인 가운데 조세 부담이 무거운 경우가 많았는데, 이 때문에 시장 판매를 위한 것이 아니라 가계 소득의 부족을 보완하는 수단으로서 수공업이 이루어졌다. 부업으로서의 생계형 수공업이 특히 활발하였던 부문은 직물업이었다. 면직물과 견직물이 대표적이었는데, 이를 위해 면화 재배와 양잠이 병행해서 이루어지기도 하였다. 일부 농민은 직조업을 주업으로 삼기도 하였다. 자금이 부족한 개별 농민은 원료 재배, 방적, 방직 등의 공정 가운데 일부를 담당하였고, 상인이 전체적인 생산 과정과 판매를 통제하였다. 따라서 영세 농민과 수공업자가 이로부터 이윤을 축적하기는 어려웠다.

청대에 들어서는 자유방임적인 경제 정책 기조는 더욱 강화되었다. 정부는 민간의 경제 활동에 대해 제한적으로만 개입하는 형태를 취하였다. 그러나 모든 부문에서 정부가 방임적 태도를 취한 것은 아니었다. 예를 들어, 징더전에는 민요(民窯)와 더불어 200여 곳의 관요(官窯)가 운영되었는데, 여기에서 10만 명에 달하는 노동자들이 고용되어 도자기를 생산하였다. 쑤저우에서는 수천 명의 직조공이 정부가 운영하는 직조국에 고용되어 각종 직물을 생산하였다.

그림 10-22

진귀한 도자기 중국인 신부의 결혼식 예물 중 청화백자를 포함한 도자기는 가치가 높이 평가되었다.

상업의 발달

원대에 역참을 중심으로 교통과 통신 네트워크가 발달한 데 이어서, 명대에도 새로운 교통망이 확립되었다. 베이징으로 천도한 이후 각지의 물자를 수도까지 원활하게 운송하기 위해 운하가 추가로 건설되었는데, 이는 강남 여러 도시들의 경제력이 전국적으로 확대될 기반이 마련된 것이기도 하였다. 특히, 장쑤성(江蘇省)과 저장성(浙江省) 두 지역에는 중국 전체 도시의 약 1/3이 위치하였을 만큼 **도시화가 진전**되고 **상업이 발달**되어 있었다. 가장 넓은 상권을 자랑한 것은 후이저우(徽州) 상인과 산시(山西) 상인이었다. 이들은 중국 전역의 대도시를 잇는 무역망을 갖추고 지역 간 가격 차이에 맞추어 상품을 유통시켜 큰 이익을 보았고, 도시들을 연결하는 금융업도 발전시켰다. 상인들은 타지에 나가서 무역을 하는 데 수반되는 위험을 분산하고 신용을 강화하기 위해 혈연과 지연을 기초로 한 모임을 발달시켰다. 특히, 동향인 모임이 회관(會館)을 응집의 구심점으로 삼아 활성화되었다.

명초에 해금 정책이 실시되고 북방의 몽골 잔재 세력에 대한 군사적 경계가 강화되면서, 정부는 비용 조달을 위해 각지의 상인들에게 군대가 수요하는 식량과 생활용품을 북방으로 가져오게 하고, 그 대가로 상인들이 소금을 판매하거나 토지를 개간하여 이득을 볼 수 있도록 하였다. 이에 따라 남

북 간의 물자 교류가 더욱 활발하게 이루어져 전국이 하나의 시장으로 통합되는 양상이 전개되었다. 남동부 해안 지방에서는 정부의 해금 정책에도 불구하고 무역을 영위하는 사람들이 적지 않았다.

상업의 발달은 새로운 사고방식과 새로운 사회 계층의 등장을 동반하였다. 명대에 널리 확산된 양명학(陽明學)은 기존 사상과 달리 인간의 욕구와 이익의 추구를 자연스러운 것으로 여겼고, 숭농억상(崇農抑商)의 위계 체제를 대신하여 상업의 중요성을 강조하는 주장이 봇물을 이루었다. 이런 사회적 분위기 속에서 사대

그림 10-23

18세기 베이징 청 건륭제 시기의 베이징 시장을 묘사한 그림. 다양한 상품을 판매하는 상점들과 물건들을 찾는 고객들이 그려 있다.

양명학: 명나라 왕양명이 주창한 학문으로, 성리학을 비판하고 지행합일(知行合一)을 강조하였다.

부 중에서도 상업에 뛰어드는 이가 많이 생겨났다.

해상 무역의 발달

중국 남부의 해안 지역은 동아시아, 동남아시아, 인도 및 아랍 지역과의 무역을 통해 번성하였다. 명대 초기부터 형성이 되기 시작한 **화교(華僑)**는 아시아 각지에서 점차 중요한 상업 세력으로 성장해 갔다. 그러나 점차 유럽의 상인들이 이 지역으로 침투해 오면서 경쟁적 상황이 조성되었다. 특히, 네덜란드와 영국의 동인도 회사가 주축을 이룬 유럽의 공격적인 전략은 중국 상인들의 입지를 자주 위협하였을 뿐만 아니라, 중국 정부에게도 유럽 인에게 중국을 어느 범위까지 개방할 것인가라는 문제를 제기하였다.

1644년에 명을 대체하고 등장한 청의 초기에는 국내 혼란으로 인해 대외 무역이 금지되었다. 타이완에서는 유럽의 경쟁 세력들을 물리치고 1640년대에 네덜란드가 지배 체제를 확립하고 있었는데, 1662년 항청복명(抗淸復明)을 내건 무역상이자 해적인 정성공(鄭成功)의 세력이 이를 축출하였다. 청 정부는 1683년 타이완에 원정대를 진격시켜 정성공의 군대를 패퇴시키고 타이완을 복속시켰다. 이후 청은 사실상 자유 무역을 실시하였다. 그러나 1720년 광저우(廣州)의 상인들은 서양 상인들과의 교역에서 지나친 경쟁을 피하고 공조

체제를 마련하기 위해 공행(公行)이라는 상인 조합을 조직하였다.

이것이 중국 해상 무역의 특징적 형태인 광저우 무역(廣州貿易, Canton Trade)이 탄생한 배경이었다. 중국 정부는 1757년부터 광저우 항구에서만 유럽 상인이 무역을 할 수 있도록 제한하고, 관리를 파견하여 입출항 관리 업무를 맡겼다. 서양 선박이 입항할 때마다 중국 정부가 보상(保商)을 지정하여 해당 선박의 관세 업무와 하역 작업을 담당하도록 하였다. 중국 정부는 상관의 운영에 대해서도 통제를 하였다. 예를 들어, 영국 동인도 회사에서 일하는 화물 관리인은 10-3월 동안에는 광저우 외곽의 상관에서 거류하였지만, 그 밖의 기간에는 마카오에서 거주하도록 강제하였다. 중국은 유럽 상인의 영향력을 가급적 엄격하게 제한하려고 하였던 것이다.

그림 10-24

광저우의 유럽 상관들 중국의 대외 무역 관문이었던 광저우의 18세기 중반 모습. 여러 유럽 국가들의 상관이 일렬로 배치되어 있다.

공행: 청대에 서양 상인과 무역을 하는 권리를 정부로부터 허가받은 광저우의 상인을 말한다.

광저우 무역: 무역항을 광저우로 한정하고 입항하는 외국 선박을 정부 관리의 통제 하에 놓는 무역 방식.

서양 사상과의 접촉

16세기 말부터 중국 사회에 예수회 선교사들을 통해 수학, 천문학, 지리학 등 서구의 과학 지식과 총포 제작술과 같은 기술이 점차 소개되었다. 명조 말기에는 이탈리아의 예수회 선교사 마테오 리치(Matteo Ricci)가 『곤여만국전도』(坤輿萬國全圖)를 제작하여 중화 사상에 사로잡혀 있던 중국인들을 놀라게 하였다. 예수회는 서구 학문과 과학 지식을 종교 전파의 유용한 수단으로 여겼고, 현지화 전략을 적극적으로 채택하면서 중국 상류 사회에 영향력을 확대해 갔다. 하지만 유럽 내의 도미니크파와 프란체스코파는 전례(典禮) 문제를 내세워 예수회의 중국 내 활동에 제동을 걸었다. 한편, 예수회 선교사들이 유럽에 전파한 중국에 대한 지식은 **계몽주의**(啓蒙主義, Enlightenment) 사상가들에게 중요한 영향을 끼쳤다. 그들은 중국의 통치 체제가 국민의 후생을 존중한다고 긍정적으로 평가하면서 유럽의 절대주의 체제를 비판하였다.

과학과 학문을 내세워 중국의 정치 지도자들을 개종시킬 수 있으리라는 예수회 선교사들의 기대는 애초에 비현실적이었다. 중국의 기술 수준과 생

마테오 리치(1552-1610): 이탈리아의 예수회 선교사로 중국에 최초로 선교를 한 인물이다. 선교를 위해 독서인 계층의 신임이 중요하다고 생각하고 서양의 학술을 중국어로 번역하였다. 유클리드 기하학의 역서인 『기하학 원본』과 세계 지도에 설명을 부가한 『곤여만국전도』가 이에 해당하였다. 그가 쓴 『천주실의』(天主實義)는 한국의 천주교 성립에 지대한 영향을 끼쳤다.

전례 문제: 중국인의 제천 의식과 조상 숭배에 대해 예수회는 천주교의 교리와 양립 가능하다고 보고 허용하였지만, 다른 종파들은 이를 이단적 행위로 보고 예수회를 비판하였다. 교황청도 비판적 입장에 서자 청국은 내정 간섭으로 간주하여 천주교를 박해하게 되었다.

계몽주의: 서양의 근대를 이끈 사조로 정치, 사회, 철학 등에 광범위한 영향을 끼쳤다. 기존의 관념과 달리 이성에 기초한 탐구를 통해 세계에 대한 진리에 도달할 수 있다고 여겼다. 권위주의보다 개인의 자유를 지향하였다.

건륭제의 칙서

1792년 청의 건륭제가 영국의 조지 3세에게 보내기 위해 매카트니 경(Lord Macartney)에게 전달한 칙서에는 중화 사상이 잘 표현되어 있다.

사해를 다스리는 천조는 오직 국내 문제를 적절하게 해결하는 것만 신경 쓸 뿐 희귀한 물건에는 관심이 없다. 지금 너희가 충의를 중시하여 멀리서 여러 물건을 바쳤으니, 특별히 아문(衙門)에 명령을 하달하여 이를 접수하도록 하였다. 사실상, 멀리 있는 많은 국가에까지 천조의 은덕과 능력이 미쳤으며, 너희들이 보았듯이, 그들은 이에 대한 보답으로 산해의 수많은 물건을 여기까지 가져왔다. 그럼에도 불구하고 우리는 진귀한 물자에 관심이 없을 뿐 아니라, 우리는 너희 나라의 생산물을 조금도 필요로 하지 않는다. 따라서 일부 사절을 북경에 주재시켜 달라는 너희들의 요구는 천조의 규범에 적합하지 않고 너희에게도 도움이 되지 않는다. 세부 지침을 하달하여 너희 조공단을 안전하게 귀국하도록 해 주겠다. 너희는 이런 우리의 뜻에 순응하여 충의를 강화하고 영원한 의무를 맹세함으로써 천조의 은덕을 누리기를 바란다.

자료: 오금성 외(2007), 599-600쪽.

그림 10-25

베이징 천문대 소장으로 임명된 예수회 선교사 벨기에 출신의 수사 페르비스트의 그림. 중국식 복장은 예수회 신부들이 중국화된 모습을 보이고자 하였음을 말해 준다.

산력, 그리고 그에 기초한 문화적 위세는 여전히 강건하였다. 국가 전체로서 **중화 사상**을 포기하는 데에는 오랜 시간이 흘러야 하였다. 18세기 말 청의 건륭제(乾隆帝)가 영국의 외교 사절에게 건넨 대화는 그때까지도 중화 사상이 얼마나 완강하게 유지되고 있었나를 잘 보여 준다(문헌 자료 10-4 참조). 망원경, 공기 펌프, 천체 관측 기구 등 사절단 일행이 가져온 다양한 서양의 물건들은 그들의 기대와 달리 황제의 환심을 사는 데 별다른 기여를 하지 못하였다.

중국 정부의 경제 문제

명조 중반 이후 중국 정부는 **재정 문제**에 봉착하였다. 광활한 영토를 중앙 집권적으로 통치하기 위해서는 각 지방으로부터 세금과 특산품을 징수하여 수도인 베이징까지 수로와 육로를 통해 운송해야 하였고, 중앙 정부는 각 지방의 지출 수요에 따라 이 조세 수입을 배분하고 운송해야 하였다. 각지와 베이징을 연결하는 양 방향의 운송비 및 이와 관련된 거래 비용을 절감한다면 중국의 재정 문제를 완화하고 통치의 효율성을 높을 수 있다는 주장이 대두되었다. 특정 재원과 특정 지출 부문을 자동으로 연결하는 방식을 통해 이와 같은 비용 절감을 이룰 수 있다는 주장이었다. 정부는 이 방안을 수용하여 각 지방에서 징수된 세금과 산물 가운데 그 지방 및 인근 지역에서 사용될 부분을 남겨 두고 나머지만을 수도로 보냈다. 이런 분산화된 재정 네트워크는 중앙 정부가 각 지방의 상황을 정확히 파악하고 통제할 수 있다는 조건하에서는 효율성을 증대시킬 수 있었을 것이다. 하지만 이 조건이 충족되지 않자, 오히려 세무 관리상의 부패가 만연하고 비효율성이 커지는 결과를 낳았다.

명조 말기에 경제는 더욱 큰 어려움에 직면하였고 **사회적 혼란도 심화**되었다. 1620년대부터 저온 현상 등의 자연재해와 그에 따른 흉작의 발생 빈도와 강도가 높아졌다. 기근이 심화되면서 퇴역 군인과 탈영병들이 비적으로 변하였고, 부랑민의 수가 증가하고 약탈과 폭력이 빈발하면서 농촌 사회를 위협하였다. 1630년대 말에는 홍수, 가뭄, 메뚜기떼의 창궐, 감염병의 확산 등의 현상이 발생하면서 폭동과 소요가 빈발하였다. 정부의 조세 인상은 사태를 악화시켰다. 또한 1639년 일본이 마카오 상인의 입국을 금지하는 정책을 취하였고, 필리핀에서는 중국과 스페인 간의 유혈 사태 결과로 양국 간 무역이 중단되었다. 이러한 국제적 상황은 중

국으로 유입되는 은의 양을 축소시켰고, 이에 따라 중국에서는 급속한 디플레이션이 발생하였다. 납세 불이행 움직임이 일어났고, 지대를 둘러싼 폭동이 줄을 이었다. 국가 재정은 더욱 악화될 수밖에 없었다. 국내의 반란은 물론이고 남부 해안에서 왜구가 발흥하고 북방 민족의 침입도 발생하였다. 홍수에 의한 기근과 천연두의 창궐로 인구가 격감하는 상황이 되었다. 그러나 이런 경제적 문제와 사회적 혼란에 대해 정부는 효과적으로 대응할 능력을 전혀 갖지 못한 것으로 나타났다. 결국 **자연재해, 기근, 감염병, 통화 위기, 재정 궁핍** 등의 요인들

이 복합적으로 작용하여 명 왕조를 파국으로 이끌었다.

　　이런 현상은 중국 역사를 통해 왕조 말기마다에 반복적으로 관찰되는 경향이 짙었다. 그러나 명청 시대에 발생한 이런 현상은 특별히 주목할 필요가 있는데, 그것은 이 시기가 근대의 초입을 이루는 역사적 시기였기 때문이다. 이에 대한 논의의 중요성은 인구 문제를 집중적으로 살펴봄으로써 확인할 수 있다.

중국의 인구와 맬서스 트랩

　　중국은 이 시기에 **높은 인구 증가율**을 기록하였다. 1600년에 중국의 인구는 약 1억 6,000만 명이었던 것으로 추정되는데, 이후 명청 교체기의 사회적 혼란 상황에서 인구가 크게 감소하여 1700년에는 1억 4,000만 명 이하가 된 것으로 보인다. 그러나 17세기 중반에서 18세기 중반에 이르는 기간에 인구가 2배 이상 증가하였다. 그리하여 1820년에 중국의 인구는 3억 8,000만 명에 이른 것으로 추정된다. 세계 인구의 약 1/3에 해당하는 규모였다.

　　표 10-4는 매디슨(A. Maddison)이 추정한 세계 각지의 인구를 시기별로 보여 준다. 이 추정치가 얼마나 정확한지에 대해서는 논의의 여지가 있지만, 전반적인 추세에 대해서는 이견이 많지 않다. 1500년에서 1820년에 이르는 기간에 중국의 인구는 270% 증가하여 세계 최고 수준을 보였다. 세계 인구에서 차지하는 비율이 1700년 23%에서 1820년에 37%로 급상승한 점은 특히

표 10-4   **구세계의 지역별 인구, 1500-1820년**

(단위: 1,000명)

지역	1500년	1600년	1700년	1820년
중국	103,000	160,000	138,000	381,000
인도	110,000	135,000	165,000	209,000
서남아시아	17,800	21,400	20,800	25,147
구(舊)소련	16,900	20,700	26,550	54,765
동유럽	13,500	16,950	18,800	36,457
서유럽	57,268	73,778	81,460	133,040
아프리카	46,610	55,320	61,080	74,236

자료: Maddison(2003).

두드러진다. 1500년에서 1820년 사이에 구소련(224%), 동유럽(170%), 서유럽(132%)도 대체로 높은 인구 증가율을 보였고, 인도, 서남아시아, 아프리카도 100% 이내이기는 하였지만 인구 증가를 기록하였다.

지구 곳곳에서 공통적으로 인구가 증가하였다는 사실은 **식량 증산에 유리한 환경**이 세계적인 차원에서 조성되었을 것이라는 추측을 가능하게 한다. 무엇보다 대항해 시대 이래 감자와 옥수수가 전 세계로 전파되어 재배가 확산된 점이 작용하였다. 이 작물들은 지역적 저항을 서서히 극복해 가면서 많은 지역에 보급되었는데, 다른 작물이 잘 자라지 못하는 토질과 기후에서도 높은 수확량을 보였다. 세계적 인구 증가에 유리한 조건으로 온화한 기후를 지적하는 견해도 있다. 17세기에 기후가 좋지 않았다는 학설도 있지만, 이 시기 전체로 보면 식량 증산에 유리한 기후를 보였다는 것이 이 견해가 주장하는 바이다. 특히, 18세기부터는 지구상의 대부분 지역에서 인구가 증가한 것으로 보인다.

이러한 공통적 요인 외에도, 중국에서 곡물 생산이 특히 많이 증가하게 만든 요인들이 있었다. 우선 중부 지방과 서부 지방에서 경작지가 대규모로 확대되었다. 남방으로부터 조생종 벼가 도입됨으로써 이모작이 가능한 지역이 확대된 점도 식량 증산에 도움이 되었다. 마지막으로 관개 시설이 확충되고 농기구가 개선되고 비료의 사용이 증가하면서 단위 면적당 수확량을 늘릴 수 있었다.

인구 증가는 **경제 발전을 자극**할 수도 있고 **경제 발전에 부담**을 줄 수도 있다. 인구 증가가 경제 발전에 유리하다는 주장은 보서럽(E. Boserup), 클라크(G. Clark) 등을 포함한 여러 학자들에 의해 제기되었다. 이들의 주장에 따르면, 인구 증가는 기술 진보에 유리한 환경을 조성한다. 인구가 많고 인구 밀도가 높은 사회에서는 혁신을 이끌 지식의 개선과 기술의 발달을 이끄는 사람이 더 많이 등장할 수 있다는 것이다. 인구 증가가 유발한 지속적인 기술 혁신을 통해 경제가 꾸준히 발전할 수 있다는 것이다. 한편, 인구 증가가 경제 발전을 저해한다는 주장은 영국의 고전파 경제학자인 맬서스(T. Malthus)에 의해 정형화되었다. 그는 인구 증가가 일

그림 10-27

홍수 방지를 위한 노력 청대에 홍수 방지를 위해 토목 공사를 벌이는 모습. 하지만 이런 노력이 충분한 성과를 가져오지는 못하였다.

중국 인구에 대한 맬서스의 견해

맬서스는 중국에서 비옥한 토지, 온화한 기후, 농업을 장려하는 정부 정책 등에 힘입어 인구가 크게 증가하였지만, 인구 증가 추세가 계속될 수 없기 때문에 결국 기근, 전염병, 전쟁, 유아 살해 등의 과정을 통해 인구가 조절된다고 주장하였다. 『인구론』의 일부를 보자.

이런 흉작은 그렇게 드문 현상이 아니며, 물론 전쟁과 내란이 끼치는 억제력도 작지 않지만, 흉작에 뒤이어 나타나는 기근이야말로 중국 인구에 대한 적극적 억제 중에서 가장 강력한 것이다. 중국 왕조사에서 기근에 관한 기록이 간간이 남아 있다. 만약 그런 기근이 극심한 침해를 가져오게 한 것이 아니었다면, 중화 제국의 대사건이나 혁명의 기록과 동등한 비중을 가지고서 기록되었을 리가 없다.

예수교도 중 한 신자는 관리들이 인민에 대해서 최대의 동정을 표시하는 것처럼 보이는 것은 가뭄이나 폭우, 또는 몇 개의 지방을 삼켜버리고도 남을 만한 거대한 메뚜기떼의 습격과 같은 이변 때문에 흉작이 들 우려가 있는 경우라고 말한다.

...

흉작이 들었을 때 만약 궁정이 어떤 빈민 구제법도 강구하지 않는다면 약탈자들의 무리는 곧 한 덩어리로 규합하여 점차 그 수를 더해 마침내 그 지방의 평화를 어지럽히게 된다. 이에 대비하여 언제나 무수한 명령이 내려지며 기근이 지나갈 때까지 인민을 위로하고 격려하는 여러 가지 운동이 끊임없이 행해진다. 그러나 인민을 구제하려는 동기가 대체로 순진한 동정의 마음에서 나오지 아니하고 정략적인 데서 나온다면, 빈민들이 필요를 느낄 때, 그 필요로 하는 방법으로써 구제를 받을 수는 없을 것이다.

자료: 맬서스(2011), 134-135쪽.

인당 소득의 감소를 유발하고 이것이 다시 출생률 감소와 사망률 증가를 통해 인구 감소로 이어지게 된다는 '철의 법칙'을 제시하였다.

역사적으로 인구 증가가 경제 발전을 추동하거나 저해한 사례는 아주 많다. 뒤에서 논의하겠지만 영국의 산업 혁명은 급속한 인구 증가를 배경으로 전개되었다. 그런데 중국에서는 인구 증가가 경제 발전에 **부정적인 압력**으로 작용하였다. 경작할 토지가 부족해지자 호반 지역을 개간하는 일이 많아졌는데, 이는 홍수가 났을 경우 피해가 확대되는 사태를 초래하였다. 농촌 인구의 증가는 시장 판매보다는 많은 인구를 부양하기 위한 생계형 소농의 광범위한 확산으로 이어졌다. 농촌을 중심으로 한 가내 공업도 가계 소득을 보충하기 위한 소농형 겸업의 성격을 띠었다. 저렴한 노동력의 존재는 노동 절약형 기술 진보의 필요성을 감소시켰다.

맬서스의 인구와 경제 모형

맬서스의 인구와 경제 모형은 아래 그림으로 설명된다. 위의 그래프는 x축에 일인당 소득을 표시하고 y축에 출생률과 사망률을 표시한다. 일인당 소득이 증가하면 영양 상태가 좋아지고 면역력이 강해짐에 따라 출생률은 증가하고 사망률이 감소하는 경향이 있다. 따라서 출생률 곡선은 우상향하고 사망률 곡선은 우하향한다. 아래 그래프는 x축에 일인당 소득을, 그리고 y축에 인구를 표시한다. 출생률과 사망률의 차이에 따라 결정되는 인구는 일인당 소득이 증가함에 따라 감소하게 된다. 따라서 곡선은 우하향한다. 이와 같은 경제에서 장기적인 균형은 일인당 소득이 y^*인 수준에서 도달된다. 이때 인구는 N^*에 머물게 된다.

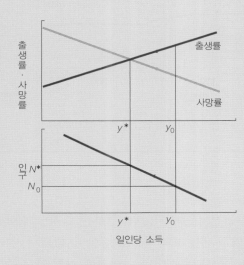

이제 어떤 이유에서든지 인구가 N_0로 감소한다고 가정해 보자. 그러면 일인당 소득은 y_0로 증가한다. 그런데 증가된 일인당 소득은 그 상태를 계속 유지할 수 없다. 일인당 소득의 증가가 출생률을 높이고 사망률을 낮추므로, 인구가 서서히 증가하게 된다. 인구 증가는 인구가 N^*로 돌아올 때까지, 즉 출생률과 사망률이 동일해져서 인구 변화가 더 이상 발생하지 않을 때까지 진행된다. 이 과정에서 일인당 소득은 하락하여 결국에는 애초 수준인 y^*로 돌아오게 된다.

맬서스의 모형에 따르면, 인구의 감소는 일인당 소득의 증가를 가져오지만 이 추세는 곧 역전된다. 출생률의 증가와 사망률의 감소로 인해 인구가 증가하기 때문이다. 이런 메커니즘을 맬서스 트랩이라고 부른다. 맬서스는 1798년 출간한 『인구론』을 통해 이 모형을 주장하였으며, 그에 입각해서 영국 경제의 장래에 대해 비관적인 견해를 피력하였다. 그리고 선한 의도로 구빈 지출을 늘린다고 하더라고 그 장기적 결과는 일인당 소득의 증가를 수반하지 않는 인구 증가일 뿐이므로, 이런 정책은 바람직하지 않다고 주장하였다. 그러나 그는 자신이 살고 있던 시기 – 산업 혁명기 – 가 맬서스 트랩이 붕괴되는 역사적 전환점임을 미처 깨닫지 못하였다.

이 모든 현상은 중국의 경제가 근대적 체제로 이행하는 데 불리한 조건이 축적되어 갔음을 의미하였다. 결국 18세기 말부터 가뭄과 홍수의 피해가 커지고 감염병이 확산되는 가운데, 민란과 같은 사회적 혼란이 가중되면서

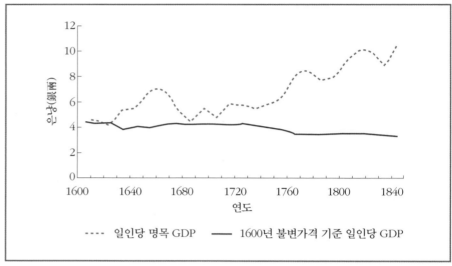

그림 10-28 중국의 일인당 명목 GDP와 실질 GDP 추정액, 1600-1840년

자료: 폰 글란(2019), 624쪽.

맬서스 트랩: 인구가 증가하면 일인당 소득이 감소하여 출생률과 사망률이 조정을 받게 되어 결국 다시 인구가 원상태로 돌아가게 된다는 것.

백련교도의 난: 청 왕조와 지주들에 의해 수탈을 받던 신개척지 중심으로 발발한 종교적 농민 반란. 진압에 소요된 비용으로 인해 청의 재정이 크게 악화되었다.

태평천국 운동: 1851-1864년에 걸쳐 기독교 사상에 독특하게 영향을 받은 홍수전(洪秀全)이 농민군을 이끌고 정부를 전복하여 지상 천국을 세우려고 한 농민 운동.

중국 경제는 정체 내지 퇴보 국면에 접어들게 되었다. 정부는 재정상의 한계로 인해 자연재해의 방지나 기근의 구제를 효과적으로 행할 수 없었다. 결국 대항해 시대 이후 발생한 식량 생산 능력의 증대가 수세기에 걸친 인구 증가를 가져올 수 있었지만, 인구 압박이 커지면서 중국은 다시 한번 맬서스 트랩(Malthusian Trap)에 갇히게 된 것이다. 그림 10-28은 중국의 일인당 GDP가 이 시기에 어떻게 변화하였는지 보여 준다. 일인당 명목 GDP와는 달리 일인당 실질 GDP는 지속적으로 하락하였고, 특히 18세기 후반에 하락세가 급격하였음을 알 수 있다.

인구 증가의 압박이 야기한 **사회 불안과 저항**은 결국 청조의 쇠퇴로까지 이어졌다. 1796-1805년에 발발한 백련교도의 난은 반란의 불길이 중국의 중심부에까지 번졌음을 말해 주었다. 청조에게 가장 심각한 위협으로 다가왔던 봉기는 1850년에 발발한 **태평천국 운동**(太平天國運動)이었다. 15년에 걸쳐 청 왕조를 위기 상황으로 몰고 갔던 이 반란 과정에서 2,000만 명 이상의 막대한 인명 손실이 발생하였다. 혼란의 와중에 서구 열강들은 각기 중국 및 인근 지역에서 이권을 챙기기에 몰두하였다. 러시아는 아무르강 유역과 연해주 지방을 차지하였고(1858-1860), 프랑스와 영국은 각각 인도네시아(1884-1885)와 버마(1886)를 점령하였다. 일본은 타이완을 병합(1895)하고 점차 한반도로 영향력을 확대해 갔다. 이와 같이 국내적으로는 대규모 반란이, 그리고 국외로부터는 서구 열강의 침탈이 계속되면서 청 왕조는 더욱 수세에 몰리게 되었다.

제4절 일본과 한국의 변화

일본의 대외 정책

에도 시대에 일본 경제는 성장을 거듭하였다. 무엇보다도 **도시가 발달**하였다. 다이묘의 성곽을 거점으로 조성된 계획 도시인 조카마치(城下町)는 물론이고, 역참이 있는 곳이나 항구가 발달한 곳, 광산이 개발된 곳에는 각각의 특성을 지닌 도시가 형성되었다. 에도, 오사카, 교토는 일본의 3대 도시로, 전국적 시장권을 지닌 종합 도시였다. 특히, 에도는 당시 세계에서 가장 인구가 많은 대도시 가운데 하나로서, 정치와 군사 중심지이자 최대 소비 도시로서 지위를 누렸다.

조카마치: 영주가 거주하는 성곽 주위로 만들어진 거주지. 영주의 성, 무사 거주지, 사찰 지구, 상공자의 거주지인 조닌지(町人地) 등 신분에 따라 구획되었다.

에도 막부는 1640년대 대기근의 피해를 입은 것을 계기로 **농업 기반을 확충**하기 위해 대규모 개간 사업을 실시하였다. 이에 따라 경지 면적이 크게 증가하였고, 이것이 농업 기술의 개량과 맞물려 효과를 내면서 인구 부양 능력도 크게 증대되었다. 환금 작물의 재배도 늘어났다. 면화, 뽕, 담배, 유채, 쪽 등의 재배 면적이 증가되었고, 전국의 시장으로 유통망이 확대되었다. 농업 외에 어업, 제염업, 임업, 제련업 등도 발달하였다. 특히, 17세기 후반부터는 동(銅) 생산이 크게 늘어났다. 제조업도 성장하여, 농촌 가내 수공업인 면직업과 견직업이 발달하였고, 도기와 종이 생산도 증가하였다.

상업도 발달하면서 **전국의 시장이 통합**되는 양상이 나타났다. 육상 및

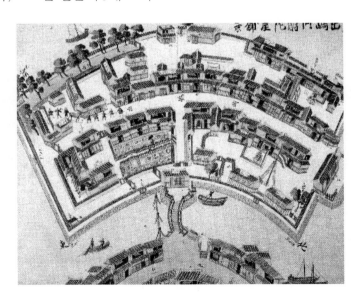

그림 10-29

서양 문물의 제한적 접촉 나가사키에 인공적으로 조성된 섬인 데지마는 일본이 서구의 문물, 지식과 정보를 직접적으로 취득하는 유일한 통로였다.

수상 교통망이 정비되고, 유통의 빈도가 높아지면서 지역 간 가격 차이가 축소되었다. 기존의 소량 판매를 벗어나 대량으로 재화를 유통하는 새로운 상인층도 등장하였다. 이들은 18세기 이후 막부로부터 승인을 받아 영업세를 납부하는 대신에 독점적인 영업권을 획득하기에 이르렀다. 화폐 제도로는 금화, 은화, 전화가 함께 통용되었는데, 각 화폐의 상대 가격이 시기에 따라 변동하였기 때문에 화폐 유통에 장애가 되곤 하였다. 에도를 중심으로 한 동(東)일본에서는 금이 주로 사용되었고, 오사카를 중심으로 한 서(西)일본에서는 은이 더 자주 사용되었다는 점도 문제였다. 환전상들은 전국의 지역들을 중개하면서 환전과 대부를 하였고, 필요한 통화량 확보를 위해 지폐인 번찰(藩札)이 발행되어 사용되기도 하였다.

막부는 중국 및 조선과는 **대외 교역**을 일정한 수준에서 계속하였지만, 그것도 사회적 · 정치적 상황에 따라 시기적으로 변화를 거듭하였다. 중국으로 향한 일본의 수출품은 18세기 초까지는 은이 대표적이었고, 18세기 중반부터는 동이 은을 대체하였다. 중국으로부터 가져온 수입품은 생사와 견직물이 대표적이었다. 조선으로부터는 면화 수입이 많았고, 18세기 중반까지는 인삼 수입량도 많았다.

이들 이외의 지역에 대해서는 일본의 대외 정책이 더욱 폐쇄적이었다. 1630년대까지는 동남아시아와 무역이 대체로 활발하게 이루어졌다. 주인선(朱印船, Red Seal Ship), 즉 막부가 발부한 무역 승인서를 보유한 무장 상선이 지금의 베트남, 태국, 필리핀 등과 교역하였다. 일본이 은, 동, 유황 등을 수출하고 상아, 후추, 물소뿔 등을 수입하는 형태였다. 그러나 1630년대부터 일본 조정은 서양에 대해 **쇄국 정책**을 강화하였다. 기독교 사상의 유입이 일본의 봉건제적 질서와 가치관에 부정적인 영향을 줄 것이라고 판단한 정부는 기독교를 탄압하였다. 나가사키 항을 통해 네덜란드 상인이 무역을 할 수 있도록 허용하였지만, 다른 서양 국가들은 일본과의 무역이 전면적으로 금지되었으며, 기독

그림 10-30

일본과 무역하는 연합 동인도 회사 선박 네덜란드 국기를 단 연합 동인도 회사 선박들이 나가사키의 데지마 부근에 정박하고 있다.

주인선: 토쿠가와 쇼군의 승인하에 동남아시아로 진출한 일본의 무장 상선.

교와 같은 서양 사상이 유입될 수 있는 경로도 통제되어 있었다.

비록 제한된 범위에서였지만 일본은 네덜란드 무역선을 통해 서구에 대한 이해의 폭을 넓혀 갔다. 네덜란드인들로부터 조선술, 제련술, 지도 제작법 등을 도입하였을 뿐만 아니라, 서양 국가들의 정세에 관한 보고서도 받아 국제 정세에 대한 지식도 축적하여 갔다. 이런 경로를 통해 도입된 서양에 대한 지식은 일본 지식인들 사이에 **난학(蘭學)**이라는 이름으로 전파되었다. 사전 편찬, 학술서 번역이 활발하게 이루어졌고, 일본 곳곳에 서양의 사회와 문화를 탐구하는 연구소가 설립되었다. 에도 막부도 난학 연구를 지원하여 서양 문명에 대한 일본인의 이해력을 높이는 데 일조하였다. 일본은 분명히 이 시기부터 외세에 의해 개항이 강제되는 19세기 중반까지 외부의 세계화 추세와 유리되는 상황에 놓이게 되었지만, 난학의 지원이라는 실리주의적 정책을 통해 변화하는 세계에 대해 일정한 수준의 대응 능력을 쌓아 가고 있었다. 일본의 대표적인 근대 사상가 후쿠자와 유키치(福澤諭吉)가 난학을 연구한 대표적인 인물이었다는 사실이 이를 증명하였다.

일본은 중국과 마찬가지로 자국 사정에 따라 개방적인 대외 정책을 취하지 않고 폐쇄적인 기조를 유지하면서 독자적인 발전의 길을 모색하였다. 그리고 실제로 국내 경제의 발전과 인구의 증가도 경험하면서 근대화에 다가서는 것으로 보이기도 하였다. 그러나 폐쇄적인 체제를 고수하면서 맬서스 트랩을 돌파할 길을 마련하기는 어려웠다. 결국 일본도 중국과 마찬가지로 서양으로부터 강제적으로 개방을 하도록 압력을 받는 상황으로 몰리는 결과를 맞았다.

> 난학: 에도 시대에 네덜란드로부터 유입된 유럽의 학문, 기술, 문화 등을 통칭하는 용어.

> 후쿠자와 유키치(1835-1901): 일본 근대화를 이끈 계몽가이자 교육자. 네덜란드어 학교인 난학숙(蘭學塾)을 열었고, 견외사절(遣外使節)로 수차례 해외를 방문하여 신문물을 익혔다. 메이지 유신 이후 부국강병을 주장하며 언론 및 교육 활동에 힘을 기울였다.

조선 중기 이후의 경제

16세기 말과 17세기 초에 **왜란과 호란**이 발생하면서 조선의 사회와 경제는 큰 타격을 입었다. 전후 복구는 더디게 진행되었고 생산 · 유통 · 조세 체제는 모두 원활하게 작동하지 못하였다. 농민에게 직접 특산물을 징수하지 않고 토지 면적에 따라 다양한 수단으로 세금을 납부하게 한 대동법(大同法)은 빈곤한 농민들의 공납 부담을 줄여 주고자 한 정부의 의지가 담긴 정책이었다. 영정법(永定法)과 균역법(均役法)으로 토지와 군역 제도에도 개혁을 도모하였지만, 이 조치들이 충분한 효과를 거두지는 못하였다. 전반적으로 조

문헌 자료 10-6

박제가의 경제관

조선 후기의 대표적 실학자인 박제가는 전통적 경제 사상과는 다른 생각을 지녔다. 그는 검약을 강조하는 전통적 소비 관념을 비판하고 소비의 확대를 통해 기술 진보와 생산 증대를 이루자는 새로운 주장을 펼쳤다. 『북학의』(北學議)에서 그의 견해를 확인해 보자.

중국이 사치로 망한다고 하면, 우리나라는 반드시 검소함으로 인해 쇠퇴할 것이다. 왜 그런가? … 지금 나라 안에는 구슬을 캐는 집이 없고, 시장에는 산호의 값이 없다. 또 금과 은을 가지고 가게에 들어가도 떡을 살 수가 없다. 어찌 그 습속이 참으로 검소함을 좋아해서 그러하겠는가. 오직 물건을 이용하는 방법을 모르기 때문이다. 이용할 줄 모르니 생산할 줄 모르고, 생산할 줄 모르니 인민이 날로 궁핍해지는 것이다. 대저 재물은 비유하자면 우물과 같아서, 퍼내면 채워지고 이용하지 않으면 말라버린다. 비단을 입지 않기 때문에 나라 안에는 비단을 짜는 사람이 없다. 그래서 길쌈과 바느질이 쇠퇴해졌다. 그릇이 비뚤어지는 것을 개의하지 않으므로 교묘함을 일삼지 않아, 나라에 공장(工匠)과 질그릇 굽는 곳, 대장간이 없어서 기예(技藝)도 사라졌다. 심지어 농업이 황폐해져 농부는 농사하는 방법을 놓치고, 장사는 이익이 박해 실업한다. 그러니 사민(四民)이 모두 곤궁하여져 서로 도울 길이 없다.

자료: 이헌창(2011), 127-128쪽.

선 경제는 뚜렷한 발전 징후를 보이지 못하였다.

사회적 변화 속에서 사상적으로도 변화가 발생하였다. 기존의 성리학이 지닌 관념적 속성과 경직적 성향을 비판하고 현실 사회에 부합하는 학문으로 발전시킨다는 목표를 내세운 **실학(實學)**이 17세기 중반부터 나타났고, 18세기를 거치면서 세력을 확대하였다. 유형원, 이익, 정약용, 박지원 등 많은 학자들이 실학의 발달에 기여하였다. 또한 서양의 종교와 사상이 **서학(西學)**이라는 이름으로 국내에 파급되었다. 그러나 정부가 서학과 기독교에 대해 강력한 탄압 정책을 폈기 때문에 서학이 국내에 전파되는 범위는 크게 제한되었고, 따라서 일본에서 난학이 유행하였던 것과 같은 현상이 조선에서는 발생하지 못하였다.

18세기 이후 토지 생산성은 정체 내지 후퇴를 한 것으로 추정되는데, 이는 미흡한 수리 시설, 산림의 황폐화, 퇴비 사용의 부족 등이 원인이었던 것으로 보인다. 중국과 일본에 비해 일인당 경지 면적은 조선이 더 넓었지만, 이모작의 비율이나 농외 소득원의 측면에서는 조선이 뒤떨어져 있었다. 상업에서는 일부 긍정적 변화가 발생하였다. 17세기 말에 5일장 체제가 확산되어 시장 거래가 활성화되었다. 그러나 거래의 대부분은 농민 상호간의 물자 교환이었고, 시장 판매를 위한 생산과 장거리 교역은 제한적이었다. 사람과 물자의 이동이 활발한 포구를 중심으로 객주(客主)가 성장하여 상품의 위탁매매, 보관, 중개, 어음 할인 등을 담당하였다. 또한 시전 상인 중심의 도시 시장 체제가 난전(亂廛)의 허용으로 변화를 맞기도 하였다.

그림 10-31

담배의 유행 조선 후기 김홍도가 그린 잎담배를 써는 장면. 담배는 조선에서 큰 인기를 끌었는데, 곡식 대신 담배를 심는다는 비판이 대두할 정도였다.

정부의 쇄국 정책이 계속되는 가운데 **대외무역도 부진**하였다. 사무역이 부분적으로 허용되기는 하였지만, 여전히 규제가 강해서 상인 자본의 발전하기 어려웠다. 1715년 재정 문제에 직면한 도쿠가와 막부가 은의 유출을 규제하면서 조선으로 들어오는 은의 유입이 감소되었고, 마침내 18세기 중반부터는 은이 더 이상 유입되지 않게 되었다. 대일본 인삼 수출의 감소도 사태를 악화시켰다. 이에 따라 조선은 은이 부족해져서 청나라와의 무역에서 적자가 심화되었다.

난전: 시전 상인이 보유한 독점적 거래 권한을 어기는 사상인(私商人)을 의미한다. 난전을 금지하는 금난전권이 1791년 신해통공(辛亥通共)으로 폐지됨으로써 육의전을 제외한 시전 상인의 특권은 소멸되었다.

19세기에도 조선의 경제 사정은 나아지지 않았다. **삼정(三政)의 문란(紊亂)**으로 사람들의 생활이 도탄에 빠졌으며, 사회적으로 부패가 만연하였다. 민란의 발생이 증가하고 정부는 세도 정치의 소용돌이에 빠져 헤어날 계기를 찾지 못하였기 때문에 효과적인 사회 개혁을 기대하기 어려웠다. 일본과 청이 서양의 근대적 기술과 무력 앞에서 취약한 것으로 드러나면서 내부적으로 변화를 모색하는 상황이 전개되었고, 그러한 가운데 조선에 대한 외부의 압력도 증가하였다. 조선 사회는 대내외적 난국을 헤쳐 나갈 방도를 찾지 못하고 헤매었다. 결국 조선은 외세의 침탈 속에서 스스로의 힘으로 근대화를 이끌어 가지 못하는 신세로 전락하고 말았다.

삼정의 문란: 전정(田政), 군정(軍政), 환정(還政)의 수취 체제가 제대로 작동하지 않고 부정부패로 얼룩지게 된 현상.

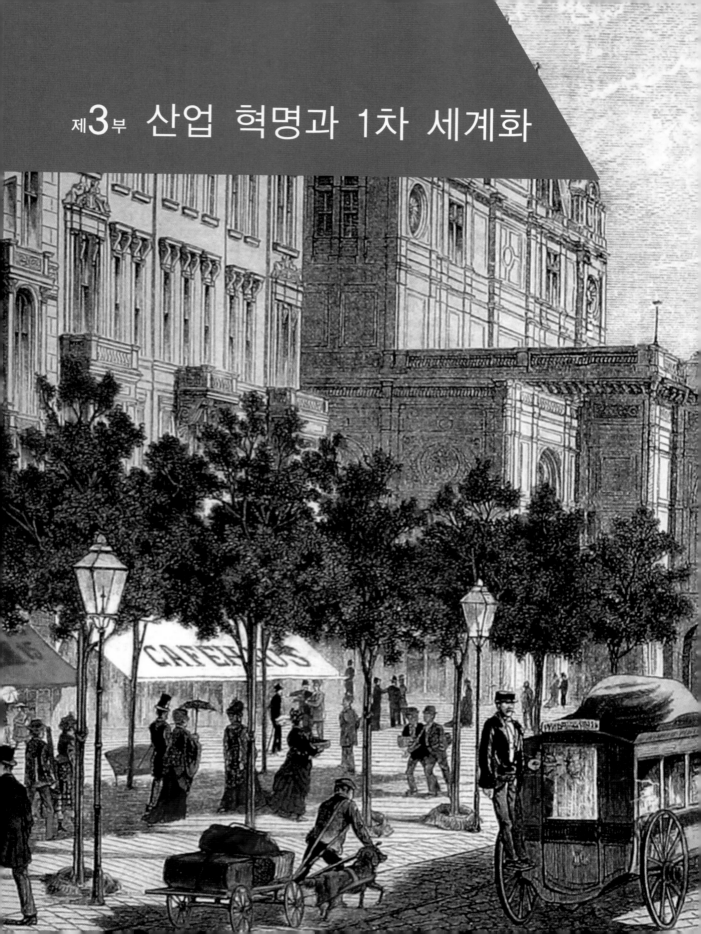

제3부 산업 혁명과 1차 세계화

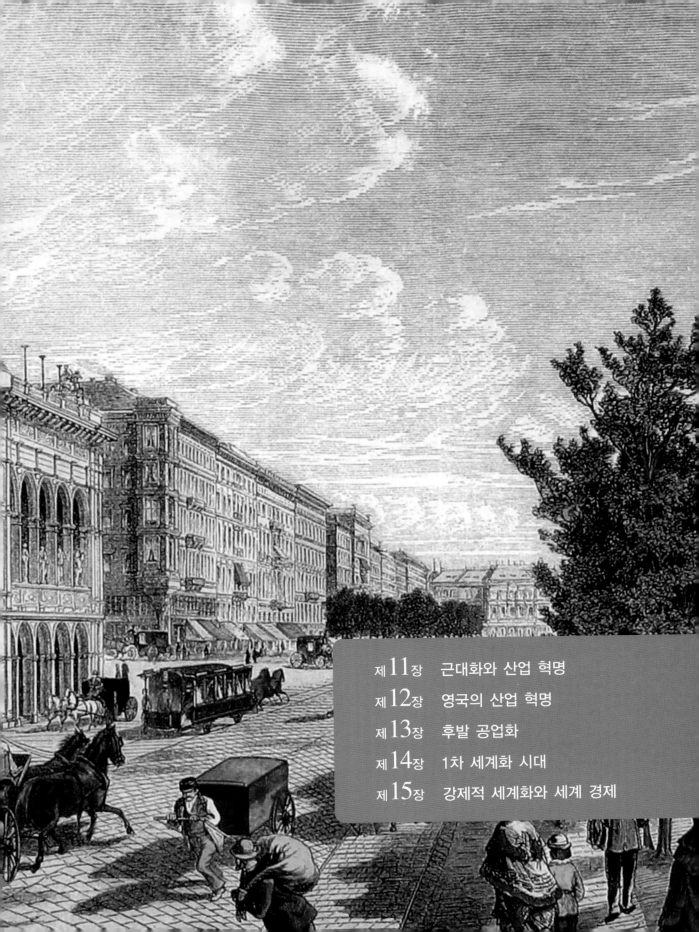

근대화와 산업 혁명

제1절 근대화의 정의

다양한 기준

근대화(近代化, Modernization)란 간단히 말해 '전(前)근대적(혹은 전통적, 봉건적) 상태로부터 근대적 상태로 전환하는 과정'이라고 정의할 수 있다. 여기에는 전근대적인 것은 후진적인 것이고 근대적인 것은 선진적인 것이라는 가치 판단이 암묵적으로 깔려 있다. 이와 대조적으로 근대화를 진보, 향상, 개선으로 보는 관념을 비판하고, 근대화의 개념을 가치 중립적 관점에서 설명하고자 하는 견해도 있다. 어느 견해를 따르건 간에 근대화는 과거 사회와는 질적으로 다른 사회가 형성되는 구조적 변화(structural change) 과정을 의미한다. 그런데 근대화는 정치, 경제, 사회, 문화 등 다양한 영역에서 전개될 수 있기 때문에, 역사적으로 근대화 과정을 논의할 때에는 어떤 부문의 어떤 변화를 근대화의 핵심으로 보느냐에 대해서 학자들 간에 견해가 다양하게 존재한다.

첫째, 근대화는 공동체주의에서 **개인주의**로의 변화를 의미한다고 볼 수 있다. 인간의 사고방식과 행동 양식이 전통 사회에서는 자신이 소속된 가족, 친척, 지역 등 공동체의 입장에서 결정되었지만, 새로운 사회 환경에서는 개인으로서의 자신이 가장 중요한 기준이 된다. 둘째는 첫째와 관련성이 깊은 기준으로서, 관습 중심의 사회에서 **계약 중심**의 사회로 변모하는 과정을 강조하는 견해가 있다. 의사 결정과 문제 해결에 있어서 전통적으로 지속되어 온 관습과 관례에 의존하는 방식이 사라지고, 대신에 명시적인 계약에 의거하여 권리와 의무의 범위가 결정되는 방식이 자리를 잡는 과정임에 이 견해는 주목한다.

셋째, 종교적 색채가 강한 사회로부터 **세속적 성격**이 강한 사회로의 이행이 강조되기도 한다. 특히, 서구에서는 중세 사회에 강한 통제력을 가졌던 기독교의 영향력이 종교 개혁과 과학 혁명을 거치면서 급속하게 약화되었다. 정도의 차이는 있지만 세속화의 추세는 세계의 다른 여러 지역에서도 목격되었다. 넷째, 경제 구조의 변화에 주목하는 견해는 농업 중심의 경제가 **상공업 중심의 경제**로 전환되는 과정에 논의의 초점을 둔다. 인구의 대부분이 농업에 종사하던 사회가 상업의 확대 및 공업의 발달을 통해 경제 구조상 커다란 변화를 맞게 되는 과정으로 근대화를 이해하는 것이다. 역사적으로 볼 때 앞으로 자세히 다루게 될 산업 혁명(Industrial Revolution)이 이런 변화를 담은 핵심적인 과정이라고 널리 인정된다.

그림 11-1

십일조 납부 전근대적 신분제 사회에서 농민들은 교회나 영주에게 소득의 10%를 십일조로 납부해야만 하였다. 그림에서 볼 수 있듯이 십일조는 현금 또는 현물로 납부되었다.

다섯째, 근대화는 인구의 대부분이 농촌에 거주하는 사회로부터 많은 인구가 도시에 거주하는 사회로 변화되는 과정을 의미하기도 한다. **도시화의 진전**이 끼친 영향은 인간의 물리적 거주 환경을 바꿔 놓았다는 데 그치지 않는다. 도시가 성장하고 인구 밀도가 높아지면서 익명적(匿名的) 사회의 대두는 피할 수 없는 현상이 되고, 그에 따라 인간 관계, 사회 조직 및 이를 통제하는 제도에도 많은 변화가 뒤따른다. 1800년 이전에는 세계적인 대도시가 주로 아시아에 위치하였는데, 이 시점 이후에는 유럽과 북아메리카에서 대도시의 성장이 두드러졌다. 그림 11-2는 이런 변화를 잘 보여 준다. 여섯째, 가족 형태에도 중대한 변화가 발생한다. 전통 사회에서는 여러 세대가 함께 거주하는 대가족 체제가 지배적인 데 비해 근대화된 사회에서는 **핵가족 체제**가 보편적이다. 근대 사회는 전근대 사회보다 상공업에 종사하는 인구의 비율이 높으며, 이런 산업들은 농업에 비해 노동력의 높은 이동성(移動性)을 요구한다. 핵가족은 이와 같은 산업적 요구에 잘 부응하는 가족 제도이다.

마지막으로, 근대화는 정치적인 측면에서 절대주의에서 **국민 주권(國民主權)**으로의 전환을 의미한다. 군주가 절대 권력을 보유하던 시대가 저물고, 시민 세력이 성장하여 실질적인 국가 정책의 결정권자가 되는 과정을 이 견해는 강조한다. 절대주의 시대가 군주 및 소수의 귀족이 정치 권력을 독점하고 특권적인 신분제를 통해 권력이 세습되는 체제였다면, 근대화된 사회에서는 시민 세력이 타고난 신분과는 무관하게 정치적 권리를 행사할 수 있다.

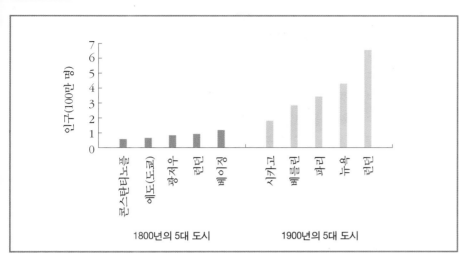

그림 11-2 1800년과 1900년의 세계 5대 도시

물론 근대 초기에는 정치권의 행사가 비교적 소수인 부르주아층으로 제한되어 있었지만, 점차 국민 일반이 정치에 참여하는 사회로 나아가게 된다. 봉건적 신분제가 사라지고 정치 권력이 군주에서 법률상 자유롭고 평등한 시민에게로 넘어오는 과정을 시민 혁명(Civil Revolution)이라고 부른다. 시민 혁명은 서구 사회가 근대로 이행하는 데 결정적인 영향을 끼쳤으며, 우리가 근대화의 여러 기준 가운데 특히 주목할 경제 구조의 변화 측면에 대해서도 아주 깊은 함의를 담고 있다.

제2절 시민 혁명의 중요성

시민 혁명의 역사적 의의

시민 혁명은 **봉건적인 권리의 폐기**를 의미하였다. 최상위 주군인 국왕에서 하급 가신에 이르는 피라미드 형태의 사회적 위계 질서가 붕괴되고, 이들에게 예속되어 생산 활동에 종사하였던 농노에게 더 이상 신분적 굴레를

그림 11-3

계몽주의의 상징 『백과전서』는 디드로, 달랑베르 등 당대의 계몽주의적 학자들이 힘을 기울여 완성한 역작이었다. 볼테르, 몽테스키외, 루소, 케네 등도 집필에 참여하였다.

자연법: 바람직한 법은 언제 어디서나 유효한 보편적이고 불변적인 자연의 법칙을 따라야 한다는 것을 말한다. 이를 위반하는 인위적인 법은 자연적 질서에 반하기 때문에 원하는 효과를 거둘 수 없다고 본다.

씌울 수 없게 되었던 것이다. 왕족과 귀족이 행사하던 봉건적 성격의 특권적인 권리가 폐지되는 가운데, 시민 계급은 생래적 신분과 지위에 의존하지 않고서 정치적 · 경제적 행위를 자유롭게 할 수 있는 새로운 주체로 부상하였다. 그리고 절대주의와 신학적 가르침을 대신하여 **계몽주의와 자연법**(自然法, natural law) 사상이 지배적인 가치 체제로 등장하였다. 새로운 사상으로 무장한 시민 세력은 의회를 통해 권력을 장악하고 자신의

문헌 자료 11-1

계몽주의의 낙관적 견해

『백과전서』의 핵심 편집자 중 하나였던 달랑베르(D'Alembert)는 계몽주의 사조를 대표하는 인물이었다. 그는 이성과 합리적 사고에 기초한 지식의 축적을 통해 세계에 대한 본질적 이해에 도달할 수 있을 것이라고 확신하였다. 그의 신념을 다음 글에서 확인할 수 있다.

자연 과학은 하루가 다르게 새로운 풍부함을 축적하고 있다. 기하학은 그 경계를 확장해서 가장 가까운 거리에 있는 물리 과학의 영역들에 빛을 비추어 주었다. 세계의 진정한 체계가 인식되었다. … 요약하자면, 지구에서 토성에 이르기까지, 천구의 역사에서 곤충에 이르기까지 자연 철학의 혁명이 이루어졌다. 그리고 지식의 거의 모든 분야가 새로운 형식을 가정하였다. … 그것은 철학의 새로운 방법의 발견과 적용, 발견을 수반한 열광, 우주의 장관이 우리 속에서 만들어 낸 특정 관념들의 고양, 이 모든 원인이 우리의 마음에 생생한 흥분을 가져왔다. 모든 방향으로 자연 전체에 확산되는 이러한 흥분감은 마치 댐을 터뜨린 강물처럼 격렬하게 과거에 그 앞에 놓여 있던 모든 것을 쓸어버렸다.

자료: 에이더스(2011), 100-101쪽.

이익에 부합하는 방향으로 국가 정책을 입안하고 집행하였다. 특권과 규제를 주요 정책 수단으로 삼았던 중상주의가 힘을 잃고, 그 자리를 영업의 자유와 자유로운 경쟁의 분위기가 차지하였다.

영국의 시민 혁명

영국의 시민 혁명은 17세기를 거치면서 진행되었다. 1640년 찰스 1세가 절대주의 권력을 내세워 의회의 승인을 받지 않고 징세와 통제 강화를 시도하면서 의회파와 대립을 하게 되었다. **왕당파와 의회파의 대립**이 격화되면서 결국 내전(Civil War)으로 치닫게 되었는데, 여기에서 크롬웰(O. Cromwell)이 이끄는 의회파가 승리하여 왕이 처형되고 공화정이 수립되었다. 청교도 혁명(淸敎徒革命, Puritan Revolution)이라고 불리는 이 혁명적 사건을 통해 영국은 새로운 정치 질서를 도입하는 것으로 보였다. 그러나 영국인들의 궁극적 선택은 공화정이 아니었다. 전후 의회와 군대의 갈등이 고조되는 상황을 배경으로 1660년에 네덜란드에 망명 중인 찰스 2세가 귀국하여 다시 왕위에 오르게 된 것이다. 스튜어트 왕조가 부활한 이 역사적 과정이 왕정 복고(王政復古, Restoration)였다. 군주의 절대주의 권력과 시민 세력의 의회 권력 간의 긴장 관계가 최종적인 해결의 실마리를 찾은 것은 그로부터 20여 년이 더 흐른 후의 일이었다. 1685년 왕위에 오른 제임스 2세가 독단적으로 구교 부활 정책을 펴면서 신교-구교 간에 갈등이 심화되자, 1688년 의회의 지도자들이 네덜란드의 오렌지 공 윌리엄과 메리 부부를 영입하여 영국의 새로운 왕으로 추대하고 제임스 2세를 추방하였다. 명예혁명(Glorious Revolution)이라고 불리는 이 무혈 혁명을 통해 마침내 왕권과 의회권의 분쟁이 종료되었고, 의회의 권한이 미치는 범위가 확인되었다. 1689년 권리 장전(權利章典, Bill of Right)의 제정으로 영국에는 **입헌 군주정**이 확립되었다. 국왕이 의회의 허락 없이 자의적으로 세금을 징수할 수 없으며, 정부의 수입, 지출, 차입 등에 대해 의회의 감독을 받아야만 하도록 법제화되었다. 합법적인 정부는 국민의 동의에 기초해야만 한다는 로크(John Locke)의 사상은 영국 시민 혁명의 이념적 보루 역할을 하였다.

영국의 시민 혁명이 보여 준 중요한 특징은 **점진적 · 온건적 성격**에 있었다. 청교도 혁명 –왕정 복고– 명예혁명으로 이어지는 일련의 변혁을 통해

청교도 혁명: 1640년에 시작된 영국의 시민 혁명. 내전에서 의회파가 왕당파에게 승리함으로써 이루어졌다.

왕정 복고: 영국 의회가 찰스 1세의 아들 찰스 2세에게 왕권을 반환함으로써 1660년에 스튜어트 왕조가 부활하였다.

권리 장전: 명예혁명 이후 공포된 법으로, 제임스 2세의 불법 행위를 열거하고 왕권의 제약 범위를 명시하였다.

로크(1632-1704): 영국의 계몽주의 철학자이자 정치 사상가로, 계약설을 발전시켰고 인권을 강조하였다. 그의 사상은 명예혁명만이 아니라 프랑스 대혁명과 미국 독립운동에도 영향을 끼쳤다.

영국은 입헌 군주제를 확립하고 의회 정치의 기반을 마련하였다. 도시의 부르주아와 지방에 근거한 젠트리(gentry)가 변혁을 주도하긴 하였지만, 시민 혁명 이후의 정치 체제는 국왕 및 작위 귀족과 권력을 분점하는 형태였다. 국왕은 비록 절대 권력을 상실하고 의회의 승인에 의존해야 하였지만 존재의 근거를 확인하였고, 의회에서는 신흥 부르주아 세력과 더불어 지주 세력도 일정한 비중을 유지하게 되었다.

젠트리: 중간 규모의 토지 소유자 계층. 본래는 지주가 중심을 이루었으나 그 밖의 사람으로서 토지를 매입하여 지주가 된 사람도 포함하였다. 지방 유력자로서의 지위를 점차 강화하여 절대 왕정 시기부터는 치안 판사와 같은 공직을 장악하여 영향력을 확대하여 갔다.

그러나 이런 특징에도 불구하고 시민 혁명이 중대한 변화를 가져왔다는 사실만은 분명하였다. **법에 의한 통치**라는 새 정치·사회 질서가 확립되었고, **사적 재산권에 대한 보호**가 철저하게 이루어지게 되었다. 국가의 주요 정책은 의회에서 결정되었으며, 그에 필요한 재원은 의회의 승인을 통해 조달되고 지불되었다. 영국이 외국과의 전쟁을 수행하기 위해 막대한 자금을 동원할 수 있는 강력한 재정-군사 국가(fiscal-military state)가 된 데에는 시민 혁명이라는 역사적 배경이 존재하였다.

그림 11-4

의회 정치의 탄생 시민 혁명으로 의회는 국가 정책을 결정하는 최고의 정치 기구가 되었다. 그림은 1793년 하원에서 총리 윌리엄 피트(William Pitt)가 연설하는 모습.

재정-군사 국가: 국가 간에 군사적 마찰이 심하였던 시기에 조세 또는 공채 발행을 통해 재원을 조달하여 군비를 조달하였던 국가 체제.

프랑스 혁명

영국과는 달리 프랑스의 시민 혁명은 **급진적이고 철저한 방식**으로 진행되었다. 프랑스는 중상주의 시대에 네덜란드와 영국을 위협한 강력한 경쟁자였고, 루이 14세와 같은 절대 군주는 유럽에서 프랑스의 경제적·사회적·문화적 지위를 크게 고양시키기도 하였다. 그러나 내부적으로는 재정적 기반이 견고하지 못하다는 고질적인 결점을 가지고 있었다. 1720년의 미시시피 버블로 국가 재정이 위기 상황에 몰린 이후에도 프랑스는 좀처럼 경제 회복의 전기를 마련하지 못하였다. 미국 독립 전쟁에 대한 지원으로 경제적 부담은 더욱 커졌다. 구체제(舊體制, Ancien Régime)하에서 특권 신분층인 성직자와 귀족은 전통적으로 대부분의 직접세를 면제받았고 농민과 수공업자들에게만 세금이 중과되었기 때문에, 정부의 조세 수입 확충에는 본질적인 한계가 있었다.

구체제: 프랑스 대혁명 이전의 절대주의 체제와 그를 구성하던 여러 제도를 총체적으로 지칭한다.

그림 11-5 혁명 직전 프랑스의 신분 구조

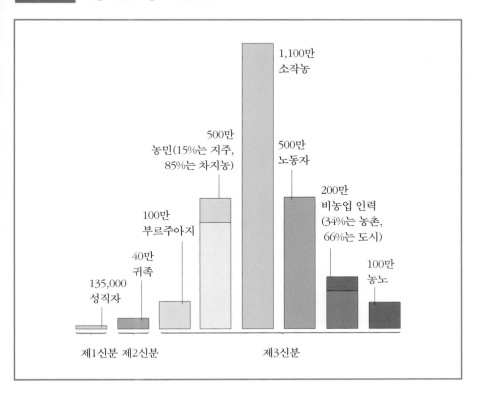

17세기 초반 이래 통치 제도로서의 현실적 지위를 상실하였던 삼부회를 170여 년이 지난 1789년에 루이 16세가 다시 소집하게 된 것도 취약한 재정에 대처하기 위한 고육지책이었다. 연속된 흉작과 국왕의 미숙한 통치력에 대한 반감이 고조되고 있었던 사회 분위기를 고려하지 못한 그릇된 선택이었다. 혁명 직전 **프랑스의 신분 구조**는 그림 11-5와 같았다. 성직자(제1신분)와 귀족(제2신분)은 총 50여만 명으로 전체 인구의 2% 남짓하였지만, 삼부회에서는 2/3의 의결권을 보유하고 있었다. 나머지 98%의 인구는 제3신분에 속하였는데, 그중에는 약 100만 명의 부르주아층과 훨씬 많은 수의 농민, 소작농, 노동자, 그리고 농노 등이 포함되어 있었다.

중세적 전통을 깨고 삼부회를 구성하던 세 신분 가운데 제3신분이 독자적인 정치적 권리를 주장하면서 프랑스 혁명의 서막이 올랐다. 정국이 소용돌이치면서 여러 차례 국면이 전환된 가운데, 소(小)부르주아와 소(小)농민 계층의 합류를 계기로 시민군이 승기를 잡게 되었고, 마침내 국왕은 단두대

에서 생을 마감하였다. 이런 이유로 인해 프랑스의 시민 혁명은 급진적이고 평등 지향적인 성격을 지니게 되었다. 대표적인 사례가 **토지 개혁**으로, 혁명에 저항한 대지주의 토지가 무상으로 수용되고 분할되어 소농민에게 지급되었다. 온건한 시민 혁명을 겪은 영국에서 대토지 소유제가 남아 있을 뿐만 아니라 인클로저를 통해 토지 소유의 집중이 더 커진 사실과 프랑스의 경험은 뚜렷한 대조를 이루었다.

프랑스 혁명은 절대 왕정의 완전한 철폐를 정치적 목표로 하였고, 혁명의 이념은『**인권 선언문**』에 구체적으로 표현되었다. 계몽주의에 입

그림 11-6

삼부회의 종언 1789년 7월 평민 세력이 사슬을 끊고 떨어져 나오자 귀족과 성직자가 당황하고 있다. 뒤쪽으로 구체제를 상징하는 바스티유 감옥의 모습이 보인다.

인권 선언문: 1789년 8월 26일 제헌 국민 회의가 공포한 선언문. 자유, 평등, 저항권, 주권 재민 등 인간으로서 누려야 할 권리를 담았으며, 프랑스 헌법을 비롯하여 세계 여러 나라의 헌법 및 정치에 중대한 영향을 미쳤다.

루소(1712-1778): 프랑스의 계몽주의 사상가. 조화에 기초한 사회 계약론을 주장하였다. 프랑스의 시민 혁명에 중요한 영향을 끼쳤다.

각한 이 문서는 모든 인간이 출신 배경과 상관없이 자유롭게 태어났으며, 천부의 권리로서 여러 기본권을 누릴 자격이 있음을 천명하였다. 루소(J. J. Rousseau)와 같은 계몽주의 사상가는 전제 권력에 대해 날카로운 비판의 날을 세웠으며, 시민의 자유를 강조함으로써 혁명의 사상적 기초를 제공하였

문헌 자료 11-2

『인권 선언문』의 주요 조항들

제1조: 인간은 자유롭게, 그리고 평등한 권리를 가지고 태어났다.

제2조: 모든 정치적 결사의 목적은 그 무엇도 침해할 수 없는 인간의 자연권을 보전하는 데 있다. 그 권리는 자유, 재산, 안전, 그리고 압제에 대한 저항이다.

제3조: 모든 주권의 원천은 국민에게 있다. 어떤 단체나 개인도 국민으로부터 유래하지 않은 권리를 행사할 수 없다.

제4조: 자유는 남을 해치지 않는 한 무엇이든 할 수 있는 능력을 말한다.

제6조: 법은 일반 의지의 표현이다. 모든 시민은 직접 또는 대표를 통하여 입법에 참여할 수 있다.

제11조: 사상 및 언론의 자유로운 교환은 가장 소중한 인권 중 하나이다. 따라서 모든 시민은 자유롭게 말하고, 쓰고, 출판할 수 있다. 다만, 법률에 정해져 있는 이 자유의 남용에 대해서는 스스로 책임을 져야 한다.

제17조: 소유권은 그 무엇도 침해할 수 없는 신성한 것이므로, 공적인 필요성이 명백히 존재하여 그것이 합법적으로 인정되고, 또 미리 정당한 보상 조건이 제시된 경우가 아니고서는 어느 누구도 그것을 빼앗을 수 없다.

자료: 오창훈(2003), 233쪽.

다. 『인권 선언문』은 근대적 인간의 가치와 권리에 대한 숭고한 선언의 상징으로서 인류 역사에 큰 획을 그은 역사적 유산이었다.

그림 11-7

새 시대의 사상가 사회계약 이론을 제시해 혁명의 사상적 기초를 닦은 루소가 프랑스 혁명의 상징물들과 함께 배치된 그림.

프랑스 혁명은 다른 측면에서도 세계사에 영향을 끼쳤다. 혁명의 불길이 국경을 넘어 번져 나갈 것을 우려한 유럽의 왕정들은 연합 세력을 형성하였고, 혁명의 와중에 쿠데타로 권력을 장악한 나폴레옹이 이끄는 프랑스와의 전쟁은 피할 수 없는 선택이 되었다. 1803년에 발발하여 1815년까지 이어진 **나폴레옹 전쟁**(Napoleonic Wars)에는 영국, 프로이센, 오스트리아, 러시아 등 유럽 대부분의 열강들이 참가하였다. 나폴레옹이 승전을 거듭함에 따라 유럽의 많은 지역이 프랑스의 지배 아래에 놓이게 되었다. 암스테르담, 브뤼셀, 함부르크, 로마 등이 모두 프랑스 유럽 제국의 지방 중심지로 재편되었다. 나폴레옹 전쟁은 무력을 통해 유럽 통합을 시도한 사례라고 볼 수 있다. 그러나 강제적 통합은 완강한 저항을 동반하였다.

프랑스의 지배 아래에 놓였던 많은 유럽 지역에서 국민들 사이에 억압적인 외세를 물리치자는 애국주의적 저항 의식이 높아졌고, 이런 분위기는 민족 의식으로 발전해 갔다. 동일한 문화 · 언어 · 역사를 공유하며, 무엇보다도 운명 공동체라는 인식을 공유하는 사회적 집단 의식이 대두하였다. 19세기를 거치면서 유럽 국가들의 정치적 통일과 경제적 근대화를 이끄는 중요한 추동력으로 작용하게 될 **민족주의**(民族主義, Nationalism)의 싹이 이 시기에 형성되었던 것이다.

민족주의: 문화와 역사를 공유하는 사회 공동체 의식을 사회의 조직과 운영의 기본 단위로 삼는 이데올로기.

프랑스 혁명과 나폴레옹 전쟁은 본질적으로 프랑스의 정치 변혁이고 유럽 열강들이 충돌한 유럽 전쟁이었지만, 이들이 가져온 **충격은 세계적**이었다는 점도 중요하였다. 세계 각지의 유럽 식민지들이 전쟁의 와중에 독립의 기회를 맞이하였다. 특히, **아메리카 대륙**에서는 큰 변화가 발생하였다.

프랑스 혁명의 영향을 가장 곧바로 받은 국가는 생도밍그(지금의 아이티)였다. 프랑스의 통제력이 약화된 상황에서 노예들의 반란이 혁명으로 발전하였다. 노예 출신인 지도자 루베르튀르(L'Ouverture)는 탁월한 전략과 지휘

루베르튀르(1743?-1803): 아이티의 독립 운동가이자 흑인 노예 해방 투쟁의 지도자. 프랑스 및 영국군과의 전쟁을 승리로 이끌었고 내란을 종식시켜 대통령이 되었다.

그림 11-8

민족의식의 성장 나폴레옹 군대에 의해 점령당하였던 오스트리아의 젊은이들은 애국주의와 민족의식으로 무장하고 저항을 도모하였다.

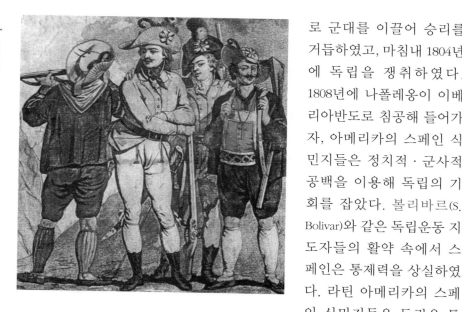

볼리바르(1783-1830): 남아메리카에서 독립운동을 이끈 지도자. 1911-1922년에 베네수엘라, 콜롬비아, 에콰도르를 독립시킨 후 통합하여 대(大)콜롬비아 공화국을 수립하였고 1825년 볼리비아 공화국을 건설하였다. 그는 스페인계 독립국들의 대통합을 위해 노력하였으나 결국 실패하였다.

로 군대를 이끌어 승리를 거듭하였고, 마침내 1804년에 독립을 쟁취하였다. 1808년에 나폴레옹이 이베리아반도로 침공해 들어가자, 아메리카의 스페인 식민지들은 정치적·군사적 공백을 이용해 독립의 기회를 잡았다. 볼리바르(S. Bolivar)와 같은 독립운동 지도자들의 활약 속에서 스페인은 통제력을 상실하였다. 라틴 아메리카의 스페인 식민지들은 독립을 통해 북아메리카처럼 합중국을 지향하기도 하였지만, 각국의 이해관계가 대립하면서 결국은 개별적 국가로서 독립을 맞이하였다. 한편, 포르투갈의 국왕은 프랑스 군대를 피해 브라질로 피신하였는데, 그 여파로 브라질은 1822년에 독립을 선언하였고 곧이어 본국의 승인을 얻었다. 이렇게 프랑스 혁명과 나폴레옹 전쟁은 애초에 의도하지 않았던 **탈(脫)식민지화의 흐름**을 대서양 건너편에서 만들어 냈다.

종전과 더불어 유럽은 평화를 되찾았고, 프랑스의 위세는 축소되었다. 그러나 시민 혁명과 전쟁의 과정에서 프랑스가 이룩한 **제도 개혁**의 영향력은 오랫동안 강하게 작용하였다. 1804년 편찬된 **민법전**은 자유와 평등의 원리와 더불어 새로운 시대에 부합하는 경제 질서를 담았다. **도량형의 통**

그림 11-9

도량형의 정비 프랑스는 십진법에 기초한 미터법을 정비하여 많은 국가들에 영향을 끼쳤다.

일은 시장 통합과 경제 활동의 활성화에 유리한 환경을 이끌었다. 나폴레옹 치하에서 이루어진 **교육과 행정 부문의 개혁**도 혁명 이후에 계속 유지되었다. 국립 은행의 설립, 프랑화(貨)의 제정 등도 프랑스 경제의 발전에 도움을 주었다. 이런 제도적 변화는 프랑스 통치기에 유럽의 다른 국가들에게 도입된 후 전후에까지 지속적으로 영향을 끼쳤다. 민법전 편찬과 도량형 통일은 널리 파급되었으며, 스페인, 프러시아, 이탈리아에서 개혁가들은 나폴레옹이 제시하였던 국가 모델을 염두에 두고 개혁을 도모하였다.

미국의 시민 혁명

미국은 영국의 식민지 상태에 놓여 있었기 때문에 시민 혁명의 구체적 성격도 유럽의 국가들과는 달랐다. 군주제와 중상주의를 극복하는 것은 영국의 간섭 배제, 다시 말해서 영국으로부터 독립을 통해서만 가능하였다. 북아메리카 동부의 식민지 13개 주를 통치하기 위해 필요한 자금을 영국은 미국에서의 과세를 통해 조달하였는데, 이런 결정을 내리는 영국 의회에 식민지 대표자들이 참여하지 못한다는 점이 분쟁의 초점이 되었다. 1770년대에 영국은 지구 곳곳에서 전쟁을 수행하느라 재정 압박이 심하였는데, 이 부담을 **미국에 대한 세금 증대**를 통해 완화하려 하자 미국 식민지인들은 이에 격렬하게 저항하였다.

1773년 영국 동인도 회사에서 들어온 차 상자들을 미국인들이 바다에 던져버리는 이른바 보스턴 티파티(Boston Tea Party) 사건이 **독립 전쟁**(War of Independence), 즉 미국 시민 혁명의 도화선이 되었다. 식민지 각 주의 대표들이 강한 결속력으로 워싱턴(George Washington)을 사령관으로 임명하고, 영

보스턴 티파티: 영국은 식민지 미국에서 차 무역의 독점권을 동인도 회사에게 부여하는 관세법을 1773년에 제정하였다. 식민지 자치에 대한 영국의 간섭에 격분한 보스턴의 급진파 시민들은 항구에 정박 중인 동인도 회사의 선박을 습격하여 저장된 차를 바다에 버렸다. 영국 정부는 손해 배상을 요구하고 식민지 탄압을 강화하자 식민지 시민들은 저항의 수위를 높임으로써, 결국 미국 독립 혁명의 직접적 발단이 되었다.

그림 11-10

보스턴 티파티 1773년 미국인들이 보스턴 항구에서 차를 선적한 배를 공격함으로써 영국과의 갈등이 고조되었다.

국과 적대적 관계에 놓여 있던 프랑스와 스페인의 지원을 받은 데 힘입어, 영국과의 힘겨운 전쟁을 승리로 이끌었다. 영국과의 전쟁에서 승리함으로써 미국은 중상주의 식민지가 지녔던 종속적 경제 구조의 문제를 극복할 전기를 마련하였다. 1776년 미국 의회가 채택한 『독립 선언서』는 1789년에 제정된 프랑스의 『인권 선언문』과 마찬가지로 계몽주의에 입각하여 인간의 기본권을 규정하였다.

제작중인 자유의 여신상 미국 독립 100주년을 기념하여 프랑스에서 제작하였다. 미국과 프랑스의 시민 혁명은 밀접한 관련을 맺으며 진행되었다.

미국의 독립 전쟁은 왕정을 타파하고 시민의 권리를 확인하였다는 점에서 영국과 프랑스의 시민 혁명과 유사하다. 그러나 미국의 독립 전쟁은 신분제를 철폐하지 못하였다는 점에서 서유럽의 경험과 차이를 보였다. 기본권은 아직 백인에게만 적용되는 것이었을 뿐, 아프리카에서 건너온 노예들에게는 신분제의 굴레가 강력하게 존속하였기 때문이었다. 미국의 경제, 특히 남부의 경제가 대규모 플랜테이션을 기반으로 삼고 있었고, 여기에 아프리카에서 데려온 노예 노동의 고용이 필수적이었다는 사실 때문에, 미국에서 노예라는 신분제를 철폐하는 데 엄청난 사회적 마찰이 수반되었다.

실제 미국 경제에서 아프리카 노예의 기여도는 매우 높았다. 표 11-1은 16세기 초반에서 19세기 중반까지 미국의 수출품 가운데 아프리카 노예에 의해 생산된 물품의 양과 비율을 보여 준다. 이 기간에 미국 수출품의 규모는 120만 파운드에서 8,920만 파운드로 급증하였다. 이 수출품 가운데 아프리카 노예가 생산한 물품의 비율이 16세기에 55% 수준이었다가 17세기에는 69%로 증가하였고, 다시 18세기에는 약 80%에 이르렀다. 그 후 수치가 다소 낮아지기는 하였지만 1850년경에도 이 비율은 69%나 되었다.

남북 전쟁(1861-1865): 노예 해방 문제 등을 둘러싼 갈등이 비화되어 북부 주들과 남부 주들이 군사적으로 격돌한 전쟁. 북군의 승리로 종결되었다.

신분제 철폐라는 미완의 과업은 결국 1860년대 **남북 전쟁**(American Civil War)이라는 무력 충돌에 의해 정리가 될 운명이었다. 미국의 시민 혁명은 남

표 11-1 미국 수출액 중 아프리카 노예의 생산 비율, 1501-1850년

기간	수출액(1,000파운드)	아프리카인의 생산 비율(%)
1501-1550	1,248	54.0
1551-1600	3,764	55.5
1601-1650	6,268	69.0
1651-1700	7,970	69.1
1711-1760	14,142	80.6
1761-1780	21,903	82.5
1781-1800	39,119	79.9
1848-1850	89,204	68.8

자료: Inikori(2002), 197쪽, Findlay and O'Rourke(2007), 343쪽에서 재인용.

북 전쟁이 진행되는 가운데 1863년 링컨 대통령에 의해 노예 해방이 선언되고서야 최종적으로 완수되었다. 독립 전쟁을 1차 시민 혁명, 남북 전쟁을 2차 시민 혁명이라고 부르기도 하는데, 그 이유가 바로 여기에 있었다.

프로이센의 시민 혁명

마지막으로 유럽에서 상대적으로 후진국이었던 프로이센의 개혁을 보면, 서유럽에 비해 **낙후한 경제 구조와 사회 체제**로 인해 시민 혁명의 필요성이 '아래로부터' 제기될 만큼 여건이 무르익지 않았다. 그런 가운데 정치 지도자층이 경제 발전과 사회 발전을 위해 개혁이 필요하다고 판단하여 '**위로부터**' 변화가 시작되었다. 변화의 결정적 계기는 프랑스 혁명과 나폴레옹 전쟁이었다. 프랑스 군대의 점령하에서 농노제, 길드제와 같은 봉건적 제도들이 폐지되자, 프로이센의 구체제는 심대한 타격을 입었다. 또한 나폴레옹 전쟁에서

그림 11-12

남북 전쟁의 의미 흑인 노예의 입대를 독려하는 북군의 모집 포스터는 노예 해방의 이미지를 강하게 전달하고 있다.

패배함에 따라 프로이센은 영토의 절반을 상실하고 거액의 배상금을 프랑스에게 물어 주어야 하였다. 프랑스의 점령과 지배는 프로이센인들에게 민족주의 의식을 불러일으켰고, 이러한 자각은 비록 제한적이었지만 나름의 시민 혁명이 발생하는 배경이 되었다.

슈타인-하르덴베르크의 개혁: 1807년부터 프로이센의 정치 지도자 슈타인과 하르덴베르크가 추진한 근대화 정책. 농노제 폐지, 영업의 자유 확대, 관료제 개혁 등을 내용으로 하였다.

슈타인-하르덴베르크의 개혁이라고 불리는 일련의 개혁 조치들이 이런 상황을 배경으로 탄생하였다. 1800년대와 1810년대를 거치면서 농노제 폐지와 길드제 폐지가 완결되었고, 국내 관세가 전면적으로 철폐되는 등의 조치가 이루어졌다. 독립 자영농이나 시민 계층이 충분히 성장하지 못한 상태에서 프로이센의 개혁은 이렇듯 정치 지도자들에 의해 위로부터 전개된 것이었다.

먼저 서부 지역의 농지 개혁은 농노제 폐지와 깊은 관련을 맺고 전개되었다. 프랑스 점령하에 진행된 농노 해방은 신분과 관련된 봉건적 부담을 폐기하기는 하였지만 토지 보유와 관련된 봉건적 부담은 그대로 남겨 두었다. 이 부담은 1848년 혁명기를 거치면서 농민들이 할부 상환을 통해 토지 소유를 인정받는 방식을 통해 제거되었고, 그 결과 다수의 자작농이 생겨났다.

융커: 프로이센의 지배 계급으로 군림한 보수적인 토지 귀족. 프로이센의 정치는 왕권과 귀족권의 타협을 통해 이루어진 절대 왕정에 기반을 두었는데, 상급 관리와 장교의 지위를 독점한 융커가 귀족 세력의 핵심을 이루었다.

농장 영주제가 강력한 통제력을 발휘하고 있었던 동부 지역에서는 슈타인의 개혁과 하르덴베르크의 후속 조치를 통해 농지 개혁의 틀이 잡혔고, 1810년대에 융커(Junker) 세력과의 타협을 거치면서 토지 소유의 집중이 발생하여 대농장 체제가 형성되었다. 이 과정에서 많은 수의 빈농이 농업 노동자로 전환되거나 국내 공업 지대 또는 미국으로 이동하는 인구 집단이 되었다. 길드제의 폐지는 프랑스 치하에서 영주의 영업 허가권을 폐지하는 방식으로 이루어졌다. 이로서 영업의 자유라는 원칙이 도입되었지만, 공업 발달이 지체된 독일에서 길드의 규제 권한은 상당한 정도 유지되었고, 실제로 길드의 영향력이 소멸하게 된 것은 1845년에 이르러서였다.

시민 혁명의 영향

이상에서 살펴본 것처럼, 서구 각국에서 시민 혁명은 시기와 진행 속도를 달리하면서 진행되었고 성과도 일률적이지 않았다. 이러한 차이에도 불구하고 시민 혁명은 **봉건적 또는 절대주의적 정치 체제와 경제 제도를 철폐**하고 시민이 **자유롭게 경제 활동**을 할 수 있는 여건을 조성하였다는 공통점을 지녔다. 자본주의적 경제 발전은 시민 혁명의 필요성을 부각시켰고, 또한

공리주의적 가치관

공리주의적 가치관은 18세기와 19세기에 널리 확산되었다. 영국의 기업가 웨지우드가 정치 지도자 이든(W. Eden)에게 보낸 다음의 편지에는 이런 가치관이 잘 드러난다. 이든은 프랑스와 자유 무역적인 관세 협정을 이끌어 낸 정치가였다.

[프랑스의] 정치인들은 우리가 이 혁명[프랑스 혁명]을 기뻐할 이유가 없을 것이라고 말합니다. 왜냐하면 만약 프랑스인들이 우리 자신처럼 자유로운 인민이 되면 그들은 전제 정부 아래서 할 수 있었던 것 이상으로, 당장에 제조업의 확대에 전념하고 곧 우리의 보다 만만찮은 적수가 될 것이기 때문이라는 것입니다. 나 자신은 그토록 가까운 이웃들이 우리 자신과 똑같은 축복을 함께 나누는 것을 보는 일이 기쁘고 잉글랜드의 자유와 안정이 지구상으로 확대되는 것을 보는 일이 정말로 즐거우며 이런 사태가 우리의 제조업이나 상업에 미칠 영향에 대해 지나친 걱정을 하지 않습니다. 왜냐하면 나는 인류 전체에게 그토록 행복한 사건이 특히 우리에게만 아주 해롭다고 믿기를 너무나 싫어하기 때문입니다.

자료: 망뚜(1987), 499쪽.

웨지우드(1730-1795): 영국의 도기 산업을 한 단계 도약시킨 것으로 평가되는 도공 출신의 기업가. 새로운 유약, 디자인, 채색법 등을 개발하였고, 증기 동력의 사용, 운하를 통한 수송, 공장의 노무 관리, 새 시장 개척 등 많은 분야에서 혁신을 이루었다. 그의 회사가 생산하는 도기는 현재까지 영국을 대표하는 것으로 꼽힌다.

벤담(1748-1832): 영국의 사상가이자 법학자. 삶의 목적이 '최대 다수의 최대 행복'의 실현에 있으며 쾌락을 조장하고 고통을 방지하는 능력이 모든 도덕과 입법의 기초 원리라고 하는 공리주의를 주장하였다. 사법 제도와 의회의 개혁 등 현실 정치 활동에도 깊이 관여하였다.

시민 혁명은 자본주의가 더욱 발전하는 데 유리한 기반을 조성하였다.

예를 들어, 산업 혁명기 영국의 신흥 기업가를 대표하는 웨지우드(Josiah Wedgwood)는 프랑스 혁명이 프랑스의 경제 발전에 중요한 촉매제가 될 것이라고 확신하였다. 동시에 그는 애덤 스미스의 시장 경제 이론과 벤담(Jeremy Bentham)의 공리주의(功利主義, Utilitarianism) 사상에 영향을 받아, 모든 국민의 이익은 근본적으로 동일하다고 믿었다.

제3절 산업 혁명의 의의

소득 증가와 인구 변화

산업 혁명은 인류의 역사에 지대한 영향을 미쳤다. 산업 혁명의 본질이 무엇인가에 대해서는 뒤에서 살펴볼 바와 같이 다양한 견해가 존재하지만,

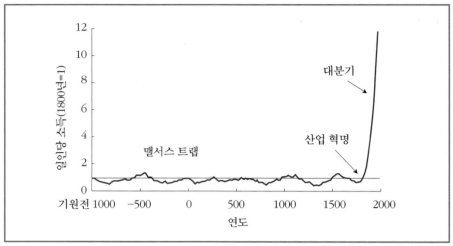

그림 11-13 일인당 소득의 장기적 추세

자료: 클라크(2008), 24쪽.

산업 혁명이 가져온 인류의 생활 변화에 대해서는 중요한 공감대가 형성되어 있다. 일인당 생활 수준의 향상이 그것이다.

과거에도 일인당 소득이 증가한 시기가 없었던 것은 아니지만, 이런 소득 증가는 시간이 흐르면서 인구의 증가에 의해 상쇄되어 버리곤 하였다. 즉, 그림 11-13에 나타난 것처럼 결국에는 맬서스 트랩을 벗어나지 못하게 됨으로써 일인당 소득은 장기적으로 일정한 수준에 수렴하는 경향이 있었다. 그러나 1800년 전후에 발생한 산업 혁명 이후 이른바 **대분기**(大分岐, Great Divergence) 시기에 일인당 국민 소득은 눈부신 증가를 기록하였다. 산업 혁명 이후의 소득 증가는 인구가 증가하지 않았기 때문에 가능하였던 것일까?

표 11-2는 산업 혁명이 가장 일찍 발생하였던 서유럽의 인구 변화를 보여 준다. 서유럽 전체로 보면 18세기 후반의 50년 동안 인구가 17%에 가깝게 증가하였고, 이어서 19세기 전반의 50년 동안에는 인구 증가율이 35%에 육박하였다. 특히, 산업 혁명이 가장 일찍 발생하였던 잉글랜드에서는 두 기간의 인구 증가율이 각각 50%와 92%에 이르러, 유럽에서 가장 높은 수치를 기록하였다. 산업 혁명 시기 영국의 일인당 소득 증가가 인구 감소에 기인한 것이 아니며, 오히려 인구 증가와 동시적으로 발생하였다는 사실이 뚜렷하게 확인된다.

대분기: 부국과 빈국 사이의 격차가 본격적으로 크게 벌어지는 현상.

표 11-2 유럽 국가들의 인구 증가 추이, 1700-1850년

국가	인구(100만 명)			인구 증가율(%)	
	1750년	1800년	1850년	1750-1800년	1800-1850년
잉글랜드	5.8	8.7	16.7	50.0	92.0
프랑스	24.5	29.0	35.9	18.4	23.8
독일	18.4	24.5	35.0	33.2	42.9
이탈리아	15.2	17.5	23.7	15.1	35.4
네덜란드	1.9	2.1	3.1	10.5	47.6
스페인	11.3	13.2	15.7	16.8	18.9
서유럽 전체	94.2	110.1	148.3	16.9	34.7

자료: Hinde(2003), 183쪽.

맬서스 트랩의 탈출

일 인 당 소득의 증가와 인구의 증가가 동시에 발생하는 현상은 **맬서스 트랩을 탈출**하였다는 의미가 된다. 그림 11-15는 시간에 따른 일인당 소득의 변화와 인구 변화를 동시

그림 11-14

중산층의 생활 수준 19세기 중반에 크리스마스를 맞이하기 위해 준비하는 중산층의 풍요로운 모습.

에 추적하고 있다. x축에 인구를 표시하고 y축에 실질 임금을 표시한 이 그래프는 1300년대부터 1800년대까지의 시기 중 대부분의 기간에 곡선이 우하향하였다는 사실, 즉 맬서스 트랩이 작동하였다는 사실을 보여 준다. 그러나 1800년대 이후에는 곡선이 명백하게 우상향하는 모습을 보여 준다. 인

> **모형과 이론 11-1**
>
> ## 생활 수준과 신장(身長)
>
> 경제사학자들은 역사적 흐름에 따라 사람들의 생활 수준이 어떻게 변화해 왔는가를 파악하기 위해 노력하였다. 현대 사회에서는 소득의 큰 부분을 차지하는 임금이 생활 수준을 보여 주는 가장 기본적인 자료가 되지만, 과거로 거슬러 올라갈수록 비(非)임금 소득의 비중이 높기 때문에 임금은 적절한 척도가 되지 못한다. 또한 가격에 대한 정보도 제한적이기 때문에 실질 소득을 정확하게 추정하기 어렵다. 일부 경제학자들은 실질 소득의 증가가 생활 수준의 향상으로 이어지는 경향이 강하다는 점에 착안하여 인체측정사(人體測定史, Anthropometric History)라는 전문적 학문 분야를 창안해 냈다.
>
> 이들은 지역별, 시기별 인체의 키와 무게, BMI(Body Mass Index) 등을 통해 생활 수준을 추정하는 연구를 한다. 이와 같은 연구 과정에서 많은 사실들이 밝혀졌다. 예를 들어, 신장은 섭취하는 열량이 많아지면 증가하지만 질병에 걸리면 성장이 늦어지는 경향이 있다. 또한 섭취하는 영양이 부족하면 성장이 멈추는 시기가 늦어진다. 인체 측정을 통해 생활 수준을 파악하는 데는 조심스런 접근이 필요하다. 예를 들어, 어떤 자료들은 수집 과정의 특수성을 반영한다. 징집 자료에 나타난 신장은 병사가 많이 필요한 시기인가 아닌가에 따라 달라질 수 있으며, 탄광 노동자 명부에 나타난 신장은 갱도의 높이가 낮은 곳에서는 작게 나타난다. 즉, 자료 자체의 편향이 신장 자료에 반영될 수 있는 것이다. 이런 점들에 유의하여 면밀하게 조사한다면, 인체측정사는 생활 수준의 변화를 나타내는 유용한 척도를 제시할 수 있다.
>
> 다음 표는 유럽 5개국을 대상으로 이 분야의 개척자인 포겔(R. Fogel)이 추정한 성인 남성의 신장을 보여 준다. 산업 혁명을 가장 일찍 경험한 영국에서 신장의 증대가 가장 일찍 관찰된다.
>
> **성년에 도달한 남성의 평균키, 1750–1975년**
>
> (단위: cm)
>
> | 시점 | 영국 | 프랑스 | 노르웨이 | 덴마크 | 헝가리 |
> |---|---|---|---|---|---|
> | 1750–1775 | 165.9 | | 163.9 | | 169.1 |
> | 1775–1800 | 167.9 | 163.0 | | 165.7 | 167.2 |
> | 1800–1825 | 168.0 | 165.4 | 166.7 | 166.7 | |
> | 1825–1850 | 171.6 | 166.8 | 168.0 | 166.8 | |
> | 1850–1875 | 169.3 | 165.6 | 168.6 | 165.3 | |
> | 1950–1975 | 175.0 | 177.6 | 178.3 | 175.0 | 170.9 |
>
> 자료: Fogel(2004).

그림 11-15 영국의 장기적 인구 변화와 실질 임금 변화

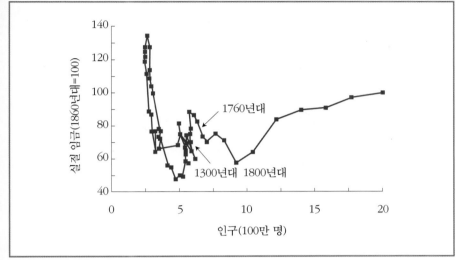

자료: Clark(2005), 1310쪽.

구가 증가하면서 실질임금도 동시에 증가하는 양상이 뚜렷하게 관찰되는 것이다.

영국의 산업 혁명

제1절 산업 혁명의 본질

다양한 학설

영국은 세계에서 가장 먼저 산업 혁명(Industrial Revolution)이라는 거대한 변혁 과정을 통과하였다. 영국의 산업 혁명은 좁게 정의하자면 18세기 중반에서 19세기 전반에 이르는 시기에 발생한 **기술 혁신과 공업 생산 조직의 변화**를 말하고, 넓게 정의하면 이러한 경제적 변화와 함께 발생한 인구 증가, 도시화, 경제적 자유의 확대 등을 포함하는 **총체적인 사회·경제적 변화**를 말한다. 경제와 사회에 발생한 다양한 변화들 가운데 어떤 것을 산업 혁명의 본질로 보아야 하는지에 대해 여러 견해가 존재한다. 모키어(J. Mokyr)가 정리한 내용을 중심으로 보자면, 산업 혁명의 본질에 대한 학설은 다음과 같은 다섯 종류로 구분할 수 있다.

첫째, 산업 혁명의 근원적 출발점이 **기술 진보**라고 보는 학설이다. 랜디스(D. Landes)가 대표하는 이 학설은 증기 기관의 발명과 같은 동력원의 혁신, 기계의 발달, 면 공업을 필두로 한 여러 산업 부문에서의 생산 기술의 진보 등이 산업 혁명의 가장 본질적인 측면이라고 본다. 둘째, 마르크스는 공업 노동자가 생산의 주역으로 등장하고 공장제 대량 생산이 지배적인 생산 방식이 된 점을 강조하였다. 중세의 생산 양식이 근대적인 **자본주의적 생산 양식**으로 전환하게 된 결정적인 역사적 과정이 산업 혁명이었다고 그는 이해하였다. 셋째, 마르크스와 이론적으로 대척점에 선 로스토(W. W. Rostow)는 거시경제학적 관점에서 산업 혁명을 이해하였다. 그는 국민소득 같은 **거시경제 지표의 양적 성장**이 가속화되는 것이 산업 혁명의 본질이라고 인식하였다. 넷째, 산업 혁명의 역사적 의의에 관한 이론을 최초로 정립하였던 토

인비(A. Toynbee)는 규제 중심의 사회에서 **시장 중심**으로 운영되는 사회로의 전환에서 산업 혁명의 본질을 찾았다. 마지막으로, 산업 혁명을 인간의 생활 수단에 대한 접근성이 혁명적으로 증가된 것으로 인식하는 학설이 있다. 이에 따르면 인류의 **자연에 대한 통제력**이 급속하게 증대된 것이

증기 기관의 위용 터너(J. M. W. Turner)가 그린 그림에 나폴레옹 전쟁에서 활약하였던 선박 테메레어호가 증기선에 의해 예인되고 있다. 작지만 강한 힘을 지닌 증기선과 수명을 다한 범선이 대조를 이룬다.

산업 혁명이 지니는 본질적 의의이다.

이 밖에도 산업 혁명의 본질에 대해 많은 견해들이 있다. 앞에서 논의하였던 **맬서스 트랩의 탈출**을 강조하는 견해는 인구 증가와 소득 증가의 동시 발생이 산업 혁명이 초래한 가장 중요한 변화라고 이해한다. 인간이 사용하는 중추적 **에너지원**이 인력, 축력, 풍력, 수력 등에서 석탄과 같은 화석 연료로 전환된 점을 강조하는 견해도 있다. 또 인간의 행동에 의해 발생한 **생태계의 급변**으로 산업 혁명의 본질을 이해하기도 한다.

산업 혁명의 본질에 대해 다양한 학설이 제기되어 왔다는 점이 산업 혁명의 의의를 훼손한다고 볼 필요는 없다. 위에서 살펴본 여러 학설들이 서로 상충하는 것은 아니기 때문이다. 기술 진보,

공업 도시 맨체스터 사진이 담은 19세기 맨체스터의 모습. 공업 도시의 대명사였던 맨체스터는 주택, 보건, 환경 오염 등의 문제에 시달리고 있었다.

산업 조직의 변화, 경제의 양적 성장, 시장 경제의 발달, 자연 통제력의 증대, 맬서스 트랩의 탈출, 에너지원의 전환, 생태계의 급변은 모두 산업 혁명이 초래한 것으로 평가할 수 있는 인류사의 중대한 변화들인 것이다. 그러므로 산업 혁명의 영향이 매우 광범위하고 다층적이었음을 말해 주는 것으로 이해할 수 있을 것이다.

문헌 자료 12-1

공장제에 대한 긍정적 시각

영국의 저술가 유어(Andrew Ure)는 산업 혁명 시기에 공장제의 확산이 가져올 효과를 낙관적으로 이해한 대표적인 인물이었다. 1835년에 쓴 책을 통해 그의 견해를 이해해 보자.

제조업의 과학적 진보는 늘 목표와 효과에 있어서 박애주의적이다. 왜냐하면 노동자의 마음을 지치게 하고 노동자의 눈을 피로하게 하는 세밀한 조정 작업으로부터, 또는 신체를 변형시키고 마모시키는 고통스런 반복적 작업으로부터 노동자를 해방시키기 때문이다.

…

나는 여러 달에 걸친 최근의 여행을 통해 공업 지역들을 돌아보았다. 과거의 작업 양식으로는 밥벌이를 하기 어렵던 수만 명의 허약한 노인, 젊은이, 중년의 남녀가 이제는 충분한 식량과 의복과 숙소 비용을 벌고 있었다. 이들은 땀 한 방울도 흘리지 않고, 한여름의 뙤약볕과 한겨울의 서리로부터 차단된 채로 일을 했다. 이들의 건물은 우리 국회의원들과 멋드러진 귀족들이 모인 대도시의 건물보다도 환기가 잘 되고 건강에 좋았다.

이 넓은 방안에서 자애로운 증기 동력이 중심이 되어 수많은 소소한 기계 부분 각각에게 적절한 작업을 할당한다. 증기 기관의 엄청난 팔에서 나오는 에너지가 근육을 써서 고통스럽게 행하던 노동을 대체한다. 그리고 대신에 작업장에서 통상 발생하는 사소한 불량에 주의를 기울이고 세밀하게 손을 본다. 동력의 움직임은 아주 부드러워서 레이스 기계의 조그만 실패(bobbin)를 아주 정교하고 빠르게 작동시킨다. 극히 숙달된 손동작이나 극히 날카로운 눈으로도 흉내낼 수 없는 수준이다. … 아시아나 이집트나 로마의 전제정이 자랑하던 기념물보다도 숫자와 가치와 유용성 면에서 앞서는 놀라운 건축물들이 불과 50년이라는 짧은 기간에 우리 왕국에서 건립되었다. 자본과 산업과 과학이 얼마나 국가의 자원을 늘리는지, 그리고 동시에 국민의 여건을 향상시키는지 여실히 보여 준다. 이렇듯 공장제는 역학과 정치 경제의 혁신으로 가득 차 있다. 공장제는 미래의 성장을 통해 세계에 문명을 가져다줄 것을 약속한다.

자료: Ure(1835), 8, 17-18쪽.

혁명성 논쟁

산업 혁명이 낳은 영향이 얼마나 과거와의 단절을 초래하였냐는 질문에 대한 대답은 비교의 기준을 무엇으로 잡느냐에 따라 다르다. 우선 현대 경제학에서 널리 사용되는 개념들, 예를 들어 공업 생산이나 GDP를 기준으로 하여 18세기 후반에서 19세기 전반까지의 경제적 변화를 살펴보자.

표 12-1은 전통적 견해를 취하였던 대표적 학자인 딘(P. Deane)과 콜(W. A. Cole)의 연간 경제 성장률 추정치와 새 추계에 기초하여 수정주의적 입장을 취하였던 크래프츠(N. F. R. Crafts)의 추정치를 보여 준다. 후자가 전자에 비해 공업 생산과 GDP 모두에서 산업 혁명이 한창 진행된 1780-1831년 사이에 성장률이 낮았음을 보여 준다. 오랜 기간 통념으로 받아들여졌던 것보다 실제 **경제 변화의 속도**가 느렸다는 것이 근래의 연구가 제시하는 결론이다. 이러한 추계에 기초하여 이제 많은 경제사학자들은 산업 혁명이 공업 부문을 급속히 성장시키거나 GDP를 빠른 속도로 증가시키지 않았다는 데 동의하며, 그들 가운데 일부는 산업 혁명이라는 용어의 사용에 부정적인 입장을 나타내기도 한다.

그러나 경제 변화의 내면을 자세히 살펴보면, 이와는 다른 평가의 근거를 찾아볼 수 있다. 무엇보다도 **산업 구조**에 중대한 변화가 발생하였다. 농업의 비중이 줄어들고 그 자리를 공업과 일부 서비스업이 차지하였다. 성인 남성 노동력 중 농업에 종사하는 비율이 1700년에는 61%나 되었지만, 1760년에는 53%, 1800년에는 41%, 그리고 1841년에는 29%로 급속한 감소 추세를 보였다. 산업 혁명 기간을 거치면서 경제의 중추를 이루는 산업이 농업에서 공업으로 전환했다는 점은 큰 의의를 지닌다.

표 12-1 영국의 시기별 연간 경제 성장률

(단위: %)

시기	공업 생산		경제 전체(GDP)	
	딘과 콜	크래프츠	딘과 콜	크래프츠
1760-1780	0.5	1.5	0.6	0.7
1780-1801	3.4	2.1	2.1	1.3
1801-1831	4.4	3.0	3.1	2.0
1831-1860	3.0	3.3	2.2	2.5

자료: Crafts(1989), 66쪽.

'산업 혁명 – 잘못된 용어'

영국의 경제적 및 사회적 변화를 규정하는 용어로서 '산업 혁명'이 적절하지 않다고 보는 견해의 한 사례를 보자. 특히, 변화의 속도가 완만하였다는 점을 저자는 강조한다.

아마 경제사가들이 사용하는 용어 중에서 '산업 혁명'보다 더 광범위하게 자주 사용되는 것은 없을 것이다. 이것은 불행한 일이다. 왜냐하면 이 용어 자체가 과학적인 측면을 갖고 있지 않을 뿐만 아니라 경제 변화의 성격에 관해 오해의 소지가 매우 많은 이미지를 전달하고 있기 때문이다. 그럼에도 불구하고 이 용어는, 공학적 동력을 이용한 기계들이 방직업에서 가동되었고 와트(James Watt)의 증기 기관이 도입되었으며 공장제 생산의 '승리'를 경험하였던 영국사의 바로 그 시기를 지칭하는 데 1세기 이상 동안 사용되었다.

...

이러한 주장을 하였던 초기의 학자들은 통계 자료와 정량화 성향이 부족하였기 때문에 '급격한, 급속한, 격심한, 비연속적인' 등의 감정적인 형용사를 사용하는 데 만족하였다. 최근 들어 수많은 학자가 산업 생산, 국민 소득 및 관련 변수의 변화를 측정하는 데 상당한 노력을 기울였으며, 그 결과 모든 변화가 비교적 완만하였다는 사실을 발견하였다. 영국의 산업은 '혁명'이 완수된 후인 19세기 중반에 이르러서야 '근대적인' 성격을 띠기 시작하였다.

자료: 캐머런 · 닐(2003), 199-200쪽.

공업 분야 내부의 구조 변화에도 주목할 필요가 있다. 표 12-2는 산업 혁명 기간에 공업 분야에 속한 각 세부 산업이 얼마나 빠른 성장을 하였는가를 보여 준다. 1841년을 100으로 놓았을 때 1770년과 1815년에 업종별 생산 수준을 담고 있다. 구(舊)공업이라고 볼 수 있는 모, 린넨 등의 직물 공업과 피혁 공업, 그리고 식품 공업은 1770-1841년 동안에 겨우 두 배를 약간 상회하는 성장을 하였을 뿐이다. 같은 기간에 인구가 많이 증가하였고 1인당 소득도 다소 증가하였다는 점을 놓고 본다면, 이 산업들은 성장률이 부진하였다고 평가할 수 있다. 이와 대조적으로 신(新)공업의 대표격인 면 공업은 같은 기간에 무려 125배의 성장을 기록하였다. 그 뒤를 이어 금속 공업(14배), 광업(7배) 등도 눈부신 성장세를 보이면서 산업 혁명을 이끈 핵심 산업임을 과시하였다. 이 산업들의 성장 양상은 혁명적이라고 부르기에 부족함이 없다.

산업 혁명이 시작된 시점에서 보면, 영국 경제는 농업 중심의 산업 구조를 가졌고, 공업 부문에서는 전통적 업종이 주종을 이루고 있었다. 그 후 산업 혁명이 새로운 업종 중심으로 진행되면서 경제는 **전통 부문과 근대 부문**

표 12-2 1770-1841년간 산업별 생산 지수(1841년=100)

기간	1770년	1815년	1841년
면	0.8	19	100
모	46	65	100
린넨	47	75	100
실크	28	40	100
의류	20	43	100
피혁	41	61	100
금속	7	29	100
음식	47	69	100
제지 및 인쇄	17	47	100
광업	15	46	100
건축	26	50	100
기타	15-50	40-60	100

자료: Harley(1993), 181쪽.

으로 나뉜 이중 구조로 발전하였고, 후자가 전자를 점차 압도하는 추세가 되었다. 다시 말하면, 산업 혁명은 비중이 극히 낮았던 근대 부문이 경제에서 차지하는 비중을 높여 가는 형태로 진행되었던 것이다. 산업 혁명 시기에 경제 전체의 성장률이 생각보다 높지 않았던 이유는 바로 이런 상황 때문이었다. 근대 부문만을 떼어 놓고 보면, 1770-1815년 동안에 매년 면 공업은 7%, 제철 공업은 3%, 석탄 공업은 2.5%의 높은 성장률을 기록하였다. 경제 전체의 성장률을 논하는 것보다 근대 부문의 발전에 초점을 두고 논의를 하는 것이 바람직하다는 주장은 이런 점에 바탕을 두고 있다.

　일부 학자들은 더 나아가서 경제적 변화의 양적 계측만으로는 변화의 혁명성을 논하기에 부족하다고 지적한다. 산업 혁명이 직접적·간접적으로 초래 또는 유도한 사회 경제 체제가 과거와는 **질적으로 차별화**된다는 것을 이들은 강조한다. 계약에 기초한 경제적 관계가 지배적인 상황이 되었고, 공업 도시가 성장하여 많은 인구가 익명적이고 개인주의적인 도시 생활에 적응해야 하였으며, 증가하는 인구를 지속적으로 부양하면서도 일인당 소득 수준의 저하를 낳지 않을 만큼의 생산력을 갖게 되었고, 농업 중심의 산업 구조가 공업 중심으로 재편된 점 등은 거시경제적 변수의 계측으로서는 포착하기 어렵지만 세계사적 의미가 지대하다는 것이 이들의 주장이다. 산업 혁명의 혁명성 논의의 초점은 변화의 속도가 빨랐는가가 아니라 변화가 얼마나 **근본적**이고 **구조적**이었나에 맞추어져야 한다는 것이다.

결론적으로 말하면, 통상 산업 혁명기라고 일컬어지는 시기의 경제 성장률이나 공업 생산의 증가율은 이전 시기보다는 높았지만 현재 기준으로 본다면 그리 높다고 보기 어려운 수준이었다. 그러나 산업 혁명 시기를 거치면서 영국 경제와 사회의 구조와 운영 원리가 변화된 모습을 본다면 산업 혁명이 세계사에 남긴 영향이 심대한 것이었음을 인정하게 된다.

산업 혁명의 요인

산업 혁명 시기에 경제가 질적으로 발전하고 양적으로 성장할 수 있

모형과 이론 12-1

기업의 생산 함수와 국가 경제의 생산 함수

한 기업의 생산 함수는 아래와 같이 간략하게 표현된다.

$y = f(L, K)$.
y: 산출, L: 노동, K: 자본

이 기업의 생산량은 생산 요소인 노동과 자본의 투입량 및 두 생산 요소의 결합 방식을 의미하는 기술(함수로 표현된다)에 의해 결정된다. 한 기업의 생산에 관한 상황을 생산 함수로 표현하듯이, 국가 경제의 규모도 국가 경제 차원의 생산 함수를 통해 표현할 수 있다. 다만, 경제 성장의 과정에서 현실적으로 노동과 자본뿐만 아니라 인적 자본이나 천연자원과 같은 생산 요소도 필수적이므로 이들을 포함하여 식을 구성하도록 하자.

$y = f(L, K, H, N)$.
y: 산출, L: 노동, K: 자본, H: 인적 자본, N: 천연자원

경제학에서 말하는 노동과 자본은 구체적인 개인의 노동력이나 구체적인 자금이 아니라 추상화되고 표준화된 단위임에 유념하자. 하지만 현실에서의 생산 요소는 특정한 형태를 띠고, 특정한 방식으로 고용되며, 특정한 제도에 영향을 받는 존재이다. 예를 들어, 노동의 투입이 증가하려면 현실에서는 인구가 증가하거나, 경제 활동에 종사하는 인구의 비율의 높아지거나, 인구 과잉 지역에서 인구 부족 지역으로 이주가 활성화되거나, 노동 시간이 길어지거나 하는 등의 구체적인 변화가 발생하여야 한다. 이를 염두에 두고 이 책의 논의를 따라가도록 하자.

었던 요인은 무엇일까? 설명의 편의를 위해 **공급 측면**과 **수요 측면**을 나누어 논의하기로 하자. 공급 측면은 국가 경제의 생산함수를 상정하는 방법을 통해 살펴볼 수 있다. 국가 경제의 산출은 생산 요소인 노동, 자본, 인적 자본(human capital), 천연자원 등의 투입과 이들을 결합하는 기술에 의해 결정이 된다. 산출이 증가하려면, 개별 생산 요소의 투입이 증가하거나 기술이 진보해야 한다. 아래에서 우선 기술 진보가 산업 혁명 시기에 구체적으로 어떻게 이루어졌는가를 살펴볼 것이다. 그리고 네 생산 요소의 투입과 관련된 변화를 설명한다. 다음으로는 수요 측면의 변화를 논의할 것이다. 여기에서는 소득과 기호의 변화가 키워드가 된다. 마지막으로는 세계적 비교를 통해 영국이 최초의 공업 국가가 될 수 있었던 요인을 살펴보기로 한다.

제2절 기술 진보

기술 혁신

슘페터(1883-1950): 경제사, 경기 순환론, 경제사상사 등에 능하였던 오스트리아 출신의 학자. 기업가와 기술 진보에 대해 독특한 논의를 펼쳤다.

혁신(innovation)에 대해 학문적으로 관심을 가장 깊이 기울인 학자는 슘페터(J. A. Schumpeter)였다. 그는 기업의 본질을 논하면서 자본가나 노동자가 아니라 기업가가 기업 활동의 가장 핵심적인 주체이며, 기업 활동의 가장 중요한 내용이 '창조적 파괴', 즉 혁신이라고 주장하였다. 혁신은 사업의 구상에서 출발하여 원료 공급, 노동의 고용, 자본 조달, 생산, 시장 개척 등 기업 활동의 전 부문을 대상으로 과거의 방식을 버리고 더 높은 생산성을 가져오는 방식을 만들어 내는 과정이다.

거시 발명: 경제 전반에 끼치는 영향력이 크고, 후발 발명과 개량을 낳게 되는 종류의 핵심적 발명.

미시 개량: 거시 발명이 가져온 개선 효과를 더욱 향상시키는 결과를 가져오는 소규모의 기술적 진보.

기술 혁신은 산업 혁명을 성공적으로 이끈 원동력이었다고 널리 평가된다. 모키어의 정의에 따르면 산업 혁명이란 다수의 거시 발명(macro-invention)이 짧은 기간에 집중적으로 발생한 현상을 말한다. 그가 거시 발명이라고 부르는 것은 경제의 다른 부문에 미치는 영향이 지대해서 수많은 미시 개량(micro-improvement)을 이끌어 낼 수 있는 종류의 기술 혁신을 말한다. 다수의 거시 발명이 상호 작용을 하면서, 그리고 뒤를 이어 발생하는 다양한 미시 개량을 통해 경제에 광범위한 긍정적 충격을 주는 과정이 산업 혁명이라는 것이다.

산업 혁명 시대의 기술 혁신은 과학 발달의 산물인가? 장기적으로 보자면 유럽의 과학 혁명이 산업 혁명기 기술 진보로 이어졌음에 틀림이 없다. 그렇지만 산업 혁명 시기라는 비교적 짧은 기간을 놓고 보면, 보다 구체적인 논의가 가능하다. 일반적으로 기술 혁신은 과학 발달과 동일시되거나 과학 발달의 직접적 소산이라고 인식되는데, 산업 혁명 시대의 상황에 대해서는 기초 과학과 실용적 기술을 구분하여 살펴볼 필요가 있다. 산업 혁명이 발생한 시기를 기준으로 할 때 기초 과학의 수준은 영국이 다른 나라보다 높은 수준이라고 할 수 없었다. 특히, 프랑스에서는 절대 왕권의 장려 정책에 힘입어 수준이 높은 기초 과학 연구를 진행해 왔고, 독일, 이탈리아 등에서도 과학 연구에 괄목할 만한 성과가 있었다. 영국이 이러한 약점에도 불구하고 산업 혁명에 앞서 갈 수 있었던 이유는 당시의 경제 발전을 이끄는 핵심적 기술 혁신이 고도의 기초 과학 지식을 요구하기보다는 기존에 알려진 과학적 원리를 응용하여 경제성을 갖춘 기계를 제작하는 능력을 필요로 하였기 때문이었다. 달리 말하면, 영국은 기초 과학의 수준에서는 일류가 아니었지만 높은 숙련도를 지니고 실용적인 기계를 만들고 개량하고자 하는 의욕이 충만한 인력을 어느 나라보다 많이 보유하고 있었다. 이런 면에서 **개발과 상용화의 비교 우위**가 영국의 기술적 우위를 가져온 중요한 요인이었다.

삼분제: 차지농이 지주에게 토지를 임차하고 농업 노동자의 노동을 고용하여 경작하는 근대적인 농업 경영 방식.

농업 기술의 혁신

그림 12-3

가축의 품종 개량 더 많은 고기와 털을 생산하도록 개량된 신품종 양의 모습.

농업 부문에서의 기술 진보는 앞에서 살펴본 인클로저와 관련이 깊다. 의회 인클로저가 진행되면서 토지에 대한 사적 재산권이 확립되었고, 토지 소유의 집중화 경향이 강화되었으며, 지주-차지농-농업 노동자로 구성되는 삼분제(三分制, Tripartite System)가 자리를 잡았다. 새로운 생산 조직은 농업 생산성을 높이는 데 유리하였다. 경작의 효율성을 높일 목적으로 각종 기계가 도입되었고, 관개 시설도 확충되었다. 더욱 가시적인 성과는 **윤작 체제(Rotation System)**의 개선을 통해 나타났

다. 중세 이래 개방 경지에서 사용된 윤작은 휴한지를 포함하는 삼포제 형태였는데, 새로 도입된 클로버와 터닙 등의 사료 작물을 기존의 휴한지에 재배할 경우 사료 생산이 증가되어 가축이 증가되고, 이에 따라 퇴비가 증산되고 이것이 곡물의 산출 증가로 이어지는 선순환 구조가 형성되었다. 윤작의 구체적 형태를 보면 밀-터닙-보리-클로버로 이어지는 4코스 윤작이 가장 널리 보급되었지만, 각 지방의 기후·토질 등 구체적 여건에 맞추어 다양한 형태의 윤작이 도입되었다. **가축의 품종 개량**도 눈부신 발전을 보았다. 소, 양, 돼지 등 여러 종류의 가축이 다양한 품종 개량 노력에 의해 고기와 가죽, 털의 양과 질이 향상되는 결과를 낳았다. 18세기를 거치면서 가축의 평균 몸무게는 2배 이상 증가하였다.

공업 기술의 진보

산업 혁명을 이끈 가장 중요한 산업은 **면 공업**이었다. 면 공업은 국내외 수요의 증가와 원료인 면화의 원활한 공급 확대에 힘입어 크게 발달하였다. 면직물은 모직물보다 대중적인 소비재로서 수요의 가격 탄력성이 크다는 장점을 지니고 있었다.

영국 면 공업의 발달은 인도의 세계적인 생산품인 캘리코(calico)와 모슬린(muslin)의 수입을 대체하려는 노력이 낳은 결과였다. 16세기 후반 종교적 박해를 피해 안트베르펜을 탈출한 일단의 이주민들이 영국에 자리를 잡았는데, 이들은 면사와 린넨을 혼합하여 퍼스티안(fustian)을 만들고 이를 이용하여 직물을 짜서 인도 직물의 패턴을 따라 프린트하였다. 품질이 그다지 좋지 않은 이 제품은 서아프리카 해안 지대와 아메리카 플랜테이션에서 노예용으로 판매되었는데,

그림 12-4

수력 방적 공장 아크라이트가 개발한 수력 방적기는 물의 공급이 많은 지역에서는 대규모 공장에서 사용할 수 있었다.

이것이 영국 면 공업의 출발점이었다. 여기에서 확인할 수 있듯이, 면 공업은 인도산 제품에 대한 수입 대체 노력, 종교 개혁 와중의 해외 인력 유입, 서아프

그림 12-5

조면기와 면화 공급 미국의 면화 공급 능력은 조면기의 발명으로 인해 눈부시게 증가하여 영국으로부터의 수요에 부응할 수 있었다.

리카와 아메리카로의 수출 등 **세계적인 맥락에서 진행**되었다.

국제적 경쟁력을 갖춘 면제품은 이후 발생한 다양한 발명과 개량에 의해 생산되었다. 면 공업의 발달 과정은 **기술 혁신**이 구체적으로 어떤 과정을 통해 이루어지는가를 잘 보여 준다. 어떤 제품의 제조에 있어서 전체적 생산성은 궁극적으로 가장 효율이 떨어지는 공정에 의해 결정된다. 한 공정에서 생산에 애로가 발생하면 기술 혁신을 이루려는 노력이 그 공정으로 집중된다. 그 결과 실제로 기술 혁신이 해당 공정에서 발생할 가능성이 높고, 이것이 다음으로 효율이 떨어지는 공정에서 생산 애로가 발생하도록 만든다. 이에 따라 새로운 기술 개발의 유인이 이 공정에 집중된다. 이런 방식으로 생산의 기술 진보가 발생하는 것이다.

1750년대부터 씨실을 넣은 북이 자동적으로 날실 사이를 건너지르게 하는 비사(fly shuttle)가 널리 보급되어 방직 작업의 속도가 빨라졌다. 이에 따라 생산성이 3배 이상 증가하여 면사의 부족 사태가 발생하자, 방적 부문의 기술 혁신이 절실히 요구되었다. 이에 대한 반응으로서 1760년대에 하그리브스(James Hargreaves)의 제니 방적기(spinning jenny)와 아크라이트(Richard Arkwright)의 수력 방적기(water frame)가 발명되었다. 그리고 양자의 장점을 결합하여 가늘면서도 강한 면사를 만들어 낼 수 있는 뮬 방적기(mule spinning frame)가 1770년대에 제작되면서, 인도산 고급 면직물에 대해 경쟁력을 획득할 수 있게 되었다. 그러자 이제는 방직 작업의 속도가 면사 생산의 속도를 따라가지 못하게 되었는데, 이를 해결한 것이 1785년에 발명된 역직기(power loom)였다. 마지막으로 미국에서 휘트니(Ely Whitney)가 조면기(cotton gin)를 발

제니 방적기: 여러 개의 방추(紡錘)를 기계에 장치하여 동시에 조작할 수 있도록 함으로써 방적 작업의 속도를 비약적으로 상승시킨 수동 방적기.

수력 방적기: 다수의 방추를 단 방적기를 수차(水車)와 연결하여 수력으로 작동하게 만든 기계. 아크라이트는 이 방적 기계를 설치한 공장도 건설하였다.

뮬 방적기: 크럼프턴(Samuel Crompton)이 개발한 방적기로 가늘면서도 강한 실을 뽑는 성능이 뛰어났다. 제니 방적기와 수력 방적기의 잡종이라는 뜻에서 뮬(나귀)이라고 불렸다.

역직기: 전동기와 같은 동력을 사용하여 운전하는 직기로 카트라이트(Edmund Cartwright)가 발명하였다. 이 기계의 도입으로 수련 수직공들의 대량 실업이 발생하였다.

조면기: 면화에서 끈끈한 면실(棉實)을 분리해 내는 기계. 이 기계의 등장으로 노동자 한 명이 하루에 분리해 내는 면화의 양이 무려 50배나 증가하였다.

명하여 면화 수확의 생산성을 크게 향상시킴으로써, 공급의 애로를 방지하는 데 결정적인 기여를 하였다.

이상과 같은 일련의 기술 진보에 힘입어 면 공업은 영국의 주축 산업으로 눈부시게 성장하였다. 영국의 총수출에서 면제품이 차지하는 비율이 1784-1786년에 6.0%에 불과하였으나, 1794-1796년에는 15.6%, 1804-1806년에는 42.3%로 매우 가파르게 증가하였다. 구산업인 모직물이 같은 기간에 각각 29.2%, 23.9%, 16.4%를 기록해 지속적인 하락 추세를 나타낸 것과 뚜렷한 대조를 이루었다. 1830년이 되자 영국의 총수출 중 절반 이상을 면제품이 차지하게 되어 명실상부하게 산업 혁명을 상징하는 산업이 되었다.

금속 공업, 특히 **제철 공업**은 산업 연관 효과가 커서 기계 공업, 석탄 공업 등 다른 산업의 발달에 크게 기여하는 산업이었다. 제철 기술 발달의 핵심은 전통적 연료인 목탄을 대신하여 석탄을 사용하는 데 있었다. 목탄의 사용은 제철소의 입지를 삼림 지역으로 제한하는 문제를 지녔는데, 18세기 초가 되자 삼림 자원이 고갈되면서 제철용 목탄을 구하기가 어려워졌다. 맬서스 트랩을 연상시키는 이 난점을 해결할 실마리를 제공한 것은 다비(Abraham Darby)가 개발한 새로운 연료였다. 그는 석탄으로 만든 코크스(cokes)를 연료로 사용하여 선철(銑鐵)을 만드는 방법을 고안해 냄으로써 입지 조건의 한계를 극복하였다. 그렇지만 봉철(棒鐵)은 여전히 대부분을 스웨덴으로부터 수입해야 하였는데, 다비의 뒤를 이어 코트(Henry Cort)가 교반 및 압연법(puddling and rolling process)을 개발하여 봉철을 대량 생산할 수 있는 길을 열었다. 1830년대부터 철도가 건설되기 시작하면서 제철 공업의 중요성은 더욱 커졌다. 지속된 기술 진보의 결과로 19세기 중반 영국은 세계 선철 생산의 1/2을 차지하였고, 수입하던 봉철도 대량으로 생산하여 수출하게 되었다.

코크스: 독일어 코크스(koks)에서 온 용어로, 석탄을 분쇄하고 공기와 접촉시키지 않은 채 고온으로 가열하면 휘발성 성분이 날아가고 고체가 남는데, 이것이 코크스다. 철광석의 소결(燒結)에 쓰인다.

교반 및 압연법: 교반(攪拌)은 선철을 코크스로 가열하여 녹인 후 쇠막대로 휘저어 탄소를 제거하는 방법이고, 압연(壓延)은 녹인 쇳물을 롤러 사이에 흐르게 하여 함유된 불순물을 제거하는 방법이다.

석탄 공업도 산업 혁명사에서 빼놓을 수 없는 산업이다. 영국은 풍부한 석탄 자원을 보유하였지만, 채굴량이 증가하면서 갱도가 깊어

그림 12-6

석탄 공업의 혁신 증기 기관의 사용은 석탄 공업이 안고 있던 고질적인 문제를 해결하는 효과적인 방안이었다.

지는 기술적 문제에 봉착하였다. 심각한 배수 문제는 증기 펌프의 사용으로 해결 방안을 찾았고, 폭발성 가스의 문제는 안전등의 발명을 통해 해결하였다. 유럽 각국의 채탄량을 보면, 영국은 19세기 초는 물론이고 1860년에도 독일, 프랑스, 벨기에, 미국의 채탄량을 합한 것보다 거의 두 배나 많은 석탄을 채굴하였다.

공업 각 부문의 기술 진보에 결정적인 기여를 한 것은 **증기 기관의 개발**이었다. 광산의 통풍 문제 및 배수 문제를 해결하기 위해 뉴커먼(Thomas Newcomen)이 개발한 기압 기관은 18세기 초 영국 전역의 탄광에 널리 도입되었다. 그러나 이 장치는 연료 사용량에 비해 효율이 낮다는 문제점을 지니고 있었다. 와트(James Watt)는 기계 원리에 대한 과학적 지식과 실용적인 기계를 제작하고자 하는 숙련공으로서의 열정을 결합하여 증기 기관을 개량해 갔다. 그의 기술력에 사업 파트너인 볼턴(Matthew Boulton)의 자본력이 더해짐으로써, 마침내 1776년에 최초의 본격적 증기 기관이 탄생될 수 있었다. 와트의 증기 기관은 뉴커먼의 기압 기관에 별도의 응축기(condenser)를 달아 효율을 비약적으로 증가시킨 것이었다. 와트의 증기 기관은 기술적 우위에도 불구하고 상용화되기까지는 남은 장애물이 있었다. 그것은 구매력이 부족한 잠재적 수요자들을 어떻게 실수요자로 만드는가 하는 문제였다. 볼턴은 증기 기관 구매자에게 구입 비용을 장기간 할부하는 제도를 고안하였다. 구매자가 말[馬]이나 기존의 뉴커먼 엔진을 와트의 엔진으로 대체할 때 얻게 되는 비용 감소분의 1/3을 특허 만료 시점까지 로열티로 지불하도록 한 것이다. 이러한 마케팅 부문의 혁신이 있었기 때문에 와트의 증기 기관은 당대의 히트 상품이 될 수 있었다. 산업 혁명의 대발명품이 세상에 나타난 데에는 **과학 지식과 숙련 기술**만이 아니라, **효과적 투자와 마케팅 혁신** 등이 잘 융합되는 상황이 필요하였던 것이다.

운송 수단의 발달

교통 수단의 발달은 물자의 이동을 쉽게 함으로써 시장을 확대시키고, 사람의 이동을 촉진함으로써 생산 요소의 공급을 원활하게 한다. 교통 수단의 확충 자체가 대규모 사업인 경우도 많다. 영국의 도로 교통은 전통적으로 지방 자치 단체가 관리하였는데, 개별 지자체의 재정 상태에 따라 열악한 상

증기 펌프: 증기력을 이용하여 낮은 지역에 있는 물을 뽑아내는 장치.

안전등: 데이비(Humphry Davy)가 1815년에 발명한 장치로, 고온의 연소 가스가 외부 공기와 직접 접촉하지 못하도록 차단한 조명 기구이다.

그림 12-7

우편 마차의 시대 18세기 후반과 19세기를 거치면서 널리 확산된 우편 마차 제도는 정보의 이동 속도에 극적인 향상을 가져왔다.

턴파이크: 이용자에게 요금을 징수하는 민자 도로로서, 마차 교통 시대에 유럽에서 교통과 운송의 개선에 기여를 하였다.

황에 놓인 경우가 많았다. 18세기 중엽 이후 유료 도로인 **턴파이크**(turnpike)가 곳곳에 건설되어, 1770년이 되면 2만 4,000km나 되는 유료 도로가 전국을 연결하였다. 또한 새로운 도로 포장법이 개발되어 무거운 하중을 견디는 양질의 도로가 건설됨으로써 육상 교통이 발달하였다. 도로의 개선은 편안한 여행을 가능하게 하여 역마차의 인기가 급상승하였으며, **우편 마차** 제도가 발달하여 정보의 이동 속도를 획기적으로 향상시켰다.

표 12-3은 도로 운송 비용이 이 시기에 얼마나 감소하였는가를 보여 준다. 잉글랜드 북부 공업 도시인 리즈에서 남부에 위치한 수도 런던에 이르는 도로 운송비를 지수화하여 제시한 이 표에 따르면, 1700년경 이래 도로 운송비는 지속적으로 감소하여 1838년이 되면 초기의 30% 수준에 도달하였다. 운송비의 감소 폭은 1740-1760년 기간에 가장 컸는데, 유료 도로와 포장법의 발달이 끼친 영향이 컸다는 사실을 말해 준다.

중량이 큰 화물의 이동에는 도로 운송보다 수운이 더 경제적이었다. 18

표 12-3 **도로 운송 비용의 추이, 1700-1838년(1693-1702년=100)**

연도	리즈-런던 간 도로 운송비 지수
1700-1709	102.0
1720-1729	95.4
1740-1749	82.4
1760-1769	51.2
1780-1789	51.2
1800-1809	44.0
1820	43.2
1825	36.2
1838	30.9

자료: Gerhold(1996), 494, 508쪽.

세기 후반에 발생한 **운하 건설** 붐은 영국의 하천을 거의 모두 연결하는 내륙 수로망의 구축을 가능하게 하였다. 운하를 통한 운송은 높은 경제성을 보였다. 예를 들어, 맨체스터와 리버풀을 연결하는 운하의 개통은 두 지점 사이의 운송비를 절반으로 감소시켰다. 영국 여러 지역에서 생산된 철, 석탄, 자기, 곡물 등이 운하를 통해 값싸게 소비 지역으로 수송되었다. 또한 운하 건설 자체가 다수의 인력과 거액의 자본, 발달된 토목 기술을 필요로 하였으므로, 경제 전반을 자극하는 역할을 하기도 하였다.

그림 12-8

철도의 시대 맨체스터와 리버풀을 잇는 세계 최초의 철도를 증기 기관차가 달리고 있다. 철도의 건설은 전통적 풍경을 바꿔놓는 초대형 사업이었다.

산업 혁명 시기 교통 수단 발달의 귀착점은 **철도**였다. 철도는 운하가 지닌 지리적·계절적 취약점으로부터 자유로울 수 있었기 때문이다. 철도 발달에 있어서 핵심적인 기술적 문제는 증기 기관을 이용해 견인력을 확보하는 것이었다. 트레비식(Richard Trevithick)이 1801년에 최초로 증기차를 개발하면서 문제 해결의 길이 열렸다. 광산 기사인 스티븐슨(George Stevenson)은 1810년대부터 증기 기관차를 제작하기 시작하였는데, 1830년에는 리버풀과 맨체스터 간 50km를 평균 시속 약 22km로 주행하여 기차가 말보다 빠른 운

그림 12-9 **영국 고정 자본 중 교통 수단이 차지하는 비중**

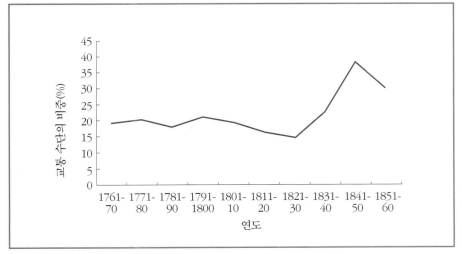

자료: Feinstein(1981), 133-134쪽.

송 수단이 될 것임을 입증하였다. 이후 철도망은 전국적으로 급속히 구축되면서 수송 능력의 획기적 개선과 대규모 고용 창출 등을 통해 영국의 경제 성장에 중요한 역할을 하였다. 특히, 1825년 거품법이 철폐되어 주식회사 설립 규제가 풀리자 1830년대에 철도에 대한 투자 열기가 달아올랐다. 결국 과열은 또다시 거품 붕괴로 이어져 많은 투자가들에게 손실을 안겼고, 주식회사 제도에 대한 여론이 다시 차가워졌다. 그렇지만 이런 과정을 거치면서 철도 건설이 지속되어, 총연장이 1840년에는 2,400km, 1850년에는 1만km로 증가하였고, 1870년에는 2만 5,000km에 이르렀다. 종합하자면, 그림 12-9에 나타난 것과 같이 영국의 고정 자본 중에서 교통 수단이 차지하는 비중은 1830년경부터 비약적으로 증가하였다. 철도가 결정적인 역할을 담당한 것은 물론이었다.

기술 혁신과 생산 요소의 상대 가격

이상에서 살펴본 기술 진보를 이론적으로 어떻게 설명할 수 있을까? 영국이 다른 국가들에 앞서서 여러 중요한 기술 혁신을 이룰 수 있었던 경제학적 이유는 무엇일까? **생산 요소의 상대 가격**을 중심으로 이 문제를 살펴보기로 하자. 산업 혁명 시기 영국 경제에 특징적인 여건은 **높은 임금 수준과 낮은 석탄 가격**이었다.

그림 12-10은 세계 여러 도시에서 추계된 노동자의 임금 수준을 보여 준다. 1425년에서 1825년까지 400년에 걸쳐 런던의 임금 수준을 암스테르담, 빈, 피렌체, 델리, 베이징의 임금 수준과 비교하였다. 15세기에는 대부분의 도시에서 임금 수준이 유사하였지만, 16세기 후반부터 임금 격차가 확대되어 런던과 암스테르담이 다른 도시들을 압도해 갔다. 특히, 영국은 1625년경부터 가장 높은 임금 수준을 기록하였다. 더욱 두드러진 모습은 18세기 말부터 영국이 보여 준 비약적인 고임금 추세였다.

다음으로 그림 12-11은 영국 중부 지방에서 기록된 석탄 가격을 목탄 가격과 비교하여 보여 준다. 16세기 이래 석탄은 목탄보다 낮은 가격을 유지하였다. 더욱이 17세기 후반부터 목탄 가격은 지속적인 증가세를 보인 데 반해, 석탄 가격은 거의 변하지 않은 채 낮게 유지되었다. 영국은 17세기 후반부터 삼림 자원의 부족이 현실화되었는데, 이와 달리 석탄은 저렴한 방법으

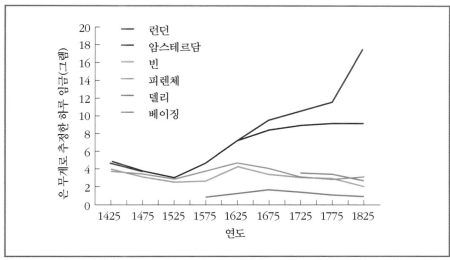

그림 12-10 세계 각국의 임금 수준, 1425-1825년

자료: Allen(2009), 34쪽.

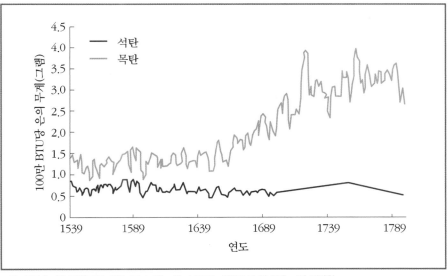

그림 12-11 영국의 목탄과 석탄 가격 추이

주: 1BTU는 물 1파운드를 화씨 1도 높이는 데 소요되는 열량으로 약 252cal에 해당함.
자료: Allen(2009), 95쪽.

로 채굴될 수 있었고 그 양도 풍부하였던 것이다.

높은 임금과 낮은 석탄 가격은 기술 혁신에 대해 특별한 함의를 지닌다.

고임금의 부담을 피하기 위해 **노동 절약적인 기술 진보**가 바람직하였는데, 가격이 저렴한 석탄을 대량으로 사용할 수 있게 하는 기술이 특히 유용하였다. 증기 기관은 이런 면에서 이상적인 발명품이었다. 석탄에 비해 임금의 상대 가격이 낮은 국가에서는 이러한 유인이 존재하지 않기 때문에, 발명을 위한 노력이 적게 존재하고 성공적으로 발명이 이루어지더라도 신기술이 쉽게 확산되지 않는다. 이렇듯 영국이 산업 혁명 시기에 눈부신 기술 진보를 보인 데에는 생산 요소의 상대 가격 조건이라는 요인이 크게 작용하였다. 자세한 이론적 설명은 모형과 이론 12-2에 소개되어 있다.

모형과 이론 12-2

기술 혁신과 상대 가격

앞의 제9장에서 혁신의 수요와 공급에 대해서 언급한 바 있지만, 여기서는 생산자 이론에 초점을 맞추어 보다 상세한 분석을 해 보기로 하자. 한 기업의 생산 함수는 다음과 같이 표현된다.

$y = f(L, K)$.
y: 산출, L: 노동, K: 자본

본문에서 살펴본 영국의 산업 혁명 시기를 염두에 두고 보자면, 자본 대신 석탄이라는 생산 요소를 상정해도 이론적으로 동일한 결과에 도달한다는 점을 지적하면서 논의를 이어 가기로 하자.

이 생산 함수를 사용하여 등량 곡선(isoquant)을 그리면 아래와 같다. 여기에서 등량 곡선은 기술이 일정할 때 일정한 산출을 내기 위해 필요한 노동과 자본의 조합점을 이어서 곡선으로 표시한 것이다. 자본에 비해 노동이 상대적으로 비싼 경우(고임금 경제)의 등비용 곡선(isocost curve)은 자본에 비해 노동이 상대적으로 싼 경우(저임금 경제)의 등비용 곡선보다 기울기가 가파르다. 그리고 두 경우의 균형점은 각각 H와 L이 된다. 두 등비용 곡선이 x축 및 y축과 만나 형성하는 영역은 A, B, C로 구분할 수 있다. 노동과 자본의 상대 가격이 일정하다고 가정할 때 거시 발명(macro-invention)의 효과를 살펴보자.

발명의 효과는 등량 곡선을 원점 방향으로 이동시킨다. 고임금 경제에서 거시 발명은 노동을 절약하는 방향으로 이루어지는 경향이 강하다. 그림의 T가 노동 절약형 기술 진보가 초래한 효과를 나타낸다. 이 거시 발명은 고임금 경제의 등비용 곡선을 원점 방향으로 이동시키므로 경제적으로 이익이 된다. 그러나 이 거시 발명은 저임금 경제에게는 도움이 되지 않는다. 오히려 등비용 곡선을 바깥쪽으로 이동시키는 효과를 가지기 때문이다. 이를 일반화하면, 영역 A에서 발생하는 기술 진보는 고임금 경제만 채택하고자 할 것이고, 영역 C에서 발생하는 기술 진보는 저임금 경제만 채택하고자 할 것이며, 영역 B에서 발생하는 기술 진보는 고임금 경제와 저임금

국면 1: 거시 발명

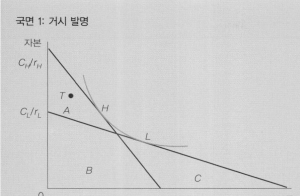

경제 모두 채택하고자 할 것이다.

거시 발명 *T*가 발생하면 이를 활용하여 다수의 미시 개량(micro-improvement)이 뒤따르게 된다. 일련의 미시 개량이 발생하는 궤적을 화살표로 표시하였다. 미시 개량 *U*는 등비용 곡선을 원점 방향으로 이동시키지만 영역 *A* 내에서 발생하기 때문에 고임금 경제에서만 채택이 된다. 추가적으로 발생한 미시 개량 *V*는 영역 *B*에서 발생하므로 이제 고임금 경제와 저임금 경제 모두가 채택을 하게 된다. 즉, 저임금 경제는 거시 발명에 이어 미시 개량이 상당히 진전된 시점에서야 신기술을 도입하게 되는 것이다.

산업 혁명 시기 영국의 거시 발명들은 영역 *A*에서 발생한 것으로 이해할 수 있다. 예를 들어, 1730년에 코크스를 이용하는 용광로가 개발된 것은 거시 발명이라고 볼 수 있다. 이 거시 발명의 뒤를 이어 용광로의 효율을 향상시키는 많은 미시 개량이 이루어졌다.

국면 2: 미시 개량의 궤적

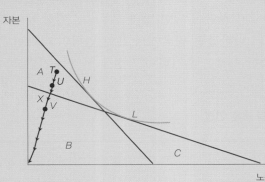

1780년대의 코크스 용광로는 1730년대에 제작된 것에 비해 높은 생산성을 보였다. 그러나 제철 공업이 목탄 연료에 의존하였던 프랑스에게는 여전히 비용 부담이 컸다. 1850년대에 이르기까지 더 많은 미시 개량이 이루어진 후에야 – 즉, 영역 *B*에 들어온 시점에서야 – 프랑스는 신기술을 받아들였다.

자료: Allen(2009), 151-155쪽.

제3절 생산 요소의 증대

노동 공급

산업 혁명 시기에 공업 부문이 수요하였던 노동은 어디로부터 어떻게 공급되었을까? 노동 공급의 가장 기본적인 원천은 **인구의 증가**였다. 인구 증가는 출생률의 증가, 사망률의 감소, 이민자의 증가 등에 의해 발생할 수 있다. 영국에서 인구 증가를 초래한 가장 중요한 요인은 **출생률의 증가**였고, 여기에는 혼인 연령의 하락이 크게 작용하였다.

그림 12-12는 잉글랜드의 남녀별 평균 초혼 연령을 보여 준다. 17세기 이래 여자와 남자의 초혼 연령은 각각 약 25.5세, 27.5세였으나, 18세기를 거치면서 하락세가 계속되어 19세기 전반이 되면 남녀 모두 2년 이상 낮아졌다. 개인주의적 성향이 일찍부터 나타났던 영국에서 혼인 연령이 하락한 데에는 젊은 시절에 벌어서 저축한 자금을 혼인하여 가정을 꾸리는 기반으로 삼

그림 12-12 잉글랜드의 남녀별 초혼 연령

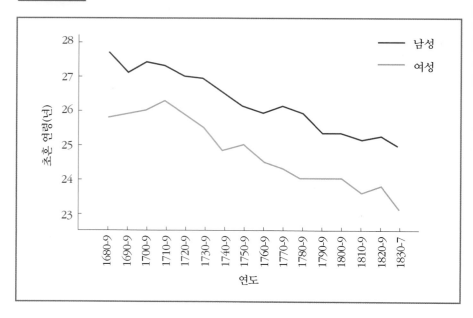

던 관습이 약화된 점이 작용한 것으로 보인다. 자녀의 수에 따라 구호 금액을 조정하는 방식으로 빈민법이 변화한 점도 혼인 연령을 낮추는 데 부분적으로 역할을 하였다.

인구의 자연적 증가만이 아니라 **지역적 인구 이동**도 노동 공급의 중요한 원천이 되었다. 농촌에서 토지 소유의 집중화가 진행되고 농업 생산성이 증가하면서 도시로 빠져나갈 수 있는 노동력의 규모가 커진 사실이 중요하였다. 당시에 도시 노동자의 임금은 농업 노동자의 임금보다 20% 가량 높았다. 그러나 이런 임금 격차가 농촌으로부터 공업 지역으로 인구를 대규모로 흡인하였다고 볼 수는 없다. 낯설고 험한 도시에서 열악한 노동 조건과 주거 환경을 감수하면서 지내는 삶에 대한 선호도는 전통적 유대 관계와 안정적 생활 환경의 농촌에 비해 낮았다.

그림 12-14는 영국의 여러 지역에서 추계한 출생 시 기대 수명을 보여 준다. 19세기 전반 내내 농촌 지역이 가장 높은 기대 수명을 기록하였고, 런던,

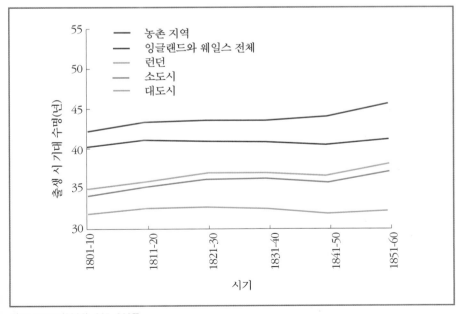

그림 12-13

인구의 급증 무절제하고 문란한 생활 방식이 출산의 증가를 초래한다는 훈계조의 당시 그림.

그림 12-14 영국의 출생 시 기대 수명

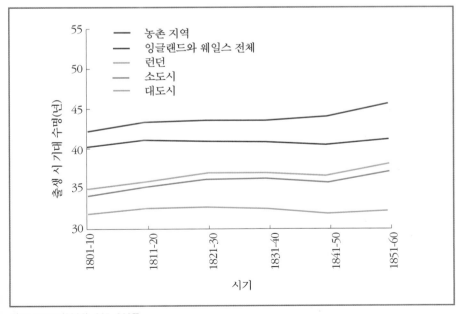

자료: Woods(2000), 365, 369쪽.

그림 12-15

공업 도시의 열악한 환경 웨일스 광산 지대의 모습에서 열악한 노동 및 주거 환경을 상상할 수 있다.

소도시, 대도시의 순으로 기대 수명이 짧았다. 농촌의 기대 수명은 43세로, 대도시의 기대 수명 32세를 크게 앞질렀다. 특히, 신흥 공업 도시의 기대 수명은 최하 수준으로서, 1841년에 리버풀과 맨체스터의 기대 수명은 26세에도 미치지 못한 것으로 나타났다. 도농 간의 임금 격차는 이러한 생활 수준 차이를 반영한 **보상적 임금 격차**로 보는 게 타당하다.

보상적 임금 격차: 열악한 근로 조건(위치, 위험도, 주거비, 심리적 기피도)을 고려하여 양호한 근무지에 비해 추가적으로 지불해야 하는 임금.

많은 노동 인구에게 근대 사회는 분명 이성적 진보라는 이미지로서가 아니라 낯선 공장과 도시 환경, 질병과 저임금이라는 야만의 이미지로 비쳐졌다. 디킨스(Charles Dickens)가 소설 『어려운 시절』(Hard Times)에서 묘사하였던 가상의 공업 도시 모습은 당시 사람들이 보기에 실제 상황과 크게 다르지 않았을 것이다. 영국의 노동 인구가 생활 수준의 향상을 경험하는 데까지는 적지 않은 시간이 소요되었으며, 지역이나 업종에 따라서는 '어려운 시절'이 장기간에 걸쳐 지속되기도 하였다.

그림 12-16

여성과 아동 노동 면 공업의 기술적 특성상 남성 노동보다는 여성과 아동 노동이 널리 고용되었다.

노동과 고용의 내용에서도 변화가 발생하였다. 면 공업에서는 기술적 특성상 남성 노동보다 **여성 노동**과 **아동 노동**이 더 요긴하게 쓰였다. 석탄 공업에서도 갱도가 깊어지면서 점차 몸집이 작은 어린이가 고용되었다. 여성과 아동은 임금이 상대적으로 낮고, 규율하기가 용이하였으며, 기계 사이를 민첩하게 오가거나 자세를 구부리는 작업 등 제한된 공간에서 일하기에 신체적으로 적합하였다. 이런 특성과 부합하게 고용 방식도 변화되었다. 가족 고용 형태 또는 하청제가 널리 확산되어 노동 과정의 관리에 위계

찰스 디킨스, 『어려운 시절』(Hard Times)

당대의 유명한 작가였던 찰스 디킨스가 1854년에 발표한 소설로 산업화 시대의 공리주의적 가치관에 대해 많은 풍자를 한 작품이었다. 개인의 생각과 감정이 무시되고 측정이 가능한 효용에만 주목하는 사회적 경향에 대해 비판적 시각을 드러내었던 것이다. 코크타운(Coketown)이라는 공업 도시에 대한 묘사를 통해 산업 혁명이 초래한 변화를 상상해 보자.

그것은 붉은 벽돌의 도시, 만약 공장 연기와 재가 허락하였다면 붉은색이었을 벽돌로 이루어진 도시였다. 그러나 사실은 야만인의 물감 칠한 얼굴처럼 부자연스런 붉음과 검정의 도시였다. 그것은 기계와 높은 굴뚝의 도시였는데, 그 높다란 굴뚝으로부터 연기의 뱀이 끊임없이 영원히 기어 나와서 결코 풀어지지 않았다. 도시 안에는 검은 운하가 하나 있고 고약한 악취를 풍기는 염료 때문에 자줏빛으로 흐르는 강이 하나 있었다. 창으로 꽉 찬 거대한 건물 더미가 있는데, 거기서는 하루종일 덜컹거리고 덜덜 떠는 소리가 들렸고, 우울한 광증에 사로잡힌 코끼리의 머리 같은 증기 기관의 피스톤이 단조롭게 상하 운동을 하였다. 서로 똑같이 닮은 큰 길이 몇 개 있었고, 한층 더 닮은 작은 거리가 많이 있었다. 그 거리에는 마찬가지로 꼭 닮은 사람들이 같은 시간에 같은 포도에서 같은 소리를 내며 같은 일을 하기 위해 출퇴근하면서 살고 있었다. 그들에게 매일은 어제나 내일과 꼭 같았고 매해는 작년이나 내년과 꼭 같았다.

…

도시의 모든 공적 안내문은 살벌하게 하얀 바탕에 검은 글자로 똑같이 쓰여 있었다. 감옥이 병원일 수도 병원이 감옥일 수도 있었으며, 시청 역시 둘 중의 하나일 수도 있었고 둘 다일 수도 있었으며 또는 다른 무엇이 되더라도 안 될 만한 무슨 건축상의 장식이란 아무것도 없었다. 도시의 유형적인 면 어디나, 무형적인 면 어디나 사실, 사실, 사실뿐이었다. 맥초우컴차일드 학교도, 디자인 학교도, 주인과 고용인 사이의 관계도 온통 사실뿐이었으며 산부인과 병원에서 공동묘지에 이르기까지도 사실만이 있었다. 그리고 숫자로 서술할 수 없거나 가장 싸게 사서 가장 비싸게 팔 만한 것으로 증명할 수 없는 것은 존재하지 않는 거고 존재해서도 안 되는 거였다. 영원히, 아멘.

자료: 디킨스(1994), 35-37쪽.

체제가 자리를 잡았다.

노동자의 수가 많아지면서 계급 의식이 점차 강화되고 **노동조합** 운동도 가시화되었다. 정부는 1799년 결사금지법(Combination Act)을 제정하여 이와 같은 움직임에 제동을 걸었지만, 노동자 세력의 성장을 원천적으로 막을 수는 없었다. 1824년에는 노동조합의 결성이 합법화되었고, 1840년대부터는

노동자들의 참정권 쟁취 운동 – 차티스트 운동(Chartist Movement) – 이 전개되었다. 그리고 초기의 사회주의 사상을 이어 마르크스의 사상이 동조자를 확대해 갔다.

자본 공급

그림 12-17

차티스트 군중 집회 1848년 집회에 운집한 군중들이 연설을 청취하고 있는 모습.

차티스트 운동: 1830년대 말부터 노동자 계층이 주체가 되어 전개된 영국의 대중 운동. 보유한 재산에 따라 선거권을 차등화하였던 기존 제도의 철폐를 주장하였다.

중앙은행: 해당 국가의 발권 업무 및 최후의 대부자 역할을 담당하는 은행.

개인 은행: 대형 상업 은행으로서 규모가 큰 사업을 위한 대부 및 환어음 처리 등의 업무를 담당하였다.

지방 은행: 개별 지역에 밀착하여 영업을 한 소규모 은행.

　산업 혁명 시기에 영국의 은행 제도는 크게 세 층위로 구성되어 있었다. **중앙은행**(central bank)인 잉글랜드 은행(Bank of England)은 1694년에 설립된 후 1709년에 독점적인 발권 은행의 지위를 확립하였다. 잉글랜드 은행은 발권 업무 이외에 대정부 금융 등 중앙은행이 통상 담당하는 제반 업무를 수행하였다. 또한 런던의 대상인과 대형 회사를 대상으로 예금, 대부, 환어음 할인 등 상업 은행 업무도 부분적으로 수행하였다. 하지만 이런 활동은 런던에 국한되었기 때문에, 지방의 기업가들은 잉글랜드 은행과 직접적인 관계를 갖지 않았다. 런던에서는 로스차일드(Rothschilds)와 베어링(Barings) 같은 대(大)금융 가문이 **개인 은행**(private bank)을 운영하였다. 환어음의 할인, 주식 중개업자에 대한 단기 대부, 정부 공채에 대한 투자 등에 치중하였으므로, 지방의 기업가들이 수요하는 자금을 직접 공급하지는 않았다. 기업가들에게 직접적으로 요긴하였던 것은 각 지역에서 운영된 **지방 은행**(country bank)이었다. 보통 지역 유지들이 파트너십 형태로 운영하였던 지방 은행은 중소 사업자들에게 신용을 제공하는 역할을 수행하였다.

　지방 은행은 대개 소규모였기 때문에 상대적으로 많은 양의 지불 준비금이 필요하였고, 타 지역 금융 기관과의 연계도 약하였다. 이 단점을 보완하기 위해 지방 은행은 1770년대부터 런던의 대형 개인 은행을 거래 은행으로 삼아서 여러 대리 업무를 관장하게 하였다. 이로서 지방과 런던을 연결하는 은행망이 구축되었다. 한편, 잉글랜드 은행은 개인 은행에 대해 '최후의 대부자'로서 금융 안전망을 제공하였다. 결과적으로, 중앙은행과 개인 은행

마르크스의 혁명 사상

칼 마르크스는 자본주의 경제 체제에 대해 통렬한 비판을 가한 혁명 사상가였다. 그는 1848년 엥겔스와 함께 출간한 『공산당 선언』(*Manifesto of the Communist Party*)에서 자본주의적 세계화의 과정을 아래와 같이 묘사하였다.

자신의 생산물의 판로를 끊임없이 확장하려는 욕구는 부르주아지를 전 지구상으로 내몬다. 부르주아지는 도처에서 둥지를 틀어야 하며, 도처에서 정착하여야 하고, 도처에서 연계를 갖추어야 한다.

부르주아지는 자신들의 세계 시장을 우려먹음으로써 모든 나라들의 생산과 소비가 범세계적인 꼴을 갖추게 하였다. 반동배에게는 대단히 유감스럽게도, 부르주아지는 공업의 발 밑에서 그 국민적 기반을 빼내가 버렸다. 태고의 국민적 공업들은 절멸되었고, 또 나날이 절멸되어 가고 있다. 이 공업들은, 그 도입이 모든 문명 국민들에게 생사가 걸린 문제가 되는 새로운 공업들에 의해, 즉 더 이상 본토의 원료를 가공하는 것이 아니라 아주 멀리 떨어진 지대의 원료를 가공하며 그 제품이 자국 안에서뿐만 아니라 모든 대륙들에서도 동시에 소비되는 그러한 공업들에 의해 밀려나고 있다. 국산품에 의해 충족되었던 낡은 욕구들 대신에 새로운 욕구들이 들어서는데, 이 새로운 욕구들을 충족시키기 위해서는 아주 먼 나라와 토양의 생산물들이 필요하다. 낡은 지방적·국민적 자급자족과 고립 대신에 국민들 상호간의 전면적 교류, 전면적 의존이 들어선다. 그리고 이는 물질적 생산에서 그렇듯 정신적 생산에서도 마찬가지이다. 개별 국민들의 정신적 창작물은 공동 재산이 된다. 국민적 일면성과 제한성은 더욱더 불가능하게 되고, 많은 국민적·지방적 문학들로부터 하나의 세계 문학이 형성된다.

부르주아지는 모든 생산 도구들의 급속한 개선과 한없이 편리해진 교통을 통해 모든 국민들을, 가장 미개한 국민들까지도 문명 속으로 잡아당긴다. 부르주아지의 값싼 상품 가격은, 부르주아지가 모든 만리장성을 쏘아 무너뜨리고 외국인에 대한 야만인들의 완고하기 그지없는 증오를 굴복시키는 중포(重砲)이다. 부르주아지는 모든 국민들에게 망하고 싶지 않거든 부르주아지의 생산 방식을 취하라고 강요하며, 이른바 문명을 자국에 도입하라고, 다시 말해 부르주아가 되라고 강요한다. 한마디로, 부르주아지는 자기 자신의 형상을 따라 하나의 세계를 창조하고 있다.

자료: 맑스·엥겔스(1998), 8-9쪽.

그림 12-18

비관론자 마르크스 마르크스는 자본주의 경제 체제에 대해 통렬한 비판을 가하면서 19세기 중반 혁명 운동의 지적 기초를 닦았다.

각각으로 보면 산업 자본의 공급과 무관하였지만, 중앙은행-개인 은행-지방 은행을 유기적으로 엮는 네트워크가 작동하였기 때문에 전체적으로 보아 영국의 은행 제도는 산업 자본의 공급에 제한적이나마 역할을 하였다.

그림 12-19

금융가의 큰 손들 런던 개인 은행의 대표적 큰 손으로 통했던 베어링의 업무 모습.

기업가가 자본을 충당하는 채널 중에는 주식 발행이라는 직접 금융 방식이 있다. 그런데 영국의 경우 1720년에 제정된 거품법이 존재하였기 때문에, 이 법이 폐지되는 1825년까지 민간 기업을 주식회사 형태로 설립하는 것이 금지되었다. 또한 그 후에도 철도에 대한 투기 열풍이 주식회사에 대한 여론을 악화시켜 1850년대까지 본격적인 주식회사 설립을 어렵게 만들었다.

은행이 제한적으로 산업 자본을 공급하였고 주식회사 제도가 실질적으로 존재하지 않았다면, 영국의 산업 혁명은 자본 부족에 직면하지 않았을까? 다행히 산업 혁명 시기에 성장한 많은 업종들은 생산 설비나 기술 개발을 위해 대규모의 자본을 필요로 하는 장치 산업이 아니었다. 공장 규모도 처음부터 대형으로 시작한 것이 아니었다. 이러한 여건을 배경으로 기업을 운영하는 데 소요되는 자본은 주로 **기업가 자신**이 마련한 자금에 의존하였다. 기업가들은 무한 책임을 지고 홀로 또는 파트너십을 결성하여 기업 운영에 필요한 비용을 조달하였다. 아크라이트의 방적기, 와트의 증기 기관, 웨지우드의 도기 등이 모두 파트너십에 기초하여 사업을 발달시킨 사례였다.

천연자원과 인적 자본

영국은 각종 **천연자원의 부존량**이 많았다는 장점을 지녔다. 철, 납, 구리, 주석 등이 대체로 풍부하였고, 특히 양질의 석탄이 다량 매장되어 있었다. 앞에서 살펴본 것처럼, 노동의 상대 가격이 높은 고임금 경제에서 값싸고 풍부한 천연자원을 보유하였다는 점은 기술 진보를 자극하는 요인이었다. 노동 절약적인 방향으로 거시 발명이 발생하고 이로부터 수많은 미시 개량이 유도됨으로써 영국은 '세계의 공장'(workshop of the world)이라는 지위를 수십 년 동안 향유할 수 있었던 것이다.

인적 자본 측면에서는 우선 기업가 집단의 안정적 성장을 경제 발전의

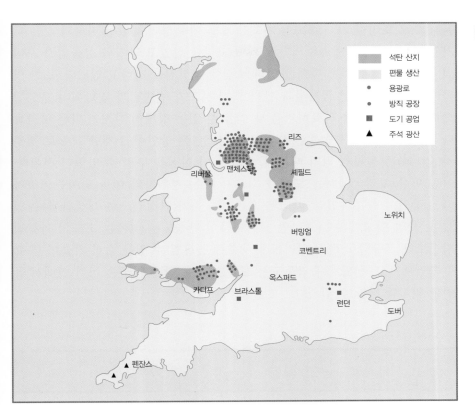

그림 12-20

1790년 영국의 공업 지대

석탄 산지
편물 생산
용광로
방직 공장
도기 공업
주석 광산

리즈
맨체스터
리버풀
셰필드
노위치
버밍엄
코벤트리
옥스퍼드
카디프
브라스톨
런던
도버
펜잔스

요인으로 지적할 수 있다. 기업가 정신으로 충만한 다수의 사업가들이 공업화 과정에서 혁신을 주도하였다. 특히, 영국 사회에서 성공회(Anglican Church)에 속하지 않은 **비국교도들**(Dissenters), 예를 들어 퀘이커, 감리교도, 장로교도 등은 공직 활동에 제한이 있었다. 유능하고 자신감 넘치는 비국교도들은 이에 대한 탈출구로서 상공업, 금융업 및 과학 교육 분야에 뛰어들어 뛰어난 실력을 발휘하였다.

인적 자본의 중요성은 **숙련 기술자**의 공급이라는 측면에서도 나타났다. **도제 제도**는 중세의 길드 체제에서 전성기를 누렸고 이후 서서히 중요성이 떨어졌지만, 18세기까지도 숙련공을 배출하는 역할을 수행하고 있었다. 영국은 다른 국가들에 비해 도제 제도가 원활하게 작동하기에 유리한 조건을 갖추고 있었다. 도제 제도가 잘 운영되기 위해서는 사회의 사법 및 행정 체제가 잘 갖추어져 있어서 도제 계약을 파기하는 사람에게 불이익이 확실하게 돌아가고 선의의 계약자가 손해를 피할 수 있다는 확신이 있어야 하였다. 국토가 넓고 조직적 통제력이 미약해 훈련 과정을 완료하지 못한 도제가 다른 곳으로 도망을 가서도 고용 기회를 잡을 가능성이 높았던 미국과 같은 국가와 달리, 영국은 법치주의가 일찍이 자리를 잡았고 국가와 상공업자 조직의 관리망이 촘촘하게 짜여 있었다는 점에서 장점을 지니고 있었다. 또한 영국에서는 다른 유럽 국가들과 달리 도제 제도가 빈민법과 결합되어 운영됨으로써 도제 과정을 완료하였을 때 얻을 수 있는 경제적 가치가 다른 나라보다 컸다. 7년간의 도제 훈련을 완료한 청소년은 장인이 소재한 교구로 정주지(定住地)를 옮기게 되기 때문에, 도제는 이 이점을 누릴 수 있었던 것이다. 이런 이유로 영국에서는 도제가 되고자 하는 지원자와 이를 받아들이고자 하는 장인이 충분하였다. 따라서 숙련 기술자가 안정적으로 재생산될 수 있었다. 산업 혁명기의 대표적인 신기술들이 탄생되는 데에는 고도의 과학적 지식보다 간단한 과학적 원리를 실생활에 응용할 수 있는 숙련 기술이 더 요구되었으므로, 원활하게 작동되는 도제 제도를 갖춘 영국은 이런 면에서 유리한 위치를 점할 수 있었다.

제4절 근면 혁명

소득의 증가

지금까지 산업 혁명을 공급 측면에서 설명하였다면, 이제는 수요 측면을 살펴보기로 하자. 영국은 이미 산업 혁명이 시작되는 시기에 다른 나라보다 높은 **일인당 소득 수준**을 보였는데, 산업 혁명을 거치면서 소득이 더 증가하였다. 18세기 말에서 19세기 초반에 이르는 시기에는 일인당 소득이 증가하지 않았지만, 1820년대부터는 소득의 증가 추세가 점차 뚜렷하게 나타났다. 농업·공업·교통 수단 등 경제 전반에서 차근차근 진행된 기술 진보와 생산의 확대가 공업화 초기의 불안정한 시기를 거친 이후에 많은 인구에게 소득 수준의 향상이라는 혜택을 가져왔다.

국제 무역의 신장도 소득 증가를 가져온 중요한 요인이었다. 아프리카로부터 아메리카로 향한 노예 무역도 여기에 포함되어 있었다. 한 추계에 따르면 노예 무역은 영국 국민 소득의 약 5%를 차지하였다. 식민지 경영에서 얻는 수입도 적지 않았다. 특히, 인도를 식민지화하면서 징수하게 된 토지세는 영국의 재정에 커다란 도움이 되었다.

근면 혁명의 전개

소득의 증가는 소비의 증가만을 초래한 것이 아니었다. 소득이 늘어나면서 소비자의 **기호**도 변화하였다. 과거에 존재하지 않았거나 구매력의 부족으로 소비할 수 없었던 상품에 대한 소유욕이 소비자들의 마음을 흔들었다. 특히, 해외에서 수입되는 물품에 대한 소비 욕구가 눈에 띄게 커져 갔다. 아시아와 아메리카로부터 소개된 차, 커피, 설탕 등 기호품을 찾는 인구가 기하급수적으로 증가하였다. 상류층의 소비 양식과 생활 방식을 중산층이 모방하였고, 다시 소득 수준이 더 낮은 계층에게까지 전파되었다. 이 과정에서 한때 사치품이었던 상품이 수요의 증가에 따라 대중적 소비재로 변모하기도 하였다. 고소득층은 자신만의 유행을 끊임없이 창조해 내면서 다른 사람들과 차별화하고자 하였다.

소비의 열망은 더 많은 돈을 벌기 위해 오랜 시간 힘든 작업을 하는 것을 마다하지 않는 노동자를 양산해 냈다. 표 12-4는 잉글랜드에서 추계된 시기별 연간 노동 일수를 보여 주는데, 1600년에서 1700년에 이르는 시기에 노동 일수가 약 20일 증가한 것을 확인할 수 있다. 또한 높은 소비 수준을 향유하기 위해서는 자급자족적인 가내 소비용 생산이 아니라 시장 판매용 생산이 필요하였다. 화폐 소득이 없이는 구매력을 갖기 어려웠기 때문이다. 이에 따라 개인과 가계는 보유한 자원과 노동을 시장 판매를 목적으로 한 생산에 집중적으로 배분하였다. 학자들은 이런 변화를

그림 12-21

차를 마시는 상류층 가족 18세기 영국 사회에서 우아하게 차를 마시는 행위는 고급 문화의 중요한 일부분이 되었다.

| 표 12-4 | 잉글랜드의 연간 노동 일수, 1560-1771년 |

(단위: 일)

기간	연간 노동 일수
1560-1599	257
1600-1649	266
1650-1699	276
1700-1732	286
1771	280

자료: Clark and van der Werf(1998), 838쪽, Allen and Weisdorf(2011), 721쪽에서 재인용.

근면 혁명: 구매력을 높이기 위해 개인들이 노동 시간을 늘리고 생산 품목을 시장 판매용으로 전환하는 등의 행동 변화를 하는 현상, 또는 이런 현상이 초래한 사회 경제적 변화를 지칭한다.

'산업 혁명'(Industrial Revolution)과 비교되는 용어로서 '**근면 혁명**'(Industrious Revolution)이라는 개념을 사용하여 설명하였다. 산업 혁명의 진전은 분명히 노동과 자본, 천연자원, 기술 혁신 등 공급 측면에 의해서만 추동된 것이 아니었다. 소비의 즐거움을 느끼고 이를 위해 고된 노동을 감내할 용의가 있는 인구의 증가라고 하는 수요 측면의 변화도 산업 혁명을 가져온 중요한 견인차였던 것이다.

제5절 영국 경제의 성공 요인

다양한 견해

산업 혁명이 세계 최초로 영국에서 발생한 이유에 대해 그간 수많은 주장이 제기되어 왔다. 우선 **생산 요소 측면**에서의 강점을 지적하는 견해들이 있다. 공업 부문이 빠르게 성장하는 데 필요한 노동의 공급이 원활하였다는 주장은 다양한 세부적 주장들을 포함하고 있다. 인구의 급속한 증가가 가장 중요하였다고 보는 주장, 면 공업과 같은 신흥 분야에 여성과 아동이 새로운 노동력으로 유입된 점이 중요하다는 주장, 농업 생산성 증가와 인클로저 이후 토지 소유의 집중 과정에서 농업 내부의 잉여 노동력이 공업 도시로 이동하게 된 효과라는 주장 등이 이에 속한다.

자본 공급 측면을 강조하는 견해의 대표적인 예로는 산업 혁명이 시작되기에 앞서 농업과 상업 부문에서 많은 부가 축적된 점을 강조하는 주장이 있다. 운하와 철도의 건설에서 보듯이, 경제 발전에 중요한 교통망의 건설에 지방 유지들의 투자가 적지 않은 기여를 하였다는 점을 강조하는 것이다. 은행 제도의 역할을 높이 사는 주장도 있다. 영국에 천연자원이 풍부하였기 때문에 공업화에 유리하였다는 견해도 있다. 석탄을 포함한 많은 종류의 원료가 값싸고 풍부하게 공급될 수 있었다는 것이다. 인적 자본을 강조하는 견해는 혁신적 태도를 갖춘 기업가가 많았다는 점과 숙련도 높은 기술자가 원활하게 재생산되는 체제였다는 점을 주로 지적한다.

기술 진보에 초점을 맞추어 영국의 성공 사례를 설명하기도 한다. 과학적 사고에 기초를 두고 독창적 발명과 혁신을 이룬 두뇌들의 존재를 강조하기도 하고, 문화적 교양만을 강조하지 않고 경제적 성공에 관심을 크게 두는 사회적 분위기가 기술 개발을 촉진하였다고 평가되기도 하며, 국가의 인센티브 체제가 혁신을 유도하는 방향으로 짜여 있었다고 보기도 한다. 앞에서 설명한 것처럼 생산

요소의 상대 가격 - 높은 임금과 낮은 에너지 가격 - 이 중요하였다고 보는 견해도 많은 동조자를 두고 있다.

제도적 요인을 강조하는 견해들도 있다. 시민 혁명이 일찍 발생하여 그 결과로 사유 재산권과 법치의 원칙이 확립되었다거나, 의회 권력을 쥔 부르주아지 세력이 상공업 발달에 유리한 정책을 실시하였다거나, 조세 부과가 상공업자에게 유리한 방향으로 귀착되었다는 주장이 있다. 장자 상속 제도가 상류층 가족의 여타 구성원들에게 적극적으로 상공업이나 금융업에 투신할 유인을 제공하였다는 주장도 있다. 그 밖에도 국제 무역에서의 우위에 주목하는 주장, 식민지의 역할을 강조하는 주장, 중상주의 시기 이래 군사적 우위의 중요성을 지적하는 주장 등 다양한 관점에서 수많은 견해들이 제시되어 왔다.

이상에서 본 주장들만큼이나 이들에 대한 **반론**도 많이 제기되어 왔다. 수많은 반례가 제시되었고, 개별 주장들에 대해 근거가 약하다는 지적도 많

그림 12-22

세계 최초의 국제 박람회 1851년 런던의 '수정궁'(Crystal Palace)에서 열린 박람회에서 영국은 수많은 공산품을 전시하여 국내외 관람객들의 눈길을 사로잡았다. 주철 구조에 유리판을 끼워 건설한 전시장 자체도 깊은 인상을 남겼다.

다. 예를 들어, 인클로저로 인해 농촌에서 노동력이 배출되어 공업 도시로 떠난 장거리 이주의 사례가 제한적이었다거나, 프랑스가 영국보다 사적 재산권을 더 잘 지켜 주는 체제였다는 것이다. 주장들 간에 상호 모순적인 측면도 보인다. 예를 들어, 어떤 주장은 경쟁 체제의 이른 확립이 긍정적인 역할을 하였다고 강조하는 반면에, 다른 주장은 중상주의 시기의 보호주의 정책이 이후 성공의 중요한 열쇠였다고 보았다. 다른 국가들의 경험을 통해 앞으로 살펴볼 바와 같이, 부족한 생산 요소나 제도는 다른 것으로 대체하거나 정부의 적극적 지원을 통해 극복할 수 있다는 주장도 설득력 있게 제기되었다. 영국의 성공 요인을 영국만이 보유한 특수성으로 설명하려는 예외주의 (Exceptionalism)적인 접근법 자체가 한계가 있다고 주장되기도 한다. 심지어 영국이 최초로 산업 혁명을 경험하게 된 것이 순전히 우연적 요인에 의한 것이라는 주장까지도 존재한다.

포머란츠의 주장

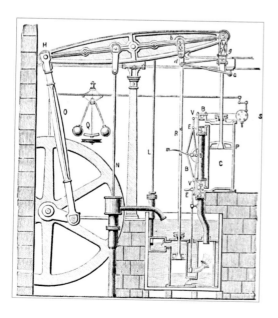

와트가 개발한 증기 기관 증기 기관의 개발은 석탄 자원의 매장이 풍부했던 영국 경제에 매우 요긴하고 적절한 기술 진보였다.

영국이 최초의 공업국이 될 수 있었던 요인에 대하여 포머란츠(K. Pomeranz)는 새로운 해석을 제시하였다. 그는 19세기 이전에 유럽의 선진 지역인 영국의 정치적·경제적 상황이 다른 지역, 특히 중국의 양쯔강 델타 지역, 일본, 인도 등 아시아의 선진 지역과 별로 다르지 않았다고 보았다. 인구, 기술 수준, 법적 기반 등 여러 측면에서 영국이 산업 혁명에 특별히 유리한 위치에 놓여 있지 않았던 것으로 그는 평가하였다. 18세기에 이 지역들은 공통적으로 인구 압력에 직면하였다. 경지를 확대하는 것이 더 이상 어렵게 되었고, 목재와 여타 천원자원에 대한 수요를 감당할 지속 가능한(sustainable) 방안을 찾지 못하고 있었다. 노동의 한계 생산성이 계속 하락하였기 때문에 더 이상의 경제 성장을 이룩하지 못하게 될 위험이 커 보였다.

인구 증가가 초래한 자원(혹은 생태계)에 대한 압력은 유럽과 아시아의 여러 국가에서 공통적으로 나타났는데, 그 중에서 오로지 영국만이 맬서스 트랩을 벗어나 지속적인 인구 증가와 경제 성장을 동시에 이룰 수 있게 된 이유는 무엇일까? 포머란츠는 영국이 두 가지 강점을 보유하고 있었다고 주장하였다. 첫째는 국제 무역의 주도권을 쥐고 있었고, 해외 식민지도 많았다는 점이다. 인구 부양과 공업화는 식량과 원료 등 많은 자원을 필요로 하는데, 영국은 국제적 무역망을 통해 이런 자원을 해외에서 조달할 수 있었다는 것이다. 대표적으로 대서양 횡단 무역이 번영하면서 감자, 설탕 등 새로운 식품이 공급되었을 뿐만 아니라, 청어, 대구 등의 수입도 크게 증가하였다. 아마도 가장 중요한 사례는 산업 혁명 시기 최대 산업이었던 면 공업의 원료가 전량 해외로부터 들어왔다는 사실일 것이다. 한편, 교통 수단의 발달은 면화의 공급이 탄력적으로 이루어질 수 있게 하였다는 점에서 중요하였다. 영국이 지닌 둘째 강점은 **석탄을 저렴하게 획득할 수 있었다는** 부존 조건이라고 그는 주장하였다. 비교 대상인 다른 지역들이 에너지원의 확보에 어려움을 겪었던 것과 달리, 영국에서는 그동안 사용되지 않았던 새로운 에너지원을 찾았고 이를 널리 활용할 수 있도록 하는 효과적인 동력 기술을 개발함으로써 생태학적 압박을 피할 수 있었다는 것이다.

그의 주장에 따르면, 영국이 맬서스 트랩을 벗어나 세계 최초로 근대적 경제 성장을 이룰 수 있었던 것은, 석탄이 영국에 대량 매장되어 있었다는 우연적 요인과 영국이 국제 무역을 주도하게 되었다는 수세기에 걸친 역사적 성과가 결합한 결과였다. 이런 측면에서 보면, 대항해 시대 이후 유럽 국가들 간의 치열한 중상주의적 경쟁 과정에서 영국이 우위를 차지하였다는 사실 – 여기에는 군사적 우위, 보호 무역주의 정책, 의회의 정치력 등 다양한 요인들이 작용하였다 – 이 산업 혁명의 성공적 수행에 핵심적인 역할을 하였다고 볼 수 있다.

산업 계몽주의

포머란츠의 주장은 영국이 산업 혁명을 주도할 수 있었던 이유에 대한 설명으로 가치가 높다. 그러나 어떻게 영국의 뒤를 이어 서구의 여러 국가들이 공업화에 들어설 수 있었는가에 대해서는 설명력이 약하다. 서구 국가들이 공업화에 유리한 요소를 공유하였던 것은 아닐까? 이런 문제의식에서 출발해 계몽주의의 역할이 중요하였다고 강조하는 설명이 있다. 대표적으로 모키어는 **산업 계몽주의**(Industrial Enlightenment)라는 개념을 도입하였다. 산

산업 계몽주의: 인간의 합리성을 강조하는 사조를 현실 경제에 적용하여 인간의 삶을 풍요롭게 만들어 줄 실질적인 기술 진보를 이루어야 한다는 주장.

업 계몽주의는 계몽주의 사상을 현실 경제에 적용해 인간의 후생을 개선하려는 시도로 이해할 수 있다. 이 관점에서 보면 산업 계몽주의는 17세기의 과학 혁명과 18-19세기의 산업 혁명을 연결하는 가교였다. 즉, 산업 계몽주의는 과학 혁명의 성과를 현실에 응용하여 실제 산출물을 창조해 내는 사회적 과정이었다.

그렇다면 산업 계몽주의의 관점에서 볼 때 영국은 어떻게 공업화를 선도하게 되었을까? 과학 기술의 국가 간 이동이 자유롭게 이루어졌다는 점이 중요하다. 계몽주의자들, 그리고 이들을 이어받은 산업 계몽주의자들이 보기에 새로 축적한 과학과 기술 지식은 인류의 후생 증대를 위해 누구나 사용하도록 개방되어야 할 일종의 공공재였다. 그래서 한 국가의 과학자와 발명가는 외국에서 이룬 과학 기술의 성과를 획득하는 데 큰 어려움이 없었다. 이는 과학 기술의 수준이 주변국들에 비해 높지 않았던 영국의 혁신가들에게 매우 중요한 환경이었다. 특히, 특허 제도가 완비되지 않았던 산업 혁명 초기에는 이런 개방성이 더욱 뚜렷하였다. 유럽의 개별 국가에서 이룩된 혁신은 해당 국가만의 성과가 아니라 범유럽적인 계몽주의적 집단 지성의 성과라고 보는 게 타당할 것이다. 예를 들어, 증기 기관의 기술 발달사를 보자면, 우선 일찍이 이탈리아의 갈릴레이(G. Gallilei)와 토리첼리(E. Torricelli), 네덜란드의 하위헌스(C. Huygens)와 독일의 게리케(O. von Guericke)가 이론적인 토대를 닦았다. 그리고 하위헌스의 조수였던 프랑스인 파팽(D. Papin)이 영국으로 건너가 영국인 보일(R. Boyle)과 함께 공기 펌프를 개발하였고, 이어서 대기압을 이용해 피스톤을 움직이는 증기 기관을 개발하였다. 유럽은 과학자들의 상호 교류가 활발한 지적 공동체였다고 볼 수 있다.

산업 계몽주의적 관점에 따르면 순수 과학이 응용 과정을 거쳐 기술로 만들어지게 된다는 통상의 관념도 재고하게 된다. 예를 들면, 와트의 증기 기관은 순수 기초 과학의 성과에 그다지 의존하지 않았고, 오히려 증기 기관의 개발과 확산을 통한 활용 사례가 축적됨으로써 열역학이라는 기초 과학의 발전으로 이어졌다는 것이다. 따라서 기술자, 특히 개발과 생산 현장에서 작업하는 숙련공의 기여를 과학자의 기여에 비해 상대적으로 낮게 평가하던 학계의 기존 관행을 비판해야 한다는 주장이 나온다.

산업 혁명 시기에 영국이 보여 준 기술상의 우위는 어디에서 연원하였나? 전통적인 장인적 요소, 즉 과학적 탐구와는 별 관계가 없이 긴 기간에 걸쳐 습득되고 훈련된 숙련도 높은 손기술이 영국에 유리하게 작용한 것은 분명하다. 그러나 산업 혁명 시기의 기술 진보를 단순히 빼어난 손재주의 덕이라고 단정지어서는 곤란하다. 크고 작은 수많은 혁신은 분명 손재주를 넘어선 차원에서 발생했으며, 이런 혁신이

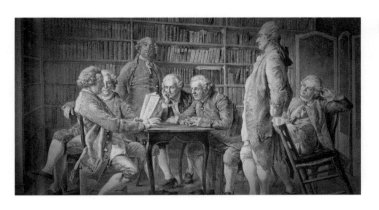

그림 12-24

루나소사이어티의 혁신가들 버밍엄의 지역 모임에 와트와 볼턴을 포함한 여러 과학자, 발명가, 사업가들이 참석해 혁신에 관해 의견을 활발하게 교환하고 있다.

신이 끊임없이 이어지기 위해서는 혁신에 필요한 여러 '유용한 지식'에 대한 접근 비용이 낮게 유지되었어야 한다. 영국은 종교나 신분과 같은 **사회적 장벽**이 다른 국가들에 비해 낮은 편이었다. 혁신에 관심이 많은 사람들은 상대적으로 자유롭게 이루어진 교육과 훈련, 협회의 출판과 공개 강의 활동 등을 통해 자신들이 필요한 유용한 지식을 얻을 수 있었다. 와트와 볼턴이 속하였던 버밍엄의 혁신가 모임인 루나소사이어티(Lunar Society)는 영국 사회가 혁신 친화적이었다는 사실을 보여 주는 대표적 사례였다. 영국이 산업 혁명에서 앞서 나아갈 수 있었던 데에는 산업 계몽주의의 확산이 만들어 낸 이런 사회적 환경이 중요하게 작용하였다고 해석할 수 있다.

루나소사이어티: 1765–1813년에 버밍엄에서 정기적으로 열린 지역 혁신가들의 저녁 모임. 매달 보름에 만나다고 해서 붙인 이름이다. 와트와 볼턴 이외에 도기 산업을 일으킨 웨지우드(J. Wedgwood), 산소를 발견한 프리스틀리(J. Priestley) 등이 참석하였다.

제6절 산업 혁명의 유산

생활 수준의 변화

영국민의 생활 수준이 산업 혁명을 거치면서 얼마나 변화하였는가에 대한 학자들의 의견은 통일되어 있지 않다. 그림 12-25에 제시된 것처럼, 린더트(P. H. Lindert)와 윌리엄슨(J. G. Williamson)은 1820년 이래 생활 수준이 급속하게 향상되었다는 추계를 제시한다. 이 추계에 따르면, 1820-1850년 동안에 남성 노동자의 평균 실질 임금이 80% 이상 증가하였다. 그러나 이러한 낙관적인 견해와 달리 새로운 가격 자료를 이용한 페인슈틴(C. Feinstein)의 추계는

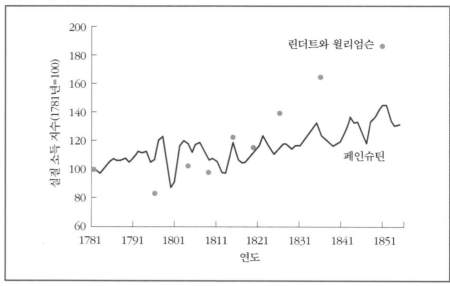

그림 12-25 영국의 일인당 실질 소득 추이

자료: Feinstein(1998), 643쪽, Floud and Johnson(2004), 272쪽에서 재인용.

문헌 자료 12-5

노동자의 위생 상태

1830년대부터 공중 보건의 문제를 공론화시키고 개혁에 앞장섰던 에드윈 채드윅 (Edwin Chadwick)은 당시 노동자들의 도시 주거 환경을 면밀히 관찰하고 기록하였다. 그는 1842년 『영국 노동 인구의 위생 조건에 관한 보고서』를 통해 공중의 질병 원인과 대응책을 설득력 있게 설명하였다.

우리가 도시 가운데 일부에는 도시 경제가 전혀 존재하지 않기 때문에, 청결에 관한 상황이 야영을 하는 무리나 훈련되지 않은 군인들만큼이나 형편없다. 주택과 거리와 마당과 골목과 개울이 오염되어 질병의 온상이 되는데도, 도시 관리들은 보통 아주 야만적인 임기응변에 만족하거나, 아니면 공해 한복판에 가만히 앉아서 터키의 운명론자처럼 체념한 채 널리 퍼져 있는 무지와 태만과 불결함을 받아들인다.

공업 도시에 사는 노동자의 가족들은 모두 일찍 일어난다. 겨울에는 해가 뜨기 전에 일어나 일터로 간다. 그들은 열심히 일을 하고, 밤늦게 집으로 돌아간다. 춥거나 비가 오거나 눈이 오거나 상관없이 물이 필요할 때마다 문 밖에 멀리 떨어진 우물이나 강으로 물을 찾아가는 것은 그들에게 매우 힘들고 불편한 일이다. 물을 구하는 데 드는 즉각적 불편함에 비해 깨끗함이 주는 편안함은 훨씬 작기 때문에, 그들은 씻기를 포기한다. 오직 어린아이가 숨쉬기를 시작한 때와 사람이 숨쉬기를 멈췄을 때(출생과 사망 시점)에만 잘 씻을 뿐이다.

자료: Hunter(1962), 89-90쪽.

실질 임금의 증가 폭이 실제로 훨씬 작았음을 보여 준다. 영국 경제가 맬서스 트랩을 탈출하는 데에는 분명히 성공하였지만, 산업 혁명 시대에 곧바로 개인에게 돌아간 성장의 과실은 그다지 크지 않았다는 것이 후자의 추계가 보여 주는 바이다.

무역의 확대

산업 혁명을 거치면서 영국의 무역 규모는 크게 증가하였다. 그림 12-26는 18세기 말부터 20세기 초까지의 교역 조건(terms of trade), 즉 수입품의 가격 대비 수출품의 가격을 보여 준다. 1860년 교역 조건을 100으로 놓았을 때 시기적 추이를 제시하고 있다. 18세기 말 200을 웃돌던 지수가 19세기 전반을 거쳐 빠른 속도로 하락하여 1850년 무렵에는 최하점을 기록하였고, 그 후 20세기 초까지 지수는 대체로 일정한 수준을 유지하였다. 이 그래프는 산업 혁명이 공산품 가격, 특히 면제품의 가격을 크게 하락시키는 현상을 동반하면서 진행되었음을 보여 준다. 이는 18세기 말-19세기 초에 집중적으로 발

교역 조건: 수출품의 가격을 수입품의 가격으로 나눈 비율.

그림 12-26 교역 조건(1860년=100)

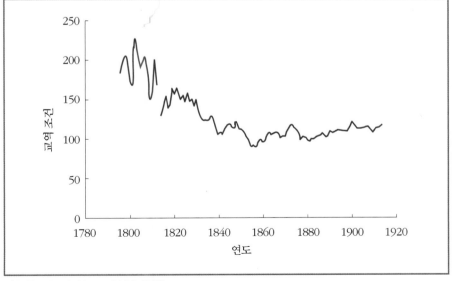

자료: Floud and Johnson(2004), 194쪽.

생한 면 공업 분야의 기술 진보가 면제품 공급을 급증시킨 데 따른 현상이었다. 수입국의 입장에서 보면 저렴해진 제품을 수요할 수 있었으므로, 산업 혁명의 과실이 타국에게로 전파된 것이라고 볼 수 있다. 물론 면제품 수출 경쟁에서 밀려나게 된 인도의 경우는 예외였다.

그림 12-27

인도 직포업의 쇠퇴 저렴하고 풍부한 노동력에 의존한 인도의 직포업은 기계화된 영국의 면 공업에 밀려 쇠퇴를 맞게 되었다. 그림은 1790년대 벵골 지방의 모습.

비교 우위론과 자유 무역

산업 혁명은 영국에게 세계의 공장이라는 지위를 부여하였고, 이러한 기반 위에서 세계적인 분업 체계가 구축되었다. 애덤 스미스가 말한 분업의 이익이나 리카도가 주창한 비교 우위론은 모두 시장 경제 체제하의 자유 경쟁이 인류의 복리 증진에 가장 유리하다고 강조하였다.

공업화의 진전 속에 영국은 자국의 주요 생산물들이 국제 시장에서 충

문헌 자료 12-6

리카도의 사상

영국의 고전학파 경제학자 리카도는 비교 우위론을 통해 자유 무역의 이익을 설파하였다. 현대 경제학에서 중요한 부분을 차지하는 이 이론을 리카도가 당시에 어떤 언어를 통해 옹호하였는지 살펴보자.

완전히 자유로운 무역 체제하에서 각 나라가 자신에게 가장 유리한 그런 부분에 자본과 노동을 돌리는 것은 당연하다. 이러한 개인적 이익의 추구는 훌륭하게도 전체의 보편적 선과 부합된다. 그것은 근면을 진작시키고 창의력에 보수를 주고 자연에 의해 부여받은 독특한 힘들을 유효하게 사용함으로써 노동을 가장 효율적이고 경제적으로 분배한다. 반면 그것은 생산물의 총량을 증가시킴으로써 일반적 이익을 확산하며, 이해와 거래라는 동일한 공동의 끈에 의해 전 문명 세계에 걸쳐 범세계적인 국가 사회를 묶어 놓는다.

자료: 헌트(1982), 184쪽.

분한 경쟁력을 지녔음을 인식하게 되었고, 이는 보호 무역주의와 식민지의 직접적 지배가 국부 증진에 도움이 된다는 중상주의적 사고에 변화를 초래하였다. 전통적 보호 무역주의와 새로운 자유 무역주의는 19세기 전반을 거치면서 영국의 정치계와 학계에서 치열하게 대립하였다. **맬서스와 리카도**는 양 진영을 대표하는 이론가로서 뜨겁게 설전을 벌였다. 마침내 1846년과 1849년에 중상주의 정책을 대표하는 두 법률인 곡물법과 항해법이 각각 폐지된다. 자유 무역주의의 승리였다.

그림 12-28

세계의 공장 산업 혁명을 통해 영국은 다른 국가들을 압도하는 생산력을 과시하며 '세계의 공장'(workshop of the world)이라는 명성을 얻었다.

문헌 자료 12-7

자유 무역주의 사상의 확산

영국의 정치가 머콜리(Thomas B. Maucaulay)의 1833년 연설에는 자유 무역주의라는 새로운 국제 질서에 대한 그의 확신이 잘 드러나 있다. 그는 자유 무역주의의 형성이 국가 경쟁력의 신장과 밀접하게 관련이 된다고 주장하였다.

동양에 사는 방대한 인구에게 서양 문물이 전파되어서 그로부터 우리가 얻을 이익이란 계산하기 어려울 만큼 막대하다. 가장 이기적인 관점에서 보아도, 인도인들이 잘못 통치되면서 우리에게 예속되는 것보다 잘 통치되며 우리로부터 독립되어 있는 쪽이 훨씬 낫다. 인도인들이 영국인 세리와 관리에게 허리를 굽신거리지만, 너무 무지하여 영국 제품의 가치를 모른다거나, 너무 가난하여 구입할 수 없는 것보다, 그네들 왕에 의하여 통치되지만, 영국제 옷감으로 만든 옷을 입고 영국제 칼붙이들을 사용하여 일하는 것이 우리에게 훨씬 이익이다. 문명화된 사람들과 교역하는 것이, 야만인을 통치하는 것보다 헤아릴 수 없을 만큼 더 수지맞는 일이다. 인도가 종속 관계로 유지되게 하기 위하여, 인도를 쓸모없고 비용이 많이 드는 종속국으로 만들려고 한다든지, 인도인이 계속 우리의 노예로 남아 있게 하기 위하여, 1억 명이 우리의 고객이 되는 길을 막으려 하는 것은 진정 망령된 지혜라고 하겠다.

자료: 이태숙(2005), 273쪽.

후발 공업화

제1절 공업화의 윤곽

후발 공업화 개관

영국의 산업 혁명을 뒤이어 다른 나라에서도 공업화가 진행되었다. 표 13-1에 제시된 서구 각국의 공업 생산 비중은 **후발 공업화의 양상**을 효과적으로 보여 준다. 영국은 1830년을 기준으로 볼 때 전 세계 공업 생산의 9.5%를 차지하였고, 1860년에는 그 비중이 19.9%에 이르렀다. 그 이후 비중이 점차 감소되어 제1차 세계 대전 직전에는 13.6%에 머물렀다. 프랑스는 1830년에 5.2%로 출발하였으나 공업화가 가속화된 1860년에도 7.9%에 머물렀고 1913년에는 6.1%로 감소를 보였다. 독일은 1830년에 세계 공업 생산에서 차지하는 비율이 3.5%에 불과하였지만, 그 후 성장이 가속화되었다. 1860년에 4.9%를 기록한 데 이어 1913년에는 영국을 능가하는 14.8%라는 놀라운 수치를 보였다. 미국은 2.4%라는 미미한 수준에서 1830년을 맞았지만, 1860년에

표 13-1 **1830-1913년 세계 공업 생산에서 차지하는 국가별 비율**

(단위: %)

국가	1830년	1860년	1913년
영국	9.5	19.9	13.6
프랑스	5.2	7.9	6.1
독일	3.5	4.9	14.8
미국	2.4	7.2	32.0
기타 공업국	18.9	23.5	26.0
개발 도상국	60.5	36.6	7.5

자료: Bairoch(1982).

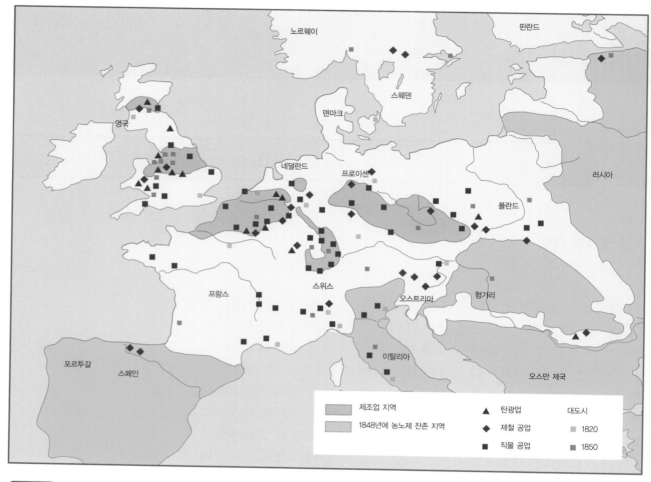

그림 13-1

1850년경 주요 공업 중심지와 대도시
자료: Adler(2000), 469쪽.

7.2%, 그리고 1913년에는 무려 32.0%라는 경이적인 증가세를 과시하였다.

이들 국가 외에도 여러 국가가 19세기 후반–20세기 전반에 공업화를 경험하였다. 일본은 아시아에서 유일하게 이 시기에 공업화를 성공적으로 진행하였다. 이탈리아는 불리한 조건에도 불구하고 공업 강국의 반열에 오를 수 있었다. 낙후된 사회였던 러시아도 뒤늦게나마 공업화에 시동을 걸었다. 각국은 다양한 특징을 보이면서 공업국으로의 전환을 경험해 갔다.

한편, 공업화에 접어들지 못한 국가들은 세계 경제에서 차지하는 비중이 빠른 속도로 낮아졌다. 20세기 초반에 이 국가들의 공업 생산은 세계 전체의 10%에도 미치지 못하게 되었다.

제2절 프랑스의 공업화

프랑스의 사회와 경제 구조

프랑스는 17-18세기를 통해 점진적이나마 꾸준히 경제 발전을 이루고 있었다. 농업 부문에서는 농민층의 분화가 부분적으로 진전되었고, 농촌 공업도 확산되고 있었다. 공업 부문은 적극적인 중상주의 정책에 힘입어 다수의 특권 매뉴팩처가 운영되었고, 견 공업 등 일부 산업에서 두드러진 발전상이 나타나고 있었다.

공업화가 본격적으로 진행될 제도적 기반은 **프랑스 혁명**을 통해 마련되었다. 무엇보다도 봉건적인 사회 질서가 해체되었다. 농민들이 영주권에서 무상으로 풀려나면서 여러 봉건적 부담으로부터 자유로워졌다. 혁명에 적대적인 귀족과 교회가 소유하였던 토지가 농민들에게 분배되는 과정에서 소농 경영이 지배적인 프랑스적 특징이 나타났다. 도시에서는 경제 운영의 기본 질서였던 길드제가 철폐되어 개인에게 영업의 자유가 보장되기 시작하였으며, 특권 매뉴팩처가 보유하던 독점적 권리도 폐기되었다. 새로 제정된 민법전은 규제 위주의 경제 질서를 탈피하여 자유로운 경쟁에 기초한 새로운 경제 환경을 규정하였다. 또한 국내의 경제 통합을 저해해 왔던 통과세와 국내 관세의 폐지, 전국적 도로망의 확충, 그리고 도량형의 통일이 추진되었다. 기술 교육을 위한 진흥책도 마련되었다.

그러나 프랑스 사회에는 본격적인 공업화의 진행에 **장애 요인들**도 있었다. 우선 인구 증가율이 낮고 도시화의 속도도 늦어 경제에 강한 자극제가 되지 못하였다. 그림 13-2에 나타난 바와 같이, 경쟁국인 네덜란드가 17세기에 이미 30% 이상의 도시화 비율을 보인 것이나 영국에서 17-18세기에 도시화가 급속히 진행된 것과 대조적으로, 프랑스에서는 18세기 말까지 도시화 비율이 10%에도 채 이르지 못하였다. 또한 소득 분배가 불균등해서 대중의 소비력이 증가하기 어려웠다. 농업 부문에서는 토지 소유의 규모가 작고 소농 경영이 지배적이어서, 자급자족형 생산의 비중이 높고 농업 노동자의 출현이 지체되었다. 농업 생산성이 높지 않았으므로 농촌에서 도시로 인구가 많이 배출될 상황도 아니었다. 또한 프랑스 대혁명은 경제 발전에 필요한 제

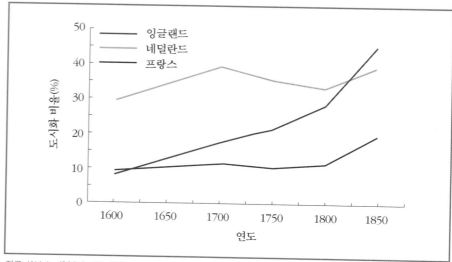

그림 13-2　프랑스, 잉글랜드, 네덜란드의 도시화 비율

자료: Wrigley(2004), 1권, 89쪽.

도적 기반을 창출하였지만, 그 진행 과정에서 발생한 사회적 혼란과 재산권 침해, 급속한 물가 상승 등이 단기적으로는 경제 발전을 저해하기도 하였다. 상류층의 문화가 반(反)자본주의적 · 반(反)기업적 성격을 강하게 유지하였다는 점도 문제였다. 혁신적 기업가에 대한 **사회적 평가**가 낮았기 때문에, 유능한 인재를 공업화 과정으로 유인하는 효과가 제한적일 수밖에 없었다.

프랑스 공업화의 전개

이러한 상황을 배경으로 프랑스의 공업화가 진행되었다. 우선 19세기 전반을 지나면서 **섬유 공업**이 발달하였다. 면 공업은 노르망, 알자스, 노르 등지에서 크게 성장하였다. 특히, 알자스에서는 다른 지역과 달리 공장제가 전면적으로 등장하였고 생산 규모도 컸다. 면 공업만큼 근대화되지는

그림 13-3

상류층의 문화 프랑스 상류층은 살롱이라는 모임을 통해 예술과 학문의 교류를 즐겼다. 공업 생산에 대해서는 별 가치를 두지 않아 이 부문에는 인재가 모이지 못했다.

슈발리에의 개탄

프랑스의 정치 지도자 슈발리에(Michel Chevalier)는 영국과의 역사적인 관세 협정(코브든-슈발리에 협정)을 이끈 인물이었다. 그가 영국을 방문하고서 지인에게 보낸 서신에 철도와 같은 첨단 산업을 보유하지 못한 프랑스의 처지에 대한 그의 솔직한 토로가 담겨 있다.

파리에서는 철로에 대해서 이야기하지만 런던에서는 그것을 만든다. 영국은 사업 기질과 그것에 동반하는 덕성, 즉 냉정, 절약, 꼼꼼함, 체계, 인내 등이 빛난다. 프랑스의 몫은 오히려 취향과 예술의 기질이다.

…

우리의 이웃에게는 타산적이고 야심적인 자부심, 권력과 부에 의해서만 보상받을 수 있는 정치가와 상인의 자부심이 있다. … 우리에게는 이상적인 소유, 박수 갈채에 대한 갈망, 나라를 위한 영광을 소중히 여기는 공허하고 관념적인 자부심, 사람들의 찬탄만 받는다면 프랑스로서는 만족해하는 자부심만 있다.

…

노동과 생산의 문제에서 우리는 영국으로부터 많은 것을 배워 와야 한다. … 경영을 위한 본능 … 기반이 탄탄한 신용 … 협동 정신이 그런 것들이다.

자료: 킨들버거(2004), 190쪽.

않았지만, 모직 공업과 견직 공업은 각각 프랑스 북부와 리옹을 중심으로 생산을 늘렸다. **철강 공업**은 목탄을 사용하는 전통적 방식이 지속되다가 1840년경부터 코크스를 사용하는 용광로의 수가 급속하게 증가하였고, 1860년대부터는 베세머(Bessemer) 제강법의 도입을 통해 철강 생산 능력이 크게 향상되었다. 제철 공업의 발달은 알자스, 로렌, 노르 등을 본격적인 공업 지역으로 변모시켰다. 그러나 석탄 공업과 증기 기관은 프랑스의 공업화 과정에서 두드러진 역할을 하지 못하였다. 경제성 높은 석탄이 많지 않은 점도 원인이었지만, 수력이 풍부하였기 때문에 새로운 동력원을 적극적으로 도입할 유인이 크지 않았다는 점도 작용하였다. 프랑스 기업가들에게 증기 기관의 도입은 값비싼 선택이었던 것이다. 기업 규모가 전반적으로 크지 않았고 가족 중심의 경영이 주를 이루었다는 점도 프랑스 경제가 지닌 특징이었다.

기초 과학의 수준이 높았던 프랑스는 **화학 공업**을 발달시키기에 좋은 조건을 보유하였다. 1791년 르블랑(N. Leblanc)은 소금에서 탄산나트륨(소다)을 제조하는 방법을 개발하여 무기 화학 공업 발달의 기초를 닦았다. 황산

베세머 제강법: 영국의 헨리 베세머가 개발한 제강법. 쇳물에 공기를 불어넣음으로써 강철을 대량으로 값싸게 생산하는 길을 열었다.

그림 13-4

섬유 공업의 입지 영국에서와 마찬가지로 프랑스에서도 섬유 공업이 공업화를 선도하였다. 그러나 프랑스에서는 수력이 풍부했기 때문에 석탄을 이용한 증기 기관의 도입은 지연되었다.

제조법을 개발한 게이뤼삭(J .L. Gay-Lussac)은 유기 화학 공업 분야에서 많은 기여를 하였다. 프랑스는 19세기 말 독일에게 주도권을 빼앗기기 전까지 화학 공업의 발달을 주도하였다.

프랑스는 콜베르의 중상주의 시기와 나폴레옹 통치기를 통해 육로가 정비·확장되어 지방의 상공업 발달에 도움이 되었다. 도로 교통이 영국에 견줄 만하였던 것에 비해 운하 건설은 부진하였다. 이런 상황에서 공업화를 위해 **철도**는 각별히 중요하였다. 프랑스 최초의 철도는 1830년대 초에 건설되었지만, 본격적인 건설 붐은 1840년대를 거치면서 정부가 철도법을 제정하면서 시작되었다. 국가가 부지와 기초 공사비를 부담하고, 민간은 상부 공사비와 운영비를 담당하는 민-관 파트너십이 효과를 발휘하였다. 정부는 철도 회사의 금융 지원뿐만 아니라 철도 회사의 운영, 철도 운임의 결정에도 관여하는 등, 영국에서와는 달리 적극적인 개입 정책을 펼쳤다.

프랑스는 **금융 제도**에 있어서도 영국과 비교되는 특징을 지녔다. 우선 중앙은행인 프랑스 은행이 영국보다 1세기 이상 늦은 1800년에야 설립되었다. 주된 업무도 대정부 금융과 개인에 대한 어음 할인 등으로 제한되어 있었고, 최종 대부자로서의 역할은 19세기 후반에서야 인정을 받았다. 민간 은행도 공업화에 큰 기여를 하지 못하였다. 18세기 이래 파리에 기반을 둔 개인 은행인 오트 방크(Haute Banque)가 국내외 공채 인수와 부유층에 대한 대부 등의 업무를 담당하였다. 세계적 금융가인 로쉴드(Rothschild)는 가장 큰 규모의 오트 방크를 운영하고 있었다. 이런 개인 은행들은 영국에서와 마찬가지로 산업 자본의 공급에는 별 관심을 갖지 않았다. 프랑스에서 산업 자본의 공급처로서 은행이 중요하게 된 것은 19세기 중반의 일이었다. 생시몽주의의 영향을 받은 페레르 형제(Jacob and Emile Issac Pereire)가 1852년에 설립한 크레디 모빌리에(Crédit Mobilier)는 정부의 지원을 받아 장기 산업 자본을 공급하였다. 이 은행은 신규 기업의 설립에 관여하여 인수한 주식을 판매하였고 우량 기업의 주식도 많이 거래하였다. 로쉴드와의 경쟁이 격화되면서 크

오트 방크: 프랑스 금융계에 큰 영향을 끼쳤던 대형 개인 은행.

생시몽주의: 프랑스의 초기 사회주의 사상가 생시몽(Saint-Simon)의 영향을 받아 국가 주도의 공업화 관리와 노동자의 협동 사회 구현을 추구한 사상. 산업 금융을 담당한 은행의 설립, 철도의 확장, 수에즈 운하의 건설 등에 사상적 기초가 되었다.

크레디 모빌리에: 프랑스에서 19세기 중반 공업 발전을 지원하기 위해 설립한 은행으로 장기 산업 금융에 적극적이었다.

레디 모빌리에는 무리한 투자를 한 끝에 1867년에 파산을 맞게
된다. 그렇지만 크레디 모빌리에는 기존의 오트 방크에게도 산
업 금융을 하도록 압박을 가하였고, 1860년부터 주식회사 조직
을 갖춘 예금 은행의 설립을 자극하는 효과를 가져왔다. 더 의
미가 큰 것은, 이 은행이 독일을 포함한 후발국들의 경제 발전
과정에서 산업 자본 공급원으로서 은행 제도를 정부가 어떻게
운영할 것인가에 대한 단초를 제공하였다는 점이다.

프랑스 경제는 이상에서 살펴본 특징을 보이면서 발전을 해
갔다. 1848-1851년의 혁명 운동과 1870-1871년의 보불 전쟁으로
성장이 지체되기도 하였지만, 이 시기를 제외하고는 대체로 성
장세가 지속되었다. 종합적으로 판단하자면, 프랑스의 공업화
는 경쟁 국가들에 비해서 대체로 **완만한 속도**로 진행되었다. 무
엇보다도 인구 증가율이 낮고 도시화의 진전이 느리고 소득 분
배가 불균등해서 수요 증대가 제약을 받았다. 또한 소농민과 소
부르주아가 경제 전반에 자리하고 있어 대규모의 자본 축적이
어려웠고, 광업과 야금업 등 일부 산업을 제외하고는 기업 규모
가 영세하였다. 석탄 매장량이 적고 수력이 풍부하였던 탓에 새
동력원으로의 전환이 지연되었고, 이 때문에 대도시로부터 멀리 떨어진 산
간 지방이 공장 입지로 선택되곤 하였다. 여기에 덧붙여 이윤 추구 활동을
높이 평가하지 않는 보수적이고 반(反)자본주의적인 문화 풍토와 대량 생산
품보다 소량으로 생산되는 다양한 제품을 찾는 소비자 기호도 빠른 공업화
를 막는 요인이었다.

그림 13-5

프랑스 공업화의 상징 1889년에 완공된 에
펠탑은 그해 열린 만국 박람회에서 큰 인기
를 끌었다.

보불 전쟁: 1870년에 발발한 프로이센과
프랑스 간의 전쟁. 프로이센이 승리하여
프랑스로부터 50억 프랑의 배상금과 알자
스-로렌의 대부분을 취하였다.

제3절 독일의 공업화

배경

독일의 경제는 19세기 전반을 통해 영국이나 프랑스에 비해 낙후된 상
태였다. 독일의 서부 지역에서는 농노제가 존속하였고, 동부 지역에서는

융커(Junker)가 지배하는 대토지 소유제인 농장 영주제가 완강하게 봉건제적 영향력을 행사하였다. 그 속에서 민간 경제는 발전 기반을 일구어 내는 데 실패하고 있었다. 라인란트와 작센을 중심으로 초보적인 공업 발달이 이루어지기는 하였으나, 교통과 통신망이 미비하였기 때문에 공업 발달의 효과가 확대되는 데에는 제한이 있었다.

정치적 측면에서는, 다수의 영방이 독자적인 정치적 단위로 존재하여 통일된 국민 국가를 형성하지 못하고 있었다는 점이 불리하게 작용하였다. 나폴레옹 전쟁 이전에 독일은 355개의 소(小)영방과 1,476개의 자율적 제후령으로 구성되어 있었다. 종전으로 형성된 빈 체제하에서 39개의 영방으로 재편되기는 하였지만, 여전히 통화 제도, 관세 제도 등 경제 제도와 정책이 지역별로 차이가 클 수밖에 없었다. 독일 경제의 근대화에는 **분열된 정치와 분할된 경제권**의 통합이라는 문제가 가장 중요한 과제였던 것이다.

제도적 개혁

문제 해결의 실마리는 분산된 영방들 가운데 **프로이센의 영향력이 확대**되는 과정을 통해서 마련되었다. 18세기 중반 프리드리히 대왕 시기부터 군사적·경제적으로 확장을 거듭한 프로이센은 18세기 후반에 이르면 유럽 강국의 반열에 오를 준비를 마쳐 가고 있었다. 그러나 곧이어 발생한 프랑스 혁명과 나폴레옹 전쟁은 프로이센에게 큰 충격을 가져왔다. 프랑스의 점령에서 벗어나면서 프로이센은 슈타인-하르덴베르크의 개혁을 통해 농지 개혁과 농노 해방, 길드제 폐지를 이루었고 경제 활동의 자유를 확대하였다. 그러나 봉건적인 귀족과 지주층의 저항에 밀려 개혁의 효과를 곧바로 기대할 수 없었다. 결국 타협적으로 정책이 실시되었고, 정책의 효과가 나타나기까지는 상당한 시간이 소요되어야 하였다.

관세 개혁은 1818년에 각 영방의 관세 체계를 통합하여 단일 관세 지역을 형성하는 조치에 의해 이루어졌다. 그리고 관세 개혁에서 주도권을 행사하게 된 프로이센에 의해 1834년 본격적으로 **관세 동맹**(Zollverein)이 추진되었다. 관세 동맹이 체결됨에 따라 대내적으로는 통행세와 관세 장벽이 철폐되어 독일이 단일 시장으로 재탄생하였다. 또한 대외적으로는 각 영방이 고유 법제를 유지하는 가운데 공동 관세 체제가 갖추어졌고, 관세 수입은 인구

비례로 각 영방에 분배되었다. 정치적으로는 통일을 이루지 못한 가운데 단일 경제권을 형성할 돌파구가 마련된 것이다. 관세 동맹에 참가한 영방의 수는 계속 증가하여 1850년대에는 대부분의 영방을 포함하게 되었다. 관세 동맹의 뒤를 이어 여러 **경제 통합 정책**들이 실시되었다. 1850년대를 거치면서 환어음, 도량형, 상법에 대해 동일한 법률을 적용하도록 하는 조치가 차례로 취해졌다. 이 시점을 전후해서 독일의 공업화와 경제 성장에 가속도가 붙었다. 독일 산업 혁명의 마지막 걸림돌은 정치적 분열이었다. 마침내 보불 전쟁에서의 승리를 배경으로 1871년에 전국적 **통일**을 달성함으로써 독일은 정치적 분단과 경제적 단절의 문제를 최종적으로 매듭짓게 된다.

공업화의 전개

독일 공업화 과정을 구체적으로 살펴보면, 우선 1834년에 관세 동맹으로 외형이 짜인 단일 시장의 내실이 **철도망 건설**로 인해 다져졌다. 철도 건설은 1830년대 말에 시작되어 1840년대와 1850년대를 거치면서 빠르게 진행되었다. 프로이센 정부는 철도 산업을 적극적으로 육성하였다. 철도 회사에 자금을 공급하였고, 철도 주식을 매입하기도 하였으며, 심지어 일정한 수준의 이윤을 보장해 주기도 하였다. 나아가 국영 철도를 건설하여 국가 간선망을 완성해 갔다. 철도 건설은 그 자체가 석탄 사용을 늘렸을 뿐 아니라 석탄 수요자에게 저가의 운송

독일 최초의 철도 1835년 개통한 뉘른베르크–프랑크푸르트 간의 철도. 구간의 길이가 7.5km였다.

비로 석탄이 공급되도록 하였다. 이를 통해 루르, 자르, 실레지아 등지를 중심으로 석탄 공업이 급성장하는 데 크게 기여하였다. 탄광 개발에 소요되는 자본은 국가, 민간 및 외국 금융가에 의해 공급되었다.

목탄에 의존하여 소규모의 용광로를 운영하던 제철 공업도 1850년대부터는 발달이 가속화되었다. 주식회사 제도를 통해 거액의 자본이 유입되고 이를 바탕으로 근대적인 제철 기술이 도입되면서 철 생산량이 급속하게 증가하였다. 베세머 전로(轉爐)와 지멘스–마르탱 평로(平爐)가 도입되면서 제

지멘스–마르탱 평로: 1864년에 개발된 새 제강 기술의 핵심으로, 질 좋은 강철을 만드는 데 사용한 평로를 말한다.

그림 13-7

독일의 철강 공업 대규모 투자를 통해 독일은 단기간 내에 철강 강국으로 등장하였다. 그림은 베세머 전로에서 불꽃이 쏟아져 나오는 광경.

2차 산업 혁명: 화학 공업, 전기 공업, 철강 공업을 중심으로 한 공업화를 일컫는다. 면 공업, 석탄 공업 등을 중심으로 한 초기 공업화와 구분하기 위한 용어이다.

강 능력도 빠르게 향상되어 갔다. 철강 공업의 발달은 다시 기계 공업의 발달로 이어졌고, 특히 무기 생산 능력을 크게 향상시켰다. 크루프(A. Krupp)는 영국에서 배워 온 기술을 더욱 발전시켜 독일을 철강 강국으로 변모시켰다. 그의 회사가 제작한 대포는 보불 전쟁에서 독일이 승리하는 데 크게 기여하였으며, 세계 전역으로 대포와 중장비를 수출하면서 회사는 대기업으로 성장하였다.

철강 공업과 더불어 독일의 공업화를 특징적으로 만든 산업은 화학 공업과 전기 공업이었다. 두 산업은 1860년대 이래 급속한 발전을 거두면서 이른바 **2차 산업 혁명**을 이끌었다. 선발 공업국인 영국과 프랑스에서와 같이 면 공업을 필두로 한 섬유 공업도 크게 발달하였지만, 독일에서는 섬유 산업의 중요성이 선발국에서만큼 크지는 않았다. 19세기 후반을 거치면서 성장 주도 산업이 대규모 장치 산업의 성격을 띤 중화학 공업으로 전환되고 있었던 것이다.

독일이 2차 산업 혁명을 성공적으로 수행할 수 있었던 데에는 여러 요인들이 작용하였다. 대학은 유럽에서 가장 적극적으로 **과학 교육**에 나섰다. 대규모 장치 산업을 성공적으로 육성하기 위해서는 거액의 자본 조달이 필요하였는데, 이를 위해 **주식회사 제도**가 적극적으로 도입되었다. 주식회사들은 대형 장치 산업에 투자할 자본을 모집하는 데 효과적이었고, 특히 철도에 대해 대규모의 투자를 가능하게 하였다.

은행 제도의 발달도 독일의 공업화에 기여하였다. 금융 후진국이었던 독일에서 발권 권한을 가진 근대적 은행의 시초는 1846년에 설립된 프로이센 은행이었다. 이 은행은 대부분의 주식이 민간 소유인 주식회사 형태였지만, 그 운영권은 전적으로 정부의 몫이었다. 통일 후에 이 은행은 독일 제국 은행으로 거듭나게 된다. 민간 은행은 1850년대부터 설립 움직임이 본격화되었다. 다름슈타트 은행(Darmstadt Bank), 독일 은행(Deutsche Bank), 드레스덴 은행(Dresden Bank) 등이 모두 이 시기에 설립되었다. 이 민간 은행들은 환어음을 취급하고 상업 금융을 하는 등 상업 은행으로서의 기능을 수행하면서 동시에 투자

그림 13-8

프로이센의 세력 확대 1871년 보불 전쟁에서 승리한 후에 파리 시내에 도열한 프러시아의 군대.

은행의 역할도 담당하였다. 특히, 제조업체들과 긴밀한 인적 관계를 통해 강력한 통제력을 행사하면서 단기 및 장기 산업 금융을 하였다.

독일의 공업화 과정에서 **정부의 역할**은 국가 운영에 필요한 제도를 마련하고 공공재를 공급하는 데 그치지 않았다. 정부는 때로는 금융 기관을 설립하고 운영하면서 산업 자본 공급에 직접적으로 관여하였고, 때로는 철강, 탄광, 군수 등 주요 산업에서 기업가로서 활동하였다. 외국으로부터 유망한 기술을 도입하는 데에도 정부의 역할이 지대하였다. 이런 적극적인 산업 정책이 독일의 공업화를 특징짓는 중요한 요소였다.

1870년대부터 빠르게 확산된 기업 규모의 확대도 경제 성장에 기여하였다. 독일에서는 **카르텔**(cartel)이 미국에서와 달리 합법적이었고, 영국에서와 달리 여론도 그다지 부정적이지 않았다. 따라서 비록 독점의 폐해가 발생하기도 하였지만, 독일의 기업 연합들은 규모의 경제(economies of scale)와 범위의 경제(economies of scope)가 가져다주는 이익을 향유할 수 있었다. 이러한 과정을 통해 독일은 초기의 낙후성을 극복하고 19세기 말에 다른 국가들과 어깨를 나란히 하는 경제력을 과시하게 되었다.

종합해 보면, 독일이 낙후된 여건에도 불구하고 비교적 단기간에 빠르게 공업화를 진행할 수 있었던 데에는 여러 요인들이 작용하였다. 정치적 분

카르텔: 경쟁을 제한하거나 완화할 것을 목적으로 동일한 업종 또는 유사한 업종의 기업들이 결성하는 기업 결합 형태. 이렇게 결합된 기업 조직은 판매 가격 조정, 생산량 조절, 판매 지역 분할, 설비 투자 제한 등을 도모함으로써 이윤의 극대화를 추구한다. 대부분의 국가는 카르텔이 초래하는 비효율성 등의 문제를 피하기 위해 법적 규제를 가한다.

범위의 경제: 관련 제품의 일괄 생산, 생산에서 수송까지의 연계, 금융 비용의 절감, 공정을 단축 또는 생략하는 기술 개발상의 이익 등 상이하지만 상호 연관되어 있는 기업 활동 간의 결합을 통해 얻게 되는 이익을 말한다.

열의 악조건을 만회하게 만든 관세 동맹과 철도 건설의 효과, 대규모 산업 자본 공급을 가능하게 한 은행 제도와 주식회사 제도의 적극적 활용, 체계적인 과학 교육, 정부의 효과적인 지원 정책 등이 이에 포함된다. 이처럼 후발국으로서 지녔던 약점들을 대체하는 방안을 강구하는 데 독일은 탁월한 능력을 과시하였다.

제4절 미국의 공업화

식민지 시대의 경제

미국의 경제 발전은 영국 식민지 시기의 경제 체제로부터 시작되었다. 북부 식민지에서는 자급자족적 농업이 발달하였다. 이주민 집단이 식민지 당국으로부터 토지를 분양받아 개발한 후 개별적으로 분할 소유하는 방식이 뉴잉글랜드 지방에서 자작농이 확산되는 계기로 작용하였다. 독립적 자영 농민의 성장은 이 지역의 경제 발전 과정이 보여 준 특징적 양상이었다.

한편, 남부 식민지에서는 비옥한 토지와 더운 기후 조건을 배경으로 담배, 인디고, 쌀, 면화 등을 플랜테이션에서 재배하여 수출하는 농업 형태가 지배적이었다. 대규모의 상업적 농업은 대규모의 노동 투입을 필요로 하였고, 이는 아프리카 출신의 흑인 노예 공급에 의해 충당되었다. 남부에서 생산된 1차 산품은 영국으로 수출되었고, 대신 영국에서 제조된 2차 산품이 수입되었다.

부분적으로는 농촌 공업도 존재하였지만, 규모가 대체로 작았고 시장 판매 목적이 아니

그림 13-9

면화 플랜테이션 남부의 플랜테이션은 아프리카 출신의 흑인 노예 노동에 의해 지탱되었다.

라 자가 수요의 충족을 위한 생산인 경우가 많았다. 본국의 경제적 이해관계와 상충하는 **식민지 공업을 억제**하는 것이 영국의 기본적인 정책 기조였으므로, 애초에 식민지 미국에서 본격적인 공업 발달을 기대하기는 무리였다. 본국 공업과 경합하지 않는 일부 분야, 예를 들어 모피 가공업, 목재 가공업, 아마 공업, 조선업, 나무통 제조업 등에서만 생산 규모가 확대되고 기술 발달이 이루어졌다.

독립 전쟁과 시민 혁명

이런 상황에서 미국이 경제 발전을 진행해 가는 첫 걸음은 영국의 중상주의적 식민지 체제로부터 독립을 획득하는 것이었다. 독립 전쟁은 정치적 독립만이 아니라 경제적 독립이라는 측면에서도 미국의 역사에서 중요한 의의를 지녔다. 7년 전쟁에서 영국이 승리하여 프랑스로부터 애팔래치아 산맥 서부의 광대한 지역을 할양받은 후, 영국은 식민지를 직접 지배하는 정책으로 나아갔다. 식민지의 공업 발달과 교역권 확립의 길은 점차 멀어져 갔다. 이에 따라 미국인들은 **영국의 중상주의 정책에 반기**를 들었고, 영국에서 온 식민지 지배층에 대해 저항 운동을 시작하였다. 마침내 1775년에 독립 전쟁이 발발하였고, 이듬해에 독립 선언서가 발표되었다. 전쟁에서의 승리로 미국은 광활한 영토를 보유한 독립 국가로 탄생하였다.

독립 전쟁의 과정에서 영주제적 소유하에 있었던 대토지가 몰수되어 유상으로 소농에게 분배되었고 봉건적인 잔재가 청산되는 등 시민 혁명의 양상이 발생하였다. 시민 혁명의 완성을 위해서는 신분제의 철폐가 필수적인데, 남부 경제가 노예 노동에 기초하여 운영되는 상황에서 엄청난 사회적 비용을 치르지 않고서는 이를 기대하기 어려웠다. 산업화되어 가는 북부와 새로 개척되고 있는 서부는 남부의 플랜터(planter)들에게 점중하는 위협으로 다가왔다. 1860년 링컨(Abraham Lincoln)이 북부의 지지를 기반으로 대통령에 당선되자, 남부와 북부 사이의 긴장 관계는 마침내 폭발하였다. 남부의 11개 주들이 연방에서 탈퇴하여 독자적으로 남부 연합을 결성함으

그림 13-10

식민지의 화폐 1761년 뉴저지에서 발행된 지폐. 복잡한 나뭇잎 문양은 위조를 방지하기 위해 고안된 것이다.

로써 내전은 불가피해졌다. 1861년 남북 전쟁이 발발하여 공방이 계속되었고, 결국 북부가 남부의 해상을 봉쇄하여 경제적으로 고립을 시킴으로써 4년에 걸친 남북 전쟁은 60만 명의 전사자와 대규모의 물적 피해를 기록하며 북부의 승리로 마무리되었다. 북부의 승리는 물적 기반 측면에서 볼 때 자연스러운 일이었다. 북부가 남부보다 인구에서 2.5배로 앞섰을 뿐만 아니라 공업 생산량이 남부의 10배에 달하고 있었기 때문에 전쟁 수행 능력에 있어서 우월하였던 것이다. 남북 전쟁이 북부의 승리로 종결됨으로써, **노예제 폐지, 공업화의 적극적 추진, 보호 무역주의의 주창**을 특징으로 하는 북부의 정책 기조가 전국적으로 적용되는 계기가 형성되었다. 그리고 이 역사적 과정을 통해 미국의 시민 혁명은 최종적으로 완성되었다.

문헌 자료 13-2

노예 해방에 대한 기대

프레더릭 더글러스(Frederick Douglass, 1818-1895)는 미국에서 흑인 노예로 태어나 성장하다 도망을 친 후 노예제 폐지 운동에 전념하였다. 훗날 그는 흑인으로서는 최초로 정부 고위직에 오른 인물이 된다. 그의 연설문에는 개방화된 세계 환경하에서 지식과 인권 사상의 확산이 노예 해방에 유리한 상황을 조성할 것이라는 확신이 진하게 배어 있다.

노예 제도에 종말이 올 것은 분명합니다. … 국가와 국가는 옛날에 그랬던 것과 똑같은 관계를 유지할 수 없습니다. 어떤 나라도 주변 세계로부터 문 닫은 채 아무런 방해도 받지 않고 선조들이 걸었던 길과 똑같은 길을 걸어갈 수 없습니다. 과거에는 그럴 수 있었습니다. 오랜 세월 굳어진 해로운 관습이 과거에는 그들을 방어해 주기도 하였고 사회에 나쁜 영향을 끼치지 않으면서 악을 행할 수도 있었습니다. 그 시대에는 소수가 지식을 독점하고 향유하였으며 다수는 정신적으로 암흑 세계에서 살았습니다.

그러나 이제 인류에게는 변화가 오고 있습니다. 장벽을 둘러친 도시와 제국은 이제 무의미합니다. 통상이라는 무기가 강한 도시의 성문을 열어젖혔습니다. 지식은 세상의 가장 어두운 구석에까지 침투합니다. 지식의 땅 위에서뿐만 아니라 바다에서도, 바다 밑에서도 길을 만듭니다. 바다는 더 이상 나라와 나라를 갈라놓지 않습니다. 오히려 나라와 나라를 연결해 줍니다. 보스턴에서 런던까지, 이제는 휴가 여행을 즐길 수 있는 거리입니다. 공간은 상대적으로 축소되었습니다. 대서양의 한쪽에서 시작된 사상이 그 반대쪽에서도 똑똑하게 들립니다.

자료: 샤오 · 림(2012), 125-126쪽.

미국식 공업화

미국의 공업화는 **광대한 토지와 풍부한 천연자원**이라는 유리한 조건 하에서 전개되었다. 특히, 1783년 이후 서부의 광활한 지역이 미국에 귀속되면서 이 지역으로 이주 움직임이 일어났다. 처음에는 5대호와 미시시피강 유역으로 영토를 늘렸고, 다음으로는 1803년에 프랑스로부터 루이지애나를 사들여 영토를 2배로 확장하였다. 이후 플로리다를 편입시켰고, 멕시코로부터 서부와 남부의 영토를 가져왔다. **서점 운동(西漸運動, Westward Movement)**이 본격적으로 진행된 데에는 제도 정비와 정부의 적극적 지원이 큰 역할을 하였다. 특히, 이주민이 점유했던 토지를 해당 이주민이 저렴한 가격으로 매입할 수 있도록 승인한 선매권법(先買權法, Pre-emption Act)의 제정이 이주를 자극하였다. 1862년의 홈스테드법(Home-stead Act)의 제정으로 인해 서부 이주자가 일정한 거주 기간이 지나면 토지를 무상으로 취득할 수 있게 됨으로써 이주 행렬은 더욱 길어졌다. 서부의 인구는 1790년에 10만 명을 겨우 상회하는 수준이었으나, 1860년에는 1,200만 명에 이르게 되었다.

특히, 1848-1849년에는 캘리포니아에서 금광이 발견되면서 수많은 사람들이 이곳으로 이주해 왔다. 미국 내 인구는 물론이고 유럽, 중남미, 중국, 일본 등지에서 10만 명에 이르는 사람이 몰려들었다. '포티나

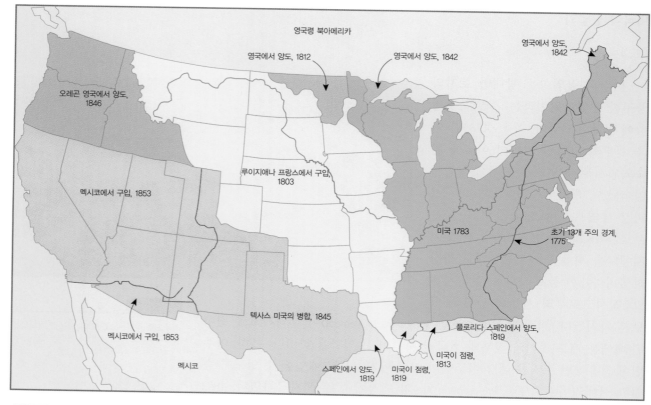

영국령 북아메리카

영국에서 양도, 1812

영국에서 양도, 1842

영국에서 양도, 1842

오레곤 영국에서 양도, 1846

멕시코에서 구입, 1853

루이지애나 프랑스에서 구입, 1803

미국 1783

초기 13개 주의 경계, 1775

멕시코에서 구입, 1853

텍사스 미국의 병합, 1845

플로리다 스페인에서 양도, 1819

멕시코

스페인에서 양도, 1819

미국이 점령, 1819

미국이 점령, 1813

그림 13-13

미국의 영토 확장

이너스'(49ers)의 급증 – 이른바 골드러시(Gold Rush) – 에 힘입어 캘리포니아는 1850년에 미국의 새로운 주로 승인을 받았다. 서점 운동은 개척 정신을 고양하고 사회의 이동성을 확대하는 효과를 보였다. 한편, 이 과정에서 원주

민 인디언들은 삶의 터전을 지키기 위한 투쟁 과정에서 목숨을 잃거나 고향에서 쫓겨나서 멀리 떨어진 고립된 지역으로 내몰렸다.

광대한 영토는 또한 산업의 **지역적 특화**를 진

그림 13-14

일확천금을 꿈꾸며 캘리포니아에서 사금을 채굴하고 있는 포티나이너스.

행시킴으로써 생산성 증가를 낳았다. 1860년에서 1900년 사이에 4억 에이커에 이르는 광대한 처녀지가 개간되어 경작지로 변하였다. 1860년에 620만 마리였던 견인용 말이 1900년에는 1,550만 마리로 증가하였다. 이런 변화에 힘입어 서부가 가축 사육과 곡물 재배의 중심지로 부상하였고, 통조림 공업과 제분업의 발달이 뒤를 따랐다. 북부에서는 운송 수단의 발달, 특히 이리 운하(Erie Canal)를 필두로 한 5대호 주변의 개발과 대륙 횡단 철도의 부설이 국내 시장의 확대와 생산의 특화에 매우 중요한 자극제가 되었다. 1844년에 미국의 워싱턴과 볼티모어를 연결하는 최초의 전신망이 개통되었는데, 이후 통신망은 철도망과 발맞추어 빠르게 확산되었다. 북동부에서는 공업과 금융 등의 분야가 크게 성장하였다. 한편, 남부는 면화 재배에 특화되

그림 13-15

철도와 경제 발전 미국에서 철도는 천연자원과 완제품을 수송하는 데 중요한 역할을 하였다. 1868년경에 완성된 그림에 서부 개척지를 향해 힘차게 달려가는 철마가 묘사되어 있다.

었고, 미국의 생산과 수출에서 면화가 차지하는 비중이 지속적으로 증가하였다. 중국 그리고 19세기에 새로 면화 재배를 시작한 서아프리카와의 경쟁에 직면하면서도 미국의 면화 생산은 번영을 누렸다.

광대한 토지 자원을 지닌 미국은 만성적인 노동력 부족에 직면하였다. 인구의 지속적인 자연 증가와 해외로부터의 대규모 인구 유입이 있었지만 드넓은 영토를 채우기에는 많은 시간이 필요하였다. 상대적으로 희소한 노동력이 임금 상승 압력으로 작용하였다. 미국의 공업화가 **노동 절약형**(labor-saving) **기술 진보**의 방향으로 진행된 것은 바로 이런 배경에서였다. 휘트니(E. Whitney)의 조면기(繰綿機), 맥코믹(C. McCormick)의 수확기, 그리고 노스(S. North)의 소총 부품 표준화 등이 대표적인 사례였다. 기계의 부품이 표준화되고 호환성을 갖추는 방식으로 제작되면서 대량 생산의 길을 열었다. 여기에 그치지 않고 점차 전 공정의 통합 관리, 표준화된 생산 방식, 정형화된 대리점 판매 등 경영 조직과 운영 방식에서 많은 혁신이 일어났다. 이러한 혁신이 노동 절약형으로 전개되었다는 사실은 생산 요소인 노동과 자본 중에서 노동의 부족이 미국 경제가 처하였던 더 큰 문제였음을 시사한다.

노동력이 만성적으로 부족하였던 미국 경제는 인구의 자연 증가에만 의존할 수 없었다. 세계 전역으로부터 수많은 인구가 미국으로 **이민**을 왔다.

표 13-2 미국 이민자의 직업 구성, 1820-1898년

(단위: %)

직업	1820-1831년	1832-1846년	1847-1854년	1855-1864년	1865-1873년	1874-1880년	1881-1893년	1894-1898년
전문직	3	1	0	1	1	2	1	1
상업	28	12	6	12	6	4	3	4
숙련직	30	27	18	23	24	24	20	25
농민	23	33	33	23	18	18	14	12
하인	2	2	2	4	7	8	9	18
노동자	14	24	41	37	44	40	51	37
기타	0	0	0	0	1	5	3	3

자료: Cohn(2012).

이민자들의 직업 구성이 표 13-2에 나타나 있다. 가장 많은 이민자가 속한 범주는 노동자였다. 이 비율은 대체로 40% 수준을 유지하였다. 다음으로는 숙련직과 농민이 뒤를 이었다. 전문직은 드물어서, 대체로 1-2%의 이민자만이 이 범주에 속하였다. 즉, 대부분의 이주민은 미국에서 새로운 기회를 찾고자 이민 행렬에 뛰어든 저소득층 노동자와 농민, 그리고 숙련공이었다.

미국의 **금융 제도**는 다른 국가들과 큰 차이를 보이며 발달하였다. 가장 두드러진 특징은 중앙은행의 출현이 지체되었다는 점이다. 1791년 잉글랜드 은행을 모델로 삼아 제1합중국 은행이라는 국립 은행을 설립하였다. 그러나 주 은행(state bank)들은 제1합중국 은행이 지나치게 강력한 권한을 행사한다는 이유로, 그리고 남부의 플랜터들은 북부의 산업 자본가와 금융업자의 위상을 강화한다는 이유로 반대하였다. 이에 따라 1811년 특허가 갱신되지 못하면서 제1합중국 은행은 해산되었다. 그러자 중앙은행의 부재 속에서 주 은행의 수가 급증하였고, 이들이 은행권을 남발하는

그림 13-16

맥코믹 수확기 1831년에 발명된 맥코믹 수확기는 노동 절약형 기술 진보의 전형적인 사례이다. 그림은 맥코믹의 광고 중 일부분으로, 광활한 농장을 소수의 수확기만으로 경작할 수 있음을 강조하고 있다.

문제가 발생하였다. 또 공채도 지나치게 많이 발행되어 금융 혼란이 발생하였다. 그리하여 1816년에 제2합중국 은행이 설립되었지만, 다시 주 은행들의 반발이 심해지면서 1836년 폐쇄되었다. 이로부터 1913년에 연방 준비 은행(Federal Reserve Bank)이 등장할 때까지 미국 경제는 중앙은행이 부재한 상태로 운영되었다. 19세기 중반에는 남부 플랜터의 정치적 영향력하에서 주 은행의 수가 크게 증가하였고 은행권도 남발되는 사태가 빈발하였다. 은행권의 불안정은 북부의 산업 자본가들에게 불리하게 작용하였다. 이런 상황은 남북 전쟁 때까지 계속되었다. 한편, 영국의 개인 은행들은 미국의 은행가들과 파트너십을 결성하여 미국 연방 정부 및 주 정부의 공채, 회사채 등을 런던 금융 시장에서 거래하였다. 영국의 베어링(Baring)과 로스차일드(Rothschild)가 대표적인 은행이었고 미국에서는 브라운(W. and J. Brown), 피바디(G. Peabody), 모건(J. S. Morgan) 등이 명성을 날렸다. 이들의 활동을 통해 영국의 자본 시장이 미국의 산업 발달로 연결되는 효과가 발생하였다. 연방 준비 은행이 창설되는 1913년까지 미국은 1873년, 1884년, 1893년, 1907년 등 거의 10년에 한 번 꼴로 은행 위기를 경험하였지만, 이러한 한계 속에서도 은행은 부분적인 역할을 수행하였다.

연방 준비 은행: 미국 내 통화 정책의 관장, 금융 기관에 대한 감독과 규제, 금융의 안정성 유지 등을 목적으로 설립되었다. 12개 주에 하나씩의 연방 준비 은행을 설립하여 각각 중앙은행으로 기능하게 하고 이들을 연방 준비 제도 이사회(Federal Reserve Board, FRB)가 관리한다.

미국의 공업화는 보호 무역주의의 테두리 안에서 진행되었다. 초대 재무 장관인 **해밀턴**(Alexander

그림 13-17

미국식 기술 진보 1913년 포드 사의 자동차 생산 라인은 미국이 주도한 기술 진보의 방향을 잘 보여 준다.

Hamilton)이 관세 및 비관세 장벽이라는 보호막으로 국내 공업을 육성해야 한다고 주장한 이래, 그의 유치 산업 보호론은 미국의 보호 무역주의를 옹호하는 강력한 논리적 무기가 되었다. 남북 전쟁은 자유 무역주의적인 남부의 농업 세력과 보호 무역주의적인 북부의 상공업 세력 사이의 갈등이었다. 링컨의 노예 해방은 남부 농업 세력에 큰 타격을 입혔고, 북군의 승리는 통합된 미국의 정책 기조로 보호 무역주의가 채택됨을 의미하는 것이었다.

해밀턴(1755-1804): 미국의 정치가로 연방 정부의 구성을 주장하였고, 워싱턴 대통령 집권 시에 재무 장관으로서 제1합중국 은행의 창설과 보호 관세의 설정 등의 정책을 실시하였다.

유치 산업 보호론: 마치 어린이가 청년기에 이를 때까지 부모의 보호가 필요하듯이, 발달의 초기 단계에 있는 산업은 어느 정도 대외 경쟁력을 지닐 때까지 국가가 보호해 주어야 한다는 주장.

미국의 경제 성장은 빠른 속도로 이루어졌다. 1850-1900년 동안에 미국의 농업 생산이 3배 증가하였고 공업 생산은 11배나 증가하였다. 공업 생산이 농업 생산을 추월한 것은 1880년경의 일이었지만, 미국이 공업국으로 빠르게 변모하고 있다는 점에는 의문의 여지가 없었다. 1870년에는 미국이 이미 영국과 대등한 공업 생산력을 보유하게 되었고, 20세기 초가 되면 전 세계 공업 생산의 약 1/3을 차지하는 위치에 이르게 되었다. 기술 면에서도 선발 공업국들을 따라잡아 갔고, 특히 표준화, 기계화, 일관 작업 등을 통해 축적된 기술은 전기 기구 공업과 자동차 공업에서 눈부신 발전을 거둘 기반이 되었다.

제5절   일본, 이탈리아, 러시아의 공업화

일본 사회의 변혁

일본은 17세기 후반 이래 전국적으로 시장이 활성화되고 화폐 경제가 발달하였다. 에도 막부의 쇄국 정책으로 인해 대외 무역은 제한되어 있었지만, 연공미(年貢米)와 특산물의 유통을 중심으로 국내 시장이 서서히 발달해 갔다. 면화, 생사, 차, 사탕수수 등 환금 작물의 재배가 확산되면서 농민층의 분해도 발생하였다. 지주의 토지 소유 집중화 경향도 나타났다. 농촌 공업도 상인이 주도하는 하청제 가내 공업의 형태로 일부 지역에서 발달하였다. 그러나 농민 반란이 빈번하게 발생하였다는 사실이 말해 주듯이 봉건제적인 신분 지배 체제도 서서히 동요되어 갔다.

본격적인 변화는 서구 자본주의와의 접촉을 계기로 발생하였다. 1854년 미국의 압력으로 **강제적 개항**을 맞게 된 일본은 여러 국가들과 조약을 체결하는 과정에서 다수의 항구를 개항하고 영사 재판권과 협정 관세 제도를 승인하였는데, 이들은 일본의 정치와 경제에 불리하게 작용하였다. 특히, 1866년의 관세 협상에 따라 관세율이 20%에서 5%로 하락함으로써, 일본은 세계적 기준으로도 드문 자유 무역주의 국가가 되었다. 보호 관세를 채택하는 권한을 실질적으로 상실함으로써, 일본은 산업 육성 정책의 중요한 수단을 잃게 되었다. 개항 초기에 일본은 주로 생사, 차, 동, 원면 등을 수출하였고, 면직물, 모직물, 금속, 무기류 등을 수입하였다.

　도쿠가와 막부가 권력을 강화하려는 움직임이 일자 정치적 대립과 사회적 혼란이 격화되었고, 막부가 화폐 발행액을 급속하게 늘리자 물가가 앙등하였다. 농촌과 도시에서 봉기가 속출하는 가운데, 하급 무사층의 주도로 정치적 변혁 운동이 전개되었고, 그 결과 도쿠가와 막부가 붕괴의 길에 들어섰다.

그림 13-18

강요된 개항 1853년 미국의 흑선(黑船, black ship)이 도쿄만에 들어오면서 일본은 문호 개방을 요구받게 되었다. 그리하여 일본의 오랜 폐쇄적 정책은 끝을 맺게 되었다.

메이지 유신: 막부가 일방적으로 체결한 서구와의 조약에 대한 반발로 반(反)막부 세력이 일어나 결국 막부를 전복시키고 왕정 체제를 복구하였다. 이후 메이지 정부는 근대 국가 수립을 목표로 위로부터의 개혁을 실시하였다.

번벌: 메이지 시대에 정부와 군대의 요직을 장악한 정치 세력. 이른바 메이지 과두제를 형성하였다.

　1868년 메이지 유신(明治維新)으로 탄생한 새 정부는 사회적 개혁을 본격적으로 추진하였다. 사(士)-농(農)-공(工)-상(商)으로 구분되어 있던 전통적인 신분 질서를 개편하고 통합 정책을 실시하였고, 영업의 자유와 직업 선택의 자유를 천명하였으며, 영주적 토지 소유제를 대체하는 근대적인 토지 소유권 제도를 확립하였다. 이런 변혁은 서양의 시민 혁명과 많은 유사성을 지녔다. 신분제의 폐지 내지 약화, 사유 재산권의 확립과 법치의 원칙, 영업의 자유 등이 모두 이에 해당한다. 이에 기초하여 메이지 유신을 일본식 시민 혁명이라는 평가를 내리기도 한다. 그러나 국민 주권의 원칙이 서지 않았고 '천황'(天皇)을 전면에 내세운 번벌(藩閥) 관료의 전제적 통치 체제가 구축되었다는 점, 부르주아의 주도력이 충분히 강하지 않았다는 점 등을 들어서 메이지 유신이 오히려 서양의 절대주의 체제와 유사하다는 견해도 있다. 하지만 이 경우에도 전통적인 봉건 체제보다는 한 걸음 진일보한 상황으로 볼 수 있을 것이다.

　일본은 정부를 주축으로 서양의 제도와 기술을 도입하여 근대화와 공업화를 빠르게 이루고자 온 힘을 기울였다. 정부는 사회 간접 자본에 대해 투자를 확대하였고, 대학을 설립하여 서양 학문의 도입을 촉진하였으며, 서구의 전문가들을 초청하여 일본에 적용 가능한 제도와 기술을 탐색하였다. 제1차 세계 대전 때까지 정부 부문의 투자가 민간 부문의 투자보다 많았다는 사실이 말해 주듯이, 일본 경제의 발전을 위해 정부는 적극적인 역할을 수행하였다.

문헌 자료 13-3

탈아론(脫亞論)

일본의 근대화를 이끈 개혁사상가 후쿠자와 유키치(福澤諭吉)는 일본이 아시아를 벗어나 서구 열강에 합류하는 것이 필수적이라는 견해를 피력하였다. 그의 글에서 중국과 조선에 대한 일본 지식인의 시각을 찾아보자.

우리 일본의 국토는 아시아 동쪽에 있지만 그 국민 정신은 이미 아시아의 고루(固陋)함을 벗어나 서양 문명으로 이동해 가고 있다. 그런데 여기에 불행한 일은 이웃에 있는 나라들이다. 하나는 중국이고 또 하나는 조선이다. 이 두 나라의 국민도 예로부터 아시아류(流)의 정교풍속(政敎風俗) 아래 자라왔다는 점은 우리 일본 국민과 다르지 않다. 하지만 인종의 유래가 다른 것일까, 아니면 동일한 모습의 정교풍속 속에 살면서도 유전 교육(遺傳敎育)의 취지가 같지 않은 것일까. 일본, 중국, 조선의 세 나라를 비교하자면, 중국과 조선은 서로 닮은 상황이어서 일본보다 가까워, 이 두 나라 사람들이 같은 편이 되어 나라를 개선해 갈 길을 알지 못한다.

…

이 두 나라를 보면 지금의 문명이 동쪽으로 밀려들고 있는 때에 독립을 유지할 길이 없다. … 만약 [유신을 이루지 못한다면] 지금으로부터 수년 안에 나라가 망하여 국토가 여러 세계 문명국에게 분할되리라는 점에 의심의 여지가 없다. 왜냐하면 홍역과 같은 문명 개화의 흐름을 맞으면서도 중국과 조선 두 나라는 그 전염의 순리에 역행하여 무리하게 이를 피하기 위해 실내에 틀어박혀 공기의 유통을 차단하고 질식 상태에 빠져들고 있기 때문이다. 수레와 수레바퀴, 입술과 치아 관계인 이웃 나라는 서로 도움이 되는 것이 보통이다. 그렇지만 지금의 중국과 조선은 일본에게 아무런 도움이 되지 않는다. 게다가 서양 문명인의 눈에는 세 나라가 지리적으로 서로 접하고 있어 때로는 동일하게 보고 중국과 조선을 평가하는 데도 일본과 같이한다. 예를 들어, 중국과 조선 정부가 낡은 전제(專制) 정치를 행하고 법률을 따르지 않으면 서양인은 일본 역시 법률이 없는 국가가 아닌가 하고 의심하며, 중국과 조선의 인사가 몽매하여 과학을 모르면 서양 학자는 일본도 음양오행의 나라라고 생각한다. 중국인이 비굴하고 수치를 모르면 일본인의 의협심도 함께 매도를 당하고, 조선의 형벌이 참혹하면 일본인 역시 무정하다고 치부된다.

…

그 영향이 사실로 나타나 간접적으로 우리의 외교상 장애를 일으키는 일이 적지 않으니, 일본의 일대 불행이라고 말할 수 있다. 그렇다고 오늘의 꿈을 이루기 위해 이웃 나라가 개명되기를 기다려 함께 아시아를 흥하게 할 시간이 없다. 오히려 그 대열에서 벗어나 서양 문명국과 진퇴를 함께하고, 중국과 조선을 접하는 방법도 인접국이라는 이유만으로 특별히 다루지 않으며, 반드시 서양인이 접하는 방식에 따라 처분해야만 한다. 나쁜 친구와 친하게 지내는 자는 악명을 피할 수 없다. 우리가 마음으로부터 아시아 동방의 나쁜 친구를 마음에서 사절하는 이유도 이 때문이다.

자료: 『지지신보』(時事新報), 1885년 3월 16일자.

일본 공업화의 전개

일본 정부는 후진국형 경제를 근대화하기 위해 1870년대부터 **식산흥업 정책**(殖産興業政策)을 실시하였다. 정책의 주된 내용은 서구로부터 근대적인 생산 기술을 도입하는 것, 공업화에 필요한 자본 공급 방안을 마련하는 것, 기업을 운영할 경영자를 육성하는 것, 규율이 갖추어진 노동자를 양성하는 것 등이었다. 정부는 직접 철도 부설, 광산 개발 등의 사업을 운영하기도 하였고, 관영 기업을 민간 기업에게 불하하는 방식을 취하기도 하였으며, 다른 여러 방법으로 민간 기업을 육성하기도 하였다.

식산흥업 정책: 메이지 정부하에서 관 주도로 근대적 산업 발전을 장려한 정책.

공업화 과정에서 나타난 일본의 특징은, 첫째 선진 공업국으로부터 **최신 기술을 도입**하여 생산 과정을 혁신하였다는 점이다. 면 공업을 필두로 견 공업, 석탄 공업 등에서 영국, 프랑스, 독일, 이탈리아 등으로부터 도입한 신식 기술이 성장을 주도하였다. 둘째로, **정부는 기**술 도입에 적극적인 역할을 하였을 뿐만 아니라, 기업의 창설과 운영 및 전파에도 전면적으로 관여하였다. 즉, 정부는 막부나 번이 세운 공장과 광산을 인계받아 직영을 하였고, 나중에는 이를 민간에 불하하였다. 이 과정에서 일본이 충분히 갖지 못하였던 기업가 집단이 양성되는 효과도 나타났다. 셋째, 일본 정부는 중앙은행 및 민간 은행들을 설립함으로써 부족한 **산업 자본을 공급**하는 수단으로 삼았다. 부족한 자본을 정부가 직간접으로 간여하는 은행 조직을 통해 공급함으로써 후발 공업국으로서의 취약점을 만회하였던 것이다. 마지막으로, 근대적 생산 체제에 걸맞는 **노동자의 양성과 관리**에도 힘을 기울였다. 직업 훈련과 기술 교육이 실시되었고, 근대적 노무 관리도 도입되었다.

그림 13-19

서양식 공장의 도입 프랑스에서 들여온 비단 방적 공장. 여기에서 생산된 제품은 유럽으로 수출되었다.

그림 13-20

서양 기술의 도입 일본은 공업화와 근대화를 추진하기 위해 서구로부터 기술을 도입하는 데 힘을 기울였다. 사진은 1880년대에 항만 공사에 참여한 서양과 일본인 기술자들.

이와 같은 방식으로 일본은 공업화를 빠르게 진행시켰다. 초기에는 제사업과 면직 공업 등 섬유 공업이 가장 눈부신 성과를 보였고, 석탄 공업도 근대적 산업으로 탈바꿈하여 성장을 거듭하였다. 일본은 1886년에 소비용 면직물의 2/3를 수입하였으나, 1902년이 되자 국산화를 완성하였고, 제1차 세계 대전 직전에는 세계 수출량의 1/4을 공급하는 성과를 이루었다. 이 산업들은 일본의 수출 산업으로 확립되어 기계, 철강 등 중공업을 육성하는 밑거름이 되었다. 중공업을 수입에 의존하는 것으로는 공업화를 완성할 수 없었으므로, 19세기 말-20세기 초에 일본은 **중화학 공업의 발달**에 총력을 기울였다. 정부는 다수의 광산, 병기창, 조선소를 직접 소유하였고, 민간 기업에 대해서는 자금 공급, 세금 감면, 보조금 지급 등의 수단을 통해 적극적으로 지원하였다. 그 결과 러일 전쟁을 전후한 시기가 되면 일본은 명실상부하게 서구의 열강들과 경제력과 군사력을 겨룰 수 있는 위치에 오르게 되었다.

이탈리아의 공업화

이탈리아는 여러 면에서 독일과 닮아 있었다. 경제적으로 낙후된 상황이었다는 점, 1860-1871년에 이루어진 **정치적 통일**을 기반으로 19세기 말에 공업화가 본격적으로 전개된 점, 그리고 그 과정에서 **민족주의** 의식이 중요한 추동력이 되었다는 점에서 독일과 유사하였다. 국가가 적극적으로 경제 운영에 개입하는 방식을 취하였다는 점도 공통적이었다.

1860년대부터 진행된 정치적 변혁은 봉건적인 토지 제도에 큰 변화를 가져왔다. 특히, 중세 이래 군주, 교회, 귀족이 소유하였던 남부 이탈리아의 토

지는 근대적 변
화를 맞게 되었
다. 그러나 토지
개혁이 반드시
대규모의 자작
농 창설로 이어
진 것은 아니었
다. 토지를 소유

그림 13-21

농업 발전의 지연 1890년 이탈리아 농민들이 일하는 모습을 담은 그림을 통해 농업의 기계화가 이루어지지 못하였음을 확인할 수 있다.

하지 못한 인구가 증가하였고, 세대를 거듭하면서 경지 규모가 점차 작아져서 생산성 향상을 도모할 수 없게 된 경우가 비일비재하였다. 이런 상황에서 공업화가 1880년대부터 북부와 중부 지방을 중심으로 진행됨에 따라 농업 중심인 남부 지방과 큰 **경제적·사회적 격차**가 발생하였다. 이 격차는 오랜 기간 해소되지 못하였고, 공업화에서 배제된 남부 지역과 동북부 지역에서 19세기 말부터 신세계로의 대규모 이민이 이루어지게 되었다. 1880년에서 1914년 사이에 고국을 떠난 이민자의 수가 약 2,000만 명이나 되었다.

러시아의 공업화

크림 전쟁: 1853-1856년에 흑해와 크림 반도를 둘러싸고 러시아가 오스만 제국, 영국, 프랑스, 프로이센, 사르데냐의 연합군과 벌인 전쟁. 러시아가 패배하여 흑해에 대한 통제권을 상실하였다. 나이팅게일 (F. Nightingale)이 활동한 것으로 유명한 전쟁이다.

러시아는 유럽에서 경제적으로 가장 낙후된 지역에 속하였다. 봉건제적 사회 질서가 여전히 강력하게 힘을 발휘하고 있었고, 경제 발전의 전기를 찾지 못하고 있었다. 이런 러시아가 유럽인들의 관심을 끌게 된 결정적인 계기가 나폴레옹 전쟁이었다. 프랑스 명장의 무릎을 꿇린 후 러시아는 군사 대국으로서 유럽의 열강으로 떠올랐다. 러

그림 13-22

러시아의 유정 서유럽 열강에 비해 공업화에 뒤진 러시아는 석유와 같은 풍부한 천연자원을 이용해 공업화에 박차를 가하였다.

시아는 흑해와 발칸반도의 지배권을 확보하기 위해 힘을 기울였다. 이 과정에서 프랑스, 오스트리아, 영국과 마찰이 고조되어 갔고 결국 무력 충돌로 이어졌다.

크림 전쟁(Crimean War)에서의 패배는 러시아에게 자국의 후진성을 뼈저리게 인식하도록 만든 계기였다. 이런 배

경에서 알렉산드르 2세는 1860년대를 통해 '위로부터의' 개혁을 실시하였다. 1861년의 농노 해방이 가장 대표적인 개혁이었다. 상대적으로 발전한 서부 지역에서조차 농노가 인구의 절반 이상을 차지하는 곳이 많았다. 1860년대를 거치면서 무려 2,300만 명에 이르는 사유 농노와 2,700만 명의 국유 농노가 신분제의 굴레를 벗어났다. 이를 위해서 농노는 이전 주인에게 9년 동안 무상으로 일을 해 주어야 하였고 농지를 국가로부터 구입해야 하였으므

문헌 자료 13-4

러시아의 공업화 전략

세르게이 비테(Sergei Witte, 1849-1915)는 제정 러시아의 공업화를 위한 청사진을 마련한 인물이다. 그는 제정 러시아의 마지막 두 황제 아래에서 고위 관료로 일했다. 재무 장관 시절인 1899년에 그가 황제에게 보낸 비밀 보고서를 통해 러시아의 공업화 전략의 일단을 맛보기로 하자.

오늘날 국가의 무역과 산업을 증진하기 위해 정부가 취하는 정책은 과거 어느 때보다 더 깊고 넓은 중요성을 지닌다. 실제로 현 세기의 후반을 거치면서 제국의 경제적 구조는 전환되었다. 그리하여 이제는 시장과 시장의 가격 구조가 국가 경제를 구성하는 사기업들의 종합적 이익을 대표한다. 농노 경제의 시대에는 마을의 지주가 자급자족적인 작은 세상을 형성하였고, 시장과 거의 관련을 맺지 않은 채 독립적인 생활을 영위하였다. 반면에 지금은 구매와 판매와 임금 노동이 국가 활동의 훨씬 깊은 층위까지 파고들었다. 분업, 기술의 특화, 도시와 마을과 공장과 광산으로 날로 나뉘는 사람들 사이의 교환 증가, 그리고 날로 복잡해지는 사람들의 수요 – 이 모든 과정들이 농노 해방, 철도망 건설, 신용의 발달, 대외 무역의 놀라운 증가 등을 배경으로 조국에서 빠르게 발생하고 있다. 이제 국민 경제의 모든 조직과 분과는 공동의 경제적 삶을 갖게 되었고, 국민 경제의 모든 개별 단위는 정부의 경제 활동에 점점 더 민감하게 호응하는 상황이 되었다. 현대의 경제 관계들은 지극히 상호 의존적인 네트워크를 이루고 있기 때문에, 어떤 한 산업, 무역, 통신에서의 변화가 다른 수많은 기업의 운명에 때로는 보이지 않는 방식으로 영향을 미친다.

…

이런 사실들을 놓고 볼 때, 재무 장관은 다음과 같은 결론에 도달하였다. 국가는 정부의 통상 정책 및 산업 정책에 의해 이런저런 방식으로 육성된다. 따라서 무엇보다도 이런 정책이 철저한 계획과 엄격한 체제와 연속성을 가지고 추진되어야만 한다. … 불안정한 통상 정책과 산업 정책을 보유한 국가는 마치 아무것도 생산하지 않으면서 끊임없이 자신의 생산 조직을 바꾸는 사업가와 같다. 그런 사업은 기술적으로 얼마나 완벽하던 간에 파멸에 이를 수밖에 없다.

자료: Sanders et al. (2006), 2권, 232쪽.

로, 농노 해방의 영향이 현실에서 나타나는 데에는 시간이 소요되었다. 그러
나 농노 해방을 포함한 **국가 주도적 개혁 정책**을 바탕으로 러시아는 서서히
공업국으로 변모해 갔다. 특히, 1890년대부터 철도 부설을 포함해 본격적인
공업화 정책을 펼쳤다. 철도는 농촌과 전통 도시로부터 신흥 공업 도시로 인
력을 이동시키는 데 큰 역할을 하였다. 매장량이 많은 천연자원을 개발하면
서 러시아는 공업화에 박차를 가하였다.

제6절 공업화의 유형

거셴크론의 이론

거셴크론(A. Gerschenkron)은 18-19세기 유럽국들의 공업화 과정을 관찰
하고 거기에서 경제 발전이 진행되는 방식 면에서의 특징을 잡아내고자 하
였다. 그는 공업화를 점진적 변화가 아닌 대질주(big spurt)와 같은 혁명적 변
화라고 이해하였다는 점에서 도약(take-off)을 강조한 로스토와 유사한 관점
을 가졌다.

거셴크론은 영국, 독일, 러시아의 경험을 비교함으로써 공업화 과정의
유형화를 시도하였다. 그는 각국 경제의 **상대적 낙후성**(relative backwardness)
과 이에 대한 각국의 대
응에 주목하였다. 경제
발전의 기반이 낙후된
상황에서 후발국이 공
업화를 성공적으로 수
행하기 위해서는 특히
은행과 정부의 역할이
중요하다고 파악하였다.
그가 포착한 공업화 과
정의 특징은 아래와 같
이 요약된다.

그림 13-23

부족한 생산 요소의 대체 미국 경제는 노동
부족 문제를 해결하기 위해 해외에서 대규
모의 이민자를 받아들였다. 그림은 1855년
뉴욕에 입항하는 이민자들의 모습.

공업화가 바꾸어 놓은 풍경 공업화는 국가마다 상이한 특징을 지녔지만, 새로운 형태의 인프라가 구축되었다는 점에서는 공업화된 국가들이 공통점을 보였다. 그림은 1874년 미국 세인트루이스에 건설된 대교.

첫째, 초기 시점에서 크게 낙후한 국가일수록 공업화가 빠른 속도로 진행된다. 둘째, 낙후한 국가일수록 소비재보다 자본재의 생산을 강조한다. 셋째, 이런 국가의 공업화 과정에서는 기업 규모가 크고 최신 기술이 강조되는 경향이 있다. 넷째, 낙후한 국가일수록 자본 형성의 욕구가 커서 소비 수준이 압박을 받는다. 다섯째, 또한 낙후한 국가일수록 농업 부문의 역할이 크게 축소된다. 여섯째, 낙후한 국가일수록 은행, 정부 등 특수한 제도적 요소의 역할이 강조된다. 일곱째, 이런 국가에서는 정책 형성에서 산업화의 이념이 중시된다.

이런 특징들은 로스토가 말하였던 **경제 발전의 선행 조건들**과 일맥상통한다. 그러나 거셴크론은 로스토와는 달리 공업화의 선행 조건이 반드시 충족되어야만 그를 기반으로 공업화가 진행될 수 있는 것이 아니라고 보았다. 다양한 방식으로 '**대체**'가 가능하기 때문에 선행 조건은 공업화의 필요 조건이 되지 않는다고 그는 주장하였다. 그리고 후발국들은 이 대체 능력을 극대화함으로써 선발국이 경험한 시행착오와 문제점들을 극복할 수 있다고 파악하였다.

이를 더 자세히 살펴보면, 첫째 공업화가 뒤늦은 국가일수록 선발국의 선행 조건들이 가지는 중요성이 작아진다. 둘째, 선행 조건이 부재한 경우에는 대체가 가능하다. 셋째, 선발국의 공업화 과정에서 선행 조건이었던 것이 후발국에게는 공업화의 결과일 수 있다. 넷째, 공업화에 늦게 진입한 국가일수록 선행 조건의 형성이 공업화와 동시적으로 일어나거나 아예 생략된다.

결론적으로, 거셴크론은 공업화 과정에서 나타나는 현상으로부터 일정

한 경향성을 찾아내고 이를 유형화하였
다. 그러나 그의 유형론은 경제 발전 과
정에 기계적 법칙성을 부여한 것이 아
니었다. 오히려 후발국이 다양한 '대
체' 전략을 사용함으로써 약점을 만회
할 수 있다는 유연성을 그의 유형론은
보여 주었다.

1차 세계화 시대

제14장

제1절 세계 경제의 성장과 구조 변화

1차 세계화 시대

19세기 중반부터 제1차 세계 대전에 이르는 시기에 세계 경제는 유래를 찾기 힘든 수준의 무역 증가율을 기록하였다. 노동, 자본과 같은 생산 요소의 국제적 이동도 전례 없는 규모로 이루어졌다. 지식과 정보의 전파도 양과 속도에서 눈부신 진보를 보였고, 문화적으로 상이한 지역 간에 접촉과 교류도 크게 증가하였다. 세계화가 빠르게 전개된 이 시기를 '1차 세계화'라고 부른다. 20세기 후반에서 현재까지 이어지고 있는 세계화 – 이른바 '2차 세계화' – 와 구분하기 위한 명명법이다.

우선 총생산 중 수출과 수입이 차지하는 비중을 말하는 **무역 의존도**의 추이를 살펴보자. 그림 14-1이 보여 주듯이, 19세기를 통해 무역 의존도는 괄목할 만한 성장을 이룩하였다. 20세기 초반에 절정에 달한 무역 의존도는 제1차 세계 대전을 기점으로 하락세로 돌아섰고, 이 추세는 제2차 세계 대전이 종료된 이후에야 다시 방향을 바꾸어 상승 국면을 맞이하게 된다. 양차 세계 대전과 그 사이에 발생한 대공황(Great Depression)이 세계 경제에 타격을 준 것은 물론이고, 무역 의존도로 측정한 세계화의 추이에도 엄청난 변화를 초래하였다는 점을 여기에서 확인할 수 있다.

생산 요소 시장에서도 급속한 변화가 19세기 중반–20세기 초반에 발생하였다. 첫째로, 대륙 간에 대규모의 **노동 이동**이 발생하였다. 유럽에서 아메리카 대륙으로 대규모의 인구 이동이 이루어진 것은 물론이고, 중국, 인도 등 아시아 국가들, 그리고 아프리카로부터도 많은 수의 국제 이민자가 발생하였다. 특히, 미국은 세계 최대의 이민자 흡수국으로서 해마다 엄청난 수의

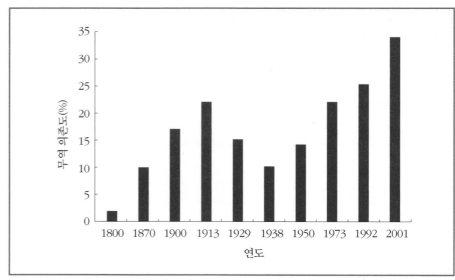

그림 14-1 무역 의존도의 시기별 추이, 1800-2001년

주: 무역 의존도는 (수출+수입)/생산의 비율로 계산함.
자료: Taylor(2002), 29쪽, 양동휴(2007), 3쪽에서 재인용.

외국인을 받아들였다.

　자본 시장의 변화도 괄목할 만하였다. 그림 14-2에 GDP 대비 국제적 투자 비율이 시기적으로 어떤 추세를 보였는지 제시되어 있다. 이에 따르면, 무역 의존도 및 노동 이동과 마찬가지로 **자본 이동**도 19세기 후반-20세기 초반 동안에 크게 증가하였다. 이 시기에 도달한 해외 투자의 수준은 양차 대전 기간은 물론이고 제2차 세계 대전이 종료된 이후에도 상당 기간 다시 도달할 수 없을 것이라고 여겨졌다. 이 시기의 국제 투자 수준은 1990년에 가까이 가서야 비로소 다시 가능하였다.

　그림 14-3은 자본 시장의 추이를 **국제 금융 체제**의 시기적 변화와 연결하여 간략한 형태로 보여 주고 있다. 19세기 중반에서 제1차 세계 대전 직전까지 세계 경제는 국제적 자본 이동이 급신장하는 모습을 보여 주었다. **금본위제**(Gold Standard)의 확산과 안정적 작동이 이에 중요한 역할을 하였다. 제1차 세계 대전은 이러한 금융의 세계화에 일격을 가하였다. 국제 금융 질서가 붕괴하면서 각국은 다양한 금융 통제를 실시하였다. 종전 후 금 본위제로 복귀함으로써 전전(戰前)의 번영을 되찾을 수 있으리라는 희망을 가졌으나, 곧 현실성이 없는 것으로 판명되었다. 1920년대 말에 터진 대공황으로 국제 금융 시장은 다시 한번 걷잡을 수 없이 추락하였고, 열강들은 제각기

금 본위제: 금으로 만든 정화를 기본 화폐로 삼는 제도. 금의 화폐로서의 가치와 상품으로서의 가치가 기본적으로 동일하게 유지되었고, 화폐에서 금으로 태환이 보장되었다.

그림 14-2 GDP 대비 국제 투자의 비중, 1870-2000년

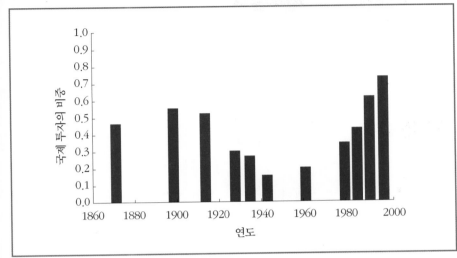

자료: Taylor(2002), 30쪽, 양동휴(2007), 7쪽에서 재인용.

그림 14-3 국제 금융 질서와 자본 이동성, 1860-2000년

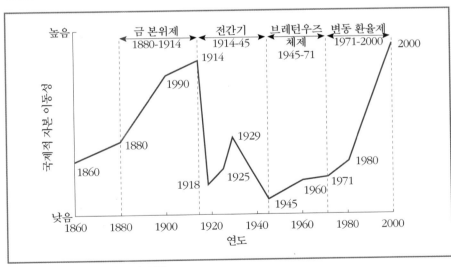

자료: Obstfeld and Taylor(2004), 28쪽.

경제 블록을 형성함으로써 다자주의적 세계화에 대해 역주행하는 모습을 보여 주었다. 세계 금융 체제의 재정비는 제2차 세계 대전 이후에 이루어졌다. 이른바 브레턴우즈 체제(Bretton Woods System)하에서 미국 달러화를 금 태

환이 보장된 기축 통화로 하고 다른 통화를 달러화에 연동시키는 **고정 환율제**가 새로운 국제 금융 질서로 자리를 잡았다. 그러나 1970년대 초 미국의 금 태환 포기를 계기로 고정 환율제를 대신하여 **변동 환율제**가 등장하게 되는 변화를 맞이한 후에 1980년대부터 국제 금융 시장은 현재까지 이어지는 '2차 세계화'를 맞이하게 된다.

생산력의 증대

1차 세계화는 세계 경제의 확대와 상호 의존성의 강화라는 특징을 보여 주었다. 이 대변화의 출발점은 공업화와 그에 따른 생산력의 증대였다. 영국의 산업 혁명과 그 뒤를 이은 국가들의 공업화를 통해 세계 경제는 엄청난 변화를 맞이하였다. 무엇보다도 공업 부문을 중심으로 국가들의 생산력이 크게 증가하였다. 세계 경제 전체로 보면 생산력의 증대가 뚜렷하였지만, 공업화를 경험한 국가들과 그렇지 않은 국가들과의 생산력 차이는 더 크게 벌어졌다.

그림 14-4 세계의 지역별 공산품 생산 능력

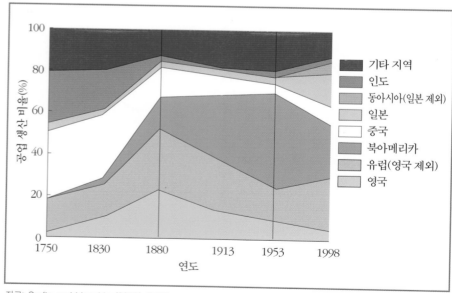

자료: Crafts and Venables(2003), 327쪽.

그림 14-4에 나타난 것처럼 영국의 **공산품 생산**은 18세기 중반부터 크게 증가하였다. 전 세계 공산품 생산에서 영국이 차지하는 비율은 1830년에 약 10%를 기록하였고, 1880년에는 최고 수치인 약 20%에 도달하였다. 유럽의 다른 지역은 1750-1830년에 공산품 생산의 비율이 일정하였지만, 1830년 이후 프랑스, 독일, 벨기에 등이 공업화를 진행함에 따라 높은 증가율을 기록하였다. 가장 괄목할 만한 증가를 보인 것은 북아메리카, 그중에서도 특히 미국이었다. 1880년까지 공산품 생산 비율이 증가하였다는 점에서는 미국이 다른 공업화 국가들과 마찬가지였지만, 미국의 비율이 그 이후에도 지속적으로 증가하여 20세기 중반에 최고조에 이른 점에서는 1880년 이후 감소세를 보인 유럽의 공업화 국가들과 차이를 보였다. 서구가 급속히 공업 생산 능력을 증대시킨 것과 대조적으로 아시아의 공산품 생산 비율은 눈에 띄게 감소하였다. 특히, 중국과 인도의 감소세가 가장 뚜렷하였다. 두 국가의 공산품 생산이 차지하는 비율은 1750년에 전 세계 공산품 생산의 절반을 상회하였지만, 이 비율은 1880년이 되면 약 15% 수준으로 하락하였고 1913년에는 겨우 5%에 이르렀다. 아시아에서는 공업화를 경험한 일본만이 일정한 비율을 유지하는 데 성공하였다.

대분기: 지역 격차의 확대

공업화와 경제 성장은 세계의 경제 지도를 혁명적으로 바꾸어 놓았는데, **소득 수준**도 예외가 아니었다. 19세기를 통해 일인당 국민 소득의 증가율은 국가별로 큰 차이를 보였다. 아시아, 아프리카, 남아메리카 등의 지역에서는 대부분의 국가가 일인당 국민 소득의 연간 성장률이 0.5% 이하에 머물렀다. 구세계에 위치한 영국, 프랑스, 독일, 이탈리아, 러시아 등은 연간 1% 내지 1.25%의 일인당 국민 소득 성장률을 보였다. 신세계에 속한 대토지 국가들, 즉 미국, 캐나다, 브라질, 아르헨티나 등은 일인당 국민 소득이 연간 1.5%가량 증가하였다. 오스트레일리아와 뉴질랜드는 이 수치를 약간 하회하는 수준으로 성장하였다. 가장 눈부신 성장률을 보인 국가는 일본으로, 일인당 국민 소득의 연간 증가율이 3%에 이르렀다.

표 14-1은 1820년부터 20세기 말까지 지구상의 여러 지역에서 일인당 GDP가 어떻게 변화하였는가를 보여 준다. 서유럽은 1820년에 세계에서 가

| 표 14-1 | 1차 세계화 이후의 지역별 일인당 GDP |

(단위: 1990년 국제 달러)

지역	1820년	1870년	1913년	1950년	1973년	1998년
서유럽	1,232	1,974	3,473	4,594	11,534	17,921
서유럽 파생 지역*	1,201	2,431	5,257	9,288	16,172	26,146
동유럽과 구소련	667	917	1,501	2,601	5,729	4,534
남아메리카	665	698	1,511	2,554	4,531	5,795
일본	669	737	1,387	1,926	11,439	20,413
아시아(일본 제외)	575	543	640	635	1,231	2,936
아프리카	418	444	585	852	1,365	1,368
세계	667	867	1,510	2,114	4,104	5,709
지역 격차	3:1	5:1	9:1	15:1	13:1	19:1

주: *서유럽 파생 지역은 미국, 캐나다, 오스트레일리아, 뉴질랜드.
자료: Maddison(2001), 126쪽 및 기타.

장 높은 일인당 소득 수준을 보였고, 이후 지속적인 성장을 이룩하여 제1차 세계 대전 직전에 3,500달러에 육박하였다. 서유럽 파생 지역 – 영국이 한때 통치하였던 미국, 캐나다, 오스트레일리아, 뉴질랜드 – 은 더 빠른 경제 성장을 기록하여, 20세기 초에 5,000달러를 넘어섰다. 동유럽과 구소련 및 남아메리카는 같은 기간에 670달러 수준에서 1,500달러로 증가하여 세계 평균과 유사한 모습을 보였다. 일본도 이 지역에 육박하는 성장세를 기록하였다. 그러나 일본을 제외한 아시아와 아프리카에서는 일인당 소득의 증가가 미미하였다.

이 표에서 확인할 수 있는 중요한 사실은 시간이 경과함에 따라 최고 소득을 기록한 지역과 최저 소득을 기록한 **지역 간의 격차가 확대**되었다는 점이다. 1820년 3:1이었던 이 격차는 1870년에 5:1로 확대되었고, 1913년에는 9:1로 더욱 벌어졌다. 이 격차는 20세기에 들어서 더욱 확대된다. 19세기를 거치면서 발생한 경제적 변화를 대분기(大分岐, Great Divergence)라고 부르는 것은 바로 이 때문이다.

무역의 확대와 자유 무역주의

19세기에는 생산 증가를 훨씬 웃도는 **무역 증가**가 발생하였다. 1800-1913년 동안에 전 세계의 일인당 생산은 10년마다 7.3% 증가하였는데, 같은 기간에 일인당 무역은 10년마다 33%나 증가하였다. 그 결과 1913년 일인당 무역액은 1800년보다 25배나 늘어났다. 무역의 성장세가 가장 뚜렷하였던 1840-1870년 동안에는 매 10년마다 무역이 53%씩이나 증가하였다.

19세기 무역은 지리적 구성으로 볼 때 유럽이 중심이었다. 1913년을 기준으로 보면, 전 세계 무역의 40%가 유럽 내부에서 이루어졌다. 무역의 약 25%가 비유럽 지역에서 유럽으로 향하였으며, 약 15%가 유럽에서 비유럽으로 향하였다. 비유럽 지역 간에 이루어진 무역의 비중은 25% 이하에 불과하였다.

괄목할 만한 무역의 확대에는 **자유 무역주의의 확산**과 그에 기초한 제도 변화가 중요한 역할을 하였다. 변화의 바람은 공업화를 가장 먼저 진행한 영국에서 불어왔다. 1786년에 프랑스와 체결한 이든 조약(Eden Treaty)은 관세 인하 움직임을 최초로 구체화한 것이었다. 그러나 정부의 관세 수입을 대체할 재원이 없었고 곡물법이 시행되고 있는 상황이었기 때문에, 실질적인 성과를 거두지는 못하였다. 나폴레옹 전쟁의 발발로 인해 자유 무역주의적인 노력은 중단되었다. 전후 관세 인하의 움직임이 계속되었지만, 관세 수입 감소가 야기할 재정 불안 가능성 때문에 개혁이 현실적 동력을 확보하기 어려웠다. 1842년 필(R. Peel)의 관세 개혁이 실질적 관세 개혁의 돌파구를 마련하였다. 새로 소득세를 도입하는 세제 개편이 이루어졌기 때문에 재정 문제에 대한 우려를 벗어날 수 있었던 것이다. 자유 무역주의적 관세 개혁은 1860년에 영국과 프랑스 사이에 **코브든-슈발리에 조약** (Cobden-Chevalier Treaty)이 체결됨으로써 중요한 결실을 보았다. 이 조약은 양국의 관세를 크게 낮추는 결과를 낳았을 뿐만 아니라, 이후 체결되는 국제 관세 협정에 많은 영향을 끼쳤다. 이 조약에는 자유 무역을 촉진하는 이른바 **최혜국** (most favored nation) **대우** 조항이 들어 있었다. 19세기와 20세기에 체결된 여러 조약에 이 조항은 빈번

그림 14-5

조약의 주역들 가운데가 코브든, 오른쪽이 슈발리에, 왼쪽은 경제학자 브라이트.

코브든-슈발리에 조약: 영국산 공업 원료와 프랑스산 포도주 및 수공업 제품에 대한 관세를 서로 30% 이내로 낮추는 것을 핵심적 내용으로 한 상호 조약.

최혜국 대우: 최혜국 대우란 국가 A가 국가 B에게 최혜국의 지위를 인정하면 이후에 국가 A가 국가 C와 통상 조약을 체결하면서 약속하는 관세 등의 혜택을 국가 B가 자동적으로 누릴 수 있게 된다는 것이다. 이 조항은 자유 무역주의적인 조약의 핵심적 부분으로 여겨진다.

문헌 자료 14-1

코브든의 자유 무역주의

영국의 자유 무역주의를 이끈 주역인 코브든은 자유 무역의 힘이 무력보다도 훨씬 강하다고 설파하였다. 아래의 주장을 읽어 보자.

영국의 무역은 해외에서 무력이나 폭력으로 유지될 리도, 크게 손상을 입을 리도 없다. 영국의 시장을 방문한 해외 상인들은 영국 외교관들의 권력이나 영향력에 대한 두려움을 극복한다. 그들은 영국 함대나 육군에 의해 점령되지 않는다. '무역에는 우정이 존재하지 않는다'는 것이 민족이나 개인에게 똑같이 적용할 수 있는 격언이기 때문이다. 다른 지역의 상인들처럼 유럽의 상인들이 우리의 노동 산물을 싣기 위해 영국의 항구로 선박을 보내는 것은 자기 이익을 추구하기 위해서일 뿐이다. 역사적 시기는 각각 다르지만 똑같은 충동이 모든 민족을 티레, 베네치아, 암스테르담으로 이끌었다. 그리고 시간과 사건의 순환 속에서, 어떤 나라의 면화나 모직이 잉글랜드 또는 다른 여타 지역보다 싸다는 사실이 알려지면(있을 수 있는 일이다) 그 장소(가정상 그곳이 지구에서 가장 멀리 떨어진 벽지에 묻혀 있다고 할지라도)로 지구상의 모든 상인들이 몰려들 것이다. 그리고 어떤 인위적인 힘, 함대 또는 육군도 맨체스터, 리버풀, 리즈가 네덜란드, 이탈리아, 페니키아에 있었던, 한때 그들의 자랑스러운 선배들이었던 지역의 운명을 공유하는 것을 막지 못할 것이다.

자료: 퍼거슨(2006), 25쪽.

하게 포함되었다.

관세 개혁 이외에도 자유 무역주의적인 성격을 지닌 여러 제도 개혁이 실행되었다. 1843년에는 그간 영국산 기계의 해외 수출을 금지하던 정책이 폐지되는 **수출 자유화 조치**가 있었고, 1846년에는 중상주의적 보호 무역주의의 상징이었던 **곡물법이 폐지**되었다. 1849년에는 중상주의의 마지막 보루였던 **항해법이 폐지**됨으로써, 영국의 경제 정책은 자유 무역주의적인 색채를 강하게 띠게 되었다.

자유 무역주의 사조는 점차 유럽 및 다른 지역으로 확대되었다. 1850-1880년의 기간이 자유 무역주의의 전성기였다. 이 기간에 특권적인 통상 블록들이 해체되었고, 무역을 제한하는 각종 제도가 여러 국가에서 종식되었다. 이와 같은 자유 무역주의 기조는 1880년경을 기점으로 보호 무역주의에 자리를 내주게 된다. 이에 대해서는 다음에 자세히 살펴보기로 한다.

아편 전쟁

자유 무역의 확대가 전적으로 '자발성'에 기초한 국제 질서의 확산을 의미하는 것은 아니었다. 자유 무역이 평화적인 방식으로 확산된 것만도 아니었다. 가장 대표적인 사례가 영국과 중국 간의 무역 분쟁이다. 영국은 중국에 대한 무역 적자가 누적되자 이를 해소하기 위해 여러 방안을 강구하였는데, 그 가운데 하나가 **아편 수출**이었다. 영국이 중국으로 아편을 수출하기 시작한 것은 18세기 초부터였지만, 중국에서 아편 중독자가 폭발적으로 증가한 것은 19세기의 일이었다. 19세기 초반 연 4,000상자였던 아편 수입량이 1830년에는 10배로 증가하였고, 이에 따라 막대한 양의 은이 영국으로 유출되었다. 처음에는 터키, 페르시아, 인도 등 여러 지역에서 재배된 아편이 중국으로 유입되었지만, 1830년대부터는 인도산 아편이 수입의 주종을 이루었다.

1839년 청 황제가 임칙서(林則徐)를 파견하여 광둥의 아편 거래를 금지하고 아편을 영국 상인들로부터 몰수하여 없애버리자, 영국은 함대를 보내는 것으로 대응하였다. 이렇게 발발한 **아편 전쟁**(阿片戰爭, Opium War)은 영국의 승리로 끝났고, 그 결과로 1842년에 **난징 조약**이 체결되었다. 중국이 서구와 맺은 최초의 근대적 조약인 난징 조약에 따라 중국은 막대한 전쟁 배상금 지불과 함께 홍콩을 영국에 할양하고, 광둥, 샤먼(廈門), 상하이(上海) 등 5개 항구를 개항하고 개항장에 영사를 주재시키게 되었다. 또한 공행의 독점 무역을 폐지하는 등의 조치를 강요당하고, 최혜국 대우와 같은 자유 무역적인 외양을 지닌 제도를 받아들이게 되었다. 그리고 곧이어 체결된 미국, 프랑스 등 다른 열강과의 조약을 통해 중국은 더욱 개방되어 갔다.

그림 14-8은 영국 동인도 회사가 보유한 부채에 대한 이자로 매년 지불한 금액과 아편 무역으로부터 얻은 수익을 비교해서 보여 준다. 아편 전쟁 이전에는 대체로 전자가 후자보다 많았으나, 아편

그림 14-6

치명적 유혹 아편의 원료인 양귀비. 꼬투리에 상처를 내어 채취한 우윳빛 액체를 건조시키면 아편이 된다.

아편 전쟁: 1839-1842년에 영국과 중국 간에 발발한 전쟁으로, 영국이 자국의 이익 보호를 명분으로 출병하여 승리하였다. 1856-1860년에는 양국 간에 재차 무력 충돌이 있었는데, 이를 2차 아편 전쟁이라고 부르기도 한다.

그림 14-7

아편 제조 과정 둥근 모양의 아편 덩어리를 잘라 무게를 다는 장면이다.

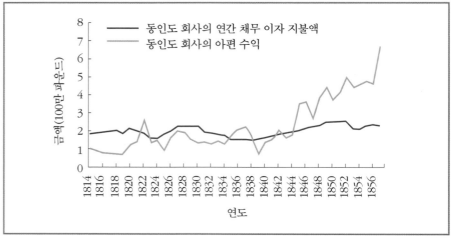

그림 14-8 동인도 회사의 이자 지불액과 아편 수익, 1814-1857년

자료: 퍼거슨(2004), 238쪽.

전쟁을 계기로 추세가 역전되어 후자가 전자를 압도하는 양상이 발생하였다. 두 금액의 격차는 시간이 흐를수록 증가하였다.

난징 조약에도 불구하고 중국이 영국 상인들의 무역 활동을 개항장 내로 묶어 두고 내륙 지역에는 출입을 금하였으므로, 영국의 중국 시장 잠식은 제한적이었다. 이에 영국은 프랑스를 끌어들여 1856-1860년에 2차 아편 전쟁을 벌이고, 여기에서의 승리를 발판으로 톈진 조약과 베이징 조약을 체결하였다. 10개 항구의 추가 개방, 외국인의 내지 여행권 보장, 기독교 선교 활동 허용, 서양 외교관의 베이징 상주 허용 등이 주된 내용이었다. 영국이 아편 무역을 계속 할 수 있었던 것은 물론이었다. 1870년대에 아편 무역은 최고조에 도달하였다.

그림 14-9

군사력의 차이 아편 전쟁에서 영국의 증기 전투함이 중국의 정크선에게 치명적 포격을 가하고 있다.

아편 전쟁을 둘러싼 영국과 중국의 통상 관계 변화는 외견

상 자유 무역적인 요소를 많이 포함하고 있었고, 양국 간의 무역이 실제로 크게 증가하였다. 그러나 이와 같은 **비자발적 자유 무역의 확대**는 서구 열강들 사이에서 자발적으로 전개된 자유 무역의 확대와는 성격이 전혀 다른 것이었다. 유럽의 군사적 우위가 확실해지면서, 세계 곳곳에서는 통상 교섭에 응하지 않는 국가들에 대해 유럽국이 전쟁을 벌이거나 이권을 빼앗는 사례가 점차 많아졌다.

오스만 제국의 쇠퇴

서구를 중심으로 여러 국가들이 공업화와 근대화의 길을 재촉하고 있는 시기에 이들을 제외한 세계의 다른 지역들이 이런 변화에 영향을 받지 않을 수는 없었다. 중국이 경험하였던 것과 유사하게, 서아시아 제국들도 무역의 확대와 세계 경제 네트워크의 발달 속에서 새로운 **국제적 분업 체제에 편입**될 수밖에 없었다.

오스만 제국의 사례가 이를 잘 보여 준다. 18세기를 거치면서 제조업 분야의 국제 경쟁력이 약화되면서 점차 곡물, 담배, 양모, 면화 등 식량과 원료를 생산하여 수출하는 형태로 제국의 산업 구조가 변화하였다. 아메리카에서 노예 무역에 기초하여 생산이 이루어짐에 따라 설탕, 염료, 커피 등이 저렴하게 수입되자, 이들을 생산하는 오스만 제국 내의 지역들이 경제적으로 타격을 입었다. 대외 무역은 외국인과 오스만의 비(非)무슬림이 주도하였고, 오스만 무슬림의 입지는 지속적으로 좁아졌다.

18세기에는 또한 **제국의 통제력이 약화**되어 알제리와 이집트가 실질적인 독립 상태를 맞이하였다. 또한 러시아와 합스부르크 국가들이 북쪽과 서쪽에서 세력을 확장함에 따라 국경이 축소되는 상황이 발생하였다. 이에 따라 흑해 서안과 발칸반도에서는 오스만 제국으로부터 독립을 추구하는 움직임이 확산되었다. 한편, 18세기 말부터 강제로 추방된 대규모의 무슬림 난민이 발생하였고, 이들이 축소된 오스만 제국 내부로 밀려들어 왔다. 1780년 대에서 제1차 세계 대전 발발 직전까지 무려 500만 명 내지 700만 명에 이르는 무슬림 난민이 발생하였던 것으로 추정된다.

19세기에도 오스만 제국의 **상대적 쇠퇴가 계속**되었다. 19세기 초부터 서구식 근대화를 추진하기도 하였지만 기득권을 가진 예니체리의 반발 때문에 실효를 거두지 못하였다. 1826년에는 예니체리를 해체하는 개혁 정책을 실시하였지만, 곧이어 러시아 및 그리스와 전쟁을 수행하는 데 주력해야만 하였다. 또한 러시아의 남하에 대항하기 위해 오스만 제국에 대한 간섭을 강화한 영국은 1838년 영국-오스만 통상 조약을 맺어 영국 제조업품의 관세 인하를 관철하였다. 오스만 제국의 국제적 위상은 지속적으로 추락하였고, 위축된 경제는 재도약의 기회를 잡지 못하였다. 1840-1914년에 세계의 무역이 64배 증가한 데 비해 오스만 제국의 무역은 10배 내지 16배 증가하는 데 그쳤다. 한편, 이 시기에 오스만 제국의 지중해 지역 항구들은 세계 시민적이고 다언어적인 속성을 강하게 띤 고유의 레반트식 문화를 형성하였다. 오스만 경제가 세계 경제 네트워크에 통합되면서 상대적으로 쇠퇴한 양상을 보여 주는 사례였다. 동아시아에서 청나라가 아편 전쟁의 과정에서 경험하였던 것과 마찬가지로, 자생적 근대화를 일찍 수행하지 못한 오스만 제국도 험난한 시대를 맞이해야만 하였던 것이다.

각국의 통화 제도

19세기 중반에 이르기까지 세계의 여러 국가들은 다양한 통화 본위 제도를 채택하고 있었다. 어떤 국가는 금과 은 가운데 하나를 기본 통화로 삼는 단본위제(單本位制)를 도입하였고, 어떤 국가는 금과 은을 동시에 기본 통화로 삼는 복본위제(複本位制)를 채택하였다. 본위제하에서는 은행에 보관된 금은의 가치만큼만 화폐를 발행할 수 있고, 화폐를 소지한 사람은 은행에 대해 언제든지 화폐를 등가의 금·은으로 교환 - 이를 태환(兌換)이라고 한다 - 해 달라고 요구할 수 있다. 본위제를 채택하는 국가들이 모두 이 원칙을 따르기 때문에, 국가 간에 이 귀금속들의 가격 차이가 작고 거래 비용이 제한적이라면 국가 간에는 실질적으로 고정 환율제가 성립하게 된다.

1800년대 초를 기준으로 보면 **금 본위제**를 채택하고 있는 국가는 **영국**뿐이었다. 금화는 은화와 비교할 때 거래액에 비해 무게가 가벼워 사용이 편리하였다. 거래 규모가 커질수록 금화를 사용하는 것이 유리하였다. 은화보다 금화가 위조하기 더 어렵다는 점도 금화의 장점이었다. 영국은 나폴레옹전쟁 시기에 일시적으로 금 본위제를 중단하였으나, 전쟁이 끝나고 나서 금 본위제의 확립을 법제화하였다.

프랑스와 미국은 금과 은을 함께 사용하는 **복본위제**를 채택하고 있었다. 복본위제는 두 귀금속을 함께 사용하기 때문에 충분한 양의 화폐를 발행할 수 있다는 장점이 있었다. 그러나 두 귀금속의 상대 가격이 금과 은의 수요·공급 상황에 따라 가변적이라는 점이 문제였다. 주조 시의 가치 비율이 금·은 시장에서의 가치 비율과 괴리가 발생하는 경우, 상대적으로 가치가 낮아진 화폐가 거래에 쓰이고 상대적으로 가치가 높아진 화폐는 퇴장되는 현상이 발생하게 된다. 악화(惡貨)가 양화(良貨)를 구축(驅逐)하는 이른바 그레셤의 법칙(Gresham's Law)이 작동하는 것이다. 19세기 중반까지 프랑스는 줄곧 복본위제를 유지하였는데, 시간이 지나면서 국내에서 가치가 상대적으로 낮아진 금을 집중적으로 사용하는 경향을 보였다. 프랑스와 주변국인 **벨기에, 스위스, 이탈리아**는 복본위제를 안정적으로 유지하기 위해서 1865년에 라틴 통화 동맹(Latin Monetary Union)을 결성하였다. 미국도 복본위제를 채택하고 있었는데, 1830년대까지는 은 본위제에 가까운 모습이었다가 1850년의 골드러시로 인해 금의 공급이 많아지면서 점차 금 본위제에 가까운 방식으로 운영되었다.

그 밖의 국가들 중에는 **은 본위제**를 채택한 경우가 많았다. 은의 공급량이 많았던 **독일과 네덜란드, 스칸디나비아** 국가들이 이에 해당하였다. 동양의 **중국과 일본**도 은 본위제를 유지하고 있었다.

그레셤의 법칙: 소재의 가치가 상이한 화폐가 같은 액면가로 통용될 경우 소재의 가치가 낮은 화폐만이 유통되는 현상.

라틴 통화 동맹: 금과 은을 함께 사용하는 복본위제에 안정성을 부여하기 위해 1865년 창설된 동맹체. 초기 가입국 외에 스페인, 그리스, 오스트리아-헝가리 제국 등이 뒤이어 구성원이 되었다.

제2절 기술 혁신과 세계의 축소

과학과 기술의 발달

19세기 중반 이래 여러 학문 분야의 발달이 이루어졌다. 일부 분야에서

그림 14-11

발명왕이자 기업가 에디슨 에디슨은 각종 전기 기구를 발명하였을 뿐만 아니라 전력 공급의 전 과정을 현실화하는 데 크게 기여하였다.

는 이전 학문으로부터 혁명적 변화가 발생하였다. 다윈의 진화론과 프로이트의 정신 분석 이론이 이런 변화를 대표하였다. 과학과 기술 분야에서도 괄목할 만한 발전이 이루어졌다. 모스가 1830년대에 개발한 **전신**은 통신 분야의 새 장을 열었다. **전기** 분야에서는 패러데이의 전자기 유도 법칙을 시작으로 맥스웰 등에 의해 큰 진전을 이루었다. 에디슨은 실생활에서 전기가 널리 사용될 수 있도록 발전에서 송전과 배전에 이르는 전 과정의 혁신을 이끌어 냈고, 전구, 축음기, 영사기 등 다양한 전기 제품을 발명하였다. **화학** 분야에서는 퍼킨의 합성염료 개발이 혁신을 선도하였다. 그는 말라리아 치료제인 퀴닌의 합성법을 연구하는 과정에서 모베인이라는 합성염료를 발견하여 이 분야에서 새로운 장을 열었다. **생물학**에서도 두드러진 발전이 많이 있었다. 멘델의 유전 법칙이 다윈의 진화론을 한 걸음 더 진전시켰고, 코흐와 파스퇴르 등의 생물학자들이 각종 질병의 병원균을 분리해 내고 의학적 대응 방법을 찾아냈다. 19세기 말에는 중요한 **물리학** 연구가 막스 플랑크, 아인슈타인 등에 의해 진행되었다. 그 밖에도 현실에서 사용될 수 있는 다양한 기술 진보가 발생하였다.

그림 14-12

질병에 대한 연구 독일의 생물학자 코흐 (R. Koch)가 아프리카에서 수면병을 야기하는 체체파리에 대해 연구하는 모습.

사진기, 전화기, 자동차, 무선 전신, 비행기 등이 여기에 해당하였다. 이들 중 일부는 곧바로 상용화가 되어 세계를 변화시켰고, 다른 일부는 20세기에 들어서면서 본격적으로 대중화되었다.

표 14-2는 1830년대부터 1900년대에 이르는 시기에 진행된 과학과 기술의 대표적 혁신과 진보를 정리하여 보여 준다. 이런 과학 기술의 진보는 표에

표 14-2	1830-1910년대의 주요 과학 기술 진보

연도	과학 기술의 진보
1830년대	패러데이(M. Faraday)의 전자기 유도 법칙, 모스(S. Morse)의 전신, 다게르(L. Daguerre)의 사진
1840년대	모튼(W. Morton)의 마취술
1850년대	퍼킨(W. Perkin)의 합성염료, 다윈(C. Darwin)의 진화론
1860년대	맥스웰(J. C. Maxwell)의 전자기학, 리스터(J. Lister)의 소독법, 지멘스(W. Siemens)의 다이너모, 멘델(G. Mendel)의 유전 법칙
1870년대	벨(A. G. Bell)의 전화, 에디슨(T. Edison)의 전등
1880년대	코흐(R. Koch)의 결핵균 발견, 파스퇴르(L. Pasteur)의 광견병 퇴치, 헤르츠(H. Hertz)의 전파, 다임러(G. Daimler)와 벤츠(C. Benz)의 자동차
1890년대	뤼미에르(A. and L. Lumiére)의 영화, 마르코니(G. Marconi)의 무선 전신, 톰슨(J. Thompson)의 전자
1900년대	막스 플랑크(Max Planck)의 양자 이론, 라이트(W. and O. Wright) 형제의 비행기, 아인슈타인(A. Einstein)의 상대성 이론

언급되지 않은 다른 수많은 혁신과 상호 작용하면서 세계 경제와 인류의 생활 방식에 엄청난 영향을 끼쳤다.

기술의 무역 증진 효과

기술 진보는 다양한 경로를 통해 **무역에 영향**을 미쳤다. 우선 **생산 방식의 변화**를 통해 무역의 규모와 방향을 변화시켰다. 기계화된 공장의 설립과 동력 사용의 증가, 새로운 공업 원료의 개발과 사용, 플랜테이션 경영의 확산 등이 모두 이런 변화를 가져왔다. 또한 기술 진보는 **생산의 중심지를 이동시키는** 역할을 함으로써 무역에 영향을 주었다. 철강 공업의 중심지가 영국에서 독일로 이동한 것이나, 일본이 직물 공업의 새로운 중심지로 떠오른 것이 대표적인 사례이다. 이 시기에는 농업 부문에서도 생산지의 이동이 두드러지게 나타났다. 커피가 아시아를 벗어나 남아메리카로 재배지를 확대해 간 것, 브라질에서 자라던 고무나무를 1877년에 말레이반도에 이식하고 다시 동남아시아 여러 지역으로 확산시킨 것 등을 사례로 들 수 있다.

기술 진보는 무역을 촉진하였는가, 아니면 감소시켰는가? 이론적으로는 둘 다 가능성이 있다. 기술 진보로 신제품이 개발되면 새로 무역이 발생하는 것이 당연하다. 그렇지만 기술 진보가 기존 제품의 생산비를 낮추는 결과를 낳으면, 기존 제품이 수출품인 경우 무역이 증가하겠지만, 기존 제품이 수입품인 경우 수입 대체 효과를 거두어 무역을 줄일 수도 있다. 실증적으로 보면, 19세기 중반 이래 기술 진보의 종합적 영향은 **무역을 촉진**하는 방향으로 작용하였던 것으로 보인다.

마찬가지로, 기술이 한 곳에서 다른 곳으로 전파되면 무역이 촉진될 수도 있고, 감소될 수도 있다. 영국의 직물 기계 생산 기술이 프랑스와 미국 등 후발국으로 전파되어 영국산 직물의 수출이 감소한 사례에서 보듯이 기술 전파가 무역의 감소를 야기할 수 있다. 그렇지만 기술 전파의 효과는 보통 해당 기술의 일회적 이전에 국한되지 않고, 도입국의 기술 혁신 능력 자체가 향상되는 결과를 가져온다. 따라서 기술 전파의 전반적 효과는 무역을 축소시키기보다 무역을 확대시키는 방향으로 작용하는 경향이 강하였다.

교통의 혁신

가장 전통적인 교통 수단인 **도로**가 이 시기에 크게 개선되었다. 민자(民資) 도로인 턴파이크(turnpike)가 곳곳에 건설됨으로써 과거에 중앙 정부 또는 지방 정부의 손길이 미치지 못해 방치되었던 육상 교통로가 많이 개선되었다. 또 새로운 도로 포장법이 개발되면서 도로의 질이 눈에 띄게 향상되었다. 이에 따라 사람과 물자, 그리고 우편물의 수송이 안전해지고 빨라졌다. 그러나 육로는 화물의 대량 운송에 사용하기에는 경제성이 부족하였다. 육로에 비해 운송비를 절반 이하로 절감할 수 있는 수로를 활용하는 것이 바람직하였는데, **운하**의 건설로 수로의 연결성이 개선되면서 수상 교통의 경제적 가치는 더욱 높아졌다.

본격적인 교통 수단의 혁신은 증기를 동력으로 이용하는 방법이 확산되면서 이루어졌다. **철도**는 상품 시장을 확대하고, 노동의 이동성을 높이고, 천연자원의 이동과 수출을 촉진하였다. 독일이나 이탈리아와 같이 정치적 통일이 지체된 국가에서는 경제적 통합을 앞당기는 역할을 하였다. 또한 미국에서 1869년에 처음 완공된 대륙 횡단 철도는 광대한 영토를 보유한 국가들에게 일종의 표준을 제공하였다. 캐나다에서는 1885년에, 러시아에서는

표 14-3 국가별 철도 부설 길이

(단위: km)

국가	1850년	1870년	1890년	1910년
영국	10,600	24,900	32,100	37,400
프랑스	2,700	17,800	36,700	49,000
독일	5,800	18,800	40,700	57,800
이탈리아	400	6,100	13,000	16,900
오스트리아–헝가리	1,500	9,500	26,400	42,200
러시아(유럽 부분)	500	11,400	28,900	56,000
미국	14,400	84,700	186,700	399,800
캐나다	100	4,200	21,400	42,300
멕시코	–	300	9,700	24,600
아르헨티나	–	1,000	8,700	27,800
오스트레일리아	–	1,500	15,200	27,900
인도	–	7,600	26,200	51,400
중국	–	–	100	8,100
일본	–	–	1,800	8,200

자료: Hurd(1975), 278쪽에서 계산.

1903년에 횡단 열차가 개통되었으며, 미국 내에도 추가적인 장거리 노선이 계속 건설됨으로써, 대규모의 시장을 창출하고 인력과 천연자원을 공급하는 데 획기적으로 기여하였다. 오스트레일리아, 브라질, 인도 등에서는 플랜테이션, 광산 등 생산지를 항구와 연결함으로써 농산물과 광산물의 수출 증대를 가져왔다. 지구상의 많은 지역에서 철도 부설이 식민지 지배의 중요한 수단이 되기도 하였다.

표 14-3은 세계 여러 국가들에서 이 시기에 얼마나 철도가 부설되었는가를 보여 준다. 1850년에 영국은 미국을 제외하고는 가장 철도가 많이 깔린 국가였지만, 1890년이 되면 후발 공업국인 독일과 프랑스에 뒤처지게 되었다. 1910년도에는 러시아, 오스트리아–헝가리, 그리고 캐나다도 영국보다 긴 철도를 보유하게 된다. 미국은 철도 연장에서 줄곧 선두를 차지한 것은 물론이고, 절대량과 성장률에서도 두드러진 양상을 보였다. 1910년에 무려 40만km에 육박하는 철도가 미국 각지를 동서 및 남북으로 연결하였다. 인도, 아르헨티나, 오스트레일리아 등지에서도 19세기 후반에 철도가 활발하게 부설되었으며, 뒤를 이어 일본과 중국도 새로운 철도 부설국으로 이름을 올렸다.

그림 14-13

대양 항해선 클리퍼(clipper) 증기선의 도입이 범선을 즉각 퇴출시킨 것은 아니었다. 많은 수의 대형 돛을 설치한 클리퍼는 19세기 후반에도 차와 양모를 나르기 위해 대양을 오고갔다.

해상 운송에서도 증기 기관이 역사를 바꾸었다. 19세기를 지나면서 해상 운임이 큰 폭으로 감소하였다. 이를 두 국면으로 구분해 보자. 첫 번째 국면은 나폴레옹 전쟁이 종료한 1815년부터 1850년까지의 시기로서, 범선 설계의 개선, 화물 선적 방법의 개량, 항만 시설의 확충, 항해 지식의 증가 등이 운임 감소를 이끌었다. 즉, 증기선이 19세기 전반에 등장하였지만 곧바로 전통적인 범선으로부터 원양 항해의 주도권을 빼앗은 것은 아니었다. 증기선은 항해 거리가 상대적으로 짧았을 뿐만 아니라 속도도 느린 편이었다. 이와 경쟁하는 범선은 과거보다 더 많은 수의 돛을 장착하고 더 많은 양의 화물을 선적하는 방법을 개발함으로써 끈질긴 생명력을 보여 주었다. 해상 운임 감소의 두 번째 국면은 주로 1870년대부터 1900년대에 이르는 시기로서, 증기선이 드디어 본격적인 경쟁력을 보인 기간이었다. 범선과의 완강한 경쟁을 마감하고 드디어 증기선이 해상 운송의 주역으로 등장한 시기였다.

그림 14-14

수에즈 운하의 개통 1869년 수에즈 운하가 개통됨으로써 국제 운송비가 크게 낮아졌다.

1차 세계화 시대에 향상된 선박의 도입보다 장거리 운송비를 더 절감시킨 주역은 대규모 **사회 간접 자본의 확충**, 특히 1869년에 개통한 **수에즈 운하**와 1914년에 개통한 **파나마 운하**였다. 수에즈 운하가 지중해와 홍해를 연결한 시점까지 범선에 비해 경쟁에서 불리하였던 증기선은 역전의 전기를 마련하였다. 수에즈 운하를 통과하여 운항하는 데 증기선이 유리하다는 점이 부각되면서 증기선의 경제성에 대한 재평가가 이루어지게 되었던 것이다. 생시몽주의의 영향을 받은 프랑스 관료들이 주

쥘 베른의 『80일간의 세계 일주』

　　모험 소설의 대가인 쥘 베른이 1873년에 출간한 이 소설은 영국 신사 필리어스 포그와 프랑스 하인 파스파르투의 모험을 내용으로 한다. 당시에 신문에 연재되어 대단한 인기를 누렸던 소설인데, 여기에 세계 일주를 둘러싸고 내기가 이루어지는 부분을 소개한다.

　　"승산은 도둑한테 있다고 생각합니다. 아마도 산전수전 다 겪은 자일 게 분명하니까요." 스튜어트가 말하였다.

　　"천만에!" 랠프가 대꾸하였다. "녀석이 숨을 수 있는 나라는 하나도 없어."

　　"글쎄, 그럴까요?"

　　"그럼 자네는 녀석이 어디로 도망칠 수 있다고 생각하나?"

　　"그건 모르지요. 하지만 어쨌거나 세상은 넓으니까 말입니다."

　　"옛날엔 그랬지요." 필리어스 포그가 나직한 목소리로 말하였다.

　　…

　　"옛날엔 그랬다는 게 무슨 뜻이오? 지구가 갑자기 작아지기라도 하였단 말인가요?"

　　"물론이지." 랠프가 대답하였다. "나도 포그 씨와 같은 생각일세. 지금은 백 년 전보다 열 배나 빠른 속도로 지구를 돌 수 있으니까, 지구가 그만큼 작아진 셈이지. 그러니까 우리가 지금 논의하고 있는 사건에서도 그만큼 범인을 더 빨리 찾을 수 있을 걸세."

　　"하지만 도둑도 달아나기가 그만큼 쉬워지겠죠!"

　　…

　　"지구가 작아졌다는 말은 아무래도 이상해요. 비록 지금은 석 달 안에 지구를 한 바퀴 돌 수 있다 해도 …"

　　"80일이면 족해요." 포그가 끼어들었다.

　　"실제로 그럴 거야." 설리번이 포그의 말을 뒷받침하였다. "로탈에서 알라하바드까지 '인도 반도 철도'가 개통된 뒤로는 80일이면 충분. 여기에 『모닝 크로니클』지가 세운 계산이 나와 있는데, 읽어 볼까.

　　　런던에서 수에즈까지, 몽스니와 브린디시를 경유하여, 철도와 기선으로 …… 7일

　　　수에즈에서 뭄바이까지, 기선으로 …… 13일

　　　뭄바이에서 캘커타까지, 철도로 …… 3일

　　　캘커타에서 홍콩까지, 기선으로 …… 13일

　　　홍콩에서 요코하마까지, 기선으로 …… 6일

　　　요코하마에서 샌프란시스코까지, 기선으로 …… 22일

　　　샌프란시스코에서 뉴욕까지, 철도로 …… 7일

　　　뉴욕에서 런던까지, 기선과 철도로 …… 9일

　　　모두 합하여 80일.

자료: 베른(2003), 27-28쪽.

그림 14-15

파나마 운하의 건설 파나마 운하는 산자락을 깎고 거대한 갑문을 설치하는 대공사였다. 사진은 갑문을 건설하는 모습.

축이 되어 진행된 이 대규모 토목 사업을 통해 유럽에서 아시아에 이르는 항해의 시간과 비용이 엄청나게 줄어들었다. 중국에서 유럽에 이르는 운항 시간이 증기선의 경우 이전의 절반으로 축소된 반면에, 범선은 여전히 아프리카 남단을 돌아 운행해야만 하였으므로 경쟁력을 상실할 수밖에 없었다.

수에즈 운하에 비해 파나마 운하는 건설하는 데 훨씬 큰 어려움이 존재하였다. 산악 지형이 운하의 건설에 큰 걸림돌이었고, 모기와 해충이 들끓는 환경과 노동력 부족, 자본 부족 등이 공사의 진척을 방해하였다. 1880년대에 사업을 시작한 프랑스가 난관에 봉착하자, 미국이 굴착권과 장비를 매입하여 사업을 재개하였다. 미국은 파나마를 콜롬비아로부터 독립할 수 있도록 지원하여 운하 관리권을 확보하고, 새로운 기술과 공법을 사용하여, 서인도와 유럽으로부터 수만 명의 노동 인력을 들여와 고용함으로써 마침내 공사를 마칠 수 있었다.

한편, 라이트 형제는 인류의 오랜 꿈인 공중 비행을 현실화하는 데 첫걸음을 내딛었다. 그들이 개발에 성공한 비행기는 아직 사람과 물자를 본격적으로 실어 나르는 수준까지 발달하지는 않았지만, 20세기를 거치면서 성장할 국제적 고속 운항 체제의 기초를 닦았다.

그림 14-16

비행기의 탄생 1903년에 라이트 형제가 개발한 비행기는 새로운 교통 수단의 등장을 알렸다. 그들은 유럽을 순회하며 비행 시범을 보였다. 사진은 1908년경 프랑스에서 촬영한 모습이다.

통신 혁명

통신도 교통 못지않게 눈부신 발달을 거듭하였다. 전통적인 통신 수단인 **우편**은 육상 및 해상

그림 14-17 우편량의 증가

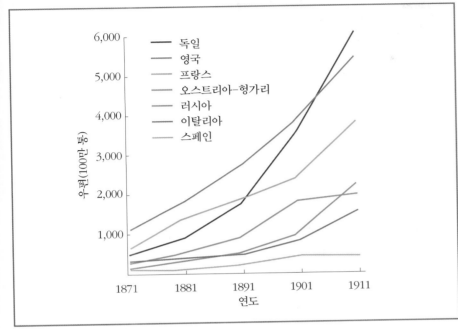

자료: Chambers et al.(1995).

교통의 발달에 힘입어 속도가 빨라졌다. 지역 간의 교역과 교류의 증대는 우편을 증가시키는 중요한 요인이었다. 교육의 개선과 관련된 문자 해독률의 향상도 우편 증가에 일조하였으며, 인구 증가도 영향을 끼쳤다. 그림 14-17은 1871-1911년 동안에 우편량이 얼마나 증가하였는가를 보여 준다. 영국은 일찍부터 우편량이 많은 국가였고, 뒤를 이어 프랑스와 독일 순이었다. 대체로 공업화의 순서와 비슷한 모습을 나타내었다. 영국이 지속적으로 높은 우편 증가율을 보였고, 프랑스와 러시아는 1890년대에 특히 높은 증가율을 기록하였다. 가장 괄목할 만한 증가세를 보인 국가는 독일이었다. 1871년에 3위에 머물렀던 독일은 1911년에 유럽에서 가장 우편량이 많은 국가의 지위를 차지하게 되었다.

　전신과 **전화**는 근대적 통신 시스템을 가능하게 만든 발명품이었다. 1830년대에 발명된 모스의 전신은 곧 국제적 부설 사업의 대상이 되었다. 1851년에 해저 케이블이 영국의 채널 해협에 놓였고, 1866년에는 대서양 양안이 해저 케이블로 연결되었다. 그러나 이 통신망은 케이블을 부설해야 한다는 기술적 한계를 안고 있었다. 이를 극복하고 무선 통신의 길을 연 것이 마르코

그림 14-18

대서양 통신망 깔기 1857년에 건조 중인 그레이트 이스턴(Great Eastern)호. 이 선박은 당시에 유럽과 아메리카를 잇는 약 4,000km의 케이블을 싣고 항해할 수 있는 유일한 배였다.

니(G. Marconi)가 1890년대에 개발한 무선 전신이었다. 그는 헤르츠(H. Hertz)가 개발한 전파 검출 기술을 바탕으로 무선 신호를 보내는 방법을 개발하였다. 마르코니의 무선 전신은 곧 영국과 프랑스를 연결하였고, 1901년에는 대서양을 건너 영국과 미국을 연결하는 실험에 성공하였다. 전화는 1870년대에 발명된 후 곧 각국에서 기업이 설립되고 전화망이 부설되었다. 1880년대가 되면 서구의 대부분 국가에서 전화가 사용되었다.

이와 같은 통신 기술의 발달은 **정보의 유통 속도**를 혁명적으로 바꿔 놓았다. 표 14-4는 지구상의 여러 곳에서 발생한 사건이 런던에 이르는 데 걸린 날짜를 정리한 것이다. 거리와 날짜로부터 정보의 이동 속도를 계산하여 가장 오른쪽 행에 기록하였다. 지역별로 정보의 이동 방식에 차이가 있기 때문

표 14-4 런던까지의 정보 전파 속도, 1798-1891년

사건	연도	거리(km)	시간(일)	속도(km/h)
나일강 전투	1798	3,317	62	2.2
인도 쿠치 지진	1819	6,589	153	1.8
난징 조약	1842	8,955	84	4.4
세포이의 항쟁	1857	6,682	46	6.1
톈진 조약	1858	8,224	82	4.2
링컨 암살	1865	5,878	13	18.8
멕시코 막스밀리언 대공 암살	1867	8,872	12	30.8
일본 미노-오와리 지진	1891	9,466	1	394.4

자료: 클라크(2009), 표 15-3에서 계산.

에 정확한 비교는 어렵지만, 19세기 중반 이후 속도가 빨라졌다는 점에는 이의를 제기하기 어렵다. 인도에서 발생한 사건에 대한 뉴스가 영국에 전해진 속도가 1819년에는 시속 1.8km이었지만 1857년에는 시속 6.1km로 증가하였다. 1860년대부터는 속도가 더욱 빨라졌고, 1890년대에는 이전과는 비교가 되지 않는 속도를 기록하였다.

그림 14-19

비운의 항해 1912년 당시 최고의 기술력을 내세운 타이타닉호의 대서양 횡단 항해 모습. 비운의 좌초를 당한 상황에서 승선자의 30%를 구출할 수 있었던 것은 무선전신의 덕택이었다.

세계적 시장 통합

교통과 통신의 발달은 지구상의 여러 지역을 단일한 경제권으로 묶는 효과를 가져왔다. 대항해 시대 이래 세계의 주요 대륙들이 무역망으로 연결되었지만, 한동안은 운송비 부담으로 인해 가격이 비싸거나 부피와 무게가 적은 상품으로 무역품이 제한되어 있었다. 산업 혁명은 철도와 증기선을 탄생시켰고, 원료와 완제품이 **대량 수송**될 수 있는 길을 열었다. 1차 세계화 시대의 전개, 특히 수에즈 운하와 파나마 운하의 건설 등 국제적 대역사(大役事)는 **장거리 운송비**를 크게 절감시켰다.

표 14-5는 1750년 이래 대양 운송비의 추이를 보여 준다. 1910년의 운송

표 14-5 대양 운송비(1910년=100)

연도	비용
1750	298
1790	376
1830	287
1870	196
1910	100
1930	107
1960	47
1990	51

자료: Crafts and Venables(2003), 329쪽.

비를 100으로 놓았을 때 1750년의 운송비는 298이었다. 이 시점부터 1830년까지는 대양 운송비를 하락시킬 만한 기술적 및 제도적 변화가 별로 없었다. 따라서 18세기 말처럼 전운이 감도는 시기에는 운송비가 상승하고 그렇지 않은 시기에는 운송비가 하락하는 가운데, 전반적인 수준에는 별다른 변화가 발생하지 않았다. 대양 운송비는 19세기 중반을 거치면서 본격적으로 하락하기 시작하였다. 1870년에는 운송비가 1830년의 2/3 수준으로 하락하였고, 다시 1910년에는 1870년의 절반 수준으로 급락하였다. 20세기에도 대양 운송비가 하락하지 않은 것은 아니지만 1세기 동안 1/2 수준에 머물렀다.

구체적으로 보면, 미국에서 유럽으로 화물을 수출하는 무역선의 운송비가 1870년에서 1910년 사이에 약 45%나 하락하였다. 인도네시아의 자바에서 암스테르담에 이르는 운송비는 1870년에서 1914년 사이에 55% 떨어졌다. 나가사키와 상하이를 잇는 석탄 화물선의 운송비는 1880년에서 1910년 사이에 76%나 낮아졌다. 대서양 무역은 물론, 아시아와 유럽을 연결하는 무역, 각 대륙 내부를 연결하는 무역에서도 모두 공통적으로 운송비가 대규모로 하락한 것이다.

대양 운송비의 하락은 지리적으로 멀리 떨어진 **시장들을 통합**시켰다. 표 14-6은 1870년경부터 1913년경까지 세계의 주요 통상로로 연결된 도시들 사이에서 품목별로 가격 격차가 얼마나 줄어들었는가를 보여 준다. 예를 들어, 1870년에 리버풀의 밀 가격은 시카고에 비해 58% 비쌌으나, 1912년이 되면 그 차이가 16%로 축소되었다. 운송비를 포함한 거래 비용을 고려한다면, 두 도시의 밀 시장은 매우 긴밀하게 통합되었다고 볼 수 있다. 통상로와 거래 품목에 따라 다소의 차이가 있지만, 이 시기에 전반적으로 전 지구적 차원에서 시장 통합이 빠르게 진행되었다는 점은 분명하였다.

1차 세계화 시대에 대륙 간의 가격 차이가 축소된 데에는 두 가지 중요

표 14-6 **지역 간 가격 격차의 축소, 1870-1913년**

시기	통상로	품목	가격 차이 변화(%)
1870-1912	리버풀-시카고	밀	58 → 16
1870-1913	런던-보스턴	양모	59 → 28
1870-1913	런던-부에노스아이레스	피혁	28 → 9
1870-1906	런던-오데사	밀	40 → 2
1873-1913	리버풀-뭄바이	면화	57 → 20
1873-1913	런던-랭군	쌀	93 → 26

자료: O'Rourke and Williamson(1999), 김관호(2003), 39쪽에서 재인용.

한 요인이 작용하였다. 첫째는 **운송비 하락**이었고, 둘째는 **관세 인하**였다. 한 추계에 따르면, 1820년부터 1914년까지 대륙 간의 상품 가격 차이의 81% 가 줄어들었는데, 이 감소분 가운데 72%는 운송비 절감으로 발생한 것이며, 나머지 28%는 관세 인하로 발생한 것이었다. 물론 관세 인하는 대부분 1880 년대 이전 자유 무역주의 환경하에서 이루어졌다.

세계적 특화의 진행

1차 세계화 시기는 전 지구적 차원에서 **생산의 특화**가 진행된 시기였다. 노동, 토지와 같은 생산 요소의 부존 조건이 다른 국가들은 자국이 비교 우위를 지닌 상품을 생산하려 한다. 그에 따라 **토지가 풍부한 국가**에서는 식량, 원료 등 토지 집약적인 상품을 주로 생산하여 수출하며, 반대로 **노동이 풍부한 국가**에서는 다양한 공산품과 같은 노동 집약적인 상품을 주로 생산하여 수출하게 된다. 토지가 풍부한 국가에서는 토지 집약적인 상품 생산이 증가함에 따라 지대가 임금보다 상대적으로 많이 증가하며, 반대로 노동이 풍부한 국가에서는 노동 집약적인 상품 생산이 증가함에 따라 임금의 상대

모형과 이론 14-1

헥셔-올린 모형과 요소 가격 균등화

헥셔-올린(Heckscher-Ohlin) 모형은 리카도의 비교 우위론을 부존 생산 요소의 차이를 가지고 설명하였다. 두 나라가 두 생산 요소를 사용하여 두 재화를 생산하는데, 두 나라의 생산 요소 부존 조건이 상이하다고 가정한다. 생산 요소가 국가 간에 이동하지 않는다고 가정할 때, 두 나라가 자유 무역을 하면 어떤 결과가 발생할까? 각국은 상대적으로 풍부한 생산 요소를 집약적으로 사용하는 재화에 비교 우위를 가지므로, 이 재화의 생산에 특화하여 수출을 하고 다른 재화를 수입하게 된다. 예를 들어, 어떤 국가가 자본이 상대적으로 풍부하면, 이 국가는 자본을 집약적으로 사용하여 생산하는 재화에 비교 우위가 있게 되어, 그 재화를 수출하게 된다. 반대로, 희소한 자원 요소를 집약적으로 사용하는 재화는 비교 열위에 놓이므로, 생산을 포기하고 수입을 하게 되는 것이다.

부존 조건이 유리한 생산 요소를 많이 사용하여 생산을 하게 되면 그 생산 요소에 대한 수요가 증가함에 따라 가격이 상승할 것이다. 자유 무역은 생산 요소의 가격이 균등해질 때까지 계속해서 이루어질 것이다. 즉, 국가 간에 생산 요소의 이동이 없다고 하더라도 재화의 자유 무역이 이루어진다면, 교역 당사국의 생산 요소 가격은 균등해진다.

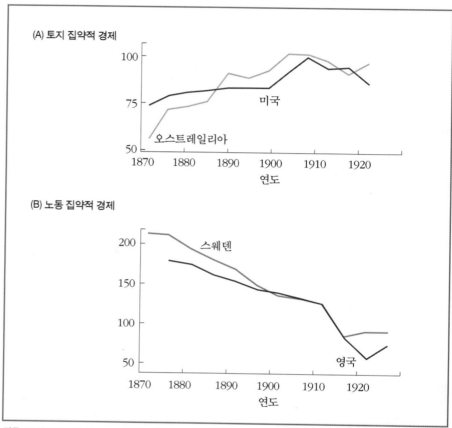

그림 14-20 생산 요소 상대 가격(지대/임금)의 변화

자료: Lindert and Williamson(2003), 237쪽.

적 증가율이 더 높게 된다. 이것이 경제학 이론이 예상하는 바이다.

실제 **생산 요소의 상대 가격**은 어떻게 변화하였을까? 그림 14-20은 지대
와 임금의 상대 가격이 1870년대부터 1920년대까지 어떻게 변하였는가를 보
여 준다. 그림 (A)에는 토지가 풍부한 미국과 오스트레일리아가 표시되어 있
다. 두 국가 모두 1차 세계화 시기에 지대/임금 비율이 상승하였음을 알 수
있다. 그림 (B)에는 노동이 풍부한 국가인 영국과 스웨덴이 표시되어 있는
데, 이 국가들에서는 같은 기간에 지대/임금의 비율이 하락하였다. 경제학
적 이론의 설명과 일치된 결과를 보여 주는 것이다. 이와 같은 추세는 세계
곳곳에서 목격되었다. 예를 들어, 토지에 비해 광대한 영토를 보유한 국가
들, 즉 캐나다, 아르헨티나, 미얀마 등은 그림 (A)와 유사한 양상을 보였고,

반대로 아일랜드, 일본, 대만 등 주로 구세계에 위치한 인구 밀도가 높은 국가들은 그림 (B)와 유사한 양상을 나타내었다.

이러한 결과는 **소득 분배**에 대해서 중요한 함의를 갖는다. 이 시기에 이루어진 국제적 분업은 상대적으로 토지가 풍부한 국가들의 지대를 상승시킨 반면, 노동이 풍부한 국가들의 임금을 상승시켰다. 이러한 요소 가격의 균등화 경향은 소득 분포에 대해 국가별로 상이한 결과를 야기하였다. 토지는 상대적으로 소수의 지주가 소유하였으므로, 토지가 풍부한 국가에서는 계층 간 불균등이 심해졌다. 반면에, 노동이 풍부한 국가는 임금의 증가를 통해 다수인 노동자 계층의 생활 수준이 개선되어 계층 간 불균등이 축소되는 결과를 낳았다.

하지만 모든 국가가 이런 양상을 보이지는 않았다. 예를 들어, 1880년경부터 보호 무역주의를 적극적으로 택한 국가의 경우 결과는 다르게 나타났다. 생산 요소의 국제적 이동이 대규모로 이루어진 경우에도 예상된 결과와 다른 모습이 나타날 수 있다. 두 경우 모두 경제학적 이론이 전제하고 있는 가정 – 자유로운 교역과 생산 요소의 고정성 – 이 충족되지 않았기 때문에 나타난 현상이었다.

제3절 노동의 세계적 이동

대륙별 인구 변화

19세기를 거치면서 세계 인구는 전례없는 증가세를 기록하였다. 표 14-7에 지역별로 인구의 절대 수 및 세계의 전체 인구에서 차지하는 비율이 표시되어 있다. 1800년에 9억 명이었던 세계 인구는 1900년이 되면 16억 명에 이르게 되었다. 아시아의 인구가 압도적으로 커서 같은 기간에 6억 명에 조금 못 미치던 인구가 9억 명을 상회하는 규모로 커졌다. 그렇지만 세계 인구에서 차지하는 비중은 66%에서 57%로 감소하였다. 같은 기간에 아프리카도 인구의 절대 규모는 증가하였지만 세계 인구에서 차지하는 비율은 감소하였다. 이 기간에 인구가 가장 빠르게 증가한 지역은 북아메리카였다. 600만

| 표 14-7 | 지역별 인구 변화, 1800–1900년 |

지역	인구(100만 명)		비율(%)	
	1800년	1900년	1800년	1900년
아프리카	90	120	9.9	7.5
북아메리카	6	81	0.7	5.0
라틴 아메리카	19	63	2.1	3.9
아시아(러시아 제외)	597	915	65.9	56.9
유럽(러시아 제외)	192	423	21.2	26.3
오세아니아	2	6	0.2	0.4
합계	906	1,608	100.0	100.0

자료: Carr-Saunders(1936), 30–45쪽.

명(0.7%)의 인구가 8,100만 명(5.0%)으로 13배 이상 급증하였다. 오세아니아, 남아메리카, 유럽도 세계 인구에서 차지하는 비중이 높아졌다.

　지역별로 인구가 증가한 요인에 차이가 있었다. 아시아와 유럽 및 아프리카 등 구대륙에서는 인구의 **자연 증가**가 중요하였던 데 비해, 북아메리카, 라틴 아메리카, 오세아니아 등 신세계에서는 구세계로부터 유입된 **이민**의 기여가 매우 컸다. 한편, 구세계에서는 인구의 일부가 해외로 빠져나갔기 때문에 그렇지 않았을 경우보다 더 큰 자연 증가가 발생한 셈이었다.

　구세계, 특히 유럽과 일부 아시아 지역에서 인구의 자연 증가가 많았던 데에는 **인구 변천**(demographic transition)에 들어선 국가가 늘어난 점이 중요하게 작용하였다. 인구 변천은 출생률과 사망률이 모두 높은 다산다사(多産多死) 구조에서 출생률과 사망률이 모두 낮은 소산소사(少産少死) 구조로 변화하는 과정을 말한다. 인구 변천은 처음 상태에서 사망률이 감소하기 시작하는 현상으로 출발한다. 사망률 감소를 이끄는 요인으로는 공중 보건의 향상, 의료 지식의 확산, 의료 서비스의 개선, 영양 상태의 호전 등이 있는데, 공업화에 앞선 국가들에서 이런 변화가 발생한 것이 19세기 중반 및 후반이었다. 표 14-8에서 알 수 있듯이, 유럽의 후발 공업국들은 대부분 1차 세계화 시대에 인구 변천을 막 시작하였거나 진행의 초기 단계에 있었다. 사망률이 하락하는데 출생률의 하락은 본격적으로 시작되지 않은 이 기간에 인구가 급속히 증가하게 된 것이다.

　그림 14-21은 유럽 전체의 인구 변천을 보여 준다. 출생률에 비해 사망률이 먼저 하락하기 시작하였고, 출생률과 사망률의 차이, 즉 인구 증가율이

인구 변천: 근대화 과정 속에서 인구가 특정한 유형으로 변동한다는 것. 사망률이 먼저 하락하고 출생률이 나중에 하락하는 형태가 일반적인데, 중간 단계에서 사망률은 낮아졌으나 출생률은 아직 낮아지지 않아 인구가 급증하는 국면이 발생한다.

표 14-8 인구 변천의 국가별 시기

국가	인구 변천 기간	지속 연수
프랑스	1785-1970	185
독일	1876-1965	90
이탈리아	1876-1965	90
소련	1896-1965	70
타이완	1920-1990	70
멕시코	1920-2000	80
중국	1930-2000	70

자료: Chesnais(1986), 294, 301쪽, 리비-바치(2009), 164쪽에서 재인용.

그림 14-21 유럽의 인구 변천, 1750-2000년

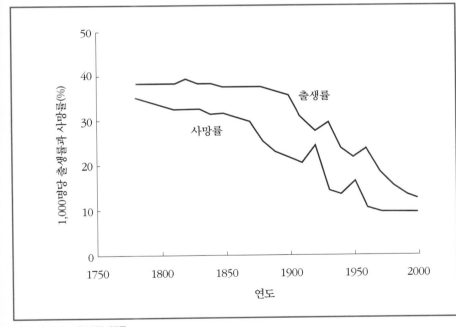

자료: Malanima(2009), 37쪽.

인구 변천의 중간기에 가장 높았음을 그래프는 잘 보여 준다.

> **모형과 이론 14-2**
>
> ### 인구 변천 모형
>
> 전형적인 인구 변천은 아래 그림과 같은 과정으로 진행된다. 출생률과 사망률이 모두 높은 1단계에서 인구 증가율은 낮게 유지된다. 사망률이 하락하는 반면에 출생률은 본격적으로 하락하지 않는 2단계에서는 인구 증가가 빠르게 전개된다. 3단계에서는 사망률 감소의 속도는 줄지만 출생률은 빠르게 감소하는 시기로 역시 인구가 가파르게 증가한다. 마지막으로 출생률과 사망률이 모두 낮아지는 4단계에 도달하면 인구 변천의 과정은 끝이 나고 인구 증가율은 다시 낮게 유지된다.
>
>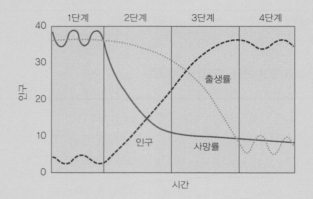
>
> 이 모형에 비추어 보자면, 1차 세계화 시대에 유럽 후발 공업국들에서 인구의 자연 증가율이 높았던 시기는 인구 변천 과정의 2단계에 해당한다고 볼 수 있다. 20세기를 거치면서 공업화를 진행한 아시아와 남아메리카의 여러 국가들은 대개 20세기 초에 인구 변천을 시작하여 20세기 말에 끝을 맺었다. 현재의 개발 도상국들 중에는 아직까지 인구 변천을 경험하고 있는 국가가 많다.

이민의 발생 요인

인구 증가는 이민과 밀접한 관련성을 지녔다. 우선 **경제적인 요인**을 살펴보기 위하여, 농촌 지역에서 인구가 증가하는 상황을 생각해 보자. 인구가 증가하면 우선 임금(또는 소득)이 하락한다. 따라서 임금이 높은 지역, 즉 인구가 부족한 지역을 찾아 이동하는 것이 경제적으로 유리하다. 또 인구 증가는 토지/노동의 비율을 낮추게 되는데, 토지가 상대적으로 희소해지기 때문에 인구는 토지가 넉넉한 지역, 혹은 토지 이외의 고용 기회를 찾을 수 있는 지역으로 이동하게 된다. 이에 따라 농촌을 떠나 해외 및 도시로의 인구 이동이 발생하는 것이다. 더 나아가 토지가 희소해지면 토지에서 경작되는 농산물 가격이 상승하게 된다. 그러면 해외로부터 상대적으로 값이 싼 농산물 수입이 증가하게 되어 농촌 부문의 소득이 감소하게 된다. 이것이 다시 농민의 이출을 자극하게 된다. 농촌에서와 마찬가지로 도시의 노동자들도 인구가 증가하면 이민 압력이 커진다. 노동의 증가는 임금 하락이나 실업을 야기하게 되므로 임금이 높고 고용 기회가 많은 지역으로 이동을 압박한다. 또한 자본이 풍부한 지역을 찾아 이주하는 현상도 발생한다. 이 같은 원리에 따라 구세계에서 발생한 인구의 자연 증가는 해외로의 인구 배출 압력이라는 **공급 요인**으로 작용하였고, 신세계의 유리한 고용 조건은 **수요 요인**으로서 이들의 이동을 자극하였던 것이다.

비경제적인 요인도 이민에 영향을 끼친다. 가족 상황, 박해, 교통과 통신

모형과 이론 14-3

이민의 결정 요인

이민을 결정하는 요인은 크게 경제적인 것과 비경제적인 것으로 나눌 수 있다. 다른 방식으로는 수요 측의 흡인 요인과 공급 측의 배출 요인, 그리고 네트워크 등 수요와 공급을 연결하는 환경과 관련된 요인으로 구분할 수 있다. 다음 표는 이 요인들을 구분해 놓고 있다.

이민의 결정 요인

속성	흡인(수요)	배출(공급)	네트워크 및 기타
경제적	고용 기회	실업, 저고용, 저임금(저소득)	고용과 임금 정보의 흐름
비경제적	가족 결합	전쟁, 박해(종교적, 정치적)	통신, 교통, 원조 기구, 모험심

자료: Martin, Abella and Kuptsch(2006), 7쪽에서 작성.

흡인 요인 중에서 가장 중요한 경제적 요인은 이민자 도착지에서 제공하는 고용 기회이다. 비경제적 흡인 요인으로는 가족 결합, 즉 혼인이나 기혼 이산가족의 합류가 가장 중요한 것으로 꼽힌다. 배출 요인 중 경제적 성격이 강한 것으로는 이민자 송출지의 실업이나 저고용, 그리고 저임금 등이 있다. 비경제적인 배출 요인으로는 전쟁, 종교적 또는 정치적 박해가 대표적이다. 마지막으로 네트워크 요인으로는 고용 기회나 임금에 관한 정보의 흐름과 같은 경제적 요인과, 통신과 교통, 이민을 후원하는 기구 등의 비경제적 요인이 있다. 새로운 환경과 생활에 대한 호기심과 모험심도 이민의 요인이라고 볼 수 있다.

문헌 자료 14-3

하와이 이민 모집 광고문

20세기 초 우리나라에서도 하와이로 이민이 이루어졌다. 총 64회에 걸쳐 7,000명 이상이 이국땅으로 새로운 삶의 기회를 찾아 떠났다. 이민을 희망하는 사람을 모집하는 1903년 광고문을 보면 당시 이민자들이 어떤 기대를 가지고 머나먼 항해를 떠나게 되었는지 상상해 볼 수 있다.

[고시]
대미국 하와이 정부의 명령을 받들어 다음과 같이 공포함.
1. 하와이 군도로 누구든지 일신이나 혹 권속을 데리고 와서 정착하고자 간절히 원하는 자에게 편리함을 공급하노라.
2. 기후는 온화하여 심한 더위와 추위가 없으므로 각인의 기질에 합당함.
3. 학교 설립법이 광대하여 모든 섬에 다 학교가 있어 영문을 가르치며 학비를 받지 아니함.
4. 농부들을 위해서는 매년 어느 절기든지 직업 얻기가 용이한데, 신체가 강건하고 품행이 단정한 사람은 안정되고 장구한 직업을 얻기 더욱 무난하고 법률의 제반 보호를 받게 함.
5. 월급은 미국 금전으로 매월 십오 원(일본 금화 삼십 원: 대한 돈으로 오십칠 원가량)씩이고, 일하는 시간은 매일 십 시 동안이요, 일요일에는 휴식함).
6. 농부의 유숙하는 집과 나무와 식수와 병을 치료하는 경비는 고용하는 주인이 지급하며 농부에게는 받지 아니함.
7. 대한제국에 고시를 공포하는 권한을 줌.

호놀룰루 1903년 8월 6일
대미국 영지 하와이 이민 감독 겸 대리 사무관 랜승 고백.

자료: 인천 이민사박물관.

인프라, 이민을 후원하는 조직 등이 여기에 포함된다. 구체적인 논의는 모형과 이론 14-3에 소개되어 있다.

종합적으로 말해, 1차 세계화 시대는 국제적 노동 이동이 눈부신 신장을 거듭한 시기였다. 이민이 활발하였던 이유는 다양하였지만, 앞선 시기일수록 흡인 요인보다 **배출 요인**이 더 중요하였던 것으로 보인다. 유럽을 중심으로 인구 변천이 전개되면서 인구 과잉 현상이 발생하였고 공업화가 진행되는 가운데 구조적 실업(structural unemployment)에 처한 인구가 증가하였다는 사실이 영향을 끼쳤다. 아일랜드, 독일, 스칸디나비아 등에는 감자가 널리

구조적 실업: 기술 변화나 경제 구조의 변화에 따라 기존의 취업자가 일자리를 잃게 되는 유형의 비자발적인 실업. 예를 들어, 산업 혁명 시기에 역직기가 등장하면서 전통적 직포공들이 일자리를 잃는 경우가 이에 해당한다.

보급되면서 인구 부양 능력이 커졌다는 점도 중요하였다. 아일랜드에서는 1845-1847년에 발생한 **감자 기근(Potato Famine)**의 여파로 대규모의 이민자들이 생계를 위해 해외로 향하였다. 이민이 증가한 데에는 정부와 각종 단체들이 잠재적 이민자들을 원조하는 정책을 다양하게 취하였다는 점도 작용하였다. 대서양을 건너 아메리카에서 유럽으로 수출하는 제품들, 예를 들어 미국의 면화나 캐나다의 목재와 같이 부피가 큰 상품들의 수출이 늘어나면서 반대 방향으로 향하는 항해에는 선상의 공간이 남는 현상이 발생하고는 하였는데, 이를 이용하여 선박 회사가 이민자에게 **값싼 운임**을 제시하는 사례가 증가하였다. 대형 여객 회사가 등장하고 증기선의 보급이 진전되면서 운항의 신뢰도가 증가하였고 **여행 여건**이 개선된 점도 영향을 미쳤다.

그림 14-22

아일랜드인의 고난 감자 기근 이후인 1854년 더블린 항구에서 미국으로의 이민 광고지를 읽고 있는 아일랜드인.

감자 기근: 아일랜드 경지의 많은 부분을 소유하였던 잉글랜드의 지주들은 아일랜드 가구당 경지 면적을 축소하는 정책을 폈다. 아일랜드 소농은 경작지에 감자를 심어 주식으로 삼고 잉글랜드로 건너와 계절적 농업 노동으로 소득을 보충하도록 내몰렸다. 1845년부터 감자잎마름병이 퍼지면서 아일랜드에 대규모의 기근이 발생하였다. 이로 인해 100만 명 이상이 사망하였고, 이후 10년 동안 매년 평균 20만 명이 해외로 이민을 떠났다.

19세기 후반의 이민은 같은 시기에 세계 여러 지역에서 진행된 노예제 폐지와도 연관성을 가졌다. 영국과 프랑스는 각각 1833년과 1848년에 노예를 해방시켰고, 이어서 미국에서는 남북 전쟁 시기인 1863년에 노예 해방이 선언되었지만, 다른 지역에서는 19세기 후반에 이르러서야 이런 움직임이 현실화되었다. 네덜란드 제국은 1867년에, 스페인이 보유한 쿠바와 푸에르토리코는 1886년에 노예를 해방하였고, 플랜테이션에서 150만 명의 노예를 노동력으로 부렸던 브라질에서는 남유럽 이민자가 대규모로 유입되기 시작한 1888년에 이르러서야 노예제를 폐지하였다. 동남아시아에서도 1860년대에서 1920년대에 이르는 시기에 각국에서 노예제가 폐지되었는데, 이 지역에 중국인과 인도인 이민자가 크게 증가함에 따라 플랜테이션과 광산이 필요로 하는 노동력을 확보하는 문제를 해결할 수 있었다. 이들은 인도양 연안을 비롯하여 태평양 연안과 라틴 아메리카까지 세계 곳곳으로 이동해 갔다. 일본인들은 하와이, 브라질, 페루 등으로 이민을 떠났다. 오스만 제국은 부분적으로 노예 무역을 금지시키기는 하였지만 전면적인 노예제 폐지를 단행하지는 않았다.

이민의 방향

　1차 세계화 시대에 세계적으로 엄청난 규모의 이민이 이루어졌다. 우선 **출발지**의 관점에서 보면, 유럽으로부터 이민을 떠난 인구의 크기가 눈길을 끈다. 1851-1880년에 유럽을 떠난 이민자 수가 연간 27만 명이었으며, 1881-1915년에는 그 수가 무려 연간 92만 명에 이르렀다. 국제적 이민은 1900년대부터 제1차 세계 대전 발발에 이르는 시기에 절정을 맞이하였다. 그리고 제1차 세계 대전 시기와 전후에 두드러진 하락을 보였다. 그림 14-23에 이 시간적 추이가 나타나 있다.

　표 14-9는 출발지에 대해 더 상세한 모습을 보여 준다. 1851-1880년에 유럽에서는 총 810만 명이 이민을 떠났는데, 그중 북서유럽인의 비율이 91.3%에 이르렀으며 남동유럽인의 비율은 8.7%에 불과하였다. 개별 국가로서는 영국이 전체의 56.8%인 총 460만 명을 타 대륙으로 보냈고, 그 뒤를 21.9%(210만 명)를 기록한 독일이 따랐다. 그러나 1881-1915년에는 북서유럽인의 비율이 42.7%로 감소한 반면에, 남동유럽인의 비율이 57.3%에 이르게 되었다. 여전히 영국이 단일 국가로서는 최고의 비율(27.7%)을 기록하였지만, 이탈리아

그림 14-23 유럽으로부터의 연간 이민자 수, 1846/50-1921/24년

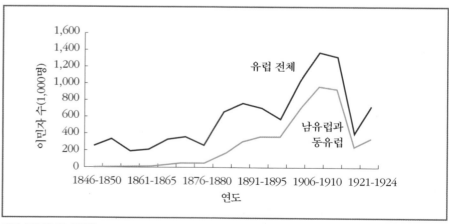

자료: Kirk(1946), 289쪽.

이민을 떠난 유럽인의 출발지, 1851-1915년

(단위: 100만 명)

출발지	1851-1880년		1881-1915년	
	이민자 수	%	이민자 수	%
북서유럽	7.4	91.3	13.7	42.7
영국	4.6	56.8	8.9	27.7
독일	2.1	21.9	2.2	6.9
남동유럽	0.7	8.7	18.4	57.3
이탈리아	0.2	2.5	7.8	24.3
스페인과 포르투갈	0.3	3.7	4.3	13.4
오스트리아-헝가리	0.2	2.5	4.2	13.1
전체	8.1	100.0	32.1	100.0

주: 북서유럽은 영국, 프랑스, 독일, 네덜란드, 벨기에, 스위스, 덴마크, 노르웨이, 스웨덴, 핀란드를 말하며, 남동유럽은 이탈리아, 스페인, 포르투갈, 오스트리아, 헝가리, 러시아(폴란드 포함)를 말함.
자료: Graff, Kenwood and Lougheed(2014), 54쪽.

유럽 이민자들의 도착지, 1851-1915년

(단위: 100만 명)

도착지	1851-1880년		1881-1915년	
	이민자 수	%	이민자 수	%
미국	7.73	68.1	21.76	59.4
캐나다	0.82	7.2	2.59	7.1
서인도(영국령)	0.27	2.4	0.53	1.4
브라질	0.45	4.0	2.97	8.1
아르헨티나	0.44	3.9	4.26	11.6
오스트레일리아	0.79	7.0	2.77	7.6
뉴질랜드	0.25	2.2	0.26	0.7
기타	0.60	5.3	1.50	4.1
전체	11.35	100.0	36.64	100.0

자료: Graff, Kenwood and Lougheed(2014), 55쪽.

(24.3%)가 그 뒤를 바짝 추격하게 되었으며, 스페인, 포르투갈, 오스트리아-헝가리 등도 눈부신 성장세를 나타냈다.

표 14-10은 같은 기간 유럽 이민자들의 **도착지**를 표시해 준다. 유럽의 이민자들이 향한 곳은 주로 토지가 광활하고 노동이 부족한 지역이었다. 1851-1880년에 미국은 전체 유럽 이민자의 68.1%인 773만 명을 받아들였다. 다른 국가들의 비중은 이에 비해 훨씬 작아서, 캐나다 82만 명(7.2%), 오스트레일

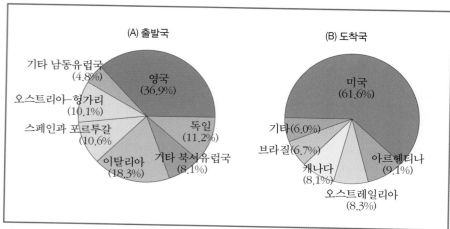

그림 14-24　유럽 이민자들의 출발국과 도착국, 1821-1915년

(A) 출발국

기타 남동유럽국
(4.8%)
오스트리아-헝가리
(10.1%)
스페인과 포르투갈
(10.6%)
이탈리아
(18.3%)
영국
(36.9%)
독일
(11.2%)
기타 북서유럽국
(8.1%)

(B) 도착국

미국
(61.6%)
기타(6.0%)
브라질(6.7%)
캐나다
(8.1%)
아르헨티나
(9.1%)
오스트레일리아
(8.3%)

자료: Graff, Kenwood and Lougheed(2014), 54, 56쪽.

그림 14-25

뉴욕에 도착하는 이탈리아 이민자 가족 대규모의 대서양 횡단 회사의 선박들이 뉴욕으로 향하는 항로를 개척함으로써 19세기 말에는 이탈리아에서 뉴욕까지 3주 만에 도착할 수 있게 되었다.

리아 79만 명(7.0%) 등이 뒤를 이었고, 나머지 국가들의 개별적 비중은 5% 이내였다. 1881-1915년에는 미국이 여전히 1위를 차지하기는 하지만 그 비율은 59.4%로 감소하였다. 그렇지만 이것이 미국이 흡수한 인구의 절대적 숫자가 감소하였음을 의미한 것은 아니었다. 미국 정착자의 인구는 이전 시기의 773만 명에서 이 시기에는 2,176만 명으로 크게 증가하였다. 다만 다른 국가들이 신흥 인구 흡입지로서의 역할을 점점 더 많이 떠맡게 된 것뿐이다. 아르헨티나가 426만 명(11.6%), 브라질이 297만 명(8.1%), 오스트레일리아가 277만 명(7.6%), 그리고 캐나다가 259만 명(7.1%)에 이르는 유럽 이민자를 받아들였다.

이민 행렬이 유럽에서만 출발한 것은 아니었다. 인구가 조밀한 **아시아**의 여러 국가에서도 큰 규모의 이민이 발생하였다. 인도에서 출발한 이민자들은 서인도, 실론과 말레이반도 등 동남아시아와 아프리카 등지로 향하였다. 중국인들도 대규모로 이민을 떠났다. 그들은 서인도, 미국의 캘리포니아 지역, 오스트

그림 14-26 아시아의 출신 국가별 계약 노동자 수, 1830-1920년

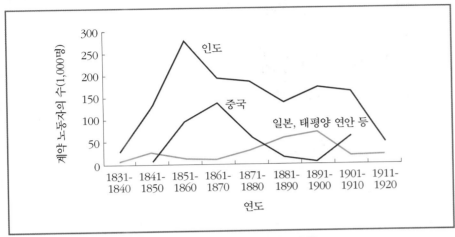

자료: Northrup(1995), 표 A1, Hatton and Williamson(2005), 24쪽에서 재인용.

레일리아 등으로 향하는 배에 몸을 실었다. 일본에서도 이민이 발생하였다. 대표적으로 1885년에 하와이에 이민자들이 정착하여 사탕수수 농장 등에서 일을 하였다. 이들 중 일부는 나중에 미국 본토 등으로 다시 이동해 갔다.

아시아에서 출발한 이민자들 가운데 많은 수는 계약 노동자(indentured laborer)의 지위를 보유하고 있었다. 이들은 정해진 지역에서 일정한 기간 노동력을 제공하고, 계약 기간이 만료하면 자유로운 노동자로서의 지위를 획득하도록 되어 있었다. 그림 14-26에 각 지역에서 출발한 계약 노동자의 규모가 표시되어 있다. 인도 출신의 계약 노동자가 가장 큰 규모였는데, 이들은 1850년대에 최고 수준을 기록한 후 다소 감소한 수준에서 20세기 초반까지 유지되었다. 다음으로 중국인들은 1860년대에 가장 큰 규모로 해외로 향하였으며, 그 이후 19세기 말까지 이민 노동자의 수가 줄었다. 이민의 후발 주자인 일본과 아시아 · 태평양 도서 지방의 국가들은 19세기 말-20세기 초에 가장 많은 수의 계약 노동자를 해외로 보냈다.

이민의 경제적 효과

이민은 인구를 흡인하는 국가의 경제와 인구를 배출하는 국가의 경제

모두에 영향을 끼친다. 이민자를 받아들이는 국가에서는 **노동력**과 더불어 **기술, 지식, 자본** 등이 유입됨에 따라 긍정적인 효과를 얻을 수 있다. 반대로 이민자가 유입됨에 따라 주택과 교통 등 **주거 환경**이 악화될 수 있다. 노동 공급의 증가로 인해 해당 국가 노동자의 **임금 수준**이 저하될 수도 있다. 이민자를 송출하는 국가는 이민의 발생과 더불어 자본과 기술, 지식 등이 유출된다는 부정적 영향을 받을 수 있다. 반대로 이민자가 국내로 보내는 송금의 증가라는 이익을 기대할 수 있고, 국내 노동 시장에서 노동 공급이 감소함으로써 국내 노동자에게 임금의 상승 효과

그림 14-27

이민자들로 가득한 뉴욕의 거리 1900년경 뉴욕 남동부의 모습. 빠른 도시화가 낳은 문제점들을 고스란히 담고 있다.

를 가져다줄 수도 있다.

이민의 실제 규모와 이에 따른 해당국의 실질 임금 변화율 추계치를 국가별로 표시하면 표 14-11과 같다. 아르헨티나가 인구 대비 가장 많은 이민

표 14-11 대서양 이민의 경제적 효과, 1870-1910년

(단위: %)

국가	순이민율	실질 임금 변화율
아르헨티나	11.74	−21.5
캐나다	6.92	−15.6
오스트레일리아	6.61	−14.6
미국	4.03	−8.1
브라질	0.74	−0.5
아일랜드	−11.24	31.9
이탈리아	−9.25	28.2
영국	−2.25	5.6
스페인	−1.16	5.9
독일	−0.73	2.4
신세계 전체	6.01	−12.4
구세계 전체	−3.08	8.6

주: 순이민율은 (이입자−이출자)×100/인구로 계산. 원자료의 '조정된 순이민율' 수치임.
자료: Lindert and Williamson(2003), 242쪽.

자를 받았으며, 그로 인해 실질 임금이 21.5% 하락하였다. 캐나다와 오스트레일리아도 6%대의 순이민율을 기록하였고, 15% 내외의 실질 임금 하락을 보였다. 다음으로 미국과 브라질이 뒤를 이었다. 인

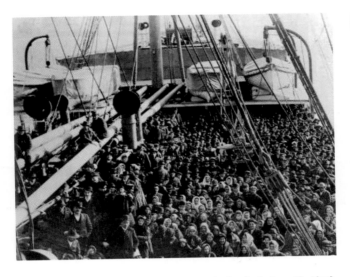

그림 14-28

미국을 향해 1차 세계화 시대에 엄청난 수의 이민자가 미국을 향하였다. 한 해에 무려 100만 명 이상이 미국으로 들어오기도 하였다.

구의 순배출이 가장 많았던 국가는 아일랜드였다. 그 결과 아일랜드의 실질 임금은 31.9%가 증가하였다. 이탈리아도 많은 이민자를 내보냈고, 그에 따

모형과 이론 14-4

이민의 경제적 효과

이민이 송출국과 흡인국의 고용과 임금에 끼치는 영향을 살펴보자. 그래프에 흡인국(국가 1)의 노동 수요 곡선이 D_1으로, 그리고 송출국(국가 2)의 노동 수요 곡선이 D_2로 표시되어 있다. D_1과 달리 D_2는 원점이 오른편에 있고, 고용량이 왼쪽으로 올수록 커지게 되어 있다는 점에 유의하자. 노동력이 부족

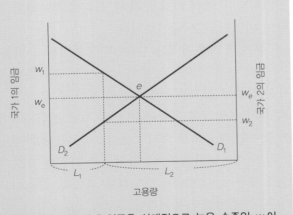

한 국가 1은 애초에 L_1만큼의 노동을 고용하며 이때 임금은 상대적으로 높은 수준인 w_1이다. 노동력이 과잉인 국가 2는 L_2만큼을 고용하며 임금은 w_2에 머문다. 이제 국가 2에서 국가 1로 이민이 발생한다고 하자. 그러면 국가 1은 고용량이 늘고 임금이 낮아지며, 국가 2는 고용량이 줄고 임금이 높아지게 된다. 이민을 제한하는 요인이 없다면, 이민은 균형점 e에 이를 때까지 계속된다. 이때 양국은 모두 w_e라는 동일한 임금을 기록하게 된다. 하지만 현실에서는 이민을 제한하는 여러 제도적·심리적 요인들로 인해 e에 도달하기 전에 이민이 멈추는 경향이 있으며, 따라서 양국의 임금도 차이를 보이게 된다.

라 국내 실질 임금이 28.2% 늘어나는 효과가 나타났다. 그 뒤로 영국, 스페인, 독일이 높은 순이민율을 보였다. 종합해 보면, 신세계 전체가 6%가량의 순이민율을 보였고, 그 결과 12.4%의 실질 임금 감소를 기록하였다. 구세계의 경우 3%가량의 이민자를 순배출하였고, 그에 따라 8.6%의 실질 임금 증가가 나타났다.

제4절 자본의 세계적 이동

자본 축적과 해외 투자

1차 세계화 시대에는 **자본의 세계적 이동**도 활발하게 이루어졌다. 노동 이동과 마찬가지로 자본 이동에서도 영국이 가장 앞섰다. 그리고 뒤를 이어 프랑스, 독일, 미국 등 후발 공업국들이 투자 주체로서 두각을 나타내었다. 공업화와 무역의 확대를 통해 소득이 증가하고 저축이 늘어난 국가가 투자국이 되었던 것은 당연하였다.

투자액 가운데 일부는 이미 공업화된 국가들을 향하였고, 나머지 일부는 새로 경제 개발이 이루어지고 있는 국가들을 향하였다. 공업국에 투자된 자본은 주로 철도를 부설하거나 석탄 공업, 제철 공업과 같은 분야에서 사용되었다. 신세계에 투자된 자본은 주로 천연자원을 개발하고 운송하는 시설을 갖추는 자금으로 소요되었다. 이 목적에 가장 잘 들어맞는 지역은 아메리카와 오세아니아였다. 이 지역들은 적절한 규모의 자금과 기존에 개발된 기술을 활용하여 개발이 가능한 곳이었다. 아시아의 열대 지방과 아프리카가 기후, 질병(황열병, 말라리아, 수면병 등), 지형 등의 약점과 지식의 부족, 제도적 저항 등으로 인해 접근성이 부족하였던 사실과 큰 대조를 이루었다. 이른바 **자본 흡수력**(absorptive capacity)이 투자처를 결정하는 데 중요한 요인이 되는 것이다. 여기에는 운송과 통신 시설 등 사회 간접 자본의 수준, 행정 체제의 효율성, 기업가 정신을 가진 인력의 존재 여부, 숙련도 높은 노동력의 확보 가능성, 지방 시장의 규모 등 수많은 세부 요인이 포함된다.

이 시기에 해외 투자 결정의 가장 중요한 기준은 **경제적 고려**였다. 다른

자본 흡수력: 한 사회나 조직이 투자된 자본을 효과적으로 사용하여 가치를 창출할 수 있는 능력.

투자와 마찬가지로 예상 수익률과 위험도가 투자자들이 염두에 둔 가장 중요한 요인이었다. 국내에 투자하는 것보다 전망이 밝아야만 해외에서 투자 기회를 얻을 수 있었다. 그러나 때로는 **정치적 고려**도 작용하였다. 특히, 군사적 동맹의 필요성과 같은 국제 정치적 요인이 작용하기도 하였다.

해외 투자의 추세와 방향

1차 세계화 기간에 자본의 국제 이동은 크게 증가하였다. 1870년대부터 자본의 해외 투자가 이전 시기에 비해 빠르게 증가하였다. 특히, 1900년 이후에 해외 투자 규모가 괄목할 만한 수준으로 늘어났다. 1900년까지 해외에 투자된 자본의 총액이 230억 달러였는데, 1914년에는 이 수치가 무려 430억 달러에 이르렀다.

그림 14-29는 세계 전체 GDP에 대비하여 해외로 투자된 자본의 크기를 보여 준다. 해외 자산의 비중은 1870년대부터 1910년경까지 상승하였다가

그림 14-29 해외 투자액 규모와 영국 및 미국의 비중

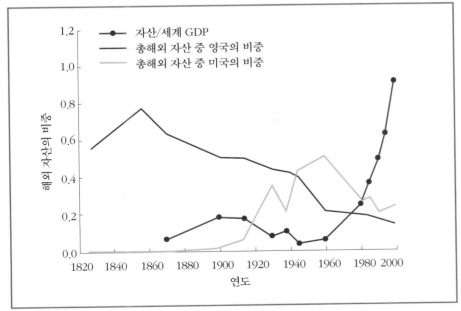

자료: Obstfeld and Taylor(2004), 54쪽, 양동휴(2007), 41쪽에서 재인용.

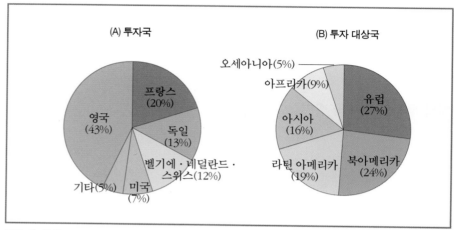

그림 14-30 자본 이동의 방향

자료: Graff, Kenwood and Lougheed(2014), 41쪽.

제1차 세계 대전 이후에 축소되었고, 제2차 세계 대전 이후에 다시 상승세로 전환하였다. 20세기 중반까지 해외 자산의 비율이 가장 높은 국가는 **영국**이 었다. 19세기 중반 이래 상대적 비중은 낮아지고 있었지만 **최대 해외 투자국**이라는 영국의 지위는 오래 지속되었고, 특히 제1차 세계 대전 이전까지는 압도적인 위치를 차지하고 있었다. 미국은 제1차 세계 대전 이후 해외 자산의 비중이 높아졌고, 제2차 세계 대전 이후에 세계 최대의 해외 자산 보유국으로 부상하였다.

1차 세계화 시대의 최대 자본 수출국 영국은 1914년을 기준으로 볼 때 세계 전체 해외 투자 금액의 43%나 되는 규모를 기록하였다. 1905-1913년에 영국 국민 소득의 7%에 해당하는 자본이 해외로 투자되었고, 특히 1913년에는 이 비율이 9%라는 경이적인 수준까지 도달하였다. 영국 다음으로는 프랑스가 해외 투자 금액의 20%, 그리고 독일이 13%를 차지하였다. 아직 미국의 비율은 7%에 머물고 있었다.

자본이 흘러간 지역 중에서는 **유럽**이 가장 비중이 컸다. 1914년에 27%의 해외 투자가 유럽에서 이루어졌는데, 특히 러시아와 발칸 제국이 프랑스와 독일로부터의 자본 유입에 힘입어 높은 순위를 차지하였다. 다음으로 북아메리카가 투자금의 24%를 받았으며, 라틴 아메리카가 19%, 그리고 아시아가 16%를 기록하였다.

주요 자본 수출국의 **투자 방향**이 시간의 흐름에 따라 달라졌다는 사실

표 14-12 영국의 해외 투자 비율, 1830–1914년

(단위: %)

투자 지역		1830년	1854년	1870년	1914년
유럽		66	55	25	5
미국		9	25	27	21
라틴 아메리카		23	15	11	18
영 제국	인도	–	–	22	9
	자치령	2	5	12	37
기타		–	–	3	9
전체		100	100	100	100
총투자액(100만 달러)		536	1,266	3,750	20,000

자료: Graff, Kenwood and Lougheed(2014), 42쪽.

도 눈길을 끈다. 19세기 전반에 영국은 주로 유럽과 남아메리카의 국가들에게 투자를 하였는데, 1850년대에는 미국의 비중이 높아졌다. 1870년대에는 인도에 대한 투자가 큰 비중을 차지하였으며, 20세기에 들어서서는 영국 자치령의 비중이 크게 증가하였다. 표 14-12에 상세한 수치가 제시되어 있다. 이런 변화에는 다른 국가들의 상황이 작용하였다. 독일과 미국에서 공업화가 진전되고, 이 국가들이 보호 무역주의 경향을 나타내면서 영국은 다른 지역으로 투자처를 옮길 수밖에 없었던 것이다.

프랑스의 경우, 지중해에 집중되었던 투자가 서아시아로, 그리고 다시 러시아와 발칸 지역으로 방향을 전환하였다. 프랑스의 해외 투자를 보면, 해외 기업에 대한 직접 투자에 비해 외국 정부에 대한 차관의 중요성이 컸다. 또한 경우에 따라서는 자본의 기대 수익률 이외에 정치적 고려도 중요한 요인으로 작용하였음을 볼 수 있다. 특

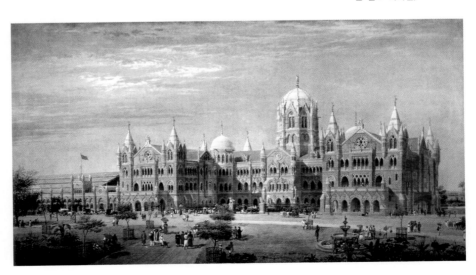

그림 14-31

인도 철도 투자 1870년대부터 영국은 인도 전역에 철도를 부설하는 사업에 많은 자금을 투자하였다. 그림은 뭄바이에 건설된 철도 터미널.

히, 러시아에 대한 투자는 군사 동맹의 가능성을 염두에 둔 정치적 포석의 성격이 강하였다.

제5절 1차 세계화의 의의와 시기 구분

1차 세계화의 영향

1차 세계화를 통해 세계 경제는 거대한 변화를 경험하였다. 무엇보다도 **기술 진보**에 힘입어 생산성이 크게 증가하였다. 산출량도 크게 늘어났으며, **무역**은 그보다 더 빠른 속도로 증가하였다. 운송 수단과 통신의 발달, 그리고 대규모 운하의 건설과 같은 사회 간접 자본의 확충이 국제적 운송비를 하락시키는 데 결정적인 역할을 하였다. 또한 1870년대 이전까지 빠르게 확산되었던 **자유 무역주의**의 영향으로 관세 장벽이 낮아진 점도 무역 확대에 중요한 기여를 하였다. 생산 요소의 국제적 이동도 전례가 없는 수준으로 늘어났다. **노동과 자본** 모두 전례가 없는 규모로 해외 시장을 향하였다.

1차 세계화는 국제적 불균등에 대해서도 영향을 끼쳤다. 무엇보다 **국가 간의 불균등**이 심화되었다. '대분기'라는 용어가 대변해 주듯이, 지역별로 소득 수준의 격차가 크게 발생하였다. 공업화를 성공적으로 수행하고 세계화 정책을 일찍부터 펼친 국가들은 그렇지 못하였던 국가들과 일인당 국민 소득의 격차를 크게 확대하였다. 서유럽 및 서유럽 파생 지역(미국, 캐나다, 오스트레일리아 등)의 국가들은 1차 세계화 시대를 이끌면서 가장 빠르게 일인당 소득을 증가시켜 갔다. 반면에, 아프리카와 아시아의 많은 국가에서는 이 기간에 일인당 소득이 거의 증가하지 않았다. 그 결과 국가들 사이에 소득 불균등이 확대되는 모습이 발생하였다.

국가 내의 불균등 문제는 양상이 더 복잡하였다. 구세계의 국가들, 특히 그중에서 노동이 풍부한 국가들에서는 생산의 특화가 진행되고 무역이 확대되면서 노동 집약적인 생산 방식이 채택되었고, 노동을 제공한 사람에게 점차 높은 임금이 지불되었다. 따라서 이 국가들에서는 소득 불균등이 완화되는 경향이 나타났다. 이와 대조적으로 신세계에 위치한 대토지 국가들에서는 임금보다 지대가 상승하는 경향이 있었기 때문에, 고소득자인 지주와 저소득자인 노동자 사이의 소득 격차가 더 커져 갔다. 정리하자면, 생산 요소의 부존 조건에 따라 국내의 소득 불균등이 심화된 국가와 완화된 국가로 나뉘었다. 부유한 계층이 주된 공급자인 생산 요소가 풍부한 국가에서는 소득 불균등이 확대되고, 빈곤한 계층이 주된 공급자인 생산 요소가 풍부한 국가에서는 소득 불균등이 축소되는 결과가 발생한 것이다. 같은 이유로 부유층이 천연자원을 소유한 국가에서는 자원 개발이 이루어지면 소득 불균형이 확대되었다. 한편, 경제 개발이 이루어지지 않은 아프리카와 아시아 국가들에서는 소득 분포에 별다른 변화가 발생하지 않았다.

1차 세계화의 시기 구분

1차 세계화 시대는 시기적 특성 면에서 **두 시기로 세분**할 수 있다. 그 분기점은 1870년대로서, 이 지점까지는 **자유 무역주의**의 확산이 특징적이었음에 반해 이 기점 이후에는 **보호 무역주의**의 대두가 두드러졌다. 1870년대는 역사상 최초로 근대적 국제 공황, 즉 공업화된 국가들 간에 경제적 상호의존성이 밀접해진 가운데 이 상호 의존성을 매개로 공황이 국제적으로 파급된 시기였다. 성공적으로 공업화를 수행한 영국의 뒤를 이어 프랑스, 독일, 미국 등이 차례로 후발 공업화를 진행한 결과로 국제적 경쟁이 고조되었고, 기술적으로도 전기, 화학, 기계 등 중공업이 경제를 지탱하

그림 14-32

제국주의의 문어발 영국을 문어로 묘사하는 이 그림에서 영국이 수많은 촉수를 뻗어 세계 각지를 식민지화하고 있다.

는 핵심 산업으로 등장하였다. 그 속에서 각국의 경제 구조는 **대규모화·독점화** 경향을 보였고, 치열해진 경제 환경과 민족주의적 경쟁심이 결합되면서 대외적으로 **제국주의적 식민지 침탈**이 전 세계적 차원에서 진행되었다. 이 맥락에서 보자면, 양차 대전은 선발 열강과 후발 공업국들이 국제적 이권의 합당한 배분 비율을 둘러싸고 벌인 갈등이 궁극적으로 폭발한 것으로 이해할 수 있다. 따라서 1870년대부터 제1차 세계 대전에 이르는 시기는 세계화의 첫 물결 시기 중에서도 상대적으로 높은 세계화 진척 수준을 보여 주었지만, 그 방법은 철저히 **강제성**에 입각한 것이었다고 볼 수 있다.

1870년대 이전에는 자유 무역주의 기조가 세계 경제 질서의 근간을 이루고 있었다. 각국의 경제 정책도 자유 방임에 가까운 형태를 보였다. 그러나 1870년대 이후에는 특권적인 통상 블록이 형성되고 주변 경쟁국에 대해 공식적 및 비공식적 무역 장벽이 설치되었다. 1870년대 이전에도 서구 열강이 지구상의 여러 지역을 침탈하기는 하였지만 식민지의 운영 방식은 이후의 제국주의 시대와 달랐다. 영국의 예를 보면, 1870년대까지의 제국주의를 **자유 무역 제국주의**(Free Trade Imperialism)라고 칭하기도 하였다. 1860년에 체결된 코브든–슈발리에 조약이 지닌 역사적 의의는 단지 프랑스와 관세를 조정한 데 불과한 것이 아니었다. 이 조약은 세계의 경제 중심국 영국의 대외 정책이 자유 무역주의에 기초하여 전개될 것임을 상징하였다. 영국은 공산품을 세계 곳곳에 수출하고 반대로 식량과 원료를 공급받았다. 강력한 경쟁력을 바탕으로 영국은 자유 무역에 입각한 자본주의 분업 체제를 설계하였고, 식민지에 대한 정책도 이에 맞추어 공식적이고 강압적인 지배 못지않게 비공식적이고 무역 확대를 수단으로 한 통치를 강조하였던 것이다.

자유 무역주의적인 세계화와 강제적 세계화의 구분은 1차 세계화를 주도한 선진 열강에게는 그다지 중요하지 않을지 모른다. 이 국가들의 입장에서는 19세기 중반에서 20세기 초반에 이르는 시기는 세계화가 진전되고 점차 가속화된 시기였고, 많은 국가들이 세계화의 물결에 포함된 시기였다. 따라서 이 기간 전체를 동질적인 성격을 가진 기간으로 보는 것은 일리가 있다. 실제로 서구에서 이루어진 많은 역사 서술에서 1차 세계화 시대를 단일한 기간으로 간주하고 있다. 그러나 자발적이고 주체적인 방식으로 근대화와 세계화를 진행하지 못한 국가의 입장에서는 자유주의적 세계화 기간과 강제적 세계화 기간을 구분하는 것이 중요한 의미를 갖는다. 이런 국가의 관점에서는 두 기간이 국제 경제 질서와 경제 운용 방식 측면에서 질적으로 상이한 양상을 나타냈기 때문이다. 선진국의 시각에서 놓치기 쉬운 측면이 후

자유 무역 제국주의: 1840년대에서 1870년대에 이르는 시기의 영국 제국주의의 성격을 설명하기 위해서 갤러허(J. Gallagher)와 로빈슨(R. Robinson)이 사용한 용어.

진국의 시각에서는 명확히 파악될 수 있다는 점에서, 서구 중심의 학계가 지닌 인식의 한계점을 개발 도상국 학계가 되쓰기(writing back)를 통해 비판적으로 지적한다는 역사학적 의의도 여기에서 찾을 수 있다.

되쓰기: 선진적이라고 간주되는 학계가 간과하거나 편향된 인식을 하는 사안에 대해 후진적으로 평가되는 학계가 중요한 관점과 분석을 제시하는 것을 일컬음.

강제적 세계화와 세계 경제

제 15 장

제1절 세계적 불황과 보호 무역주의의 대두

불황의 도래

1873년 대규모 불황이 세계 경제를 엄습하였다. 1870년대 말까지 계속된 이 불황은 최초의 **국제적인 동시 불황**이라는 특징을 보였다. 앞서 진행된 국제 무역의 증가로 인해 각국의 경제가 긴밀하게 서로 엮이게 되었다는 사실이 불황을 국제적인 성격으로 만든 기본적 배경이었다.

구체적으로 보면, 여러 나라에서 진전된 공업화가 1차 산업의 비중을 축소시키고 2차 산업 및 3차 산업의 비중을 확대시켰는데, 이로 인해 경기 변동이 기후와 같은 자연적 조건보다 미래 경기에 대한 예측과 같은 인위적 조건에 의해 만들어지게 되었다. 한 국가의 경기가 침체 국면으로 접어들면 국제적으로 상호 의존도가 높아진 세계 경제 구조를 거치면서 다른 국가도 경기 침체를 맞게 되는 현상이 발생하였다. 이런 **경기 변동의 동조화**(同調化, synchronization)가 1870년대 불황이 과거의 불황과 구별되는 첫 번째 특징이었다.

이 시기 국제적 불황의 두 번째 특징은 **농산물의 국제 가격이 폭락**하는 현상이었다. 광대한 토지를 가진 국가들, 특히 신세계에 위치한 여러 국가들에서 19세기 중반을 거치면서 대규모 자본 투자가 이루어짐으로써 생산 기반이 확충되었다는 사실이 가격 폭락의 원인으로 작용하였다. 공업국들에서 축적된 자본이 토지 대국의 농업 개발에 투여된 점이 이런 변화를 이끌었다. 그 결과 농산물이 세계적으로 과잉 생산되는 상황이 발생하였고, 이로 인해 농산물 수출국의 농민들은 소득 감소에 직면하였으며, 농산물 수입국의 농민들은 자신의 농산물을 판매하기 어렵게 되었다.

대규모 불황은 경제 구조와 경제 정책 기조에 중대한 변화를 가져왔다. 첫째, 공업 부문의 불황은 개별 기업의 이윤을 감소시키고 경쟁을 격화시키는 결과를 초래하였다. 이에 따라 다수의 기업들이 합병을 통해 소수의 **거대 기업**으로 탈바꿈하거나 애초부터 거대 기업 형태로 창업이 이루어지는 과정이 진행되었다. 자유 방임주의의 영향이 강한 시절에는 독점의 폐해에 대한 우려가 기업 합병에 대한 사회적 반대로 이어졌지만, 국제적 불황이라는 새로운 환경을 맞자 기업 규모를 키우는 데 대한 사회적 저항이 약해지고 거대 기업을 옹호 내지 장려하는 분위기가 조성되었다. 둘째, 이 시기 불황이 초래한 중대한 변화로 각국이 자유 무역주의를 버리고 **보호 무역주의**를 택하는 정책을 취하였다는 점을 들 수 있다. 국내 경기가 침체하여 경제 성장이 둔화되고 실업 문제가 첨예화하자, 각국의 정치권은 관세 및 비관세 장벽을 높이고 국가 간의 상호 의존도를 낮추는 방향으로 경제 정책을 변화시켜 갔다. 셋

그림 15-1

일자리를 찾아서 1881년에 묘사된 독일 베를린의 직업소개소.

째, 이 시기부터 열강들은 **제국주의적 팽창 정책**을 경쟁적으로 펼쳤는데, 이 정책도 불황과 관련이 깊다. 보호주의적 성향을 갖게 된 국가가 자국 경제에 원료와 식량을 안정적으로 제공하고 자국 생산품을 소비할 국가를 찾는 것이 열강들을 식민지 쟁탈전으로 이끈 중요한 요인 중 하나였던 것이다.

보호 무역주의의 등장

1870년대를 거치면서 세계 경제는 보호 무역주의로 돌아섰고, 각국은 관세 인상은 물론이고, 심하면 관세 전쟁과 같은 극단적인 자국 경제 보호 정책을 실시하였다. 이런 변화의 첫째 요인은 **서구 공업국들 간의 경쟁 격화**였다. 19세기 후반에 공업화 각축전이 치열해지는 가운데, 민족주의적 경쟁심이 불타올랐다. 특히, 정치적 통일을 뒤늦게 완수한 신흥 공업국 독일과 이탈리아에서는 민족 의식과 대외 경쟁심이 더욱 높이 치솟았다.

후발 공업국들은 자유 무역이 영국과 같은 선발 공업국에 유리하다는

판단하에 관세 및 비관세 장벽을 높이 쌓아올렸고, 이런 방식으로 주변국을 궁핍화하는 정책이 자국의 경제 발전에 이익이 된다고 판단하였다. 선발 공업국에서도 사정은 크게 다르지 않았다. 국제적 경쟁이 격화되는 가운데, 후발 공업국이 생산한 제품이 국내로 유입되면서 국내 생산자가 몰락한다는 여론이 정치적 압력으로 작용하였다. 정치권에서는 무역 정책을 둘러싸고 치열한 논쟁이 계속되었고, 대체로 보호 무역주의에 대해 찬성하는 목소리가 커져 갔다. 열강들이 거의 예외 없이 보호 무역주의 정책의 채택 범위를 넓혀 가는 분위기에서 개별 국가가 독자적으로 자유 무역 기조를 유지하는 것은 현실적으로 어려웠다.

보호 무역주의가 대두하게 된 둘째 요인으로 1870년대에 해외로부터 유럽 시장으로 저가의 **농산물이 대량으로 유입**된 사태를 들 수 있다. 러시아와 미국을 중심으로 곡물 생산량이 크게 증가하자, 국제 시장에서 곡물의 과잉 공급 현상이 나타났다. 이어서 캐나다, 우크라이나, 오스트레일리아 등도 대규모 식량 수출국 명단에 이름을 올렸다. 값싼 곡물이 쏟아져 들어오자 유럽 각국은 대책 마련에 부심하였다. 영국은 1870-1900년 동안에 곡물 경작지가 1/4이나 줄어들었고, 곡물 대신에 낙농업

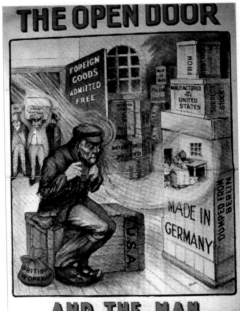

과 채소류의 재배를 늘리는 방식으로 대응하였다. 그렇지만 영국은 결국 농업 부문에서 외국과의 경쟁을 거의 포기하는 상황으로 내몰렸다. 프랑스, 독일, 이탈리아 등은 값싼 수입 농산물의 홍수로부터 국내 생산자를 보호하고자 다양한 보호 정책을 실시하였다. 가장 성공적으로 대응한 국가는 덴마크였다. 덴마크는 축산과 낙농에 특화하면서 베이컨과 버터의 생산에서 경쟁력을 확보하는 데 성공하였다.

공업과 농업의 양대 부문이 모두 관련된 대규모 불황이 여러 해 동안 계속되자 대다수 국가들은 보호 무역주의로 돌아섰다. 미국도 줄곧 보호 무역

주의 색채를 강하게 유지하였다. 영국, 네덜란드, 덴마크만이 보호 무역주의를 전면적으로 받아들이는 데 주저하였을 뿐이었다.

보호 무역주의의 경제적 귀결

보호 무역주의의 확산이 **국제 무역 증가율을 둔화**시키는 효과를 가진 것은 당연하였다. 하지만 이 효과만을 강조해서는 곤란하다. 제국주의적 **식민지 체제**가 새로 구축되면서 기존의 무역 가운데 상당 부분이 제국주의 본국와 식민지 사이의 무역으로 재편되는 현상이 발생하였기 때문이다. 자유 무역주의 시기보다 무역 증가율이 낮아진 것이 분명하고 기존의 무역 상대국 중에서 중요도가 낮아진 국가가 생긴 것이 분명하지만, 제국주의적 식민지 체제의 확대로 인해 무역의 방향이 바뀐 사실도 중요하다. 특히, 본국과 식민지 국가들 사이에서는 특권적 무역 블록의 성격을 갖는 자유 무역 지대가 형성되는 사례도 많았다.

보호 무역주의가 초래한 효과로서 **해외 직접 투자에 대한 관심**이 고조되었다는 점도 지적할 수 있다. 높아진 무역 장벽을 회피하는 수단으로서 해당국에 직접 투자를 하는 방안이 적극적으로 고려되었다. 이런 관심은 제1차 세계 대전 이후에 현실화되었다. 대규모의 자본이 해외 직접 투자 방식으로 무역 장벽 너머로 이동하게 된 것이다.

이 시기에는 보호주의를 옹호하는 **다양한 근거들**이 등장하였다. 발달의 초기 과정에 있는 산업을 성장기까지 보호해야 한다는 유치산업 보호론, 식량 생산을 포함한 이른바 '전략 산업'에 대해 일정한 수준의 자급률을 확보해야 한다는 주장, 보호 무역주의 정책을 통해 국내의 고용 수준을 유지하고 국민의

그림 15-3

반이민 정서의 대두 미국으로 입국하는 이민자의 수가 증가하면서 이민에 반대하는 목소리도 점차 커졌다. 1891년에 제작된 포스터에 이런 이미지가 담겨 있다.

생활 수준을 보호하는 것이 바람직하다는 주장, 국내 산업의 종류를 다양화하기 위해 보호 무역주의 정책이 필요하다는 주장 등이 제기되었다. 리카도의 비교 우위론으로 대표되는 자유 무역주의 이론에 대응하여 보호 무역주의를 이론적 및 현실적으로 옹호하는 다양한 주장이 등장하여 정책 입안자의 귀를 사로잡게 된 것이었다.

보호 무역주의 사조는 이민자의 유입에 대한 반대 여론에도 반영되었다. 예를 들어, 미국에서는 1880년대부터 반이민 정서가 뚜렷하게 나타났다. 이민자가 미국 경제와 사회에 긍정적인 영향이 아니라 부정적인 영향을 끼친다는 여론이 고조되면서 정부의 이민 정책도 점차 강경한 입장으로 선회하였다.

문헌 자료 15-1

이민 반대 정서

19세기 말 미국에서는 대규모 이민에 반대하는 목소리가 점차 커졌다. 조시아 스트롱 (Josiah Strong)은 미국을 백인 신교도 중심으로 만들어야 한다고 주장한 보수파 목사였다. 이민에 대한 그의 견해를 들어 보자.

이민의 정치적 측면에 관해서는 우리는 조금만 살펴볼 수 있다. 이미 보아 온 것처럼 이민은 술의 힘을 살찌운다. 그리하여 술 투표가 있다. 이민은 모르몬교의 희생자를 양산한다. 그리하여 모르몬 투표가 있다. 이민은 가톨릭 교회의 힘이다. 그리하여 가톨릭 투표가 있다. 이민은 미국 사회주의의 어머니이고 보모이다. 그리하여 사회주의 투표가 있게 된다. 이민은 주로 도시에 몰리게 되므로, 도시에 정치색을 부여한다. 폭도들이 지배하는 도시만큼 문명을 위협하는 것은 없다. … 이민은 '독일 투표'와 '아일랜드 투표'를 만들어 내고 정치가들은 이를 얻기 위해 힘쓴다. 이미 주 선거에서는 결정적인 것이 되었고 전국 선거에서도 쉽게 결정적인 것이 될지 모른다. 우리의 제도에 거의 무지한 대중이 자신의 입맛과 편견에 휩싸여 행동을 통일하게 되면 정치 선동가의 낙원이 된다.

우리는 이민이 대중의 도덕성에 해로운 영향을 끼친다. 외국에서 태어난 인구 중 문맹자의 비율이 국내 출생 백인에 비해 38퍼센트 더 높기 때문이다. 따라서 이민은 위험한 계급을 팽창시킴으로써 우리의 도적적·정치적 문제를 더욱 악화시킨다. 그리고 이민이 인구보다 빠르게 증가할 것이므로 위험한 계급이 점차 빠르게 늘어날 것이라고 우리는 유추할 수 있다. 모든 공화국에는 무지와 악덕이 한계가 있어서, 일반 국민이 이를 건드릴 경우 자유로운 제도는 파멸하고 말 것임이 분명하다. 인간의 삶에 뇌와 심장이 필수적이듯이, 지성과 미덕이 공화국의 삶에 필수적이기 때문이다.

자료: Strong(1885), 43-44쪽.

제2절 거대 기업의 등장

기업 규모의 확대

1870년대를 전후해서 발생한 세계 경제사의 중요한 변화의 하나는 거대 기업이 본격적으로 출현하였다는 사실이다. 당시에 경제를 주도한 산업이 철강, 전기, 화학, 기계 등 중화학 공업이었기 때문에 창업 자체가 대규모로 이루어진 경우도 많았지만, 기존 기업들이 다양한 형태로 연합하여 거대한 기업 집단을 형성한 사례가 많았다는 점이 더 특징적이었다. 기업 결합은 산업 내의 시장 지배력을 강화하는 결과를 초래하였다. 이와 같은 **독점화 경향**이 이 시기에 발생한 핵심적인 변화 가운데 하나였다.

기업이 결합하는 방식에는 여러 가지가 있었다. 카르텔(cartel)은 동일한 산업 내의 독립 기업들이 수평적으로 연합한 것이다. 개별 기업들은 경쟁을 지양하기 위해 제품의 가격·생산량·판매 방식 등에 대해 담합을 하지만, 경영 자체는 독자적으로 결정하는 방식이었다. 신디케이트(syndicate)는 카르텔의 결속력을 강화하여 공동의 판매 기구를 운영하는 기업 결합체였다. 한 걸음 더 나아가 트러스트(trust)는 동일한 산업 내의 독립 기업들을 단일 기업으로 통합한 수평적 기업 결합이다. 개별 기업의 주주들은 소유한 주식을 수탁자에게 맡기는 대신에 트러스트 증권을 교부받는데, 이에 따라 수탁자는 신탁한 기업의 통제권을 장악하게 된다. 다수의 기업으로부터 신탁을 받은 수탁자는 막강한 지배력을 갖는 강력한 독점체를 통제하게 되는 것이다. 콘체른(concern)은 지주 회사(持株會社, holding company)가 주식을 소유하는 방식을 통해 다수의 기업을 지배하는 형태이다. 원료에서 완제품 생산에 이르기까지의 상호 연계성이 강한 생산 부문 및 금융과 유통 부문에서 주로 나타난다. 형식적으로는 개별 기업이 독립성을 유지하지만 실질적으로는 단일한 중앙 통제 기구에 의해 계열화된 기업 결합으로서, 수직적 결합의 형태를 띠는 경우가 많다. 마지막으로 머저(merger)는 둘 이상의 기업이 합병하여 하나의 기업으로 통합되는 방식을 말한다. 세계의 주요 국가들은 각국의 사정에 맞추어 다양한 기업 결합 형태를 보였다.

미국 기업의 대형화와 독점화

거대 기업의 형성이라는 새로운 변화를 주도한 국가는 미국이었다. 1873년 불황 이후에 철도 부문에서 카르텔 - 이를 '풀'(pool)이라고 불렀다 - 형태의 기업 결합이 이루어졌으나 곧 불법화되었다. 그 후 미국의 기업 결합은 주로 **트러스트** 형태로 이루어졌다. 가장 대표적인 트러스트는 록펠러(J. D. Rockefeller)가 주도한 스탠더드 오일 트러스트(Standard Oil Trust)

그림 15-4

문어발 경영 스탠더드 오일의 영역 확장을 풍자하는 그림. 1880년경에 이 회사는 미국 정유 시설의 90%를 통제하였다.

였다. 록펠러는 1860년대부터 석유 사업에 뛰어들었고, 1879년에 스탠더드 오일 트러스트를 조직하여 미국 석유 생산의 90%가량을 지배하게 되었다. 1882년에 40개에 달하는 회사의 주식이 이 조직의 수탁자인 록펠러와 그의 파트너들에게 신탁되고 대신에 트러스트 증권이 교부됨으로써 트러스트 결성이 완료되었다. 록펠러의 전례를 따라 이후에 여러 산업에서 15개에 달하는 트러스트가 형성되었다. 트러스트의 독점력이 초래하는 폐해에 대한 비난 여론이 비등하면서 정부가 규제를 하게 되었는데, 1890년에는 **셔먼법**(Sherman Act)이 제정되어 트러스트가 금지되었다. 그 결과 스탠더드 오일 트러스트는 20여 개 회사로 분할되는 운명을 맞았다.

트러스트가 금지된 후 미국의 기업 결합은 주로 콘체른 형태로 이루어졌다. 가장 대표적인 사례는 **철강 공업**에서 나타났다. 표 15-1은 1870년과 1900년 사이에 철강 공업 부문의 상황이 어떻게 달라졌는가를 보여 준다. 1870년에 808개였던 기업의 수는 1900년에 669개로 감소하였다. 감소 폭이

록펠러(1839-1937): 1860년대 부업으로 정유소를 설립함으로써 석유 산업에 입문하여, 20년 만에 미국 내 정유소의 대부분을 포함하는 스탠더드 오일 트러스트를 지배하게 된 입지전적 인물. 그의 회사 조직은 셔먼법 위반 판결로 위기에 처하자 지주 회사 형태로 변신하였으나, 다시 1911년 반독점법 위반으로 해체의 길을 걷게 되었다. 재계에서 은퇴한 그는 자선 사업에 몰두하여 시카고 대학, 록펠러 재단 등의 설립에 크게 기여하였다.

셔먼법: 스탠더드 오일의 독점력이 논란의 대상이 되는 가운데 트러스트를 제한할 목적으로 제정된 법률. '경쟁의 마그나카르타'라고 불린 이 법은 미국 반독점법의 근간을 이루었다. 그러나 금지 기준과 처벌 기준을 명확히 마련하지 못하였고 때로는 노동조합의 탄압 수단으로만 이용되었다는 평가를 받기도 하였다.

표 15-1　미국 철강 공업의 변화, 1870-1900년

변수	1870년	1900년
기업 수(개)	808	669
근로자 수(명)	78,000	272,000
산출(톤)	3,200,000	29,500,000
투자액(달러)	121,000,000	590,000,000

자료: Heilbroner and Singer(1984), 92쪽.

> **문헌 자료 15-2**
>
> ## 카네기의 기업 관념
>
> 미국 철강업계의 기업 집중을 주도한 카네기(Andrew Carnegie)는 부의 집중 현상이 피할 수 없는 새로운 질서라고 인식하였다. 그는 나아가 부의 집중이 인류 발전에 긍정적으로 작용한다고 보았다.
>
> 이것이 현실이다. 우리는 이를 회피할 수도 없고, 그렇다고 대안이 존재하는 것도 아니다. 그 변화가 때로는 가혹하겠지만, 그래도 모든 영역에서 적자생존을 실현한다는 차원에서 그것은 인류를 위한 최고의 선택이다. 그러므로 이제 우리는 거대한 불평등의 상황을 적응해 나가야 할 조건으로 받아들여야 한다. 그리고 산업과 상업에서 소수에 의한 비즈니스의 집중화, 그리고 이들 사이에서 이루어지는 경쟁의 법칙을 인류 발전에 도움이 될 뿐 아니라 필수적인 요소로 인정해야 한다.
>
> 카네기는 또한 다음과 같이 언급하였다.
>
> 지난 백 년 동안 삶의 환경은 그저 달라진 것이 아니라, 혁신적으로 거듭났다. 아주 옛날에 집과 옷, 음식, 환경에 있어 주인과 노예 사이의 차이는 크지 않았다. 아직도 산업화되기 이전의 삶을 살아가고 있는 인디언 부족들이 남아 있다. 북아메리카 인디언인 수족을 방문했을 때, 나는 족장의 오두막에 들어가 볼 수 있었다. 그런데 겉으로 보기에 다른 사람들의 오두막과 별 차이가 없었고, 내부 또한 그 마을에서 가장 가난한 전사들의 집과 크게 다른 게 없었다. 오늘날 백만장자의 궁전과 노동자의 오두막이 드러내고 있는 극명한 대조를 보고 있노라면, 문명화가 가져온 변화의 위력을 실감하게 된다.
>
> 자료: 프릴랜드(2013), 32-33쪽.

모건(1837-1913): 미국의 대은행가. 아버지 J. S. 모건과 함께 영국의 자본을 동원하여 신흥 미국 시장에 성공적으로 투자하였으며, 19세기 후반 미국의 제조업과 철도 산업의 자금 조달에 중요한 역할을 하였다. 1895년 회사 이름을 J. P. 모건 회사로 바꾸었고, 제1차 세계 대전 때는 아들 J. P. 모건 2세를 통해 영국과 프랑스 정부를 원조하였다.

카네기(1835-1919): 유에스 스틸의 모태인 카네기 철강 회사를 설립한 기업인. 경영에서 물러난 후에는 교육, 문화, 사회복지 사업에 몰두하였다.

얼핏 작아 보이지만, 이 시기가 철강 공업이 엄청나게 성장한 때임을 감안하여야 한다. 근로자의 수를 보면 1870년 7만 8,000명에서 1900년에는 3배가 넘는 27만 2,000명으로 증가하였다는 점이 이를 말해 준다. 산출량을 보면, 같은 기간에 무려 9배 이상의 증가가 나타났다. 기업당 산출을 기준으로 보면 이 기간에 무려 11배의 증가가 발생하였던 것이다. 철강 공업에 대한 투자액도 1.2억 달러에서 5.9억 달러로 증가하였다. 기업당 투자액이 4.9배 증가한 셈이다.

더욱 결정적인 변화는 1901년 모건(J. P. Morgan)의 주도로 이루어진 초대형 통합으로 발생하였다. 카네기(A. Carnegie)의 철강 회사를 포함한 7개의 대형 철강 회사가 석탄 회사를 통합하는 수직적 결합을 통해 14억 달러의 자본

금을 보유한 초대형 기업 유에스 스틸(U.S. Steel)로 탄생한 것이다. 기업의 독점화는 노사 관계에도 영향을 주었다. 합병으로 경쟁 기업들이 사라진 후 카네기는 임금을 삭감하였고, 이에 반발해 파업이 발생하자 공장 폐쇄를 명하였다. 노사의 대치는 극한으로 치달았고 결국 유혈 사태를 맞게 되었다.

그림 15-5

철강 공업의 대형화 1905년에 촬영된 피츠버그 동부의 유에스 스틸(U.S. Steel) 공장.

1880-1904년에 미국에서 기업 결합을 통해 조성된 자본금이 70억 달러 – 이는 미국 공업 자본의 40%에 해당하는 규모였다 – 인 것을 감안하면 이 기업 결합의 규모를 짐작할 수 있다. 1914년에 제정된 **클레이턴법**(Clayton Act)에 의해 독점적 기업 형성에 대한 규제가 강화되기는 하였지만, 전반적으로는 이 시기부터 계속된 독점화 경향이 제1차 세계 대전 이후까지 계속되었다.

애초부터 기업이 대규모 생산 체제를 갖춘 경우도 있었다. 대표적인 사례가 자동차 산업으로, 선구적 기업가 포드(H. Ford)는 1903년 부품의 호환성을 높여 대량 생산 체제를 갖추었다. 1908년에 생산이 시작된 T형 모델은 이후 컨베이어 벨트를 이용한 일관 작업 시스템에 의해 생산이 이루어졌다. 이런 기술 혁신에 힘입어 자동차 한 대를 조립하는 데 걸리는 시간이 14시간에서 2시간 이하로 크게 축소되었다. 자동차가 대중 소비재로 역사에 등장하게 된 것은 이런 혁신의 결과였다.

클레이턴법: 셔먼법이 가졌던 모호한 규정을 고쳐 반독점 정책의 실효성을 높인 법률. 경쟁을 현저히 저해할 기업 결합과 각종 소비자 차별 수단을 불법으로 규정하였다.

포드(1863-1947): 미국 자동차 회사 포드의 설립자. 1910년대에 조립 라인의 설치, 1일 8시간 노동, 일급 5달러 지급 등의 획기적 경영을 통해 포드 사를 미국 최대의 자동차 제조업체로 육성하였다. 그러나 1920년대 후반에 경영 악화로 경쟁사인 GM에 밀리고 말았다.

다른 국가들의 독점화

다른 국가들에서도 기

그림 15-6

반독점 소송 뉴욕의 법정에서 나오고 있는 록펠러의 모습.

업 규모의 확대와 독점화 경향이 나타났다. **영국**은 자유주의적 전통이 강하였기 때문에 다른 국가들에 비해 이런 변화가 서서히 나타났다. 개인 및 가족 경영 체제가 많이 남아 있었다는 점도 이에 한 몫을 하였다. 이런 여건에서 영국의 기업 규모는 제한적인 수준에 머무를 수밖에 없었다. 1900년을 기준으로 볼 때, 영국 100대 기업이 GDP에서 차지하는 비중은 15%에도 미치지 못하였다. 제1차 세계 대전까지 영국에서는 기업 합병을 통해 대기업의 형성만 어느 정도 진행되었을 뿐, 카르텔은 별로 이루어지지 않았다. 그러나 제1차 세계 대전 이전에 형성된 소수의 거대 기업이 세계적으로 앞선 성과를 보였다는 점도 무시할 수 없다. 임페리얼 토바코(Imperial Tobacco), 브리티시 페트롤륨(British Petroleum) 등은 대표적인 사례로 꼽힌다. 영국에서는 1920-1930년대에 와서야 카르텔이 본격적으로 형성되었다.

　　프랑스도 영국과 마찬가지로 가족적 경영의 전통이 강하였고, 대규모로 표준화되기 어려운 업종의 비중이 높은 편이었기 때문에, 거대 기업의 형성과 독점화가 느리게 전개되었다. 가장 독점적 경향을 보인 산업은 제철 공업이었는데, 1910년대에는 프랑스의 모든 철강 기업을 망라하는 독점체가 형성되기도 하였다. 그렇지만 전반적으로는 후발 공업국인 독일 등의 상황과는 크게 차이를 보였다.

　　독일은 세계적으로 독점화 추세가 가장 일찍 등장한 국가였다. 자유방임주의적 전통이 약해 독점화에 대한 여론도 부정적이지 않았고, 법률 제도도 독점을 규제하기는커녕 오히려 **독점을 장려**하는 모습을 보였다. 역사학파의 주장은 독점적 경제 구조가 국가 경제에 도움이 된다는 주장에 힘을 실어 주었다. 정부가 적극적으로 개입하는 대형 은행들이 기업 결합에 적극적인 역할을 수행한 점도 특징적이었다. 1870년대부터 보호주의적 관세가 설정되고 외국과의 경쟁이 제한되면서 독일 경제의 독점화 경향이 본격화되었다. 독일의 공업 부문은 특히 지역적으로 집중되어 있었기 때문에 독점화에 유리하였다. 루르 지방은 전국 철강 생산의 3/4, 전국 석탄 생산의 절반을 담당하고 있었다. 레버쿠젠과 프랑크푸르트에는 거대한 화학 공장 단지가 자리를 잡고 있었다. 기업 연합의 대표적인 사례인 라인베스트팔렌 석탄 조합(Rhenish-Westphalian Coal Syndicate)은 1890년대부터 회원 기업들의 생산량과 가격을 철저하게 통제하였다. 기업 연합의 또 다른 사례는 이익 협동체(Interessen-gemeinschaften)로서, 기업의 이윤을 공동 분배하고 상호 출자를 하기도 하였다. 화학 기업들의 연합체인 이게파르벤(I.G. Farben)이 대표적인 이익 협동체였는데, 제1차 세계 대전 이후에는 염료·필름·제약 시장에서 막

라인베스트팔렌 석탄 조합: 1893년 결성된 독일의 석탄업 부문 기업 연합. 이 지역 채탄량의 90%를 차지하는 석탄업자들이 출자한 자금에 기초하여 독립된 주식회사 형태로 형성되었다.

이익 협동체: 다수의 법률적으로 독립적인 기업들이 상호 출자를 하고 얻은 이윤을 공동 분배하는 방식의 기업 연합.

강한 시장 지배력을 갖는 기업 집단으로 이름을 날리게 된다. 독일에서 가장 대표적인 독점체는 카르텔이었다. 석탄, 철강 등에서 두드러졌던 카르텔은 가격 설정과 생산량 조절에 적극적이었다. 화학과 전기 분야에서는 카르텔 조직과 함께 콘체른과 트러스트 조직도 형성되었다. 예를 들어, 전기 공업에서는 20세기 초에 지멘스(Siemens) 콘체른과 아에게(AEG) 트러스트가 양대 세력을 이루었다.

독점 기업의 **영향력** 미국 의회가 독점적 거대 기업의 영향력하에 있다고 꼬집는 만평. 맨 위에 '독점가의, 독점가에 의한, 독점가를 위한 상원'이라고 적혀 있다.

일본에서는 1900년대에 들어서면서 본격적인 기업 규모의 확대가 진행되었다. 일본에서는 특히 본사가 다수의 계열 회사를 산하에 거느리는 콘체른 형태인 재벌(財閥, Zaibatsu)이 성장하였다. 재벌 조직의 핵심은 지주 회사가 지분과 이사진의 집중적인 관리와 통제를 통해 계열 기업들을 완벽하게 장악하는 것이었다. 재벌은 가족 중심의 소유 제도와 실적 위주의 관리 체제를 결합하면서 빠르게 성장하였다. 미쓰이(三井), 미쓰비시(三菱), 스미토모(住友) 등으로 대표되는 재벌은 광업, 은행업, 조선업 등 복수의 산업에 걸쳐 경제력을 집중시켜 갔다.

재벌: 다양한 사업 부문에 계열사를 거느리는 기업 집단으로, 지주 회사 및 기업 간의 상호 자본 소유를 통해 의사 결정권을 지배한다. 혈연 관계를 통해 일원화된 의사 결정 체계를 유지하는 경향도 강하다.

국제적 독점체의 형성도 진전되었다. 화학, 전기, 철강, 해운 등 다수의 분야에서 카르텔 형태로 독점 체제가 구축되었다. 제1차 세계 대전 직전에는 100개를 상회하는 국제 카르텔이 형성되어 있었다. 세계의 시장을 분할하고 제품의 가격과 수량을 통제하는 방식으로 국제 카르텔은 결합 이윤의 극대화를 추구하였다. 국제적 트러스트 조직도 탄생하였다. 대표적으로 영국과 독일의 폭약 산업에서 형성된 노벨 다이너마이트 트러스트(Nobel Dynamite Trust)와 영국과 네덜란드의 석유 회사들이 결합하여 구성한 로열 더치 셸(Royal Dutch Shell)이 이에 해당하였다.

보이는 손

이 시기에는 기업 규모만 확대된 것이 아니었다. 기업을 운영하는 체제 역시 혁명적인 변화를 경험하였다. 이 시기에 등장한 거대 기업들은 소수의 주력 산업 분야를 선택하여 독립적인 경영적 권한을 부여하는 **사업부제(事業部制)**를 채택하여 갔다. 그리고 소유와 경영의 분리가 점차 진행되는 가운데 **전문 경영인**이 기업 운영의 중심축으로 떠올랐다. 기업의 경영을 개인적 성향에 맡기기보다 체계적이고 객관적인 장으로 끌어내기 위한 노력의 일환으로 미국의 대학들을 중심으로 경영대학원의 설립이 이어졌다. 이런 일련의 변화들은 이 시기에 등장한 새로운 추세인 경영 관리 체제 (Managerialism)의 핵심적 내용이었다. 미국 기업들을 중심으로 발달한 경영 관리 체제가 뛰어난 성과를 거두면서 이러한 기업 운영 방식은 전 세계로 전파되었다. 제1차 세계 대전 이후에는 경영 관리 체제를 도입하지 않고서는 세계적 기업으로 성장하기 어렵다는 인식이 일반화되었다.

경영 관리 체제: 수평 및 수직으로 결합된 대기업에서 조직 혁신, 과학적 관리, 전문 경영 등을 도입하여 효율성 제고를 도모하는 체제.

경영 관리 체제의 도입이 가져온 경제사적 변화에 주목한 학자는 챈들러(A. Chandler)였다. 그는 대기업과 새로운 경영 방법이 전통적인 체제에 비해 생산성이 높고, 비용을 절감하며, 더 많은 이윤을 창출한다고 강조하고, 이런 경쟁력이 대기업과 경영 관리 체제가 확산된 근본적 이유라고 지적하였다. 그에게 기업 규모의 확대는 그간 자주 주장되어 온 것처럼 독점의 이익을 향유하려는 자본가나 이를 지원한 국가의 비경쟁적 정책에 의한 것이 아니라, 경제적인 **효율성과 생산성**이 높은 방식을 따른 합리적인 선택이었다. 새로운 시대에 경제를 주도하는 것은 경쟁적 시장의 '보이지 않는 손'(invisible hand)이 아니라 이제는 경영 관리 체제라는 '**보이는 손**'(visible hand)이라는 것이 챈들러의 주장이다. 그는 자본주의 경제 체제에도 다양성이 존재한다고 보고, 영국 경제를 개인적 자본주의(Personal Capitalism), 미국 경제를 경쟁적 자본주의(Competitive Capitalism), 독일 경제를 협동적 자본주의(Cooperative Capitalism)라고 구분하였다. 그러나 이런 차이에도 불구하고 챈들러는 규모의 경제와 범위의 경제의 이익을 취할 수 있는 대기업과 전문적 경영이라는 공통점을 지적하고, 이 공통점이 **경영 혁명**(Managerial Revolution)을 가져온 결정적인 요인이라고 강조하였다.

챈들러(1918-2007): 경영사학의 개척자로 19세기 후반 이래 거대 기업의 형성과 운영에 관해 많은 연구를 하였다.

그림 15-8

세계적 기업의 성장 미국의 재봉틀 제조사 싱어(Singer)는 이 시기에 미국 내에 7개, 해외에 8개의 대형 공장을 보유한 세계적 기업으로 발돋움하였다. 이 기업의 설명서는 50개 이상의 언어로 작성되었다.

경영 혁명: 소유와 경영이 분리된 가운데 전문 경영인의 역할을 강조하며 대기업 체제가 지닌 장점을 적극적으로 활용하는 방식으로 경영의 방향이 전환된 것을 의미한다.

과학적 관리

경영의 혁신은 이른바 '**과학적 관리**'(scientific management)의 대두와 동시대적으로 이루어졌다. 과학적 관리란 작업의 능률을 최대화하기 위하여 노동자의 동작과 시간에 대한 연구를 기초로 하여 표준 작업량을 정하는 방식을 말한다. 과학적 관리를 본격적으로 탐구하고 그 중요성을 역설한 사람은 미국의 테일러(F. W. Taylor)였다. 사용자가 노동자의 직무를 세세하게 구분한 후, 각 세부 직무에 소요되는 시간을 정교하게 측정하여 노동 과정을 설계하고 집행하는 방식이다. 테일러는 노동자의 태업을 방지하고 노동 생산성을 극대화하는 데에 이러한 과업 제도가 효과적이라고 주장하였다. 또한 노동자의 성취도에 비례하도록 책정되는 차별적 성과급 제도를 통해 노동자와 사용자 모두에게 이익이 돌아가게 된다고 보았다.

테일러(1865-1915): 생산의 전 과정을 표준화하고 차별적 성과급제를 도입하는 등 과학적 관리 체제를 개발하였다.

그런데 **테일러주의**(Taylorism)라고 명명된 이 노동 관리 방식은 그의 기대와는 달리 현실에서 순탄하게 받아들여지지 않았다. 핵심적인 이유는 예전에 통합적이었던 기획과 실행 기능을 분리시킨다는 테일러주의의 특징에서 찾을 수 있다. 과거에 부분적으로 노동자에게 놓여 있던 기획 기능이 관리자의 배타적인 권한과 재량으로 전환된 것이다. 노동자는 노동 과정에서 기계화된 역할만을 담당하게 되고 책임감과 자율적 통제권을 상실하게 됨으로써, 하나의 부품이나 기구와 같은 지위에 이르게 되는 결과를 낳았다. 이것이 테일러리즘이 지닌 일정한 효율성에도 불구하고 비판적인 반응에 직면하게 된

테일러주의: 노동의 표준화를 통해 생산의 효율성을 제고하는 관리 기법. 작업 표준화의 장점이 있으나 근로자의 창의성이 발휘될 여지가 제한된다.

문헌 자료 15-3

테일러의 낙관적인 이상론

테일러는 과학적 관리가 인류의 후생을 획기적으로 증진시킬 것이라고 확신하였다. 그는 낙관론의 근거를 다음과 같이 제시하였다.

과학적 관리를 전면적으로 채택함으로써 미래에 산업적인 작업에 종사하는 평균적인 인간의 생산성이 배가될 것이다. 이 나라 전체에 이것이 의미하는 바를 생각하라. 삶에 필요한 생필품이며 사치품이 모두 다 증가하는 것을 생각해 보라. 이들 재화는 이 나라 어디서나 쉽게 얻을 수 있다. 원할 경우 노동 시간 단축이 가능하고, 이 단축이 가져올 교육, 문화, 레크리에이션 기회의 증대를 생각해 보라. 전 세계가 이러한 생산 증대로 혜택을 얻은 반면, 기업가와 노동자는 그들에게 그리고 그들 주위 사람들에게 가까워지는 특별한 고유의 이득에 더 많은 관심을 기울일 것이다. 과학적 관리는 그것을 받아들인 고용주와 노동자 모두에게 – 그리고 그것을 앞장서서 채택한 사람들에게 더 특별히 – 그들 사이의 분쟁과 불일치를 낳은 거의 모든 요인들의 근절을 의미할 것이다.

자료: Taylor(1914), 10쪽, 이영석(2012), 264-265쪽에서 재인용.

본질적 이유였다.

포드주의(Fordism)는 테일러주의가 강조하는 기획과 실행의 분리, 그리고 직무의 세분화를 받아들이면서, 여기에 부품 표준화와 이동식 생산 공정을 결합시킨 생산 방식이었다. 포드는 1910년대에 자신이 운영하는 자동차 공장에서 이 생산 방식을 도입하였다. 그는 정밀한 작업을 통해 부품의 호환성을 최대로 높이고, 공장 전체에서 컨베이어 벨트를 통해 유기적으로 작업의 흐름이 이어지도록 조직화하였다. 포드주의에 따른 생산 과정에서 노동자는 한 자리에 고정 배치되어 끊임없이 운반되어 오는 부품과 반제품에 몇 가지 작업을 더하는 형태로 일을 하게 되었다. 포드주의는 생산성을 크게 향상시켰고 자동차와 같이 복잡한 공정을 거치는 상품들도 대량 생산을 할 수 있게 만들었다. 포드는 자신이 고용한 공장 노동자들의 임금을 하루 2.3달러에서 5달러로 인상하였는데, 이는 노동자에게 높은 효율 임금(efficiency wage)을 보장함으로써 자발적으로 성실하게 일할 유인을 주는 효과를 기대한 것이기도 하였지만, 새로운 생산 체제하에서 높은 노동 강도의 대가로 증가한 생산성 덕분에 가능한 일이기도 하였다. 노동자는 과거보다 높은 임금으로 보상을 받기는 하였지만, 자신의 노동 과정에서 소외를 감내해야만 하였다.

포드주의: 공정과 부품을 표준화하고 컨베이어 벨트를 이용해 효율성 높은 공장 시스템을 구축하여 운영하는 것.

효율 임금: 상대적으로 높은 임금을 받는 노동자가 자발적으로 높은 생산성을 발휘하는 선택을 한다는 효율 임금 이론에 맞추어 높게 책정된 임금.

제3절 제국주의와 식민지 경영

제국주의와 팽창 정책

제국주의의 본질에 대해서 다양한 시각과 견해가 존재한다. 홉슨(J. A. Hobson)은 제국주의를 **경제적 측면**에서 인식하였다. 본국이 자국의 생산품을 판매하고 식량과 원료를 공급해 줄 식민지를 확보하고자 하는 것이 제국주의 정책의 핵심적 부분이라고 그는 이해하였다. 그는 특히 제국주의 정책을 배후에서 지휘하는 것은 궁극적으로 자본가라고 지적하면서, 국내에서 충분한 이윤을 얻지 못하는 잉여 자본이 찾은 탈출구로 식민지를 이해하였다. 힐퍼딩(R. Hilferding)은 20세기 초 기업 집중과 보호 무역주의가 팽배하던 독일 경제에서 제국주의의 핵심을 도출하고자 하였다. 그는 금융 자본의 지

홉슨의 『제국주의론』

홉슨은 제국주의적 팽창 정책의 기저에 경제적 요인이 강하게 작용한다고 주장하였다. 특히, 자본의 이해가 식민지 확보의 핵심적 이유라고 보고, 다음과 같이 기술하였다.

그보다도 훨씬 크고 중요한 점은 해외 투자를 요구하는 자본의 압력이다. 더욱이 제조업자와 무역업자는 외국과의 무역에 충분히 만족하고 있지만, 투자가들은 그들이 보다 투기적인 투자를 하고 있는 여러 나라들을 정치적으로 합병하려는 강력한 경향을 띠고 있다. 이처럼 자본이 압력을 가해 오는 사실에 대해서는 의문이 있을 수 없다. 국내에서는 어떤 유리한 투자 대상도 찾을 수 없는 거액의 저축이 형성되어 있다. 그것은 어딘가 다른 곳에서 사용처를 찾지 않으면 안 된다. 그리고 그 같은 자본은 영국의 무역을 위해서는 시장을 열어 주고 영국의 기업을 위해서는 고용을 제공해 주도록 이용될 수 있는 그런 지역에서 가능한 한 많이 사용될수록 영국에 이익이 되는 것이다.

이러한 제국적 팽창의 과정은 그것이 아무리 값비싸고 위험한 것이라 할지라도 우리 국민의 계속적인 생존과 발전을 위해서는 필요한 것이다. 만약 우리가 이를 포기한다면 우리는 세계의 개발을 다른 나라들에게 맡기는 것에 만족해야 할 것이다. 이 나라들은 모든 곳에서 우리의 무역을 침해할 것이고 심지어는 우리 인구를 부양하는 데 필요한 식량과 원료를 확보하는 수단마저 위태롭게 할 것이다. 그러므로 제국주의는 선택이 아니라 필요 불가결한 것으로 보여지는 것이다.

자료: 홉슨(1982), 69쪽.

배가 자본주의적 경제 발전의 귀결이며, 해외에서 금융 이익을 관철할 수 있도록 제국주의 국가를 필요로 한다고 주장하였다.

경제적 관점에서 제국주의를 바라보는 시선을 더욱 날카롭게 다듬은 사람이 레닌(V. I. Lenin)이었다. 그는 자본주의적 모순이 국내에서 해소될 수 없는 상황에 이르렀을 때 마지막으로 선택하게 되는 정책으로 제국주의를 이해하였다. 자본주의 경제에서는 경쟁이 격화되고 투자액에 비해 소비가 상대적으로 부족해지면서 이윤율이 저하되는 경향이 나타나는데, 이를 해결하기 위한 방안으로 식민지를 확보하는 노력을 기울이게 된다는 것이다. 식민지는 본국이 수요를 하는 원료, 노동 등을 제공하고, 본국이 생산한 공산품을 소비하며, 본국의 잉여 자본의 투자 대상으로 기능하게 된다. 레닌은 이런 인식에 기초하여 제국주의를 '자본주의 최후의 단계'라고 규정하였다.

경제적 요인 대신에 **정치적** 내지 **군사적 요인**을 강조하는 견해도 있다.

레닌(1870-1924): 러시아 혁명의 중심 인물로 마르크스주의를 후진국 러시아에 적용한 혁명 이론가이자 사상가. 1917년 프롤레타리아 독재를 표방하는 혁명 정권을 수립하고 1919년 코민테른을 창설하였다.

그림 15-9

반제국주의 포스터 레닌이 말하는 제국주의 괴물에 항거하는 노동 계급을 묘사한 러시아의 포스터.

제국주의는 적대적 민족주의 정서가 팽배한 가운데 열강들이 다른 국가보다 우월한 위치를 차지하기 위해 벌인 경쟁의 소산이라는 주장을 들 수 있다. 국내적으로 보면, 베버(M. Weber)가 주장한 것처럼 제국주의적 팽창 정책에 의한 국가 통치권의 확대가 지배 계급의 권위를 높이고 정치적 우월성을 강화해 준다. 지배 엘리트가 기대하는 이런 이익과 대중의 민족주의적 열망이 결합하거나, 아니면 서로를 이용하여 제국주의를 지지하고 추동하는 거대한 움직임을 만들어 낸 것이라는 해석이 가능하다. 지배층과 대중 가운데 어느 쪽의 역할을 강조하느냐에 따라 제국주의를 조작된 극단적 민족주의의 산물로 보기도 하고, 민족주의적 대중 운동의 산물로 보기도 한다.

19세기 후반에서 20세기 초반에 이르는 기간에 식민지의 경제적 가치에 대해 많은 논쟁이 벌어졌는데, 그 가운데 식민지의 점령과 통치가 본국에 기대한 만큼의 경제적 이익을 가져다주지 않았다는 주장이 적지 않게 대두되

그림 15-10

영 제국의 건설자 세실 로즈(Cecil Rhodes)가 19세기 말 남아프리카의 금광 부근에서 휴식을 취하고 있다.

었다. 식민지의 경제적 가치가 의심스러운 상황에서 제국주의적 팽창 정책이 계속 추진되었다면, 이는 민족주의적 적대감이 고조되는 환경에서 각국에서 이루어진 정치적인 선택이 제국주의를 낳았다고 볼 근거가 된다.

제국주의적 식민지 통치의 본질을 **심리적인 측면**에서 찾는 견해도 있다. 경제적 · 정치적 또는 군사적 강제보다도 더 강력한 통제 기제가 심리적이

고 문화적인 인식 체계에 있다는 주장의 예로 사이드(E. Said)의 논의를 들 수 있다. 그는 '오리엔탈리즘'(Orientalism)에 대한 논의를 통해, 식민지의 피지배자들이 제국주의 본국을 자신을 지배할 자격이 있는 강인하고 진취적이며 판단력과 지식을 갖춘 존재로 보는 반면, 자신을 나약하고 피동적이고 무지한 존재로 보게 되었다는 점을 강조한다. 이들의 패배주의와 열등감이 열강의 제국주의적 통치를 수월하게 한 문화적 · 심리적 요인이었다는 것이다.

지구의 분할

1500년을 기준으로 볼 때 향후에 서양 열강이 될 유럽 국가들이 지구상에서 차지한 토지의 점유율은 약 10%였고, 인구로는 많아야 16%에 불과하였다. 그러나 1913년에는 서양의 11개국이 지구상의 토지와 인구의 약 60%를 지배하였다. 산출량으로는 이 국가들이 전 세계 생산의 79%나 차지하였다. 이러한 식민지 쟁탈전의 가속화가 가장 현저하게 진행된 곳은 아시아와 아프리카였다.

19세기 후반~20세기 초반 아시아의 식민지화
자료: Bentley, Ziegler and Streets-Salter(2010), 562쪽.

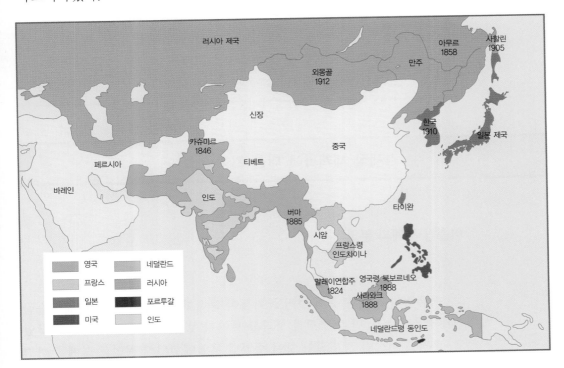

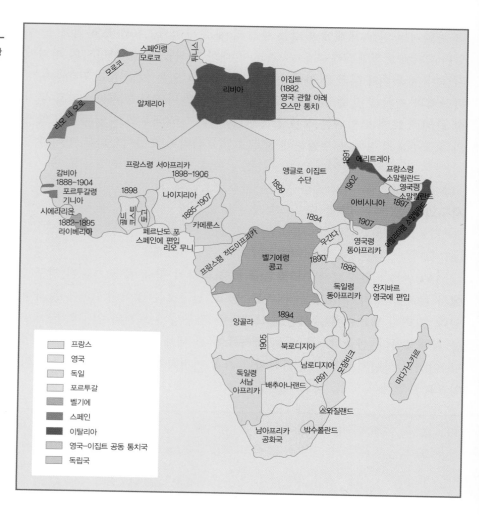

제1차 세계 대전 직전 아프리카의 분할 상황
자료: 파커(2004), 118쪽.

제4절 강제적 세계화에 대한 저항

이슬람 세계의 분열

서유럽과 세계 곳곳의 여러 국가들이 근대화를 추진하는 동안에 이슬람 경제권은 주목할 만한 경제적 성과를 보이지 못하였다. 경제 성장률은 낮았고, 과거에 이슬람 경제권이 보여 주었던 무역에서의 역동성도 크게 무뎌졌

표 15-2 오스만 제국의 연간 무역 추이, 1830-1913년

(단위: 100만 파운드)

연도	수입	수출	무역 수지
1830-1839	5.1	4.2	-0.9
1840-1849	6.9	6.0	-0.9
1850-1859	12.3	9.8	-2.5
1860-1869	18.3	15.4	-2.9
1870-1879	20.8	18.6	-2.2
1880-1889	16.0	15.5	-0.5
1890-1899	18.6	17.7	-0.9
1900-1909	26.0	23.0	-3.0
1913	39.4	28.4	-11.0

다. 이슬람 세력의 마지막 보루였던 오스만 제국도 **쇠퇴 분위기**가 역력하였다. 표 15-2는 오스만 제국의 무역 추이를 담고 있는데, 1830년대 이래 무역 수지 적자가 계속되었음을 보여 준다. 19세기 중반에 적자 폭이 늘어났으며, 제1차 세계 대전 직전에는 무역 적자가 연 1,000만 파운드를 넘어섰다.

서구 중심의 공업화와 서구 주도의 국제 질서는 무슬림들에게 좌절과 패배 의식을 안겼다. 이슬람 세계의 많은 이권이 유럽 열강들에 의해 침탈되면서, 강력한 이슬람 진영을 구축하고자 하는 기대도 등장하였다. 그러나 독일과 이탈리아에서 민족주의가 국가의 통일과 경제 발전에 중요한 기여를 하였던 것과는 달리, 오스만 제국에서는 민족주의가 오히려 **제국을 분열**시키는 힘으로 작용하였다. 이런 점에서 민족주의의 역사적 역할은 단일하지 않았으며, 합스부르크 제국 및 제정 러시아와 마찬가지로 민족적·문화적 이질성을 내재한 오스만 제국에서 민족주의는 근대화를 추동하는 응집력으로 작용하지 못하였다. 특히, 18세기에 오스만 제국의 지배하에 있던 아랍 세계에서 전개되었던 와하브 운동(Wahhabism)은 이슬람의 본래 가치를 되찾자는 정신적 변혁 운동의 성격이 강하였는데, 이것이 19세기에 오스만 제국과 서구 열강에 대항하는 민족 운동으로 변모하였다. 코란의 가르침을 충실하게 따르자는 종교적 복고 운동이 민족적 저항 운동으로 전환되었던 것이다.

서구 중심의 근대화에 직면한 이슬람 세계의 또 다른 변화 방향은 서구의 제도를 도입하여 **개혁을 추진**하는 것이었다. 1839년에 시작한 탄지마트(Tanzimat)라는 이름의 개혁 정책은 유럽을 모방하여 신식 군대, 신식 교육, 신식 행정을 갖추고자 하였다. 그러나 기득권층의 저항, 지역적 반란과 자치

와하브 운동: 순수한 초기 이슬람의 정신을 회복하자는 18세기의 정신 운동. 초기에는 전통 이슬람 사상을 되찾자는 종교적 운동의 성격이 짙었으나 점차 오스만 제국과 서구에 저항하는 정치적 운동의 성격이 강화되었다.

탄지마트: 행정, 교육, 사법, 군사 등 사회의 여러 영역에서 추구된 근대적 개혁 정책.

권 요구, 이슬람 종교계의 반발 등으로 인해 개혁은 지체되었고, 크림 전쟁 후에는 실질적인 추진력이 크게 약화되었다. 탄지마트가 종료한 1876년 이후에도 개혁 움직임이 간헐적으로 일어났다. 그러나 재정 기반이 불안정한 상태에서 개혁에 소요되는 비용을 지속적으로 충당하기도 곤란하였

그림 15-13

근대화의 꿈 탄지마트 개혁을 종합적으로 반영한 1876년의 오스만 헌법은 여성으로 의인화한 오스만 제국을 과거의 속박에서 벗어나게 해 줄 것이라고 기대를 받았지만 실제 성과는 미흡하였다.

카자르 왕조(1779-1925): 이란 북부에서 투르크계가 중심이 되어 수립한 왕조로, 1925년에 팔레비 왕조가 수립될 때까지 이란 전역을 통치하였다.

다. 영국과 프랑스에서 차입한 자금이 사용되었으나, 점차 지불해야 할 이자 부담이 증가하면서 국가의 방위와 경제적 기반이 취약해졌다. 이슬람 세계의 쇠퇴를 돌이키기에는 그동안의 개혁 효과가 충분히 크지 않았다.

한편, **이란**의 카자르 왕조(Qajar Dynasty)는 러시아의 압력을 받아 개항을 하게 되었고, 곧이어 영국이 새로운 압박 세력으로 등장하였다. 이란인들은 영국이 담배 제조와 판매에 대해 독점력을 행사하자 저항 운동을 격렬하게 벌였다. 또한 민족 운동을 이끌던 상인과 이슬람 지도자들을 중심으로 근대화를 위한 제도 개혁을 추진하기도 하였다. 그러나 러시아와 영국이 결탁하여 취한 공세를 막아 내지 못하고 결국에는 반식민지 상태로 전락하였다.

인도와 동남아시아의 저항

인도 국민 회의: 1885년 인도의 반영 여론을 약화시킬 목적으로 구성한 회의. 초기에는 영국의 통치에 협력하였으나 점차 민족주의적 반영 운동의 구심점이 되었다.

1857년 세포이 항쟁은 인도의 패배로 종결되었고, 영국이 **인도를 직접 통치**하기로 결정함에 따라 무굴 제국이 붕괴되었다. 그러나 세포이 항쟁은 그동안 지식인 집단에 머물렀던 인도의 민족 의식이 전 계층으로 확산되는 계기가 되었다. 영국은 지식인 집단에 대한 회유책으로 인도 국민 회의의 조직을 허용하였다. 그러나 1905년 영국이 벵골을 분할하겠다는 계획을 발표하자 인도 국민 회의를 포함한 인도 전체가 반발하였다. 이때부터 인도 국민 회의는 영국의 애초 의도와 달리 식민 통치에 반대하는 운동의 전면에 나서

게 되었다. 인도산 국산품 애용을 주장하는 스와데시(Swadeshi)와 인도의 자치를 주장하는 스와라지(Swaraji)가 대표적인 사례였다.

스와데시: 1906년 반영 운동의 일환으로 발표된 국산품 애용 운동을 의미하는 슬로건.

스와라지: 힌디어로 자치를 뜻함. 1906년 반영 운동의 일부를 이루는 중요한 주장이었다.

　　동남아시아에서도 서구 제국의 침탈이 진행되었다. 프랑스는 기독교 선교사 박해를 명목으로 베트남을 공격하였다. 이에 베트남으로부터 조공을 받던 청나라는 1884년 프랑스와 전쟁을 벌였으나 패배하고 말았다. 이에 따라 프랑스는 베트남에 대한 지배권을 공고히 하였으며, 나아가 인접한 캄보디아와 라오스까지 영향력을 확대하여 프랑스령 인도차이나 연방을 수립하였다. 프랑스 지배에 대해 베트남은 격렬하게 투쟁을 전개하는 한편, 새로운 민권 사상 보급과 문맹 퇴치 등의 사회 운동을 전개하였다. 한편, 영국은 미얀마와 싱가포르, 그리고 말레이반도의 군소 이슬람 국가들을 묶어 말레이 연방을 수립하였다. 베트남에서와 마찬가지로 미얀마에서도 반제국주의 근대화 운동이 일어났다.

중국의 반발과 일본의 대두

양무운동: 서양의 과학 기술 도입을 통하여 국력을 배양하겠다는 정치적·사회적 운동.

　　19세기 중반 태평천국 운동의 발발로 청 정부의 정치적 통제력이 한계에 이르렀다는 사실이 전 세계에 본격적으로 알려지게 되었다. 또한 아편 전쟁과 그 이후 조약의 체결 과정에서 보여 준 청 군대와 정부의 대응은 중국의 군사적·기술적·경제적·외교적 능력의 실상을 백일하에 드러내고 말았다. 불과 수십 년 전까지 화이사상에 입각하여 유럽 국가들에 대해 깊은 관심을 보이지 않았던 중국은 이제 세상의 변화를 직접 경험하면서 자국의 초라해진 위상을 되돌아볼 수밖에 없었다.

그림 15-14

근대화에 대한 **열**의 텐진의 철도 개통식에 참가한 이홍장(가운데). 양무운동의 핵심적 주체였던 그는 철도 건설의 강력한 지지자였다.

　　청의 관료들은 태평천국 운동과 아편 전쟁을 경험한 이후 서양의 과학 기술과 근대적 무기에 대해 적극적인 관심을 갖게 되었다. 이홍장을 필두로 한 관료들은 군수 공장의 건립, 신식 학교의 설립, 민간 기업의 창설 등을 추진하였다. 이와 같은 **양무운동(洋務運動)**은 중국의 전통 가치를 유지하면서 서구의 기술을 수용함으로써 부국강병을 꾀한다는 중체서용(中體

중국이라는 파이 자르기 1898년 프랑스 삽화에 표현된 중국의 상황. 청일 전쟁에서 패배한 중국이라는 파이를 놓고 독일이 산둥 반도의 자오저우만을 차지하려고 하며, 러시아는 랴오둥반도의 뤼순 항을 탐내고 있다.

중체서용: 중국의 본질을 유지한 채 서양의 기술을 활용한다는 것.

변법자강: 낙후된 법령을 정비하여 스스로 국력을 강하게 한다는 뜻의 청말 개혁 운동의 주장.

의화단 운동: 1900년 중국 화북 지방에서 발생한 반외세 민중 봉기. 서구 연합군에 의해 진압된 후 청은 베이징 의정서를 체결하고 막대한 배상금을 지불해야 하였다.

신해혁명: 1911년 쑨원이 성공시킨 공화주의 혁명으로 중화민국 탄생의 기원이 되었다.

西用)의 사고를 기반으로 한 것이었다. 병기창과 조선소를 건립하고, 도로망을 확충하고, 민간 기업을 설립하는 등의 시도가 있었지만, 서구 열강과 세력을 겨룰 만한 위치에 단기간에 오를 수는 없었다. 외국과의 전쟁에서 패배가 반복되면서 중국은 1880년대에 베트남을 프랑스에게 빼앗겼고, 버마를 영국에 넘겨 주어야 하였다.

결정적으로, 1894년 청일 전쟁에서 중국이 일본에 패함으로써 양무운동의 한계가 드러났다. 이제 중국은 동아시아 내부에서도 주도권을 상실하는 지경에 이르게 된 것이었다. 단순한 기술의 도입만으로는 부강한 국가를 건설하는 데 불충분하며, 국가의 정치적·사회적 제도도 개혁해야만 한다는 목소리가 커져 갔다. 이에 따라 **변법자강(變法自彊) 운동**이 전개되었다. 변법파 인사들은 황제의 권한을 제한하는 입헌 군주제를 정치 개혁의 목표로 삼았고, 과거제의 폐지, 근대적 학교의 도입, 신식 군대의 창설, 민간 경제 활동의 진흥 등을 추진하였다. 그러나 기득권 세력의 반발로 이 운동도 결국 좌절되고 말았다.

양무운동, 변법자강 운동 등 위로부터의 개혁 운동이 실패로 끝나자, 아래로부터의 외세 배격 운동이 새로이 추동력을 얻었다. **의화단(義和團) 운동**이라고 불리는 이 움직임은 태평천국 운동을 잇는 민중 운동으로서, 반(反)기독교와 반(反)제국주의의 기치를 내세우고 서구 열강에 대해 전쟁을 선포하였다. 의화단 운동이 확산되고 열강의 공사관이 공격당하자, 8개국 – 영국, 프랑스, 독일, 미국, 이탈리아, 러시아, 오스트리아–헝가리, 일본 – 의 연합군이 결성되어 무력으로 의화단을 진압하고, 배상금 지급과 외국 군대의 베이징 주둔 허용 등을 골자로 하는 조약을 강제로 체결하였다. 청나라가 열강의 침탈에 무력하다는 것이 대내외적으로 판명나면서 청 왕조의 붕괴가 본격화되었다. 1911년에 우창(武昌)에서 일어난 봉기가 전국적으로 확산되었고, 마침내 이듬해에 쑨원(孫文)이 이끈 **신해혁명(辛亥革命)**의 결과로 중화민국이 탄생하게 되었다.

일본도 다른 여러 국가들과 마찬가지로 외세에 의해 개항이 강요되었지만, 짧은 기간 내에 열강의 대열에 합류한 극히 예외적인 사례였다. 일본은 화혼양재(和魂洋才)를 기치로 내걸었는데,

그림 15-16

영불 연합군과 싸우는 의화단 영국과 프랑스의 연합 육군(오른쪽)과 치열한 전투를 벌이는 의화단(왼쪽)의 모습.

화혼양재: 일본 고유의 정신과 서양의 기술을 결합하여 근대화를 추진한다는 뜻이 담긴 용어.

이는 중국의 중체서용과 마찬가지로 서양으로부터 과학 기술과 군사 기술만을 선택적으로 받아들이겠다는 뜻을 담은 것이었다. 일본이 중국과 달리 근대화를 빨리 이룰 수 있었던 데에는 메이지 유신 이후 정비된 각종 제도가 신문물의 도입에 유리하였다는 점이 작용하였다. 오랜 난학(蘭學)의 전통 속에서 서양 사회에 대한 이해가 상당한 수준 갖추어 있었다는 사실도 중요하였다.

일본은 메이지 유신에 대한 불만을 무마하고 팽창주의적 제국주의 노선에 동참하기 위해 동아시아 지역에 대하여 침탈 정책을 기획하였다. 1876년 강화도 조약을 통해 한반도에 발을 내딛은 일본은 1894년 **청일 전쟁**에서 승리를 거두고 그 여세를 몰아 1905년 **러일 전쟁**에서도 승전고를 울렸다. 러일 전쟁에서의 승리를 계기로 일본은 타이완, 조선, 사할린에 대한 지배권을 확실하게 장악하였고, 나아가 만주로 세력을 확장하고자 하였다. 타이완에서는 항일 운동을 진압하고 타이완 은행을 설립(1899)하는 등 금융 통화 제도를 정비하였고, 사탕수수와 쌀의 생산에 집중하도록 식민지 정책을 수립하였다. 만주에서는 1906년에 설립한 남만주 철도가 일본의 만주 진출에 교두보 역할을 하였다. 남만주 철도는 철도와 광산 운영 등 경영 활동을 내세웠지만, 행정적 통치와 군사적 활동에도 적극적으로 관여하였다.

그림 15-17

러일 전쟁에서 승리한 일본 1905년 뤼순항(Port Arthur)에서 침몰한 러시아 함선들을 바라보는 일본군의 모습.

한반도의 변화

19세기에 조선의 경제는 난관에 봉착하였다. 인구가 정체하고 생산성의 향상을 찾아보기 어려운 상황이 계속되었고, 부정과 부패가 만연하였다. 전국 곳곳에서 크고 작은 민란이 발생하여 사회적 혼란이 더욱 깊어 갔다. 정부는 무기력하고 방향을 잃은 것처럼 보였다. 일본과 청이 서양의 근대적 기술과 무력 앞에서 취약한 것으로 드러나면서 내부적으로 변화를 모색하는 상황이 전개되었고, 그러한 가운데 조선에 대한 외부의 압력도 증가하였다. 조선 정부는 대내외적 난국을 헤쳐 나갈 방도를 찾지 못하였으며, 결국 외세의 침탈 속에서 스스로의 힘으로 근대화를 이끌어 가지 못하는 신세로 전락하고 말았다.

그림 15-18

흔들리는 양반 사회 19세기 조선의 양반은 변화하는 사회 환경에 주도적으로 대응하지 못했다.

1876년 조선은 일본의 군사적 위압으로 인해 **강화도 조약**을 체결하게 되었다. 강화도 조약은 조선이 개항 정책을 취하도록 강제하였으므로, 조선이 불가항력적으로 세계 무대에 등장하는 계기가 되었다. 그러나 이 조약은 불평등 조약의 성격을 띠었고, 따라서 일본의 식민주의 침략의 기초가 되었다. 강화도 조약에서 불평등적 요인을 뒤늦게 감지한 조선 정부는 개정을 희망하였으나 뜻을 이루지 못하였고, 오히려 중국, 영국 등과 추가적으로 불평등 조약을 맺게 되었다.

강제적 개항 이후 조선의 수출입은 눈에 띄게 증가하였다. 쌀, 콩, 소가죽 등이 조선의 주요 수출품이었고, 면제품과 같은 직물류가 대표적인 수입품이었다. 1890년대 이후 국제적 분업 체계 속에서 조선은 쌀을 중심으로 한 식량 생산에 주력하고 일본은 면직물 생산에 주력하는 **미면교환형**(米綿交換型) **무역 체제**가 성립되었다.

미면교환형 무역 체제: 조선은 쌀의 생산, 일본은 면제품 생산에 특화하여 교역하는 무역 체제.

이 과정에서 조선에서는 미곡 시장의 성장에 적응한 신흥 지주가 출현한 반면에, 전통적인 면업은 심각한 쇠퇴를 맞이하였다. 한편, 국내 객주들도 개항장으로 영업지를 이동하여 외국 상인들과 경쟁하였다. 국내 시장에 대해서는 청 상인들의 활동이 두드러졌으며, 1894년 청일 전쟁을 계기로 일본 상인들의 침투도 증가하였다.

조선 사회에서는 중국을 세상의 중심으로 보는 화이(華夷)적 세계관을 유지하는 수구파에 대립하여 서양 세계에 주목하는 **개화파**가 대두하였고, 내부적 분화도 발생하였다. 급진 개화파는 1884년 갑신정변(甲申政變)을 통해 신분제의 폐지, 입헌

조선의 개방 1883년 조일 통상 장정을 체결한 후 김옥균, 홍영식, 외교 고문 묄렌도르프, 일본의 다케조에 공사 등이 참석한 연회 모습.

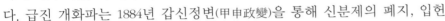

문헌 자료 15-5

강화도 조약의 주요 내용

1876년에 체결된 강화도 조약의 공식 명칭은 조일수호조규(朝日修好條規)였다. 강화도 조약은 총 12개 조로 구성되어 있었다. 조약의 주요 내용은 아래와 같이 요약된다.

제1조: 조선은 자주의 나라로 일본과 평등한 권리를 가진다.
제2조: 양국은 15개월 뒤에 수시로 사신을 파견하여 교제 사무를 협의한다.
제5조: 조선은 부산 이외에 두 항구를 20개월 이내에 개항하여 통상을 허용한다.
제7조: 조선은 연안 항해의 안전을 위해 일본 항해자로 하여금 해안 측량을 허용한다.
제10조: 개항장에서 일어난 양국인 사이의 범죄 사건은 속인주의에 입각하여 자국의 법에 의하여 처리한다.
제11조: 양국 상인의 편의를 꾀하기 위해 추후 통상장정을 체결한다.

이 조항들에 대해 간략하게 분석하자면, 우선 제1조는 조선에 대한 청의 종주권을 부정함으로써 조선과 청의 기존 관계를 약화시킨다는 의도를 담고 있다. 청의 간섭 없이 조선을 침탈하는 길을 연 것이라고 볼 수 있다. 제5조는 일본이 자의적으로 두 곳의 개항지를 선택할 수 있게 하였다. 이는 현실적으로 원산과 인천이 강제로 개항되는 것을 의미하였는데, 여기에는 통상 업무뿐만 아니라 정치적 및 군사적 침략의 의도도 내포되었다라고 볼 수 있다. 제7조는 조선 연안의 측량권을 일본이 획득함으로써 군사적·경제적 가치가 큰 지점을 정탐하고 해도를 작성할 수 있게 되었다는 뜻이었다. 제10조는 개항장에서 치외 법권을 인정함으로써 조선의 사법권이 배제되는 불평등 조약의 요소가 강하게 들어 있었다.

변화하는 서울 대로를 따라 전봇대가 줄을 지어 설치되고 전차가 궤도 위를 달리고 있는 20세기 초 서울의 모습.

군주제의 도입, 재정과 산업의 근대화 등을 내세웠지만, 개혁에 대한 대중적인 지지 기반이 취약한 탓에 실패하고 말았다. 1894년 동학(東學) 농민군의 봉기를 계기로 청일 전쟁이 발발하였고, 곧이어 **갑오개혁**(甲午改革)이 이루어졌다. 갑오개혁은 대외적으로 자주독립을 선양하였고, 대내적으로는 국왕의 권한을 제약하고 관제 개혁을 실시하였다. 또한 사회적으로는 신분제를 폐지하고, 노비를 혁파하는 등의 정책을 추진하였다. 사법·경찰·군사 제도에 대해서도 개혁 정책이 발표되었다. 갑오개혁은 근대적 제도의 도입이라는 면에서 역사적 의의가 크지만, 현실에서는 기대만큼의 효과를 거두지 못하였다. 제도의 성공을 보장할 사회적 기반이 미약했기 때문이다.

열강의 이권 침탈도 가속화되었다. 개항 초기에는 차관을 담보로 한 이권 획득이 주를 이루었으나, 청일 전쟁 이후에는 광산, 철도 등의 이권에 대한 침탈이 진행되었다. 일본은 경제적·정치적·군사적 중요성이 가장 큰 철도 부설권을 얻는 데 성공하였다. 또한 일본의 해운 회사들이 조선의 연안 항로 및 대외 항로를 효과적으로 장악하였다.

1897년 **대한 제국**이 성립되어 대외적으로 자주 독립국임을 선언하였지만, 현실 세계에서 국운의 방향을 바꾸지는 못하였다. 한반도의 궁극적 운명은 주변국들 간의 세력 다툼에 의해 결정되었다. 일본이 러일 전쟁에서 승리함으로써 한반도에 대한 강제적인 통치 기반을 최종적으로 확립하게 되었다. 그리고 항일 투쟁을 진압하면서 1905년 을사늑약(乙巳勒約)을 체결하여 조선의 외교권을 강탈하였고, 마침내 1910년에 조선을 일본에 강제로 병합시켰다.

그림 15-21은 주변 국가들에 대한 조선의 수출과 수입 동향을 나타내고 있다. 1894년에도 일본에 대한 수출입이 중국과 러시아에 비해 많았지만, 시간이 경과하면서 국가 간의 격차는 더욱 확대되었다. 마침내 1910년에 이르

그림 15-21 조선의 인접국에 대한 수출입 추이, 1894-1910년

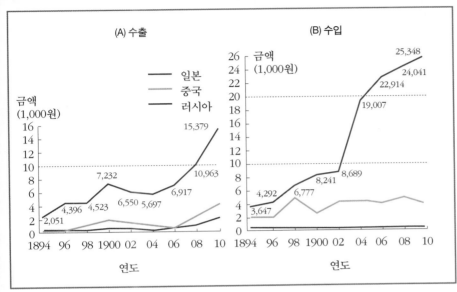

(A) 수출

일본
중국
러시아

금액
(1,000원)
16
14
12
10
8
6
4
2
0

2,051
4,396
4,523
7,232
6,550
5,697
6,917
10,963
15,379

1894 96 98 1900 02 04 06 08 10
연도

(B) 수입

금액
(1,000원)
26
24
22
20
18
16
14
12
10
8
6
4
2
0

3,647
4,292
6,777
8,241
8,689
19,007
22,914
24,041
25,348

1894 96 98 1900 02 04 06 08 10
연도

자료: 아틀라스한국사 편찬위원회(2004).

러서는 일본이 수출과 수입 면에서 모두 압도적인 우위를 차지하게 되었다.

일본은 20세기 초반을 거치면서 조선 경제를 내부적으로도 **단계별로 장
악**해 갔다. 1904년 경부 철도의 부설은 일본의 군사적 지배를 수월하게 만들었을 뿐만 아니라, 국내 시장에 대한 일본 상인들의 장악력이 강화되는 결정적인 계기가 되었다. 금융 부문에서는 다이이치 은행(第一銀行)의 조선 지점을 통해 화폐 정리 사업을 펼침으로써 사실상 조선의 중앙은행이 되도록 하였다. 병합 후 일본은 조선을 정치적으로는 일본과 별개 지역으로 구분하면서, 경제적으로는 일본 경제 체제에 편입시키고자 하였

그림 15-22

20세기 초의 인천 선박들이 가득한 제물포의 1904년 사진. 건물들의 모습에서 급속한 변화를 확인할 수 있다.

화폐 정리 사업: 1904년 1차 한일 협약에 근거하여 일본이 시행한 조선 구화폐 정리 사업. 1905년 금 본위제인 일본 화폐에 조선 화폐가 연동되는 통화 제도를 도입하면서, 일본 화폐를 조선에 널리 유통시키고 조선의 백동화를 정리·처분하였다.

토지 조사 사업: 1912년에 시작된 식민지 조선의 토지 소유권 조사 사업으로, 근대적 소유권을 확립하고 새로운 지세 부과 방식을 마련하였다.

산미 증식 계획: 일본의 식량 문제에 대응하고 3.1운동 이후 식민지 통치 체제를 재편하는 정책으로서 진행된 쌀 증산 계획.

다. 그리하여 조선인의 정치 권리는 박탈하고서, 민법과 상법은 일본과 동일한 내용을 조선에 적용하였다. 1912-1918년에 진행된 토지 조사 사업은 기존 토지 소유 관계의 불확실성을 없애고 근대적인 토지 소유권 제도를 확립하였으며, 지세 제도를 정비하여 식민지 통치에 필요한 재정 수입원을 안정적으로 확보하는 역할을 하였다. 또한 1920년부터 조선을 식량 공급지로 만들기 위해 산미 증식 계획이 진행되었다. 산미 증식 계획을 통해 조선의 농업은 시장 지향적인 미곡 생산 체제로 성격이 전환되었다. 이 과정에서 대지주와 영세 소작농의 구분이 강화된 지주제(地主制)가 성장하였다. 기본적으로 식민지 조선은 일본에 쌀과 콩 등의 곡물과 면화, 광물, 피혁 등 공업 원료를 일본에 공급하는 기지로 기능하도록 운영되었다. 1920년대부터는 공업 부문에도 일본 자본이 투자되기 시작하였다.

제5절 다각 결제망의 작동

19세기 후반의 다각 결제 체제

다각 결제 체제: 셋 이상의 국가가 상호 작용하는 형태로 이루어진 국제적 결제 시스템.

힐거트(F. Hilgerdt)에 의하면, 19세기 후반에 이루어진 세계의 무역 가운데 70%는 두 국가 간의 쌍무적인 무역이고, 나머지 무역은 삼각 또는 다각적 무역이었다. 3개 이상의 국가 간에 이루어지는 무역 결제 체제를 **다각 결제 체제**(Multilateral Payment System)라고 하고, 그와 같은 국제적 네트워크를 다각 결제망이라고 부른다.

대항해 시대에 이미 영국–아프리카–서인도 제도를 연결하는 고전적인 삼각 무역망이 작동하였고, 그 이후 중상주의 시기와 공업화 시대를 거치면서 다양한 지역에서 삼각 또는 다각 무역망이 형성된 바 있다. 그렇지만 1870년대 이후에는 과거에 상호 관련이 없던 삼각 무역망들이 통합되거나 다각 무역망으로 재편되는 현상이 발생하였다는 점에서, 그리고 영국 이외의 지역들이 중요해졌다는 점에서 과거와 구별되었다. 이렇듯 국제적 결제망이 양적으로뿐만 아니라 질적으로도 발전되었던 것이다.

그림 15-23은 1910년을 기준으로 지구상의 다각 결제망을 간략한 형태로

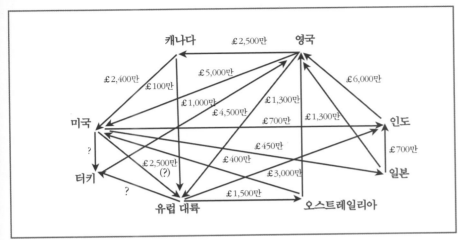

그림 15-23 1910년 다각 결제망의 형태

자료: Saul(1960), 58쪽, Findlay and O' Rourke(2007), 406쪽에서 재인용.

보여 준다. 세계의 주요 국가들은 서로 무역을 하는데, 각 무역에서 발생하는 결제 방향을 화살표로 표시하고 있다. 무역 수지의 규모는 수치로 표시되어 있다. 예를 들어, 캐나다는 영국에 대해서는 2,500만 파운드의 무역 흑자를 보았지만, 미국에 대해서는 2,400만 파운드, 유럽 대륙에 대해서는 100만 파운드의 무역 적자를 보았다. 다각 결제망이 보여 주는 가장 중요한 특징은 이 시기에 무역 흑자 또는 무역 적자만을 보인 국가는 없었고, 모든 국가가 일부 국가에 대해서는 무역 적자를, 그리고 다른 국가에 대해서는 무역 흑자를 보였다는 점이다. 즉, 글로벌 불균형(global imbalance)의 문제가 별로 심각하지 않았다.

글로벌 불균형: 일부 국가들은 국제 수지 흑자를 지속적으로 기록하고 다른 국가들은 만성적인 국제 수지 적자를 기록하는 현상. 국제적 경제 위기의 중요한 요인으로 지목된다.

다각 결제 체제의 성공 요인

가장 주목해야 할 부분은 당시 세계 최대의 무역 규모를 기록하고 있던 영국의 무역 상황이었다. 영국은 캐나다에 대해 2,500만 파운드, 미국에 대해 5,000만 파운드, 그리고 유럽 대륙에 대해 4,500만 파운드의 무역 적자를 기록하였다. 한편, 터키에 대해 1,000만 파운드, 오스트레일리아에 대해 1,300만 파운드, 일본에 대해 1,300만 파운드, 그리고 인도에 대해 무려 6,000

만 파운드의 무역 흑자를 보였다. 1차 세계화 시대에 빠르게 공업화와 경제 성장을 추진한 북아메리카와 유럽 대륙의 국가들에게 기록한 무역 적자를 인도와 아시아 및 오세아니아로부터의 무역 흑자로 보전하였던 것이다. 당시에 세계적으로 다각 결제망이 순조롭게 작동할 수 있었던 데에는 글로벌 불균형을 초래하지 않고 무역의 원활한 순환 체제를 가능하게 한 경제 대국 **영국의 역할**이 컸다. 특히, 식민지였던 인도에서 얻은 이득이 국제 무역망의 순탄한 작동에 중요한 기여를 하였다고 평가할 수 있다. 호시절(Belle Époque)이라고 불리는 이 시기의 국제 무역 번영이 식민지의 역할에 의해 뒷받침되었다는 사실은 주목할 가치가 크다.

다각 결제망의 순조로운 작동은 여러 가지 **긍정적인 효과**를 유발하였다. 글로벌 불균형의 문제가 미미하였으므로, 각국은 무역을 통해 소득과 구매력을 증대시키기가 용이하였다. 이는 또한 세계 무역을 지속적으로 신장시키는 결과를 가져왔다. 마지막으로, 다각 결제망의 원활한 흐름은 금의 국제적인 이동을 최소화하여 금 본위제를 중심으로 한 국제 통화 제도가 무리 없이 작동할 수 있도록 해 주었다. 1880-1913년 동안에 금 본위제가 순탄하게 기능할 수 있었던 데에는 다각 결제망의 기여가 적지 않았다.

하지만 당시의 다각 결제망이 **취약점**을 갖지 않은 것은 아니었다. 가장 중요한 문제는 영국의 흑자 규모가 점차 축소되고 있었다는 점이다. 경제 대국 영국이 다각 결제망의 흐름을 순조롭게 유지하는 역할을 수행하지 못한다면, 세계 경제는 글로벌 불균형이 초래하는 자금의 동맥경화 현상에 직면할 수밖에 없을 것이었다.

제6절 금 본위제의 확산

금 본위제로의 통합

1870년대를 기준으로 볼 때, 국제 통화 제도는 통일된 형태를 갖지 않고 있었다. 금 본위제를 채택하고 있던 국가는 영국뿐이었고, 미국과 라틴 통화 동맹(Latin Monetary Union)에 속한 프랑스, 이탈리아, 벨기에, 스위스는 금과 은을 함께 사용하는 복본위제를 채택하고 있었으며, 독일, 네덜란드를 비롯해 스칸디나비아 지역 국가들과 중국, 일본과 같은 아시아 국가들은 은 본위제를 유지하고 있었다. 이렇게 다양한 본위제가 혼재하던 것이 1870년대부터는 **금 본위제로 단일화**되는 상황으로 변화되었다. 1914년이 되면

세계의 주요 국가들 가운데 중국만이 금 본위제에서 벗어나 있게 되었다. 불과 40여 년 사이에 금 본위제가 세계의 통화 제도로서 굳건한 지위를 획득하였던 것이다.

이 시기에 금 본위제가 **확산된** 이유는 무엇이었을까? 19세기를 거치면서 서구의 여러 국가들은 공업화를 성공적으로 진행해 갔다. 공업화는 무역의 증대로 이어졌고, 특히 19세기 중반에는 자유 무역주의 분위기 속에서 무역 증가율이 매우 높게 나타났다. 은을 이용한 결제 규모도 그에 따라 확대되었다. 19세기 초부터 이미 금 본위제를 채택하고 있었던 영국은 산업 혁명을 주도하면서 19세기 중반에 세계 최대의 무역국이라는 명성을 얻었다. 이런 상황에서 무게 대비 가치가 은보다 약 15-16배 높았던 금을 결제에 사용하는 것이 은을 사용하는 것보다 유리하였다. 금화가 은화보다 위조 화폐를

문헌 자료 15-6

『마법사 오즈』(*The Wizard of Oz*)

1900년 미국의 신문업자 바움(L. F. Baum)이 발표한 이 책은 당시 미국의 통화 제도에 대한 현실 풍자를 담고 있는 것으로 해석된다. 마법사의 이름인 오즈(Oz)는 금과 은의 무게를 재는 단위인 온스(ounce)의 약자이다. 주인공 도로시는 전통적인 미국의 가치관을 상징하며, 함께 모험을 떠나는 허수아비는 가난한 농민, 양철 나무꾼은 공업 노동자, 겁쟁이 사자는 무력한 정치가를 뜻한다. 험난한 여행길은 금 본위제 채택으로 인해 발생하는 경기 후퇴의 고난을 의미한다. 도로시가 신은 은구두는 모든 소원을 들어주는데, 이것이 은 본위제를 상징한다. 이 소설은 부족한 금에만 의존하지 말고 은을 통화의 기준으로 삼으면 미국의 전통적인 안정적 경제 상태로 돌아갈 수 있다는 메시지를 전한다.

이상의 해석은 Rockoff(1990), 739-761쪽에 기초한다.

불안정한 본위 제도 금과 은을 동시에 사용하는 복본위제가 경제 불안을 초래할 것이라는 메시지를 담은 미국의 풍자화.

제작하기 어렵다는 사정도 작용하였다. 무역 규모가 확대될수록 은 본위제 및 복본위제 국가의 거래 비용은 상대적으로 증가하였다. 해당 국가들은 금 본위제로 체제 전환을 하도록 압박을 받을 수밖에 없었다.

신흥 경제 대국 독일이 대표적인 사례였다. 독일은 무역 규모가 확대되면서 금 본위제의 장점에 주목하였다. 특히, 비유럽 국가들과의 무역이 증가하면서, 이 국가들과의 교역에 대해 영국을 통해 결제를 해야만 하는 사례가 증가하자 체제 전환의 욕구가 더욱 커졌다. 여기에 덧붙여 19세기 중반 동유럽 국가들이 은 본위제를 포기하고 불환 지폐를 발행하는 현상이 발생하자, 독일의 여론은 금 본위제로 급속하게 기울었다. 그런데 체제 전환에 필요한 대규모의 금을 어떻게 확보하는가라는 문제가 있었다. 이에 대한 해결책을 독일은 1871년 보불 전쟁(Franco-Prussian War)에서 찾았다. 전쟁에서 승리한 독일은 프랑스로부터 50억 프랑이라는 막대한 금액을 전쟁 배상금으로 수령하였고, 이를 기초로 신속하게 금 본위제로 전환하였다. 독일의 금 본위제 채택은 곧 덴마크, 네덜란드 등 다른 국가들에서 **연쇄 반응**을 일으켰다. 복본위제의 중심축이었던 프랑스도 1876년에 금 본위제를 채택하기에 이르렀으며, 단기간 내에 대부분의 유럽 국가들이 금 본위제를 채택하였다. 금 본위제를 채택하는 국가가 증가할수록 이 체제 밖에 남아 있는 국가가 치러야 할 비용이 증가하였기 때문에, 금 본위제는 도미노와 같이 연쇄적으로 채택되었다. 네트워크 외부성(network externality)이 작동한 결과였다.

미국은 유럽 국가들에 비해 다소 늦은 1879년에 금 본위제를 채택하였다. 그런데 미국에서는 보유한 금의 양이 부족하여 디플레이션이 나타났다.

보불 전쟁: 스페인 국왕 선출 문제를 계기로 1870년에 발발한 전쟁. 프로이센의 지도하에 독일 통일을 이룩하려는 비스마르크의 정책과 그것을 저지하려는 나폴레옹 3세의 정책이 충돌해 일어난 전쟁이기도 하였다. 1871년 파리가 함락되었고, 강화 조약의 결과로 프랑스는 프로이센에 50억 프랑을 전쟁 배상금으로 지불하고 알자스-로렌의 대부분을 할양해야 하였다.

네트워크 외부성: 어떤 재화나 용역의 사용자가 증가함에 따라 해당 재화나 용역의 가치가 증가하는 현상.

그림 15-26

1913년 기준 금 본위제 채택 지역
자료: Hubbard and O'Breien(2011),
492쪽.

1880-1896년 사이에 물가가 23%나 떨어졌다. 금과 은을 함께 사용하는 복본위제로 돌아가자는 목소리도 있었지만 결국 금 본위제를 고수하게 되었다. 그 후 알래스카, 오스트레일리아, 남아프리카 등지에서 금광이 발견되어 미국으로의 금 유입이 증가하자 인플레이션이 발생하기도 하였다. 1896-1910년에 미국의 물가는 35% 상승하였다.

　　일본은 주요 열강 가운데 가장 늦은 1897년에 기존의 은 본위제를 포기하고 금 본위제에 합류하였다. 1870년대에 다수의 서구 국가들이 금 본위제를 도입하면서 은에 대한 수요가 점차 낮아졌다. 특히, 1890년대에는 은의 가격이 급속하게 하락하는 현상이 발생하였다. 은 본위제를 채택하고 있던 일본으로서는 엔화 가치의 하락이 수출을 촉진하는 긍정적인 효과를 얻을 수 있었지만, 철강, 기계, 면화 등 수입품의 가격이 앙등하는 부담을 안아야 하였다. 또한 장기적으로는 국제 경제의 흐름에 조응하여 금 본위제에 동참하는 것이 유리하다는 판단이 힘을 얻었다. 일본에서도 독일의 경우와 마찬가지로 체제 전환에 소요되는 막대한 자금이 장애물이었다. 독일과 유사하게 일본은 청일 전쟁 이후 중국으로부터 받은 3억 6,000만 엔 상당의 전쟁 배상금을 돌파구로 삼았다. 이 금액은 당시 일본 예산의 4배, 전쟁에 쓴 비용의 1.5배에 해당하는 엄청난 액수였다.

금환 본위제: 직접 금과 태환이 가능하지는 않으면서 금과 태환이 가능한 화폐와 교환을 할 수 있는 화폐를 사용하는 제도.

후진국의 경우 **금환 본위제**(gold exchange standard)를 채택함으로써 세계적인 금 본위제 네트워크에 편입되었다. 금환 본위제는 금 태환이 가능한 국가의 통화인 파운드화, 프랑화, 마르크화, 엔화 등과 교환이 가능한 통화를 발행하여 유통시키는 제도였다. 열강들이 금 본위제로 속속 이행하는 속에서 주변부 국가들, 특히 금 본위제 국가의 식민지인 인도, 필리핀, 멕시코, 태국 등이 금환 본위제를 실시하였다. 이로 인하여 금환 본위제 국가는 환율이 고정되고 통화 가치가 안정되어 환 리스크, 즉 평가 절하에 따른 투자 이익의 감소를 회피하게 되었고, 국제 자본 시장에서 낮은 이자율로 자본을 차입할 수 있다는 장점을 누릴 수 있었다. 그러나 경제 주권을 상실한 식민지 상황에서 외국 자본의 유입이 반드시 유익한 결과로 이어진 것은 아니었다.

한국의 경우에도 식민지화 과정에서 일본의 금 본위제에 의존하는 금환 본위제를 채택하였다. 러일 전쟁으로 일본이 한국에 대한 지배권을 확보한 후 일본은 한국으로 재정 고문을 파견하여 화폐 정리 사업을 실시하였고, 이 과정에서 엔화를 기초로 한 금환 본위제가 한국에 도입되었다. 마지막까지 은 본위제를 고수하였던 중국은 1935년 영국의 주도에 의해 은 본위제를 이탈하였다.

금 본위제의 작동 메커니즘

흄(1711-1776): 스코틀랜드의 철학자. 도덕의 기초가 공감(sympathy)에 있다고 주장하여 인간에게 특별한 도덕 능력을 인정하지 않았다. 홉스의 '자연 상태' 가설과 계약설을 비판하고, 공리주의적 입장에서 법의 근거를 만인에 공통된 '이익'의 감정에서 찾았다.

밀(1806-1873): 영국의 철학자이자 경제학자. 애덤 스미스나 리카도의 고전파 경제학을 계승하면서도 분배 문제와 같은 사회 문제를 함께 고려하는 연구를 행하였다. 즉, 자연적 생산 법칙에 따라 발생한 사회적 문제를 점진적 개혁을 통해 회피하려는 이론을 펼쳤다.

금 본위제가 작동하는 방식에 대한 고전적인 설명은 이른바 **가격-정화-이동**(price-specie-flow) **메커니즘**이다. 흄(D. Hume), 스미스(A. Smith), 밀(J. S. Mill) 등 영국의 경제학자들은 균형을 이탈한 경제가 금 본위제의 작동에 따라 어떻게 균형을 되찾게 되는가를 설명하였다. 어떤 국가의 수입이 수출을 초과한다고 가정하자. 국제 수지의 적자는 금이 해외로 유출됨을 의미하고, 이는 국내의 화폐 공급이 감소함을 의미하므로, 상품 가격이 하락하게 된다. 이는 다시 수출의 증가와 수입의 감소로 이어짐으로써 결국 새로운 균형점에 도달하게 된다.

그런데 이와 같은 고전적 메커니즘으로는 현실에서 나타나는 경제 변수의 움직임을 잘 설명할 수 없는 경우가 발생한다. 예를 들어, 무역을 하는 국가 간에 수출과 수입이 동시에 증가하거나 감소하는 모습이 나타나기도 하고, 여러 나라에서 수출 가격이 장기적으로 함께 움직이기도 하였다. 임금 등 하방 경직성이 강한 변수의 존재도 금 본위제의 원활한 작동과 양립하기 어렵고, 중앙은행이 국내 경기의 하강을 막기 위해 불태화 정책(不胎化政策, sterilization policy)을 펴는 경우에는 기대하는 효과를 거두기 어렵다. 또한 국가 간에 직접적인 자본 이동이 일어날 수도 있다.

그림 15-27

금 본위제의 보루 잉글랜드 은행 창고에 저장하기 위해 금괴를 수레에 담아 운반하는 장면.

불태화 정책: 중앙은행이 자국 통화의 가치를 외환 시장의 영향으로부터 격리시키기 위해 행하는 통화 정책. 예를 들어, 국내 통화가 해외로 유출될 때 중앙은행이 이를 상쇄하기 위해서 재할인율을 인하하거나 채권을 매입하는 행위.

금 본위제가 수출과 수입의 변동을 통해 균형을 회복하게 된다는 가격-정화-이동 메커니즘과 불일치하는 현상이 발생한다는 사실은 금 본위제가 **작동하는 채널이 다양**할 수 있다는 가능성을 시사한다. 무역 수지의 불균형이 해소되는 다른 채널로 소득의 변화를 들 수 있다. 수출이 감소하면 수출 산업에 종사하는 사람들의 소득이 감소하게 되고, 이는 소비와 투자 지출의 감소를 낳게 된다. 그러면 국가의 소득이 감소하게 되고, 그에 따라 수입 수요의 감소가 나타나 결국 무역 수지가 개선된다는 것이다. 한편, 금 본위제의 작동과 무관하게 단기 자본의 이동이 국제 수지에 변동을 가져오기도 하였다. 국가 간의 단기 자본 이동은 가격이나 소득의 변화라는 채널을 거치지 않고 직접 국제 수지 불균형의 문제에 대처할 수 있는 수단을 제공하였다.

금 본위제의 성공 요인

1880-1913년 기간에 금 본위제는 원활하게 작동하였던 것으로 평가된다. 무역이 신장되고 자본의 국제적 이동도 순조롭게 확대되었다는 사실이 이를 말해 준다. 위에서 살펴본 것처럼, 금 본위제의 작동 메커니즘은 단일한 것이 아니라 복수의 채널을 통한 것이었고, 단기 자본 이동이나 중앙은행의

불태화 정책과 같이 금 본위제 메커니즘이 효과를 발휘하지 못하게 하는 요인들이 있었다.

이런 단점에도 불구하고 이 기간에 금 본위제가 성공적으로 작동할 수 있었던 이유는 무엇인가? 금 본위제가 순조롭게 작동할 수 있었던 데에는 국제 통화로서의 **파운드화의 역할**이 컸다. 당시 영국은 세계 최대의 무역국이자 해운 대국이었다. 이와 동시에 영국은 세계 최대의 자본 공급 국가라는 지위를 보유하고 있었다. 런던 자본 시장이 세계 금융업의 중심을 차지하던 시기였다.

이 시기에 영국은 세계적 경제 대국으로서의 위상을 놓치지는 않았지만, 다른 한편으로는 독일, 미국 등 후발 공업국들이 빠르게 경제 성장을 하면서 세계 경제에서 영국이 차지하는 지위는 저하되고 있었다. 부가 가치가 높은 일부 산업에서 영국이 다른 국가들을 앞서는 경쟁력을 여전히 보이기는 하였지만, 경제 전반의 생산력에 있어서는 상대적 지체 내지 후퇴 현상이 발생하였다. 새로운 기술의 개발과 도입이 늦어지면서 경제 성장을 이끌 산업에 대한 주도권을 후발국에게 빼앗기는 상황이 빈번하게 전개되었다. 보편적 교육의 도입과 대중화가 지연되어 인적 자본의 형성이 부족하였다는 점이나 공학처럼 실용적인 학문을 경시하고 인문학을 강조하는 고등 교육 체제의 문제점이 지적되기도 한다.

한편, 영국 경제가 상대적 쇠퇴 국면에 놓여 있었다는 주장과 달리, 당시의 경제 상황이 영국의 선택에 의한 결과라고 보는 주장도 있다. 예를 들어, 케인(J. Cain)과 홉킨스(A. G. Hopkins)는 당시 영국에는 산업 자본가를 한 축으로 하고 금융 자본가, 지주층, 공공 부문을 다른 한 축으로 하는 세력 구도가 형성되어 있었다고 보았다. 그중 후자가 정치적 우위를 차지하게 됨으로써 영국 경제는 제조업보다는 금융업과 제국 운영이 강조되는 이른바 **신사 자본주의**(Gentlemanly Capitalism)의 모습을 띠게 되었다고 그들은 주장하였다. 즉, 영국 경제는 전반적인 쇠퇴를 한 것이 아니라 제조업 대신 금융업 중심국으로 산업 구조를 변화시킨 것이라고 보았다.

이렇듯 영국 경제를 바라보는 시각은 다양하였지만, 한 가지 분명한 점은 당시 영국의 경제 정책이 세계적 중심 통화로서 파운드화의 가치를 높이 유지하는 방향으로 짜였다는 것이다. 런던이 국제 금융의 중심지 역할을 충실하게 수행하던 시기에 영국이 파운드화의 안정적 힘을 정책의 최우선에 놓았기 때문에 금 본위제는 원활하게 효과를 발휘할 수 있었다. 앞에서 살펴본 다각 결제망의 순조로운 작동이 금의 국제적 이동을 최소화하는 긍정적

신사 자본주의: 케인과 홉킨스가 주장한 영국 자본주의의 특징으로, 19세기 말 런던 금융 세력과 지주층의 이해관계가 결합하여 형성하였다는 산업에 대한 금융의 우위를 특징으로 하는 경제 구조.

인 역할을 하였다는 점도 기억해야 한다. 즉, 1880-1914년 동안에 금 본위제는 내재적 작동 메커니즘 자체가 효과적이어서 잘 작동하였다기보다, 영국을 중심으로 한 세계 경제의 상황이 금 본위제 작동에 유리하였기 때문이라고 보아야 할 것이다.

제**4**부 세계화의 후퇴와 2차 세계화

제1차 세계 대전과 대공황

노동 계급의 성장

1차 세계화 시대를 거치면서 각국에서 많은 사회적 변화가 발생하였다. 특히, 후반부인 19세기 말-20세기 초 동안에는 서구 열강을 중심으로 거대 기업의 등장과 제국주의적 확장 정책 등 앞 장에서 살펴본 변화 이외에도 많은 국내적 사회 문제들이 점차 심각한 갈등 요인으로 부상하고 있었다. 근대화에 뒤처진 국가들에서는 식민지로 전락한 상황에 대해 다양한 반응이 나타났다. 빠른 서구식 근대화를 통해 열강의 대열에 합류하자는 주장도 있었고, 서구 주도의 근대화에 대한 저항의 움직임이 커지기도 하였다. 이슬람 문화권과 유교 문화권에서는 전통적 가치관에 대한 비판이 일기도 하였지만, 동시에 원래의 가치관을 회복함으로써 독자적인 문명 발전을 도모하자는 입장도 적지 않은 지지 세력을 규합하였다.

공업화가 선도적으로 전개된 국가에서는 무엇보다도 **노동 세력이 성장**하였다. 영국에서는 1820년대까지 노동조합을 결성하는 것이 불법이었고 노동 조건이 열악한 경우가 많았으며, 정부는 이에 대해 방임적 태도를 취하였다. 그러나 1830년대부터 정부가 경제 활동에 대해 관여를 많이 하게 되면서 공장법(Factory Act)을 포함한 사회 입법이 제정되었으며, 그에 따라 노동자의 고용 여건이 개선되었고 노동 시간이 단축되었다. 노동조합을 강화하려는 시도는 큰 성과를 거두지 못하였지만, 노동 세력은 정치 참여를 통한 지위 향상을 도모하였다. 차티스트 운동(Chartist Movement)을 통해 선거권을 쟁취하고자 하는 대중 운동이 1830년대 말부터 호응을 얻어 갔고, 결국 19세기 후반을 거치면서 요구 사항의 많은 부분을 이루게 되었다. 영국의 노동조합 운동은 전면적인 사회 개혁을 목표로 하기보다는 노동자의 경제적 지위를 개선한다는 실용적인 목표를 추구하였다. 이것이 1850년대부터 영향력이 본격화된 이른바 **신형 조합**(新型組合, New Model Union)이었다. 숙련공이 주도하여 결성한 신형 조합은 조합원의 상호 부조 역할을 강조하고, 파업보다는 우호적인 협상을 선호하며, 입법을 통해 노동자의 지위를 점진적으로 향상시키고자 하였다는 특징을 지녔다.

그러나 1870년대부터 불황이 진행되자, 온건한 기존의 노동조합 대신에 투쟁적 성격이 강한 조직에 대한 열망이 증가하였다. 이에 따라 새로운 노동 운동 사조인 **신조합주의**(新組合主義, New Unionism)가 등장하였다. 이후 노동조합원의 수가 빠르게 증가하여 1900년에는 200만 명, 1912년에는 300만 명에 이르게 되었다. 이 시기 노동 세력의 성장과 더불어 사회주의 운동도 본격적으로 등장하였다. 1880년대에 설립된 페이비언 협회와 1900년대에 창립된 노동당(Labor Party)은 선거를 통한 민주적인 사회주의 체제의 실현이라는 영국적 사회주의 운동의 특징을 보여 주었다.

프랑스에서 노동 운동이 본격화된 것은 19세기 중반 이후의 일이었다. 1860년대에 노동조합의 결성이 합법화되었고, 집회의 자유도 보장을 받게 되었다. 그러나 1871년 파리 코뮌(Paris Commune)의 정치적 혼란 와중에 노동 운동은 혼란 상태에 빠졌다. 이후 사회주의적 색채가 강한 형태로 노동 운동이 전개되었다. 1890년대부터 노동 운동은 **생디칼리슴**(Syndicalism)이라는 과격한 혁명적 노선을 견지하였다. 소규모 시위와 파업을 통해 지위 개선을 도모하는 영국식 노동 운동은 거부되고, 반(反)정부적인 대규모 파업이 핵심적 전략으로 등장하였다. 제1차 세계 대전 직전에 프랑스의 노동조합원은 100만 명을 넘는 규모였다.

독일에서 노동조합 운동은 1860년대까지 금지되고 있었다. 그 후 **정치 운동의 성격**을 강하게 띤 형태로 노조 운동이 전개되었으며, 특히 선거권 쟁취 운동이 중심적 이슈로 다루어졌다. 19세기 말부터 독일적인 특징이 더 선명하게 드러났다. 독일이 빠른 속도로 공업화를 전개해 감에 따라 노동조합에 가입한 노동자의 수도 급속히 증가하였다. 제1차 세계 대전 직전에 노조원의 수가 약 400만 명에 달하였다. 독일 경제에서 거대 기업의 형성과 카르텔의 구축이 활성화된 것을 반영하여 **노동조합의 규모가 확대**된 점도 독일적 특징이었다. 특히, 노동조합이 사업장별로 형성되기보다는 산업별로 구축된 점이 두드러졌다. 독일에서도 사회주의 운동이 등장하였는데, 대표적 주체로는 유력한 정치 집단으로 성장한 사회민주당과 보다 온건한 노선을

신형 조합: 온건한 형태의 노동 운동을 추구한 노동조합 형태. 투쟁보다 협상을 강조하는 경향이 강하였다.

신조합주의: 반숙련 및 비숙련 노동자를 포함한 폭넓은 노동 집단에게 문호를 개방한 노동조합 운동. 1889년 런던 부두 파업과 같은 노사 쟁의를 이끌었다.

페이비언 협회: 점진적인 사회주의를 주장한 영국의 정치 단체. 조지 버나드 쇼, 시드니 웨브 등이 소속되어 있었으며, 대중 강연, 토론회, 교육 등을 통해 대중에게 사회주의 사상을 널리 알리고자 활동하였다. 런던 정경 대학(London School of Economics)도 이 협회 회원들에 의해 설립된 교육 기관이었다.

파리 코뮌: 보불 전쟁에서 프로이센에게 패한 프랑스에서 나폴레옹 3세의 제2 제정이 붕괴된 후 공화주의적인 파리 시민들이 결성한 저항 체제. 코뮌 정부는 수많은 사상자를 내고 진압되었으며, 무자비한 탄압과 보복이 뒤따랐다.

생디칼리슴: 자본주의적 질서를 거부하고 노동 계급의 직접 행동을 주장하는 급진적인 사회주의 운동으로 소렐(G. Sorel)이 주창하였다. 프랑스에서 19세기 말부터 제1차 세계 대전 직전까지 활발하게 일어났으며, 스페인, 이탈리아 등에도 영향을 끼쳤다.

지향한 역사학파의 사회주의 세력을 들 수 있다.

미국에서는 1850년대부터 노동조합 운동이 본격적으로 발전하였다. 미국의 대표적인 노동조합인 AFL(American Federation of Labor)은 1881년 창설된 후 점차 조합원 수를 늘려 가서 1914년에는 200만 명에 이르렀다. 이 조직은 정치 참여를 배제하고 임금 인상과 노동 조건의 개선에 주력하였다. 한편, 농민 운동, 반독점 운동 등도 미국에서 전개되었다.

노동 세력을 국제적으로 규합하고 조율하자는 움직임도 일어났다. 대표적으로 프랑스의 사회주의 운동가 장 조레스(Jean Jaurés)는 20세기 초반 강대국 간의 갈등과 마찰이 고조되자, **노동 운동의 국제적 연대**를 통해 전쟁을 피하려고 노력하였다. 열강의 노동조합들이 동시에 파업을 실시함으로써 전쟁 수행을 막고자 한 그의 계획은 1914년 그가 피살당함으로써 좌절되었다.

그림 16-1

국제적 노동 운동의 전개 프랑스의 노동 운동 지도자 장 조레스가 연설하는 모습.

여성 운동의 발전

19세기 말에서 20세기 초에 이르는 시기에 서구 사회를 뜨겁게 달군 또 하나의 이슈는 여성 운동의 전개였다. 가장 중요한 주제는 **여성의 참정권**이었다. 프랑스에서는 일찍이 대혁명 시기에 이미 여성의 정치적 권리를 주장하는 목소리가 등장하였으나, 폭넓은 사회적 지지를 얻는 데에는 실패하였다. 하지만 프랑스의 여권 운동은 영국에 영향을 미쳐, 울스턴크래프트(M. Wollstonecraft)가 여성 운동의 사상적 기초를 닦는 저술을 하게 만들었다. 뒤를 이어 19세기 중반 자유주의 사상가 밀(J. S. Mill)이 여성 운동의 확산에 크게 기여하였다. 여성 운동이 본격적인 참정권 쟁취 운동의 성격을 나타낸 시기는 19세기 말이었다. 특히, 팽크허스트(E. Pankhurst)의 주도하에 적극적인 입헌 운동의 형태로 발전하면서, 여성 참정권자(Suffragette)의 운동도 적극적이고 격렬한 형태를 보였다. 20세기 초반 영국 사회는 이 이슈를 놓고 치열한 정치적 공방을 벌였다. 미국의 여성 운동은 노예제가 존재하던 시절인

울스턴크래프트(1759-1797): 1792년 『여성의 권리 옹호』를 저술하여 기존의 사회 통념에 비판을 가하면서 여성의 사회적 평등과 교육을 강조하였다.

팽크허스트(1858-1928): 급진적인 여성 운동가로서 선거권 쟁취 운동을 이끌었으며, 제1차 세계 대전 이후 여성에게 참정권을 부여하는 법안을 청원하여 입법에 성공하였다.

여성 참정권자: 여성에게 참정권을 부여해야 한다는 운동가를 영국과 미국에서 부르는 용어.

1840년대에 인간 해방 운동의 성격을 띠고 전개되었다. 점차 여성 참정권 운동 조직들이 전국적 규모로 결성되었고, 1890년에는 조직의 통합과 중앙화가 이루어졌다. 일부 주에서는 19세기에 여성 참정권이 인정되었지만, 연방 차원에서의 입헌 운동은 제1차 세계 대전까지도 결실을 보지 못하였다.

　　제1차 세계 대전 이전에 여성의 참정권이 인정된 국가는 뉴질랜드(1893), 오스트레일리아(1902), 핀란드(1906)뿐이었다. 다른 국가들에서는 여성 참정권을 획득하기 위한 노력이 계속되었고, 국제적 연대를 위한 움직임도 일어나 세계 여성의 날이 제정되기도 하였다. 대부분의 공업화된 서구 국가들에서 여성 참정권이 인정된 것은 제1차 세계 대전 이후의 일이었으며, 프랑스, 이탈리아 등에서는 제2차 세계 대전이 끝날 때까지도 인정되지 못하였다. 전시에 군수 생산 시설을 포함한 사회 여러 부문에서 이루어진 여성들의 기여가 여론의 방향을 결정하는 데 크게 작용하였다.

그림 16-2

팽크허스트의 여성 운동 여성 참정권 운동을 이끈 팽크허스트는 한때 영국 정치의 위협 요소로 간주되었지만, 지금은 그녀의 동상이 의회 안마당에 서 있다.

민족주의적 경쟁의 격화

그림 16-3

여성 참정권 홍보물 1911년에 발행된 홍보물에 여성은 시장, 간호사, 교사 등이 될 수 있어도 투표권은 없으며, 남성은 죄인, 정신병자, 노예 소유자 등도 투표권을 갖는다는 내용이 담겨 있다.

　　노동 운동과 여성 운동이 서구 사회에 대내적 긴장과 갈등을 불러일으켰다면, **민족주의적 감정**은 대외적인 폭발력을 제공하였다. 특히, 정치적 통일이 지연되고 공업화 경쟁에서 뒤처졌던 독일과 이탈리아에서는 민족주의 열풍이 대대적으로 휘몰아

쳤다. 이 국가들은 공업화를 급속하게
진행시키면서 19세기 말~20세기 초에
경제력이나 군사력 면에서 선발 공업
국들에 필적할 만한 위치에 올랐다.
그러나 중상주의 경쟁에서 뒤처졌고
공업화의 시동도 늦게 건 이 국가들이
국제적으로 주장할 수 있는 이권은 많
이 남아 있지 않았다.

표 16-1은 제1차 세계 대전 직전
서구 열강들이 보유한 **식민지의 규모**
를 면적과 인구를 기준으로 보여 준다. 식민지 확보에 가장 성공적이었던 영
국은 면적으로 보면 본국의 약 100배, 인구로 보면 본국의 약 8.5배에 달하는
식민지를 보유하고 있었다. 영국에는 미치지 못하였지만 프랑스, 네덜란드
등도 지구 전역에서 여러 식민지를 지배하고 있었다. 이에 비해 독일과 이탈
리아가 확보할 수 있었던 식민지는 상대적으로 미미하였다.

독일과 이탈리아가 새로 국제적 이권을 차지하려면 이미 우월한 지위에
올라 있는 다른 열강들과 치열한 경쟁을 벌일 수밖에 없었다. 이런 상황에서
민족주의적 경쟁심은 국내 정치권에게 무시할 수 없는 압력으로 작용하였
다. 해외에서 자국의 위신을 세우지 못하는 정치 권력은 국민의 지지를 기대
할 수 없다는 것이 거역할 수 없는 정치 현실이 되었다. 자연스럽게 군비 경
쟁이 격화되었고, 또한 각국은 세계적 차원에서 이익을 확대하고 보전하기

그림 16-4

식민지 **지배법** 1900년대 독일의 잡지에
묘사된 영국의 식민지 지배법에는 상인,
군인, 선교사가 관여되어 있다.

| 표 16-1 | 1914년 서구 열강의 식민지 확보 상황 |

국가	식민지 수	면적(1,000제곱마일)		인구(100만 명)	
		본국	식민지	본국	식민지
영국	55	121	12,044	46.0	391.6
프랑스	29	207	4,110	39.6	62.4
독일	10	209	1,231	65.0	13.1
벨기에	1	11	910	7.6	15.0
포르투갈	8	35	804	6.0	9.7
네덜란드	8	13	763	6.0	37.4
이탈리아	4	111	591	35.0	1.4
미국	6	3,027	126	98.8	10.0

자료: 김종현(2007), 286쪽.

그림 16-5

위기의 유럽 제1차 세계 대전 직전 유럽 국가들 사이의 적대적 관계를 표현한 카툰.

위해 이해관계가 맞는 국가들과 동맹을 체결하는 것이 유리하다고 판단하였다. 군사적인 면에서 보면, 각국의 이런 판단은 영국-프랑스-러시아를 연결하는 삼국 협상(Triple Entente)과 독일-오스트리아-이탈리아를 연결하는 삼국 동맹(Triple Alliance)의 결성으로 이어졌다. 제국주의 진영 간의 세력 균형은 안정적인 것이 전혀 아니었다. 작은 충돌의 불씨 하나만 있어도 대규모 전쟁을 초래하기에 충분하였다.

제2절 전쟁의 귀결

전쟁 비용

그림 16-6

참호전 제1차 세계 대전 시기에 서부 전선에 구축된 영국군의 참호 모습.

제1차 세계 대전은 **진정한 의미의 세계 대전**이었다. 무엇보다도 과거의 전쟁과는 달리 대부분의 **주요 열강**들이 전쟁에 참여하였다. 참전한 인력이 전 세계적으로 총 6,500만 명에 달하였고, 그중에서 사망자가 850만 명, 중상을 입은 자가 220만 명이나 되었다. 직접적인 전투뿐만 아니라 경제적 봉쇄와 질병으로 인해 목숨을 잃은 민간인이 660만 명가량 되었던 것으로 추정된다. 특히, 참전국들이 입은 피해는 엄청났다. 그림 16-7에는 연합군과 추축군의 참전 군

그림 16-7 제1차 세계 대전 기간 인명의 손실

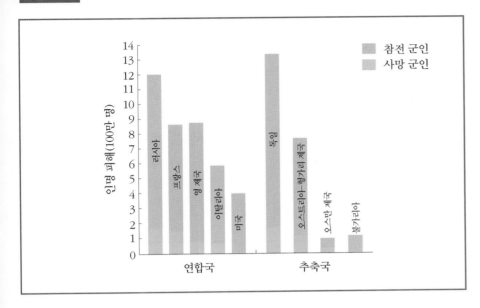

인 수와 전사자 수가 표시되어 있다. 참전 군인 수는 독일이 1,300만 명 이상으로 가장 많았고, 다음으로 러시아가 약 1,200만 명을 기록하였다. 그 뒤를 영 제국과 프랑스, 오스트리아-헝가리가 이었다. 전사자 수로는 독일과 러시아가 각각 약 170만 명씩을 기록하였고, 뒤를 이어 오스트리아-헝가리, 프랑스, 영국의 순서였다.

　　참전을 직접 결정한 열강들 외에 지구상의 여러 지역이 **식민지와 보호령으로서** 본국의 전쟁 수행을 위해 중요한 역할을 수행하였다는 점에서도 제1차 세계 대전은 세계 대전의 면모를 보였다. 영 제국의 경우를 보면, 800여만 명에 이르는 전체 참전 군인 가운데 250만 명 이상이 인도, 캐나다, 오스트레일리아 등에서 왔다. 이런 참전 군인은 절대수와 비율 면에서 모두 제2차 세계 대전에는 더 증가하게 된다(그림 16-8 참조).

　　'총력전'을 수행하기 위해서 국가의 모든 자원이 전쟁 수행을 위해서 동원되는 **전시 경제 체제**가 구축되었다. 군인만이 아니라 민간인 및 여성도 대규모로 전투 및 비전투 활동과 다양한 생산 활동에 동원되었고, 국가 재정이 군비 지출로 몰림에 따라 민간 부문은 희생을 감내해야만 하였다. 무기 생산, 군수품 생산, 군수 서비스 공급에 자원 배분의 우선순위가 매겨졌으며, 반대로 민간의 소비는 억제되었고 내핍이 강요되었다. 천연자원과 원료의

전시 경제 체제: 총력전을 수행하기 위해 정부가 운영한 통제 경제적 방식의 경제 체제. 대표적으로 민수 산업의 군수 산업으로의 전환, 원자재와 식량 확보 체제, 물자 배급 제도, 가격 통제, 노동력 및 자원 동원 체제, 공채 발행 등을 포함한다.

그림 16-8 양차 대전 시기에 영 제국에 의해 동원된 총인원

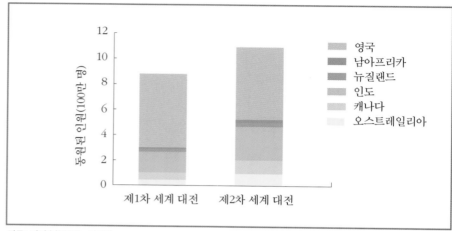

자료: 퍼거슨(2006), 405쪽.

공급이 정부의 중앙 계획에 따라 이루어졌고, 소규모 기업이 강제로 합병되어 대규모 카르텔의 일부로 재편되기도 하였다. 군사비 지출이 GNP에서 차지하는 비중은 전쟁이 격화될수록 커졌다. 이 비중이 영국에서는 1913년 4%에서 1917년 38%로 증가하였고, 독일에서는 1914년 14%에서 1917년에는 무려 53%에 이르렀다.

그림 16-9
전시 경제 체제 물자 절약이 승전을 위한 필수적 요건임을 강조하는 1917년 영국 포스터.

전시 경제 체제하에서 가격, 임금, 자본, 외환에 대한 통제는 일상화되었다. 이 경험은 **정부 개입의 범위와 효과**에 대해 자본주의 국가들이 현실적으로 생각해 보는 기회를 제공하였다. 이에 따라 경제적 또는 정치적 위기가 도래하였을 때 정부가 선택할 수 있는 정책의 범위가 제1차 세계 대전 이전 시기에 비하여 엄청나게 확대되는 결과를

초래하였다.

전쟁이 전개되면서 1차 세계화 시대에 국제 무역 활성화의 기초가 되었던 **금 본위제로부터 각국이 이탈**한 점도 의미심장하였다. 1914년 전쟁이 발발하자 영국, 프랑스, 독일은 곧바로 금 본위제의 중지를 선언하였다. 1917년에는 미국과 일본이 금 본위제로부터 벗어났다. 총력전의 수행과 금의 자유로운 국제적 이동은 양립할 수 없는 조합이었다.

강화 조약의 내용

그림 16-10

미국의 전시 공채 홍보 참전을 결정한 미국은 전비를 마련하기 위해 공채를 판매하였다. 전시 공채의 판매를 위해서는 자유의 여신상과 같은 미국의 대표적 상징이 빈번하게 사용되었다.

전후에 체결된 **베르사유 강화 조약**은 유럽의 정치 및 경제 지형을 송두리째 바꾸어 놓았다. 무엇보다도 **독일은 절망적인 결과**를 안게 되었다. 전쟁 기간에 독일 영토는 이미 초토화되었는데, 강화 조약은 전쟁 전 영토의 13%, 인구로 보면 10%에 해당하는 지역을 독일이 상실하도록 정하였다. 특히, 알자스-로렌, 자르 등 자원과 공업 중심지를 포함하고 있었다는 점이 중요하였다. 폴란드에게는 실레지아 지역을 넘겨 주어야 하였다. 새 국경선의 설정에 따라 공업 지대가 자의적으로 분할되는 결과를 낳았기 때문에, 독일이 상실한 경제적 가치는 매우 컸다. 강화 조약은 또한 독일의 해외 식민지를 없앴으며, 해군을 해체한 채 10만 명 규모로 제한된 육군만 보유할 수 있도록 규정하였다. 이런 상황에 덧붙여 독일이 **전쟁 배상금**으로 330억 달러라고 하는 거액을 연합국 측에 지불한다는 보복적 조치가 강요되었다. 독일인들 사이에서는 조약 내용에 대한 반발이 거세게 일어났고, 절망감과 좌절감이

그림 16-11

패전국 독일 유럽 서부 전선에서 연합군에 붙잡힌 독일군 포로들의 모습. 캐나다 종군 화가 프레더릭 발리의 작품.

케인스(1883-1946): 20세기에 가장 큰 영향력을 행사하였던 경제학자. 영국 출신으로 제1차 세계 대전 후에 『평화의 경제적 귀결』을 저술하여 베르사유 조약을 비판하였고, 『고용, 이자 및 화폐에 관한 일반 이론』을 통해 정부의 역할을 강조하는 주장을 펼쳤다.

사회 전반을 짓눌렀다. 케인스(J. M. Keynes)는 독일에 가혹한 부담을 지우는 결정이 유럽 전체에 부정적인 결과를 가져올 것이라고 강조하였지만, 그의 주장은 받아들여지지 않았다.

민족자결주의: 각 민족이 외부의 영향을 받지 않고 자기 민족의 운명을 스스로 결정해야 한다는 주장. 제국주의적 개입 정책에 대한 반대의 성격이 강하였다.

강화 조약은 독일 제국 이외에도 패전한 다른 **제국들을 해체 또는 약화**시키는 결과도 가져왔다. 오스트리아–헝가리 제국은 더 이상 여러 민족을 아우르는 대규모 정치 단위로 남지 못하고 체코슬로바키아, 폴란드, 루마니아, 유고슬라비아와 왜소해진 오스트리아 및 헝가리로 나뉘었다. 러시아 제국도 영토 일부를 상실하였는데, 이로부터 핀란드, 에스토니아, 라트비아, 리투아니아가 독립해 나왔다. 오스만 제국도 상당한 영토를 상실하게 되었다. 이런 변화 끝에 1919년에는 유럽의 독립 국가 수가 전쟁 전보다 12개 증가하여 38개가 되었다. 신생 독립국들은 독자적인 재정 정책, 통화 정책, 무역 정책을 실시하였고, 독자적인 통화 제도를 만들었다. 여기에는 미국 대통령 윌슨(W. Wilson)이 주창한 민족자결주의의 영향이 작용하였다. 그러나 영국, 프랑스 등 다른 승전국들은 종래의 제국 체제를 다시 강화하기를 희망하였다. 이런 상황에서 윌슨의 이상주의적 비전은 부분적인 성과를 거두는 데 만족해야만 하였다.

그림 16-12

강화 조약의 체결 1919년 베르사유 조약이 체결되면서 전후 처리 문제에 대한 가닥이 잡혔다. 그러나 현실은 그리 낙관적이지 않았다.

케인스의 배상금 계산

케인스는 『평화의 경제적 귀결』(*The Economic Consequences of the Peace*)에서 연합국 측 – 특히 프랑스 – 이 독일에게 과도한 금액의 전쟁 배상금을 요구한다고 비판하였다. 그는 이런 요구가 비현실적이며 결국 전후 유럽의 경제 재건을 막는 장애물로 작용할 것이라고 지적하면서, 배상금의 적정 규모는 실제 요구액의 1/3 이하라고 적시하였다.

우리는 다음과 같은 추산에 이른다.

벨기에	$2,500,000,000
프랑스	$4,000,000,000
영국	$2,850,000,000
기타 연합국	$1,250,000,000
합계	$10,600,000,000

독자에게 강조할 필요도 없이, 이 수치에는 많은 추측이 들어 있고 특히 프랑스의 수치는 비판을 받을 가능성이 높다. 그러나 정확한 숫자가 아니라 대체적인 규모에 대해서라면 나는 이 수치가 터무니없이 틀린 게 아니라고 확신한다. …

이게 우리가 적국[독일]에게 제시할 자격이 있는 요구액이다. … 나는 평화 협정에 나선 독일 정부에게 다른 사항들에 대한 추가적 조사 없이 최종 금액으로 $10,000,000,000에 동의할 것을 요구했어야 현명하고 공정했을 것이라고 생각한다. 이는 즉각적이고 분명한 해결책이 되었을 것이고, 독일을 관대히 대해 준다면, 독일이 지불하는 것이 전적으로 불가능하지 않았을 금액이었다. 이 총액은 연합국들 사이에서 필요와 일반적 균등의 기준에 맞춰 분배되었어야 하였다.

자료: Keynes(1920), 5장.

제1차 세계 대전 이후의 세계 경제 구조

전쟁이 끝난 후의 세계 경제는 전쟁 전과는 크게 달라진 모습이었다. 먼저 **유럽의 위상이 격하**되었다. 전쟁 과정에서 겪은 막대한 인적·물적 손실은 물론이고, 전후 인플레이션, 전쟁 배상금을 둘러싼 갈등, 전시 채무, 식민지의 상실, 동유럽의 분할 등 서로 복잡하게 얽힌 문제들이 경제 회복을 가로막았다. 유럽의 쇠퇴와 대조를 이룬 것이 **미국의 부상**이었다. 미국은 1917

그림 16-13

전후 독일의 빈곤 1918년 곡물 부족이 심각할 때 길거리에 설치된 무료 급식소에서 순서를 기다리는 독일 어린이들.

년 참전을 전후한 시기부터 괄목할 만한 경제 성장세를 기록하였으며, 전쟁 전에는 채무국의 위치에 있었지만 1919년에는 세계 최대의 자본 공급 국가로 떠올랐다. 전쟁 수행을 위해 미국으로부터 영국이 41억 달러, 프랑스가 29억 달러, 이탈리아가 16억 달러를 차입하면서, 미국은 상품 생산만이 아니라 자본 공급 측면에서도 세계 경제의 중심적 위치를 장악하게 된 것이다. 다시 말해, 1차 세계화 시대에 영국이 차지하고 있었던 위상을 이제 미국이 차지하게 된 것이다. 그러나 미국은 보호 무역주의 기조를 고수하였기 때문에, 전쟁 전에 영국이 다각 결제 체제를 통해서 수행하였던 국제 경제 순환의 활성화 역할을 담당하지는 않았다.

표 16-2는 제1차 세계 대전을 거치면서 국가별로 경제적 명운이 어떻게 갈렸는가를 보여 준다. 이 표는 전쟁에 참가한 국가들과 그렇지 않은 국가들이 1913-1929년 동안 보여 준 연간 경제 성장률을 나타낸다. 패전국은 낮은 경제 성장률을 보여 주었고, 승전국도 대체로 낮은 경제 성장률을 나타냈다. 이와 대조적으로 중립국은 참전국에 비해 훨씬 높은 경제 성장률을 기록하였다. 유럽을 벗어나서는 미국과 캐나다, 일본이 모두 매우 높은 수준의 경제 성장률을 기록하였다. 전쟁으로 인해 입은 피해, 전후 국제적 공조 체제의 와해, 배상금과 전시 채무 문제 등이 참전국이 경제 성장을 하는 데 발목을 잡았던 것이다. 중립국이 대체로 작은 경제 규모를 가졌던 것을 고려할 때, 전후 유럽 경제가 지구상의 다른 공업화된 지역에 비해 상대적으로 부진하였던 것은 자연스러운 현상이었다.

제1차 세계 대전 이후 세계 경제의 둘째 특징으로 전반적인 **과잉 생산 구조**를 들 수 있다. 농업 부문에서는 캐나다, 오스트레일리아, 아르헨티나, 동유럽 일부 국가 등 신흥 농업국이 미국 자본의 투여에 힘입어 생산 능력을 크게 확장하였다. 농업 기술이 진보하면서 화학 비료의 투입이 증가되고 기

표 16-2 전쟁 참가 여부와 1913-1929년 경제 성장률

(단위: %)

구분	국가	연간 실질 GDP 성장률
중립국	스웨덴	1.9
	핀란드	2.4
	덴마크	2.7
	스위스	2.8
	노르웨이	2.9
	네덜란드	3.6
승전국	영국	0.7
	벨기에	1.4
	이탈리아	1.7
	프랑스	1.9
패전국	오스트리아	0.3
	독일	1.2
유럽 이외	캐나다	2.5
	미국	3.1
	일본	3.7

자료: Maddison(1995), 180-183쪽, 양동휴 외(2008), 38쪽에서 재인용.

계화가 진전되어 수확을 증가시켰다. 이에 따라 국제 곡물 시장과 원료 시장에서 공급 과잉 현상이 발생하였고 덤핑이 만연하였다. 커피, 설탕, 소맥 등의 국제 가격은 하락을 멈추지 않았다.

그림 16-14는 수출에서 농업의 비중이 높은 라틴 아메리카의 사례를 보여 준다. 수입품의 가격에 대비한 수출품의 가격을 보여 주는 교역 조건의 시간적 추이를 나타낸 이 그림을 보면, 제1차 세계 대전 이후 라틴 아메리카의 교역 조건이 지속적으로 하락하였음을 알 수 있다. 즉, 국제 시장에서 농산품 가격이 공산품 가격에 비해 열세인 상황이 전후에 계속되었음을 말해 준다.

이것이 공산품의 공급은 과잉 상태가 아니었다는 것을 뜻하지는 않았다. 공업 부문에서도 전쟁을 거치면서 세계적으로 생산 능력이 크게 증대되었다. 전쟁 수행에 필요한 군수 물자의 생산을 늘리는 과정에서 철강, 석탄, 조선 등 구(舊)공업 부문이 크게 성장하였으며, 미국, 일본 등 새로 공업 강국으로 부상한 국가들뿐 아니라 브라질, 인도 등 저개발국도 공업 생산 기반을 조성하였기 때문이다. 기술 진보가 새로운 공급 능력을 증대시키는 요인

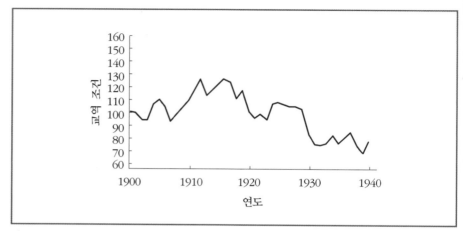

그림 16-14 라틴 아메리카의 교역 조건(1900년=100)

자료: Blattman, Hwang and Williamson(2004).

으로 작용하기도 하였다. 전쟁이 발달을 자극한 대표적인 산업이 화학 공업이었는데, 이를 이용한 새 생산과 기존의 생산이 충돌하는 현상도 발생하였다. 대표적으로 전통적 생산품인 면직물과 모직물은 새로 등장한 레이온과 경합하였다. 에너지원도 유사한 경합이 발생하였다. 전통적 에너지원인 석탄이 새로 널리 사용되기 시작한 석유와 경쟁을 하면서 에너지 공급의 증대를 낳았다.

전후 세계 경제의 셋째 특징은 **국제적 노동 이동의 축소**였다. 유럽의 경우 인구 증가율은 1920년대에 절정에 도달하였다가 이후에 하락하기 시작하였다. 인구 감소의 주된 요인은 출생률 저하였다. 그러나 인구 배출지의 인구 증가율이 낮았다는 점이 이민 감소를 초래한 유일한 요인은 아니었다. 신세계에서 그간 개발이 진척된 결과로 이민이 가능한 정착지가 이미 축소되었다는 점이 중요하였다. 그에 따라 인구 흡인지에서 이민자 유입에 관한 여론이 강경하게 돌아섰다. 미국에서는 1921년의 이민할당법(Quota Act) 제정을 통해 유럽과 비유럽 각국으로부터 유입될 수 있는 연간 이민자의 수를 제한하였다. 아시아를 포함한 비유럽 지역의 국가들에게는 이민자 쿼터가 극히 작았다. 지역적 혹은 인종적 차별화가 인구 흡인지의 이민 정책에 깊숙이 영향을 끼쳤음을 말해 준다.

이런 현상은 1920년대에 미국에 들어온 이민자의 수를 일부 출발 지역에 대해 보여 주는 표 16-3에서 확인할 수 있다. 표의 가장 아랫줄에는 전체 이

이민할당법: 1912년에 제정된 미국의 이민 제한법. 국가별 이민자 쿼터를 할당했는데, 특히 유럽 이외의 지역에 대해 기준이 인색하였다.

표 16-3 1920년대 미국에 유입된 이민자의 출발 지역별 연간 숫자

(단위: 1,000명)

이민자 출발 지역	1921년	1925년	1929년
동유럽	138	10	14
남유럽	299	8	22
아시아	25	4	4
멕시코	31	33	40
전체	805	294	280

자료: Clark(2003), 1권, 401쪽.

민자 수가 기록되어 있다. 1921년에 약 80만 명의 이민자가 입국하였는데, 이민 정책이 강화되면서 1925년에는 30만 명 이하로 이민자가 줄어들었으며, 그 후에도 약간의 추가적 감소가 발생하였다. 동유럽과 남유럽의 경우 1921년 이후 전체 비율보다 훨씬 큰 폭으로 이민자가 감소하였다. 아시아는 이미 1921년에 이민자가 적었는데, 이후 이민자 축소가 더욱 진행되었다. 표에 제시되지 않은 이민자의 대다수는 서유럽과 북유럽에서 출발한 이민자였는데, 이들도 1921년 이후 규모가 줄어들기는 하였지만 감소 폭은 위의 지역들보다 훨씬 작았다. 멕시코 출신의 이민자는 수가 줄지 않은 유일한 사례였다.

제1차 세계 대전 이후 세계 경제의 넷째 특징으로 각국에서 **노동조합의 지위가 강화**된 점을 들 수 있다. 이미 전쟁 전에 영향력을 확대해 가고 있었던 노동조합은 전쟁을 계기로 더욱 성장의 탄력을 받았다. 강제 징집된 대규모의 병력을 효과적으로 통솔하고 사기를 유지하기 위해서는 채찍뿐만이 아니라 전후 향상된 생활 수준을 보장하겠다는 당근도 필요하였다. 군수 물자의 생산을 늘리기 위해서도 노동조합을 인정하고 협력을 구해야만 하였다. 따라서 전쟁의 종식과 더불어 유럽 각국에서는 노동 기본권의 승인, 최저 임금제, 사회 보장 제도의 확충, 선거권의 확대 등 노동자 조직의 세력을 확대시키는 방향으로 정책이 실시되었다. 노동조합의 조직도 중앙 집권화 경향을 강화하여 가면서 더욱 힘을 키워 갔다.

노동 세력의 증대는 1917년 발발한 러시아 혁명과도 관련이 깊었다. 투쟁적 성향의 소수파들은 러시아 혁명을 준거 기준으로 삼고 사회주의 혁명 운동을 전개해 나가고자 하였다. 반면에 이데올로기를 달리하는 노동자들에게는 분열의 계기를 제공하기도 하였다. 이런 상황에서 정부가 노동조합에게 많은 양보를 한 데에는 혁명 운동에 대한 지지를 약화시키려는 의도도 깔려 있었다.

러시아 혁명

러시아는 19세기 후반부터 부분적으로 공업화를 경험하였지만, 저임금과 낮은 생산성을 벗어나지 못하였고, 농촌 인구는 농노의 지위에서 해방되기는 하였지만 극심한 빈곤에 빠져 있었다. 혹심한 경제 상황 속에서 노동 운동은 과격화되었고, 이에 대해 정부는 탄압 일변도로 대응을 하였다. 농촌에서는 농민 봉기가 빈발하였고, 도시에서는 사회주의 운동가들의 주도하에 반정부 운동이 고조되었다. 20세기가 시작되면서 노동자와 군인들의 파업과 반란이 이어졌다. 러일 전쟁에서 일본에 참패를 하고 1914년 제1차 세계 대전에 참전하면서 러시아의 군사력과 경제력의 취약점이 만천하에 드러났고, 국가 체제에 대한 회의가 커져 가는 가운데 제정 러시아는 국민들에 대한 통제력을 상실해 갔다. 1917년 페트로그라드(지금의 상트페테르부르크)에서 발생한 파업이 확산되고 뒤이어 사회적 소요가 빈발하면서 로마노프 왕조는 붕괴를 맞았고, 과도기적 상황에서 혁명가 레닌과 볼셰비키가 권력을 장악함으로써 혁명이 일단락되었다. **세계 최초의 사회주의 국가**로 건립된 소련은 국내적 기반을 공고히하면서, 그와 더불어 볼셰비즘에 입각한 혁명 이론을 세계적으로 전파하였다.

1918년부터 내전이 격화되자 소련은 전시 공산주의 체제를 강요하였는데, 이것이 극심한 식량난과 생산 저하를 낳았다. 레닌은 파탄 위기에 처한 러시아 경제를 살리고 기근 사태에 대처하기 위해 1921년 **신경제 정책**(New Economic Policy, NEP)이라는 타협적 정책을 내놓았다. 식량의 강제 징발을 중지하였고, 농민들이 잉여 농산물을 개인적으로 처분할 수 있도록 허용하였다. 중소기업에게도 사적 소유를 인정하였으며, 외국 자본의 유입 또한 인정하였다. 신경제 정책의 효과로 1925년경에 이르면 소련 경제는 전쟁 전의 생산 수준을 회복하게 되었다. 그러나 금융, 통신, 운송 등 기간산업은 모두 국가의 통제하에 운영되었으므로 개인적 인센티브를 통한 자극이 전체 경제에 미친 효과는 제한적이었다. 1928년부터는 신경제 정책의 수혜자들이 숙청됨으로써 정책이 실질적인 종언을 맞게 되었다.

그림 16-16

기근에 처한 러시아 아이들 1921년 대기근으로 굶주림에 직면한 아이들이 오두막 앞에서 촬영한 사진. 이 기근으로 수백만 명이 사망하였다.

제3절 금 본위제 복귀와 경제 문제

독일의 하이퍼인플레이션과 금 본위제 복귀

전쟁 후 유럽의 여러 국가에서 인플레이션이 발생하였다. 생산과 무역의 혼란이 물가 인상 압력으로 작용하였고, 재건 붐이 이를 더욱 강화하였다. 특히, 중부 유럽 국가들을 중심으로 1920년대 초반에 하이퍼인플레이션(hyperinflation)이 발생하였다. 1922-1923년에 물가가 가장 높이 치솟았는데, 오스트리아에서 1만 4,000배, 헝가리에서 2만 3,000배, 폴란드에서 250만 배, 그리고 소련에서 40억 배를 기록하였다. 가장 극적인 수준의 하이퍼인플레이션은 독일에서 발생하였다. 1918년을 기준으로 보았을 때 독일의 물가는 1923년에 무려 1조 2,600억 배라는 전대미문의 상승을 기록하였다.

독일 정부는 전쟁 배상금 지급을 위해 외화를 대량 구입해야 하였다. 이것이 마르크화 가치를 낮추었고 그에 따라 물가가 더 인상되었다. 화폐의 유통 속도도 빨라져 물가 상승에 가속도가 붙었다. 재정 적자가 누적되는 가운데, 정부가 향후 세금을 인상할 것이라고 예상한 민간은 자산을 외국으로 내보냈다. 독일의 정세 불안은 자본의 해외 도피를 가속화시켰다. 이에 따라

하이퍼인플레이션: 물가가 통제 가능한 범위를 벗어난 수준으로 치솟는 현상. 대개 전쟁, 경제 위기 등 특별한 상황에서 발생한다. 하이퍼인플레이션이 발생하면 화폐에 대한 신뢰가 소멸하여 화폐 경제가 갖는 장점들이 모두 사라지게 된다.

바이마르 공화국: 1919년에 성립하여 1933년 히틀러의 나치 정권이 수립될 때까지 존속한 독일 공화국의 통칭. 바이마르 헌법은 국민 주권의 원리를 확인하고 기본권에 대해 상세한 규정을 둔 민주적 헌법이었다.

도즈 플랜: 독일이 배상금을 지불할 능력이 없었기 때문에 미국이 중재에 나서 독일에 8억의 차관을 제공하고 배상액을 낮추었다. 첫해에 금화 10억 마르크를 지불하고 1928년까지 금화 25억 마르크로 증액하는 것이 내용이다.

영 플랜: 1929년에 합의된 내용으로, 독일의 배상금을 더욱 낮추고 독일에 대한 경제 제재를 해제하는 것을 내용으로 하였다.

독일의 자본 수지는 악화되었고, 수입품의 가격이 인상되어 물가 상승 압력을 더욱 크게 키웠다. 이와 같은 요인들이 결합하여 상승 작용을 불러일으킴으로써, 독일은 역사상 유례없는 수준의 하이퍼인플레이션을 겪게 된 것이다. 하이퍼인플레이션 상황에서 화폐는 교환의 매개 수단으로 더 이상 기능하지 못하게 되었고, 이는 독일 경제에 엄청난 타격을 입혔다. 경제적 파탄은 정치적 안정성에도 치명적인 상처를 입혔다. 1920년대 바이마르 공화국 체제하에서의 민주주의가 뿌리째 흔들리고, 히틀러가 주도하는 **국가 사회주의(NAZI)**가 대두하는 배경이 되었던 것이다.

금융 붕괴를 맞은 독일이 프랑스가 요구한 전쟁 배상금을 지불할 능력이 없는 것으로 판명되자, 프랑스는 독일의 공업 지역인 루르 지방을 무력으로 점령하였다. 독일은 절망의 나락으로 떨어져 경제 회복에 대한 희망을 완전히 포기해야 할 지경이었다. 한편, 통화가 대중의 신뢰를 완전히 상실하는 상황이 되자, 독일 정부는 새로 렌텐마르크(Rentenmark)를 도입하여 통화 체제를 정비하였다.

전시 채무와 전쟁 배상금을 둘러싼 갈등에 대한 실마리는 1924년 미국이 도즈 플랜(Dowes Plan)을 제안할 때까지 기다려야만 하였다. 이 플랜에 따라 독일은 매년 일정액씩 분할하여 배상금을 지급하게 되었으며, 미국으로부터 차관을 도입하도록 협정이 체결되었다. 도즈 플랜의 내용은 1929년 영 플랜(Young Plan)에 의해 보완되었다. 이 차관에 기초하여 렌텐마르크가 안정화될 수 있었다. 그리고 독일은 전쟁 전의 금 평가에 맞추어 라이히스마르크(Reichsmark)라는 새로운 통화를 발행하였다. 통화 안정화에 힘입어 독일은 1924년에 금 본위제로 복귀할 수 있게 되었다. 그러나 그간의 혼란과 경제 위기는 독일 사회의 보수층에 큰 타격을 입혔고, 극단적 정치 세력이 득세할 환경을 제공하였다.

루르 지방을 점령한 괴물 프랑스 독일이 배상금을 지불하지 못하자 1923년 프랑스는 루르 지방을 점령하였다. 이 사건은 독일인들의 격렬한 분노를 야기하였다. 그림에서 프랑스를 침략하는 괴물로 묘사하고 있다.

다른 국가들의 금 본위제 복귀

독일의 뒤를 이어 다른 국가들도 하나씩 **금 본위제로 복귀**한다고 선언하였다. 영국은 1925년에 금 본위제로 복귀하였고, 프랑스, 벨기에와 이탈리아가 1926년에 금 본위제로 돌아갔다. 1919년에 금 본위제로 복귀한 미국과 1922년에 복귀한 오스트리아와 스웨덴만이 독일보다 이른 시기에 금 본위제로 돌아갔다.

1920년대 후반이 되자, 국제 통화 제도가 다시 금 본위제를 중심으로 완비되었다. 금 본위제로 복귀하는 길은 크게 두 가지였다. 하나는 **평가 절하**를 통해 통화의 금 평가를 낮추는 것이었다. 전전 평가의 10% 내지 30%로 통화 가치가 하락한 국가는 프랑스, 이탈리아, 벨기에, 체코슬로바키아 등이었으며, 독일, 폴란드, 오스트리아, 헝가리, 포르투갈, 그리스 등은 전전 평가의 10% 이내로 통화 가치가 대폭 하락하였다. 다른 하나는 **디플레이션 정책**으로 물가를 하락시켜 전전의 금 평가를 되찾는 것이었다. 이 정책을 택한 국가로는 영국, 네덜란드, 덴마크, 스웨덴, 노르웨이가 있었다. 표 16-4는 전후 통화 안정의 과정을 보여 준다. 국가별로 금 본위제로 복귀한 실질적 연도와 평가 절하 여부 및 폭을 담고 있다.

금 본위제로 복귀하면서 채택한 평가가 국가별로 이렇게 크게 차이가 났다는 점은 전쟁을 거치면서 상대 가격을 포함한 많은 경제 변수가 국가 간에 변화하였음을 의미하기도 하였지만, 국가 간에 정책적 조율이 이루어지지 않고 독자적으로 평가를 결정하였음을 뜻하기도 하였다. 그리고 국가별 평가의 차이는 불가피하게 향후 **경제적 성과에 큰 차이**를 내는 결과로 이어졌다. 평가 절하를 실시한 국가들은 이후 수출 회복에 힘입어 빠른 경제 회복을 맞이하였지만, 전전의 금 평가로 돌아간 국가들은 수출 부진으로 경기 침체에 빠지고 말았다. 평가 절하의 폭이 얼마나 큰가에 따라 경제 회복의

표 16-4 금 본위제 복귀 시점과 평가

구분	국가	사실상 금 본위제로 복귀한 연도	전전 평가에 대한 새 평가의 비율(%)
전전 평가의 10% 이하로 통화 가치 하락	독일	1923	0.0000000001
	폴란드	1926	0.000026
	오스트리아	1922	0.00007
	헝가리	1924	0.0069
	루마니아	1927	3.1
	불가리아	1924	3.8
	포르투갈	1929	4.1
	그리스	1927	6.7
	유고슬라비아	1925	8.9
전전 평가의 10-30%로 통화 가치 하락	핀란드	1923	13.0
	벨기에	1926	14.5
	체코슬로바키아	1923	14.6
	프랑스	1926	20.3
	이탈리아	1926	27.3
전전 평가로 복귀	스웨덴	1922	100
	네덜란드	1924	100
	스위스	1924	100
	영국	1925	100
	덴마크	1926	100
	노르웨이	1928	100

자료: 페인스틴 · 테민 · 토니올로(2008), 79쪽.

속도가 현저하게 차이가 났다.

재건 금 본위제의 취약점

전후 세계 경제가 제1차 세계 대전 이전과는 여러 측면에서 크게 달라졌음에도 불구하고, 1차 세계화 시대의 이른바 '고전적 금 본위제'로 모든 국가들이 순차적으로 복귀하고 나면 세계 경제가 다시 번영기를 맞게 될 것이라는 견해가 만연하였다. 그러나 이른바 '재건 금 본위제'하에서 세계 경제의 회복은 더뎠고, 시간이 흐르면서 이런 복고적 믿음이 **비현실적인 낙관론**에 불과하였다는 사실이 드러났다. 여기에는 몇 가지 이유가 있었다.

첫째, 1차 세계화 시대에 국제 무역의 원활한 확대에 핵심적인 역할을 하였던 영국 경제가 심각한 상황에 봉착하였다. 전전의 평가로 복귀한 영국은 경쟁국들에 비해 높은 환율을 유지할 수밖에 없었고, 따라서 수출 경쟁력에 큰 타격을 입었다. 둘째, 식량과 원료를 생산하는 국가들이 수출품 가격의 하락으로 인해 교역 조건 악화에 직면하였다. 이 국가들은 만성적인 무역 적자를 경험하게 되었고, 경제 부흥에 필요한 외화를 획득하는 데 곤란을 겪었다. 셋째, 미국의 보호 무역주의 정책이 상황을 더욱 악화시켰다. 많은 국가들이 높은 관세 장벽으로 보호된 미국에 수출을 하는 데 어려움을 겪었고, 그 결과 달러화를 확보하지 못해 힘겨워하였다. 넷째, 금 본위제의 안정적 운용을 위해 필요한 잔고를 런던과 뉴욕 두 곳에서 유지해야만 하였다. 이런 분산적 운용은 효율성의 저하로 이어질 수밖에 없었다. 투기적 이익을 좇아 금융 시장을 빠르게 움직이며 교란시키는 핫머니(hot money)가 증가한 것도 이런 배경에서였다. 다섯째, 중앙은행들 중에는 자국 경제를 외환 시장의 영향으로부터 격리시키기 위해 중립화 정책을 펴는 경우가 적지 않았다. 대표적으로 미국이 불태화 정책을 실시하였고, 영국과 프랑스에서도 유사한 정책을 썼다. 이와 같은 정책은 금 본위제의 메커니즘이 작동하는 것을 막는 결과를 가져왔다. 마지막으로, 단기 자본의 이동 규모가 커졌다는 점도 중요하였다. 통화의 과다가 물가나 소득의 변화를 통해 조정되는 대신에, 국제적인 단기 자본의 이동으로 조정되는 사례가 점차 증가하였다. 이와 같은 요인들이 복합적으로 작용하면서 전후의 재건 금 본위제는 기대와는 달리 고전적 금 본위제 시절에 전혀 미치지 못하는 초라한 경제적 성과를 보였다.

제4절 대공황의 발발과 전개

1920년대의 미국 경제

미국의 대공황을 상징하는 가장 대표적인 모습은 1929년 10월 말에 뉴욕

그림 16-20

검은 화요일 1929년 10월 29일 주가 폭락 소식에 불안한 마음으로 월 스트리트에 모인 군중들.

주식 시장이 보인 **대폭락** 장세였다. 이 시점부터 주가는 끝을 모르게 하락하여 3년 후 침체의 바닥에서는 고점 대비 하락 폭이 89%에 달하였다. 이전의 주가 수준을 다시 회복하게 된 것은 1954년에 이르러서였다. 대공황의 충격은 이만큼이나 깊었다. 주가 폭락은 분명히 대공황의 신호탄이었다. 그러나 불황의 전조는 이미 1929년 중반부터 나타나고 있었다. 생산이 정체하고 소비가 늘지 않는 등 1920년대를 거쳐 눈부시게 성장해 온 미국 경제의 활력이 두드러지게 약화되고 있었던 것이다.

대공황 시기에 주식 시장이 대폭락을 기록하였다는 것은 그에 앞선 시기에 주식 시장이 빠르게 상승하였었다는 것을 의미하기도 하였다. 대공황 직전에 증권 계좌의 수가 150만 개를 넘었고 그 가운데 약 40%는 신용 계좌였다. 그림 16-21의 (A)는 1920년대 미국 주식 시장이 얼마나 활황이었는가를 보여 준다. 1920년대 초 평균 주당 가격이 70달러 내지 80달러에 머물렀지만 이후 지속적으로 상승하였고, 상승 속도가 점차 빨라져 대공황 직전에는

| 그림 16-21 | 1920년대 미국의 주당 평균 가격과 소비자 채무 |

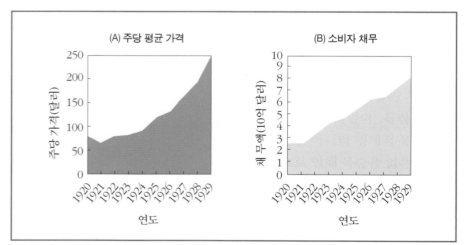

자료: Weir(1992), 341-343쪽.

표 16-5 **1920년대와 1930년대의 주요 과학 기술 혁신**

시기	미국	유럽
1920년대	무선 전화기	전기 주전자(영국)
	톰슨 기관단총	자동 태엽 시계(스위스)
	냉동 식품	기계식 텔레비전(영국)
	유성 영화	스프레이(노르웨이)
	대서양 횡단 전화	페니실린(영국)
	신용 카드	자동차 라디오
1930년대	스카치테이프	제트 엔진(영국)
	폴라로이드 사진	전자 현미경(독일)
	FM 라디오	레이더(영국)
	나일론	볼펜(헝가리)
	복사기	냉동 건조 커피(스위스)
	테플론	터보 프로펠러 엔진(헝가리)
	헬리콥터	

자료: 양동휴 외(2008).

250달러에 육박하는 수준에 이르렀다. 미래 경기에 대한 **낙관적 전망** 속에 소비자들은 차입을 늘려 갔다. 그림 16-21 (B)에 제시된 바와 같이 소비자의 채무 규모는 1920년대를 통해 지속적이고 빠르게 증가하였다.

이러한 낙관적 전망에는 그럴 만한 근거가 있었다. 제1차 세계 대전의 격전장에서 지리적으로 떨어져 있던 미국 경제는 전쟁 기간에 급속하게 성장하였고, 1920년대의 10년 동안 공업 생산은 약 90%나 증가하였다. 소비자의 구매력이 커지면서 자동차와 가전 제품 같은 내구 소비재에 대한 소비가 증가되었다. 1920년에 800만 대를 조금 넘었던 자동차 수는 1929년에 2,300만 대로 늘어났다. 대도시에만 국한되어 있었던 전기 공급이 전국의 가정으로 확대된 것도 이 시기여서, 1929년에 2,000만 가구가 전기를 사용하게 되었다. 라디오가 보급되면서 방송국이 기하급수적으로 늘어났으며, 1920년대 중반에는 전국 네트워크의 방송국이 라디오 전파를 내보내기 시작하였다. 1920년대 말에는 유성 영화(talkie)가 무성 영화를 대체하면서 영화의 전성기를 열었다. 표 16-5에 1920년대 및 1930년대의 주요 개발품이 나열되어 있다. 1920년대에는 또한 대형 백화점들이 지점 수를 늘려 갔고, 통신 판매와 같은 새로운 유

그림 16-22

통신 판매의 시대 우편 판매 제도를 통해 유통의 최강자로 등장한 시어스 로벅 (Sears Roebuck)은 1,000쪽이 넘는 카탈로그를 제작하였다. 1927년 이 회사의 매출은 3억 달러를 넘었다.

통 방법이 개발되기도 하였다. 이와 같은 변화 속에서 사람들은 기술 변화의 영향을 직장과 가정에서 가까이 느낄 수 있었고, 세상이 과거와는 질적으로 다른 경제 환경에 접어들었다는 장밋빛 인식이 널리 확산되었다. '광란의 20년대'(roaring twenties)는 당시 인기를 끌었던 재즈 클럽의 풍경에 그친 것이 아니라, 사회와 경제 곳곳에서 널리 관찰되는 모습이었다.

광란의 20년대: 미국과 서구 일부 국가들의 대도시에서 1920년대 경제 호황을 배경으로 전개된 역동적인 사회적·문화적 분위기를 일컫는다.

대공황의 발발

1928-1929년에 미국의 주식 붐이 절정에 이르면서 연방 준비 위원회(FRB)가 통화 정책을 긴축적으로 운영하기로 함에 따라 이자율이 급속하게 상승하는 현상이 발생하였다. 그러자 해외로부터 자금이 대규모로 미국으로 유입되었고, 그에 따라 해외 여러 국가에서 **금융 경색**이 발생하였다. 미국에서는 긴축적 통화 정책의 영향으로 신용 대출이 축소되었고, 이는 주식 시장의 냉각과 경기의 전반적 하강으로 이어졌다. 1929년 **주식 시장 붕괴**는 이런 배경하에서 발생한 것이었다. 뒤를 이어 **은행의 위기**가 발생하였다. 1933년까지 미국 전체 은행의 40%에 해당하는 1만 5,000개의 은행이 파산하였다. 은행 위기는 금융 중개 비용을 증가시키고 신용 경색을 가져왔다. 실질 금리가 급등함에 따라 기업과 가계의 부담이 증가하였고, 파산 사태가 이어졌다. 사람들은 전례를 찾기

1920년대의 번영 미국 디트로이트의 도로를 가득 메운 자동차의 행렬.

힘든 경제적 타격을 입었다. 1933년까지 실질 가처분 소득은 28% 감소하였고, 실업자가 1,280만 명에 달해 실업률이 무려 25%를 기록하였다.

금융 경색은 국제적인 이슈이기도 하였다. 특히, 농산물 생산에 특화된 국가들에서 이 문제의 심각성이 강하게 나타났다. 1920년대를 통해 1차 산품의 가격이 지속적으로 낮게 머물자, 이를 수출하는 국가들은 경제적 위기에 직면하게 되었다. 미국의 대외 자본 공급이 감소되자 유럽 국가들은 긴축적인 통화 정책을 펼치게 되었는데, 이것 역시 1차 산품 생산국의 수출을 어렵게 만들었다. 유럽 국가들이 자국의 농업 보호를 위해 관세를 높인 것도

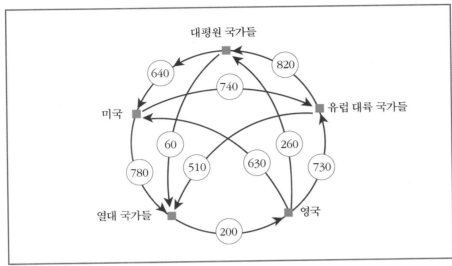

그림 16-24 **1928년의 다각 결제망**

(단위: 억 달러)

자료: Graff, Kenwood and Lougheed(2014).

어려움을 가중시켰다. 이렇게 외화 획득의 길이 막힌 농업국들은 공업국들에서 생산된 2차 산품의 수입을 줄일 수밖에 없었다. 국제적 농업 위기는 대공황의 중요한 전조였고, 대공황의 발발은 1차 산품의 가격을 더욱 폭락시켜 위기를 증폭시키는 역할을 하였다.

그림 16-24는 1928년 세계의 **무역 네트워크**를 보여 준다. 1차 세계화 시대와 달리 영국의 무역 적자가 컸다는 점은 더 이상 영국이 다각 결제망을 활성화하는 역할을 수행하기 어렵게 되었음을 말해 준다. 이 역할은 새로운 경제 강자인 미국이 맡아야 하였다. 그러나 미국은 보호 무역주의를 버리지 않았고 국제 경제 질서를 주도하는 임무를 담당할 의사가 없었다. 이 같은 국제 경제 환경에서는 농업국들만이 아니라 공업국들도 경제적 어려움에 봉착할 수밖에 없었다. 특히, 미국이 보호 무역주의 장벽을 높이 구축하기로 결정한다면 국제 무역은 된서리를 피하기 어려운 구조였다.

보호 무역주의의 영향

1930년 미국이 제정한 스무트–할리 관세법(Smoot-Hawley Tariff Act)은 해외

스무트–할리 관세법: 2만여 내구재에 대해 유례없이 높은 관세를 부과하는 것을 내용으로 한 법률. 1,000여 명의 경제 전문가들이 후버 대통령에게 거부권을 행사하도록 진정하였으나 그대로 입법화되었다.

> **문헌 자료 16-2**
>
> ### 한국 신문에 묘사된 대공황
>
> 1929년 10월에 발생한 미국의 주식 시장 붕괴 및 이어진 대공황은 일제 강점기의 한국 신문에도 보도되었다. 뉴욕 주식 시장이 붕괴한 '검은 목요일' 사태가 발생한 다음 주에 『동아일보』에 실린 기사는 다음과 같은 내용으로 시작된다.
>
> 世界의 視聽을 끌고잇는 米麴紐育 월街(株式市場)는 今年 녀름부터 未曾有의 大繁昌을 일우엇다가 그投機의 激甚으로 畢竟에 投機의 破綻을 보게 되어 卽紐育株式의 大暴落을 演出한 것이다. 보라! 繁榮의 極致에 達하얏슬 때에는 그 氣勢가 얼마나 可觀이엇든가. 證券의 殿堂도 하로아츰의 一場春夢이 되고 말앗다. 世界經濟의 王冠을 가지고 잇는 弗의 偉力 이만큼이 波動을 바더 英國을 비롯하여 各國은 續續 金利低下를 斷行한다.
>
> 세계의 눈과 귀가 쏠려 있는 미국 뉴욕 월 스트리트(주식 시장)는 올해 여름부터 전례 없는 대번창을 이루었다가 투기가 격심해지면서 마침내 투기의 파탄을 보게 되었다. 즉, 뉴욕 주식 시장의 대폭락을 연출한 것이다. 보라! 번영의 극치에 달했을 때에는 그 기세가 얼마나 대단했던가. 증권의 전당도 하루아침에 일장춘몽이 되고 말았다. 세계 경제의 왕관을 가지고 있는 달러의 위력이 크게 파동을 받아 영국을 비롯하여 각국은 앞을 다투어 금리 인하를 단행한다.
>
> 자료: 『동아일보』, 1929년 11월 2일자.

공산품에 대해 높은 관세를 부과한다는 내용을 담았다. 내수 시장이 위축되고 실업이 급증하는 상황에서 외국산 제품의 수입에 대해 장벽을 높이고자 제정된 이 법이 발효되자, 미국에 수출을 하던 유럽의 공업국들은 큰 타격을 피할 수 없었다. 특히, 독일이 입은 충격은 매우 컸다. 미국의 보호주의적 관세 인상은 곧 다른 국가들이 관세를 올리는 연쇄 효과를 낳았다. 관세법 제정에 반대하였던 당시 경제학자들의 우려가 현실화된 것이었다.

표 16-6은 20세기 전반 세 시점에서 국가별로 공산품에 대해 부과한 평균 관세율을 보여 준다. 조사된 모든 국가에서는 예외 없이 1913년과 비교해 1931년에 높은 관세율을 부과하고 있었음을 확인할 수 있다. 1931년의 관세율은 1950년의 수치와 비교해도 거의 모든 국가에서 확실하게 높은 수준이었다. 수입 할당 등 비관세 장벽도 높이 구축되었기 때문에 무역 감소의 효과는 더욱 컸다.

이러한 **보복적 관세 경쟁**이 계속되면서 **국제 무역이 급감**하였다. 표 16-

표 16-6 공산품에 대한 평균 관세율, 1913-1950년

(단위: %)

국가	1913년	1931년	1950년
미국	44	48	14
프랑스	20	30	18
영국	0	–	23
독일	13	21	26
오스트리아	18	24	18
이탈리아	18	46	25
벨기에	9	14	11
네덜란드	4	–	11
러시아	84	–	–
일본	25-30	–	–
브라질	50-70	–	–

자료: Findlay and O'Rourke(2003), 51쪽.

표 16-7 국제 무역의 축소, 1929-1932년(1929년=100)

기준	1929년	1930년	1931년	1932년
무역량	100	93	85	75
가격	100	87	68	52
무역액	100	81	58	39

자료: League of Nations(1939a), 8쪽.

7은 국제 무역이 1929년 대공황이 발발한 이후 어떻게 변화하였는가를 보여 준다. 무역량으로 보면, 1932년도는 1929년도에 비해 25%의 감소가 나타났 다. 이 기간에 무역 제품의 가격 하락도 발생하였다. 1932년도의 평균 무역 제품 가격은 1929년 수치의 52%에 불과하였다. 무역량 축소와 가격 하락의 효과가 결합되어 무역액의 감소는 더욱 크게 나타났다. 1932년의 무역액은 1929년 무역액의 39%에 불과하였다.

유럽의 대공황

전후 유럽의 재조정 과정에서 **오스트리아**의 금융 부문은 체코슬로바키

아의 공업 부문과 단절되었다. 이런 상황에서도 방만하게 경영을 해 왔던 오스트리아 최대 은행 크레디트안슈탈트(Creditanstalt)가 1931년 지급 능력을 상실하여 파산하자, 오스트리아 정부는 금 본위제 방어를 위해 외환 준비금을 소진하였고, 마침내 외환 통제를 결정하게 되었다.

오스트리아 금융 시장 붕괴의 충격은 곧 **독일**로 전파되었다. 배상금 등의 문제로 이미 취약해져 있던 독일의 금융 시장은 공황 상태를 맞았다. 재정 문제도 누적된 상황에서 독일의 정부 및 중앙은행이 할 수 있는 일은 많지 않았다. 결국 독일은 1931년 7월에 금 본위제를 실질적으로 포기하였다. 독일은 심지어 금 본위제 이탈 이후에도 긴축적인 정책을 지속하였다. 경제의 황폐화 속에서 독일인들은 정치적으로 극단화되어 갔다.

독일이 외환 통제를 시작하자, **영국**의 파운드화에 압력이 가해져서 파운드화의 매각이 증가하였다. 독일의 모라토리엄(moratorium)에 따른 독일 내 영국 자산의 동결이 압력을 가중시켰다. 영국은 전후 금 본위제로 복귀하면서 전전의 평가를 받아들임으로써 통화가 과대평가된 문제를 안고 있었기 때문에, 경제의 취약점을 극복하기 어려웠다. 영국은 파운드화의 폭락을 경험한 후 결국 1931년 9월 금 본위제를 포기하기에 이르렀다.

다른 국가들도 서둘러 금 본위제로부터 이탈해 갔다. 1933년에는 그간 디플레이션 정책을 통해 금 유출을 막아 보려던 미국이 불황과 실업의 압력을 견디지 못하고 금 본위제를 포기하였다. 19세기 후반부터 세계 경제의 원활한 작동에 중요한 역할을 하였던 금 본위제가 역사의 뒤안길로 사라지게

모라토리엄: 공황, 전쟁, 천재지변 등 긴박한 사정을 이유로 위기가 발생한 국가의 채무 이행을 일정 기간 유예 또는 연기하는 것.

그림 16-25 금 본위제 채택 국가의 비율, 1870-1939년

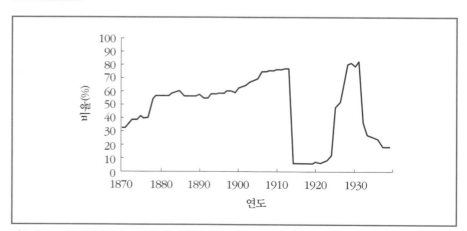

자료: Estevadeordal, Frantz and Taylor(2003), Obstfeld and Taylor(2004), 26쪽에서 재인용.

된 것이다. 이를 대체한 통화 제도는 달러, 파운드, 엔 등 주요 국가들의 통화를 중심으로 지역적 블록이 형성되는 **지역 통화 제도**였다. 서유럽에서는 프랑스를 중심으로 금 블록이 형성되었다. 20세기 초반 지구 전체를 휩쓸었던 세계화의 물결은 이제 지역주의 움직임에 자리를 내주고 말았다.

그림 16-25는 1870-1939년 동안 금 본위제를 채택한 국가의 비율이 시기적으로 어떻게 변화하였는가를 보여 준다. 1870년대부터 고전적 금 본위제를 받아들인 국가의 비율이 계속 증가하여 제1차 세계 대전 직전에 최고치를 기록한 후, 전쟁 발발과 더불어 급락하였다. 전후 1920년대 중반부터 재건 금 본위제를 채택한 국가가 빠른 속도로 늘어 대공황 직전에는 새로이 최고치를 기록하게 되었다. 마지막으로, 대공황의 충격 속에서 각국이 금 본위제를 이탈함으로써 금 본위제는 세계 통화 질서로서의 생명을 마감하게 된다.

대공황의 원인

대공황이 촉발된 **미국 내부**에서 여러 문제점을 찾을 수 있다. 첫째, 1920년대를 통해 해외로 대규모 자본 수출을 하던 미국이 1928년부터 긴축 정책으로 돌아섬에 따라 자금이 해외로부터 미국으로 유입되는 결과를 낳았다. 이 정책 전환은 국제적 금융 경색을 초래한 결정적인 요인이었다. 둘째, 경기 변동에 민감한 내구 소비재 시장이 1920년대 후반에는 포화 상태에 이르러 자동차와 여러 가전 제품의 소비가 정체되는 현상이 나타났고, 같은 시기에 주택 경기도 좋지 않았다는 사정도 작용하였다. 셋째, 미국 정부가 고관세 정책을 실시함으로써 해외 제품에 대한 수요를 감소시킨 점도 중요한 요인이었다. 넷째, 주식 시장과 은행의 파산이 경제의 불안정을 증폭시키는 가운데 정부가 적절한 대응책을 마련하는 데 실패하였다는 점이 지적되기도 한다.

그러나 대공황은 미국만의 사건이 아니었고, 넓게 보면 근본적인 원인을 **세계 경제 체제의 문제**에서 찾을 수 있다. 우선 재건 금 본위제의 취약성이 큰 문제였다. 많은 사람들이 기대하였던 것과는 달리, 재건 금 본위제가 고전적 금 본위제와 대조적으로 국제 결제 제도로서 많은 결점을 지녔음은 이미 언급한 바 있다. 둘째, 재건 금 본위제의 결함이 아니라 금 본위제 자체가 이 시기의 경제 위기를 확산시키는 역할을 하였다는 주장도 있다. 대부분의 국가들이 금 본위제를 고수하면서 경직적인 환율 구조를 유지하였기 때문에, 한 국가의 경제 위기가 다른 국가로 급속하게 전파되었다는 것이다. 셋째, 제1차 세계 대전 이후 광범위하게 확산된 보호 무역주의가 소모적인 관세 전쟁을 낳았고, 이 과정에서 각국이 근시안적인 자국 이기주의에 매몰된 나머지 세계 경제의 축소와 자국 경제의 쇠퇴를 낳게 되었다. 넷째, 국제 시장에서 농산물과 원료의 가격이 매우 낮게 유지됨으로써 농업국들이 공업국으로부터 제품을 수입할 능력이 크게 제약받게 되었다. 이러한 글로벌 불균형(global imbalance)의 문제에는 전간기에 유럽 경제가 빨리 회복하지 못했다는 점도 작용하였는데, 그 배후에는 앞에서 살펴본 전후 조정 문제, 배상금과 전시 채무 등 복잡하게 얽힌 문제들이 일찍 해결되지 못한 채 지지부진하게 시간만 허비하였다는 사실이 자리하고 있었다. 종합하자면, 제1차 세계 대전 이후 글로벌 불균형, 고조된 경제적 자국 중심주의와 세계 통화 제도의 취약성이 경기 후퇴 국면과 맞물리면서 유례없는 대공황의 형태로 폭발하였던 것이다.

　　세계 경제 질서의 지배 구조라는 관점에서 본다면, 세계 경제가 원활하게 작동하지 못하고 국제적 공조 체제가 부재한 상황에서 어느 국가도 이를 해결하기 위해 능동적이고 효과적으로 지도력을 발휘하지 못하였다는 점이 중요하였다. 영국은 선도국의 역할을 담당할 능력을 상실하고 있었고, 미국은 선도국의 역할을 맡을 의사가 아직 없었다. 전간기의 세계 경제 질서는 '런던은 그만, 워싱턴은 아직'(no longer London, not yet Washington)인 상황이었던 것이다. 미국이 국제 사회에서 주도권을 행사하기 시작한 것은 제2차 세계 대전이 끝난 이후의 일이었다.

대공황 탈출과 통화 제도

　　대공황으로 인해 수많은 국가들이 경제적 고통을 겪었다. 우선 서구 국가들은 **공업 생산의 하락**을 경험하였다. 1929-1932년 동안에 공업 생산이 미국에서 45% 넘게 감소하였으며, 독일과 프랑스에서는 20-40% 감소하였다. 대공황 시기 이전에 이미 불황을 경험하고 있었던 영국의 경우 감소 폭이 10% 수준에 머물렀다. 그림 16-26 (A)에 나타나는 것처럼, 미국의 공업 생산 감소는 투자 감소와 밀접한 관련이 있다. 불황이 가장 깊었던 1933년에 미국

그림 16-26 대공황기의 미국 경제

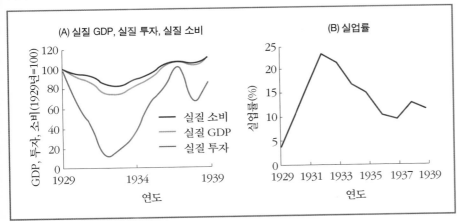

(A) 실질 GDP, 실질 투자, 실질 소비

실질 소비
실질 GDP
실질 투자

(B) 실업률

자료: Weir(1992), 341-343쪽.

의 실질 투자는 1929년보다 무려 81%나 감소하였다. 이는 같은 기간 실질 소비가 18% 감소한 것과 뚜렷한 대조를 이룬다.

실업 문제는 더욱 심각하였다. 미국 경제는 1920-1929년에 4.9%의 실업률을 기록하였으나, 1930-1938년에는 실업률이 18.2%로 급증하였다. 실업률이 가장 높았을 때에는 20%를 능가하였다(그림 16-26 (B) 참조). 제조업만 놓고 보면 상황이 더욱 심각해서, 1920년대 7.7%였던 실업률이 1930년대에는 26.1%로 크게 증가하였다. 1930년대 독일의 실업률은 경제 전체를 놓고 보면 8.8%, 제조업으로만 국한하면 21.8%를 기록하였다. 같은 시기 영국의 실업률은 경제 전체에서 9.8%, 제조업에서 15.4%에 이르렀다.

무역 감소는 생산 감소보다 훨씬 큰 폭으로 이루어졌다. 1929년 30억 달러 규모였던 무역액은 1933년이 되자 1/3 규모인 10억 달러 수준으로 감소되었다. 1차 세계화 시대에 무역 증가율이 생산 증가율을 크게 앞섰다면, 대공황 시기에는 무역 감소율이 생산 감소율을 크게 앞서는 **세계화의 후퇴**(deglobalization)를 보여 주었다.

그림 16-27

식량 배급소로 이어진 행렬 대공황으로 실직한 노동자들이 뉴욕에서 무료 급식을 받기 위해 긴 줄을 서고 있다. 이와 같은 행렬을 브레드라인(breadline)이라고 불렀다.

표 16-8	통화 제도와 1929-1938년 경제 성장률	

(단위: %)

구분	국가	연간 실질 GDP 성장률
1931년 금 본위제 이탈국	영국	1.9
	덴마크	2.2
	스웨덴	2.6
	노르웨이	3.1
	핀란드	3.9
금 블록	프랑스	-0.4
	벨기에	0.0
	네덜란드	0.3
	스위스	0.6
	이탈리아	1.6
자본 통제	오스트리아	-0.3
	독일	2.5
유럽 이외	미국	-0.6
	캐나다	0.0
	일본	3.6

자료: Maddison(1995), 180-183쪽, 양동휴(2008), 38쪽에서 재인용.

그림 16-28

스탈린의 경제 개발 1930년대 초 스탈린이 내세운 경제 개발 5개년 계획의 일환으로 백해 운하를 건설하는 모습. 10만 명이 강제 노역에 동원되었다.

대공황의 충격이 국가별로 달랐던 것과 마찬가지로 대공황으로부터 경제가 **회복된 속도**에서도 국가들 사이에 차이가 컸다. 이 속도에는 개별 국가가 어떤 경제 정책을 실시하였는가가 중요한 영향을 끼쳤다. 특히, **통화 제도의 선택**이 중요하였다. 표 16-8은 금 본위제로부터의 이탈 여부, 자본 통제의 실시 여부 등에 따라 경제 성장률이 국가별로 어떻게 달랐는가를 보여 준다.

1931년을 기준으로 보았을 때 금 본위제를 이탈한 국가들은 대부분 상대적으로 빠르게 경제 회복을 이룩하였다. 영국, 덴마크, 스웨덴, 노르웨이, 핀란드가 이에 속하는 국가들이었다. 이들은 평가 절하를 일찍 실시하여 국내 수요를 증대시키는 정책을 폈다는 공통점을 지녔다. 유럽 이외의 지역으로는 일본이 이에 포함되는데, 일본 역시 빠른 회복세를 보였다.

이와 대조적으로 금 본위제를 유지한 금 블록 국가들에서는 경제 회복이 지연되었다. 프랑스를 비롯하여 벨기에, 네덜란드, 스위스 등이 모두 디플레이션을 경험하면서 깊은 침체의 늪에서 좀처럼 헤어나지 못하였다. 자본 통제를 실시함으로써 통화 위기를 극복하려고 한 국가로는 독일과 오스트리아가 대표적이었다. 자본 통제 속에서 국내 수요를 진작하고자 하였던 이 국가들도 상대적으로 무난한 회복세를 기록하였다. 금 본위제에서 늦게 이탈한 미국은 경제 회복이 더뎠다. 표에 나오지 않지만, 이 1930년대에 가장 인상적인 경제 성장을 이룩한 국가는 소련이었다. 1938년 소련의 1인당 GDP는 1929년에 비해 55%나 증가한 것으로 발표되었다. 스탈린이 주도한 경제 개발 계획의 초기 성과가 나타난 결과였다. 그러나 통계가 과장되었을 가능성이 존재해 정확한 수치를 확인하기는 어렵다.

제5절　대공황의 유산

블록 경제의 형성

대공황은 금 본위제를 마감하였을 뿐만 아니라 자유 무역주의를 결정적으로 후퇴시켰다. 경제 위기에 처한 국가들이 국제적 공조를 이루지 못하는 가운데 자국 중심의 회복 정책을 실시함으로써, 국제적 경제 환경은 큰 변화를 맞이하게 되었다. **금융과 무역에 대한 제한**이 세계적으로 강화되었다. 외환 관리 정책을 펴기도 하였고, 관세 인상, 수입 할당, 수입 금지 조치 등 다양한 무역 제한 조치가 실시되었다. 다자적 협정은 위축되고 두 국가 간에만 통용되는 협정이 빈번하게 도입되었다. 다자적 국제 경제 체제를 구축하고자 하는 노력이 없지는 않았지만, 이런 노력이 성과를 거두기에는 국제 사회의 전반적인 분위기가 우호적이지 않았다.

열강들은 자국을 중심으로 무역과 금융, 그리고 생산 요소의 이동을 통제할 수 있는 **블록 경제를 구축**하는 것이 현실적이라고 판단하였다. 자신들이 보유한 식민지 및 경제적 교류가 많은 국가들을 묶어 배타적 성격을 가진 경제 단위로 설정하는 정책이 마련되어 갔다. 영국은 1932년 오타와 협정을

| 표 16-9 | 1929-1938년 블록 경제의 무역 |

(단위: %)

열강	블록	수입			수출		
		1929	1932	1938	1929	1932	1938
영국	영연방, 식민지, 보호령 등	30.2	36.4	41.9	44.4	45.4	49.9
프랑스	식민지, 보호령 등	12.0	20.9	25.8	18.8	31.5	27.5
네덜란드	식민지, 보호령 등	5.5	5.0	8.8	9.4	5.9	10.7
독일	전체	16.7	16.7	27.6	12.8	8.2	24.7
	동유럽 국가들	4.5	5.5	12.0	5.0	3.9	13.2
	남아메리카	12.2	11.2	15.6	7.8	4.3	11.5
이탈리아	에티오피아 및 식민지	1.5	1.1	1.8	2.1	3.6	23.3
벨기에	콩고	3.9	3.8	8.3	2.6	1.3	1.9
미국	필리핀	2.9	6.1	4.8	1.6	2.8	2.8
일본	전체	26.0	36.9	45.0	35.0	37.2	62.7
	한국과 타이완	12.3	26.2	30.0	16.8	21.6	32.9
	만주	1.9	2.7	9.0	2.5	1.5	8.1
	중국	5.8	4.0	4.4	10.9	7.3	8.0

자료: League of Nations(1939), 34-35쪽.

통해 지역적 경제 협력체를 형성하려는 시도를 구체화하였다. 영 연방 내에 특혜 관세 제도를 도입함으로써 파운드화를 중심으로 한 경제 블록을 창출하였다. 1930년대를 통해 지구상의 많은 지역이 통화권별로 나뉘어 영국 중심의 스털링 블록, 먼로주의(Monroe Doctrine)에 입각한 미국의 달러 블록, 프랑스가 주도한 금 블록, 독일을 주축으로 한 마르크 블록, 대동아 공영권(大東亞共榮圈)을 주장하는 일본의 엔 블록 가운데 하나로 편입되었다.

이런 형태로 경제 구조가 재편되자, 역내에서는 생산물과 생산 요소가 자유롭게 이동하지만 역외에 대해서는 다양한 관세 및 비관세 장벽과 비공식적 제한 조치를 통해 교류가 강력하게 억제되는 아우타르키(Autarchy)가 형성되었다. 따라서 역내적으로는 국가들 사이에 지배와 예속의 관계가 고정되고 강화되었다. 식민지와 반식민지 상태에 놓은 국가의 경제는 열강의 요구와 필요에 맞춘 분업 체제의 일부로 짜맞혀졌고, 독립적 전략에 따라 발전을 도모할 여지는 거의 없었다. 공업화의 충격은 선진국 경제에 머무른 것이 아니라, 이런 방식으로 국제적 분업 체제의 재편 과정을 통해 세계의 전 지역으로 파급되었다.

표 16-9는 대공황 이후 세계의 열강들이 식민지, 보호령 등 정치적 및 경제적으로 지배하고 있는 지역과의 **교역 양상**을 보여 준다. 시간이 경과하면

먼로주의: 남아메리카에 대한 유럽의 간섭과 러시아의 태평양 진출을 막기 위해 미국이 표방한 외교 정책이다. 유럽의 미국에 대한 불간섭 원칙, 유럽의 미국 대륙에 대한 불간섭 원칙, 유럽 제국에 의한 식민지 건설 배격 원칙 등을 내용으로 하였다.

대동아 공영권: 아시아가 서양의 지배로부터 벗어나기 위해서는 일본을 중심으로 동아시아와 동남아시아를 아우르는 광범위한 블록을 구축해야 한다는 주장.

아우타르키: 원래 해외 부문을 필요로 하지 않는 자급자족적 경제를 의미한다. 지금은 주로 1930년대에 형성된 봉쇄적 블록 경제를 의미하는 용어로 사용된다.

서 블록 경제 내부에서 이루어지는 수입과 수출의 비중이 높아졌음을 알 수 있다. 일부 국가에서는 이미 1932년에 무역의 증가 추세가 나타났지만, 특히 1938년에는 무역의 역내 의존도가 이전에 비해 두드러지게 증가하였다는 점을 확인할 수 있다. 파운드 블록의 경우 영국 수입의 42%, 수출의 50%가 역내에서 이루어졌다. 파운드 블록보다 비율은 낮지만, 프랑 블록과 마르크 블록에서도 역내 무역 의존도가 높아진 모습은 공통적으로 나타났다. 역내 무역의 비중이 가장 높아진 곳은 엔 블록이었다. 1938년에 일본 전체 수입의 45%, 수출의 63%가 역내에서 이루어졌다. 한국과 타이완의 비중은 특히 커서 일본 수입의 30%, 수출의 33%를 차지하였다.

블록 경제가 강화되고 배타성이 증가한 사실은 세계적 차원에서의 합의와 협조가 점차 어려워졌음을 의미하였다. 국제적 분업 체제가 개별 블록 수준에서 확립됨으로써, 세계적 교역과 교류는 축소되었고 블록 간의 경쟁과 갈등은 고조되어 갔다. 이런 갈등이 심화될 경우 이를 조정할 국제적 협력의 가능성이 크게 축소되었다는 점에서, 1930년대의 문제는 일시적인 것이 아니었다. 제2차 세계 대전의 그림자는 이와 같은 배경에서 드리워지기 시작하였다.

열강들의 대응 전략

영국은 1930년대에 보수당과 노동당이 제휴한 거국 내각이 국정을 담당하였다. 경제 정책의 기본 기조는 균형 재정이었다. 정부, 금융계, 기업 모두가 적자 재정에 대해 뿌리 깊은 불신감을 가졌기 때문에 케인스식의 유효 수요 창출을 위해 공공사업을 벌이는 정책은 현실적으로 불가능하였다. 실업이 직물, 석탄, 조선 등 구산업에 집중되어 있었기 때문에, 재정 확장 정책의 실효성에도 의문이 있었다. 불행 중 다행으

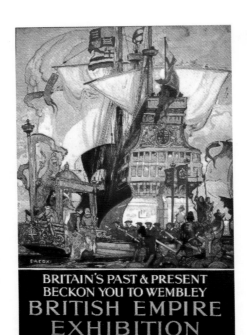

그림 16-29

제국 재건의 꿈 영국은 제1차 세계 대전 이전의 국제 질서와 경제 체제로 돌아가기를 희망하였지만 이는 이룰 수 없는 꿈이었다. 1924년 영 제국 전시회의 포스터에 영화로웠던 과거에 대한 향수가 묻어난다.

모형과 이론 16-1

생산 가능 곡선과 경제학의 관심사

생산 가능 곡선(production possibility curve)은 한 경제에 일정한 생산 요소와 기술이 주어졌을 때 최대로 생산할 수 있는 재화의 조합을 나타낸 곡선이다. 아래 그림에 나타난 것처럼, X재와 Y재를 생산하는 경제에서 생산 가능 곡선은 일반적으로 우하향하며 원점에 오목한 형태를 지닌다. 곡선상의 점들은 모두 그 나라의 생산 요소와 기술을 모두 사용하여 도달하는 효율적인 생산 지점을 의미한다. 즉, 생산 요소들이 '완전 고용'되었을 때 달성하게 되는 두 재화 생산량의 결합의 궤적이다. 생산 가능 곡선 내부의 공간은 노동이나 자본이 충분히 사용되지 않고 있는 상태를 의미하며, 곡선 외부의 공간은 주어진 생산 요소와 기술로는 도달할 수 없는 생산 수준이다. 생산 가능 곡선은 생산 요소의 투입이 증가하거나 기술 진보가 이루어지면 바깥쪽으로 이동하게 된다.

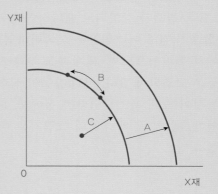

경제학의 주요 관심사는 시기적으로 변화해 왔다. 애덤 스미스를 포함하여 산업 혁명 시대에 활동하였던 고전파 경제학자들은 경제 성장에 큰 관심을 기울였다. 이는 생산 가능 곡선을 바깥쪽으로 이동시키는 방안에 대한 관심이라고 볼 수 있다(그림에서 A로 표시된다).

1870년대에는 이른바 '한계 혁명'을 통해 경제학에 새로운 지평이 열렸다. 한계적 변화의 방법론적 유용성을 깨닫게 됨에 따라 한계 효용 등 현대 경제학의 핵심적 개념들이 탄생하였다. 이 시기 경제학적 관심사는 생산 가능 곡선상의 어느 점을 택할 것인가로 귀결된다(그림의 B). 1929년에 시작된 대공황은 케인스 경제학을 낳았다. 새 조류의 주된 관심사는 실업과 경기 침체로 대표되는 경제 문제를 해결하여 완전 고용으로 이끄는 방안이었다. 인위적 재정 확장 정책으로 유효 수요를 창출하는 방안을 내세운 케인스의 이론은 그림에 C로 표시될 수 있다. 제2차 세계 대전 이후 경제학은 다시 경제 성장의 문제에 관심을 기울였다. 선진국은 물론 후발국의 생산 가능 곡선을 고전파 경제학과 마찬가지로 외향 이동시키는 것(그림의 A)이 경제학의 핵심적 이슈로 부각되었다.

로, 영국은 대공황 이전에 이미 불황이 깊었던 탓인지 대공황이 초래한 추가적 충격은 그리 크지 않았다. 영국은 다른 국가들과 비교할 때 상대적으로 정부의 개입과 통제가 제한된 형태로 공황기 경제를 운영하였다.

프랑스는 금 블록에 잔류한 다른 국가들과 함께 늦게까지 금 본위제를 고수하였다. 이 정책은 대공황의 충격에서 탈피하는 데 큰 장애물로 작용하였다. 경제 회복은 1937년 금 본위제를 이탈하고 평가 절하를 하면서야 서서히 시작되었다. 1930년대 프랑스 정치는 혼란의 소용돌이에 빠져 있었다. 의회 민주주의를 위협하는 파시스트 세력이 준동하는 가운데 좌파와 급진주의자들이 연합하여 인민 전선(Front Populaire) 정부를 수립하였다. 정부가 실시한 노동 시간 단축(주 40시간)과 유급 휴가와 같은 정책은 생산비를 높여 프랑스 경제의 회복을 늦추는 효과를 가져왔다. 인민 전선 정부가 물러난 1937년 이후에야 경제 회복이 가시화되었다.

전체주의의 등장 독일의 히틀러와 이탈리아의 무솔리니는 자유주의적 사회 질서를 버리고 전체주의적 체제를 만들었다.

영국, 프랑스와는 달리 극단적인 정치적 선택을 한 국가들도 있었다. 대표적으로 **독일**에서는 1933년 나치 정권이 출범하였다. 민족적 자긍심에 상처를 받고 빈곤층이 급속히 증가하는 가운데 독일에서는 좌익과 우익이 극단적인 정치 활동을 벌였고, 나치는 공산당 세력을 두려워한 자본가 계층과 소부르주아 및 군부의 지지에 힘입어 선거를 통해 권력을 장악하게 되었다. 나치는 디플레이션에 반대하고 실업을 감소시키기 위해 노동조합을 분쇄하였고, 정부 지출을 늘려 도로, 주택, 자동차 등의 부문에 집중적으로 안배하였다. 비자유주의적 자본주의 체제라고 볼 수 있는 나치 경제하에서 독일은 경기 회복에 들어섰다. 1935년부터는 히틀러는 재무장에 착수하였고, 재정 팽창에는 가속도가 붙었다.

인민 전선: 반파시즘 성향의 광범위한 통일 전선으로, 여기서는 프랑스에서 1935년에 형성된 정치 연합체를 지칭함.

이탈리아에서는 무솔리니가 독일과 유사한 성격의 파시스트 정권을 이끌었다. 나치가 구체제의 묵인하에 권력을 잡을 수 있었던 것처럼, 무솔리니도 사회주의에 대한 반감을 결집하고 보수층과 타협하는 방법을 통해 권력을 쥐었다. 정부가 경제 전반에 대해 강력한 통제력을 행사한 것도, 노조를 탄압한 것도, 모두 독일과 유사하였다. 이탈리아는 금 블록에 포함되면서도 실질적으로는 외환 통제를 실시하였다. 평가 절상이 국가 위상을 높인다고 인식하여 실시하기도 하였다. 이탈리아의 경제 회복이 본격화된 것은 1935년 에티오피아를 침공한 시점 이후였다.

스페인에서는 1936년 수립된 인민 전선 정부에 반대하여 프랑코(F. Franco)가 군사 쿠데타를 일으켰고, 이것이 스페인 내전으로 비화되었다. 독일과 이탈리아의 지원을 받은 프랑코는 소련의 지원을 받은 인민 전선에 대해 공세를 취한 끝에 마침내 1939년 전쟁을 승리로 매듭지었다.

스페인 내전: 1936-1939년 스페인에서 좌파 인민 전선 정부와 우파 반란군이 벌인 내전. 승전한 우파의 프랑코가 이후 1975년까지 독재 정치를 계속하였다.

그림 16-31

1930년대 도쿄 일본은 대공황의 충격을 상대적으로 덜 받은 국가였다. 그림은 지하철 포스터.

관동 대지진: 1923년 9월 관동 지역에서 발생한 진도 7.9의 강진. 10만 명에 육박하는 사상자가 발생하는 대혼란 속에 조선인 폭동설이 유포되면서, 조선인에 대한 무차별 학살이 자행되어 수천 명 이상이 목숨을 잃었다.

중일 전쟁: 1937년 일본이 일으킨 중국 침략 전쟁. 중국의 국민당과 공산당은 국공 합작을 형성하여 항전하였다. 전쟁은 장기화되어 태평양 전쟁의 일부가 되었다.

난징 대학살: 1937년 말에서 1938년 초에 중국의 수도 난징과 인근 지역에서 일본군이 자행한 대규모 학살 사건. 수만 내지 수십만 명이 희생된 것으로 추정된다.

일본은 제1차 세계 대전 이후 민주주의의 확대를 경험하기도 하였으나, 관동 대지진과 금융 공황으로 경제는 위기에 처하게 되었고 사회는 불안해져 갔다. 이러한 배경하에서 일본은 군국주의의 길을 닦아 나아갔고, 그 결과는 대륙 침략의 형태로 표출되었다. 1931년 만주를 장악하고 괴뢰 정권인 만주국을 수립한 데 이어, 1937년에는 중일 전쟁(中日戰爭)을 일으켜 본격적인 중국 공략에 나섰다. 대륙 진출을 지원하기 위해 조선에서는 식민지 공업화가 본격적으로 진행되었다. 징용 등의 방식으로 노동력을 동원하는 체제도 마련되었고, 공업 원료와 자금을 확보하기 위한 정책도 다각적으로 실시되었다. 중국에서는 난징 대학살과 같은 참사가 발생한 가운데, 국민당과 공산당이 내전을 중단하고 일본의 침략에 공동으로 대응하였다. 일본은 중국의 여러 지역을 획득함으로써 한국, 타이완, 만주, 중국을 아우르는 경제권을 형성하고 식민지 지배를 강화하였다.

1930년대에 가장 괄목할 만한 경제 성장을 기록한 국가는 **소련**이었다.

그림 16-32

스탈린 시대의 강제 이주

스탈린의 경제 개발 계획

1931년에 발표한 글에서 스탈린은 신속한 경제 발전의 중요성을 강조하였다. 그는 경제 발전의 속도를 소련의 사활이 걸린 문제로 인식하였다.

[경제 개발의] 속도를 어느 정도 늦추는 것이 가능하지 않느냐는 질문을 종종 받습니다. 동지들이여, 안 됩니다. 이것은 불가능합니다! 속도를 늦춰서는 안 됩니다! 오히려 반대로 우리는 우리의 힘이 닿는 한 속도를 높여야 합니다. 이것은 소련의 노동자와 농민에 대한 우리의 의무입니다. 이것은 전 세계의 노동 계급을 위한 우리의 의무입니다.

속도를 늦추는 것은 뒤떨어지는 것을 의미합니다. 그리고 뒤떨어진 이는 얻어맞게 되어 있습니다. 우리는 얻어맞기를 원하지 않습니다. 우리는 얻어맞기를 거부합니다! 과거 러시아의 역사를 통해 보면, 국가가 낙후되었기 때문에 끊임없이 얻어맞아 왔습니다. 몽골의 칸들에게 얻어맞았고, 터키의 고관들에게 얻어맞았고, 스웨덴의 봉건 영주에게 얻어맞았고, 폴란드와 리투아니아의 지주에게 얻어맞았고, 영국과 프랑스의 자본가에게 얻어맞았고, 일본의 남작들에게 얻어맞았습니다. 러시아가 낙후되었기 때문에, 즉 군사적으로, 문화적으로, 정치적으로, 산업적으로, 농업적으로 뒤처졌기 때문에 얻어맞았던 것입니다. 우리를 때리는 것이 이익이 되고 때려도 문제가 되지 않으니까 그들은 우리를 때린 것입니다. … 뒤떨어지고 약한 자를 때리는 것, 이것이 약탈의 법칙입니다. 이것이 자본주의라는 정글의 법칙입니다. 너는 뒤처졌고 약하다, 그러므로 너는 잘못됐다. 그래서 때리고 노예로 삼아도 된다. 너는 강하다, 그러므로 너는 옳다. 그래서 우리는 너를 경계한다. 이것이 우리가 속도를 늦춰서는 안 되는 이유입니다.

과거에 우리는 조국을 갖지 못했고, 가질 수도 없었습니다. 그렇지만 이제 우리는 자본주의를 타도하였고 권력은 우리들, 인민들의 손에 있습니다. 우리는 조국을 가지고 있고, 조국의 독립을 지킬 것입니다. 우리의 조국이 얻어맞고 독립을 잃기를 바랍니까? 그렇게 되기를 원하지 않는다면, 가능한 한 일찍 후진성을 끝내고 사회주의 경제를 건설하는 진정한 볼셰비키 속도를 이루어야 합니다. 다른 길은 없습니다. 이것이 10월 혁명 전야에 레닌이 이렇게 말한 이유입니다. '죽지 않으려면 자본주의 국가들을 따라잡고 앞질러라.'

자료: Stalin(1955), 40-41쪽.

레닌이 죽은 후 권력을 장악한 스탈린은 1928년에 1차 경제 개발 5개년 계획을 시작으로 해서 **계획 경제적인 발전**을 도모하였다. 중앙 집권적 계획 기구가 수립되었고, 집단 농장과 국영 농장 체제가 전국으로 확산되었다. 전기, 철도 등 사회 기간망에 대해 정부의 투자가 대대적으로 이루어졌으며, 필요한 노동력 공급을 위해 소련 여러 지역으로부터 강제로 인구를 이송시키고 수용소를 통해 강제 노역에 종사하게 하였다. 연해주 지방에 거주하던 한인

표 16-10	소련 경제 개발 계획의 지표와 실제 달성치	

(단위: 100만 톤)

산업	1927-1928년 지표	1932년 달성치
석탄	35.4	64.0
석유	11.7	21.4
철광석	5.7	12.1
주철괴	3.3	6.2

자료: 찌모쉬나(2006).

그림 16-33

소련의 집단 농장 포스터 스탈린이 제시한 경제 개발 계획에 따라 농촌에서 집단 농장 설립을 독려하는 포스터가 제작되었다.

들도 1937년부터 소수 민족에 대한 차별적 정책의 일환으로 중앙 아시아 지역에 대규모 강제 이주가 이루어졌다.

1930년대에 소련 경제는 자본주의 진영의 어느 국가보다도 빠른 경제 성장률을 기록하였다. 표 16-10은 몇 가지 기간산업에서 소련의 경제 개발 계획이 보여 준 초기 성과를 담고 있다. 불과 4-5년 만인 1932년에 석탄, 석유, 철광석과 주철괴의 생산이 두 배가량 증가하였음을 보여 준다. 이 시기가 대공황으로 서방의 경제가 초토화된 시기라는 점을 고려하면, 소련의 경제적 성과는 더욱 대단하였다고 평가할 수 있다. 그렇지만 정부 주도의 강제적 동원과 가혹한 착취에 기초한 생산이 장기적으로 효과를 거두기는 어려웠으며, 또한 계획 경제 체제가 지니는 본질적 한계도 내포하고 있었다.

미국의 뉴딜 정책

루스벨트 대통령은 미국 경제와 사회를 대공황의 충격에서 벗어나게 하기 위한 정책으로 1933년부터 구제·부흥·개혁을 내건 **뉴딜**(New Deal)을 실시하였다. 경기 회복과 사회적 재분배를 목표로 하여 농업, 공업, 금융, 무역, 노사 관계, 복지 등 광범위한 분야에 걸쳐 정부가 전례없는 개입을 하였다. 구체적인 정책의 시행을 위해 수많은 입법이 이루어졌는데, 이들은 때로 일관성이 부족하거나 효과가 의심스럽기도 하였지만, 7년이라는 짧지 않은 기간에 걸쳐 실시되었다.

우선 **산업 부문**에서는 산업부흥법(NIRA)과 농업조정법(AAA)이 제정되었다. 산업부흥법은 2년간 한시적으로 반독점법 시행의 정지를 규정하였다. 카르텔을 합법화하는 이 조치에 대해 일부 공급 과잉 산업에서는 환영을 표시하였지만, 경제 전체로서는 생산을 제한하고 가격을 상승시키는 결과를 가져오기도 하였다. 산업부흥법은 노동 시간을 단축시킴으로써 고용을 증가시키고 임금을 인상시키는 효과를 기대하였다. 그러나 임금 상승이 도리어 실업 문제를 심화시키는 요인으로 작용하였다. 마지막으로 산업부흥법은 노동자의 단결권과 단체 교섭권을 보장하였는데, 이는 노동자의 권익을 향상시키는 데 중요한 버팀목이 되었다. 이 법은 1935년 와그너법(Wagner Act)으로 계승되어 1950년 무렵까지 미국에서 노동조합이 성장할 수 있는 법적 기반으로 작용하였다. 농업조정법은 농산물의 생산량을 제한함으로써 가격을 지지한다는 목적으로 제정되었다. 이 조치의 주된 수혜자는 대규모 농가였다. 대농이 기계화를 진전시키고 임금 노동에 기초한 경지를 확대하는 등의 변화가 발생하였다. 이와 대조적으로 농업조정법이 경작지를 제한하는 규정을 담고 있었기 때문에 소작농은 큰 타격을 입었다. 스타인벡(J. E. Steinbeck)의 소설에 등장하는 소작인 가족처럼 고향의 농장에서 쫓겨나 타지로 이주해야만 하는 인구 집단이 발생하였다. 정부는 농산물 수매와 휴경지 보조에 많은 비용을 지불하였다.

금융 부문에서도 여러 가지 개혁 조치들이 이루어졌다. 상업 은행과 투자 은행의 분리를 내용으로 하는 글라스-스티걸법(Glass-Steagall Act)이 제정되었다. 은행이 증권이나 보험 업무를 취급하지 못하게 한 이 법은 오랜 기간 미국 금융 정책의 중요한 부분으로 기능하였다. 미국의 은행은 지점을 보유하지 않고 본점만 있는 단일 은행 체제(unit banking system)를 특징으로 하였는데, 이 때문에 규모의 경제를 누리지 못하고 지리적 다각화도 이루지 못하는 단점을 지녔다. 단일 은행 체제가 위기에 취약하다는 인식이 고조됨에 따라 이 문제를 해결하기 위해 예금 보험 제도가 도입되었다. 주식 시장에 대해서도 규제가 강화되어 주식 발행과 등록의 법제화, 재무제표 보고의 의무화 등이 이루어졌다.

구호 정책도 뉴딜 정책의 핵심적인 축 가운데 하나였다. 정부는 실업자와 저소득층에게 공공 근로 기회를 제공하거나 낮은 금리로 대부를 하는 정책을 폈다. 이런 정책은 생산을 유발하기보다는 재분배의 측면이 강하였다.

와그너법: 산업부흥법이 연방 최고 법원에 의해 위헌 판결을 받아 실효된 후 제정된 법으로, 노동자의 단결권과 단체 교섭권 보호를 확고히 하는 규정을 담았다.

그림 16-34

뉴딜 정책 하에서의 고용 노동자들이 공공 근로 사업의 일환으로 도로 공사에 참여하고 있다.

글라스-스티걸법: 은행 규제와 투기 금지를 위해 1933년에 제정된 법률. 이 법이 규정한 금산분리(金産分離)의 원칙은 1980년대에 들어서 약화되었고 1999년에 최종적으로 폐지되었다.

단일 은행 체제: 은행이 본점만 있고 지점을 보유하지 않는 제도로서, 지점 은행 체제와 대조를 이룬다.

예금 보험 제도: 금융 기관이 예금을 지급하지 못하게 될 때 예금 보험 기관이 대신 지급하는 제도.

문헌 자료 16-4

스타인벡, 『분노의 포도』(*The Grapes of Wrath*)

스타인벡(J. E. Steinbeck)이 1939년에 출판한 이 책은 1930년대 농경지의 황폐화와 대규모 자본에 의한 농업 기계화 속에서 경작지를 잃은 오클라호마 소작민의 삶을 다루었다. 새 삶을 찾아 캘리포니아로 가는 여행길에서 겪는 어려움이 많이 묘사된 이 책은 출간되자마자 커다란 사회적 반향을 일으켰다. 이주민과 토착민의 갈등이 묘사된 부분을 읽어 보자.

서부에서는 이주민이 국도에 불어남에 따라 공황이 일어났다. 재산이 있는 자는 그 재산 때문에 공포에 떨었다. 굶주린 일이 없는 사람들은 굶주린 인간의 눈을 보았고, 심한 부자유를 모르고 살아온 사람들은 이주민의 눈에서 욕망의 불꽃을 보았다. 그래서 도시 사람들과 조용한 교외의 주민들은 스스로를 방위하기 위해 서로 모였다. 그들은 자기들 편은 선이고 이주민 쪽은 악이라고 억지로라도 스스로에게 납득시켰다. … 상대와 싸우기 위해서는 누구나가 자기 자신에게 납득시키듯이 그들은 말하였다.

저 오우키* 놈들은 더럽기 짝이 없고 무식하다. 놈들은 퇴폐적이고 색광이다. 오우키 놈들은 도둑이다. 놈들은 무엇이나 훔친다. 놈들에게는 소유권이란 관념이 없다.

이 마지막 말은 사실이었다. 재산을 갖지 않은 인간이 어떻게 소유자의 고통을 알겠는가? 또 방위하는 측의 사람들은 말하였다. 놈들은 전염병을 퍼뜨린다. 놈들은 불결하다. 놈들을 학교에 입학시켜 줄 수는 없다. 그들은 타향 놈들이다. 우리의 누이가 놈들과 같이 걸어다녀 봐라, 대체 기분이 어떻겠는가?

본토박이들은 마음에 채찍질을 가하며 스스로를 잔학의 거푸집에 쑤셔 넣었다. 마침내 그 고장은 우리들의 것이다. 오우키 놈들이 멋대로 돌아다니게 내버려 둘 수는 없다. 무장한 사람들은 자신들이 실제로 그 토지의 소유주 같은 기분이 들었다.

…

그럼에도 이주민은 강물처럼 국도에 흐르고, 그들의 눈은 굶주림과 결핍으로 번쩍거렸다. 그들에게는 이론도 없고 조직도 없었으며, 있는 것은 그 수와 욕구뿐이었다. 한 사람 몫의 일이 있으면 열 명이 그것 때문에 싸웠다. 서로 임금을 내리기 위해서 다투었다. 저 놈이 30센트에 하겠다면 나는 25센트에 하겠어.

그 친구가 25센트라면 난 20센트야.

아니지, 나야. 나는 배가 고파. 15센트에 일하겠다구. 먹을 것 때문에 일하는 거야. 애새끼들, 이 새끼들의 낯짝을 보라구. 금방 배가 붕긋해질 테니. 나는 고기 도막 하나를 위해서도 일한다구.

…

그런데 이번에는 대지주나 회사가 새로운 방식을 연구해 냈다. 대지주는 통조림 공장을 사들였다. 그리고 복숭아나 배가 익으면 과일 가격을 생산 가격 이하로 떨어뜨린 다음, 이번에는 통조림 공장 주인으로서 그 과일을 싼 가격으로 사들였다. 그들은 통조림 가격을 올림으로써 그 이득을 차지하였다. 결국 통조림 공장을 가질 수 없는 소농장주는 농장을 잃었으며, 그 농장들은 다시 대지주나 은행, 아니면 역시 통조림 공장을 가진 회사의 것이 되었다. 날이 갈수록 농장은 그 수가 줄어들었다. 소농장주는 얼마 동안은 도시에 옮겨 살았다. 그러나 예금이 바닥나고, 친구도 친척도 모두 잃게 되면 이윽고 그들 역시 국도로 나가는 신세가 되었다. 그렇게 해서 길에는 언제나 일을 원하고 일을 찾아 헤매는 살기 띤 사람들로 가득 찼다.

결국 회사나 은행도 자기들의 파멸을 위해 일하고 있는 셈이었다. 허나 그들은 깨닫지 못하고 있었다. 밭에는 작물이 무르익고 길에는 굶주린 사람들이 헤매고 있었다. 곡물 창고는 넘치는데 가난한 아이들은 배를 주리고, 구루병에 걸리고 옆구리에는 부스럼이 자꾸 돋아났다. 큰 회사들은 굶주림과 분노 사이의 선이 얼마나 얄팍한 것인지 알지 못하였다. 그리고 품삯으로 나가야 할 돈이 최루 가스에, 총에, 앞잡이나 스파이에, 블랙리스트에, 훈련에 투입되었다. 국도에서는 사람들이 개미처럼 떠돌면서 일과 먹을 것을 찾고 있었다. 그리고 서서히 분노가 발효를 시작하고 있었다.

*오우키: 오클라호마 사람을 낮춰 부르는 말.
자료: 스타인벡(1994), 335-336쪽.

뉴딜 정책을 어떻게 **평가**할 수 있을까? 뉴딜 정책은 미국의 경기 회복에 결정적인 역할을 하지 못하였다. 정책의 일관성이나 효과 면에서 뛰어났다고 볼 근거도 약하다. 오히려 많은 세부 정책들 간에 혼선이 야기되기도 하였고, 효율성도 부족한 경우가 많았다. 미국 경제의 회복은 금 본위제를 이탈한 후 평가 절하가 효과를 발휘하고, 유럽의 정치 불안을 피해 미국으로 자본이 유입되어 이자율

그림 16-35

완전 고용의 꿈 뉴딜 정책의 일환으로 고용된 미술가가 우체국 벽면에 그린 작품. 완전 고용이 이루어진 꿈 같은 상황을 묘사하고 있다.

이 하락하면서, 소비와 투자가 증가된 결과였다. 여기에 제2차 세계 대전의 발발로 인한 특수가 더해짐으로써 본격적인 회복이 전개되었다. 일반적인 인식과는 달리 재정 지출의 확대가 경기 회복에 끼친 영향은 제한적이었다. 뉴딜의 역사적 가치는 전반적 위기 상황에서 민주주의적 사회 질서를 파괴하지 않으면서 회복의 실마리가 마련될 때까지 사회가 안정적으로 지탱하게 해 주었다는 점에서 찾을 수 있을 것이다.

세계 경제의 황금기

제17장

제1절 전후의 세계 질서

제2차 세계 대전의 특징

제2차 세계 대전은 인류가 경험한 전쟁 가운데 가장 큰 규모였고, 과학 기술과 경제력이 과거 어느 때보다 전쟁의 승패에 크게 영향을 끼치기도 하였다. 3,000만 명 이상이 목숨을 잃었고, 부상과 기아에 시달린 사람의 수는 더 많았다. 물질적 피해도 막대하였으며, 사회의 제도적 기반도 심하게 손상되었다. 이런 전쟁을 치르기 위해 전쟁 당사국들은 **전례 없는 규모의 자원을 동원**해야만 하였다. 제1차 세계 대전도 총력전의 성격이 강하였지만 제2차 세계 대전의 경우 그 강도가 더 심하였다. 표 17-1은 두 전쟁 동안 주요 참전국들의 군사비 지출이 국민 소득에서 차지하는 비중을 보여 준다.

그림 17-1

폐허가 된 나가사키 제2차 세계 대전 중에 진전된 대량 살상 무기 생산 기술은 일본의 두 도시(히로시마, 나가사키)에 치명적인 타격을 안겼다.

제1차 세계 대전 기간에 영국은 국민소득의 최대 38%를 군사비로 지출하였다. 1917년에야 참전한 미국의 경우 군사비는 최대 13%에 머물렀다. 이 비중이 가장 높았던 독일에서는 최대 53%를 기록하였다. 이 수치는 과거 전쟁에 비해 무척 높은 수준이었지만, 제2차 세계 대전에는 비할 바가 아니었다. 군사비의 최대 비중이 영국에서는 57%, 미국에서는 45%, 그리고 독일에서는 무려 76%에 이르렀다. 소련과 일본도 각각 76%와 64%의 높은 비중을 기록하였다. 거의 모든 참전국에서 철저한 전시 동원 체제가 작동하였는데, 이를 통해 각국은

표 17-1   군사비 지출이 순국민 생산에서 차지하는 비중, 1913-1946년

(단위: %)

구분	연도	영국	미국	소련	독일	일본
제1차 세계 대전	1913	4	1	–	–	–
	1914	9	1	–	14	–
	1915	34	1	–	35	–
	1916	38	6	–	53	–
	1917	32	13	–	32	–
	1918	13	9	–	–	–
제2차 세계 대전	1937	–	–	9	–	13
	1938	7	–	–	17	–
	1939	16	2	–	25	–
	1940	49	2	21	44	17
	1941	55	12	-	56	25
	1942	54	34	75	69	36
	1943	57	44	76	76	47
	1944	56	45	69		64
	1945	47	38	–	–	–
	1946	19	10	–	–	–

자료: 페인스틴 · 테민 · 토니올로(2008), 47쪽.

정부가 적극적으로 자원 배분과 시장 개입 및 통제를 하는 경험을 쌓은 셈이 되었다.

전쟁 수행과 관련된 **기술 진보**는 군인은 물론 민간인까지 포함한 대상에 대한 **대량 살상**으로 이어졌다. 전쟁 말기에 미국이 일본의 히로시마와 나가사키에 투하한 원자폭탄은 새로운 기술이 초래한 파괴력을 여실히 보여주었다. 제2차 세계 대전 이후에는 핵무기 개발이 여러 열강들에 의해 이루어지면서 인류는 사상 초유의 살상력으로 스스로의 존립을 위협하는 상황을 맞게 되었다.

제1차 세계 대전과 마찬가지로 제2차 세계 대전 기간에도 참전국들은 자국만이 아니라 자국이 보유한 **식민지와 보호령의 자원까지 동원**하여 전쟁을 수행하였다. 예를 들어, 영국이 전쟁에서 승리하도록 돕기 위하여 영제국에 속한 많은 국가들로부터 대규모 병력이 전쟁에 참가하였다. 인도에서 250만 명, 오스트레일리아에서 90만 명, 캐나다에서 70만 명, 뉴질랜드에서 20만 명, 그리고 동아프리카에서 30만 명, 서아프리카, 남아프리카에서 각각 20만 명이 동원되었으며, 그 밖에도 많은 지역에서 병력이 파견되었다.

다른 참전 열강들도 마찬가지였다. 자국이 식민지나 보호령으로 삼은 국가, 그리고 전쟁 중에 점령을 하고 통제권을 쥐게 된 국가로부터 인적·물적 자원을 총동원하여 전쟁에 투입하였다. 그런 의미에서 제2차 세계 대전은 진정한 세계 대전의 면모를 보였다.

제2차 세계 대전 이후 **여성과 노동자의 지위**가 향상된 점도 의미가 크다. 여성과 노동자들은 전쟁 수행 과정에서 많은 희생을 감수하면서 커다란 기여를 하였으며, 따라서 전후에 이에 대한 보상이 어떤 형태로든 주어지는 것은 자연스러운 결과였다. 여성의 권리

신장에는 새로운 기술의 향상도 많은 영향을 미쳤다. 세탁기, 청소기 등 다양한 가전 제품이 등장하면서 가사 노동의 부담을 경감시키고 여성의 경제 활동 참여를 확대하였으며, 피임약의 발명이 산아 제한과 가족계획을 능동적으로 실시할 수 있도록 함으로써 여성의 선택 범위를 확장하는 결과를 가져왔다. 복지 정책이 광범위하게 도입되면서 노동자의 생활 수준에도 큰 변화가 발생하였다. 정부가 국민들에게 '요람에서 무덤까지' 사회 안전망을 제공해야 한다는 **복지 국가**(welfare state)의 이념이 현실화되어 서유럽과 북유럽 국가들을 중심으로 다양한 사회 보장 제도가 마련되었다.

복지 국가: 국민 전체의 복지 증진과 행복 추구를 국가의 핵심 사명으로 삼는 국가 체제. 제2차 세계 대전 이후에 서구에서 본격적으로 추구되었다.

탈식민지 시대의 도래

식민지 자원을 많이 보유한 연합군이 승리를 함으로써 전쟁이 막을 내렸다. 아이러니컬하게도 제2차 세계 대전 이후 세계 질서의 가장 중요한 특징 가운데 하나는 **탈(脫)식민지화**(decolonization)의 추세였다. 19세기 말 또는 20세기 초부터 열강의 식민 지배하에 놓였던 국가들이 전후 점차적으로 독립을 이루었다.

남아시아에서는 인도가 영국으로부터 독립하는 과정이 순탄하게 시작되는 듯하였으나, 종교적 분열로 인해 유혈 사태를 겪고 난 후 1947년에 파키스탄과 분리·독립을 하게 되었다. 방글라데시와 실론(스리랑카)도 독립

을 이루었다. 동남아시아에서는 인도네시아가 네덜란드로부터, 싱가포르와 미얀마가 영국으로부터, 라오스와 캄보디아가 프랑스로부터, 그리고 필리핀이 미국으로부터 독립을 하였다. 동아시아에서는 한국과 대만이 일본의 지배로부터 벗어났다. 북아프리카에서는 리비아가 이탈리아로부터 독립하였고, 튀니지와 모로코가 프랑스의 통치를 벗어났다. 알제리는 식민 지배를 포기하지 않으려는 프랑스와의 치열한 투쟁 끝에 1962년에야 독립을 이루게 되었다. 아프리카의 다른 지역, 중남미 등에서도 많은 국가들이 식민지 상태를 벗어났다. 이집트에서 1956년에 발생한 수에즈 위기는 식민지 시대의 종언을 확인하는 역사적 사건이었다. 이집트 정부가 수에즈 운하 회사의 국유화를 선언하자 영국과 프랑스가 군대를 파병하였지만, 비판적인 국제 여론에 직면하여 결국 철수를 해야만 하였던 것이다.

수에즈 위기: 수에즈 운하의 국유화를 선언한 이집트에 대해 영국과 프랑스가 파병하였지만 결국 무기력하게 철수함으로써 제국주의적 체제가 더 이상 작동하지 않게 되었음을 알리게 된 사건.

　　세계의 수많은 국가들이 식민지 체제로부터 벗어나 독자적인 활로를 모색하게 된 것이 전후 세계에 나타난 새로운 모습이었다. 그러나 탈식민지화가 곧 경제적 독립을 보장하는 것은 아니었다. 많은 국가들이 빈곤과 정비되지 않은 제도로 인해 곤궁에 처하였고, 가까운 장래에 경제 성장을 기대할 수 있는 국가는 많지 않았다. 결국 대다수의 후진국들은 선진 자본주의 국가들에게 1차 산품을 수출하고 공산품을 수입하는 형태로 새로이 국제 분업에 편입되었다. 그러나 일부 국가들은 공업화와 경제 발전 전략을 펼쳤다. 인도, 동아시아 및 라틴 아메리카의 국가들이 이런 움직임을 주도하였다.

그림 17-3

핵전쟁의 위기 1962년 소련이 핵미사일을 실은 선박을 쿠바로 보내 미사일 기지를 건설하려고 하자 미국이 소련 선박과 대치하면서 핵전쟁 위기가 최고조에 달하였다. 쿠바의 미사일 기지 부지를 촬영한 미국의 정찰 사진.

냉전 체제의 형성

　　탈식민지화와 더불어 새로운 세계 질서를 규정하는 또 다른 중대한 특징은 **체제 경쟁**이었다. 종전과 더불어 미국을 중심으로 하는 자본주의 진영과 소련을 중심으로 하는 사회주의 진영이 대립하는 체제가 형성되었다. 양 진영은 자신의 체제가 우월하다는 점을 입증하기 위해 군사력, 경제력, 기술력은 물론 학문과 예술, 문화와 스포츠에 이르기까지 모든 부문에 걸쳐서 경쟁을 벌였다. 새로 독립을 쟁취한 국가들을 자신의 진영으로 끌어들이기 위해 경제적

그림 17-4 마셜 원조 제공국과 금액(원조 금액 및 해당국 국민 소득에서 차지하는 비율)

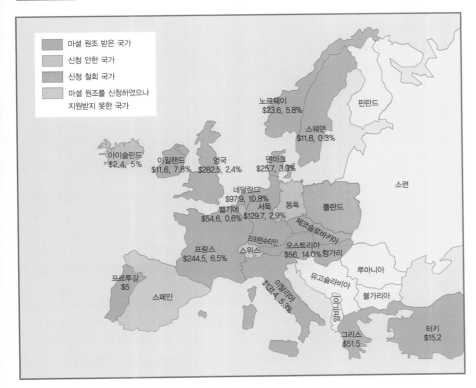

마셜 플랜: 정식 명칭은 유럽 부흥 계획 (European Recovery Program)이지만, 1947년 미국의 국무 장관 마셜(G. Marshall)이 하버드 대학교에서 행한 강연을 통해 공식화되었기 때문에 이렇게 부른다.

트루먼 독트린: 1947년 미국의 트루먼 대통령이 선언한 외교 정책으로, 공산주의 세력의 위협에 대응하여 군사적 및 경제적 원조를 적극적으로 제공하는 내용이었다. 그리스와 터키가 가장 먼저 원조의 대상이 되었다.

그림 17-5

마셜 플랜과 단일 유럽 마셜 플랜하에서 유럽 국가들이 단일한 협력체를 이루는 것이 전후 복구와 생활 수준 향상에 유리하다는 점을 강조하는 포스터.

원조와 군사적 지원을 포함한 다양한 수단을 동원하였다. 이렇게 성립된 냉전(cold war) 체제는 때로는 열전(hot war)으로 발전하기도 하고 때로는 긴장 완화(Détente)를 경험하기도 하면서, 1980년대까지 세계 질서의 기본 구도로 작동하였다.

제2차 세계 대전이 종결되었을 때 세계 경제에서 미국이 차지하는 비중은 압도적이었다. 바야흐로 **팍스 아메리카나**(Pax Americana) 시대가 개막된 것이다. 이런 경제적 우위를 바탕으로 미국은 유럽 자본주의 국가들의 경제 재건을 위해 적극적으로 지원할 것을 천명하였다. 가장 핵심적인 정책이 **마셜 플랜**(Marshall Plan)이었다. 1947-1951년 동안에 미국은 서유럽의 16개 국가에 대해 120억 달러에 달하는 원조를 제공하였다. 이는 미국이 유럽 문제에 적극 개입하겠다는 이른바 트루먼 독트린(Trueman Doctrine)과 맞물려서 유럽을 공산화의 위협으로부터 단절시키는 실질적인 방안으로 마련된 것이었다. 마

문헌 자료 17-1

마셜 플랜

　1947년 6월 미국의 국무 장관 조지 마셜은 마셜 플랜이라고 알려진 유럽 부흥 계획을 발표하였다. 서유럽의 경제를 신속하게 부흥시키지 않으면 사회주의의 영향력하에 놓이게 될 것이라는 판단에 기초한 정책이었다.

　… 유럽의 재활에 필요한 사항을 고려함에 있어서, 인명의 손실, 도시와 공장과 광산과 철도의 가시적 파괴는 정확하게 추계되었다. 그러나 지난 수개월 동안 어쩌면 이런 가시적 파괴는 유럽 경제의 전면적 구조의 붕괴에 비하면 별 것 아니라는 점이 명백해졌다.

　…

　사실을 말하자면, 앞으로 3-4년 동안 유럽이 필요로 할 외국 – 주로 미국 – 식량과 필수품은 유럽이 지불할 수 있는 능력을 크게 상회한다. 그러므로 유럽에게 대규모의 도움이 주어지지 않으면 유럽은 경제적, 사회적, 정치적으로 아주 심각한 퇴보를 맞게 될 것이다. 해결책은 유럽인들이 악순환의 고리를 끊고 자국과 유럽 전체의 미래 경제에 대해 신뢰를 회복하는 데에 있다. 광대한 지역에서 제조업자와 농민이 자신의 생산물을 가치의 안정성에 의문이 없는 통화와 교환할 능력과 의사를 가져야만 한다.

　세계적 차원에서 기가 꺾이는 효과가 나타나고 좌절한 유럽 국민들이 혼란에 빠질 가능성이 있다는 것 이외에, 미국 경제에 끼칠 영향에 대해서도 명확히 알아야 한다. 세계 경제가 건강한 정상적 상태로 돌아오게 하기 위해서 – 이것이 없으면 정치적 안정과 평화는 있을 수 없다 – 미국이 할 수 있는 모든 일을 해야 한다는 것이 논리적 귀결이다. … 미국이 유럽 세계의 상황을 완화하고 회복을 시작하도록 돕는 데 있어서 우선적으로 필요한 것이 있다. 유럽이 현 상황에서 필요한 것이 무엇인지, 그리고 우리 정부가 시작할 활동이 효과를 발휘하도록 유럽 국가들은 무슨 일을 맡을 것인가에 대해 유럽 국가들 사이에 일정한 합의가 있어야 한다는 것이다. 유럽을 경제적으로 자립시키는 프로그램을 우리 정부가 일방적으로 만드는 것은 적절하지도 않고 효능을 기대하기도 어렵다. 이것은 유럽인들의 몫이다. 유럽이 일을 주도해야 한다는 것이 내 생각이다. 우리나라의 역할은 유럽의 프로그램이 현실적인 한 이를 구상하는 데에 우정 어린 조력을 제공하는 것이다. 이 프로그램은 공동의 것이어야 하고 유럽의 많은 국가들이 동의하는 것이어야 한다.

자료: Beare(2009), 526-527쪽.

유럽 경제 협력 기구(OEEC): 1948년 마셜 플랜을 유럽에 효과적으로 집행할 목적으로 설립된 유럽의 국제기구. 1961년 선진국 경제 협력체인 OECD로 전환되었다.

경제 협력 개발 기구(OECD): 시장 경제와 민주주의를 공유하는 국가 간의 정책 협의체로서 발족하였고, 점차 세계 경제 질서를 논의하는 선진들의 모임이라는 성격이 짙어졌다. 한국은 1996년에 회원국이 되었다.

셜 플랜의 효율적 수행을 위해 유럽 국가들은 경제 회복과 부흥에 대한 계획을 공동으로 짜도록 하였는데, 이를 위해 유럽 경제 협력 기구(OEEC)라는 형태로 협의체를 발전시켜 나갔다. 이 기구는 1961년 경제 협력 개발 기구(OECD)로 개편되면서 미국과 캐나다도 회원국으로 가입시켰다. 미국은 군사적으로 북대서양 조약 기구(NATO)를 결성하여 서유럽 국가들과 캐나다를 포함하는 조직을 형성하였다. 이에 대해 소련은 코메콘(COMECON)을 통해 동유럽 국가들을 단일 경제권으로 포섭하였고, 바르샤바 조약 기구를 창설하여 군사 동맹 체제를 구축하였다.

양 진영은 몇 차례에 걸쳐 갈등과 긴장의 수위를 높였다. 1948년 소련이 처음으로 베를린을 봉쇄하였고, 1950년에는 한국 전쟁의 발발로 세계가 냉전 시대 최초의 열전을 경험하였다. 1950년대를 거치면서 양 진영은 경쟁적으로 핵무장을 하고 군비를 확대해 나갔다. 1960년대에는 쿠바 위기와 베트남 전쟁의 형태로 냉전 시대의 갈등이 극대화되었다. 이후 직접적인 충돌은 잦아들었지만, 세계의 더 많은 지역에서 보다 은밀한 방법으로 경쟁과 갈등이 치열하게 전개되었다.

제3의 움직임

이념적으로는 양극 체제가 확실하게 정립되었지만, 모든 국가가 두 진영 가운데 하나로 편입된 것은 아니었다. 중국은 1949년 **중화 인민 공화국**이라는 공산 국가로 재탄생하였지만, 소련이 주도하는 공산주의 진영과는 차별화된 위치를 고수하면서 독자적인 발전을 지향하였다.

경제적으로 낙후된 구조를 가지고 있었던 중국은 1950년대에 마오쩌둥(毛澤東)의 주도 아

그림 17-6

얄타 회담의 세 주역 1945년 얄타에서 만난 미국의 루스벨트, 소련의 스탈린, 영국의 처칠은 전후 세계 질서의 기본 틀에 대해 논의하였다. 패전 독일을 연합군 4국이 분할 관리하기로 결정하였으며, 동아시아에서는 소련이 참전하기로 하였다.

코메콘: 마셜 플랜에 대항하기 위해 소련의 주도로 동유럽 6개국이 결성한 경제 협력 조직. 유럽 경제 공동체에 대항하기 위해 경제 통합으로 형태를 바꾸었다가 소련 해체 이후 1991년에 해체되었다.

쿠바 위기: 쿠바에서 사회주의 혁명을 이끈 카스트로(F. Castro)가 친소 정책을 펴고 소련이 쿠바에 미사일 기지를 건설하기로 하자, 미국이 쿠바의 해상을 봉쇄하면서 소련과 일촉즉발의 군사적 대립 사태를 맞이하였다.

베트남 전쟁: 1945년 프랑스의 지배를 벗어난 인도차이나에서는 호치민의 주도하에 베트남 민주 공화국이 건립되었다. 지배력을 잃지 않으려는 프랑스와의 전쟁을 통해 호치민은 베트남 북부를 차지하였다. 남베트남에서는 친미 정권이 들어섰고, 미국이 1964년부터 군사 개입을 본격화하였다. 미국의 패전으로 1975년 사이공이 함락되면서 사회주의 통일 국가가 들어섰다.

대약진 운동: 마오쩌둥의 주도로 진행된 농공업 증산 정책. 현실을 무시한 무리한 집단화와 기술적 시행착오로 최악의 결과를 낳았다.

그림 17-7

실패한 대약진 농촌 곳곳에 소형 제철소를 지어 경제 개발을 하려는 중국 정부의 시도는 실패로 끝나고 말았다.

래 혁명적 경제 발전을 도모하였다. 1958년 **대약진 운동**(大躍進運動, Great Leap Forward)으로 알려진 정부의 경제 발전 드라이브는 가정을 대신하여 인민을 직업별로 군대식으로 편성하고 생산 증대를 독려하였다. 그러나 자연재해와 농민의 태업으로 농업 산출이 대폭 감소하였으며, 새로 건설한 재래식의 소규모 제철소들은 질이 낮아 쓸모가 없는 철밖에 생산해 내지 못하였다. 결국 대약진 운동은 완전한 실패로 끝나고 말았다.

그림 17-8

문화 대혁명의 흔적 청대 과거 합격자의 명단이 새겨진 이 비석들은 문화 대혁명 시기에 파손되었다. 베이징의 공묘(孔廟)에 있는 비석의 상처는 전통적 유교 사상에 대한 당시의 적대감을 잘 보여 준다.

문화 대혁명: 1966부터 10년 동안 진행된 중국의 사회적·정치적 정풍 운동. 강압적으로 전개된 혁명 과정에서 많은 희생자가 발생하였다.

경제가 피폐화되고 국민의 생활 수준이 하락하는 가운데, 민생 경제의 회복을 위해 자작농을 인정하는 등 자본주의적 정책을 일부 도입한 수정주의 성향의 류사오치(劉少奇)와 덩샤오핑(鄧小平)이 새로 권력의 중심으로 떠오르기 시작하였다. 이에 마오쩌둥은 1966년부터 공산당 내의 반대파를 숙청하고 사회주의 계급 투쟁의 이념을 강화하는 **문화 대혁명**(文化大革命, Cultural Revolution)을 주창하였다. 전국 각지에서 청소년들로 구성된 홍위병(紅衛兵, Red Guards)이 창설되었고, 이들이 수정주의적 당지도자, 지식인, 교사, 전통적 사고 보유자를 처형하고 박해하였다. 부르주아적인 가치와 낡은 사고를 모두 배척하는 문화 대혁명은 엄청난 사회적 혼란과 비용을 초래하였다.

많은 저개발 국가들이 양 체제 가운데 무엇을 택할 것인가를 고민하였고, 일부 국가들은 강대국의 세력 다툼에 휘말리지 않기 위해 단결과 동맹을 추진하였다. 인도의 네루 총리는 한국 전쟁을 보고 냉전 체제가 세계 평화를 위협한다고 판단하여, 두 진영 모두에게 일정한 거리를 두는 **비동맹 중립주의**를 주창하였다. 1955년 인도네시아의 반둥에서 개최된 아시아-아프리카 회의에서 29개 신생국들은 양 진영으로부터 거리를 유지하여 자본주의적 경제 질서를 수용하면서도 서방 진영에 정치적, 군사적으로 종속되지 않고 평화 공존을 추구한다는 이른바 '반둥 회의 10원칙'을 채택하였다. 비동맹 운동은 이후 지지 세력을 확대하여 1980년에는 100개 이상의 국가가 이 입장에 동조하게 되었다.

반둥 회의 10원칙

1. 기본적 인권과 UN 헌장의 목적 및 원칙 존중
2. 모든 국가의 주권 및 영토의 통합 존중
3. 모든 인종과 국가의 평등 승인
4. 다른 나라의 내정 불간섭
5. UN 헌장에 따라 단독 또는 집단적으로 자기 나라를 방위할 권리 존중
6. 집단적 방위 협정을 대국의 특수 이익을 위해 이용하지 말 것
7. 어느 나라의 영토권 및 정치적 독립에 대해서도 침략 행위, 침략 위협, 병력 사용을 하지 말 것
8. 모든 국제 분쟁을 해결하는 데에는 교섭, 조정, 사법적 해결 등의 평화적 수단과 UN 헌장에 따라 당사국이 선택한 다른 평화적 수단을 쓸 것
9. 상호 이익 추구와 협력 증진
10. 정의와 국제 의무 존중

한국의 경제 발전

한국의 상황도 위에서 살펴본 세계사적 맥락에 정확히 닿아 있었다. 1945년에 한국은 해방을 맞이하였지만 민주 정부의 수립과 경제 발전의 길은 요원하기만 하였다. 이념적 갈등과 정치적 혼란 속에서 남한과 북한에 따로 정권이 수립되었고, 이에 따라 양측의 경제적 연계는 완전히 단절되었다. 일제 강점기에 공업화가 덜 추진되었던 남한이 상대적으로 더 큰 경제적 어려움을 겪었다. 1950년 **한국 전쟁**이 발발하면서 그나마 존재하였던 경제 기반도 모두 초토화되었고, 한국은 세계에서 가장 가난한 국가 중 하나가 되었다. 많은 인구가 생존의 위협에 시달렸고 대중의 생활 수준이 앞으로 빠르게 향상되리라고는 기대하기 어려웠다.

종전 후 남한은 미국의 영향, 그리고 북한은 소련 및 중국의 영향을 받으면서 경제 발전을 추진하였다. 초기 조건에서 상대적으로 유리하였던 북한이 한동안 남한에 비해 나은 경제 개발 성과를 보였으나, 시간이 흐르면서 계획 경제 체제의 비효율성이 문제로 드러나기 시작하였다.

남한은 1960년대부터 가시적인 경제 성장을 기록하였다. 1961년 군사 쿠

그림 17-9

고단한 시절 한국 전쟁은 한국 사회의 물적 및 인적 기반을 송두리째 파괴시킨 사건이었다. 사진은 선박에 탑승하려고 기다리는 피난민들.

그림 17-10

남한의 경제 발전 1970년에 촬영된 금성사 TV 생산 공장의 모습. 남북 간의 경제적 격차는 이 시점을 전후해 확대되기 시작하였다.
자료: 국가기록원.

개발 독재: 비민주적인 정권이 경제 발전을 우선시하면서 국가의 자원을 동원하고 집중적으로 활용하는 체제. 개발 도상국이 경제 발전을 이루는 데에 정치력의 집중이 유리하다는 논리를 내건다.

데타로 정권을 장악한 박정희는 이후 1979년까지 통치를 계속하였다. 정치적으로는 강압적인 독재 체제를 유지하였고, 경제적으로는 1962년부터 연이어 경제 개발 5개년 계획을 수립하고 집행함으로써 **국가 주도의 경제 발전** 전략을 취하였다. 개발 독재(developmental dictatorship)의 전형으로 불리는 이러한 통치를 통해 한국 경제는 **빠른 경제 성장**을 이룩하면서 동아시아의 네 마리 용 가운데 하나로 국제 무대에서 인식되기 시작하였다.

북한은 1950년대 중반부터 본격적으로 사회주의적 경제 체제를 구축하는 데 힘을 기울였다. 토지 개혁, 기간 산업의 국유화, 농업과 중소기업의 협동화가 순차적으로 이루어졌다. 북한은 1960년대부터 본격적인 공업화를 추진하였는데, 당시 인도 등 여러 국가들이 도입하였던 생산재 산업 우선 정

그림 17-11 **남한과 북한의 일인당 GDP, 1953-1990년**

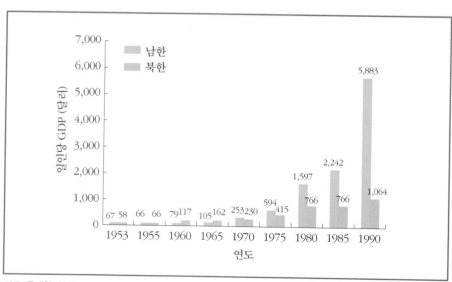

자료: 통계청(1996).

책을 수용하였다. 그러나 1960년대는 물론이고 1970년대에도 경제는 기대한 성과를 거두지 못하였고, 국민의 생활 수준은 낮은 수준에 머물렀다. 그 결과 그림 17-11에 나타난 것처럼 1960년대에 남한보다 높았던 북한의 일인당 GDP는 1970년경을 기점으로 **역전**되었고, 1980년이 되면 북한의 일인당 GDP가 남한의 절반 수준을 하회하는 상황이 된다. 이후 남북한 간의 격차는 시간이 경과할수록 더욱 확대되었다. 2017년을 기준으로 남한의 일인당 GDP는 북한의 약 23배에 달한다.

제2절 브레턴우즈 체제와 지역 경제 협력체

다자적 세계 경제 질서

제2차 세계 대전 이후의 세계 경제 질서는 전쟁 이전과는 사뭇 다른 성격을 지녔다. 전간기의 경제적 혼란과 대공황의 쓰라린 경험을 통해 세계 각국은 국제적 경제 질서의 확립과 그에 기초한 체계적 정책 조율이 필요하다는 뼈저린 교훈을 얻었다.

이런 문제 의식을 가지고 1944년 44개국 대표가 모여 결정한 새로운 국제 경제 체제가 **브레턴우즈 체제**(Bretton Woods System)였다. 새로운 국제 질서의 핵심은 **다자주의적 세계화**

그림 17-12

브레턴우즈 체제의 설계자들 제2차 세계 대전 이후 국제 경제 질서의 기틀을 마련한 미국의 화이트와 영국의 케인스.

로서, 외환 시장을 안정적으로 운영하고 무역 장벽을 제거하여 자유 무역 기조를 확립하는 것이 주요 목적이었다. 구체적으로는 브레턴우즈 체제하에 창설되는 국제 기구의 회원국들이 제도화된 방식으로 의견을 제안하고 합의점을 도출하는 방법을 통해 전 세계에 통용되는 경제적 규범을 마련한다는 것이었다.

브레턴우즈 체제는 세 개의 국제기구를 중심축으로 삼았다. 첫째는 IMF(국제 통화 기금)로, 외환 관리의 철폐를 목표로 한 것이었다. 둘째는 IBRD(국제 부흥 개발 은행)로, 전후 경제 부흥을 위한 원조가 원래의 목적이었다. 셋째는 GATT(관세 및 무역에 관한 일반 협정)로, 국가 간의 무역을 가로막는 각종 제한을 없애고자 창설되었다.

세계적인 통화 안정과 국제적 유동성의 확대를 보장하기 위해 1945년 설립된 IMF는 전간기에 수명을 다한 금 본위제를 대체할 **새로운 국제 통화 제도를 마련**하는 것을 가장 중요한 과제로 여겼다. 이를 통해 개별 국가들이 환 관리나 경쟁적 평가 절하를 하지 못하도록 국제적으로 공동 보조를 맞추고자 하였다.

IMF에 가입한 회원국들은 자국 통화를 금 또는 미국 달러에 대비시켜 평가를 결정하고 타국 통화와의 환율을 고정하여 상하 1% 이내로만 바뀔 수 있도록 하였다. 금 1온스당 35달러라는 일정한 기준으로 미국은 달러를 언제든 금으로 태환할 수 있으며, 다른 국가들의 통화는 기축 통화인 미국 달러에 고정 환율로 묶이는 형태로 운용되었다. 다만 어떤 국가에서 국제 수지의 기초적 불균형이 아주 큰 경우에는 이를 해결하기 위해 평가를 절상하거나 절하하는 것을 허용하되, 그 폭은 통상 10%를 넘지 않도록 하였다. 회원국들은 또한 일정한 비율로 분담금을 갹출하여 기금을 조성하고, 통화 위기를 맞은 국가는 기금으로부터 구제 금융을 받아 회복을 도모하도록 하였다. 이런 방식을 통해 IMF는 실질적인 **고정 환율제**를 전 세계적으로 확립시켰다.

브레턴우즈 체제가 원활하게 작동하려면 기축 통화인 달러화가 국제적으로 널리 공급되어야 한다. 이는 미국의 경상 수지 적자의 확대를 의미하는데, 이는 동시에 미국 경제의 약화를 의미하게 된다. 트리핀 딜레마(Triffin dilemma)는 이처럼 미국의 단기적 국내 정책과 장기적 대외 목표가 충돌하는 속성을 지칭한다. 창설 초창기부터 IMF가 적극적으로 많은 역할을 수행한 것은 아니었다. 우선 마셜 원조를 받은 국가는 IMF 자금을 사용하지 못하게 되어 있었다. 또한 회원국들 스스로도 전후 인플레이션을 억제하기 위해 통화 정책이나 재정 정책을 실시할 필요성을 지니고 있었다. 이런 요인들로 인해 IMF의 역할은 1950년대 말까지 제한적일 수밖에 없었다. IMF의 역할은 서서히 증대되어 갔다. 1950년대에 세계적으로 무역이 급증하였고, 특히 유럽이 수출국으로서의 지위를 획득하게 된 것이 중요한 변화 요인이었다. 1958년부터 달러화와 금이 미국 밖으로 대량 유출된 것이 전환점을 이루었다.

IMF의 역할이 본격적으로 요구된 것은 1960년대부터였다. 우선 그간 각

국에서 경제 운영의 성과가 차별적으로
나타남에 따라서 통화 가치의 변동을 국
제적으로 인정해 주어야 할 필요성이 대
두되었다. 일부 국가들은 상호 스와프
협정(SWAP Agreement)을 체결하여 통화
가치의 안정을 추진하였는데, 이들 가운
데에는 IMF에서 이탈하는 사례도 발생
하였다. 가장 핵심적인 변화는 1960년대
를 통해 미국의 경상 수지 적자 폭이 지
속적으로 확대되었다는 점이었다. 달러
화에 대한 미국의 지배력이 약화되는 상
황은 계속되어 마침내 1971년에 미국이

그림 17-13

전후 복구의 필요성 1944년 폐허가 된 프
랑스의 한 마을로 미군 차량 행렬이 진입
하는 모습. 전후 복구는 유럽이 직면한 가
장 시급한 과제였다.
자료: photosNormandie, CC BY-SA
2.0.

기축 통화인 달러화의 금 태환을 정지시키는 사태에 이르게 된다. 트리핀 딜
레마가 현실 문제로 폭발한 것이다. 결국 브레턴우즈 체제의 한 축을 이루는
고정 환율제가 무너지고 변동 환율제가 새로운 국제 통화 질서로 등장하게
된다.

　　브레턴우즈 체제의 원활한 작동을 위한 또 하나의 금융 기구인 IBRD(국
제 부흥 개발 은행)는 1946년에 창설되었다. 일시적인 국제 수지 적자, 또는 외
환의 안정된 공급을 위한 긴급한 자금 수요는 IMF의 기금으로 충당하지만,
전쟁 피해의 복구와 **전후 경제 부흥**, **저개발국의 경제 개발**에 필요한 중장기
자금 수요에 대응하기 위해서는 별도의 금융 기구가 필요하였다. 이렇게
IMF의 자매 기관으로 설립된 IBRD는 회원국 정부와 기업에 자금을 융자하
여 경제 회복과 발전을 돕는 사업을 실시하였다. 시간이 경과하면서 점차 저
개발국에 대한 원조 사업의 비중이 높아졌고, 다양한 개발 프로젝트와 기술
원조도 제공하였다. 그런데 1950년대까지는 자금 수요에 비해 IBRD의 자본
금이 부족하였기 때문에 기대하였던 활동을 충분히 할 수 없었다. 이에 추가
적인 기관들을 설립하여 자금 공급을 확충하여 세계은행(World Bank)이라는
이름으로 통합적 관리를 하는 체제로 진화하였다.

　　1947년 23개국이 모여 창설한 GATT는 **관세 및 비관세 장벽의 철폐**와 **무
역 증진**을 목적으로 하였다. 구체적으로 보면, 회원국들 상호간에 다자주의
에 입각한 교섭을 통해 관세율을 인하하고, 회원국 간에 최혜국 대우를 보장
하여 협정 결과가 확대되어 자유 무역이 증진되도록 하였다. 특히, 수출입에
관련된 여러 제한 조치들을 원칙적으로 폐지하고, 공식 및 비공식 무역 차별

스와프 협정: 둘 이상 국가의 중앙은행들
이 서로 일정액의 자국 통화를 일정한 기
간 예치하는 협정으로, 환 시세의 변동 위
험을 회피하는 목적으로 체결된다.

UNCTAD: United Nations Conference on Trade and Development의 약자. 이 조직은 남북 문제의 완화를 위해 후진국 수출품에 특혜 관세를 부여하거나 교역 조건을 개선하는 방안을 포함한 다양한 정책을 제시하여 왔다.

유럽 결제 동맹: 각국의 수출입 초과분을 다자적으로 상쇄하게 함으로써 회원국 간의 무역 자유화를 촉진하고자 구축되었다.

유럽 통화 협정: 서유럽 국가들 간에 통화 교환성이 회복됨에 따라 유럽 결제 동맹을 대체하여 조인된 유럽판 IMF.

을 철폐하는 데 주력하였다. GATT는 초창기인 1950년대부터 성공적으로 출발하였다. 회원국 수가 지속적으로 증가하였고, 실제로 여러 분쟁을 해결하는 데 기여를 하였다.

그러나 GATT가 지나치게 선진 공업국들의 이익만을 대변한다는 목소리도 있었다. 이런 비판의 목소리를 모아 농산품과 광산물을 생산하는 국가들이 중심이 되어 1964년에 UNCTAD(유엔 무역 개발 회의)가 설립되었다. 이 국제 조직은 **남북 문제**, 즉 선진국과 후진국 간 불균등과 빈곤의 문제를 반영할 수 있는 새로운 국제 경제 질서를 구상하고자 하였다.

지역 경제 협력체

브레턴우즈 체제는 세계적 차원의 다자적 통화 협력과 경제 회복, 자유무역의 확산을 목적으로 기획되었지만, 초창기부터 만족스러운 성과를 기대할 수는 없었다. IMF, IBRD, GATT는 모두 1950-1960년대에 제한적인 역할밖에 수행을 하지 못하였다. 따라서 과도기적인 수단으로 다양한 지역 경제 협력체가 구성되어 운영되는 것이 현실적이었다. 또한 전후 유럽은 신속한 경제 재건과 미래의 전쟁 방지를 동시에 보장하는 제도를 구축해야 하는 긴박한 상황에 처해 있었다. 따라서 다자적 경제 발전과는 별도로 유럽 내에서 경제 재건을 가속화하고 정치 안정을 도모할 체제를 구상하지 않을 수 없었다. 유럽 통합의 초기 청사진은 이런 목적에 부응하기 위해 설계된 것이었다.

1950년대를 통해 IMF의 역할이 제한적인 상황에서 **지역적 결제 협정**들이 일정하게 기능을 하였다. 유럽 결제 동맹(European Payment Union, EPU)은 회원국들 상호간에 다각적 결제와 자동적인 신용 제공을 목적으로 18개국이 참여하여 1950년에 설립한 협정 체제였다. 이를 통해 전후 경제 회복기에 유럽 내에서 무역 흐름을 원활하게 하는 효과를 도모하였다. 달리 말하면, 마셜 원조 체제가 효율적으로 작동할 수 있도록 결제상의 융통성을 확보하고자 한 것이었다. 이는 또한 미국으로부터 재정적 독립을 얻으려는 유럽의 의지 표현이기도 하였다. 유럽 결제 동맹은 1958년 유럽 통화 협정(European Monetary Agreement)에 흡수될 때까지 전후 경제 회복기에 유럽 내에서 통화의 교환이 안정적으로 유지되게 하는 과도기적 역할을 무난하게 수행하였다. 한편, 영국은 이와 별도로 파운드화를 공통 통화로 하는 스털링 통화 지

경제 통합의 종류

발라사(B. Balassa)의 분류에 따르면, 경제 통합은 다음과 같이 유형화될 수 있다. 첫째, FTA(자유 무역 지대)는 회원국 간의 무역을 저해하는 관세 및 비관세 장벽을 폐지하여 역내 무역을 자유롭게 하는 것으로서 EFTA(유럽 자유 무역 지대)가 대표적인 사례이다. 둘째, 관세 동맹(customs union)은 역내 관세를 폐지하는 것은 물론 역외국에 대해 관세를 일률적으로 부과하는 것으로 베네룩스 관세 동맹이 여기에 속한다. 셋째, 공동 시장(common market)은 역내에서 상품이 자유롭게 이동하는 것은 물론 이동 가능한 생산 요소들도 자유롭게 이동하도록 하며, CACM(중미 공동 시장)이 한 예이다. 넷째, 경제 연합(economic union)은 공동 시장에서 한 걸음 더 나아가 경제 정책을 공동으로 입안하고 조정하는 형태로, EEC(유럽 경제 공동체)를 대표적 사례로 볼 수 있다. 마지막으로, 완전 통합(complete integration)은 모든 경제 및 사회 정책을 통일적으로 수행할 수 있도록 회원국의 주권으로부터 독립적인 기구를 설치하는 것으로서 정치적 통합에 근접한 형태이며, EU(유럽 연합)가 이에 가까운 모습을 보여 주고 있다. 그는 경제 통합이 이와 같은 순서로 진행된다고 설명하였다.

유형별 경제 통합의 특성을 표로 정리하면 다음과 같다.

유형	FTA	관세 동맹	공동 시장	경제 연합	완전 통합
역내 관세 철폐	○	○	○	○	○
역외 공동 관세		○	○	○	○
생산 요소의 자유 이동			○	○	○
단일 경제 정책				○	○
초국가적 정치 통합					○

대(Sterling Area)를 구축하였다. 여기에는 캐나다를 제외한 영연방 국가들과 아일랜드, 이집트, 수단, 아이슬란드, 이라크 등이 포함되어 있었다. 스털링 통화권은 1950년대 말까지 대체로 원활하게 작동하였다.

IMF가 초창기에 지역적 결제 협정들과 동시에 병렬적으로 작동하였던 것과 마찬가지로, 다자적 협력체인 GATT도 **지역적 무역 블록**들과 병존하였다. GATT는 무역 자유화를 촉진하기 위해 최혜국 대우 규정을 두고 있었는데, 이에 대한 예외 조치로 **관세 동맹**과 **FTA**(Free Trade Area, 자유 무역 지대)를 허용하였다. 그리고 이 예외 조항에 기초하여 다수의 관세 동맹이 형성되었는데, 가장 대표적인 것이 베네룩스 관세 동맹(Benelux Customs Union)이었다. 1944년에 결성된 이 관세 동맹은 이후 EEC(유럽 경제 공동체)를 형성하는 데 중요한 기반이 되었다.

그림 17-14

원자력의 공동 이용 1958년에 완공된 이 건축물은 핵분열의 순간을 묘사한다. 이 해에 EURATOM이 창설되고 본부가 벨기에의 브뤼셀에 설치되었다.
자료: fdecomite, CC BY 2.0.

유럽 경제 협력 기구(OEEC): 1948년 마셜 플랜을 유럽에 효과적으로 집행할 목적으로 설립된 유럽의 국제기구. 1961년 선진국 경제 협력체인 OECD로 전환되었다.

유럽 평의회: 인권 수호와 민주주의 확산을 목적으로 하는 유럽의 국제기구.

유럽이 경제적으로 공동체를 이루는 방향으로 나아가게 된 계기는 제2차 세계 대전의 종료였다. 마셜 플랜에 따라 창설된 유럽 경제 협력 기구(OEEC)는 유럽 국가들이 의견을 조율하고 공동 계획을 수립하는 제도로 발전하였다. 한편, 1949년에는 유럽 평의회(Council of Europe)가 설립되어 회원국들의 민주주의를 고양하고 인권을 신장시키는 등의 정치적 목적을 지닌 기구로서 기능하였다.

1950년대에 유럽의 경제 통합은 중요한 진전을 보았다. EEC(유럽 경제 공동체)는 1957년 공동 시장의 형성, 경제 정책의 수렴, 그리고 궁극적으로는 정치적 통합을 목표로 발족하였다. EEC는 상품뿐 아니라 서비스, 노동, 자본의 자유로운 이동을 강조하였고, 공동 농업 정책과 운송 정책을 실시하였으며, 사회 기금을 조성하여 회원국 간의 사회적 통합에 힘을 보탰다. 원자력의 평화적 용도 개발을 위한 공동 시장을 설립할 목적으로 EURATOM(유럽 원자력 공동체)도 함께 발족하였다. 이보다 앞서 1952년에 발족한 ECSC(유럽 석탄 철강 공동체)는 석탄과 철강에 대해 단일 시장을 형성하고자 하였다. 이를 위해 이 자원들의 생산과 가격, 노동 조건 등을 공동으로 관리하는 체제를 구축하였다. 이 공동체의 형성에는 핵심적인 군수 물자로 사용될 수 있는 자원을 공동의 통제 하에 두고 생산과 지역 간 이동을 지속적으로 감시할 수 있도록 한다는 의도도 중요하게 작용하였다. 전후 유럽의 통합 움직임은 **경제적 목적뿐만 아니라 정치적·안보적 목적도** 띤 것이었음을 시사한다. 1967년에는 위의 세 기구가 통합되어 EC(유럽 공동체)로 새로 발족하였다.

1960년대에는 이와 더불어 세계 여러 지역에서 FTA가 형성되었다. 1960년 EEC에 속하지 않은 유럽 7개국(영국, 오스트리아, 덴마크, 노르웨이, 포르투갈, 스웨덴, 스위스)이 EFTA(유럽 자유 무역 지대)를 결성하였다.

지역 경제 협력체를 결성하려는 움직임은 유럽을 넘어서 세계 전체로 확산되었다. **라틴 아메리카와 아프리카**의 저개발국들이 이와 같은 움직임을 주도하였다. 과거에 식민지 경험을 하였던 신흥 독립국들은 주로 민족주의에 기반을 두고 집단적 자족 경제 체제를 구축하고자 노력을 기울였는데, 이들은 대부분 수입 대체 전략을 경제 발전의 핵심 전략으로 채택하였다. FTA와 같은 지역 경제 협력체를 구성하면 시장 규모를 확대함으로써 규모의 경제를 도모할 수 있을 것이라는 인식이 공감을 얻어 갔다. 1961년 남아

프리드먼의 자유 무역주의에 대한 신뢰

시카고학파를 대표하는 프리드먼(M. Friedman)은 1962년에 출간한 책 『자본주의와 자유』에서 자유 무역주의에 대한 강한 신뢰를 표명하였다. 그는 관세 협상 자체에 대해 부정적인 견해를 피력하고, 상대국의 태도와 관계없이 관세를 철폐하는 선택이 자국민에게 혜택을 가져온다고 강조하였다. 그러나 이와 같은 주장을 그대로 따른 국가는 현실적으로 존재하지 않았다.

자유 무역으로 나아가기 위해서는 어떻게 해야 하는가? 그동안 우리가 채택하려고 노력해 왔던 방법은 다른 나라들과 관세 인하를 위한 상호주의적 협상을 벌이는 것이었다. 내게는 이것이 그릇된 방식으로 보인다. 첫째, 그렇게 하면 일의 진척이 매우 느려질 것임은 불을 보듯이 뻔하다. 혼자 움직이는 사람이 가장 빠르게 움직이는 법이다. 둘째, 그것은 기본적인 문제에 대해 잘못된 견해를 조장한다. 그것은 관세가 관세 부과 국가에는 도움이 되고 다른 나라에는 해가 되는 것처럼 보이게 하고, 우리가 관세를 인하하면 그것은 마치 좋은 무언가를 포기하였기 때문에 다른 나라의 관세 인하라는 형태로 보답을 받아야 하는 것처럼 보이게 한다. 실제 상황은 그와 전혀 다르다. 우리의 관세는 다른 나라뿐만 아니라 우리에게도 해롭다. 다른 나라들이 관세를 철폐하지 않더라도 우리는 우리의 관세를 철폐함으로써 혜택을 보게 될 것이다. 물론 다른 나라들이 관세를 낮추면 우리도 더 많은 혜택을 볼 수 있지만, 우리가 혜택을 보는 데 다른 나라들의 관세 인하가 필요한 것은 아니다. 각자의 사적 이익은 서로 부합되는 것이고, 상충하지 않는다.

영국이 19세기에 곡물법(Corn Law)을 폐지하였을 때 그랬듯이, 나는 우리가 일방적으로 자유 무역으로 나아가는 편이 훨씬 낫다고 믿는다. 그렇게 하면 우리는 그들이 경험하였던 것처럼 정치 및 경제적 힘의 엄청난 증가를 경험하게 될 것이다.

자료: 프리드먼(2007), 127-128쪽.

메리카의 아르헨티나, 브라질, 칠레, 멕시코, 파라과이, 페루, 우루과이가 LAFTA(라틴 아메리카 자유 무역 지대)를 결성하였다. 공동 시장과 관세 동맹도 세계 곳곳에서 결성되었다. 중앙아메리카의 코스타리카, 엘살바도르, 과테말라, 온두라스, 니카라과가 CACM(중미 공동 시장)이라는 이름의 공동 시장이 창설되었고, 아프리카에서는 중앙아프리카 경제 관세 동맹(UDEAC)과 서아프리카 관세 동맹(UDEAO)이 결성되었다. 그러나 남아메리카와 아프리카의 지역 경제 협력체들은 큰 성과를 거두지 못하였고, 이후 지역 경제 협력체 구상은 현실적 추동력을 상실해 갔다.

제3절 세계 경제의 변화와 기술 진보

세계 경제의 추이

이 시기의 세계 경제 추이를 가장 명료하게 보여 주는 것이 경제 성장률이다. 표 17-2는 일인당 실질GDP의 연평균 증가율을 보여 준다. 19세기 초반부터 20세기 말에 이르는 기간을 다섯 시기로 구분하여 비교한 자료이다. 가장 눈에 띄는 점은 1950-1973년 동안의 일인당 실질 GDP 성장률이 다른 어느 시기보다 두드러지게 높았다는 점이다. 공업화 초기 시기인 1820-1870년이나 전쟁과 대공황으로 얼룩진 1913-1950년은 물론이고, 경제 성장률이 높은 편이었던 1차 세계화 시대의 전성기인 1870-1913년이나 2차 세계화 시대의 앞부분을 이루는 1973-1998년보다도 훨씬 높은 성장세를 기록하였다. 이런 이유로 이 시기를 **세계 경제의 황금기**라고 부른다.

둘째로 주목할 점은 1950-1973년 동안 성장률의 지역적 비교로부터 나온다. 일본이 8% 이상으로 가장 높은 성장률을 보였고, 다음이 서유럽, 동유럽, 동아시아의 순서로서 모두 3%대를 기록하였다. 특기할 점은 미국이 2.5%에 미치지 못하는 성장률로 가장 낮은 수준을 보였다는 것이다. 즉, 이 시기에는 19세기 중반 이래로 확대된 미국과 다른 지역의 격차가 축소되는 현상이 발생하였다. 특히, 일본과 서유럽이 눈부신 성장을 기록하면서 미국의 독주 체제에 변화가 일어났다. 이러한 '**따라잡기**'(catch-up) 현상은 세계 경제 질서의 미래에 대해 중요한 함의를 지닌다. 브레턴우즈 체제는 경제 중심국 미국

따라잡기: 후발국이 상대적으로 빠른 성장을 통해 선발국과의 격차를 줄이는 현상.

표 17-2 일인당 연평균 실질 GDP 증가율

(단위: %)

지역	1820-1870년	1870-1913년	1913-1950년	1950-1973년	1973-1998년
서유럽	0.95	1.32	0.76	4.08	1.78
미국	1.34	1.82	1.61	2.45	1.99
동유럽	0.63	1.31	0.89	3.79	0.37
구소련	0.63	1.06	1.76	3.36	-1.75
일본	0.19	1.48	0.89	8.05	2.34
동아시아 16개국	-0.10	0.49	-0.08	3.83	3.30

자료: Maddison(2001), 186, 216쪽, 양동휴(2009), 240쪽에서 재인용.

의 번영과 기축 통화 미국 달러화의 안정성을 기초로 구축된 것인데, 미국의 경제적 성과가 다른 지역에 뒤처지는 상황이 계속되면서 이 기초가 동요하게 되는 것이다. 결국 1970년대 초 달러화의 금 태환이 정지되고 곧이어 오일 쇼크가 터져 나와 세계 경제를 강타하면서 황금기는 종언을 맞게 된다.

서유럽과 일본의 미국 따라잡기를 더 구체적으로 보자. 표 17-3은 이 기간에 미국과 유럽 5개국 및 일본의 공업 생산 증가 추이를 담고 있다. 미국의 1975년 공업 생산은 1953년 수치의 2.1배였다. 유럽에서는 영국만이 이보다 낮은 1.8배를 기록하였을 뿐, 서독, 네덜란드, 프랑스, 이탈리아는 모두 3-4배를 나타냈다. 가장 눈부신 성장세를 보인 일본은 무려 11배가 넘는 증가율을 보였다.

유럽의 미국 따라잡기 현상을 국가별로 살펴보자. 그림 17-16은 유럽 4개국의 일인당 소득을 미국과 비교하고 있다. 1950-1980년 동안에 유럽국들과 미국의 소득 격차는 축소되는 모습을 보였다. 축소의 대부분은 1970년대 초 이전에 이루어졌고, 특히 1950년대에 가장 두드러졌다. 영국을 제외하고 프랑스, 독일, 이탈리아 모두에서 따라잡기가 발생하였는데, 그중에서 따라잡기의 속도가 독일이 가장 빨랐고, 다음으로 이탈리아, 프랑스의 순이었다. 독일은 1950년 일인당 소득이 미국의 45% 정도에 불과하였지만, 1960년에는 70%에 도달하였고 1970년대 초반에는 80%에 육박하였다. '경제 기적'(Wirtschaftswunder)이라고 불리는 독일의 경제 부흥이 얼마나 성공적이었는가를 여실히 보여 주는 사례이다.

라인강의 기적 독일의 자동차 공업은 전후 독일 경제의 황금기를 상징하는 대표적 산업으로 떠올랐다.

경제 기적: 제2차 세계 대전 후 독일이 보여 준 눈부신 경제 발전을 일컫는 용어. '라인강의 기적'이라고도 불린다.

표 17-3 1953-1975년 선진 공업국들의 공업 생산 지수(1953년=100)

연도	미국	영국	서독	네덜란드	프랑스	이탈리아	일본
1953	100	100	100	100	100	100	100
1955	105	114	130	119	122	120	119
1960	117	131	183	159	178	184	281
1965	160	154	252	210	239	258	500
1970	185	175	327	300	324	368	1,041
1975	206	178	337	333	369	397	1,131

자료: 김종현(1989), 421쪽.

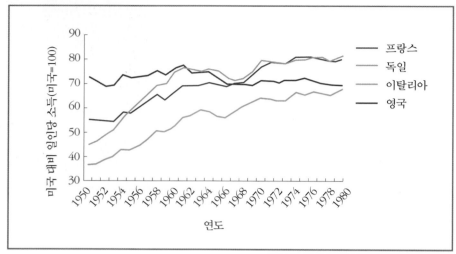

그림 17-16 유럽의 따라잡기: 미국과의 일인당 소득 격차

자료: Faini(2006), 85쪽.

　가장 비약적인 성장을 보인 일본 경제에 대해 더 자세히 들여다보자. 제 2차 세계 대전 직후 패전국 일본에 대한 미국 정책의 핵심은 일본의 비군사화였다. 이를 위해 군수 공업을 해체한 것은 물론, 재벌을 군국주의 추동력의 주축으로 지목하여 **재벌 해체**를 결정하였다. 계열 기업들이 재벌로부터 독립하여 독자적으로 경영 활동을 하게 되면서 경제력 집중도가 크게 낮아졌다. 새로운 반(反)재벌적 · 반(反)독점적 환경 속에서 일본의 기업들은 치열한 경쟁 체제를 맞이하였다. 1947년경부터는 미국의 대일본 정책이 비군사화에서 경제 부흥으로 전환하였다. 이 정책 전환은 같은 해에 시작된 마셜 플랜과 이듬해에 발생한 베를린 봉쇄 사태로 상징되는 새로운 세계 질서에 조응하도록 이루어진 것이었다.

　1950년에 발발한 한국 전쟁은 미국과 소련을 양극으로 한 이념 갈등의 정점을 기록한 역사적 사건이었다. 일본에게 한국 전쟁은 경제 부흥을 위해 요긴한 특수(特需)를 가져왔다. 군수 물자는 물론 기계 · 금속 · 섬유류의 생산과 수출도 크게 증가하였다. 미국의 대외 정책이 자본주의 진영의 세력 강화로 방향을 선회하면서 일본은 낮은 수준의 군사화까지 가능한 지위를 얻게 되었다. 이 시기부터 일본은 **눈부신 경제 성장**을 거듭하였다. 경공업 중심이던 산업 구조를 1960년대부터 중화학 공업 중심으로 전환시키면서 무역 흑자 기조를 유지하였으며, 이를 기초로 해서 동남아시아 등의 개발 도상국에 대해 자본 수출도 확대하였다. 경제 발전은 대규모 기업 집단의 형성을 동반하였는데, 제2차 세계 대전 이전의 재벌과는 달리 다수 기업이 주식을 상호 보유하고 주거래 은행이 계열 융자를 하는 방식의 기업 연합체 성격을 지녔다. 일본의 대기업은 다수의 관계 회사를 계열로 거느렸는데, 이런 체제는 시장 거래를 내부화함으로써 거래 비용을 절감하는 효과를 가져올 수 있었다. 폐쇄적 거래 관행이라는 비판을 받기도 하였지만, 이 시기에 일본 기업들이 대단한 경제적 성과를 보였다는 사실을 부인하기는 어렵다.

그림 17-17

떠오르는 일본 1950년대 이후 일본은 경제만이 아니라 문화적으로도 우수한 성과를 많이 냈다. 일본 만화의 거장 데즈카 오사무(手塚治忠)가 창조한 캐릭터인 우주 소년 아톰과 밀림의 왕자 레오.

기술 진보와 시장 구조

이 시기에 발명되거나 개량된 많은 기술과 제품들은 경제와 사회에 많은 영향을 미쳤다. 표 17-4는 제2차 세계 대전 이후 1970년대 초에 이르는 시기에 이루어진 기술 혁신들을 요약하고 있다. 핵무기의 개발은 인류에게 엄청난 현실적 재앙과 잠재적 위험을 안겨 주었으며, 경구 피임약의 발명은 인간이 생물학적 제약을 뛰어넘게 하였을 뿐만 아니라 여성의 사회적 지위와 역할에 대해서도 중대한 변화를 초래하였고, 워드 프로세서의 발명은 사무직 노동자의 근무 방식에 변화를 초래하였다.

아마도 대다수의 혁신은 경제적 이익을 우선적 목적으로 해서 이루어졌을 것이다. 제2차 세계 대전 이전에는 전기, 화학, 철강 등의 분야에서 거대 기업 조직이 뛰어난 성과를 냈다면, 전후에는 **기술 집약적인 산업 부문**에서 거대 기업들이 규모와 범위의 경제를 실현하면서 눈부신 성장을 거두었다. 표 17-4에 나타나듯이 당시의 기술 진보 중에서는 전자 산업의 발달과 컴퓨터 관련 제품 개발이 많은 성과를 거두었다. 그런데 기술 혁신에서 그를 이용한 제품이 상용화되는 데까지는 적지 않은 시간이 소요될 수 있다. 실제로

표 17-4 세계 경제의 황금기에 진행된 기술 혁신

1943-1950년	1951-1960년	1961-1970년	1971-1973년
합성 고무	바코드	카세트	믹서기
원자 폭탄	수소 폭탄	아크릴 페인트	LCD
전자레인지	경구 피임제	CD	마이크로프로세서
홀로그래피	태양 전지	전자식 연료 분사 장치	VCR
이동 전화	광섬유	소형 전자계산기	워드 프로세서
트랜지스터	컴퓨터 하드디스크	RAM	비디오 게임
벨크로	컴퓨터 모뎀	ATM	
신용 카드	레이저	바코드 스캐너	
	집적 회로(IC)		

자료: http://inventors.about.com에서 작성.

이 기술 혁신들 가운데 상당수는 이 시기 이후에야 본격적으로 영향을 미치게 된다.

이 시기에 직접 경제적 또는 사회적 영향을 가장 많이 끼친 변화는 **내구 소비재**의 상용화였다. 냉장고, 청소기, 다리미 등 많은 신제품이 전기로 작동하는 방식으로, 원리의 대부분은 이미 제2차 세계 대전 이전에 밝혀진 것이었다. 새로운 제품이 가장 빨리 전파된 곳은 미국이었다. 에디슨(T. Edison), 테슬라(N. Tesla) 등의 노력을 통해서 발전소에서 생산된 전기가 가정에까지 보급된 것이 이러한 내구 소비재 시장이 형성될 수 있었던 배경이었다. 1965년 미국 가구의 절반이 세탁기를 보유하였고, 빨래 건조기도 1972년이 되면 보급률이 50%에 이르렀다. 중산층이 소비할 수 있는 가전 제품의 등장은 여성이 주로 담당하였던 **가내 노동의 부담을 크게 경감**시키는 효과를 가져왔다. 이 시기에 여성의 경제 활동 참여가 증가하게 된 데에는 이와 같은 가전 제품의 역할이 크게 기여를 하였다.

사람들의 생활 양식에 변화를 초래한 이 시기의 중요한 발명품으로 TV

그림 17-18

내구 소비재의 등장 이 시대에는 각종 전자 제품이 소비되면서 집안 살림 방식에 혁명적 변화가 발생하였고, 여성의 사회 참여를 늘리는 역할을 하였다.

를 들 수 있다. 1930
년대에 최초로 상
용화되고 제2차 세
계 대전 이후 보급
이 본격화된 TV는
1973년에 미국에서
보급률 50%를 돌파
하였다. TV의 등장
은 여가의 양상에
혁명적인 변화를
가져온 것은 물론,
사람들이 정보를
얻는 경로도 크게

그림 17-19

TV 혁명 이 시기에 가정용 소비재로 등장
한 TV는 본격적인 매스 미디어의 시대를
열었다. 사진은 1950년대 중산층의 거실
을 재현한 박물관의 전시 내용.

바꾸어 놓았다. TV는 곧 **매스 미디어 산업의 본격적 성장**을 유발하였다. 방
송과 언론 시장이 급속히 커졌고 광고 시장이 눈부신 속도로 확대되었다. 영
화는 이 시기 매스 미디어 혁명을 이끈 또 하나의 주역이었다. 미국 할리우
드에서 제작된 상업용 영화들이 전 세계 영화관에서 상영되었고, 이는 패션
산업, 연예 산업, 관광 산업 등에 엄청난 파급 효과를 낳았다. 이렇듯 매스
미디어 산업은 다른 산업들에 미치는 연쇄 효과가 매우 컸을 뿐만 아니라,
기술적 속성상 그 영향의 범위가 세계적이었다. 미국을 포함한 서구식 문화
가 세계적으로 전파되고 서구적 가치관이 세계적으로 확산된 데에는 매스
미디어와 관련된 기술 진보가 큰 역할을 하였다.

상품 시장의 특징 측면에서 본다면, 이 시기는 **독점적 경쟁 시장**이 전면
적으로 확대된 시기였다. 과거에는 대량 생산 체제를 통해 공급된 동질적인
속성이 강한 제품들이 시장에서 차지하는 비중이 높았다면, 이 시기에는 제
품의 종류가 다양해지고, 제품의 질적 차이에 대한 관심이 높아졌다. 과거와
달리 비가격 경쟁의 중요성이 커진 것도 중요한 변화였다. 매스 미디어의 등
장은 광고를 통한 경쟁에 불을 붙였고, 자동차, 가정용 전자 제품, 여행 등은
독점적 경쟁 시장의 구조 속에서 소비자의 지갑을 열기 위해 치열하게 경쟁
을 펼쳤다.

제4절 경제 성장의 요인

노동 공급의 증가

기술 진보 이외에 세계 경제의 황금기를 이끈 요인으로 가장 중요하게 꼽히는 것이 생산 요소 공급의 증가이다. 이 시기의 노동 공급은 다양한 경로를 통해 증가하였다. 서양의 많은 선진국들에서 양차 대전과 전간기에 비해 인구의 자연 증가율이 높았을 뿐만 아니라, **농업 부문의 과잉 인구**가 높은 성장률을 보인 공업과 서비스업으로 옮겨 갔다. 이와 같은 이유 이외에 **여성 노동**의 경제 활동 참가율이 상승한 점, 그리고 **외국 이민자**가 대규모로 유입된 점도 노동 공급 증가에 큰 도움이 되었다. 노동이 안정적으로 공급된 결과로 공업과 서비스업이 필요로 하는 노동력이 낮은 임금 수준에서 충분히 확보될 수 있었다.

표 17-5는 여성의 노동 참가율의 시기적 변화를 잘 보여 준다. 미국, 캐나다, 영국 세 나라를 사례로 살펴보면, 모두 제2차 세계 대전 전에 비해 전쟁 후에 여성의 노동 참가율이 두드러지게 높아졌다. 이런 현상은 서구 선진국에서 공통적으로 나타나는 현상이었다. 더욱 상세한 연구에 따르면 이와 같은 증가가 나타난 데에는 독신 여성보다는 기혼 여성의 노동 참가율 증가가 더 크게 영향을 미쳤다. 가사 노동의 부담을 줄여 주는 가전 제품의 등장과 피임 기술의 발달이 영향을 끼친 것으로 볼 수 있다.

노동 참가율: 일정한 연령 이상의 인구 가운데 경제 활동에 기여할 수 있는 인구를 말하며, 경제 활동 인구의 비율이라고 이해할 수 있다.

표 17-5 여성의 노동 참가율, 1955-1975년

(단위: %)

연도	미국*	캐나다	영국
1921	23.3	18.3	32.3
1931	24.3	19.1	34.2
1941	25.4	20.7	–
1951	28.6	24.1	34.7
1961	34.5	29.5	37.4
1971	41.6	39.9	42.4

주: *미국은 1년 앞선 자료.
　　노동 참가율 계산에 포함된 연령이 국가별로 차이가 있으므로 국가 간의 직접 비교는 어려움.
자료: Killingsworth and Heckerman(1986), 103-204쪽.

그림 17-20 미국, 캐나다, 오스트레일리아, 뉴질랜드로의 총이주민 수, 1950-1998년

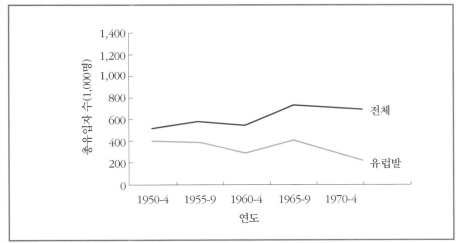

자료: Hatton and Williamson(2005), 204쪽.

그림 17-21

여성의 경제 활동 서구의 여성들은 1950년대부터 경제 활동에 참가하는 비율이 두드러지게 높아졌다. 사진은 전화 교환수로 일하는 미국의 여성 노동자들.
자료: Seattle Municipal Archives, CC BY 2.0.

해외로부터 이민 노동자가 대규모로 유입된 것은 1960년대부터였다. 전후 빠른 경제 성장으로 노동력이 부족해진 국가들이 이민 노동자를 적극적으로 받아들였다. 이민자가 새 환경에 원활하게 적응하고 효과적으로 노동을 하기 위해서는 문화적 · 언어적인 이해가 깊은 것이 유리하였기 때문에 과거 식민지였던 곳 또는 교류가 활발하였던 곳의 주민이 선택되는 경향이 강하였다. 예를 들어, 알제리 노동자들은 프랑스로 향하였고, 파키스탄 노동자들은 영국으로 향하였다. 한국의 탄광 노동자 및 간호 인력이 서독으로 파견된 것은 이런 경향성을 벗어난 예외적인 사례였다.

광대한 토지를 보유하고 있어서 1차 세계화 시대부터 많은 수의 이민자를 받아들였던 미국, 캐나다, 오스트레일리아, 뉴질랜드 4개국에 해외로부터 들어온 이민자 수도 회복 국면을 맞이하였다. 그림 17-20이 보여 주는 것처럼 시간이 지나면서 이민의 전체적 규모는 이 기간에 확대되었다. 지역별로는 유럽 출신 이민자의 비율이 1960년대 중반 이래 현저하게 감소하였다. 유럽 내에서 노동 수요가 증대된 상황을 반영하는 현상이었다. 이와 대조적으로 아시아를 비롯한 비

유럽 국가들은 점차 더 많은 이민자를 이 국가들로 보냈다.

자본 공급의 확대

투자의 증대도 급속한 경제 성장의 한 요인이었다. 이 시기에 GDP 중에서 투자가 차지하는 비중이 크게 증가하였다. 자본재의 증가는 기술 진보를 동반하는 경우가 많았다. 향상된 기술을 채용한 기계와 장비가 생산 과정에 투입되곤 하였기 때문이다.

투자가 증가하게 된 데에는 투자 수요의 증대가 중요하게 작용하였다. 이 시기에 증대된 투자 수요로서 특별히 눈에 띄는 것은 수출품에 대한 **해외 수요**였다. 이러한 수출 증가세는 생산에서 규모의 경제를 실현하기에 유리한 여건을 마련해 주었다. 국내 투자 수요도 증가되었는데, 이는 당시 식료품 등 1차 산품의 상대 가격이 낮게 유지된 점과 관련이 된다. 1차 산품의 가격이 낮아지면 노동자의 실질 소득이 높아지게 되므로, 그에 따라 **소득 탄력성이 높은 내구 소비재**와 여행, 보건 등의 **서비스**에 대한 소비를 자극하게 되고, 이것이 투자 증가를 유도하였다.

국제적 자본 이동을 살펴보면, 1960년대까지는 공업국으로 향한 자본이 높은 비중을 차지하였다. OECD 국가들에 대한 직접 투자가 많았다는 점이 이에 기여하였다. 그러나 1970년대에 들어서서는 OECD 국가들 대신에 개발 도상국에 대한 직접 투자가 증가하는 현상이 발생하였다. 또한 공적 국제 자본의 규모도 확대되었다. 후진국에 대한 대외 원조와 공적 장기 차관의 공여가 증가하였기 때문이다.

그림 17-22

여행 산업의 성장 수득 수준의 향상에 따라 소득 탄력성이 높은 여행업이 빠른 속도로 성장하였다.

정부의 역할

이 시기 경제적 번영의 요인을 **케인스 경제학**의 힘에서 찾는 견해도 있다. 제2차 세계 대전 이후 세계 경제의 기본 틀을 기획한 케인스와 그의 경제 이론을 추종하는 경제학자들은 정부가 **적극적인 총수요 관리 정책**을 통해 불황과 경기 침체의 문제를 해결할 수 있다고 보았다. 적어도 1970년대 초까지 케인스 경제학은 여러 국가들이 경제 운영을 하는 데 금과옥조(金科玉條)로 여겨졌다. 케인스 경제학이 이 시기에 끼친 영향은 학술적 이론이나 정책적 주장에 머물지 않았다. 정부의 적극적인 개입을 통해 경제를 안정적으로 성장시킬 수 있다는 믿음이 많은 국가들에 의해 공유되면서, 이런 국가의 구성원들은 정부의 경제 관리 능력에 대해 신뢰를 갖게 되었고, 이는 경제 주체들이 **미래에 대해 낙관적인 견해**를 발전시키면서 자신감을 갖고 경제 활동을 하도록 만들었다.

정부의 역할은 때에 따라서 케인스적인 정책의 실시에 머무르지 않았다. 협조 균형(cooperative equilibrium) 가설이라고 부르는 모형에 따르면, 노동자 집단과 사용자 집단이 상호 협조를 하지 않고 불신하고 갈등함으로써 발생하는 사회적 비용이 컸다고 정부가 인식하였다. 이른바 '죄수의 딜레마'(prisoner's dilemma)라는 상황이 두 집단의 이익이 극대화되지 못하도록 막는데, 정부가 두 집단 사이에서 중재자 역할을 함으로써 상호 협조하도록 이끌 수 있다는 것이 이 가설이 의미하는 바이다. 유럽의 여러 국가들은 죄수의 딜레마 문제를 해결하는 다양한 방법을 개발하여 실시하였다. 정부는 두 집단의 대치가 장기화되지 않도록 정보의 흐름을 원활하게 하고, 노사 간에 약속된 내용이 잘 지켜지는가를 감독하는 역할을 하였다. 노사정 위원회처럼

협조 균형: 게임의 참가자들이 전략의 선택을 조정하기로 공약하는 경우 그들이 선택하는 전략을 지칭한다.

죄수의 딜레마: 분리 심문을 받는 두 죄수가 공동으로 범죄 사실을 감추면 형량이 최소화됨에도 범죄 사실을 시인하는 선택을 하게 되는 상황.

모형과 이론 17-2

죄수의 딜레마

자본주의 황금기의 요인 중 하나인 정부의 역할은 '죄수의 딜레마'라고 불리는 게임 모형을 통해서 설명할 수 있다. 이 게임 모형은 분리 심문을 받고 있는 두 피의자가 자신의 죄를 인정하느냐 아니면 부인하느냐를 놓고 벌이는 전략적 행동에 관한 것이다. 게임의 참가자는 A와 B이고, 참가자들이 취할 수 있는 전략은 협조하거나 혹은 배신하는 것이다. 전

략을 선택함에 따라 얻게 되는 보수(이득 또는 손실)는 아래 표에 나와 있다. 예를 들어, A가 협조를 택하고 B가 배신을 택하면 A는 -7만큼 이익(7만큼 손해)을 보고, B는 이득이나 손해를 보지 않는다.

이러한 상황에서 A와 B가 취하는 행동은 무엇일까? A의 입장에서 생각해 보자. 만약 B가 협조하는 경우에 A도 협조하면 -1을 얻고, 배신하면 0을 얻는다. 따라서

죄수의 딜레마 모형의 보수 행렬과 균형

		게임 참가자 B(사용자)	
		협조	배신
게임 참가자 A (노동자)	협조	(-1, -1)	(-7, 0)
	배신	(0, -7)	(-5, -5)

A는 배신하는 것이 유리하다. B가 배신하는 경우에 A는 협조하면 -7을 얻고 배신하면 -5를 얻는다. 따라서 이 경우에도 배신하는 것이 유리하다. 즉, B가 협조를 하든 배신을 하든 상관없이 A에게 더 나은 전략은 배신이다(이처럼 상대방의 선택이 무엇이든 간에 본인에게 유리하도록 선택하는 전략을 게임 이론에서는 우월 전략(dominant strategy)이라고 부른다). 이제 B의 입장에서 살펴보자. B도 같은 논리로 A가 어떤 전략을 취하든 배신을 하는 것이 자신에게 이익이다. 게임 참가자들 모두가 최선의 대응 전략을 취하였을 때 달성되는 균형점을 '내쉬 균형'(Nash equilibrium)이라고 한다.

그런데 위에서 도출된 내쉬 균형에는 한 가지 문제점이 존재한다. 만약 A와 B가 모두 협조를 택하였더라면, 둘 다 -5보다 훨씬 좋은 보수인 -1을 얻을 수 있었을 것이기 때문이다. 즉, 게임 당사자들은 전략을 합리적으로 선택하였지만 그 결과는 사회 전체에 최고의 보수를 가져오는 것이 아니었던 것이다.

이러한 딜레마 상황을 해결하기 위해서 게임 참가자들 간에 의사소통을 가능하게 하거나 보수 행렬을 변화시키는 방법을 쓸 수 있다. 만일 A와 B가 서로의 의사를 묻고 확인할 수 있다면 둘은 모두 협조 전략을 택할 것이다. 또 아래와 같이 각 전략에 따른 보수를 조정하는 방법도 있다. 만일 배신 전략에 대하여 보수를 -5만큼 추가로 부과하게 되면 가장 좋은 균형점인 (-1, -1)에 도달하게 된다는 것이다.

새로운 보수 행렬과 균형

		게임 참가자 B(사용자)	
		상호 협조	상호 배신
게임 참가자 A (노동자)	상호 협조	(-1, -1)	(-7, -5)
	상호 배신	(-5, -7)	(-10, -10)

A를 사용자 집단이라고 하고 B를 노동자 집단이라고 보고, 정부가 두 집단을 중재하여 배신 전략에 대해 제재를 가하기로 결정한다면, 이는 바로 위에서 설명한 상황이 된다. 협조 전략에 대해 보수를 늘려 주는 정책도 마찬가지의 효과를 가져올 수 있다. 채찍과 당근을 결합하는 정책도 같은 효과를 볼 수 있다.

제도화된 방식을 활용하여 협약의 구속력을 강화한 국가도 있었다. 노사 협약을 위반한 측에 대해 불이익을 주고 준수한 측에 혜택을 주는 정책들도 다양하게 개발되었다. 예를 들어, 노사정이 협력하여 기금을 조성한 후 협약을 위반한 측에 대해서는 사용권을 박탈하는 방법, 협약을 준수한 측에 대해 정부가 보조금을 지급하거나 사회 보장을 늘려 주는 방법 등이 사용되었다. 많은 국가에서 정부는 이렇듯 다양한 방식으로 **사회 협약**을 이끌어 이해관계가 상충하는 집단들을 협력의 장으로 이끄는 역할을 성공적으로 수행하였고, 이것이 경제 성장에도 긍정적인 효과를 가져왔다.

사회 협약: 해결하기 힘든 국가적 문제를 풀기 위해 이해관계가 상충하는 사회 집단들이 모여 전격적으로 합의를 도출하는 방식으로 마련하는 약속.

세계 경제의 격랑과 2차 세계화

제18장

제1절 오일 쇼크, 스태그플레이션, 달러 위기

오일 쇼크

20세기를 경과하면서 중요한 천연자원으로 등장한 석유를 둘러싸고, 세계 경제는 1970년대 초반에 중대한 위기 사태를 맞게 되었다. 1950년대 이래 세계 곳곳에서 유전의 발견과 생산이 증가하였는데, 초기에는 아랍이 원유 생산에서 차지하는 비중이 15%에 불과하였지만 점차 그 비중이 확대되어 갔다. 국제 석유 시장을 장악하고 있었던 서방의 국제 석유 자본 – 이른바 '메이저'(Major) – 들은 저유가 정책을 실시하였는데, 이에 대항하여 1960년에 이란, 이라크, 사우디아라비아, 쿠웨이트, 베네수엘라가 석유 수출국 기구(OPEC)를 결성하였다.

석유를 둘러싼 갈등이 현실화된 계기는 1973년 중동 전쟁의 발발이었다. 미국이 적극적으로 이스라엘을 지원하는 정책을 펴자 OPEC의 아랍 회원국들은 대미 수출 금지 조치를 취하였고, OPEC 전체 원유 생산량을 크게 감축하기로 결정하였다. 이 1차 오일 쇼크(Oil Shock)의 충격으로 인해 원유 가격이 1년 만에 무려 4배 가까이 상승하였고, 세계 경제는 얼어붙게 되었다. 1979년에 발생한 이란 혁명은 2차 오일 쇼크를 유발하였다. 이에 따라 1973년까지 배럴당 3달러 이하로 머물렀던 원유 가격이 1980년에는 30달러를 넘어서게 되었다.

그림 18-2는 국제 원유 가격의 시기적 추이를 자세하게 보여 준다. 1973년 OPEC의 수출 금지 조

석유 수출국 기구(OPEC): 석유의 생산과 가격에 영향을 끼치기 위해 1960년에 결성된 단체.

이란 혁명: 종교 지도자 호메이니가 주도하여 왕정을 타파하고 이슬람 공화국을 탄생시킨 혁명. 이슬람 시아파의 원리주의가 중심이 되어 미국의 지원을 받는 팔레비 왕조를 붕괴시키고 신정주의(神政主義)적인 공화국을 건설하였다.

그림 18-1

오일 쇼크의 생활고 1973년 미국의 한 주유소가 휘발유 판매를 선착순으로 제한하자 아침 일찍부터 주유를 원하는 차들이 몰려 있다.

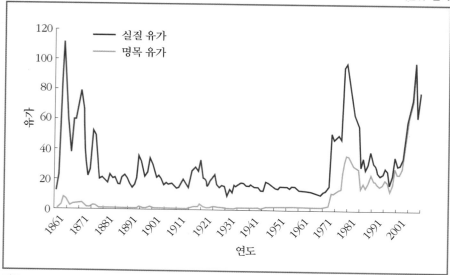

그림 18-2 원유 가격의 추이, 1861-2010년

(단위: 달러)

자료: Miles, Scott and Breedon(2012), 170쪽.

치로 유가가 급증하였고, 1978년 이란 혁명으로 다시 유가가 폭등하였다가, 1980년대 초반에 서서히 하락하였다. 1986년 사우디아라비아가 원유 생산 할당량 준수를 거부하고 증산을 하면서 유가는 폭락하였으며, 그 후 20세기 말까지 유가는 낮은 수준에 머물렀다. 1991년의 걸프전도 유가에는 일시적인 영향밖에 미치지 못하였다. 1970년대 오일 쇼크의 충격은 그만큼 엄청난 것이었다. 이 같은 유가의 급등은 다양한 산업에서 생산비의 급증을 야기함으로써 세계적인 불황을 초래하였다.

스태그플레이션

1950년경에서 1970년대에 이르는 기간에 나타난 빠른 경제 성장은 케인스 경제학의 명성을 드높였다. 경제는 정부의 적극적인 개입을 통해 원활하게 관리될 수 있으며, 따라서 불황의 위험이 어느 때보다도 줄어들었다는 낙관적 견해가 힘을 얻었다. 그러나 1970년대에 발생한 세계 경제의 불안은 케인스 경제학에 대해 회의적인 평가가 대두될 토양을 제공하였다. 특히, 인플

(단위: %)

연도	물가 상승률	실업률	불행 지수
1970	5.9	4.9	10.8
1971	4.3	5.9	10.2
1972	3.3	5.6	8.9
1973	6.2	4.9	11.1
1974	11.0	5.6	16.6
1975	9.1	8.5	17.6
1976	5.8	7.7	13.5
1977	6.5	7.1	13.6
1978	7.7	6.1	13.8
1979	11.3	5.8	17.1

자료: http://www.miseryindex.us/.

레이션과 경기 불황이 동시적으로 발생하는 현상인 **스태그플레이션**(stag-flation)은 케인스 경제학에 대해 결정적인 타격을 입혔다.

표 18-1은 1970-1979년 동안 미국이 경험한 물가 상승률과 실업률을 보여 준다. 두 수치를 합한 수치를 불행 지수(misery index)라고 부르는데, 사람들의 생활 수준이 이 두 변수에 크게 좌우된다고 해서 붙여진 명칭이다. 스태그플레이션이 발생하면 인플레이션과 실업이 동시적으로 진행되기 때문에 불행 지수가 높아지게 된다. 표를 보면 1970년대에 줄곧 불행 지수가 높은 수준을 유지하였는데, 특히 두 차례의 오일 쇼크가 발생한 직후에 이 현상이 더욱 강하게 나타났다. 1970년대에 스태그플레이션이 발생한 데에는 유가 급등에 따른 공급 측면의 변동이 크게 작용하였다는 점을 말해 준다.

다른 국가들에서도 유사한 상황이 전개되었다. 표 18-2는 5개의 선진국과 OECD 전체의 물가 상승률과 실업률을 보여 준다. 오일 쇼크 이전인 1960-1973년에 4.4% 내지 6.0%였던 물가 상승률이 1973-1979년에는 4.7% 내지 17.1%로 급증하였다가, 뒤이어 1979-1989년에는 1.9% 내지 11.7%로 하락하였다. 실업률은 1960-1973년에 0.8% 내지 1.3%였다가 1973-1979년에 1.9% 내지 6.6%로 증가하였고, 1979-1989년에 다시 2.5% 내지 9.9%로 증가 폭이 확대되었다. 미국에서와 마찬가지로 오일 쇼크 기간에 과거보다 불행 지수가 눈에 띄게 높아졌음을 확인할 수 있다.

스태그플레이션은 경제 성장률을 크게 낮추는 결과를 낳았다. 표 18-3에는 1960-2000년의 기간을 세 구간으로 구분하여, 지구상의 고소득 지역과

스태그플레이션: 스태그네이션(stag-nation)과 인플레이션(inflation)의 합성어로 물가가 급속하게 오르는 가운데 경기 후퇴가 함께 나타나는 상황을 뜻한다.

불행 지수: 물가 상승률과 실업률을 합한 수치로, 소비자의 생활 수준을 잘 보여 준다.

표 18-2 선진국들의 물가 상승률과 실업률, 1960-1989년

(단위: %)

국가	물가 상승률			실업률		
	1960-73	1973-79	1979-89	1960-73	1973-79	1979-89
영국	5.1	16.0	7.4	1.9	4.2	9.5
독일	4.4	4.7	2.8	0.8	3.4	6.8
프랑스	5.0	10.9	7.1	2.0	4.5	9.0
이탈리아	5.5	17.1	11.7	5.3	6.6	9.9
일본	6.0	8.1	1.9	1.3	1.9	2.5
OECD	4.4	8.5	5.1	3.5	5.0	7.2

자료: OECD(1994).

표 18-3 지역별 일인당 GDP 증가율, 1960-2000년

(단위: %)

지역	1960-1973년	1973-1990년	1990-2000년
고소득 지역	4.1	2.2	1.9
저·중소득 지역	3.7	1.3	2.0

자료: World Bank, http://www.worldbank.org/.

저·중소득 지역의 일인당 GDP 증가율을 보여 주고 있다. 고소득 지역에서는 1960-1973년에 4.1%에 이르던 증가율이 1973-1990년에 2.2%로 떨어졌으며, 이후에도 증가율이 약간 더 낮아졌다. 저·중소득 지역에서는 1960-1973년에 3.7%이던 GDP 증가율이 1973-1990년에는 1.3%로 하락하였고, 1990-2000년에는 2.0%로 부분적인 회복을 보였다. 종합하자면, 오일 쇼크는 소득 수준에 별다른 상관없이 지구상의 다수 지역에서 생활 수준 향상을 저해하는 효과를 가져왔다.

신자유주의의 탄생

스태그플레이션의 발생과 케인스 경제학에 대한 회의는 국가의 역할을 최소화하고 시장에 가능한 한 많은 신뢰를 부여하는 경제 사상의 출현을 예고하였다. 신자유주의(Neoliberalism)라는 새로운 사조가 이런 환경을 바탕으로 대두하였다. 신자유주의는 정부 규제의 완화, 노동 시장의 유연화, 자본

의 자유로운 이동 등을 주된 정책 기조로 삼았다. 그리고 복지 정책의 확대는 국가 재정을 팽창시키고 노동자의 근로 의식을 약화

시킨다는 이유로 부정적으로 평가하였다. 하이에크(F. Hayek)로 대표되는 이 이념은 경제 활동에 대한 국가 개입에 대해 적극적인 반대 입장을 보였다.

프리드먼(M. Friedman) 등 통화주의(Monetarism) 학자들의 주장도 유사한 맥락에서 제기되었다. 그들은 정부의 인위적인 경기 부양 정책이 효과를 거두기 어려우며, 바람직한 정부 정책은 재량적 개입을 포기하고 준칙에 의해 통화량을 조절하는 것이라고 보았다. 신자유주의 및 통화주의 학자들의 주장은 1980년대 레이건 행정부하에서 정책에 본격적으로 반영되기에 이르렀다.

하이에크: 시장 중심적 경제 이론을 구축하여 케인스와 맞선 오스트리아 출신의 경제학자. 『예속으로의 길』(Road to Serfdom) 등을 저술하였다.

통화주의: 시카고학파라고 불리는 경제학자들의 주장으로, 시장 기구의 자체 조절 능력에 대한 신뢰를 기반으로 하였다. 재정 정책의 효과를 의심하며, 준칙에 따른 금융 정책을 옹호하였다.

금 태환의 정지

제2차 세계 대전 이후 전개된 세계 경제의 황금기에 미국 경제는 서독을 필두로 한 유럽 경제와 일본 경제에 비해 낮은 성장률을 보였다. 표 18-4를 통해 이 차이를 뚜렷하게 확인할 수 있다. **유럽과 일본의 미국 따라잡기** (catch-up)는 세계 경제에서 미국이 차지하는 위상의 약화를 의미하는 것이었다. 자본주의 진영의 맹주로서 한국 전쟁과 베트남 전쟁을 수행하는 데, 그리고 많은 국가들에게 대외 원조를 하느라 막대한 비용을 소모한 사실도 미국의 경제적 지위를 약화시키는 역할을 하였다.

그 결과 브레턴우즈 체제하에서 기축 통화로 기능해 왔던 달러화에 대한 신뢰가 약화되었고, 1960년대 후반에는 달러 위기가 발생하기도 하였다.

표 18-4 | 연평균 일인당 GDP 증가율

(단위: %)

기간	유럽	비유럽 서구	라틴 아메리카	아시아
1913-1950	0.9	1.5	1.5	0.0
1950-1973	4.1	2.6	2.6	3.6
1973-1992	1.8	1.4	0.6	3.5
전체 기간	1.9	1.8	1.7	1.7

주: 유럽: 영국, 프랑스, 독일, 이탈리아, 벨기에, 네덜란드, 룩셈부르크, 덴마크, 아일랜드, 그리스, 스페인,
포르투갈, 스위스.
비유럽 서구: 미국, 캐나다, 오스트레일리아.
라틴 아메리카: 멕시코, 브라질, 아르헨티나, 칠레, 콜롬비아, 페루, 베네수엘라.
아시아: 한국, 중국, 인도, 타이완, 태국, 필리핀, 파키스탄, 인도네시아, 미얀마, 방글라데시.
자료: Toniolo(1998), 253쪽.

국제적으로 금값이 상승하였기 때문에 금에 대한 달러의 상대적 가치는 지속적으로 하락하였다. 이는 브레턴우즈 체제의 근간이었던 미국의 금(金) 태환 보장이 점차 힘겨워졌음을 의미하는 것이었다. 마침내 1971년 닉슨 대통령은 **달러의 금 태환을 정지**시키는 조치를 실시하였다. 이로써 달러 중심의 고정 환율제가 종말을 고하고, 각국의 통화가 상대적 가치에 의해 움직이는 **변동 환율제**가 새로운 국제 통화 질서로 등장하게 되었다.

삼자택이의 문제

변동 환율제의 등장은 국제 통화 제도에서 또 하나의 중대한 전환점이었다. 통화 제도는 다음의 세 기준에 따라 특징을 구분할 수 있다. 국가의 **독자적 통화 정책** 실시 여부, **자본의 자유 이동** 여부, 그리고 **환율의 고정** 여부가 그것이다. 그런데 이 세 정책을 동시에 모두 충족시키는 것은 불가능하기 때문에 개별 국가는 이들 가운데 적어도 하나를 포기해야만 한다. 이를 통화 제도의 삼자택이(三者擇二, trilemma) 문제라고 부른다.

삼자택이: 학자에 따라서는 '불가능한 삼위 일체'(impossible trinity)라는 표현을 쓰기도 한다.

표 18-5에는 1차 세계화 시대부터 국제 통화 제도가 변화해 온 과정이 정리되어 있다. 1880년을 전후한 시점부터 제1차 세계 대전에 이르는 고전적 금 본위제 시대에는 대부분의 국가들이 금 태환을 보장하였으므로 자본의 자유 이동과 환율 고정이 확보되었지만, 개별 국가가 독자적인 통화 정책을 실시하는 길은 막혀 있었다. 전간기에 들어서서 일시적으로 존재하였던

표 18-5 삼자택이 문제와 시기별 통화 정책

시기	정책의 강조점		
	독자적 통화 정책	자본의 자유 이동	환율 고정
금 본위제	×	○	○
전간기(금 본위제 이탈 시기)	○	○*	×
브레턴우즈 체제	○	×	○
변동 환율제	○	○	×

주: *부분적으로 제약.
자료: Obtsfeld and Taylor(2004), 40쪽.

재건 금 본위제로부터 대부분의 국가들이 이탈한 1930년대 초반 이후 제2차 세계 대전에 이르는 시기에는 독자적 통화 정책이 가능하였지만, 일부 국가, 특히 중부 유럽과 남아메리카의 국가들은 자본 통제 정책을 실시하여 자본의 자유로운 이동을 막았고, 많은 수의 국가들이 고정 환율을 포기하고 평가 절하를 단행하였다. 제2차 세계 대전이 끝나면서 시작된 브레턴우즈 체제에서는 독자적 통화 정책과 환율 고정이 확보되었지만, 자본의 자유 이동은 제한되었다. 이제 1970년대 초반에 변동 환율제가 들어서면서 국가들의 선택은 다시 한번 달라졌다. 독자적 통화 제도와 자본의 자유 이동에는 문제가 없지만 환율이 자유롭게 변동하는 시대가 된 것이다.

제2절 다자적 세계 경제 질서와 지역적 경제 협력체

GATT의 성과와 한계

GATT는 출범 이래 자유 무역의 확대에 적지 않은 성과를 보였다. 1980년대에는 우루과이 라운드(Uruguay Round)가 출범하여 다자적 협의 방식이 본격적으로 이루어졌다. 1986년에 시작된 무역 교섭 회의인 우루과이 라운드에서는 GATT의 전통적인 논의 대상인 국제 무역의 자유화뿐만 아니라 새로 서비스업, 무역 관련 투자와 지적 재산권 등을 폭넓게 다루었고, 그 결과 표

우루과이 라운드: GATT 체제의 문제점을 해결하고 이를 다자 간 무역 기구로 발전시키고자 1986년에 시작한 국제적 협상. 다년간의 협상을 거친 끝에 1994년에 세계 무역 기구 설립이라는 성과물을 만들어 냈다.

표 18-6 우루과이 라운드 전후 품목별 관세율

(단위: %)

품목	협정 이전 관세율	협정 이후 관세율
수산물	6.1	4.5
목재, 펄프, 종이, 가구	3.5	1.1
직물, 의복	15.5	12.1
가죽, 고무, 신발	8.9	7.3
금속	3.7	1.4
화학물 및 사진 재료	6.7	3.7
운송 장비	7.5	5.8
비(非)전기 기계	4.8	1.9
전기 기계	6.6	3.5
광물, 보석	2.3	1.1

자료: Clark(2003), 2권, 828쪽.

표 18-7 GATT와 WTO의 주요 협상

협상 이름	연도	주제	참가국 수
Geneva	1947	관세	23
Annecy	1949	관세	13
Torqyay	1951	관세	38
Geneva	1956	관세	26
Dillon	1960-1961	관세	26
Kennedy	1964-1967	관세, 반덤핑 조치	62
Tokyo	1973-1979	관세, 비관세 조치, 다자적 협상	102
Uruguay	1986-1993	관세, 비관세 조치, 규약, 서비스업, 지적 재산권, 분쟁 해결, 무역 관련 투자, 섬유류, 농업, WTO 창설	123
Doha	2001-	농업, 서비스업, 관세, 비관세 조치, 지적 재산권, 분쟁 해결	153

자료: WTO, http://www.wto.org/.

18-6이 보여 주는 바와 같이 **관세율을 인하**하는 데 큰 역할을 하였다. 특히, 중국을 포함한 일부 개발 도상국들의 이해관계가 얽힌 섬유와 의복류를 제외하면 협정 후의 관세율은 상당히 낮은 수준이 되었다.

그렇지만 우루과이 라운드는 GATT의 회원국 수가 증가하고 회원국 간의 이해관계가 복잡하게 얽히면서 효율적인 성과 창출을 위해 치러야 할 비용이 얼마나 커졌는가를 보여 준 예이기도 하였다. 표 18-7은 GATT와 WTO 체제에서 진행된 협상들을 보여 준다. GATT가 출범을 한 이래 1960년대 초

까지의 기간에는 관세 인하를 놓고 협상이 이루어졌는데, 협상에 참가한 국가가 40개를 넘지 않았고 합의에 도달하는 과정도 험난하지 않았다. 그러나 1960년대 중반부터는 관세 이외에 비관세 조치와 서비스, 지적 재산권 등 다양한 내용이 협상 대상으로 포함되었으며, 협상국의 숫자도 크게 증가하였다. 우루과이 라운드의 경우 협상 참가국이 123개국에 이르렀고, 이 회의체가 회원국들 간에 의견을 조율하여 일정한 합의에 이르는 데 8년이라는 긴 시간이 소요되었다. 이에 따라 **다자적 무역 협상의 효율성에 대해 의문이** 제기되기도 하였다. WTO 체제하에서 진행되는 이른바 도하 개발 어젠다(Doha Development Agenda)는 예정된 협상 종료 기한을 넘기고 아직까지 최종 합의에 도달하지 못하고 있다.

도하 개발 어젠다: 2001년 4차 WTO 회의에서 2004년 말 타결을 목표로 시작한 새로운 다자 간 무역 자유화 협상. 개도국의 경제 개발에 중점을 두어야 한다는 주장이 반영되어 '개발'이라는 용어가 사용되었다. 일괄 타결을 원칙으로 하기 때문에 협상 타결에 긴 시간과 많은 노력이 필요하다.

WTO의 시대

우루과이 라운드는 최종 회의를 매듭지으면서 국제 무역 질서를 관장할 새 국제기구로서 **WTO**(World Trade Organization, 세계 무역 기구)를 이듬해에 발족할 것을 결정하였다. WTO는 상품뿐 아니라 서비스와 지적 재산권을 논의 대상에 포함시켰다. 또한 무역 자유화를 보조하는 정책 조정을 추진하고, 무역 재판소의 기능을 강화하였다. 개별 국가의 무역 정책에 대한 감시와 개발 도상국에 대한 기술 협력도 WTO의 역할로 규정하였다. 달리 말하면, WTO는 GATT의 **관심 분야를 확대**하고 **정책의 효율성과 구속력 강화**를 목표로 삼았다.

1995년에 발족한 이후 WTO의 회원국 수는 지속적으로 증가하였다. 체제 전환을 한 동유럽의 일부 국가와 타이완, 베트남 등이 새 회원국이 되었고, 특히 2000년에는 중국이 가입함으로써 명실상부하게 세계 주요 무역국의 대부분을 포함하는 국제기구로서의 위상을 보유하게 되었다. 2011년에는 러시아가 새로 회원국으로 가입함으로써 G20의 모든 국가들이 WTO의 일원이 되었고, 회원국 수는 150여 개로 늘어났다.

그림 18-4는 GATT와 WTO 시기의 관세율 추이를 보여 준다. GATT가 창설된 이후 평균 관세율은 지속적으로 하락하였다. 1950년에 25%였던 관세율이 1980년대에는 10% 이하로 떨어졌고, 1994년에는 5%에 도달하였다. 한편, 회원국의 숫자는 시간이 경과하면서 계속 증가하였다. WTO가 설립된 후 이

WTO: GATT를 대신하여 다자적 무역 자유화를 추구하는 국제기구로 1995년에 발족하였다.

그림 18-4 GATT와 WTO의 변천

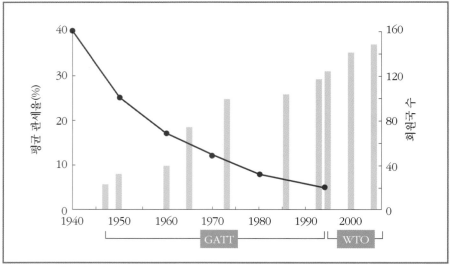

자료: Dicken(2007), 534쪽.

기구의 회원국 수는 GATT의 회원국 수보다 늘어났고, 증가 추세도 계속 이어졌다. 국제 무역을 관장하는 대표 기구로서 WTO의 지위는 지금까지 탄탄하게 유지되고 있다.

유럽 연합의 발전

다자적 국제 경제 질서와 더불어 지역적 경제 협력체가 병존하는 모습은 이 시기에도 이어졌을 뿐만 아니라, 후자의 발전이 과거보다 가속화된 양상을 나타냈다. 유럽에서는 유럽 연합(EU)이 회원국 수를 증대시키며, 경제뿐만 아니라 정치적 및 사회적 통합까지도 가시권에 둔 정책이 실시되었다. 세계의 다른 지역에서도 다양한 종류의 지역적 경제 협력체가 성장하였는데, 특히 FTA의 확산이 가장 두드러졌다.

유럽 경제의 통합 움직임은 시기적 상황에 크게 영향을 받으며 **침체와 활성화를 반복**하였다. 세계 경제가 오일 쇼크와 스태그플레이션의 충격 속에서 침체기에 접어든 1970년대에는 유럽 통합의 추동력도 힘을 발휘하지 못하였다. 따라서 통합 노력은 정체기를 맞이하였다. 유럽 내에서 단일 통화를 형성하려는 구상도 별다른 진전을 보지 못하였다. 1980년대에 들어서 유럽의 통합 움직임은 재도약의 기회를 맞았다. 유럽 통합에 대한 열의가 다시 고조되었고, 그리스, 스페인, 포르투갈이 성공적으로 가입을 완료하였다. 이 시기는 단일 시장을 완성하려는 노력이 상당 수준 실현된 시기였다.

유럽 통합의 움직임은 1990년대에 들어서 완성기를 맞이하였다. 1992년에 마스트리히트 조약(Maastricht Treaty)이 성공적으로 체결됨에 따라 유럽 연합의 실질적 형태가 확립되었다. 1990년대에는 탈냉전 분위기가 완연해짐에 따라 새로운 외교 안보 정책을 수립하여 유럽 연합 회원국들이 공유하자는 시도가 진전되었으며, 소련에서 탈퇴하여 새로 정치적 독립성을 갖춘 동유럽의 여러 국가들을 포괄하려는 움직임이 동조를 얻었다. 또한 유럽 화폐 동맹(European Monetary Union, EMU)이 결성되어 단일 통화의 도입이 실현되었다. 1999년 유럽 연합의 회원국 중 11개국이 **단일 통화인 유로**(Euro)를 도입하였다.

유럽 연합은 21세기 들어 영향력을 더욱 확대해 가고 있다. 개별 국가 단위를 넘어서 유럽 시민권(European Citizenship)의 개념을 고려하게 되었고, **전면적인 통합**에 한 걸음 더 다가서게 되었다. 지리적 범위도 확대되어 동유럽으로의 회원국 확대 노력이 결실을 거두었다. 2004년 폴란드, 헝가리, 체코, 슬로바키아 등 10개국이 새로 가입을 한 데 이어서, 2007년에는 불가리아와 루마니아가 신규로 유럽 연합의 일원이 되었다. 같은 해에 체결된 셍겐 협정(Schengen Agreement)은 여러 회원국의 사람들이 국경을 넘

그림 18-5

단일 통화 유로 1999년에 유럽 연합에 가입한 국가들 가운데 프랑스, 독일, 이탈리아를 포함한 여러 국가들이 단일 통화의 채택이라는 획기적인 정책을 도입하였다.

마스트리히트 조약: 유럽 공동체(EC)가 통합 범위를 넓혀 유럽 연합으로 나아가는 내용을 담은 조약. 경제 협력 외에 안보, 사법 등의 통합을 규정하였다.

유럽 화폐 동맹: 단일 통화인 유로를 채택하는 것을 내용으로 하는 동맹. 영국, 덴마크, 스웨덴은 이에 동참하지 않아 자국 고유의 통화를 쓰고 있다.

유럽 시민권: 유럽 연합 주민은 특별한 경제적 행위가 관련되지 않더라도 유럽 연합 내의 어떤 국가로도 자유롭게 이동하고 거주할 수 있는 권리를 갖고, 유럽 연합 내에 거주하는 한 거주국의 기초 지방 단체 선거와 유럽 선거에서 투표권과 피선거권을 갖는다.

셍겐 협정: 유럽 국가들 간의 이동 자유를 보장한 협약. 유럽 연합 회원국들을 중심으로 유럽 국가들이 가입하고 있다.

그림 18-6

유럽 연합의 범위 현재까지 유럽 연합은 기독교 문화권에 속한 국가만을 회원국으로 받아들였다. 터키의 가입 여부는 유럽 연합의 문화적 범위를 결정하는 시금석이 될 것이다.

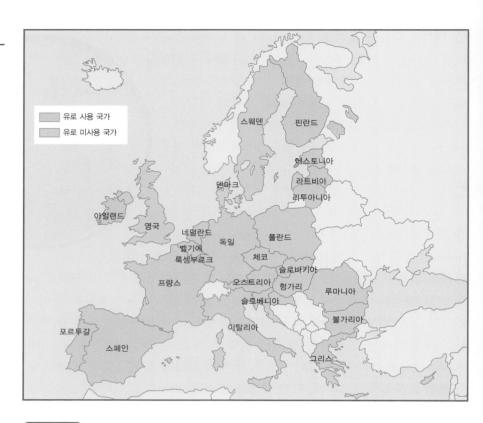

그림 18-7

2014년 현재의 유럽 연합과 유로존

표 18-8 미국, 유로 지역 및 일본의 연간 일인당 GDP 증가율

(단위: %)

경제권	1981-1990년	1991-1996년	1997-2002년
미국	1.9	1.4	2.1
유로 지역	2.1	1.2	2.0
일본	3.4	1.5	0.4

자료: IMF, http://www.imf.org/, Faini(2006), 71쪽에서 재인용.

어 이동을 자유롭게 하도록 보장하였다. 2014년 현재 유럽 연합의 회원국 수는 총 28개이고, 터키와 같이 문화적, 종교적으로 이질적인 요소가 많은 국가의 가입까지 고려하게 되었다. 유럽 연합은 다른 초국가적 기구들과 달리 회원국들의 정치적 및 사회적 통합을 목표로 두고 있다는 특징을 보인다. 그러나 2000년대 후반의 글로벌 경제 위기에 따라 다시 통합 움직임이 **둔화될 위험**이 있으며, 또한 한 회원국의 경제 위기가 다른 회원국들에게 전이될 위험에 대해 효과적인 대응책을 마련할 수 있을지 우려가 표명되기도 한다.

표 18-8은 세계 경제의 중심 세력인 미국, 유로 지역, 일본의 연간 일인

당 GDP 증가율을 보여 준다. 1981-1990년에는 일본이 가장 높은 증가율을 보였고, 다음으로 유로 지역과 미국의 순서였다. 1991-1996년에는 일본이 여전히 가장 높은 증가율을 보였지만 미국이 이에 육박하였고, 유로 지역이 가장 낮은 수준에 머물렀다. 마지막으로 1997-2002년에는 가장 높은 증가율을 보인 미국에 유로 지역이 근접한 가운데 일본이 경기 침체에 빠져 매우 낮은 증가율을 기록하였다. 이렇듯 세 경제권은 시기에 따라 상이한 성장 속도를 보이며 성쇠를 거듭하여 왔다.

FTA의 확산

서유럽 특유의 속성을 지닌 유럽의 경제 협력을 제외할 때, 지역 경제 협력의 움직임이 새롭게 부상하게 된 것은 **1980년대**의 일이었다. GATT 회원국의 수가 증가하면서, 국제 무역을 규율하는 법제적 틀을 마련하고 관세 및 비관세 장벽을 낮추는 데 의견 조율이 점차 어려워져 갔다. 다자주의적 협정의 체결이 지지부진한 가운데, 세계 경제에서 미국이 차지하고 있었던 지위가 점차 잠식되었다. 이와 같은 배경을 바탕으로 그때까지 지역 경제 협력에 미온적이었던 미국이 태도를 바꾸어 FTA를 결성해 가기 시작하였다.

재정 적자와 무역 적자가 누적되는 가운데 미국은 1989년에 캐나다와 자유 무역 협정을 체결한 데 이어 1992년에 멕시코까지 아우르는 **북미 자유 무역 협정(NAFTA)**을 체결하였다. 이 시기에 미국이 FTA에 적극적인 태도를 취하게 된 데에는 유럽에 비해 경제적 위상이 상대적으로 저하되는 가운데 유럽의 경제적 압박이 점증하고 있었다는 점이 적지 않게 작용하였다. 이로써 미국은 지역주의의 선봉으로 자리를 잡았다.

미국의 입장 변화는 북아메리카 이외의 지역에서도 지역 경제 협정 체결 움직임을 가속화하는 결과를 초래하였다. 그림 18-8에 나타난 것처럼 지역 무역 협정의 수가 1980년대에 일정한 수준으로 증가하더니, 1990년대에 들어서 급속한 증가세를 보였다. 2000년대에 들어서도 지역 무역 협정의 체결 건수는 계속 증가하고 있으며, 특히 과거에 이런 협정에 소극적이었던 중국이 적극적인 태도로 전환한 점이 주목을 끈다.

한국도 그간 자유 무역 지역의 창설을 위해 매우 적극적인 노력을 취해 왔다. 2014년 초 기준으로 세계 경제의 양대 축인 유럽 연합과 미국을 포함

북미 자유 무역 협정(NAFTA): 미국, 캐나다, 멕시코를 자유 무역 지역으로 묶는 지역 경제 협정.

그림 18-8   1949년 이래 체결된 연도별 지역 무역 협정의 수

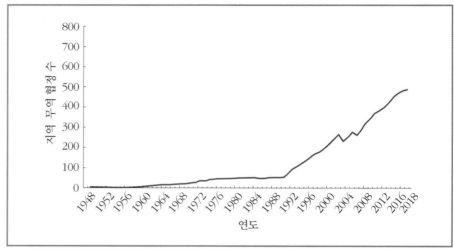

자료: https://www.sto.org.

그림 18-9

미국과 멕시코의 국경 두 나라를 가로지르는 장벽을 중심으로 왼편의 미국 샌디에고와 오른편의 멕시코 티후아나가 대조를 이룬다.

TPP: 환태평양 경제 동반자 협정. 2005년에 4국 체제로 출범한 자유 무역 협정인데, 최근 미국의 주도로 대규모 통합체로 확대하려는 움직임이 구체화되고 있다.

하여 칠레, 싱가포르, 유럽 자유 무역 연합(EFTA), ASEAN, 인도 등 46개국과 자유 무역 협정을 체결하였다. 현재에도 중국, 인도네시아, 베트남, 뉴질랜드 등 여러 국가들과 협상을 진행하고 있다.

유럽과 미국이 지역 경제 통합체를 가동하고 있는 현 상황에서 동아시아의 한국, 중국, 일본을 포함하는 제3의 대규모 지역 경제 통합체가 설립될 것인가는 매우 흥미로운 이슈이다. 아시아·태평양 지역을 포괄하는 초대형 경제 통합체 – TPP(Trans-Pacific Partnership) – 의 결성에 대한 논의도 본격화되고 있다.

지역주의와 세계화

지역주의는 세계 경제가 다자적 세계화로 나아가는 데 장애물로 작용할 것인가? 아니면 다자적 세계화를 현실적으로 이끌 견인차가 될 것인가? 이

문제에 대한 해답을 구하기는 쉽지 않다. 지역주의의 역사가 길지 않아 지역주의가 초래할 결과를 추측하기 어렵다는 점이 가장 기본적인 제약이다.

지역주의가 다자주의의 걸림돌이 될 것이라는 **비관적인 주장**을 펼치는 이들은 무엇보다도 지역 경제 협력체가 본질적으로 **내부 지향적인 속성**을 지니기 때문에 역외 국가들에 대해 높은 관세 및 비관세 장벽을 유지하는 경향이 있다고 말한다. 개별 지역 협정은 해당 국가, 산업, 시기 등에 대해 고유의 내용을 가지는데, 지역 협정의 수가 증가함에 따라 협정 내용이 얽히고설키게 된다. 이런 스파게티 볼 효과(spaghetti bowl effect)로 인해 세계적으로 통용되는 자유 무역주의적인 협정은 도달하기 점점 더 어려워질 것으로 우려한다. 또한 지역주의하에서는 역외 지역에 대한 개방의 필요가 적어지기

스파게티 볼 효과: 동시다발적 FTA의 비효율성을 지적하는 것으로, 마치 복잡하게 얽힌 채 접시에 담긴 스파게티와 같다는 뜻이다. 원산지 규정, 통관 절차, 표준 등을 확인하고 관리하는 비용이 증가하는 부작용을 지칭한다.

모형과 이론 18-1

지역주의의 가상 경로

지역 경제 협력체가 장기적으로 어떤 효과를 가져올 것인가에 대해서 바그와티(J. Bagwati)는 아래와 같이 설명한다. x축을 시간, y축을 세계적 후생 수준으로 놓고 현재의 위치를 U^0이라고 하자. 만일 지속적으로 다자주의를 채택한다면 세계적 후생은 시간이 경과함에 따라 서서히 증가하는 것으로 상정할 수 있을 것이다. 이런 '과정 다자주의'의 결과 세계적 후생은 U^m에 도달할 것이다. 이와 반대로 지역주의를 채택한다면 세계적 후생은 현재보다 다소 낮거나 높은 $U r^1$이나 $U r^2$가 될 것이다. 지역주의에 대한 비관적 견해가 예견하듯이 이 지역주의가 고착화될 경우 경로 I과 경로 II를 따르게 되어 장기적으로 세계적 후생 수준은 $U r^1$이나 $U r^2$에 고정될 것이다. 그렇지만 지역주의에 대한 낙관적 견해가 주장하듯이 지역주의

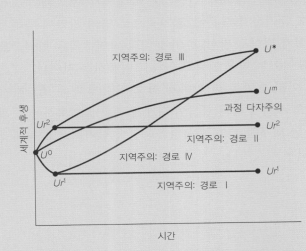

가 점차 개방화의 방향으로 나아가게 된다면 경로 III을 따르게 되어 최종적으로 세계적 후생은 U^*에 이르게 된다. 즉, 과정 다자주의를 채택하여 도달한 세계적 후생 U^m보다 높은 수준에 이를 수 있다는 것이다.

때문에 세계 경제가 지역적 블록들로 분할되어 폐쇄적 속성이 강화될 것이라고 본다. 둘째로 지역주의하에서는 특정한 이익 집단이 특정한 산업의 보호를 위해 과도 기간 설정 등 자유 무역에 대한 예외적 조치를 주장하기 쉽다. 셋째, 지역주의하에서는 역내에서 가용한 기술과 자원에 의존하는 생산 및 무역 구조를 발달시키게 된다. 정치적으로도 지역주의에 매몰됨으로써 산업 정책과 무역 정책이 역내 경제의 틀에 맞추어지게 된다는 것이다. 이런 선택은 경로 의존성(path dependency)을 갖기 때문에, 역외 경제까지를 고려하여 다이내믹하게 경제를 조정하는 일이 점차 어려워진다는 견해이다.

경로 의존성: 한 번 어떤 경로에 들어서면 나중에 그 경로가 비효율적인 것으로 판명되어도 돌이키기 어려운 경향성을 의미한다.

지역주의에 대해 **낙관적인 평가**를 하는 이들은 지역주의가 다자적 세계화에 가까이 다가서는 **현실적 대안**이라고 본다. 다자적 세계화를 즉각적으로 달성하기 어려운 현재 상황에서 지역주의는 다자적 세계화로 접근하는 길을 열어 주는 역할을 한다는 것이다. 이 입장에서는 자유 무역의 방향으로 세계 경제가 변화하는 추세가 불가역적이라고 여긴다. 즉, 지역 경제 협력체를 통해 달성한 지역적 자유 무역은 점차 확장될 운명에 있다고 판단한다. 둘째, 경제 협상의 효율성이라는 현실적 차원에서 볼 때 지역주의 외에는 선택의 여지가 없다고 주장한다. 협상 당사국의 수를 제한할 수 있고, 협상에 소요되는 시간을 단축할 수 있으며, 의제를 신축적으로 조정할 수 있다는 면에서 지역주의가 매우 유리하다는 것이다. 마지막으로 지역 경제 협력체에 참가한 국가들은 역외 경제에 대해 시장 접근성을 확대시켜 주고 해외 직접 투자를 유치하는 데에도 유리하기 때문에, 점차적으로 역외 지역에 대해서도 자유화와 개방화를 하게 된다고 말한다. 이에 따라 지역주의는 회원국들을 경쟁적으로 개방으로 이끄는 힘을 지니고 있다고 이해하는 것이다.

지역주의가 실제로 어떤 효과를 더 강하게 띨 것인지에 대해 예단하기는 어렵다. 이는 궁극적으로 지역 경제 협정이 경제 구조를 고착화하는 형태로 유지될 것인지, 아니면 외부적 개방성을 강화하면서 장기적으로 동태적 향상을 보일 것인지에 좌우될 것이다.

PC와 인터넷의 발달

세계화의 가속화를 이끈 정보 통신 기술의 발달은 1970년대부터 가시화되었다. **PC(개인용 컴퓨터)와 인터넷**의 발달이 혁명적 변화를 이끈 두 주역이었다. 1976년 스티브 잡스(Steve Jobs)가 세계 최초로 개인용 컴퓨터를 조립하고 이듬해에 애플을 창업함으로써 PC 시대의 막이 올랐다. 1980년대에는 IBM 사가 선두에 서서 PC의 성능을 향상시킴으로써 사용자에게 PC가 더 이상 취미용 물품이 아니라 생산성 향상의 도구가 되었다. PC의 업무 처리 능력 향상 효과가 사회적으로 인정되고 1980년대 중반의 규제 완화 분위기에서 가격이 지속적으로 하락하면서, PC 보급은 급속하게 증가해 갔다.

다음으로 혁신가들이 완수해야 할 과업은 이미 세계적으로 보급된 수백만 대의 PC를 상호 연결하는 작업이었다. HTML(hyper text markup language)의 개발은 상이한 언어로 프로그래밍이 된 컴퓨터들이 자료를 소통할 수 있는 길을 열었다. 이 아이디어는 더욱 발전되어 1989년 **월드 와이드 웹**(WWW)의 기본 안이 마련되었고, 1993년에 이것이 공개됨으로써 특허와 무관하게 모든 사람이 이를 사용할 수 있게 하였다. 그리하여 정보 통신 혁명의 기술적 기반이 갖추어졌다. 대부분의 선진국들에서는 정보 통신 기술의 보급이 상대적으로 빨랐던 반면에, 저개발국들에서는 보급 속도가 극히 제한적이었다. 이러한 기술 전파의 비대칭성은 세계적으로 정보 격차(digital divide)를 확대하는 문제를 야기하였다.

그림 18-11은 2011년 각국의 연평균 소득 대비 브로드밴드(broadband) 사용 비용의 비율을 보여 준다. 선진국의 낮은 비율과 개도국의 높은 비율이 뚜렷한 대조를 이룬다. 이는 정보 격차가 실제로 매우 크다는 사실을 말해 준다.

HTML: 웹 문서를 만들기 위해 사용하는 프로그래밍 언어의 한 종류. 하이퍼텍스트를 작성하기 위한 용도로 개발이 되었다.

정보 격차: 새로운 정보 기술에 접근성을 보유한 사람과 그렇지 못한 사람 사이에 경제적·사회적 격차가 확대되는 현상.

그림 18-10

개인용 컴퓨터 시대의 개막 애플 사가 최초로 판매한 개인용 컴퓨터는 조립된 회로 기판뿐이었고, 케이스, 키보드와 모니터 등은 별도였다. 사진은 케이스와 키보드가 붙은 모습.
자료: Ed Uthman, CC BY-SA 2.0.

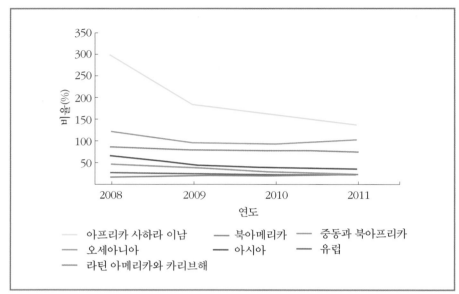

그림 18-11 2011년 각국의 연평균 소득 대비 브로드밴드 사용 비용의 비율

자료: Information Geographies at the Oxford Internet Institute; Stefano De Sabbata and Mark Graham, CC BY 3.0.

광섬유: 에너지 손실과 송수신하는 데이터의 손실이 적다는 장점을 지닌 광학적 섬유. 복수의 광섬유를 묶어서 광케이블을 만들게 된다.

통신 기술의 발달

그림 18-12

위성 방송 통신의 발달 위성을 이용한 방송 통신 기술의 발달은 도시에서 멀리 떨어진 산사까지도 네트워크에 포함시켰다.

　　PC가 전화선으로 연결되어 데이터 전송 속도와 양에 제한이 크다는 문제는 광섬유(optical fiber)의 발달에서 해결책을 찾았다. 광섬유에 대한 연구는 1950년대부터 이미 진행되었지만 상용화가 가능한 수준의 기술이 확보된 것은 1980년대의 일이었다. 1980년에 AT&T 사가 광섬유 통신 사업을 시작한 이래, 기술이 더욱 개발되면서 장거리 광통신망이 구축되기 시작하였다. 그리하여 1988년에 대서양 횡단 광케이블이 부설되었고, 수년 후 태평양 횡단 광케이블도 설치되었다. 광전송 용량은 지금까지 10년당 약 200배의 증가를 보여 왔다.

통신 위성의 발달도 데이터 전송 능력에 혁명적인 개선을 가져왔다. 1960년대에 본격적으로 시작된 통신 위성은 전파를 증폭하는 기술의 발달과 정지 위성 궤도를 사용하는 방법이 개발되면서 전 세계적인 통신 네트워크로 성장하였다. 1988년에는 소형 접시를 통해 위성 방송을 직접 수신할 수 있게 됨으로써 방송 통신의 역사에 새 시대가 열렸다. 1990년대 후반 닷컴 붐(dot-com boom) 시기를 맞아 엄청난 규모로 광섬유 네트워크가 세계 곳곳에 설치되었다. 그리고 역설적이게도 닷컴 붐이 식으면서 공급 과잉 현상이 발생하여 광통신의 비용이 크게 낮아지는 결과가 나타났다.

닷컴 붐: 1995-2000년 동안에 인터넷 관련 기술이 발달하면서 해당 기업들의 시장 가치가 크게 상승하고 투자가 몰린 현상.

새로운 산업의 등장

정보 통신 기술의 발달은 과거에 존재하지 않았던 산업의 탄생을 촉진하였다. 우선 유통 구조에 변화가 유발되었다. 대표적인 사례로 **전자 상거래**의 등장을 들 수 있다. 인터넷 공간에서 개설된 상점을 통해 소비자와 생산자가 재화와 서비스를 거래하는 통상적인 전자 상거래뿐만 아니라 소비자, 생산자, 운송업체, 금융 기관, 정부 기관 등의 상호 거래를 디지털 통신망을 통해 진행하는 활동도 이 범주에 포함된다. 1970년대 말에 온라인 쇼핑이 등장한 이후 1990년대에는 인터넷을 통한 상거래 및 금융 거래가 확산되었다. 2013년을 기준으로 보면, 세계의 전자 상거래 총규모는 1조 2,200억 달러에 이른다. 북아메리카가 4,200억 달러, 아시아·태평양이 3,900억 달러, 그리고 서유럽이 2,900억 달러를 차지하고 있다. 전자 상거래의 성장률은 아시아·태평양이 가장 높은 것으로 나타난다.

한편, PC 및 인터넷의 발달이 통신 기술의 발달과 결합되면서 2000년대 후반부터 스마트폰과 태블릿 PC 등이 등장하여 이동 통신 시장을 장악하고 있다. 이들의 등장과 발맞추어 전자책(e-book)이 출판 산업에서 새 흐름을 주도하고 있으며, 앱(application) 개발과 같은 소프트웨어 산업도 비약적으로 확대되고 있다. 각종 소셜 미디어(social media)가 새로운 소통 수단으로 자리를 잡고 이를 이용한 산업이 다양하게 발달하였다. 최근에는 빅 데이터(big data)를 축적하고 이용하는 기술이 획기적으로 발전하면서 경제와 기업 활동

그림 18-13

혁신의 아이콘 애플 사의 스티브 잡스와 마이크로소프트 사의 빌 게이츠는 정보화 혁명을 이끈 혁신의 상징이 되었다.
자료: David Geller, CC BY 2.0.

소셜 미디어: 페이스북, 트위터, 카카오톡 등 모바일 통신 기기를 이용하는 정보 공유 및 소통의 매체.

빅 데이터: 디지털 환경에서 만들어지는 수치, 문자, 영상 등의 다양한 데이터. 규모가 방대하고 생성 주기가 짧다는 점이 특징이다.

표 18-9 1974년 이래 이루어진 주요 기술 혁신

1974-1980년	1981-1990년	1991-2000년	2001-2014년
레이저 프린터	MS-DOS	DVD	인간 배아 줄기세포
휴대 전화	IBM PC	MP3	나노 섬유
워크맨	애플 매킨토시	웹 TV	복제 개
포스트잇	윈도우즈 프로그램	연료 전지	수소 연료 전지
	디지털 휴대 전화	복제양 돌리	스마트폰
	HTML		유전자 검사
			3D 프린터

자료: http://inventors.about.com 및 각종 자료.

의 양상을 변화시키고 있다. **기술의 융·복합**이 낳은 이런 변화는 정보 소통의 효율성을 높이고, 생산과 유통 방식의 변화를 가져올 뿐만 아니라, 사람들의 사고방식과 생활 양식에까지 엄청난 파급 효과를 만들어 내고 있다. 표 18-9는 1974년 이래 이루어진 주요 기술 혁신을 보여 준다. 그중 많은 것이 정보 통신 기술의 발달과 깊은 관련성을 가진다는 것을 쉽게 확인할 수 있다.

기술 진보의 경제적 효과

그림 18-14

자동화된 생산 라인 기술 진보는 생산 공정의 자동화를 낳았다. 사진은 용접 로봇이 빠르게 작업하고 있는 자동차 생산 라인의 모습.
자료: Steve Jurvetson, CC BY_2.0.

정보화 기술(information technology)의 비약적 발달이 유발한 경제적 변화의 폭은 매우 넓다. 개별 기업의 차원에서 보면, 컴퓨터를 이용한 시스템의 도입을 통해 생산과 유통의 방식에서 혁신이 이루어졌다는 점을 들 수 있다. 제품의 기획, 설계, 원료와 부품 조달, 생산, 포장 등 생산 과정은 물론이고 마케팅, 재무 관리, 인사 관리 등 기업 운영의 전 부문에 걸쳐 정보를 수집하고 통합적으로 관리하는 체제가 확산되었다.

예를 들어, 1980년대 미국 국방부

그림 18-15 한국의 산업별 고용 유발 계수 추이, 2000-2013년

(단위: 10억 원당 고용자)

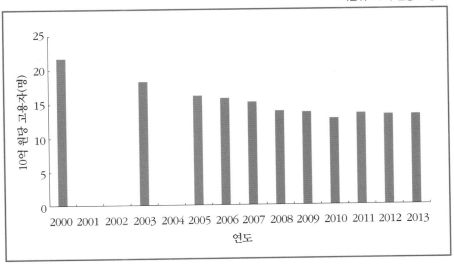

자료: 한국은행.

가 주도하여 탄생시킨 '칼스'(CALS, computer aided logistics support)라는 병참 지원 시스템이 높은 효율성을 지닌 것으로 인정을 받자, 민간 부문에서도 이를 응용하여 통합적 물류 및 생산 관리 시스템을 갖추기 시작하였다. 업종과 공정상의 특징을 반영하여 다양한 방식으로 진화를 거듭한 이 기업 관리 시스템은 비용과 시간의 절감에 많은 기여를 하였다. 업무를 표준화함으로써 일처리 과정을 단순화할 수 있었고, 부품을 표준화하여 공용하는 범위가 확대됨으로써 원가 절감 효과가 발생하였으며, 정보를 신속하고 정확하게 교류하게 됨으로써 업무 효율성을 제고할 수 있었다. 3차 산업 혁명이라고 명명할 수 있는 중요한 기술적 및 사회적 혁신의 흐름이었다.

국가 경제의 차원에서 기술 진보가 초래한 중요한 경제적 효과는 **고용 없는 성장**(jobless growth)의 출현이다. 이는 생산성 향상과 동전의 양면을 이룬다. 정보화 기술이 경제 전반에 적용된 영향으로, 1990년대부터 전 세계적으로 경제 성장이 고용 증가를 동반하지 않는 현상이 보편화되었다. 한국도 예외가 아니어서, 고용 유발 계수가 2000년 이후 지속적으로 낮아졌다.

기술 진보가 유발한 또 다른 중요한 변화는 국가 간의 분업 방식에서 찾아볼 수 있다. 과거에는 개별 국가가 생산 요소의 부존 조건 등에 맞추어 특정 제품의 생산 과정 전체를 담당하는 방식이 일반적이었다. 예를 들어, 한국은 TV의 생산에, 그리고 중국은 면제품의 생산에 특화를 하는 방식이었

칼스: 미국 국방부가 1980년대에 개발한 병참 지원 자동화 시스템.

3차 산업 혁명: 20세기 후반에 진행된 혁신의 물결. 인터넷의 광범위한 활용, 자동화의 확산, 원자력 발전 등이 주된 특징이다.

고용 없는 성장: GDP처럼 지표상으로 국가 경제가 성장하는 가운데 고용은 늘어나지 않는 현상을 말한다.

고용 유발 계수: 특정한 산업 부문에 대한 최종 수요가 일정량 증가할 때 해당 산업을 포함한 모든 산업에서 직·간접적으로 창출되는 취업자의 수.

다. 그러나 정보화가 깊이 진행되고 국가 간 물류 비용이 하락함에 따라 **산업 내 분업** 방식으로 생산하는 체제가 확산되었다. 즉, 한 산업 내에서 한국은 R&D를 담당하고, 중국은 반제품 생산을 담당하며, 대만은 완성 공정을 책임지며, 일본은 마케팅을 담당하는 식의 분업 체제이다. 이러한 산업 내 생산 단계별 특화 현상은 점차 세계 전역에서 발생하고 있다.

장기적 조망

콘드라티예프 순환 모형: 장기적 경기 순환의 존재를 강조한 모형. 정점과 바닥을 정확하게 예측할 수 없으며 논리적 근거도 취약하다는 비판을 받는다.

기술 진보가 경제에 미치는 영향을 장기적인 시각에서 살펴보자. **콘드라티예프**(N. D. Kondratiev) **순환 모형**은 대략 50년을 주기로 경기 순환이 발생하며, 각 주기의 성쇠는 핵심적 기술의 개발, 전파, 사양화의 과정과 밀접하게 관련되어 있다고 본다. 이 책의 앞부분에서 사용한 용어를 빌자면, 핵심적인 '거시 발명'이 발생하고 그에 따른 '미시 개량'이 이루어지는 주기에 따라 경제적 순환이 이루어지는 것이다. 이 모형은 기술 진보를 외생적으로 이해한다는 제약을 지니고 있고, 경기 순환의 주기가 50년가량이 될 내적 이유를 찾기 어렵다는 약점을 가지고 있지만, 산업 혁명기 이래 기술과 경제의 변화를 알아보기 쉽게 정리해 준다는 면에서 편리하다. 이 모형에 입각하여 학자들이 요약한 기술 진보와 산업과 시장 구조적 특징을 표 18-10과 같이 요약할 수 있다.

현재의 세계 경제는 정보 통신 산업 및 생명 공학, 로봇 기술 등에 의해 주도되면서 디지털 네트워킹이 중요한 사회 인프라로 인식되고, 자동 제어 장치와 네트워킹이 기술 진보의 핵심을 이루며, 과거에 비해 중추적 역할을 하는 국가가 다극화되었다는 특징을 보여 준다. 한국도 새로운 기술과 산업을 주도하는 역할을 부분적으로 담당하고 있다.

현재 진행중인 기술 진보가 가까운 미래에 가져올 변화를 전반적으로 예측하기는 쉽지 않다. 가장 주목을 끄는 예측은 이른바 '지식 기반 경제'(knowledge-based economy)의 도래이다. 지식 기반 경제란 지식과 정보를 창출하고 유통하고 이용하는 산업이 경제의 중심이 되는 경제 체제를 뜻한다.

지식 기반 경제: 지식과 정보의 보유 여부가 사회에서의 영향력과 가치에서 중심적 위치를 차지하는 경제를 말한다.

그러나 이 개념은 단지 핵심 산업의 이동만을 의미하는 것이 아니다. 정보 통신 기술과 운송 기술의 발달, 그리고 세계 각국의 개방화가 진전된 상황에서, 전통적으로 경제의 큰 제약 조건이었던 수확 체감의 법칙이 약화되

표 18-10 장기적 기술 진보와 경제 구조 추이, 1770년대-현재

시기	핵심 산업	인프라	기술 혁신	기업 조직과 시장 구조	중심지
1770년대-1830년대	방적, 방직, 섬유 기계, 철공업, 수력, 도기	운하, 유료 도로	기계화, 공장제	소규모 기업, 무한 책임, 파트너십, 경쟁 시장	영국, 프랑스, 벨기에
1830년대-1890년대	증기 기관, 증기선, 공작 기계, 철강업, 철도	철도, 해운	증기 동력화, 운송 혁신	주식회사, 유한 책임	영국, 프랑스, 독일, 미국
1890년대-1940년대	전기 기계, 중장비, 군수 장비, 화학, 합성염료	송전, 배전	전기 동력화, 공정 표준화	거대 기업, 전문 경영인, 독점 시장	독일, 미국, 영국, 프랑스, 네덜란드
1940년대-1990년대	자동차, 비행기, 내구 소비재, 석유 화학, 합성 원료	고속도로, 항로	어셈블리 라인, 부품 표준화, 운송 개선	다국적 기업, 독점 경쟁 시장, 수직적 통합	미국, 독일, 기타 유럽국, 일본, 캐나다
1990년대-현재	컴퓨터, 인터넷, 광섬유, 소프트웨어, 로봇, 재료 공학, 생명 공학	디지털 네트워크, 위성	네트워킹, 자동 제어 장치	컴퓨터화된 기업 네트워크, 신자유주의	일본, 미국, 독일, 기타 유럽국, 한국

자료: Freeman and Perez(1988) 및 Dicken(2007), 76쪽을 참조하여 작성.

는 현상이 발생하였다는 점이 중요하다. 과거와 달리 소수의 제품이 광대한 시장을 장악하고 지속적 성장을 보일 수 있는 기술적 · 제도적 기반이 형성되었다는 것이다. 이는 표준화된 대량 생산 체제를 갖춘 기업이 주도하던 시대가 저물고, 소수의 창의적인 조직과 아이디어, 제품이 세계적 시장 지배력을 행사할 수 있는 시대가 도래하였다는 의미이기도 하다. 이에 따라서 사회 조직과 제도를 혁신할 필요성이 커졌다. 예를 들어, 교육도 표준적인 지식을 습득하게 하는 방식보다는 창의적 발상과 혁신을 유도하는 방식으로 변해야 한다는 주장이 힘을 얻는다. 또한 강자독식(强者獨食)이라는 경제 환경이 형성됨에 따라 소득 불균등의 문제가 심화될 가능성이 높아진다는 것도 중요한 시사점이다. 소득 재분배를 위한 복지 제도의 사회적 수요가 증가할 것으로 예상되지만, 부의 집중은 정치적 · 사회적 · 문화적 권력의 집중을 낳을 개연성이 크므로 복지 정책을 마련할 현실적 기반은 약화된다는 문제점을 본질적으로 안고 있다.

최근에는 4차 산업 **혁명**에 관한 논의가 주목을 받고 있다. 이전까지의

4차 산업 혁명: 사이버-물리 시스템을 이용해 초연결성과 지능화를 구현하는 혁신적 기술 진보 및 그것이 초래하는 사회경제적 대변화를 총칭하는 용어.

자동화 차원을 넘어서서 물리적 세계의 일반 사물들이 다양한 컴퓨터 기능들과 융합된 시스템을 구성하는 시대를 의미한다. 구체적으로 보자면, 빅 데이터의 활용이 광범위하게 이루어지고, 인공 지능의 이용이 일반화되고, 자율 주행차가 도로 위를 누비며, 사물 인터넷이 우리의 일상을 포괄하는 시대가 될 것으로 전망된다. 본격적인 4차 산업 혁명의 시대가 언제 도래를 할 것인지에 대해서는 논의가 분분하지만, 이런 방향의 기술 진보가 경제는 물론 사회 구조와 인간의 생활 양식에 엄청난 파급 효과를 가져오리라는 점은 분명하다.

제4절 신자유주의의 확산

대처리즘과 레이거노믹스

대처리즘: 영국의 대처 총리가 추진한 신자유주의적 정책 기조.

금융 빅뱅: 금융 중심지로서 런던이 갖는 지위를 회복하고자 1986년 영국 정부가 단행한 금융 개혁 조치. 은행과 증권업의 장벽 철폐, 위탁 수수료의 자유화, 외국 금융 기관 활동의 자유화 등을 담았다.

1979년 집권한 영국의 대처(Margaret Thatcher) 총리는 과거 노동당 정부가 고수하였던 복지 정책과 국유화 정책을 버리고 경쟁과 시장 경제에 입각한 새로운 정책을 추진하였다. 대처는 영국 경제가 침체한 원인이 과도한 복지에 있다고 보고, 이를 대대적으로 개혁함으로써 재정 악화와 근로 의식 저하 등의 문제를 해결할 수 있다고 확신하였다. **대처리즘**(Thatcherism)의 핵심적 내용은 복지 지출의 대폭 삭감, 감세 정책, 국영 기업의 민영화, 노동조합의 활동 제한, 규제 완화를 통한 민간의 자유로운 경제 활동 보장 확대, 금융 빅뱅을 통한 금융 자유화 등이었다. 또한 통화주의에 입각하여 통화량을 조절하는 정책을 폈다.

대처리즘에 대한 평가는 단일하지 않다. 한편에서는 대처의 단호한 경제 정책이 영국 경제의 회복과 활성화에 긍정적인 영향을 끼쳤다고 평가한다. 에너지, 운송, 통신, 철강, 조선 등의 부문이 민영화됨으로써 경영의 효율성이 증가하였고, 정부의 재정 수지가 개선되었다고 하며, 노조의 영향력을 제한함으로써 기업 경영과 경제 운영에 활력이 생겼으며, 자본 시장에서의 경쟁력이 크게 향상되었다고 인식한다. 그리하여 비대하였던 복지 국가를 축소시키고 경쟁에 기초한 사회를 부활시킴으로써 영국병(病)을 치유하는 역할을 하였다고 칭송을 받는다.

그러나 대처리즘에 대해 비판적 평가도 존재한다. 복지 국가를 축소시킴으로써 계층 간의 경제적 및 사회적 격차를 확대시켰으며, 저소득층에 대한 사회 안전망을 해체하여 사회 불안을 야기하였다는 것이다. 양극화의 심화는 소득 불균등의 척도인 지니 계수의 변화를 통해 확인할 수 있는데, 1979년 0.25였던 지니 계수가 대처의 집권이 종료한 1990년에는 0.34로 증가하였다. 대처의 경제 정책은 인플레이션을 통제하는 데에는 상당한 성공을 거두었지만 실업 문제를 해결하는 데에는 성과가 그다지 좋지 않았다. 사회를 약육강식의 환경으로 전환시키고 시장 권력의 사회적 지배력을 확대시켰으며, 그 속에서 사회 구성원의 공동체적 의식을 약화시켰다는 비판도 제기되어 왔다.

그림 18-16

신자유주의의 아이콘 레이건 대통령과 대처 총리는 1980년대 미국과 영국은 물론 전 세계적으로 신자유주의의 확산을 주도한 인물들이었다.

지니 계수: 계층 간 소득 분포의 불평등 정도를 나타내는 지수. 0과 1 사이의 값을 갖는데, 0에 가까울수록 불평등 정도가 낮음을 의미한다.

레이거노믹스: 미국의 레이건 대통령이 1980년대에 추진한 경제 정책. 규제 완화와 감세를 강조하였다.

공급측 경제학: 자원 배분을 정부 부문에서 민간 부문으로, 그리고 소비재에서 자본재로 전환함으로써 생산 증대와 물가 안정을 이룰 수 있다는 학설.

1980년대 영국이 대처리즘의 태풍에 휩싸였던 것과 마찬가지로 미국은 **레이거노믹스(Reaganomics)**의 위력하에 놓여 있었다. 레이건(Ronald Reagan) 대통령은 기업에 대한 정부 규제를 완화하고, 소득세율을 인하하고, 재정 지출을 축소하며, 인플레이션 방지를 위해 통화량을 조절하는 정책을 실시하였다. 그는 감세 정책이 노동 의욕과 투자 의욕을 높여 경제 성장을 가져올 것이라는 공급측 경제학(supply-side economics)의 논리에 의존하여 경제 정책을 구상한 것이다. 그러나 한편으로는 그가 '강한 미국'을 내세우면서 군비 증강을 추진하였기 때문에 현실에서는 재정 지출이 증가할 수밖에 없었다. 또한 대내적으로는 영국에서와 마찬가지로 빈부 격차가 심해졌으며, 대외적으로는 미국식 경제 정책을 강제적으로 주입하는 정책을 실시함으로써 논란을 야기하였다.

대처리즘과 레이거노믹스의 세계사적 중요성은 이들의 영향력이 영국과 미국 내에 머무르지 않았다는 데 있다. 신자유주의라는 이름으로 총칭되는 이 정책 노선 - 정부 규제의 완화, 상품 시장의 개방, 노동 시장의 유연성 강화, 자본 시장의 자유화 등 - 은 **세계적으로 확산**되어 지구상의 많은 국가들에서 경제 정책의 기조로 받아들여졌다. 일부 국가는 자발적으로 새 노선을 수용하였지만, 다른 국가들은 비자발적인 압력에 의해 수용을 강요당한 측면도 있었다. 양국 및 양국의 영향력을 강하게 받는 국제기구 - IMF와 세계은행 등 - 의 공식적 및 비공식적 압력이 작용하였을 경우 해당국에서는

> **문헌 자료 18-1**
>
> ## 마가렛 대처의 인터뷰
>
> 마가렛 대처는 영국병의 근본적 원인으로 복지 국가 체제를 지목하고, 이를 대대적으로 수술하고자 하였다. 인터뷰 기사를 통해 개인과 사회에 대한 대처의 인식을 들여다보자.
>
> 내 생각에 우리는 그간 너무도 많은 아이들과 사람들이 다음과 같이 받아들이는 시절을 보냈습니다. '난 문제가 있으니 정부가 이를 해결해야 돼', '난 문제가 있으니 이걸 해결하기 위해 기금을 받아야만 해', '난 집이 없으니 정부가 집을 제공해야 마땅해'. 그들은 이렇게 자신의 문제를 사회의 탓으로 돌립니다. 사회란 누구입니까? 그런 것은 세상에 없습니다! 세상에는 개인으로서의 남성과 여성과 가족이 있을 뿐입니다. 사람을 통하지 않고서는 어떤 정부도 아무런 일을 할 수 없습니다. 그리고 사람은 첫째로 스스로에게 의존해야 합니다. 우리의 의무는 우선 스스로를 돌보는 것이고, 그 다음에 우리 이웃을 돌보도록 애써야 합니다. 삶은 상호적인 것인데도 불구하고, 사람들이 의무는 없이 마음속에 너무나 많은 권리를 가지고 있습니다. 누구든 먼저 의무를 다하지 않고서는 권리를 내세울 수 없는 것입니다. … 이게 우리의 비극입니다. 우리가 주는 수당은 그들이 아플 때 안전망이 되고 도움이 되라고 있는 것입니다. 그리고 불운한 사람들을 돕기 위해 있는 것입니다. '좋아, 우리는 힘을 모아서 보험을 갖춘 거야.' 이게 수당의 목적인데, 세상에는 이 시스템을 조작하는 사람들이 있습니다. 이런 도움과 수당이 사람들에게 '그래, 당신이 일자리가 없으면 기본적인 생활 수단을 제공받게 될 거야'라고 말해 주어야 하는데, 그게 아니라 사람들이 와서는 '일을 하는 게 무슨 의미가 있어? 나는 그만큼의 실업 수당을 받을 수 있는데'라고 합니다. 당신은 이렇게 말합니다. '이봐요. 그건 실업 수당에서 나오는 것이 아니에요. 그건 당신의 이웃이 제공하는 것이지요. 당신이 스스로 벌어서 먹고살 수 있다면 당신은 실제로 그렇게 해야 할 의무가 있는 것이고, 그러면 당신은 훨씬 더 마음이 편할 겁니다!'
>
> 자료: *Woman's Own*, 1987년 9월 23일자.

이에 대한 반발 움직임도 나타났다. 반세계화 운동이 형성된 중요한 요인 가운데 하나가 바로 비자발적 세계화에 대한 반발이었다.

신자유주의의 영향력은 노동자 세력의 약화를 야기하였다. 그림 18-17은 OECD 국가들을 대상으로 하여 이 시기의 노동 운동 추이를 보여 준다. 1970년대 경기 침체 속에서 급속하게 증가하였던 파업 일수는 1970년대 말을 계기로 빠르게 축소되었다. 신자유주의적 정책이 힘을 받으면서 노동 운동이 크게 약화된 결과였다. 파업 일수의 감소 추세는 1980년대 이후 계속 이어졌고, 1990년대에는 전례 없이 낮은 수준에 머무르게 되었다. 이 추세는 노동조합 가입률의 추세와 매우 유사하였다. 1970년대

그림 18-17 OECD 공업 노동자 1,000명당 파업 일수, 1960-2003년

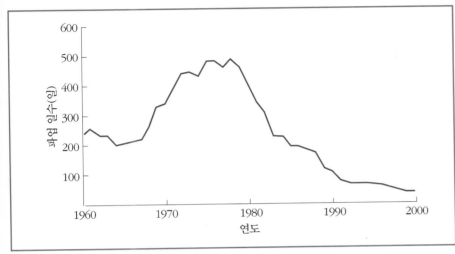

주: 5년 이동 중위수, OECD 16개국 대상.
자료: Glyn(2006), 6쪽.

후반을 정점으로 대부분의 선진국에서 노동조합 가입률은 지속적으로 하락하였다.

금융화의 심화

이 시기 세계 경제 흐름을 규정하는 또 하나의 특징은 **금융 자본주의의 발달**이다. 애초에 금융 자본주의는 20세기 초반 경제 구조의 독점화가 심화되고 은행이 실물 부문과 결합하여 영향력을 확대해 간 과정을 설명하는 용어로 사용되었지만, 지금은 20세기 후반 금융 부문의 확장을 지칭하는 용어로서 사용되고 있다. 경제에서 금융 부문이 차지하는 비중은 1980년대 이래 빠르게 증가해 왔다. 실물 부문에 비해 금융 부문의 성장이 빨랐다는 점은 세계 전체의 GDP 대비 금융 자산이 차지하는 비중을 보여 주는 그림 18-18에서 확인할 수 있다. 이런 금융-화(financialization) 현상은 금융 부문의 실물 부문에 대한 지배력이 증대되는 모습으로 귀결된다. 이제 금융 자본은 실물 부문의 기업에 직접적으로 투자를 하기도 하고, 기업 경영에도 참여하며, 기업 합병에서도 주도적인 역할을 하게 되었다.

금융화: 금융 부문의 비중이 높아지고 실물 부문에 대한 금융 부문의 지배력이 강화되는 현상.

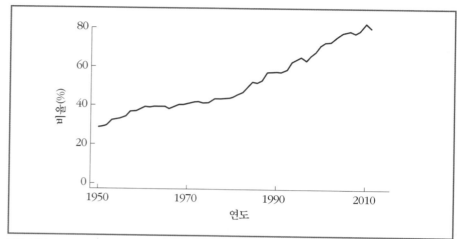

그림 18-18 미국 GDP 대비 금융 부문의 비율, 1950–2013년

자료: US National Income and Product Account.

이런 변화가 발생한 데에는 금융 부문과 산업 부문의 절연을 법제화하였던 1933년의 글라스–스티걸법이 20세기 후반에 실질적인 규제력을 상실하였다는 사실이 제도적 배경을 이루었다. 1980년대부터 글라스–스티걸법의 규제를 우회할 수 있는 경로가 점차 많아졌으며, 마침내 1999년 미국 정부는 금융 산업의 경쟁력 강화라는 명분을 내세워 상업 은행이 주식 투자를 할 수 있도록 허용함으로써 대대적인 금융화의 길을 열었다. 월 스트리트의 많은 금융 회사들은 금융 지주 회사로 외형을 바꾸고 자회사로 은행과 증권사를 두는 **겸업 체제**를 확립하였다.

이와 같은 변화는 미국에만 국한된 것이 아니었다. 전통적으로 겸업주의적인 전통이 강하였던 유럽에서도 금융의 자유화와 개방화가 진전되는 양상이 나타났다. 독일의 유니버설 뱅킹(Universal Banking) 체제나 프랑스의 방카슈랑스(Bancassurance)는 모두 은행·증권·보험 업무를 통합하는 구조를 가진 것이었다.

유니버설 뱅킹: 은행·보험·증권 부문이 자유롭게 상호 진출하는 금융 체제.

방카슈랑스: 은행과 보험사가 업무 제휴를 맺어 종합 금융 서비스를 공급하는 체제.

자본과 노동의 국제적 이동성

금융 규제의 완화와 이 추세의 세계적 전파는 세계 자본 시장의 추이에

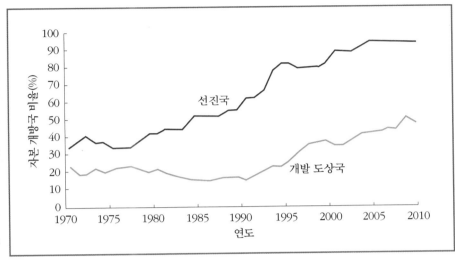

그림 18-19 자본 시장이 개방된 국가의 비율, 1970-2010년

자료: Chinn-Ito Index.

도 중대한 변화를 가져왔다. 2차 세계화 시대를 통해 세계 경제는 **국제적 자본 이동이 급속하게 증가하는 현상**을 보였다. 그림 18-19는 선진국 그룹과 개발 도상국 그룹의 자본 시장 자유화의 추이를 보여 준다. 자본 시장이 개방된 국가의 비율을 보면, 선진국 그룹에서는 1970년에 30%대 초반에 머물렀다가 거의 지속적으로 상승하여 2010년에는 90% 이상의 비율을 기록하였다. 특히, 1980년대 후반부터 1990년대 전반까지 비율이 급속도로 상승한 모습이 눈에 띈다. 개발 도상국 그룹에서는 자본 시장이 개방된 국가의 비율이 1970년에 20%를 조금 넘던 것이 2010년에는 40%를 웃도는 수준까지 올라갔다. 이 국가군에서는 본격적인 상승이 1990년대에 진행되었다. 두 그룹 간에 자본 시장 자유화의 수준에는 차이가 있지만, 근래에 빠른 속도로 상승을 기록하였다는 점에서는 공통적이다.

국제적 자본 이동은 어떤 방향으로 이루어졌을까? 그림 18-20은 2차 세계화 시대의 자본 이동을 1차 세계화 시대의 자본 이동과 비교하여 자본이 흘러간 지역의 특징을 보여 준다. 1997년의 해외 투자와 1913년의 해외 투자를 비교하면, 1913년에는 해외 투자의 절반가량이 일인당 소득이 미국의 40% 이하인 지역을 향하였던 반면에, 1997년에는 일인당 소득이 미국의 40% 이하인 지역으로 향한 투자액이 전체의 15% 수준에 불과하였다. 1997년에는 해외 투자의 약 80%가 미국 대비 일인당 소득이 60% 이상인 지역으로 흘러

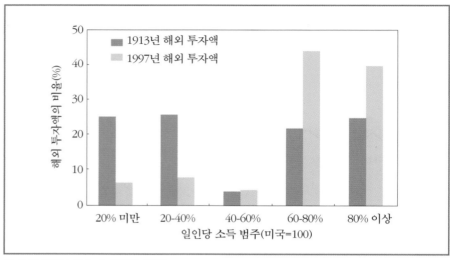

그림 18-20 해외 투자의 방향, 1913년과 1997년의 비교

자료: Obstfeld and Taylor(2003), 176쪽.

들어 갔다. 강제적 세계화의 시기인 1913년에는 선진국이 개발 도상국, 특히 식민지화한 국가에 투자한 비중이 컸던 것과 달리, 탈식민지화되고 신자유주의적이 된 1997년에는 자본이 **선진국 위주로 투자**되었다는 점을 알 수 있다. 그러므로 국제적 자본 이동의 자유화가 진전되었다는 사실이 곧 개발 도상국에게 도움이 되는 방향으로 세계 경제 구조가 움직이고 있음을 의미하는 것은 아니다.

개발 도상국으로 흘러간 자본은 구체적으로 어떤 형태를 띠었는가? 그림 18-21은 자본 이동의 유형을 해외 직접 투자, 포트폴리오 투자, 송금, 공적 원조의 네 종류로 구분하여 보여 준다. 1990년에 낮은 비율을 보였던 해외 직접 투자는 그 후 증가 폭을 넓혀 1990년대 중반 이래 줄곧 가장 큰 비중을 차지하였다. 포트폴리오 투자는 2000년대 전반부터 **빠르게 증가**하였다. 이 두 투자 형태는 2007-2008년 글로벌 금융 위기에 대폭락을 경험하였고, 이후 2008년부터 다시 회복세를 보였다는 공통점을 지녔다. 송금은 가장 꾸준히 증가세를 보인 항목이었다. 공적 원조도 증가하기는 하였지만 증가 속도는 더뎠다.

노동의 국제적 이동성도 증가하였다. 그림 18-22가 보여 주듯이 1990년 이래 세계의 이민자 수는 지속적으로 증가하였다. 특히, 2000년대 초반에서 2010년대 초반에 이르는 시기에 이민자의 증가 속도가 빨랐다. 2015년 이후

포트폴리오 투자: 기업의 경영권 획득에는 관심이 없이 투자 수익의 획득을 위해 각종 유가 증권에 투자하는 것.

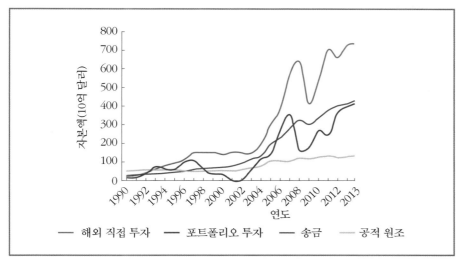

그림 18-21 개발 도상국으로 향하는 자본 이동, 1990-2013년

자료: World Bank.

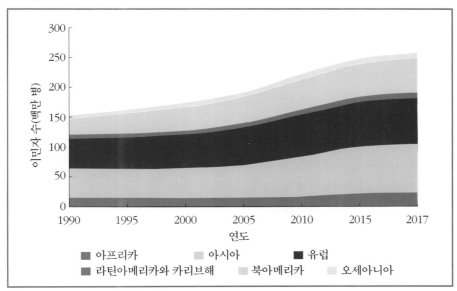

그림 18-22 세계의 이민자 수, 1990-2017년

자료: Obstfeld and Taylor(2003), 176쪽.

에는 이민자의 증가 폭이 눈에 띄게 줄어들었다. 지역별로 보면 전체적으로
고르게 이민자가 늘어난 가운데 아시아의 증가가 가장 두드러졌다. 그렇지

표 18-11	미국 이공계 고용 중 학위별로 외국 출생자가 차지하는 비율	

(단위: %)

교육별 집단	1990년	2000년
석사	11	17
박사	19	29
45세 미만 박사	27	52
박사후	49	57

자료: Freeman(2006), 163쪽.

만 전체 인구 대비 이민자의 비율을 보면 아시아는 약간의 증가만 보였을 뿐이다. 이에 비해 북아메리카와 유럽, 그리고 오세아니아가 훨씬 빠른 속도로 이민자 비율이 증가하였다. 아프리카 및 라틴 아메리카와 카리브해 지역에서는 이민자 비율이 오히려 소폭 감소한 것으로 나타난다.

현재의 이민은 1차 세계화 시대의 이민과 **차이**가 있다. 첫째, 1차 세계화 시대에는 광활한 토지와 천연자원을 가진 국가들이 많이 존재하였다. 개발되지 않은 자원이 엄청나게 많은 국가들은 외국인 노동자의 유입에 적극적이었다. 둘째, 1차 세계화 시대에 토지와 천연자원의 중요성이 컸다면 현재에는 숙련과 기술의 중요성이 크다. 최근에는 헥셔-올린 모형이 예측하는 바와는 다르게 개발 도상국에서 선진국으로 노동과 자본이 동시에 이동하는 모습을 보이는 사례가 많이 목격되고 있다. 이러한 현상은 선진국이 상대적으로 발달된 기술을 사용하므로 노동 수익과 자본 수익 모두가 개발 도상국에 비해 높을 수 있기 때문이라고 설명된다. 선진국으로 향하는 이민자의 구성에서 높은 교육 수준이 두드러지는 것은 바로 이런 변화의 산물이다. 이민의 동력으로서 저소득이나 실업과 같은 배출 요인이 크게 작용하였던 1차 세계화 시대와 차별화되는 지점이다. 이민자 가운데 고급 두뇌의 중요성은 2차 세계화 시대를 통해 지속적으로 증가해 왔다.

표 18-11은 1990년과 2000년에 미국에서 이루어진 이공계 고용 중에서 외국 출생자가 차지한 비율을 보여 준다. 석사 학위 보유자부터 박사후(postdoctoral) 연구자에 이르기까지 모든 고등 교육 이수자 집단에서 두 시기 사이에 이 비율이 증가하였다. 특히, 45세 미만의 젊은 박사 학위 소지자의 점유율 증가가 괄목할 만하다. 숙련 노동과 비숙련 노동 간에는 대체성이 제한적이기 쉽기 때문에, 이런 **분단 노동 시장**(fragmented labor market)하에서는 한 노동 집단이 다른 노동 집단의 임금과 고용에 끼치는 영향의 강도가 약하기 마련이다. 따라서 임금과 고용에 대한 이민의 영향은 1차 세계화 시대와

분단 노동 시장: 질적으로 상이한 복수의 노동 시장이 병존하는 형태의 노동 시장.

차이를 보인다.

한편, 자국민이 일하기 꺼리는 업종에 종사할 노동력을 확보하기 위해 이민자 유입을 장려하는 정책도 동시에 실시되고 있다. 이런 이민자들은 주로 개발 도상국 출신인데, 이들이 본국에 송금한 돈은 본국의 국민 소득에서 상당한 비율을 차지하기도 한다. 전 세계적으로 이민자들이 본국으로 송금한 돈은 1995년 1,020억 달러에서 2005년에는 2,320억 달러로 증가하였다.

경제 개발의 표준 답안

신자유주의의 세계적 확산 속에서 개발 도상국의 경제 개발과 운용 방법에 대한 논의도 이 사조와 일맥상통하는 방향으로 이루어졌다. 1990년을 전후하여 형성된 **워싱턴 컨센서스**(Washington Consensus)는 개발 도상국이 빠르고 안정적인 경제 발전을 이루기 위해 필수적으로 갖추어야 할 제도적 틀로서 널리 알려졌다.

표 18-12의 왼편에는 워싱턴 컨센서스의 원안이 정리되어 있으며, 오른편에는 1990년대 후반에 추가된 사항이 기록되어 있다. 원안은 기본적으로 재정 축소, 시장 개방, 정부 규제 완화 등 신자유주의적 경제 체제의 골자를 이루는 정책들을 포괄한다. 추가된 사항들은 원안을 성취하기 위해 제도적

워싱턴 컨센서스: 신자유주의적 경제 체제를 국제적으로 확산하기 위해 미국 행정부와 IMF, 세계은행 등이 합의한 정책 패키지.

표 18-12 워싱턴 컨센서스

워싱턴 컨센서스 원안	이후에 추가된 사항
1. 재정 건전성 확보	11. 기업 지배 구조 개선
2. 공적 지출의 우선순위 조정	12. 부패 척결
3. 세제 개혁	13. 노동 시장의 유연화
4. 금리 자율화	14. WTO 합의 준수
5. 국제 경쟁 환율 도입	15. 국제 금융 기준 및 규범 준수
6. 무역 자유화	16. '신중한' 자본 계정 개방
7. 외국인 직접 투자 허용	17. 자율적 환율 체제
8. 공공 기업 민영화	18. 중앙은행의 독립성 확보 및 인플레이션 관리
9. 규제 완화	19. 사회 안전망 구축
10. 재산권 보호	20. 빈곤 퇴치표

자료: 로드릭(2009), 33쪽.

개혁이 필요하다는 판단에 따라 추가된 것이며, 부수적으로 사회 안전망의 구축과 빈곤 퇴치 등을 포함시켰다. 오늘날 통상적으로 워싱턴 컨센서스라고 하면 원안과 추가 사항을 모두 포함한 것으로 이해된다. 정책 결정자들은 워싱턴 컨센서스에서 제시된 내용들이야말로 개발 도상국이 경제 발전의 가도에 들어서서 지속적인 성장을 이루기 위해 필수적으로 마련해야 할 '선행 조건'이라고 주장하였다.

그러나 워싱턴 컨센서스가 경제 개발의 모범 답안이 되지 못한다는 견해도 있다. 워싱턴 컨센서스는 신자유주의적 경제 체제를 지구 전역에 확산시키고자 하는 미국과 그의 영향력하에 놓인 IMF, 세계은행 등의 패권주의적 전략일 뿐이라는 비판이 있다. 더 나아가 이 권고를 수용하지 않는 국가에 대해 정권 교체를 지원한다거나 경제 위기를 맞았을 때 구제책을 제공하는 조건으로 이의 수용을 강제하는 방식을 미국이 구사한다고 지적을 받기도 한다. 이는 또한 워싱턴 컨센서스가 미국 기업 또는 미국의 이익을 공유하는 다국적 기업이 진출하기에 좋은 기반을 조성하기 위한 수단이라는 비판과 궤를 같이한다.

워싱턴 컨센서스가 좋은 경제 개발 전략이 아니라고 보는 견해 중에는, 이 권고가 경제 발전에 유리한 조건이기는 하지만 경제 발전을 위해 반드시 갖추어야 할 선행 조건으로 간주해서는 곤란하다는 주장도 있다. 19세기에 영국을 뒤따라 경쟁적으로 공업화를 수행한 국가들의 경험을 유형화한 거센크론이 주장하였던 바와 유사하게, 2차 세계화 시대에도 워싱턴 컨센서스의 권고 사항들 중에서 핵심적인 것만을 추려 내고 나머지 준비하기 어려운 사항들에 대해서는 이를 대체할 방법을 각 국가의 사정에 맞게 강구하는 것이 현실적이며 효과적이라는 것이다. 예를 들어, 로드릭(D. Rodrik)은 워싱턴 컨센서스에 충실하였던 남아메리카의 여러 국가들이 경제 발전을 성공적으로 이루지 못한 반면에, 한국, 타이완, 중국 등 동아시아 국가들은 워싱턴 컨센서스의 권고와는 달리 자국의 사정에 맞게 산업 정책, 조세 정책, 무역 정책, 재산권 제도 등을 구사함으로써 발전의 역사를 쓸 수 있었다고 지적하였다. 권고된 사항들을 모두 갖추려고 하는 것보다 다른 나라 제도의 장점을 국내에서 가용한 방식으로 대체하는 길을 찾는 것이 효과적인 경제 발전 전략이라는 것이다.

소련의 개혁·개방 정책

　　냉전 시대에 세계 질서의 두 축 가운데 하나였던 소련은 군비 경쟁이나 우주 개발 등에서 미국을 위협하는 능력을 과시하였지만, 경제적 발전과 국민의 소득 증대에서는 경쟁이 되지 못하였다. 1964년부터 20년 가까이 집권한 브레즈네프 집권 시기에 비효율과 부패가 만연하였고, 생산성 저하가 두드러졌다. 국민들의 생활 수준이 낮은 수준에 머물게 됨에 따라 자본주의 진영과의 격차도 점점 확대되었다.

　　그림 18-23은 생활 수준의 한 척도인 기대 수명을 기준으로 하여 소련의 중심인 러시아와 미국의 상황을 비교해서 보여 준다. 1965년에 러시아인의 기대 수명은 미국인 기대 수명보다 평균 2년 미만 적었다. 그런데 이 차이가 점차 확대되어 1980년대 전반에는 5년을 초과하게 되었다. 기대 수명의 격

그림 18-23　러시아와 미국의 기대 수명, 1965-2000년

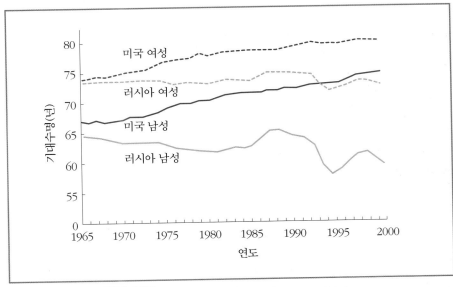

자료: Turley and Luke(2011), 349쪽.

차가 확대되었을 뿐만 아니라 절대적인 기대 수명 자체도 성장을 멈추고 오히려 감소세를 보였다. 이는 소련이 경제적으로 장기적인 침체 상태에 놓였고, 그로부터 탈출구를 찾는 것이 쉽지 않게 되었다는 것을 말해 준다.

1980년대 중반 고르바초프(Mikhail Gorbachev)의 개혁·개방 정책은 이런 절박한 상황을 배경으로 등장하였다. 그가 선택한 소련의 방향은 **페레스트로이카**(Perestroika)와 **글라스노스트**(Glasnost)라는 용어로 상징된다. 구조 개혁을 의미하는 페레스트로이카는 스탈린 시대부터 누적된 소련 경제의 문제점들, 즉 계획 경제가 내포한 국가적 통제와 관료제의 문제, 생산성 하락, 소비재 부족, 창의성 부족 등을 해결할 방안을 도모하였다. 구체적으로는 개인의 경제 활동의 자유를 넓혔고, 생산·유통·무역에 대한 정부의 개입을 축소하였으며, 성과에 따른 급료 체계를 도입하였다. 즉, 생산 수단의 공유는 유지하되 자본주의적인 유인 체제를 적극적으로 도입하는 대폭적 개혁을 통해 경제를 활성화시킨다는 구상이었다. 글라스노스트는 개방을 의미하는데, 구체적으로는 개인 자유의 확대, 정보 개방, 개인의 정치 참여 확대 등을 내용으로 하였다. 이를 통해 고르바초프는 선거로 선출되는 소련 대통령이 연방을 총괄하는 가운데 개별 공화국은 대통령제 아래에서 일정한 수준의 자치권을 갖는 체제를 구상하였다. 한편, 대외 정책에 있어서는 전략 무기 보유를 축소하는 평화 공존 체제를 지향하였고, 아프가니스탄에서 철병하고 한국과 수교를 하는 등 개방적인 정책을 폈다.

종합하자면, 고르바초프의 정책은 정치적으로 민주적 중앙 집권제를 확립하고, 경제적으로 자율적 경영 체제를 구축하여 양자를 조화시키고자 한 것이었다. 그러나 급격한 변화를 모색한 그의 경제 정책은 임금 격차와 대규모 실업의 문제를 낳고 소비재의 물자난을 발생시킴으로써 대중의 반발을 샀다. 정치적으로는 개혁에 반대하는 공산당 내 보수파와 개혁이 미진하다고 비판하는 급진 개혁파 사이에서 심한 압박을 받았다.

페레스트로이카: 정치 개혁과 경제 개혁을 내용으로 하는데, 구체적으로는 기본권의 확대, 관료제의 개혁, 시장 경제적인 유인의 도입 등을 말한다.

글라스노스트: 반소련적이라는 이유로 금지되었던 작품의 공개, 언론의 자유 확대 등을 내용으로 하는데, 사회의 부패와 관료제의 폐해를 비판함으로써 민주화에 기여하였다.

그림 18-24

페레스트로이카의 전개 개혁을 지향하는 정책의 시행을 기념하여 발행된 소련 우표.

고르바초프의 개혁·개방

고르바초프는 세계화의 흐름 속에서 개혁이 불가피하다는 인식을 하고 있었다. 1988년에 행한 연설에서 그가 생각한 세계적 변화가 무엇이었나를 짚어 보자.

우리는 가장 심오한 사회 변화를 목격하고 있습니다. 동쪽, 서쪽, 남쪽, 북쪽 상관없이 수억 명의 사람들과 새 국가들과 새 공공 운동들과 이념들이 역사의 최전선으로 이동하였습니다. 광범위한 기반을 가진, 때로는 거친 형태의 대중 운동들이 다차원적이고 모순되는 방식으로 독립과 민주주의와 사회 정의에 대한 열망을 표현해 왔습니다. 전 세계를 민주화한다는 사고는 강력한 사회 정치적 동력이 되었습니다. 동시에, 최근까지도 우리가 국가적 내지는 국지적 문제로 취급하였던 경제, 식량, 에너지, 환경, 정보, 인구 등의 많은 문제들이 이제는 과학과 기술의 혁명에 의해 세계적 문제로 변화되었습니다. 대중 매체의 발달과 교통 수단의 진보에 힘입어 세상은 더욱 가시적인 것이 되어 온 것 같습니다. 국제적 소통은 과거 어느 때보다 쉬워졌습니다.

자료: 유엔 총회 연설, 1988년 12월 7일(http://en.wikiquote.org/wiki/Mikhail_Gorbachev).

독립 국가 연합: 소련의 해체로 독립한 10개 공화국의 연합체. 러시아, 몰도바, 벨라루스, 아르메니아, 아제르바이잔, 우즈베키스탄, 우크라이나, 카자흐스탄, 키르기스스탄, 타지키스탄이 회원국이다.

소련의 붕괴

그림 18-25

철거되는 레닌 동상 소련이 붕괴되면서 곳곳에서 구소련 체제를 상징하였던 레닌의 동상도 철거되었다.
자료: Volodymyr D-k, CC BY-SA 3.0.

1991년 공산당 강경파가 일으킨 쿠데타를 계기로 고르바초프가 실각하고 시민들의 저항을 이끌었던 급진 개혁파 옐친(Boris N. Yeltsin)이 러시아 대통령 권좌에 올랐다. 그는 곧바로 발트 3국 –에스토니아, 리투아니아, 라트비아– 의 독립을 승인하였다. 그리고 이들과 그루지아(나중에 가입)를 제외한 11개 공화국을 통합하는 독립 국가 연합(Commonwealth of Independent States, CIS)의 결성을 주도하였다. 1922년 소련 창설 이후 최초로 중앙아시아의 국가들은 실질적인 독립을 이루고 동등한 자격으로 새로운 연합체에 합류하게 되었다. 그러나 독립 국가 연합의 결속력은 제한적인 것으로 나타났다. 1992년 우크라이나가 독자적으로 군대를 창설하고 통화를 발행하였으며, 다른 국가들도 이탈 행렬에 동참함

소련의 해체 1992년부터 소련을 구성하고 있던 여러 국가들이 차례로 떨어져 나감에 따라 냉전 체제의 한 축이 무너졌다.

올리가르히: 과두(寡頭) 지배 세력을 의미하는 용어로서 러시아의 산업 및 금융 재벌을 지칭한다. 이들은 소련 경제의 민영화 과정에서 정경 유착을 통해 축적한 막대한 부를 기반으로 정치, 경제, 언론을 융합한 강력한 과두 세력을 형성하였다.

에 따라 연합체의 유대가 취약하다는 점이 확인되었던 것이다.

옐친 통치기에 러시아에서는 많은 **국영 기업이 민영화**되었다. 이 과정에서 막대한 부를 축적하여 에너지, 제조업, 언론 등의 분야를 장악한 소수를 올리가르히(Oligarchy)라고 부르는데, 이들은 정치 권력과 결탁하여 공식적·비공식적 방법으로 러시아 사회와 경제를 쥐락펴락하는 위치에 올랐다. 1998년에 러시아는 경제 위기를 맞았다. 급속한 개혁의 여파로 마이너스 성장을 기록하던 러시아 경제는 1990년대 중반에 약간의 회복세를 보이기 시작하였다. 그러나 1998년 아시아의 외환 위기가 러시아로 전파되면서, 구소련의 엄청난 부채가 부담이 되어 정부는 모라토리엄을 선언하기에 이르렀다. 이에 따라 경제는 마비되다시피 하였다.

1999년 옐친이 사임한 이후 권력은 푸틴(Vladimir V. Putin)에게로 넘어갔다. 그는 러시아 재건을 기치로 내걸고 정부의 통제력을 강화하는 정책을 실시하였다. 때마침 고유가 시대를 맞아 원유와 천연가스의 생산과 수출이 늘었고, 표 18-13에 나타난 것처럼 경제적 지표가 개선되는 모습이 나타났다. 그러나 빈부 격차가 여전히 크고 에너지 부문을 제외하고는 국제적 경쟁력을 갖춘 산업 부문도 부족한 상황이 계속되었다. 한편, 정치적으로는 개혁이 퇴보되고 개인적 자유가 제약을 받는 모습이 나타났다. 외국에 대해서는 강

표 18-13 러시아의 경제 지표, 1992-2000년

(단위: %)

지표	1992	1993	1994	1995	1996	1997	1998	1999	2000
실질 GDP 증가율	-14.5	-8.7	-12.7	-4.1	-3.4	0.9	-4.9	5.4	8.3
광공업 생산 증가율	-18.0	-14.1	-20.9	-2.8	-2.6	2.0	-5.2	11.0	11.0
실업률	4.8	5.7	7.0	8.5	9.6	10.8	11.9	12.6	10.1

자료: 김종현(2010), 607쪽.

경 정책을 고수하였고 체첸 사태를 통해 강압적 통제의 면모를 보였다. 푸틴은 2008년 대통령에서 물러난 후 총리로서 영향력을 유지하였고, 다시 2012년에 대통령에 당선되어 권력을 공고히하였다.

체첸 사태: 러시아로부터 독립을 선언한 체첸 공화국과 독립을 반대하는 러시아 사이에 벌어진 무력 충돌과 사회적 혼란을 말한다.

동유럽의 체제 전환

소련의 해체는 소련의 구심력하에 있었던 동유럽 국가들이 자립하는 결과로 이어졌고, 이 국가들은 기존의 계획 경제 체제를 포기하고 시장 경제 체제를 새로 받아들였다. 이는 제2차 세계 대전 이후 세계를 양분하였던 냉전 체제가 종언을 고하였음을 의미하는 역사적 사건이었으며, 또한 자본주의적 질서가 세계를 주도하는 상황이 형성되었음을 의미하는 신호였다. 국가별로 본다면 폴란드와 헝가리가 새로운 변화를 주도하였고, 체코슬로바키아, 동독, 불가리아가 변화의 바람에 동참하였으며, 이어서 루마니아와 알바니아가 합류하였다.

폴란드는 1970년대 중반부터 외채 증가, 무역 수지 악화, 생산성 하락 등으로 심각한 경기 침체를 경험하였다. 노동 운동가 바웬사(L. Walesa)는 1980년 노동 세력을 연합하여 연대(Solidarity)라는 자유 노조를 결성하였으나 곧 정부에 의해 불법화되었다. 경제적 어려움이 지속되었고, 1988년에는 노동자들의 파업 사태가 전국에 휘몰아쳤다. 이듬해에 정부는 사기업 활동 보장, 국유 재산 매각, 시장 기구 도입, 외국 자본 유치 등 급진적인 경제 개혁을 실시하였고, 자유 노조가 합법화된 후 1990년 바웬사는 대통령이 되었다. 그는 충격 요법을 통해 빠른 체제 전환을 도모하였으나, 물가 앙등 속에서 긴축 정책을 펴고 임금 인상을 억제한 정책으로 체제 전환 초기에는 경제적 어려움에 봉착하였다. 그러나 1992년경부터 경제 성장이 재개됨으로써 폴란

연대: 1980년 바웬사가 주도하여 설립한 자유 노조. 정부 주도가 아니라 노동자들의 자주적인 노동조합임을 강조하였다.

드는 최초의 체제 전환국이자 동유럽 최대의 경제 규모 보유국이라는 명성을 얻게 되었다.

　헝가리는 이미 1968년과 1980년에 계획 경제 체제와 시장 경제 체제의 타협책을 실시한 역사를 가진 국가였다. 그러나 헝가리도 폴란드와 마찬가지로 1980년대를 거치면서 경제난이 가중되는 상황을 맞았다. 1990년에 공식적으로 체제 전환을 선언한 정부는 급속한 공기업 민영화와 시장 경제 도입 정책을 추진하였다. 개혁 초기에는 경기 침체를 겪었지만 1990년대 중반 이후 경제가 안정화되고 성장률이 점차 높아져 양호한 경제적 성과를 이룩하였다.

　1960년대에 '프라하의 봄'이라는 민주화 운동을 경험하였던 **체코슬로바키아**는 동유럽의 대표적인 공업국이었다. 1988년 동유럽에 개혁의 바람이 불어오자 새로 대통령으로 취임한 하벨(V. Havel) 정부하에서 체제 전환이 진행되었다. 1993년에는 체코와 슬로바키아가 평화롭게 분리되어 별도의 독립국이 되었다. 폴란드, 체코, 헝가리는 공통적으로 1995-1996년에 OECD에 가입하였고, 1999년 북대서양 조약 기구(NATO)의 일원이 되었으며, 2004년에는 유럽 연합의 회원국이 되었다. 그리하여 이 국가들은 동유럽의 체제 전환 및 정치적·사회적 개혁을 선도한 국가로 평가된다.

　동유럽의 모든 국가들이 무난하게 변화를 경험한 것은 아니었다. 가장 대표적인 사례가 **유고슬라비아**였다. 여러 민족과 종교가 혼재된 유고슬라비아에서는 개별 집단의 분리 독립 움직임을 둘러싸고 1991년에 내전이 발발하였다. 유혈 사태가 계속되면서 인종 청소(ethnic cleansing)의 양상까지 전개되는 등 비인도적 학살과 탄압이 오래 지속되었다. 결국 엄청난 희생을 치른 끝에 슬로베니아, 크로아티아, 보스니아-헤르체고비나, 세르비아, 몬테네그로 등으로 분할되었다.

　동독은 서독과 분리되어 지내 온 반세기의 역사 때문에 다른 동유럽 국가들과는 상이한 체제 전환 과정을 경험할 수밖에 없었다. 1969년 서독이 시작한 동방 정책(Ost Politik)을 계기로 첨예한 대립을 대신하여 동·서독 간에 교류가 증가하였고, 1980년대에 들어서는 교류의 종류도 다양해졌으며 통일에 대한 모색도 부분적으로 이루어졌다. 그러나 그때까지도 통일이 가까운 미래에 도래할 것이라고 믿는 사람은 많지 않았다. 소련에서 출발한 개혁과 개방의 분위기가 확산되는 가운데 1989년 시위대가 냉전의 물리적 상징이었던 베를린 장벽을 무너뜨린 다소 우발적인 사건이 독일 통일의 시작을 알리는 신호탄이 되

프라하의 봄: 제2차 세계 대전 이후 소비에트 연방이 간섭하던 체코슬로바키아에서 일어난 민주화 시기를 일컫는다. 1968년 개혁주의자인 두브체크(A. Dubcek)가 집권하면서 시작된 반소련 대중 운동인데, 소련의 무력 진압으로 막을 내렸다.

동방 정책: 서독의 브란트(W. Brandt) 총리가 추진한 소련과 동유럽국들에 대한 유화 정책. 동독을 승인한 국가와는 외교 관계를 맺지 않는다는 기존 정책을 포기하고 적극적인 수교 노력을 기울였다.

그림 18–27

베를린 장벽의 해체 1989년 유럽 냉전 체제의 상징이었던 베를린 장벽이 무너지고 독일의 통일이 다가왔다.
자료: Sue Ream, CC BY 3.0.

었다. 소련이 이에 대해 적극적인 대응 조치를 취하지 않자, 서독은 동독과의 통일 협상을 빠르게 진행시켜 갔다. 그리하여 1990년 경제 및 통화 동맹을 결성하여 동독을 실질적으로 **흡수 통일**하였다. 이 과정에서 동독과 서독의 통화는 1:1의 비율로 교환되도록 결정되었는데, 이는 동독의 통화를 시장 가치보다 6배 내지 12배 과대평가한 것이라는 견해가 있다. 신속한 통일 과정에는 엄청난 비용이 소요되었는데, 특히 생산성이 낮은 동독 지역에서 실업이 급증하였고 이를 보완하기 위해 실업 수당 지출이 빠르게 치솟았다. 이는 서독의 세금 인상으로 이어졌고, 서독 지역의 실업률도 증가하는 현상이 발생하였다. 독일의 경제 성장 둔화는 통일 비용에 대한 경각심을 불러일으켰다. 그렇지만 시간이 흐르면서 동서독의 통합은 점차 강화되었고, 경제도 안정적 성장을 나타내었다.

표 18-14는 동유럽과 중앙아시아 체제 전환국들의 경제적 성과를 보여준다. 소득 수준에 따라 세 그룹으로 국가들을 구분하였는데, 저소득 그룹과

표 18-14 체제 전환국의 경제 지표, 1990-2009년: 연간 일인당 GDP 증가율

(단위: %)

	국가	1990-2000년	2000-2005년	2005년 일인당 GDP(달러)	2009년 전환 지수
저소득 그룹	키르기스스탄	-4.1	4.0	1,737	2.93
	우즈베키스탄	-0.2	5.3	3,543*	2.15
	아르메니아	-1.9	12.4	3,903	3.18
중소득 그룹	알바니아	3.5	5.3	5,320	3.07
	우크라이나	-9.3	8.0	5,605	3.07
	불가리아	-1.8	5.0	9,353	3.56
	루마니아	-0.6	5.8	9,376	3.44
	러시아	-4.7	6.2	11,864	3.04
	라트비아	-1.5	7.9	13,218	3.63
	크로아티아	0.6	4.7	13,370	3.55
	폴란드	4.7	3.2	13,573	3.78
	리투아니아	-2.7	7.8	14,219	3.70
고소득 그룹	슬로바키아	1.9	4.9	16,038	3.78
	에스토니아	0.2	7.5	16,477	3.93
	헝가리	1.6	4.1	16,970	3.96
	체코	1.1	3.5	20,254	–
	슬로베니아	2.7	3.4	23,379	3.41

주: *2000년 자료.
자료: Turley and Luke(2011), 11쪽, 228쪽에서 계산.

중소득 그룹의 국가들은 대부분 1990-2000년의 초기 개혁 과정에서 경제 후퇴의 쓴 맛을 경험하였다. 이와 대조적으로 고소득 그룹의 국가들은 1990년 대에도 완만하지만 지속적인 경제 성장을 기록하였다. 2000-2005년에는 소득 수준과 상관없이 대부분의 국가가 높은 경제 성장세를 보였다. 체제 전환이 전반적으로 안착해 가는 모습이었다. 2005년을 기준을 볼 때, 고소득 그룹은 평균 2만 달러에 육박하는 일인당 GDP를 기록하여, 중소득 그룹 및 저소득 그룹과 큰 격차를 보였다. 마지막 열에는 2009년을 기준으로 체제 전환이 얼마나 이루어졌는가를 보여 주는 지수 – 수치가 높을수록 체제 전환이 많이 진전되었음을 의미 – 가 표시되어 있다. 예상대로 소득 수준과 전환 지수 간에는 밀접한 양의 상관관계가 있는 것으로 확인된다.

제6절　일본, 중국, 네 마리의 용

일본 경제의 부침

　　1950년대부터 계속된 일본 경제의 눈부신 성장은 세계적인 주목의 대상이 되었다. 일본의 기업은 **서구 기업과 구별되는 특징**을 지니고 있었다. 종신 고용제, 연공서열에 따른 임금 체계, 주주로부터 경영자가 독립적으로 활동하는 방식, 기업 내 승진 관행, 노사 협력과 고용 안정을 중시하는 노동조합의 성격 등이 이에 해당하였다. 이런 특징 덕택에 일본의 기업은 조직 내의 각종 마찰을 최소화하고 안정적인 경영 체제를 유지할 수 있었으며, 이것이 국제 경쟁력을 가져온 원동력이라는 주장이 널리 인정을 받았다. 여기에 작업 공정의 혁신을 통해 비용 절감과 생산성 제고를 도모하는 린 생산(lean production) 방식과 부품 재고를 최소화하는 JIT(just in time) 방식 등이 도입되면서 일본의 경쟁력은 불패의 신화를 낳았다. 생산과 무역에서 발군의 성장세를 과시한 일본은 자본 공급 측면에서도 곧 강국으로 부상하였다. 무역 흑자가 해외 투자로 이어지면서 1985년에 세계 1위의 순채권국 지위에 오르게 된 것이다.

　　그러나 이런 성장세는 경쟁국들의 견제를 야기하였다. 1985년 선진 5개

린 생산: 숙련 기술자와 자동화 기계의 적절한 활용을 통해 생산 공정의 혁신을 이룬 방식으로, 도요타 자동차에서 처음 창안하였다.

JIT: 재고를 줄이고 적기에 필요한 부품과 제품을 공급하는 방식. 도요타 생산 방식의 중요한 일부이다.

국은 이른바 플라자 합의(Plaza Accord)를 통해 달러화의 가치를 낮추고 엔화의 가치를 높이기로 결정하였다. 일본 정부는 엔화 가치의 상승이 불황으로 이어질 것을 우려하여 재정 확대 정책을 폈고 통화량의 공급도 계속 늘려 갔다. 이에 따라 주식과 토지를 대표로 하는 자산 인플레이션이 발생하였고, 일본 경제는 버블을 경험하게 되었다. 해외 투자도 급증하여 1985년 132억 달러였던 직접 투자가 1989년에는 680억 달러에 이르렀다. 다수의 기업이 해외로 이전하여 국내 산업이 공동화된다는 우려도 발생하였다.

그러나 일본 경제의 호황은 계속되지 못하였다. 1990년대에 일본 경제는 **장기 침체**를 맞게 되었다. 불황의 신호탄은 부동산 버블의 붕괴였다. 부동산 가치가 하락하자 부동산을 담보로 하여 대출을 해 왔던 은행들이 즉각적으로 타격을 입었다. 이어서 다른 금융 기업들도 파산을 맞았다. 주식 시장의 버블 붕괴도 동반되었다. 이러한 금융 위기의 충격은 기업의 신용 경색으로 이어지면서 본격적인 실물 경제의 위축이 발생하였다. 1990년대 내내 일본 경제는 침체의 그늘에서 벗어나지 못하였다. 한때 바람직한 모형으로 칭송을 받았던 일본형 경제 체제에 대한 평가도 비판적으로 변하였다. 종신 고용제 대신에 구조 조정과 비정규직의 증가를 허용하는 제도가 도입되었고, 연공서열 대신에 성과급 제도가 확산되었다. 경영자들은 주거래 은행보다 주주의 평가에 더 민감하게 되었다. 이러한 신자유주의적 대응 방식이 얼마나 효과를 거둘지는 아직까지 불분명하다.

일본 경제의 침체는 노동 생산성 측면에서도 나타났다. 그림 18-29는 미국, 일본, 유럽의 노동 생산성이 1960년 이래 어떻게 변화하였는가를 보여 준다. 전체적으로 볼 때 노동 생산성은 감소 추세를 보였는데, 이는 포디즘으로 대표되는 기존의 대량 생산 기술이 생산성을 높이는 데 점차 한계에 이르렀기 때문이다. 미국에 비해 일본과

플라자 합의: 뉴욕 플라자 호텔에서 모인 G5 재무 장관들이 달러화 가치를 낮추는 개입 정책을 펴기로 결정한 것으로 재정 적자와 무역 적자가 누적된 미국이 주도하였다. 이후 2년 동안 달러 가치는 30% 이상 증가하였다.

그림 18-28

일본 불황의 상징 100엔숍은 장기 불황으로 구매력이 낮아진 일본 소비자들을 주요 타깃으로 삼고 있다.

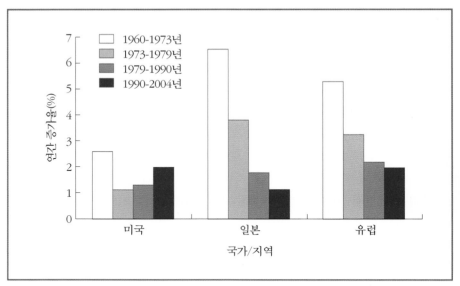

그림 18-29 미국, 일본, 유럽의 노동 생산성 변화, 1960-2004년

자료: Groningen Growth and Development Centre and the Conference Board, http://www.ggdc.net/.

유럽에서 1960년대와 1970년대에 높은 생산성이 나타난 것은, 미국의 포디즘을 통해 일찍이 경험한 생산성 증대 효과를 일본과 유럽이 이 시기에 본격적으로 맛보았기 때문이었다. 특히, 일본은 1960-1979년 동안에 유럽과 미국을 제치고 가장 높은 노동 생산성을 기록하였다. 그러나 1979-1990년에는 유럽에 의해 추월을 당하였으며, 다시 1990-2004년에는 미국과 유럽 모두에 뒤지는 상황을 맞게 되었다.

2000년대에 들어서서도 일본 경제가 부활하는 본격적인 신호가 나타나지 않는 가운데, 2011년에는 일본 동북부를 강타한 대지진의 영향으로 발생한 쓰나미가 대규모 피해를 입혔고 후쿠시마(福島)에 소재한 원자력 발전소가 폭발하는 대참사로 치달았다. 동일본 대지진의 충격으로 일본은 인적·물적 피해는 물론이고, 사회 운영 시스템에 대한 불신이라는 큰 타격을 입었다.

아베노믹스: 2012년 아베 신조 총리가 주도한 경제 정책. 금리 완화, 재정 지출 확대, 규제 완화를 통한 저성장 탈출을 목표로 한다.

근래에 일본 정부는 아베노믹스를 내걸고 확장적 경제 정책을 실시해 왔다. 장기적 저성장 추세를 재정과 금융 완화, 민영화와 규제 축소로 돌파하겠다는 계획이다. 아베노믹스하에서 일본 경제는 일단 과거보다 높은 성장세를 보이고 있다. 그러나 국가 채무의 증가와 자산 거품의 문제가 있기 때문에 이 정책의 장기 지속성에는 의문이 제기되기도 한다. 최근에는 일본에서 정치적 우경화 경향이 강화되면서 한반도를 포함한 동아시아의 국지적 패권을 강력하게 추구하는 모습도 보여 주고 있다.

중국의 개방과 경제 성장

문화 대혁명 시기에 실각하였던 덩샤오핑(鄧小平)이 1973년에 복귀하면

문헌 자료 18-3

덩샤오핑(鄧小平)의 실용주의

1970년대 중반부터 중국이 빠른 경제 성장의 궤도에 들어선 데에는 덩샤오핑의 실용주의적 발전 드라이브가 중요하게 작용하였다. 1980년 덩샤오핑의 연설문 「현 상황과 우리 앞에 놓인 과제」를 통해 그가 파악한 문화 대혁명 시대의 부정적 유산과 중국이 나아갈 길을 살펴보자.

경제 분야에서도 지난 3년 동안 중대한 성과가 있었습니다. 우리의 경제가 10년 동안 린뱌오(林彪)와 4인방(四人幇)의 개입과 태업으로 인해 고통을 겪었으며, 그 이전에도 혼란스런 상태였다고 우리는 자주 이야기합니다. 지난 3년 동안의 노력으로 우리 경제를 현재의 수준까지 회복시킨 것 자체만 해도 큰 성과입니다. 1957년 이래 20여 년 동안 우리 과업의 초점은 한 번도 경제 발전으로 옮겨진 적이 없습니다. 따라서 누적된 문제들이 많이 있습니다. 어떤 이들은 우리의 과거 경제적 성과에 비판적입니다. 사실 우리는 여러 분야에서 경험이 부족했고, 그나마 얻은 경험이 체계화되고 제도화되지 못하였습니다. 많은 문제들이 만족스럽게 해결되지 못하였습니다. 특히, 린뱌오와 4인방이 날뛰던 10년간의 문화 대혁명 동안에 모든 것이 혼란에 빠졌습니다. 그러므로 우리의 지난 경제적 실패에 대해 경제 부서들이 가장 먼저 비난을 받는 것은 공평하지 못합니다. 린뱌오와 4인방의 태업 이외에 가장 중요한 책임은 당중앙위원회에 있습니다. 경제 부서들도 결점이 있으며, 모두 경험을 교훈삼아야 합니다. 그렇지만 이제 우리는 앞을 내다봐야 하고, 건설적인 제안을 해야 하고, 비난어린 불평과 평가 때문에 좌절하지 말아야 합니다. 지난 3년 동안 우리 경제 부서들의 영도적 동지들이 모든 수준에서 많은 일을 이루어 왔다는 점에 주목해야 합니다. 반면에 여러 해 동안 다른 곳으로 내쫓겼던 많은 동지들은 아직도 제자리로 돌아오지 못하였고, 현 상황과 유리되어 있습니다. 자신의 자리를 줄곧 지켰던 사람들도 즉각 이해할 수 없는 새로운 문제들에 직면해 있습니다. 그들은 국내 및 국제적 변화를 잘 이해하지 못하고 있기 때문에 어쩔 수 없이 그들의 일에는 결점이 발생합니다. 그들이 새로운 상황과 새로운 문제를 열린 마음으로 공부한다면 그들의 성과는 개선될 것입니다.

자료: http://dengxiaopingworks.wordpress.com/2013/02/25/.

표 18-15 중국의 GDP와 일인당 GDP, 1952-2017년

연도	GDP(10억 달러)	일인당 GDP(달러)
1952	30.55	54
1978	218.50	229
1990	394.57	348
2010	6,101.34	4,561
2017	12,156.08	8,768

자료: National Bureau of Statistics of China(2018).

흑묘백묘론: 검은 고양이든 흰 고양이든 쥐만 잘 잡으면 된다는 의미로, 어떤 경제 체제이든 인민을 잘 살게 하면 제일이라는 뜻을 내포한다.

서 문화 대혁명은 비판의 대상이 되었으며, 이때부터 중국은 **실용주의** 기조를 채택하기 시작하였다. 그는 정치적으로는 공산당 체제를 그대로 유지하면서 경제는 정치에서 분리하여 시장 경제적인 요소를 대폭 도입하는 정책을 폈다. 흑묘백묘론(黑猫白猫論)으로 상징되는 덩샤오핑의 경제 정책은 개혁과 개방을 추구하였고, 이후 중국 경제는 눈부신 성장 가도에 올랐다.

표 18-15는 1952년부터 2017년까지 중국의 경제 성장을 간결하게 보여준다. 1952년 300억 달러를 겨우 넘었던 GDP는 실용주의적 경제 발전을 시작한 초기인 1978년에 약 2,000억 달러에 이르렀다. 두 연도에 일인당 GDP는 각각 약 54달러와 229달러였다. 그 후 **빠른** 성장을 거듭하여 1990년에는 GDP가 4,000억 달러에 육박하였고, 2010년에는 6조 달러를 돌파하였다. 일인당 GDP도 괄목할 만한 성장세를 보여, 1990년에 348달러, 그리고 2010년에 4,561달러에 이르렀다. 중국의 환율이 시장 가치에 따라 결정되지 않는다는 이유로 학자들 사이에서는 정확한 추계를 두고 논쟁이 벌어지고 있지만, 중국 경제가 지난 30년간 비약적인 성장을 하였다는 사실을 부인하기는 불가능하다. 2017년 기준 중국의 GDP는 12조 달러를 넘어섰고, 일인당 GDP는 8,768달러를 기록하였다.

중국의 **경제적 성과**는 지구상의 다른 지역들과 장기적인 비교를 해 보면 더 뚜렷하게 나타난다. 표 18-16에는 1870년부터 2000년까지의 연간 실질 GDP 증가율이 표시되어 있다. 중국은 1950년까지 아프리카를 포함한 세계 어느 지역보다도 낮은 증가율을 보였다. 1950-1973년에 와서야 약간의 증가를 보였는데, 실용주의 경제 정책이 진행된 1973-1990년에는 동아시아의 네 마리 용에만 뒤질 뿐 다른 어느 지역보다도 높은 증가율을 기록하였다. 1990년대에 와서는 세계에서 가장 빠른 속도로 경제 성장이 이루어졌다.

이와 같은 성장세 속에서 중국 경제는 점차 **세계 경제의 일부**로 편입되

표 18-16 일인당 실질 GDP의 연간 증가율

(단위: %)

지역	1870-1913년	1913-1950년	1950-1973년	1973-1990년	1990-2000년
중국	0.10	-0.62	2.86	4.77	6.31
아프리카	0.57	0.92	2.00	0.14	0.14
동아시아 용들	0.79	0.29	5.98	6.13	4.83
인도	0.54	-0.22	1.40	2.60	3.87
남아메리카	1.82	1.43	2.58	0.69	1.46
서유럽	1.33	0.76	4.05	2.00	1.76
미국	1.82	1.61	2.45	1.96	1.95

주: '동아시아 용들'은 한국, 타이완, 홍콩, 싱가포르를 말한다.
자료: Crafts(2006), 24쪽.

었다. 1997년 영국으로부터 반환받은 홍콩을 경제특구로 지정하고 일정한 자치권을 부여함으로써 홍콩 경제의 장래에 대한 외부의 우려를 불식시켰다. 2000년에는 WTO에 가입함으로써 명실상부하게 국제적 기준을 따르는 무역 국가로 자리매김을 하였다. 최근에는 아세안, 타이완에 이어 여러 국가들과 FTA 체결을 늘려 가고 있다. 2013년에 중국은 상품 무역에서 4조 달러를 넘어 마침내 미국을 제치고 세계 1위를 기록하였다. 한편, 국제 경제 무대에서 중국의 위상이 올라감에 따라 세계적인 갈등의 소지도 함께 증가하였다. 희토류(稀土類, rare earth resources)를 포함한 천연자원과 에너지, 식량 등의 통제권을 둘러싸고 국제적 마찰이 고조되기도 하였으며, 중국의 무역 수지 흑자가 누적되면서 위안화의 평가를 둘러싼 논쟁이 진행되기도 하였다.

희토류: 세슘, 란탄 등의 희귀 광물을 일컫는 용어. 다양한 산업 제품의 핵심 원료로서 유용성이 크기 때문에 많은 국가들의 관심 대상이 되고 있다.

전 세계로 값싼 상품을 수출하는 '세계의 공장' 중국은 최근 기술 개발에 힘을 기울이면서 고부가 가치 산업으로 관심을 확대하고 있다. 이런 노력은 지적 재산권의 확대, 특히 특허 등록의 증가 추세에서 잘 나타난다. 2011년을 기준으로, 중국이 연 53만 건의 특허 신청 건수를 보여 미국을 제치고 1위를 차지하였다. 중국의 장기적 국가 구상은 일대일로(一帶一路, Belt & Road Initiative)에서 잘 드러난다. 2013년에 발표된 이 구상은 유라시아 전역을 육지 기반의 실크로드 경제 벨트와 해상 기반의 21세기 해상 실크로드로 연결하는 계획을 담고 있다. 세계 인구의 63%에 해당하는 44억 인구와 세계 GDP의 29%에 해당하는 21조 달러를 포괄하는 방대한 규모이다. 일대일로는 중국이 경제 발전을 양적 및 질적으로 확대할 동력을 강화하고 대외적으로 자원과 에너지의 공급원을 원활하게 확보한다는 국가적 전략에 따른 구상이다. 해당 국가들과의 금융 협력과 문화 교류의 확대에도 역점을 주는 프로젝트

일대일로: 중국이 야심차게 추진하고 있는 신실크로드 전략. 아시아 전역과 유럽 및 아프리카를 잇는 경제 협력 네트워크의 구축을 목표로 한다.

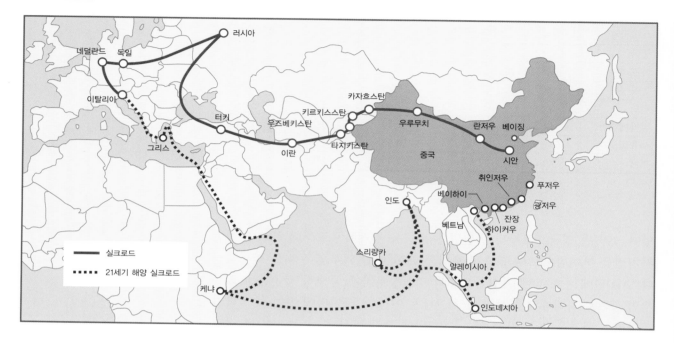

그림 18-30 일대일로의 실크로드 경제 벨트와 21세기 해양 실크로드

이다.

중국의 국제적 위상이 강화되는 이면에 감추어져 있었던 중국의 고질적 문제점들도 드러나고 있다. 1989년에 발생한 톈안먼(天安門) 사태는 개방화되는 중국 사회에서 민주주의에 대한 열망이 폭발력을 가질 수 있음을 보여준 좋은 사례였다. 이 사태에 대해 공산당 내 강경파가 주도권을 장악하여 무력으로 시위를 강경 진압함으로써, 톈안먼 사태는 중국 정치 체제의 완고함이 확인되는 형태로 막을 내렸다.

톈안먼 사태: 1989년 6월에 발생한 학생과 시민의 민주화 시위. 중국 정부의 무력 진압으로 끝이 났다.

중국이 안고 있는 또 하나의 문제점은 **지역 간 불균등**이다. 그림 18-31에는 중국의 성(省)별 일인당 GDP의 분포를 보여 준다. 일인당 GDP가 가장 높은 지역은 랴오닝성에서 광둥성에 이르는 해안 지대로, 전국 평균의 120%를 상회하였다. 그에 인접한 지역들이 전국 평균과 유사한 수준을 기록하였고, 내륙의 광활한 지역은 아직까지 전국 평균의 80%에 미치지 못하는 형편이다. 특히, 서부의 일부 성에서는 일인당 GDP가 극히 낮은 수준에 머물러 있다. 중국 정부는 국토의 균형 있는 발전을 위해 각별한 노력을 기울여야 하는 상황에 처해 있다.

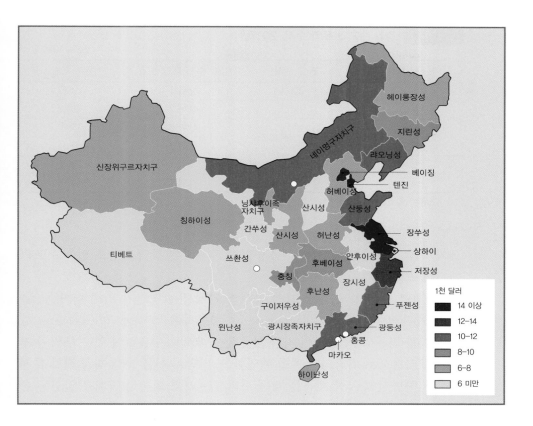

그림 18-31

중국의 지역별 일인당 GDP, 2015년
자료: CEIS; World Bank.

차이메리카

　중국이 세계 경제에서 차지하는 중요성이 비약적으로 증대되어 '세계의 공장'으로서의 지위를 누리게 된 반면에, 미국은 장기적인 재정 수지 및 경상 수지 적자에서 벗어나지 못하고 있다. 제2차 세계 대전 이후 처음으로 2011년에 미국의 국가 부채가 GDP를 초과하였고, 이것이 단기간에 해소될 기미는 보이지 않는다.

　표 18-17은 경상 수지 흑자가 가장 큰 세 국가와 경상 수지 적자가 가장 큰 세 국가를 보여 준다. 2017년 현재 독일, 일본, 중국 순으로 경상 수지 흑자 폭이 크고, 반대로 미국, 영국, 인도 순으로 경상 수지 적자 폭이 크다. 무역 수지를 놓고 보면, 중국이 약 3,400억 달러로 흑자 폭이 가장 크고 미국이 약 8,800억 달러라는 엄청난 적자를 보고 있다. 중국과 미국이 각각 지속적인 무역 흑자와 무역 적자를 기록함에도 불구하고 세계 경제가 큰 문제를 일

표 18-17 경상 수지와 무역 수지, 2017년

(단위: 10억 달러)

국가	경상 수지	경상 수지 흑자 순위	무역 수지
독일	296.6	상위 1	299.7
일본	195.4	상위 2	−16.2
중국	164.9	상위 3	338.9
인도	−51.2	하위 3	−94.5
영국	−106.7	하위 2	−196.6
미국	−466.2	하위 1	−878.8

자료: CIA(2018); IMF 자료.

으키지 않고 돌아간 데에는 두 국가 간에 존재하는 경제적 상호 의존 구조의 역할이 크다.

차이메리카: 중국 경제와 미국 경제의 공생적 관계를 설명하는 신조어. 현대 세계 경제의 주요 특징 가운데 하나로 지적된다.

세계의 양대 경제 대국 간의 **공생적 관계**를 설명하기 위해 퍼거슨(Niall Ferguson)은 중국(China)과 미국(America)을 결합하여 '차이메리카'(Chimerica)라는 용어를 만들었다. 중국이 저가 상품을 대량으로 수출하여 얻은 무역 수지 흑자를 기반으로 미국의 국채를 매입하고, 미국이 이를 통해 재정 적자 문제에 대처하면서 중국산 제품을 계속 소비하는 상호 의존적 관계를 일컫는 용어이다. 이를 통해 중국은 지속적 수출 확대와 국내 일자리 창출이라는 이익을, 미국은 재정 안정과 소비 수준 유지라는 이익을 누린다는 것이다. 이 공생적 관계가 단기적으로는 양국 경제에 공통의 이익을 안겨 줄 수 있지만, 장기적으로 지탱이 가능할지는 불확실하다. 차이메리카는 **글로벌 불균형**의 문제를 격화시킬 것인데, 이 문제는 중장기적으로 세계 경제의 안정성을 위협하는 요인으로 등장할 가능성이 높다.

미국은 국제 수지의 불균형을 해소하고 균형을 되찾는(rebalancing) 방법의 하나로 **환율 조정**을 고려해 왔다. 위안화의 환율은 중국의 정책적 판단에 의해 영향을 크게 받으므로, 미국은 중국에게 위안화를 절상시키라는 압력을 넣고자 하였다. 달러 대비 위안화의 가치를 보여 주는 그림 18-32를 보면, 위안화의 가치가 1980년대 초반부터 1990년대 초반까지 지속적으로 하락하다가, 1994년에 급등한 이후 대체적으로 일정한 수준을 유지하였다. 2005년에 중국이 환율 개혁을 실시한 시점부터는 위안화 절상 추세가 두드러지게 나타나서 2010년대까지 20%가량이 절상되었다. 그러나 중국은 위안화 절상이 수출을 감소시켜 국내 경제 성장률을 낮추고 일자리 창출 능력은 약화시킬 것이라 우려하기 때문에, 미국이 원하는 만큼의 급속한 환율 조정에 대해

그림 18-32 달러화 대비 위안화의 환율 변화, 1981-2017년

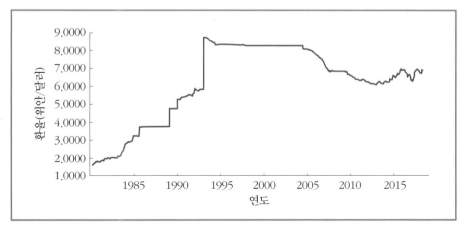

자료: Macrotrends.

서는 미온적인 태도를 보이고 있다. 1985년 플라자 합의에 의해 엔화가 대폭 조정된 것과 같은 일이 반복될 것으로 기대하기는 어렵다. 미국은 국제 수지 불균형을 완화하는 방안으로 중국 및 아시아 시장에 대한 접근성을 강화하는 정책도 강조하고 있다. 유무형의 무역 장벽을 낮춤으로써 미국의 수출을 확대할 수 있다는 계산이다. 그러나 이러한 방안들이 미국이 의도하는 만큼의 효과를 가까운 미래에 가져다줄 것으로 예상하기는 어렵다. 지난 30년 동안 고도 성장을 가져왔던 중국식 발전 모형을 중국 정부가 급진적으로 변화시킬 가능성이 크지 않기 때문이다. 내수 시장의 확대 등 중국 정부가 새로운 경제 정책 방향을 제시하고는 있지만 어디까지나 이는 경제의 연착륙을 전제로 한 것일 뿐이다.

그림 18-33

세계 무대 위의 중국 폐쇄적 대외 정책을 뒤로 하고 중국은 세계 경제 무대에서 활동 범위를 빠르게 넓히고 있다. 사진은 2008년 베이징 올림픽의 개막식.
자료: U.S. Army, CC BY 2.0.

동아시아의 네 마리 용

중국에 앞서 20세기 후반기에 가장 눈부신 경제 성장 성적표를 받은 국가는 동아시아의

표 18-18 1960-1990년대 동아시아 국가들의 경제 성장률

(단위: %)

국가	1960년대	1970년대	1980년대	1990년대
한국	8.4	7.7	9.6	6.3
타이완	9.0	9.7	8.3	6.1
홍콩	9.7	9.4	6.6	3.0
싱가포르	9.2	9.0	7.1	7.4
일본	10.5	4.7	4.4	1.8
중국	4.0	5.8	8.9	15.3
세계 평균	4.8	3.6	3.0	2.6

자료: World Bank(각 연도).

이른바 **네 마리 용**이었다. 표 18-18은 1960년대부터 동아시아의 네 마리 용 – **한국, 타이완, 홍콩, 싱가포르** – 과 일본 및 중국의 경제 성장률과 세계 경제 평균치를 보여 준다. 이 국가들은 세계 평균에 비해 눈에 띄게 높은 경제 성장률을 기록해 왔다. 1960년대까지 최고의 경제 성장률을 보인 국가는 일본이었다. 그러나 일본의 성장률은 1970년대부터 둔화되었고 1990년대에는 장기적 침체 국면에 들어서게 되었다. 중국은 1980년대부터 경제 성장에 가속도가 붙었고 1990년대에는 경이적인 성장률을 기록하였다. 네 마리 용은 전체 기간에 걸쳐 빠른 경제 성장률을 보였다. 그중 한국은 1970년대까지는 다른 용들에 비해 성장률이 다소 떨어졌으나 1980년대에는 가장 빠른 성장률을 보였고, 1990년대에도 중국에는 뒤지지만 전반적으로 높은 성장률을 유지하였다.

동아시아 네 마리 용의 경제적 성과는 같은 기간 유사하게 경제 개발을 추진하였지만 미약한 성과밖에 거두지 못한 **라틴 아메리카**

그림 18-34

용의 승천 동아시아의 네 마리 용은 눈부신 경제 성장을 기록하였다. 사진은 홍콩의 번화한 도심.

국가들의 경험과 극명한 대조를 이루었다. 동아시아와 라틴 아메리카의 경제적 성과를 차별화시킨 요인 가운데 경제 개발 전략의 차이가 주목을 끌었다. 하나는 시장과 금융의 **국제적 개방에 관한 전략**의 차이였고, 다른 하나는 수입 대체 공업화(Import Substitution Industrialization, ISI)와 수출 주도 공업화(Export-Oriented Industrialization, EOI) 중에서 어떤 **경제 발전 전략**을 취할 것인가의 문제였다.

우선, 라틴 아메리카 국가들은 일찍부터 개방적 경제 정책을 실시하였다. 1960년대부터 아르헨티나, 브라질, 멕시코 등은 외국 자본을 대규모로 차입하여 인프라 건설 등 공업화의 기반을 닦는 데 힘을 기울였고, 1970년대에는 금융 부문의 자유화를 적극적으로 추진하였다. 그러나 외채는 1975년 750억 달러에서 1983년에는 3,150억 달러로 연평균 20%의 높은 증가율을 기록한 데 반해서, 경제 발전의 속도는 예상보다 더뎠다. 1970년대 말과 1980년대 초의 국제적 경기 후퇴 속에서 이 국가들의 1차 산품 수출이 난관에 봉착하였으며 통화 가치는 지속적으로 하락하였다. 이에 따라서 외채 상환의 압박은 날로 커져 갔고, 마침내 1982년에 채무 위기가 발생하였다. 위기가 발생하자 국가 경제는 나락으로 떨어졌다. 경제 성장이 중단되었고, 국민들의 소득이 하락하였으며, 실업률은 급속히 치솟았고, 충격적인 수준의 인플레이션이 계속되면서 구매력 축소에 따른 생활 수준의 저하가 발생하였다. IMF와 세계은행은 구제 금융을 제공하면서 신자유주의적 구조 조정을 요구하였다. 이 요구를 받아들인 중남미 국가들의 경제는 더욱 개방화되었는데, 이는 위기 상황에서 국내 자본이 대규모로 해외로 유출될 수 있음을 의미하는 것이기도 하였다. 이것이 통화 가치 하락과 이자율 상승을 가져와 경기 회복을 더욱 어렵게 하였다. 1982-1985년 동안에 일인당 GDP는 9% 가까이 하락하였다. 이 충격은 장기간 라틴 아메리카의 경제 회복을 가로막는 장애물로 작용하였으며, 1990년대에 멕시코와 아르헨티나가 겪게 되는 경제 위기의 예고편이 되었다.

둘째, 라틴 아메리카는 동아시아와는 다른 경제 발전 전략을 취하였다. 이 차이는 그림 18-35에 멕시코와 브라질, 타이완과 한국을 사례로 정리되어 있다. 라틴 아메리카는 1930년까지, 그리고 동아시아는 1945년까지 1차 산품을 수출하는 경제 구조를 공통적으로 가지고 있었다. 농산물, 광물, 그리고 반(半)가공된 물품들이 수출의 주종을 이루었다. 그 후 1950년대에 이르는 기간에도 양 지역은 공통적으로 1차 수입 대체 공업화 전략을 취하였다. 기존에 수입하던 제품을 국내 기업이 생산하도록 전환시킴으로써 경제 발전

수입 대체 공업화: 기존에 수입해서 사용하던 물품을 국내 생산을 통해 국산품으로 대체하는 방식으로 공업화를 진행한다는 전략. 수입품에 대한 관세 및 비관세 장벽의 구축, 국내 생산자에 대한 보조금의 지급 등이 대표적인 정책 수단이 된다.

수출 주도 공업화: 협소한 국내 시장이라는 한계를 수출 확대를 통해 극복하려는 발전 전략. 해외 수요를 활용할 수 있고 규모의 경제를 기대할 수 있다는 장점을 지닌다.

그림 18-35 라틴 아메리카와 동아시아 경제 발전 경로

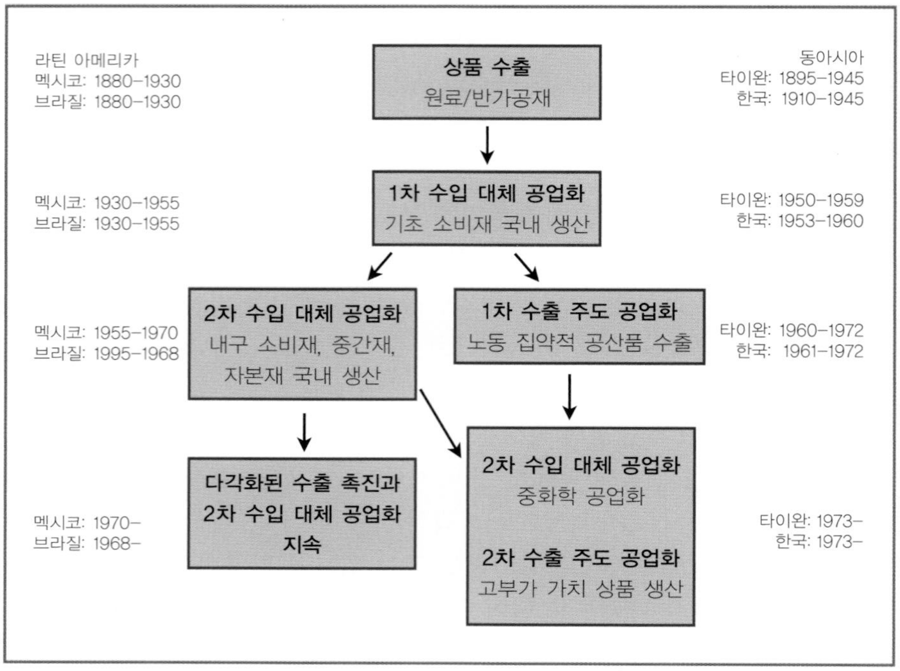

라틴 아메리카
멕시코: 1880-1930
브라질: 1880-1930

동아시아
타이완: 1895-1945
한국: 1910-1945

상품 수출
원료/반가공재

멕시코: 1930-1955
브라질: 1930-1955

타이완: 1950-1959
한국: 1953-1960

1차 수입 대체 공업화
기초 소비재 국내 생산

멕시코: 1955-1970
브라질: 1995-1968

타이완: 1960-1972
한국: 1961-1972

2차 수입 대체 공업화
내구 소비재, 중간재, 자본재 국내 생산

1차 수출 주도 공업화
노동 집약적 공산품 수출

멕시코: 1970-
브라질: 1968-

타이완: 1973-
한국: 1973-

다각화된 수출 촉진과 2차 수입 대체 공업화 지속

2차 수입 대체 공업화
중화학 공업화

2차 수출 주도 공업화
고부가 가치 상품 생산

자료: Gerefffi(1990), 17쪽.

의 기반을 닦는다는 전략이었다. 기초 소비재인 직물, 의류, 신발 생산과 식품 가공 등이 이에 해당하는 산업이었다.

본격적인 전략의 차별화는 이 지점에서 시작되었다. 라틴 아메리카는 기존에 수입하던 자본 집약적 제품이나 기술 집약적 제품도 국내 생산으로 대체하는 2차 수입 대체 공업화를 추진하였다. 자동차와 가전 제품과 같은 내구 소비재, 철강 제품과 석유 화학 제품과 같은 중간재, 중장비와 같은 자본재를 국내에서 생산하는 것이 구체적인 목표였다. 한편, 동아시아는 수출을 공업화와 경제 성장의 중심축으로 삼는 전략을 취하였다. 노동 집약적인 물품을 생산하여 해외로 수출하는 1차 수출 주도 공업화에 시동을 걸었다. 이렇게 차별화된 공업화 전략은 다음 단계인 1970년대에 더욱 심화되었다. 라틴 아메리카는 2차 수입 대체 공업화를 더욱 강화함과 동시에 수출을 촉진하는 다각적인 정책을 펼쳤고, 동아시아는 2차 수입 대체 공업화를 통해 중공업의 국내 육성을 추진함과 동시에 2차 수출 주도 공업화를 통해 고부가 가치 상품의 생산을 강화하였다. 실제 역사 과정을 통해 결과적으로 동아

시아의 공업화 전략이 더 효과적이었던 것으로 나타났다.

　동아시아의 개별 국가들이 모두 공통적인 경제 발전 경험을 한 것은 아니었다. 상이한 식민지 경험, 부존 조건, 사회적 여건, 제도적 기반, 정치적 구조, 국가의 역할, 대외 개방성, 주력 산업 등을 가지고 각 국가들은 나름의 경제 발전 경로를 만들어 왔다. 이런 차이점에도 불구하고 동아시아 국가들이 라틴 아메리카 국가들에 비해 전반적으로 약진하였던 것은 분명하다.

한국 경제의 경험

　한국 경제는 다른 동아시아 국가들과 마찬가지로 **수출 주도형 불균형 발전 전략**을 채택하였다. 중남미 국가들이 수입 대체형 경제 발전 전략을 취한 것과 대조적으로 한국은 영세한 내수 시장 문제를 해결하는 방안으로 수출의 중요성을 강조하였다. 수출 산업에 종사하는 기업들에게 국가의 지원과 혜택이 다각도로 이루어졌고, 이 과정에서 경제의 다른 부문들에게는 양보와 희생이 요구

그림 18-36

기업가의 역할 한국의 경제 성장 과정에서 기업가의 역할은 중요하였다. 때로는 기술적 문제를 기업가가 해결하기도 하였다. 사진은 1984년 빠른 조류로 인한 방파제 건설의 어려움을 해결한 정주영의 이른바 유조선 공법.
자료: 현대건설.

되었다. 경제 성장의 초기에는 섬유, 신발 등 **경공업**에 초점이 맞추어졌으나 1970년대부터 정부는 **중화학 공업**의 육성에 힘을 기울였다. 중화학 공업에 집중된 투자는 한때 경제에 큰 부담이 되기도 하였지만 1980년대부터 자동차, 조선, 석유 화학 등에서 괄목할 만한 성장이 이루어졌다.

　산업 구조의 변화는 **무역 구조**에서도 나타났다. 1948년 1,400만 달러로 시작한 한국의 수출은 1964년 1억 달러를 달성하였고, 2004년에는 2,000억 달러를 넘어섰다. 지난 40년간 수출 규모가 연평균 21%씩 증가하여 2,000배 이상의 성장을 이룩한 것이다. 1961년 한국의 5대 수출품은 철광석, 중석, 생사, 무연탄, 오징어였다. 이후 1차 산품의 비중이 줄고 대신에 경공업의 지위가 올라가 1970년 5대 수출품은 의류, 합판, 가발, 철광석, 전자 제품이 되었

성장 회계

경제 성장은 경제학의 주요한 관심 중 하나이다. 경제 성장의 요인을 분석하는 접근법의 하나가 솔로우가 제안한 성장 회계(growth accounting) 분석이다. 성장 회계 분석이란 생산을 증가시키는 개별 생산 요소들을 확인하고, 각 생산 요소의 증가가 성장에 얼마나 기여하였는지를 살펴보는 것이다. 성장치 가운데 생산 요소의 증가로 설명되지 않는 잔여분을 총요소 생산성(total factor productivity)이라고 부른다. 예를 들어, 어떤 경제가 노동과 자본만을 생산 요소로 투입해 7%의 성장률을 기록하였다고 가정하자. 이때 노동 투입의 증가로 인한 성장이 2%, 자본 축적으로 인한 성장이 4%라고 한다면, 총요소 생산성의 증가에 기인한 성장은 1%라는 것이다.

총요소 생산성은 기술 진보에 의해 발생하는 경우가 많지만, 제도나 문화의 변화를 통해서도 발생할 수 있다. 따라서 총요소 생산성 증가의 원인을 밝히는 것은 매우 어렵다. 이러한 한계점은 성장 회계가 지니는 맹점의 하나이다. 또한 성장 회계는 자본, 노동 등의 생산 요소가 왜 증가하였는지를 보여 주지는 못한다는 제약도 지니고 있다. 그러나 학자들은 성장 회계 분석이 지닌 간결한 설명의 장점을 살려 다양한 방식으로 개선된 추계 작업을 벌이고 있다.

다. 1970년대와 1980년대를 거치면서 중공업과 기술 집약적 산업의 비중이 점차 증가하여 1990년에는 의류, 반도체, 가죽 제품, 선박, 영상 기기가 5대 수출품으로 이름을 올렸다. 2015년에는 선박, 평판 디스플레이, 반도체, 석유 화학 제품, 무선 통신 기기가 5대 수출품으로 기록되었다.

경제 개발 과정에서 정부와 긴밀한 유대 관계를 맺고 있는 재벌 기업으로의 **경제력 집중**이라는 한국 특유의 현상이 발생하였다. 재벌의 전형적 기업가는 소규모 자기 자본으로 자영업에 종사하였던 경험을 살려 1945년 이후 및 한국 전쟁

그림 18-37

기술력의 전시장 2010년 삼성전자의 최신 제품이 국제 박람회에 전시되어 사람들의 이목을 끌고 있다.
자료: Mark Krynsky, CC BY 2.0.

이후 사업 범위를 확장해 간 사람들이며, 정부 주도의 경제 개발 과정에서 사업 기회를 포착하여 기존에 경험이 없는 분야에서까지 저돌적으로 사업을 추진한 사람들이었다. 이들은 생산, 판매, 자금 조달, 심지어는 기술적 애로 사항에 대해서까지도 스스로 적극적으로 해결책을 찾았다. 진취적인 기업가 정신이 발휘된 사례가 많이 목격되었다. 양질의 노동력도 경제 발전의 중요한 원동력이었다. 그러나 노동 조건은 열악한 경우가 많았고, 노동조합의 형성은 기업과 정부에 의해 저지되기 일쑤였다. 노동 조건의 개선은 장기간에 걸쳐 서서히 이루어졌다.

1990년대부터는 **기술 집약적 산업**의 발전이 두드러졌다. 특히, 정보화 산업은 기업의 적극적 투자와 정부의 지원이 맞물리면서 한국 경제의 중심 산업으로서 빠르게 성장하였다. 그리하여 2000년대 초반에 이르면 정보 기술 제품의 수출이 전체 수출의 30%를 초과하게 되었다. 2004년 한국의 5대 수출품은 반도체, 휴대 전화, 자동차, 컴퓨터, 선박으로, 기술 집약적 산업과 중공업이 한국의 양대 주력 산업으로 완전히 자리를 잡았음을 말해 준다. 한편, 정보화 산업의 발달은 교육과 기술의 수준이 높은 인력에 대한 수요를 증가시켰으므로, 이들이 다른 노동자에 비해 높은 임금을 받게 되어 경제 전체로 보아 소득 격차를 확대하는 방향으로 영향을 끼쳤다.

한국 경제의 고성장을 이끈 요인은 무엇이었을까? 표 18-19에 **성장 요인별 기여도**가 분석되어 있다. 국민 소득의 증가는 투입 요소인 노동과 자본의 증가에 의해 발생하기도 하고, 여러 요인에 의한 생산성 향상을 통해 발생하

표 18-19 한국 경제의 성장 요인, 1963~2000년

(단위: %)

항목	1963-1970	1970-1979	1979-1990	1990-2000	1963-2000
국민 소득	100.00	100.00	100.00	100.00	100.00
총요소 투입	48.64	55.11	65.88	53.47	52.90
노동 투입	41.06	39.89	39.74	28.50	36.08
자본 투입	7.58	15.22	26.14	24.98	16.81
총요소 생산성	51.36	44.89	34.12	46.53	47.10
자원 재배분	2.80	7.11	6.48	0.18	4.75
규모의 경제	13.03	16.18	17.92	16.05	16.80
환경 오염 방지	0.00	0.00	−0.29	−0.85	−0.25
불규칙 요인	17.22	8.76	−8.70	−8.39	3.57
기술 진보	18.32	12.84	18.70	39.54	22.24

자료: 김동석 · 이진면 · 김민수(2002), 135쪽.

기도 한다. 노동 투입의 기여도는 1960년대 이래 줄곧 감소세를 보인 반면에, 자본 투입의 기여도는 1980년대까지 지속적인 상승을 보였다가 1990년대에 약간의 감소세로 돌아섰다. 노동 집약적 산업에서 자본 및 기술 집약적 산업으로의 주력 산업 이전이라는 한국 경제 성장의 역사를 반영된 것이라고 볼 수 있다. 생산성 측면에서 가장 눈에 띄는 점은 기술 진보의 기여도가 1970년대 이래 상승세를 지속하였을 뿐만 아니라 1990년대에 매우 빠른 성장률을 기록하였다는 점이다. 현재의 한국 경제가 기술 혁신에 의해 견인되고 있음을 여실히 보여 준다. 공식적·비공식적 교육과 훈련을 통한 인적 자본의 확충이 장기적인 경제 성장을 위해 얼마나 중요한가를 시사하기도 한다. 이런 추세는 21세기에 들어선 이후에도 계속되고 있다. 4차 산업 혁명의 초입에 들어선 오늘날에는 원천 기술의 개발과 활용 능력이 가장 중요하게 여겨진다.

북한의 경제난

남한이 경제 발전을 지속하여 세계 경제의 중요한 부분으로 위상을 확대해 간 것과는 대조적으로, 북한은 **만성적인 경제난**에 봉착하여 탈출구를 찾지 못하였다. 1980년대에도 앞선 시기와 마찬가지로 경제 성장은 저조하였고 생활고는 심각한 수준에 머물렀다.

1989년 이래 소련이 해체되고 동유럽 국가들이 체제 전환을 해 가는 시기에 북한도 개방의 필요성을 절감하였고, 그 결과로 1993년에는 나진·선봉 경제특구를 지정하여 외국 자본을 유치하고 수출품 생산을 독려하였다. 그러나 1990년대에 북한 경제는 더욱 사정이 악화되었고, 특히 1990년대 중반에 발생한 식량난은 대규모 기근 사태로 이어져 막대한 인명 피해와 영양실조를 낳았다. 이는 다시 생산성의 하락을 초래하여 경제에 더욱 큰 부담으로 작용하였다. 한 추계에 따르면, 1998년의 일인당 GDP는 573달러로 1990년보다도 50% 가까이 하락한 것으로 나타났다. 2002년에는 개성 공단을 건설하여 남한과의 경제 협력을 강화하는 모습을 보이기도 하였지만, 이후 핵무기 개발과 관련되어 해외 지원이 차단되고 남북 관계가 경색되면서 북한은 경제 회생의 돌파구를 찾지 못하고 있다. 2009년에 단행한 화폐 개혁도 물가 상승과 통화 가치 하락으로 이어져 국민의 생활고를 심화시켰다.

2018년 김정은 국무위원장은 미국의 트럼프 대통령과 싱가포르에서 최초의 정상 회담을 가졌다. 비핵화와 평화 체제 보장 문제가 회담의 핵심 내용이었지만, 회담의 이면에

그림 18-38

북한의 경제난 2012년 여름에 수해를 겪은 함경남도 지역에서 겨울이 오기 전에 공사를 서두르는 모습.
자료: EU Humanitarian Aid and Civil Protection, CC BY-SA 2.0.

서 북한이 체제 보장과 경제 개발에 깊은 관심을 보인다는 사실이 있었다. 북미 간의 논의는 현재 진행형이며 아직 미래를 속단하기는 이른 상황이다.

현재의 세계 경제와 세계화의 전망

제19장

제1절 세계 경제의 빛과 그림자

세계 경제의 흐름

앞에서 우리는 세계 경제의 변화 추이, 특히 세계화가 확장한 시기와 후퇴한 시기의 변화 추이를 개별 시기에 따라 살펴보았다. 표 19-1은 1820-2000년 동안의 경제적 변화를 상품, 노동, 자본의 국제적 이동 측면에서 정리하고 있다. 린더트(P. H. Lindert)와 윌리엄슨(J. G. Williamson)에 따르면, 세계화가 확장한 시기에는 상품·노동·자본의 이동이 활발해졌고, 세계화가 후퇴한

표 19-1 세계 경제의 장기 추이

기간	상품 시장 통합		노동 이동		자본 이동
	대륙 간 가격 차이	변화 요인	흡인국 이민자 비율	변화 요인	변화 방향
1820-1914	81% 감소	72%는 운송비 하락, 28%는 관세 인하	증가	운송비 하락, 흡인 및 배출 요인 작동	증가
1914-1950	두 배로 증가, 1870년 수준으로 복귀	새 관세 장벽	감소	이민 제한 정책	감소
1950-2000 (특히, 1970 이후)	76% 감소, 1914년보다 낮음	74%는 무역 자유화, 26%는 운송비 하락	증가	운송비 하락, 흡인 및 배출 요인 작동	증가
1820-2000 전체	92% 감소	18%는 정책, 82%는 운송비 하락	증가	이민 제한 정책이 운송비 하락의 효과를 상쇄	증가

자료: Lindert and Williamson(2003), 231쪽.

| 표 19-2 | 세계 경제의 통합, 1990년과 2001년의 비교 |

(단위: %)

소득 수준	GDP 대비 비중					
	무역액		총민간 자본 이동		총해외 직접 투자	
	1990년	2001년	1990년	2001년	1990년	2001년
저소득	27.4	39.8	3.0	5.1	0.5	1.7
저·중소득	33.8	48.9	6.0	11.8	0.9	4.2
중소득	35.5	50.8	6.8	12.2	1.0	4.3
고소득	32.3	37.9	14.1	49.3	2.9	14.8
전체	32.5	40.0	10.3	21.6	2.7	5.1
한국	53.4	69.1	5.6	11.4	0.7	1.5

자료: World Bank(2003), 310-312쪽.

시기에는 상품·노동·자본의 이동이 축소되었다. 이러한 변화는 운송비 하락과 같은 기술적 요인에 영향을 받기도 하였지만, 관세 인하, 이민 정책 등과 같은 정부 정책에 따라서도 영향을 받았다는 점도 뚜렷하게 나타났다.

시야를 좁혀 세계화가 급속히 진행된 지난 20여 년간의 모습에 초점을 맞추어 보자. 표 19-2는 전 세계 국가들을 대상으로 조사한 1990년과 2001년의 **세계 경제로의 통합 수준**을 비교해서 보여 준다. 통합도의 측정은 GDP 대비 무역액의 비중, GDP 대비 총민간 자본 이동의 비중, GDP 대비 총해외 직접 투자의 비중 등 세 척도에 따라 이루어졌고, 국가들은 일인당 소득 수준에 따라 저소득에서 고소득에 이르는 네 가지 범주로 구분되었다. 맨 마지막 줄에는 한국의 수치가 기록되어 있다. 세계 전체를 보면 무역, 자본 이동, 해외 직접 투자 모두 1990년에 비해 2001년에 높은 수치를 보였다. 특히, 재화의 이동보다는 자본의 이동이 빠른 증가세를 보였다.

소득 수준별로 보면 무역의 비중은 소득 수준에 따라 별다른 차이를 보이지 않았고 두 시점 사이의 증가율도 비슷하였다. 그러나 총민간 자본 이동을 보면 고소득 국가일수록 그 비중이 높음을 알 수 있고, 증가율도 저소득국이 3.0%에서 5.1%로 70%의 상승을 기록한 반면에 고소득국은 14.1%에서 49.3%로 거의 250%에 이르는 신장세를 보였다. 해외 직접 투자의 경우 소득이 증가함에 따라 비중이 높아짐을 알 수 있고, 증가율도 고소득국에서 상대적으로 높았으며 그 차이는 민간 자본 이동의 경우보다 컸다. 종합하자면, 어느 기준으로 측정하더라도 1990년 이후 세계 경제의 통합도는 상승하였으며, 자본 이동, 특히 해외 직접 투자의 경우 고소득국에서의 변화가 더 두

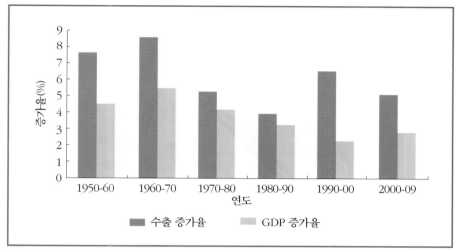

자료: WTO(2009) http://www.wto.org/.

그림 19-1 무역량과 GDP의 연간 증가율, 1950-2000년대

증가율(%)

수출 증가율　　GDP 증가율

연도

드러졌다.

　그림 19-1은 **GDP 증가율과 수출 증가율**의 시기적 추이를 보여 준다. 우리는 과거 역사를 통해 경제 성장률이 높은 시기에는 무역 증가율이 경제 성장률보다 빠르게 증가하고, 반대로 경제가 둔화되면 무역이 더 큰 비율로 둔화되는 경향이 있다는 점을 확인한 바 있다. 1950-1990년에 이르는 기간에는 대체로 이런 유형이 반복되었다. 그러나 1990년대에는 GDP 증가율이 낮은 수준에 머물렀음에도 불구하고 수출 증가율은 매우 높은 수준을 기록하였다. 동일한 GDP를 기준으로 할 때 무역 자유화가 크게 진전된 시기였다는 점이 확인된다. 즉, 신자유주의적 사조가 세계 경제를 휩쓸면서 시장 개방의 수준이 이전 기간에 비해 크게 높아졌던 것이다. 그러나 이 추세는 2000년대까지 이어지지 못하였다. 글로벌 금융 위기가 발생하면서 GDP 대비 무역의 비중이 축소된 것이 이유 중 하나였다.

　현재 세계 경제의 **무역 네트워크**가 어떤 모습인가를 그림 19-2가 보여 준다. 서유럽, 아시아·태평양(기타 아시아와 오세아니아), 북아메리카가 가장 많은 교역량을 보이는 세 축을 이루고 있다. 이 가운데 역내 무역의 비중은 서유럽이 가장 높고, 아시아·태평양이 그 다음이며, 북아메리카가 가장 낮다. 그 밖에 일본, 중유럽과 동유럽, 라틴 아메리카, 중동, 아프리카가 지역적 축을 형성하고 있다. 자세히 보면, 각 축을 연결하는 수출과 수입의 양이

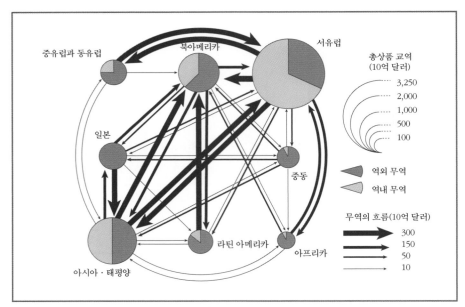

그림 19-2 세계 무역 네트워크

주: 10억 달러 이하의 무역은 그림에 표시하지 않음.
자료: Dicken(2007), 62쪽.

차이를 보이는 곳이 많다. 예를 들어, 아시아·태평양에서 북아메리카로 향하는 교역량은 반대 방향으로 이동하는 교역량에 비해 훨씬 많다. 마찬가지로 일본과 유럽도 북아메리카에 대해 수출 초과를 보이고 있다. 지역 간의 국제 수지가 지속적으로 적자 혹은 흑자 상태에 놓이는 글로벌 불균형의 문제는 현대 세계 경제가 안고 있는 중대한 고민거리이다.

그림 19-3은 1990-2016년 기간 동안 경상 수지 불균형의 시기적 추이를 보여 준다. 불균형의 규모는 시간이 흐르면서 점차 확대되었는데, 특히 2000년대에 들어서서 규모가 두드러지게 증가한 것을 알 수 있다. 미국은 1990년대 이래 줄곧 경상 수지 적자를 기록하였지만, 특히 1990년대 후반부터 적자 폭이 크게 늘어났다. 반대로 경상 수지 흑자를 지속적으로 기록한 대표적 국가는 일본이었다. 일본은 1990년 이래 2016년까지 흑자를 놓치지 않았다. 2000년대에 들어선 이후에는 중국과 독일의 흑자 규모 확대가 두드러졌다. 두 나라는 2010년대에 들어서 경상 수지 흑자 폭이 일본을 능가하는 수준을 보였다.

그림 19-3 글로벌 불균형: 경상 수지 불균형의 추이, 1990-2016년

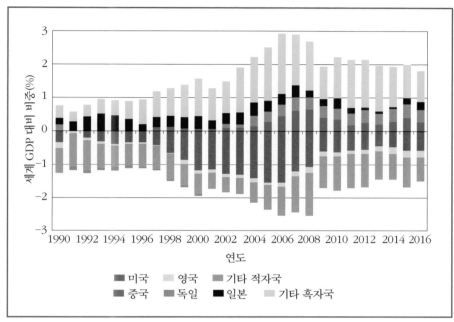

세계 GDP 대비 비중(%)

범례:
■ 미국 ■ 영국 ■ 기타 적자국
■ 중국 ■ 독일 ■ 일본 ■ 기타 흑자국

자료: World Economic Outlook; IMF 자료.

변동성의 심화

과거에 비해 현대 경제의 변동성이 증가하였다는 징후는 여러 측면에서 포착된다. 우선 **기업의 순위**가 빠르게 변동하였다. 1999년에 시가 총액을 기준으로 한 세계 25개 거대 기업 가운데 2009년에 25위 안에 남은 수는 8개에 불과하였다. 국적별로 보면 미국과 일본의 퇴조 및 중국의 약진이 뚜렷하게 나타났다. 1999년에는 미국 기업이 19개, 일본 기업이 3개, 그리고 영국, 독일, 핀란드 기업이 각각 1개였다. 그러나 2009년에는 미국 기업 14개, 중국 기업 4개, 영국과 스위스 기업 각 2개, 오스트레일리아, 브라질, 네덜란드 기업 각 1개로 나타났다. 표 19-3에 제시된 세계 10대 기업을 보면, 미국은 1999년 7개에서 10년 후인 2009년에는 4개로 줄었고, 반면에 중국은 1999년에는 하나도 없었으나 10년 후에는 4개로 급증하였다. 업종별로는 에너지와 금융 부문의 성장과 정보 통신 부문의 부진이 뚜렷한 대조를 이루었다. 2019년 자료는 미국 기업의 재부상을 보여 준다. 10대 기업 중에서 미국 기업이 8개이

표 19-3 1999년, 2009년과 2019년 기준 세계의 10대 거대 기업

순위	1999년		2009년		2019년	
	기업	국적	기업	국적	기업	국적
1	마이크로소프트	미국	엑손모빌	미국	애플	미국
2	GE	미국	중국은행	중국	마이크로소프트	미국
3	NTT도코모	일본	마이크로소프트	미국	아마존	미국
4	시스코	미국	중국석유천연가스	중국	구글	미국
5	월마트	미국	월마트	미국	버크셔 해서웨이	미국
6	엑손모빌	미국	BHP빌리턴	오스트레일리아	페이스북	미국
7	인텔	미국	HSBC	영국	알리바바	중국
8	일본전신전화	일본	중국건설은행	중국	텐센트	중국
9	루슨트	미국	구글	미국	제이피모건체이스	미국
10	노키아	핀란드	차이나모바일	중국	존슨앤존슨	미국

자료: *Wall Street Journal*, 2009sus 12월 21일; Statista 자료.

헤지 펀드: 투자자들로부터 조성한 자금으로 증권, 외환, 파생 금융 상품 등 주로 고위험 자산에 투자하는 펀드를 일컫는다. 투기성이 크고 단기 투자를 주로 하기 때문에 국제 금융 시장을 교란시키는 일이 잦다.

공매도: 주식이나 채권을 보유하지 않은 상태에서 행사하는 매도 주문. 주어진 기일 안에 주식이나 채권을 구입해 구매자에게 넘기면 되는 일종의 신용 거래이다.

고 중국 기업이 2개로 나타났으며, 정보 통신 기술을 바탕으로 한 기업들의 비중이 크게 높아졌음을 확인할 수 있다.

경제의 변동성을 가장 강하게 느낄 수 있는 분야는 금융이다. 세계적으로 금융 위기의 빈도가 높아지고 강도가 커지는 데에는 이 부문에서 새로운 행위 주체가 대두한 사실이 중요하게 작용하였다. 바로 헤지 펀드(Hedge Fund)의 등장이다. 헤지 펀드는 세계 곳곳의 증권 시장과 외환 시장에 투자해 단기 이익을 추구하는 민간 투자 기금을 의미한다. 1949년에 처음 헤지 펀드가 등장하였을 때에는 위험을 회피하기 위해 국제적으로 분산 투자를 하는 펀드를 의미하였지만, 헤지 펀드가 본격적으로 성장하기 시작한 1990년대부터는 고수익을 노리고 단기 투자를 하는 펀드가 주종을 이루었다. 헤지 펀드는 파생 금융 상품을 다양하게 조합하여 고위험 상품을 개발하고 대규모 자금을 동원하기 때문에 국제 금융 시장을 교란하는 힘을 보유하였다.

헤지 펀드의 위력이 가장 대표적으로 드러난 사례가 소로스(George Soros)의 '퀀텀 펀드'였다. 1992년 영국이 평가 절하를 할 것이라고 예상한 소로스는 대규모의 파운드화 공매도를 통해 영국 금융 시장을 흔들고 큰 이익을 보았다. 이와 반대로 1998년에는 미국의 금융 기업 롱텀 캐피털 매니지먼트(LTCM)가 러시아의 금융 위기 시에 막대한 손실을 입어 정부에 구제 금융 지원을 받기도 하였다. 한 추계에 따르면, 2008년 글로벌 금융 위기가 발생하기 직전에 세계적으로 헤지 펀드가 운영하고 있는 자금은 약 2조 달러에

달하였다. 이렇게 큰 영향력 때문에 헤지 펀드에 대해 규제를 강화해야 한다는 목소리가 글로벌 금융 위기를 거치면서 점차 높아지고 있다.

금융 변동성의 확대에는 금융 공학(Financial Engineering)의 발달도 역할을 하였다. 1970년대에 개발된 옵션 가격 산출 방법에서 출발하여 금융 시장을 분석하는 다양한 기법이 개발되었다. 롱텀 캐피털 매니지먼트가 러시아에 대규모 투자를 한 것도 위험이 크지 않다는 금융 공학적인 계산에 의거하였다. 그런데 예기치 않게 러시아에서 금융 위기가 발생하여 모라토리엄 선언으로까지 이어지자 기업 자산의 45%에 이르는 엄청난 손실을 보기에 이른 것이다. 경제 위기의 역사적 사례들을 계산에 넣지 않은 근시안적 분석의 결과였다.

> 금융 공학: 수학적 분석 도구를 이용하여 금융 시장을 분석하는 학문 분야. 1970년대 옵션의 가치를 계산하는 이른바 블랙-숄즈 모형(Black-Scholes model)이 개발된 것이 효시이다.

제2절 아시아 외환 위기와 한국 경제

아시아 외환 위기

1997년 태국에서 시작된 동남아시아의 외환 위기는 초기의 예상과는 달리 한국까지 파급되었으며, 세계 경제에 중대한 불안 요인으로 작용하였다. 표 19-4에 나타난 것처럼, 외환 위기를 겪은 태국, 인도네시아, 말레이시아, 한국은 모두 1980년대 말부터 위기 직전까지 높은 경제 성장률을 보였다. 그러나 외환 위기의 충격으로 이 국가들의 통화는 30%에서 40%에 이르는 가치 하락을 겪어야만 하였고, 이를 동반한 금융 경색으로 인해 수많은 금융

표 19-4 외환 위기를 맞은 아시아 국가들의 1988-2000년 연평균 실질 GDP 성장률

(단위: %)

국가	1988-95년 평균	1996년	1997년	1998년	1999년	2000년
태국	10.0	5.9	-1.4	-10.5	4.4	4.8
인도네시아	7.9	7.8	4.7	-13.1	0.8	4.9
말레이시아	9.4	10.0	7.3	-7.4	6.1	8.9
한국	8.1	7.0	4.7	-6.9	9.5	8.5

자료: Asian Development Bank, http://www.adb.org/.

표 19-5	아시아 외환 위기의 구제 금융

(단위: 10억 달러)

구제 금융 제공 주체	태국	인도네시아	한국
IMF	4.0	10.0	21.1
세계은행/아시아 개발 은행	2.7	8.0	14.2
쌍무적 정부 지원	10.5	18.0	23.1
총액	17.2	36.1	58.4
GDP 대비 비중(%)	12	17	13

자료: Schenk(2011), 표 6-2.

기관과 기업이 파산하였다. 1998년의 수치가 보여 주듯이 이 국가들은 공통적으로 큰 폭의 마이너스 성장을 기록하였다. 가파른 경기 침체 속에서 대규모 실업 사태가 발생하였으며, 사회적 불안정이 증대되는 위기를 맞았다.

이 위기를 극복하기 위해 각국은 내부적으로는 구조 조정에 힘쓰는 한편, 긴급하게 외화를 수혈받기 위해 국제기구 및 다른 국가들에게 손을 내밀어야 하였다. 표 19-5에 수록된 것처럼 이들은 IMF, 세계은행과 아시아 개발 은행(ADB)으로부터 구제 금융을 조달받았으며, 타국 정부로부터도 자금을 차입하였다. 그중에서 한국은 가장 큰 규모인 총 584억 달러를 차입하였는데, 이는 당시 GDP의 13%에 이르는 수준이었다. 구제 금융의 유입에 힘입어서 1999년에 각국 경제는 진정 국면을 맞게 되었고, 2000년에는 위기 이전의 경제 성장률을 기록할 수 있게 되었다. 그러나 **자금 지원의 조건**으로 해당 국가들은 재정 긴축, 상품 시장과 자본 시장의 개방 등을 약속해야 하였고, 이는 이 국가들의 경제 운영 체제에 중대한 변화를 야기하였다.

한국 외환 위기의 전개 과정

한국 경제의 발전 과정에는 많은 난관이 존재하였다. 1970년대부터 오일 쇼크와 중공업 과잉 투자의 부담이 한국 경제를 압박하였다. 한편, 1980년대 후반에는 플라자 합의에 따른 엔화 강세에 힘입어 유리한 국

그림 19-4

금 모으기 운동 외환 위기를 극복하기 위한 노력은 금 모으기 운동이라는 형태로 나타났다. 전국적으로 300만 명 이상이 참여하여 당시 한국은행 금 보유량의 20배가 넘는 227톤의 금을 모았다.

표 19-6	한국의 수입 제한 품목과 수입 자유화율, 1970-1997년			
연도	총품목	수입 자동 승인 품목	수입 제한 품목(금지 품목)	수입 자유화율(%)
1970	1,312	710	529(73)	54.1
1975	1,312	644	602(66)	49.1
1980	1,010	692	318	68.8
1985	7,915	6,943	972	87.7
1990	10,274	9,898	376	96.3
1995	10,502	10,401	101	99.0
1997	10,859	10,851	8	99.9

자료: 산업자원부(2003).

제 경제 환경을 맞기도 하였다. 한국 경제의 성격을 변화시킨 가장 중요한 사건은 1997년에 발생한 외환 위기였다.

1980년대와 1990년대를 거치면서 권위주의 권력 체제는 **민주화의 열망**에 자리를 내주어야 하였고, 국가 주도형 경제 정책 기조도 **자율과 개방**을 강조하는 방향으로 전환되어 갔다. 한편, 대외적으로는 **신자유주의적 세계화**의 압박이 강화되면서 한국 경제의 대외 개방도를 높여야 한다는 분위기가 고조되었다.

한국 경제의 개방 수준을 보여 주는 자료가 표 19-6에 제시되어 있다. 이 표는 1970-1997년 기간의 수입 자유화 추이를 보여 준다. 1975까지 총수입품 가운데 절반 이상이 수출 금지 혹은 수출 제한 품목이었지만, 그 비율은 그후 지속적으로 감소하였다. 1980년에 수입 자유화율이 69%를 기록하였지만, 1990년에는 96%, 1995년에는 99%에 이르게 되었다.

그렇지만 개방화·자율화·투명화된 경제 체제로의 전환은 순탄하게 이루어지지 않았다. 1990년대 중반이 되자 경제 내의 **고비용-저효율** 문제가 심화되었고, 수출 경쟁력 악화와 수입액 증가로 발생한 경상 수지 적자로 달러가 부족해지자 이를 획득하기 위해 은행과 종금사들이 해외 단기 차입을 크게 늘리면서 외환 위기의 첫 단추가 끼워졌다. 채산성이 악화된 기업들은 1996년부터 연쇄적으로 도산하기 시작하였다. 과거 경제 발전을 이끌었던 대우, 기아, 한라 등 대기업들이 도산하였고, 중견 및 중소기업이 겪은 어려움은 더욱 컸다. 금융 산업도 엄청난 타격을 피할 수 없었다.

이에 대해 정부는 부도 유예 등의 미봉책으로 대응하였고, 따라서 금융 기관의 부실은 더욱 심화되었으며 주식 시장은 동요하였다. 1997년 동남아

종금사: 종합 금융 회사의 약자. 1975년 외자 도입을 주된 목적으로 설립되었으나, 1994년 지하 자금 양성화를 내걸고 투자 금융 회사들이 대거 종금사로 전환되면서 주로 기업에 단기 자금을 공급하는 역할을 하였다.

시아 국가들에서 발생한 금융 위기는 국내 종금사의 해외 단기 차입을 어렵게 만들었고, 외환 시장에서 달러에 대한 수요가 급증하면서 원화 환율의 급상승을 야기하였다. 통화 당국은 환율 방어를 위해 보유 외환을 소진해 버렸고, 마침내 1997년 11월 대외 지불 능력을 거의 상실한 정부는 외부에 자금 지원을 요청하게 되었다. 그리하여 일련의 경제 개혁을 이행한다는 조건하에 구제 금융을 IMF와 세계은행 및 아시아 개발 은행으로부터 받는다는 합의서에 정부가 서명하였다.

외환 위기의 원인

한국 경제가 위기에 처하게 된 근본적 원인에 대한 진단은 다양하다. 우선 **대외적 조건의 변화**를 강조하는 견해가 있다. **신자유주의적 압박**이 한국 경제를 신속한 개방화로 내몰았고 이에 한국 정부가 적절한 대응을 하지 못한 것이 위기의 원인이었다는 주장이다. 여기에는 문제의 출발점이 외부적 압력에 의해 진행된 강제성이 강한 세계화 과정에 있다는 인식이 들어 있다.

동아시아형 경제 발전 과정을 높이 평가하는 입장에서는 위기의 원인을 다른 데에서 찾는다. 한국 경제가 근본적인 취약점을 가진 것은 아니었고, **단기적인 유동성 위기**를 겪은 것뿐이라는 견해이다. 이에 따르면 경제 위기는 금융 규제를 너무 급속하게 푸는 과정에서 발생한 것이라고 주장한다. 오히려 국경을 넘어 활동하는 초국적 투기 자본이 비난의 대상이 되어야 한다고 지적한다.

다른 한편에서는 한국 경제의 **내부적 문제**에 논의의 초점을 맞춘다. 비록 단기적인 유동성 부족이 문제를 촉발시켰다고 하더라도 **국내 경제 기반**이 견실하지 못하였기 때문에 전반적인 경제 위기로 확대된 것이라는 주장이다. 기업의 수익성 부족, 금융 기관의 건전성 부족, 정부 정책의 투명성 부족과 같은 구조적 요인들이 결합됨으로써, 외부 충격이 발생하였을 때 경제 주체들에게 경제 회복에 대한 신뢰감을 주지 못하여 불안이 증폭되었다는 주장이다.

국내 경제 기반의 취약성을 강조하되, 이를 경제 운영 체제의 원활한 전환에 실패한 **정부의 책임**이라고 보는 견해도 있다. 정부 주도형 경제 관리 체제가 1980년대를 거치면서 개방과 자율을 강조하는 자유 시장형 체제로 적절히 전환하는 데 실패하였기 때문에 경제 위기가 발생하였다는 지적이다. 중앙 집권적 통제 체제는 초기의 경제 개발에는 유리한 측면이 있었지만 시대적 변화를 따라잡지 못하는 한계를 안고 있는데, 이러한 구체제가 지닌 구조적 문제점들이 청산되지 못함으로써, 장기적으로 한국 경제의 추동력을 저해하고 외부 충격에 민첩한 대응이 가능한 체제로의 전환을 가로막았다는 주장이다.

위기 이후의 한국 경제

외환 위기는 한국 경제의 운영 체제와 경제 주체들의 인식에 대전환을 가져왔다. 경제 위기의 충격을 맛본 후 기업가, 금융가, 소비자, 관료는 모두 세계 경제의 흐름이 우리의 삶에 직접적이고 강력한 영향을 끼친다는 것을 인식하게 되었다. 치열한 경쟁 시대에 살아남기 위해서는 국지적 보호 체계에 안주해서는 안 되며, 성장 동력의 지속적 확보를 위해 가혹하리만큼 강력한 체질 개선과 개혁을 추진해야 한다는 데 모두가 동의하게 되었다. 한편, IMF의 자금 지원을 받으면서 이행하기로 약속한 바에 따라 경제 운영 방식에 변화를 가하는 것이 불가피해졌다. 문헌 자료 19-1에 정리되어 있는 이 기준들은 신자유주의적 기조와 맥을 같이하는 것으로서, 이후 한국 경제 정책

문헌 자료 19-1

IMF 차관 협약 양해 각서의 주요 내용

정책	부문	주요 내용
거시 정책	통화	유동성 환수와 금리 인상
	환율	환율을 시장 지표로 활용
	재정	긴축 재정
구조 조정 정책	금융	금융 시스템 투명화, 구조 조정
	무역	무역 규제 철폐
	자본	자본 자유화 가속화
	기업	지배 구조 개선
	노동	노동 시장 유연화

자료: 한국무역협회(2006), 245쪽에서 작성.

표 19-7	외국인 투자 누적 금액			

(단위: 억 달러)

기간	외국인 직접 투자	주식 및 채권 투자	기타 투자	합계
1980-1991	57.7	55.9	193.3	306.8
1992-1996	62.3	618.9	583.2	1,263.5
1997-2007	572.4	1,459.5	699.9	2,731.4

자료: Asian Development Bank, http://www.adb.org/.

의 기본 틀로서 작용하고 있다.

한국 경제는 외환 위기로 큰 비용을 지불한 후에 점차 충격에서 벗어났다. 기업과 금융 기관들은 자의반 타의반으로 설정된 새로운 경제 질서에 발빠르게 대응해 갔고, 시대에 뒤처진 집단들은 도태되어 시장에서 퇴출되었다. 대외 개방도가 크게 증가하였고, 이는 한국 경제에 활력을 제공함과 동시에 장래에 대한 불안감도 증폭시켰다. **구조 개혁 프로그램**에 발맞추어 국내 기업들은 관치 체제에서 벗어나 자율적 경영의 기반을 마련하였다. 양적 성장보다 수익을 중시하는 풍토가 정착되었으며, 기업 경영의 투명성도 강화되었다. 이런 면에서 보면, 한국 경제는 자율적인 경제 체제라는 새 환경에 적응해 가는 기회를 맞았다.

그러나 구조 개혁을 급속하게 추진하는 과정에서 **문제점**들이 드러났다. 해외에 대한 개방이 너무 빨리, 그리고 부문에 따라서는 너무 폭넓게 진행되면서, 예상하지 못하였던 부작용들이 나타났다. 기업들이 장기적 투자보다는 단기 실적 향상에 치중하게 되면서 적극적인 혁신을 도모하는 기업가 정신이 후퇴하였다. 여기에는 외국인 지분이 크게 증가하고 이와 병행하여 경영자에 대한 주주의 압력이 커졌다는 사실이 작용하였다.

그림 19-5

금융 시장의 변동성 상승과 하락을 반복하는 주식 시장의 속성을 반영하는 황소(bull)와 곰(bear)의 조각상. 프랑크푸르트 증권 거래소 앞에 위치하고 있다.
자료: Eva K., CC BY-SA 2.5.

특히, 자본 시장은 외환 위기를 계기로 개방이 빠른 속도로 진행되었다. 표 19-7에 우리나라 자본 시장에서 외국인 투자가 차지하는 비중이 나타나 있다. 한국 경제에 대한 외국 자본의 유입은 1960년 초반까지는 무상 원조의 형태였고, 그 이후 차관 도입이 대표적인 유입 형태가 되었다. 1990년대에는 1980년대부터 이루어진 부분적인 시장 개방의 결과로 주식 및 채권에 대한 투자 비중이 증가하였다. 그러나 한국 자본 시장의 가장 결정적인 전환 시점은 1997년의 외환 위기였다.

주식 시장, 채권 시장, 외환 시장, 은행 등이 모두 외국인에게 전면적으로 개방되었다. 이 시점부터 2007년까지 국내에 유입된 주식 및 채권 투자는 1,460억 달러에 육박하여, 전체 외국인 투자의 절반을 상회하였다. 외국인 직접 투자도 급증하여 570억 달러에 달하였다. 외국인 직접 투자는 외환 위기 직후에는 제조업에 집중되었으나, 2000년대 중반부터는 금융업으로 몰렸다. 8개 시중 은행 가운데 3개가 외국인 소유로 바뀌었고, 나머지 5개 은행도 외국인 보유 지분이 50% 이상이 되었다. 세계적으로 유례를 찾기 어려운 수준의 급격한 변화였다.

외국 자본 비율의 급상승을 바라보는 시각은 엇갈린다. 긍정적인 입장에서 보면, 저비용으로 자금을 조달할 능력이 있는 외국 자본과의 경쟁에 직면하여 국내 금융 기관들이 경영 효율성 제고에 힘쓰게 되었다. 금융 선진국의 다양한 금융 기법을 익힐 수 있는 기회를 갖게 되었다거나, 전보다 엄격한 신용 평가에 기초하여 대출을 보수적으로 운용하게 되었다고 지적되기도 한다. 부정적인 입장에서는, 우선 외국 자본의 진출이 투기성 자본의 비중을 높임으로써 국내 기업이 단기적 이익에 초점을 맞추어 경영을 하도록 압박하였다. 또한 기업 활동의 과실을 높은 배당금 형태로 해외로 유출할 위험이 증대되었다. 한국 경제의 장기 성장력 확보에 중요하다고 생각되는 산업 자본의 안정적 공급은 관심사에서 멀어지고, 소비 금융과 같은 단기적·비산업적 활동에 주력하게 되었다.

외환 위기 이후 **소득 양극화**가 심화되었다는 점도 지적된다. 위기 이전에 한국의 소득 분배는 OECD 국가 가운데 양호한 수준이었으나, 위기를 겪은 이후 소득 불평등도가 빠르게 증가하였다. 임금 노동자의 절대 빈곤율도 1996년 2.5%에서 2004년 4.9%로 크게 증가하였다. 비정규직의 규모가 빠르게 증가하고 있다는 점도 이런 현상과 맥을 같이한다. 이들은 모두 노동 시장의 유연화 정책과 관련이 깊다. 선진국에 비해 사회 복지망이 취약해 소득 재분배 정책의 효과를 기대하기 어렵다는 점도 밀접한 관련성을 가진다.

세계 속의 한국 경제

수많은 위기와 기회를 거치면서 한국 경제는 오늘날 세계 경제에서 중요한 비중을 차지하는 위치에 올랐다. OECD에 속한 36개국을 대상으로 한 비교가 **한국의 현 위치**를 알려 주는 유용한 잣대가 될 것이다. 2017년을 기준으로 볼 때, 한국의 GDP는 1조 5,300억 달러로 OECD 9위에 해당하는 경제 규모를 보여 준다. 일인당 GDP는 29,790달러이고 2018년에 처음으로 **3만 달러**를 넘어섰다. 이는 OECD 평균에 조금 못 미치는 수준이다. 경제 성장률은 2013-2017년에 평균 3% 수준을 보였다. 경제가 해외 부문에 의존하는 비율은 매우 높은 편이다. 수출액이 GDP에서 차지하는 비율을 계산하면 37.5%로 OECD 국가들 가운데 세 번째로 높다. 우리나라보다 높은 네덜란드와 독일은 모두 유럽 연합이라는 공동 시장에 속한 국가들이라는 점을 고려하면 우리나라의 수치가 예외적으로 높다고 볼 수 있다. 경상 수지는 785억 달러의 흑자를 유지하고 있고, 외환 보유액은 3,893억 달러에 달한다.

우리나라의 총인구는 5,145만 명으로 현재 연간 0.39%의 증가 추세에 있다. 그러나 향후 증가 추세가 완만해지다가 2032년에는 감소 추세로 전환될 것으로 전망된다. 인구 밀도는 511명/km²로 OECD 국가들 가운데 가장 높다. 출산율은 지극히 낮은 수준으로, 합계 출산율이 2002년부터 '초저출산' 수준인 1.3명 이하로 떨어졌고 2018년에는 사상 최초로 1명 미만인 0.98명을 기록하였다. 합계 출산율이 1.68명(2016년 기준)인 OECD 평균과 큰 격차를 보이고 있다. 65세 이상의 고령 인구는 지속적으로 증가해 2017년에 707만 명에 이르러 처음으로 유소년 인구를 앞섰으며, 10년 후에는 1,159만 명, 그리고 20년 후에는 1,614만 명으로 급증할 것으로 보인다. 기대 수명은 여성이 85.7세이고 남성이 79.7세로 평균 82.7세를 기록하였다. 일본에 이어 OECD 2위에 해당하며 OECD 평균인 80.7년보다 2년이 긴 수치이다. 이상의 통계들은 **저출산과 고령화**의 추세가 지극히 빠르게 진행되고 있다는 사실을 보여 준다. 이런 변화는 15-64세의 생산 가능 인구가 차지하는 비율을 크게 바꾸고 있다. 생산 가능 인구의 구성비는 2017년에 73.2%를 기록하였지만 10년 후에는 67.5%, 20년 후에는 58.9%로 가파르게 떨어질 것으로 예측된다. 이에 따라 부양비, 즉 생산 가능 인구 100명당 부양하는 인구는 2017년 36.7명에서 10년 후에는 45.0명, 그리고 20년 후에는 69.9명으로 급속히 늘어날 것으로 예상된다.

고용률은 15-64세 인구 중에서 취업자가 차지하는 비율인데, 남성이 76.3%, 여성이 56.9%를 기록하여 평균 66.6%를 나타냈다. 남녀 간에 고용률이 큰 차이를 보이고 있으며, 격차가 OECD 국가들 가운데 매우 높은 편이다. 일자리의 질에 있어서도 남녀 간에 차이가 크다. 실업률은 3.8%로 평균적으로 낮은 편에 속한다. 그러나 청년층의 취업난은 갈수록 악화되고 있다. 니

합계 출산율: 여성 한 명이 가임 기간에 낳을 것으로 예상하는 평균 출생아 수.

니트: 'Not in Education, Employment or Training'의 약자로 진학이나 취직을 하지 않으면서 직업 훈련도 받지 않는 사람을 의미한다.

그림 19-6   소득 재분배 이전과 이후의 지니 계수

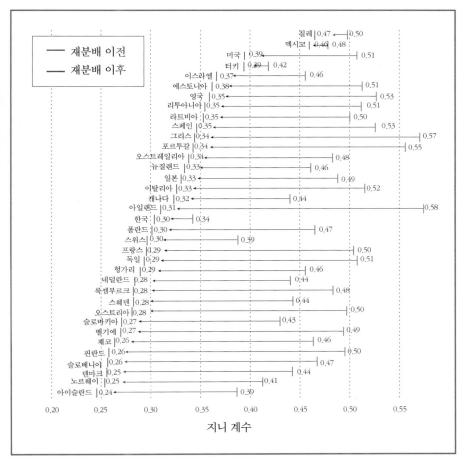

자료: OECD 자료.

트(NEET), 즉 취직을 하지 않거나 교육 훈련을 받고 있는 청년의 비율이 18.4%를 기록해 OECD 7위를 기록하였다. 임금 노동자의 월 노동 시간은 180.8시간으로 전년도보다 1시간 12분 감소하였지만, 국제적으로는 여전히 매우 높은 수준이다. 평균 휴가 일수도 5.5일에 불과하다. 노조 조직률은 10.7%로 매우 낮은 편이다. 그러나 파업으로 인한 노동 손실 일수는 상당히 높아, 노사 관계가 거칠다는 점을 보여 주고 있다.

　소득의 불균등도를 살펴보기 위해서는 지니 계수(Gini coefficient)를 참조하는 것이 편리하다. 그림 19-6에 OECD 국가들을 조세 징수와 정부의 이전 지출이 이루어진 후의 지니 계수가 높은 순서로 나열해 놓았다. 이 재분배

지니 계수: 소득 불균등도를 나타내는 지수 중 하나. 0에서 1 사이에 위치하며 수치가 높을수록 불균등이 심함을 나타낸다.

효과는 국가마다 큰 차이를 보인다. 우리나라는 재분배 이전의 '시장' 상태에서 지니 계수가 0.34로 가장 균등한 상태를 보이지만, 재분배 이후에는 0.30으로 OECD 중간 수준이 되고 만다. 재분배 효과가 매우 미미하다는 의미이다.

우리나라의 사회 복지 지출은 비교 국가들에 비해 높지 않다. 사회 복지 지출에는 아동과 고령자, 실업자, 빈곤층에 대한 대상별 지원과 보육, 의료, 주거 등 분야별 지원이 포함되는데, 2018년 기준 우리나라의 GDP 대비 공공 사회 지출 비중은 11.1%로서 OECD 평균인 20.0%에 크게 미달한다. 그렇지만 사회 복지 지출의 증가율은 매우 높은 편이다. 여러 계층 가운데 노인층의 빈곤 문제가 특히 심각하다. 65세 이상의 빈곤율이 OECD 평균의 3배에 육박하는 45.7%나 되는 실정이다. 산업 재해도 우리나라가 특별히 취약한 부문이다. 산업 재해로 인해 사망하는 노동자의 비율이 OECD 국가들 가운데 1위라는 불명예를 벗어나지 못하고 있다. 산업 재해로 인한 연손실액이 무려 16조 원에 달하는 실정이다. 산업 재해 문제의 심각성에 대해 사회적 인식이 여전히 부족하다는 점을 말해 준다. 부패 문제도 우리나라가 극복해야 할 중대한 과제이다. 2017년에 조사가 이루어진 OECD 35개국 가운데 우리나라는 부패인식 수준에서 29위라는 부끄러운 성적을 기록하였다.

사회적 요소들도 관심의 대상이다. 인간 개발 지수(Human Development Index, HDI)는 기대 수명, 교육 수준, 일인당 소득 등을 종합적으로 고려하여 작성하는 지수로서, 개별 국가의 사람들이 얼마나 자기 개발의 기회를 누릴 수 있는가 보여 주는 척도라고 말할 수 있다. 우리나라의 인간 개발 지수는 19위로 중간 수준을 기록하고 있다. 그렇지만 이와 달리 주관적인 삶의 만족도 평가에서는 우리나라가 31위라는 낮은 순위를 기록하였다. 자살률도 OECD 국가들 가운데 최상위에 속한다. 삶이 팍팍하다고 느끼는 사람이 그만큼 많다는 의미이다. 환경에 관해서는, 그간의 온실 가스 배출 감축 노력에도 불구하고 아직도 배출량이 약간의 증가 추세를 보이고 있다. 이와 별도로 사람들이 체감하는 대기 환경의 수준은 지속적으로 악화되고 있으며, 특히 미세 먼지에 대한 불안이 두드러지게 높아지고 있다. 문화를 향유하는 인구의 비율은 느린 속도지만 점차 늘어나고 있다. 문화 시설의 수가 지속적으로 증가하고 있고 생활 체육에 참여하는 사람들의 수도 늘어나고 있다. 인터넷 이용률도 지속적으로 높아지고 있으며, 이와 동시에 스마트폰에 과도하게 의존하는 인구의 비율도 빠르게 높아지고 있다.

오늘날에도 우리나라가 가야 할 길은 멀다. 2014년에 발생한 세월호 침

인간 개발 지수: 유엔개발위원회(UNDP)가 해마다 발표하는 통계치로 문자 해독률, 평균 수명, 일인당 소득 등을 종합적으로 감안하여 발표한다.

세월호 침물 사고: 2014년 4월에 발생한 대규모 해상 재난 사고. 400여 명이 사망하였다.

몰 사고는 안전 미비, 부패, 부실한 재난 관리 체제 등의 문제를 한꺼번에
보여 주었다. 그간 외형적 성장 속에 가려져 있었던 사회적 치부가 만천하
에 드러나면서, 내실을 갖춘 선진국에 도달하기 위해서 해결해야 할 문제가
산적해 있다는 반성이 확산되고 있다.

제3절 글로벌 금융 위기와 미래의 세계 경제 질서

신자유주의 시대의 소득과 부의 분포

20세기 후반부터 신자유주의 사조의 확산이 가속화되는 가운데 세계적
으로 소득 분포는 불균등하게 변모하였다. 피케티(Thomas Piketty)의 연구에
따르면, 1980년 이후 소득 수준과 상관없이 대부분의 국가에서 소득 불균등
이 심화되었다. 그림 19-7은 1900-2010년 주요 선진국을 대상으로 소득 상위

그림 19-7 5개 선진국의 소득 상위 10% 인구의 소득 점유율, 1900-2010년

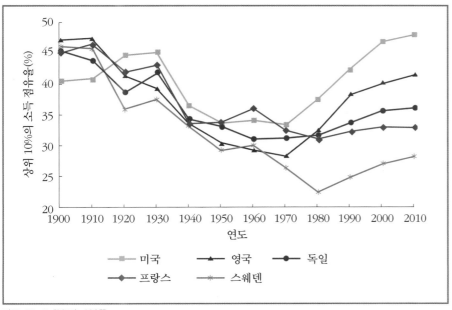

자료: Piketty(2014), 323쪽.

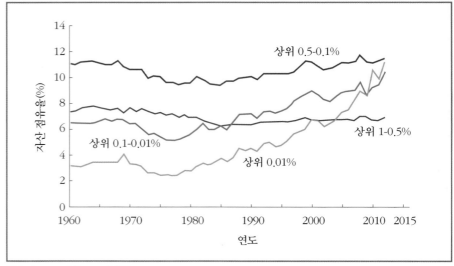

그림 19-8 미국 상위 1% 이내 부자의 자산 점유율, 1960-2013년

자료: Saez and Zucman(2014).

10%의 인구가 차지하는 총소득의 비중을 보여 준다. 대부분의 국가들이 20세기 초부터 1970년 내지 1980년까지 소득 불균등이 감소하였다가 이후 증가한 모습을 나타낸다. 그러나 국가 간의 차이도 적지 않았다. 미국의 경우 21세기에 들어서는 시점에 대공황 시기보다 소득 분배가 더 불균등해졌고, 그 추세는 계속 이어졌다. 영국은 미국과 유사한 추세를 보였지만 미국보다는 소득 분배가 더 불균등하였다. 그 뒤를 이어 독일과 프랑스, 그리고 마지막으로 스웨덴이 위치하였다. 개별 국가의 경제 구조와 경제 정책에 따라 소득 분포에 큰 차이가 발생할 수 있음이 확인된다.

슈퍼 리치: 극소수의 최고 부자를 지칭하는 말.

　　부의 불균등도 두드러지게 나타나는데, 특히 최상위를 차지하는 집단 – 이른바 슈퍼 리치(Super-Rich) – 의 점유율이 주목을 끈다. 그림 19-8은 1960년 이래 미국의 상위 1% 부자의 자산 점유율을 보여 준다. 상위 1-0.5% 집단의 점유율은 상승하지 않은 반면에 상위 0.1% 이내 집단의 부는 눈에 띄게 증가세를 보였다. 특히, 상위 0.01%의 점유율은 가파르게 증가하여, 2010년에 미국 전체 자산의 10%를 넘어섰다. 신자유주의 시대에 부가 점점 더 소수의 슈퍼 리치에게 집중되었음을 그래프는 보여 준다.

금융 위기의 발발과 전개

2007-2008년에 발생한 글로벌 금융 위기는 세계 경제에 엄청난 지각 변동을 가져왔다. 미국에서 시작된 이 위기의 직접적 출발점은 서브프라임 모기지(sub-prime mortgage) 사태였지만, 기저에는 2000년대 중반부터 지속된 세계적인 **저금리 기조**와 이로 인한 **유동성의 세계적 증가**라는 배경이 자리하고 있다. 즉, 자산 가격 특히 부동산 가격의 급등세가 지속되는 가운데 자산 버블이 확대되어 갔고, 결국 서브프라임 모기지의 증권화라고 하는 취약한 부분이 터지면서 대규모 거품 붕괴로 이어지게 되었다. 한편, 신자유주의가 세계적으로 팽배하면서 경제 부문에서도 정부 규제를 완화하고 시장에 대한 믿음을 극대화하는 형태로 경제 제도가 재편되었다. 특히, 금융 부문에서 이런 현상이 두드러졌다. 각국의 금융 감독과 평가 체계가 약화되면서 위험을 감수하면서라도 높은 수익률을 얻고자 하는 금융 기관의 행태가 두드러지게 나타났고, 전례 없는 규모로 다양한 파생상품들이 등장하면서 자산 버블을 계속 부풀렸다.

그림 19-9는 1980년대 이래 파생 상품의 증가 추세를 보여 준다. 세계 실물 생산의 증가에 비해 파생 상품의 증가가 매우 빨랐는데, 특히 2000년대

서브프라임 모기지: 미국의 부동산 금융 상품 가운데 하나로, 비교적 신용도가 낮은 고객을 대상으로 하는 비우량 부동산 담보 대출 상품이다.

그림 19-9 파생 상품의 팽창, 1988-2014년

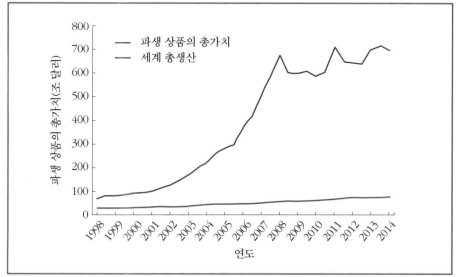

자료: World Economic Forum.

무너지는 금융 제국 2008년 9월 세계적인 금융 기업 리먼 브라더스가 파산하는 장면을 취재하기 위해 모인 기자들.
자료: Patrick Stahl, CC BY-SA 2.0.

이상 과열: 연방 준비 제도 이사회 의장 앨런 그린스펀(A. Greenspan)이 1990년대 후반 미국 주식 시장의 폭등을 설명하기 위해 사용한 용어. 지나친 기대가 일으킨 상승 작용에 기인한 비정상적 과열이라고 지적하였다.

들어 파생 상품의 증가세는 엄청난 수준이었다. 결국 저금리와 규제 완화의 환경 하에서 이상 과열(irrational exuberance)을 보였던 경제 주체들이 순식간에 파국적 상황을 맞게 되었다.

금융 기관의 부실화와 파국은 세계적 명성을 지녔던 기업들을 하루아침에 세계 금융 지도에서 사라지게 만들었다. 메릴린치(Merrill Lynch)는 뱅크오브아메리카(BOA)에 인수되었고, 리먼 브라더스(Lehman Brothers)는 파산하였으며, 워싱턴 뮤추얼(Washington Mutual)은 J. P. 모건(J. P. Morgan)의 손으로 넘어갔고, 와코비아(Wachovia)는 웰스파고(Wells Fargo)에게 인수되었다. 이밖에도 수많은 금융 기관이 축소, 인수 또는 파산과 같은 비운을 맛보아야만 하였다.

금융 기관의 부실화와 그에 따른 금융 경색은 곧 **실물 부문에까지 영향**을 전이시켰다. 가계 소비의 위축과 기업 투자의 감소가 뒤따르면서 금융 위

그림 19-11 세계 GDP 증가율, 1980-2018년

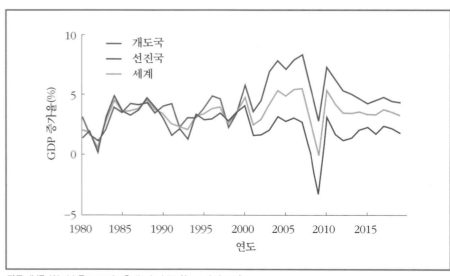

자료: IMF, World Economic Outlook, http://www.imf.org/.

기는 이제 본격적인 경제 위기로 확대되었다. 그리고 이는 다시 국제 무역의 축소로 이어져 글로벌 위기 사태로 발전되었다. 그림 19-11에 나타난 것과 같이 글로벌 위기의 여파는 세계 경제에 큰 충격을 가져왔다. 세계 경제의 실질 GDP가 마이너스 성장을 기록하였다.

대공황 이후 최대의 국제적 공황이라고 일컬어지는 현재의 글로벌 금융 위기가 초래한 타격은 매우 컸다. 미국으로만 한정하더라도 가계 부문의 순 자산 손실 규모가 2008년 한 해 동안 11조 달러에 이르렀다. 미국과 유럽 연합의 실업률은 제2차 세계 대전 이후 최고 수준인 10%에 이르렀다. 한때 국가 경제 혁신의 성공 사례로 높이 칭송되던 아이슬란드, 두바이, 아일랜드 등은 졸지에 국가 부도의 사태에 직면하게 되었다.

양적 완화: 중앙은행의 정책으로 금리 인하를 통한 경기 부양 효과가 한계에 봉착했을 때 중앙은행이 국채 매입 등을 통해 유동성을 시중에 직접 푸는 정책을 뜻한다. 경기 침체에 제동을 거는 효과를 볼 수도 있으나, 지나칠 경우 인플레이션과 자산 가격 거품을 야기할 수도 있다.

대응 정책

세계 각국은 글로벌 경제 위기에 대응하여 **다양한 정책**을 실시하였다. 파산 위기에 빠진 개별 금융 기관을 구제하는 것을 시작으로, 금융 경색을 막기 위한 금리 인하, 통화 정책의 완화, 확장적인 재정 정책 등을 적극적으로 실시하였다. 또한 국가별로 금융 감독과 규제의 강화, 금산 분리 원칙의 적용, 부실 금융 기업의 국유화 등의 조치를 취하였다.

우선 각국은 가장 시급한 현안인 금융 시장의 안정화를 위해 은행 등 금융 기관의 자본을 확충하고, 금융 기관의 채무를 정부가 보증하며, 유동성을 확대 공급하는 등 다양한 정책을 전개하였다. 글로벌 경제 위기의 출발지인 미국 정부는 부실 자산 구제 프로그램을 통해 금융 기업들의 부실 자산 매입과 손실 보증 등을 실시하였으며, 예금 보험의 한도를 확대하는 정책을 실시하였다. 미국 정부는 양적 완화 (quantitative easing) 정책을 사용하여 유동성 공급을 확대하였다. 영국 정부는 대형 은행들에게 자본을 확충해 주었고, 금융 기관 부채에 대해서 보증을 서기로 하였다. 프랑스, 독일, 일본 등 여타 국가들도 금융 기관의 부실화를 막고 유동성의 안정적 공급을 보장하기 위한 안정화 조치들을 앞다투

그림 19-12

지쳐 가는 세계 경제 위기에서 탈출하기 위해 여러 국가들은 자국의 통화 가치를 떨어뜨리는 전략에 끌린다.
자료: Justin Cozart, CC BY-SA 2.0.

그림 19-13 GDP 대비 총부채의 비율

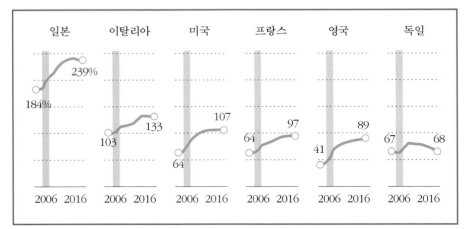

주: 회색 부분은 글로벌 금융 위기가 발생한 시기.
자료: IMF, World Economic Outlook; Pew Research Center.

어 실시하였다.

재정 정책을 확장적으로 운영하는 전략도 선진국들이 공통적으로 취한 위기 대응책 중 하나였다. 경기 부양을 목적으로 복지와 사회 간접 자본 투자에 대규모 재정 지출을 하거나 조세 감면 정책을 취하는 국가들이 많았다. 예를 들어, 미국 정부는 2009년에 대규모의 감세 정책을 실시하였고, 일자리 창출과 경기 부양을 위해 재정 지출을 크게 늘렸다. 영국과 독일 등 유럽 국가들도 사회 간접 자본 투자를 위한 재원을 마련하였고, 조세 감면을 위한 다양한 정책을 실시하였다. 그림 19-13은 2006년과 2016년을 기준으로 GDP 대비 총부채의 비중을 보여 준다. 조사된 모든 국가에서 부채의 비중이 커졌는데, 이 가운데 일부는 글로벌 금융 위기에 대한 대응 과정에서 증가한 국가 부채 부분이다. 이러한 재정 압박으로 인해 앞으로 추가적 재정 정책을 펼칠 여지는 크게 제한되고 있다. 그리스와 아일랜드, 포르투갈, 스페인에서는 실제로 재정 위기가 현실화되어 경제적 안정성이 크게 위협을 받았다.

금융 위기가 선진국에만 국한된 것이 아니었으므로, 많은 개발 도상국들도 위기 대응 정책의 수립과 집행이 필요하였다. 대부분의 국가들은 선진국의 예를 좇아 유사한 대응 전략을 마련하고 수행하였다. 통화의 신인도가 약한 국가들은 선진국과 통화 스와프 협정을 체결하여 위기 상황의 발생에 대처하기도 하였다.

종합하자면, 세계 각국은 위기 극복을 위해 **국제 공조**가 필요함을 인식하였고, 실제로 개별 국가들이 자국의 단기적 이익을 위해 보호 무역주의를 경쟁적으로 택하거나 평가 절하를 경쟁적으로 실시하는 등의 우(愚)를 범하지는 않았다. 비록 완벽한 국제 공조가 이루어지고 있다고 볼 수는 없지만, 과거 대공황으로부터 회복이 지연되면서 사회 불안이 증폭되고 급진적 정치 집단이 대두하였던 사례로부터 배운 값비싼 역사적 교훈이 현대인에게 영향을 끼치고 있다.

글로벌 위기와 세계적 경제 기조

경제 위기의 여파는 개별 기업과 국가들에 국한되지 않는다. 기업의 활동과 국가의 경제 활동에 대해 국제적 기준을 제공하는 세계 경제 질서 자체에도 심대한 변화가 발생하고 있다. 1970년대에 등장한 후 30여 년간 가속화된 신자유주의적 경제 기조가 현재의 경제 위기 속에서 비판을 받게 되었고, 개별 정부 및 국제기구의 통제를 강화하는 이른바 신(新)브레턴우즈체제(New Bretton Woods System)의 구상이 필요하다는 주장도 대두되고 있다.

신브레턴우즈 체제: 기존의 세계 경제 질서를 대체할 경제 체제로 논의되는 방안을 가리킨다. 대체로 금융 감독의 강화와 위기 경보 체제의 확립 등을 기본 내용으로 한다.

이러한 문제 의식은 선진국에만 국한된 것이 아니다. 그간 신자유주의 질서 속에서 선진국들은 개발 도상국들에게 특정한 경제 개혁 처방을 권고 또는 강제하여 왔다. 이런 처방의 기초가 되었던 워싱턴 컨센서스에 대한 신뢰가 무너지면서, 선진국의 처방이 '따라잡기', 즉 선진국과 후진국 간의 빈부 격차를 해소하는 수렴 효과를 가져오는 것이 아니라 오히려 양자 간의 격차를 확대시키는 이른바 '사다리 걷어차기' 효과를 초래할 수도 있다고 우려하는 개발 도상국들이 점점 많아지게 되었다. 경제 발전 전략의 구상에 국가의 역할을 중요시하고 개별 국가가 정책적 자율성을 발휘할 공간을 보장하는 형태의 새로운 틀이 필요하다는 주장이 힘을 얻게 된 것이다.

글로벌 금융 위기에 대응하는 과정에서 미국, 유럽, 아시아의 선진적 자본주의 국가들은 정부의 적극적인 정책 개입을 선택하였다. 과거 사례에서와는 달리 글로벌 금융 위기에 대응하는 국가들 사이에 공조 체제가 어느 정도 잘 작동하였다. 불황에 대처하는 인류의 능력이 증대되었기 때문에 현재의 글로벌 금융 위기가 심화되지 않고 머지않아 회복의 길에 들어설 것이라는 예측도 제기되고 있다. 국제 경제 질서도 위기 이전과 별로 차이를 보이지 않는 형태를 유지할 것이라고 **낙관적 견해**는 주장한다.

그러나 다른 한편으로는 낙관적 해석을 경계하는 주장도 나온다. **비관적 견해**의 첫 번째 근거는 각국이 경제 회복의 핵심 전략으로 삼고 있는 재정 확장 정책을 계속 할 수 있는 여력이 점차 감소하고 있다는 점이다. 이는 전 세계적인 현상이지만, 특히 재정 적자가 심한 국가들로부터 먼저 우려의 목소리가 전해지고 있다. 이미 재정 위기를 맞은 남유럽의 여러 국가들이 재정 압박을 받고 있고, 미국과 일본의 사정도 녹록하지 않다. 둘째, 경제 위기가 지속되면서 자국 이익을 앞세우는 분위기도 감지되고 있다. 금융 규제와 보호 무역주의를 내세우는 정치 세력이 활동 범위를 넓히고 있고, 외국인 노동력의 유입에 반대하는 목소리가 커지고 있으며, 희소 자원과 에너지 확보를 둘러싼 국제적 경쟁도 격화되고 있다. 이런 정책들은 국가 간의 협력을 저해하고 정책 공조를 어렵게 하여 불황으로부터 회복을 더디게 만들 위험이 크다. 셋째, 인위적인 경기 부양 정책은 불가피하게 자산 가격의 상승을 초래하며, 이는 향후 자산 거품을 만들어 낼 위험이 있다. 넷째, 2차 세계화 시대에 확대된 지역 경제 협력체가 위기를 확산시키는 기폭제로 작용할 수도 있다. 예를 들어, 그리스 경제의 위기 상황은 유로 존 및 유럽 연합 전체로 확산될 위험이 있다. 지역 경제 협력체를 해체하거나 재편하는 데에는 큰 비용이 소요되기 때문에, 이에 대한 정책적 선택의 폭은 제한적일 수밖에 없다.

2013년부터 미국은 자국 경제가 회복의 길에 들어섰다고 판단하여 양적 완화의 규모를 축소하는 조치를 시작하였다. 그리고 이듬해에는 양적 완화의 종료를 선언하였다. 미국이 유동성을 줄이기 위하여 금리를 인상하면 다른 국가들, 특히 경제적 기반이 취약한 신흥국들로부터 자본이 미국으로 이탈하는 결과를 초래한다. 국제적 공조가 불충분한 상태로 진행되는 미국의 금리 인상이 세계 경제에 새로운 충격 요인으로 작용할 위험성이 있다.

자국 우선주의의 확산

글로벌 금융 위기가 어느 정도 회복되면서 세계 경제 질서는 위기 이전의 신자유주의적 색채를 회복하는 방향으로 돌아가는 듯하였다. 그러나 2010년대 중반에 발생한 두 가지 사건이 이런 방향성에 의문을 던지는 요인으로 작용하고 있다.

첫째 사건은 2016년 영국에서 실시된 국민 투표에서 영국이 유럽 연합에서 탈퇴한다는 안이 채택된 이른바 **브렉시트(Brexit)** 결정이다. 영국이 유럽 연합에서 탈퇴하게 되면 1993년 유럽 연합이 출범한 이래 처음으로 탈퇴하는 국가가 나오게 되는 셈이다. 브렉시트는 그간 유럽 차원에서 강화되어 왔던 국지적 세계화의 흐름을 단숨에 뒤집는 결정이었다. 일반적 예상과 달리 국민 투표를 통해 자국 우선주의적 결과가 표출되자, 이를 두고 영국의 여론은 크게 갈라졌으며 정치권은 혼돈에 빠졌다. 브렉시트가 실제로 현실화될 것인지, 그리고 그럴 경우 구체적으로 어떤 방식으로 이루어질 것인지에 대해 영국과 유럽 연합이 진행하고 있는 협상은 아직 명확한 결론에 이르지 못하고 있다. 브렉시트 이후의 양자 관계에 관한 협상이 원활하게 완결되지 못한 채 브렉시트가 거칠게 이루어질 가능성도 배제할 수 없다. 브렉시트가 어떻게 마무리될 것인지에 대해서는 의견이 분분하지만, 브렉시트로 인해 영국의 국제적 지위 및 유럽에서의 위상이 적지 않은 타격을 입을 것이라는 예측은 반대 방향의 예측을 압도하고 있다. 브렉시트가 영국에 한정된 일회적 사건으로 끝날 것인지 아니면 유럽 연합의 통합력을 약화시키는 다른 사건을 유발할 것인지도 매우 중요한 문제이다. 다른 국가들의 추가적 탈퇴를 자극하거나 유럽 곳곳에 산재한 민족주의적 분리주의 움직임을 키우는 방향으로 작용한다면, 장차 유럽 연합의 결속력은 더욱 약화될 가능성이 있다.

자국 우선주의를 앞세우는 흐름은 미국에서도 강하게 전개되고 있다. 2016년 대통령에 취임한 **트럼프**(Donald Trump)는 기존의 국제 질서에 대해 노골적으로 반기를 들었다. 지역 경제 협력체들에 대해 부정적 태도를 취하거나 대규모 수정을 요구하였고, 유네스코와 파리 기후 협약 등 국제기구와 국제 협정으로부터 탈퇴를 선언하였다. 군사 동맹국들에게는 크게 인상된 국방비 지출을 요구하였고, 중국, 러시아, 이란 등 여러 국가들에 대해 힘에 기반한 외교를 펼쳤다.

2018년에 미국은 중국에 대해 본격적인 무역 압박 정책을 펴기 시작하였다. 중국산 수입품에 대해 25%의 고관세를 부과하자 중국도 이에 대응해 동일한 수준의 관세를 부과하였다. 2019년 미국은 다시 중국산 수입품에 고관세를 부과한다고 발표하였고, 양국 간에 추가적 관세 인상 위협이 오갔다. 여기에 그치지 않고 미국은 중국의 정보 통신 기업 화웨이와의 거래 제한을 내세워 공세를 강화하였는데, 동맹국의 대기업들도 미국의 공격에 가세하였다. 가히 **무역 전쟁**이라고 부를 만한 이와 같은 사태는 현재 진행형이다. 이 갈등은 미국이 만성적인 대중 무역 적자를 벗어나기 위한 경제적 압박의 수준을 크게 벗어났으며, 미국은 앞으로 지식 재산권과 환율 및 금융 부문에

브렉시트: 영국(Britain)과 탈퇴(exit)의 합성어로 영국이 유럽 연합에서 탈퇴하는 것을 의미한다.

파리 기후 협약: 전 세계 온실가스 감축을 목적으로 2015년에 체결된 국제 협약. 공업화 이전 시기에 비해 지구 평균 온도의 상승 폭을 2도 아내로 유지하는 것을 목표로 삼았다.

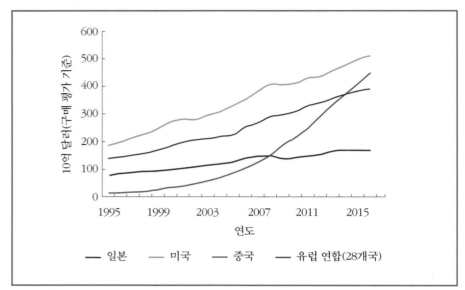

그림 19-14 세계 주요 국가들의 R&D 투자액

자료: OECD.

대한 공세를 강화할 것으로 예상된다. 미국의 이런 전면적 압박은 **패권 경쟁**의 양상을 드러내고 있다. 미국이 강력한 압박을 펼치는 배경에는 중국이 단순히 노동 집약적인 제조업 국가에 머물지 않고 기술 경쟁력을 빠른 속도로 키워 가고 있으며 중국의 국제적 위상과 역할이 눈에 띄게 확대되고 있다는 현실이 존재한다. 그림 19-14에서 볼 수 있듯이 중국의 기술 개발 투자액은 일본과 유럽 연합을 넘어서 미국에 필적하는 수준으로 가파르게 증가하고 있다. 중국에 대한 미국의 공세는 세계 무대에서 미국이 그간 누려 왔던 헤게모니를 중국에게 나누어 주지 않겠다는 전략적 기획인 셈이다. 물론 중국을 향한 압박은 경제적 차원을 넘어 군사적 및 정치적 영역에서도 더욱 거세질 전망이다.

제4절 세계적 차원의 문제들

세계 인구 변화

지구 전체가 각종 네트워크로 촘촘하게 엮인 현대 사회에서는 많은 문제들이 세계적 차원의 공조 없이는 해결되기 어려운 성격을 띤다. 우선 인구의 변화는 일차적으로 개인과 개별 국가의 문제이지만, 인구가 증가하면 지구 자원에 대한 압박을 가져오고 환경 오염을 악화시킨다는 측면에서 **세계적인 문제**라고 볼 수 있다. 또한 인구 증가는 교육과 같은 인적 자본 투자가 적절히 이루어질 경우 생산성을 높여 소득을 향상시킬 수도 있지만, 그렇지 못할 경우에는 실업 문제를 악화시키고 일인당 소득을 감소시킴으로써, 뒤에 살펴볼 빈곤의 문제로도 연결된다.

표 19-8은 세계에서 인구가 가장 많은 10개 국가를 시

그림 19-15

증가하는 인구 압력 사진은 방글라데시에서 종교 집회에 참석하기 위한 승객으로 가득 찬 기차의 모습.
자료: Muntasirmamunimran, CC BY-SA 3.0.

표 19-8 세계 10대 인구 대국과 인구 추이, 1950-2050년

(단위: 100만 명)

순위	1950년		2000년		2050년(예측)	
	국가	인구	국가	인구	국가	인구
1	중국	555	중국	1,275	인도	1,593
2	인도	358	인도	1,009	중국	1,392
3	미국	152	미국	283	미국	395
4	러시아	103	인도네시아	212	파키스탄	305
5	일본	84	브라질	170	인도네시아	285
6	인도네시아	80	파키스탄	141	나이지리아	258
7	독일	68	러시아	146	브라질	253
8	브라질	53	방글라데시	137	방글라데시	243
9	영국	51	일본	127	에티오피아	170
10	이탈리아	47	나이지리아	114	콩고	177
	세계 전체	2,519		6,057		9,075

자료: UN(2005), 리비-바치(2009), 295쪽에서 재인용.

기별로 구분하여 나열하고 있다. 세계의 인구는 1950년에 25억 명이었으나 2000년에는 60억 명으로 증가하여 무려 2.4배의 증가를 보였다. 이에 따라 지구 환경에 대한 인구 압력이 크게 높아졌다. 2050년에는 세계 인구가 90억 명에 이를 것으로 예측되는데, 이는 2000년 인구의 1.5배에 해당한다. 기술 진보의 속도가 얼마나 빠를지에 달려 있기는 하지만, 인구 증가의 압력은 앞으로도 계속될 것으로 보인다.

1950년에 10대 인구 대국에 속하였던 국가 가운데 중국, 인도, 미국, 러시아, 일본, 인도네시아, 브라질 등 7개 국가는 2000년에도 10위 안에 들었는데, 이 중에서 러시아와 일본을 제외한 5개 국가는 2050년에도 10위 안에 남아 있을 것으로 예상된다. 가장 눈에 띄는 변화는 1950년과 2000년에 1위를 차지하였던 중국이 2050년에는 인도에 밀려 2위에 머무를 것이라는 점이다. 중국 인구의 절대수가 감소하지는 않을 것이지만, 정부의 공격적인 산아 제한 정책의 결과로 인구 증가율은 낮게 유지될 것이다. 이와 대조적으로 인도는 상대적으로 높은 인구 증가율을 기록할 것으로 예상된다. 또 하나의 중요한 변화는 개발 도상국들 가운데 인구 대국이 부상한다는 점이다. 파키스탄, 나이지리아, 에티오피아, 콩고 등이 2050년에 순위가 상승하거나 새로 명단에 포함될 것으로 보인다. 개발 도상국 인구의 급속한 증가는 인구 압력뿐만 아니라 빈곤 문제에 대해서도 커다란 함의를 갖는다.

소득 불균등

흔히 세계화는 소득 불균등을 심화시키는 것으로 인식된다. 1차 세계화 시대와 2차 세계화 시대를 포함하는 장기적 자료를 통해 살펴보자. 그림 19-16은 1820년부터 1992년 동안의 소득 불균등 추이를 보여 주는데, **국가 간의 불균등**과 **국가 내의 불균등**을 구분하고 있으며, 둘을 합한 세계 불균등의 추이도 함께 제시하고 있다. 세계 불균등은 1820년대부터 제1차 세계 대전 직전까지 심화되다가 전간기에 완화되었으며, 다시 제2차 세계 대전 후부터 지속적으로 심화되었다. 두 세계화 시대에 소득 분배가 악화되고 세계화가 후퇴한 시기에 소득 분배가 개선된 모습은 세계화가 소득 불균등을 악화시킨다는 주장에 힘을 실어 준다.

다음으로 국가 간 소득 분배와 국가 내 소득 분배를 구분하여 시간적 추

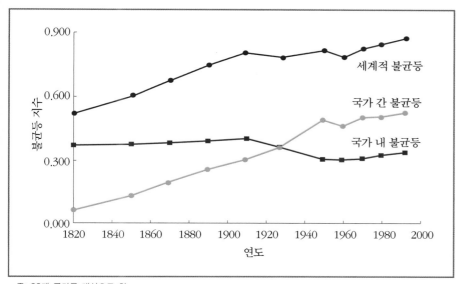

그림 19-16 1820년 이래의 글로벌 소득 불균등

주: 33개 국가를 대상으로 함.
자료: Bourguignon and Morrison(2002), 734쪽.

이를 살펴보자. 1차 세계화 시대에 국가 간 소득 불균등은 심화되었다. 공업화를 성공적으로 수행하고 국제 무역을 확대시킨 국가들은 소득 증가를 경험하였지만, 이에 뒤처진 국가들은 소득 증가가 미미하여 격차가 확대된 것이다. 그러나 이 기간에 국가 내 소득 분포에는 주목할 만한 변화가 발생하지 않았다. 제14장에서 살펴본 것처럼, 노동이 풍부한 구세계 국가들에서는 노동 집약적 생산 특화로 노동자의 임금이 상승하여 소득 불균등이 완화되었고, 반면에 자원이 풍부한 신세계 국가들에서는 자원 집약적 생산 특화의 결과로 자원 소유자인 부유층의 소득이 많이 상승하여 소득 불균등이 심화되었다. 이 두 움직임을 종합한 결과가 바로 국가 내 소득 분배의 미미한 변화였다. 경제난이 심하고 세계화가 후퇴한 전간기에는 국가 간 소득 분배가 크게 약화된 반면, 국가 내 소득 분배는 약간 개선된 모습을 보였다. 제2차 세계 대전 후, 특히 1970년대 이후의 2차 세계화 시대에는 국가 간 소득 분배가 약간 악화되었고, 국가 내 소득 분배는 미미하게 악화된 양상이 나타났다.

종합하자면, 세계화가 진전된 시기에 전반적인 소득 분배는 악화되었고, 국가 간 소득 분배는 크게 변한 데 비해 국가 내 소득 분배에서는 변화가 작았다. 한편, 세계화가 후퇴한 시기에는 국가 간 소득 분배는 급속히 악화된 반면에 국가 내 소득 분배는 개선되어, 전체적으로는 소득 분배에 별다른 변화가

표 19-9 ┃ 소득 불균등에 대한 세계화의 효과, 1500-2000년

기간	세계적 불균등	국가 간 불균등	국가 내 불균등
1500-1820	심화	심화	심화(서유럽)
1820-1914	심화	심화	불분명
1914-1950	불분명	심화	완화(OECD)
1950-2000	약간 심화	약간 심화	약간 심화(OECD)
1820-2000	심화	심화	심화

자료: Lindert and Williamson(2003), 264쪽, 양동휴(2007), 15-16쪽에서 재인용.

발생하지 않았다.

빈곤의 문제

많은 국가와 사람들은 여전히 빈곤의 문제에서 헤어나지 못하고 있다. 그림 19-17에는 1990-2010년에 구매력 평가 기준 하루 소득이 1.25달러에 미치지 못하는 인구 비율이 개도국의 지역별로 표시되어 있다. 1990년에는 개도국 인구의 43%가 이 범주에 드는 극빈층에 속하였으나 2010년에는 21%로 감소한 것으로 나타났다. 특히, 눈길을 끄는 지역은 동아시아·태평양, 남아시아, 아프리카 사하라 이남의 세 지역이었다. 1990년 기준으로 이 지역들은 모두 인구의 50% 이상이 극빈층에 속하였다. 그러나 2010년까지 극빈층 비율이 세 지역에서 모두 감소하였는데, 감소 폭은 지역별로 차이가 있었다. 동아시아·태평양에서는 극빈층이 급감하여 비율이 낮아졌고(13%), 남아시아에서도 극빈층이 크게 줄어든 데 비해(31%), 아프리카 사하라 이남에서는 감소가 완만하게 이루어져 극빈층이 여전히 많았다(42%). 지구상의 다른 지역들에서도 극빈층이 서로 상이한 정도로 감소하였다.

빈곤의 문제는 경제적 어려움의 문제일 뿐만 아니라, 구성원들의 자아실현 가능성을 중대하게 제약하는 요인이기도 하다. 표 19-10은 저개발 지역을 대상으로 지역별로 인간 개발 지수, 일인당 GDP, 일인당 GDP 증가율, 기대 수명, 그리고 성인의 문자 해독률을 비교하고 있다. 라틴 아메리카는 여러 지표에서 가장 나은 성적을 보여 주고 있으며, 동아시아와 태평양은 일인당 GDP가 가장 빠르게 증가하는 지역이었다. 가장 열악한 지역은 역시 아프

그림 19-17 구매력 평가 기준 하루 소득이 1.25달러 미만인 인구의 비율

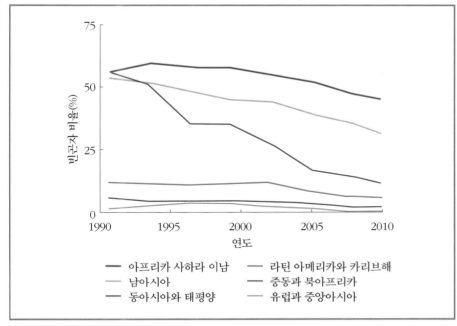

자료: World Bank(2013).

표 19-10　저개발 지역의 지역별 인간 개발 지표들, 1975-2007년

개발 도상국 지역	HDI	일인당 GDP (달러)	일인당 GDP 증가율(%)	출생시 기대 수명(년)	성인 문해율(%)
라틴 아메리카	0.821	10,077	1.2	73.4	91.2
동아시아와 태평양	0.770	5,733	5.8	72.2	82.7
서아시아	0.719	8,202	2.3	68.5	71.2
남아시아	0.612	2,905	3.4	64.1	64.2
아프리카 사하라 이남	0.514	2,031	0.5	51.5	62.9

주: (1) HDI, 일인당 GDP, 기대 수명은 2007년 기준, 일인당 GDP 증가율은 1990-2005년 기준.
　　(2) 일인당 GDP와 일인당 GDP 증가율은 구매력 평가 기준.
자료: UNDP(2007-9), http://www.undp.org/.

리카의 사하라 이남 지역으로, 일인당 GDP는 2,000달러, 기대수명은 52세, 성인의 문해율은 63%에 불과하였다. 개발 도상국 지역들 사이에서는 경제적·사회적 격차가 여전히 큰 상태에 놓여 있다.

생태계의 변화와 세계적 감염병

세계화는 재화와 천연자원의 장거리 이동을 증가시킬 뿐 아니라 동물, 식물, 미생물, 바이러스의 지리적 이동성을 확대시켰다. 또한 때로는 생산의 특화를 위해 단작화를 실시하거나 새로운 작물을 도입하는 사례가 증가하였으며, 수익성을 높이기 위해 작물에 유전자 변형을 가하는 경우도 증가해 왔다. 이런 변화들은 기존의 생태계를 교란하는 효과를 초래할 수 있는데, 안정화된 생태계에 갑작스러운 변화가 발생하면 예측하기 힘든 각종 부작용이 발생할 수 있다. 그 가운데 하나가 **생물 종(種)의 다양성**이 축소되는 위험이다. 생물 종의 다양성을 확보하는 것은 지구 생태계를 풍부하게 유지하는 길일 뿐만 아니라, 인류의 장래 생존과 복지를 위한 중요한 예비적 자원을 확보하는 길이기도 하다. 수많은 의약품과 원료의 원천이기 때문이다.

그림 19-18은 지구상의 생물 종 다양성이 1970년 이래 얼마나 축소되었나를 척추동물을 기준으로 보여 준다. 척추동물 종은 1970년에 비해 2003년에 30% 가까이 줄어들었다. 이 수치를 살아 있는 지구 지수(living planet index)라고 부르는데, 세분하여 육지종, 담수종, 해양종을 따로 살펴보아도 모든 그룹에서 종 다양성이 줄어든 것으로 나타났다.

살아 있는 지구 지수: 2,500종 이상의 척추생물을 대상으로 조사한 종 다양성 평가 지수.

그림 19-18 | 생물 종의 다양성 축소

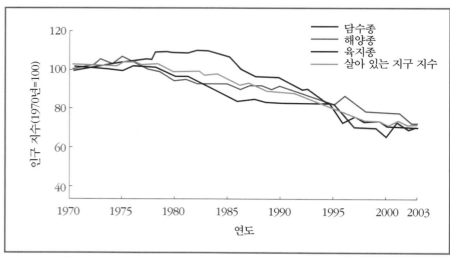

주: 척추동물 전체는 '살아 있는 지구 지수'를 표시한다.
자료: 르몽드 디플로마티크(2011), 51쪽.

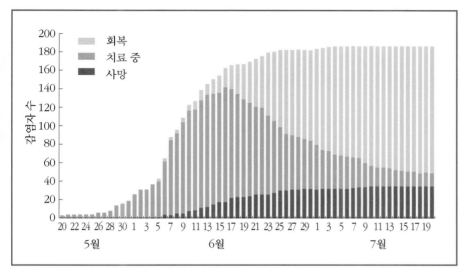

자료: 보건복지부 자료; Pheonix7777, CC BY-SA 4.0.

세계화가 진전되면서 항공 여행 및 화물 이동이 급속하게 증가하면서 국제적인 **감염병 확산**의 위험도 증가하였다. 질병의 경우 잠복기보다 사람과 재화의 이동 속도가 더 빨라짐에 따라 세계 곳곳으로 전파될 위험이 훨씬 커졌다. 과거에는 특정 지역에서만 일시적으로 발병하던 질병 중에서도 이제 전 세계적인 전파력을 지닌 질병으로 성격을 바꾸게 된 경우가 많다. 2002년 발생한 사스와 2009년 발생한 신종 인플루엔자 A, 그리고 2015년에 확산된 메르스(MERS)의 맹위는 이러한 세계적 감염병이 창궐할 위험이 과거 어느 때보다 커졌다는 사실을 말해 준다.

사스(SARS, Severe Acute Respiratory Syndrome): 2002년 11월부터 중국 남부 지방에서 발생하여 전 세계로 확산된 증후군. 환자는 발열과 기침, 호흡 곤란, 비정형 폐렴 등의 증세를 보였으며 높은 치사율을 기록하였다.

메르스: 중동 호흡기 증후군이라고 불리는 감염병으로, 2012년 중동에서 발병하기 시작하였고 2015년 우리나라에서 퍼져 38명의 사망자를 발생시켰다.

기후 변화와 환경 오염

지구 온난화는 화석 연료의 지속적 사용이 주된 원인이 되어 발생하는데, UN 환경 계획(UNEP)의 예측에 따르면 2030년대에는 지구의 평균 기온이 현재보다 1.5-4.5℃ 상승하며 해수면이 20-140cm 높아질 것이라고 한다. 지구 온난화의 영향으로 세계 곳곳에서 기상 이변과 사막화 현상이 목격되고

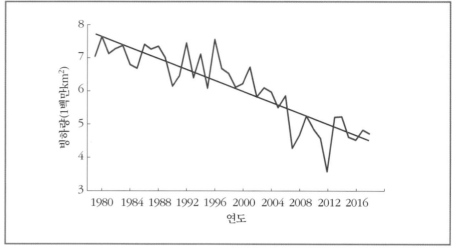

그림 19-20 북극해의 9월 평균 빙하량, 1979-2018년

자료: NSIDC.

있으며, 심지어 작은 섬나라들은 머지않아 해수면 상승으로 인해 존재 자체를 위협받게 될 것이라고 기상학자들은 전망하고 있다.

　　이런 환경 문제의 해결에는 세계 여러 국가들의 공통된 해결 의지와 구체적인 해결 방안 및 책임 분담에 대한 동의가 필수적이다. 그러나 현실에서 대다수 국가가 동의하는 결정에 도달하는 것은 매우 힘들다. 환경 문제 해결을 위한 국제적 노력 가운데 하나가 지구 온난화 방지를 목적으로 한 교토 의정서였다. 각국은 온실가스의 감축 목표와 감축 일정, 개발 도상국의 참여 문제로 많은 이견을 노출하였으나 1997년 교토 의정서의 채택으로 온실가스 감축 목표치를 규정하였고, 2005년 발효되었다. 그에 따라 온실가스 배출을 감소시키는 데에 어느 정도 성과를 거두었다. 그렇지만 넘기 힘든 한계도 분명히 존재하였다. 무엇보다도 전 세계 이산화탄소 배출의 1/4 이상을 차지하는 미국이 자국 산업 보호 등을 명목으로 2001년 이 협약에서 탈퇴하였기 때문이다. 또한 중국과 인도는 개발 도상국이라는 이유로 감축 의무가 면제되었다. 결국 세계 온실가스 배출량의 14%를 차지하는 국가들만 참여하는 협정에 머물렀다. 2015년에 채택되고 이듬해에 발효된 파리 기후 협약은 세계 온실가스 배출량의 70% 이상을 차지하는 국가들이 참여하여 실효성이 클 것으로 기대되었다. 모든 참가국에게 감축 의무가 부여되었다는 사실도 고무적이었다. 그러나 2017년 미국이 탈퇴함에 따라 기대 효과도 줄어들게

교토 의정서: 지구 온난화의 규제와 방지를 위한 국제 협약인 기후 변화 협약의 수정안으로, 인준한 국가는 이산화탄소 등 6종의 온실가스 배출량을 줄이도록 규정되어 있다.

표 19-11 세계 이산화탄소 배출량, 1820-2003년

연도	화석 연료 배출량 (세제곱톤)	총에너지 중 화석 연료 비율(%)	일인당 배출량 (톤)
1820	14	6.0	0.01
1870	147	34.2	0.12
1900	534	61.2	0.34
1913	943	71.3	0.53
1940	1,299	73.6	0.57
1950	1,630	86.5	0.65
1973	4,271	80.9	1.09
1990	5,655	80.4	1.08
2003	6,705	76.9	1.07

자료: Maddison(2007).

되었다.

환경에 관한 세계적 합의를 어렵게 하는 요인은 현재 진행 중인 환경 파괴 요인의 국가 간 불균형만이 아니다. 오늘날의 환경 문제가 과거로부터 누적된 환경 문제의 총합이므로 환경 개선 부담도 역사적 책임 소재에 따라야 한다는 주장이 개발 도상국들을 중심으로 대두되고 있고, 선진국들은 대체로 이에 반대하는 입장을 취한다. 표 19-11에서 보듯 19세기 이래 지구상의 탄소 배출량은 가파르게 증가하여 왔다. 인류가 사용한 전체 에너지 중에서 화석 연료가 차지하는 비중도 80%대까지 증가하였다. 산업 혁명 시기부터 현재까지 배출된 이산화탄소의 양을 기준으로 볼 때 현재 선진국들의 책임은 전체 환경 오염의 3/4을 넘는 것으로 알려져 있다. 2003년을 기준으로 볼 때, 일인당 이산화탄소 배출량은 미국(5.38톤), 캐나다(4.69톤), 오스트레일리아(4.80톤), 사우디아라비아(3.32톤), 러시아(2.88톤), 독일(2.83톤)의 순을 보이고 있다. 2011년을 기준으로 보면, 세계 인구의 18%를 차지하는 고소득 국가 그룹이 세계 에너지 소비의 절반을 차지하고 있다. 인구당으

그림 19-21

환경 오염 방지 캠페인 해양 환경이 플라스틱 쓰레기의 유입으로 인해 파괴된다는 사실을 강조하기 위해 설치된 환경 운동 조형물.

로 계산하면 이는 중소득 국가의 4배, 저소득 국가의 14배에 해당한다.

지구 온난화 이외에도 국경을 넘어 영향을 미치는 환경 오염의 문제는 다양하다. 우선 대기 오염이 심각한 문제로 부각되고 있다. 도시화와 공업화에 따라 유해 물질이 대기 중에 많이 배출되고 사막화로 인해 황사가 빈번하게 발생하는데, 이들은 주변국 주민들에게까지 악영향을 끼친다. 최근에는 미세 먼지와 초미세 먼지의 발생과 확산이 세계적으로 중요한 이슈로 떠오르고 있다. 육상의 환경 오염도 심각성이 높아지고 있다. 매일 발생하는 생활 쓰레기와 유해 물질의 양에 비해 이들을 효과적으로 처리하는 능력은 태부족이다. 수질 오염도 주목해야 할 문제이다. 유해 물질의 무단 배출과 같은 전통적인 오염 요인 이외에 최근에는 바다로 유입되는 미세 플라스틱의 문제도 새롭게 부각되고 있다. 미세 플라스틱은 작은 알갱이로 분해되어 해양 생태계를 크게 훼손하는 것은 물론이고 해양 생물이 섭취함에 따라 결국 인간의 식탁에 오르게 된다.

미세 플라스틱: 크기가 5mm 미만인 작은 플라스틱 조각으로, 하천과 바다에 유입되어 생태계를 훼손하고 먹이사슬을 통해 사람에게 전해지기도 한다.

민주주의, 민주화 운동과 난민

세계화 시대에는 발달한 정보 통신 기술과 활발한 국제적 교류의 영향으로 다른 국가의 정치적 환경과 민주화 수준에 대한 정보를 빠르게 습득할 수 있으며, 동시에 한 국가가 처하고 있는 정치적 상황을 다른 국가에 쉽게 전파할 수 있다. 시장 개방과 사람의 이동성 증가도 지식과 정보의 유통 범위를 넓히고 강도를 높인다. 따라서 한 곳에서 정치적 개선 – 표현의 자유와 같은 기본권의 향상, 권위주의적 정부의 자의적 권력 행사 축소, 법치주의의 진전 등 – 이 이루어지면, 이 사실을 다른 지역의 구성원들도 즉각적으로 알 수 있고, 이에 동조하는 움직임을 세계적으로 전파시킬 수 있다. 때로는 국제적 여론을 조성함으로써 변화가 발생하고 있는 곳의 정치 상황에 적극적인 영향을 끼치기도 한다. 이런 이유로 세계화를 긍정적으로 보는 견해는 세계화의 진전이 정치 발전에 기여한다고 본다.

그림 19-22는 1987-2017년 세계의 민주주의가 어떤 추세를 나타내었나를 분석한 결과를 보여 준다. '자유 국가'의 비율이 2007년까지 높아졌지만 이후에는 하락 반전하였다. '부분적인 자유 국가'의 비율은 첫 10년 기간에 하락한 이후 대체로 일정 수준을 유지하였다. '비자유 국가'의 비율은 2007년

그림 19-22 지역별 자유 지수의 변동, 1987-2017년

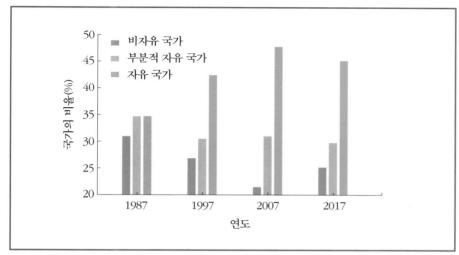

자료: https://freedomhouse.org/report/freedom-world/freedom-world-2017.

까지 급속하게 감소하였지만 그 후에 증가로 돌아섰다. 종합하자면 2007년 까지는 민주주의의 확산이 두드러졌던 반면에 그 후에는 민주주의가 상당히 후퇴하였다고 볼 수 있다. 따라서 세계화의 진전이 곧 민주주의와 같은 정치적 수준의 향상으로 이어질 것이라고 속단을 하기는 어렵다.

한편, 2010년부터 북아프리카와 서아시아의 이슬람 국가들을 중심으로 진행된 **반독재 민주화 운동**인 이른바 재스민 혁명(Jasmine Revolution)은 세계 질서에 영향을 끼치는 새로운 정치적 움직임으로 주목할 만하다. 정치적 억압, 인권 침해, 정부의 부패뿐만 아니라 경기 침체와 실업 등 경제적 불만도 이 움직임의 원인이 되었다. 튀니지에서 시작된 시위는 알제리, 리비아, 요르단, 이집트, 예멘, 시리아 등으로 빠르게 확산되었고, 튀니지, 이집트, 리비아 등에서는 정권이 교체되었으며, 일부 국가들에서는 정치적 타협이 이루어졌다. 그렇지만 일부 국가는 내전 혹은 반(反)혁명의 소용돌이로 빠져들기도 하였다. 가까운 미래에 민주주의가 확립되고 법치주의가 존중되는 사회가 구성될 수 있을지 예단하기 어려운 상황이다.

민주적 기반이 취약한 국가에서는 안전한 삶을 보장받지 못하여 국외로 탈출하려는 난민이 발생하기 쉽다. 난민은 오늘날 세계가 당면하고 있는 심각한 문제이다. 난민은 전쟁, 박해, 테러, 기근 등의 이유로 다른 나라로 망명하는 사람이다. 2018년 기준으로 이주를 강요당한 인구가 총 6,850만 명에

재스민 혁명: 2010년부터 이슬람 세계에서 발생한 민주화 운동을 지칭하는 용어로, '아랍의 봄' 또는 '아랍의 자각'(Arab Awakening)으로도 불린다.

달하는데, 그중에서 2,540만 명이 국경을 넘어 이주한 난민이고 310만 명이 난민 신청자이다. 난민의 57%가 시리아, 아프가니스탄, 남수단 출신이다. 난민이 빈번하게 발생하고 난민 규모가 커짐에 따라 수용 시설의 확충, 수용 기간의 결정, 질병과 의료 문제, 교육 문제, 치안 문제, 사회적 착취 등 풀어야 할 문제들도 늘어나고 있다.

제5절 세계화를 보는 시각과 선택

긍정적 시각

세계화를 보는 시각은 매우 다양하다. 단순화하자면, 세계화가 긍정적인 효과를 가져온다고 보는 견해들이 있는 반면에, 세계화의 영향이 전반적으로 부정적이라고 보는 견해들도 있다. 이들을 간략하게 정리해 보자.

세계화의 영향을 긍정적으로 평가하는 근거의 하나는 세계화가 국가라는 정치적 기구의 통제력을 약화시킨다는 점이다. 즉, 개인이 **국가 권력으로부터 해방**되어 자유롭게 권리를 향유할 수 있게 되며, 개별 국가의 통제에서 벗어나 세계적 공통성을 갖는 이른바 '세계 시민'으로서의 지위를 누리게 된다는 것이다. 특히, 세계화된 환경에서는 권위주의적 속성을 지닌 국가가

그림 19-23

종교적 다양성의 포용 세계화는 종교적 포용성을 요구한다. 사진은 타이완의 한 공항에 마련된 기도 공간으로, 왼쪽부터 이슬람교, 불교, 기독교를 위한 기도실이 나란히 배치되어 있다.

자국민에게 여러 정치적 제약을 강압적으로 부과할 수 있는 여지가 제한이 된다. 국민들은 외국에서 사람들이 어떤 수준의 정치적 권리를 향유하는지 손쉽게 파악할 수 있기 때문에 국내 정치에 영향을 끼칠 수 있으며, 국내의 실상을 외국과 국제기구 등에 전하여 동조 세력을 구함으로써 국내 정치에 변화의 압력을 가할 수도 있다. 이런 과정을 통해 세계화는 전반적으로 민주적 정치 질서가 세계 곳곳에 파급되도록 긍정적인 영향을 끼칠 수 있다. 대표적인 사례로서 소련에서 이탈하여 체제 전환을 이룬 동유럽 국가들이 최근에 유럽 연합에 가입하면서 민주주의가 고양된 사실을 들 수 있다. 유럽 연합이라는 지역적 세계화의 구도에 편입됨으로써, 이 국가들은 유럽 연합이 요구하는 정치적 및 사회적 민주성을 무난하고 쉽게 현실화할 수 있게 되었다. 다른 사례로 중동의 재스민 혁명과 홍콩의 우산 혁명을 들 수 있다. 주변 국가에서 발생한 민주화 운동에 대한 구체적 정보를 쉽게 얻게 된 사람들이 이동 통신 기기를 이용하여 정보를 공유하고, 동조자를 모집하고, 집회를 조직하고, 국내외 언론에 뉴스를 제공하였다.

우산 혁명: 2014년 홍콩에서 발생한 민주화 시위. 이후에도 홍콩의 자치적 권한을 유지하려는 운동으로 이어졌다.

세계화의 긍정적인 영향으로서 **평균적 생활 수준의 향상**을 지적하기도 한다. 세계화는 지역 간의 경제적·정치적·문화적·기술적 장벽을 낮추는 과정을 통해 시장 규모를 확대하고 규모와 범위의 경제를 실현할 수 있는 기반을 창출한다. 각 경제 주체는 비교 우위를 지닌 상품의 생산과 유통에 특화함으로써 전문화와 교역의 이익을 극대화할 수 있다. 세계화가 진전된 경제에서는 수확 체감의 법칙이 작용할 여지가 축소되기 때문에, 소수의 혁신자가 과거보다 큰 이익을 누릴 수 있게 된다. 따라서 세계화에 적극적인 경제는 이런 이점들을 살리게 되어 평균 소득 수준의 향상을 기할 수 있다고 설명한다. 경제 주체 간의 소득 격차는 커질 수도 있지만, 평균적인 소득 수준은 높아지는 경향이 강하다는 것이다.

마지막으로, 세계화가 **문화적 다양성**을 증가시키는 긍정적 효과를 유발한다는 주장도 피력된다. 지구 곳곳의 다양한 문화에 대해 노출 범위가 확대되고 빈도가 증가함에 따라, 상이한 문화에 대한 이해가 깊어지고 포용력이 커진다는 것이다. 이런 이해와 포용력이 곧 세계 시민이 가져야 할 미덕이라고 할 수 있다.

부정적 시각

그림 19-24

문화의 세계적 융합 중국인 화가가 프랑스 파리의 몽마르트에서 관광객의 초상화를 그리고 있다.

세계화가 유발하는 효과가 부정적이라는 견해들도 많다. 무엇보다도 세계화는 사회의 안전망 제공을 기본적인 목적으로 하는 **복지 정책의 근간을 위협**할 수 있다. 세계화 시대에는 강자 독식의 가능성이 크기 때문에, 경쟁에서 밀려난 약자들에게 복지 안전망을 제공하는 것이 사회가 안정적으로 기능하도록 하는 데 크게 중요해진다. 이를 위해서는 복지 재원의 마련이 중요한데, 세계화된 경제 환경에서는 이것이 어렵게 된다. 왜냐하면 자본은 국제적 이동성이 크기 때문에 과세를 하기 어려워 상대적으로 이동성이 약한 노동에 대한 과세가 중심이 되는 경향이 발생하기 때문이다. 노동 중에서도 고소득 숙련 노동보다는 저소득 비숙련 노동이 가장 낮은 이동성을 보이는데, 이 계층은 조세 부담 능력이 가장 작으며 오히려 복지 지출의 대상이 되어야 할 집단이다. 따라서 복지 정책을 시행할 사회적 여력이 한계에 봉착할 수밖에 없게 된다는 것이다.

그림 19-25

FTA 반대 운동 2006년 미국과의 FTA 체결에 반대하는 한국 시위대.
자료: Joe Marbel, CC BY-SA 3.0.

이렇듯 세계화는 계층 간의 갈등을 심화시키는 요인으로 작용하기 쉽기 때문에 **공동체적 사회 의식을 훼손**하는 악영향을 초래한다고 지적된다. 시장 권력의 지배력이 커지면서 사회적 긴장과 갈등을 해소하고 공동체적 의식을 회복하려는 노력이 성과를 거두기 어려워진다는 것이다. 빈곤과 소득 불균등의 문제, 정보 격차, 환경 이슈 등 다양한 사안에 대해 사회 통합의 심리적 구심점이 약화되고, 약육강식의 분위기가 팽배해질 수 있다는 우려가 제기되는 것이다.

세계화가 문화적 다양성을 촉진할 것이라는 낙관적 기대와 반대로, 세계화가 **문화적 다양성을 오**

히려 축소시킬 것이라는 견해도 있다. 소수의 특정 문화가 광범위한 지배력을 행사함에 따라, 수많은 국지적 문화들은 설 자리를 잃고 주변적인 지위로 밀려나거나 소멸된다는 것이다. 이른바 '맥도널드화'(McDonalization)라는 이름을 얻게 된 미국 패스트푸드의 세계적 전파와 할리우드 영화의 세계적 흥행, 그리고 유럽 프로 축구 리그들의 대인기는 모두 이런 추세의 사례로 지적된다. 상업적인 가치가 적은 제품, 오락, 취미 등은 점차 설 자리를 잃고, 국지적 기반의 활동은 관심사에서 멀어져 도태될 수밖에 없다는 것이다.

9.11 사건과 점령 시위

2001년에 미국 뉴욕의 세계 무역 센터와 워싱턴의 국방부 건물을 대상으로 발생한 동시다발적 항공기 테러 사건은 대규모의 인적 및 물적 피해를 가져왔고, 전 세계적으로 커다란 심리적 충격을 불러일으켰다. 이 **9.11 사건**의 배후로 알카에다(Al-Qaeda)와 같은 이슬람 원리주의(Islamic Fundamentalism) 세력이 지목되었고, 미국은 테러와의 전쟁을 기치로 내걸고 아프가니스탄에 대해 대대적 공격을 가하여 탈레반 정권을 붕괴시켰다. 이 사건이 현재의 세계화 과정에 중요한 분기점이 되었다는 견해가 있다. 미국과 초국적 기업 및 국제기구가 연합하여 강압적으로 신자유주의적인 세계화를 밀어붙이고 있다고 인식하는 이슬람 원리주의자들이 일방적인 국제 질서에 거부감을 가지고 극단적인 형태로 반감을 표출한 것이라고 볼 수 있다는 것이다.

9.11 사건은 세계화의 주도 세력에게 중대한 충격으로 다가왔지만, 이 충격은 세계화 추진 진영의 '외부'로부터 온 것이었고, 그에 대한 반응은 **외부와 내부의 구분을 강화**하는 형태로 나타났다. 서구와 중동, 기독교권과 이슬람권의 분리와 갈등이 고조되어 갔다. 서구 사회 내부에서도 이슬람 인구가 사회로부터 배제되는 현상이 발생하였는데, 이는 다시 소외된

맥도널드화: 패스트푸드 업체 맥도널드의 제품과 기업 관리 체제가 국제적으로 확산된 것처럼, 미국식 경영과 문화가 해외에서 널리 수용되는 현상을 칭한다.

알카에다: 반미, 반이스라엘을 표방하는 이슬람 무장 세력의 국제적 네트워크.

9.11 사건: 2001년 9월 11일 뉴욕을 강타한 항공기 테러 사건. 약 3,000명의 인명 피해와 막대한 경제적 피해를 가져왔다.

이슬람 원리주의: 원래 이슬람 공동체의 순수성을 회복하자는 사상이지만, 통상적으로는 이슬람 무장 조직의 사상을 지칭하는 용어로 사용된다.

그림 19-26

화염 속의 세계화 뉴욕 세계 무역 센터가 테러 공격으로 불타고 있다. 이 사건으로 세계화의 움직임은 큰 영향을 받았다.
자료: 9/11 photos, CC BY 2.0.

이슬람 인구를 극단적 정치 이념으로 밀어 넣는 악순환을 가져왔다. 2003년 미국이 이라크와 벌인 전쟁은 이런 마찰과 갈등을 더욱 고조시켰다. 마치 냉전 이후의 새 세계 질서로서 헌팅턴(S. Huntington)이 제시하였던 '문명의 충돌'이 현실화된 듯한 모습이었다. 그러나 이른바 문명충돌론은 현재의 국제적 갈등과 충돌이 문명 본연의 소산인 것으로 이해하는 문제점을 안고 있다. 특히, 종교적 가치 체계의 차이가 필연적으로 충돌을 야기하게 된다는 주장은 지나치게 단순하며, 국제 정치적 역학 관계를 충돌의 핵심적 원인으로 보는 것이 타당하다는 주장이 설득력이 있다.

문명충돌론: 탈냉전 시대의 새로운 국제 질서가 문명권을 중심으로 구성된다는 주장.

9.11 사건이 신자유주의적 세계화에 대한 외부의 저항이었다면, 2011년에 발생한 **월 스트리트 점령 시위**는 세계화 진영의 내부에서 출발한 저항이었다. 이 운동은 1%로 상징되는 초고소득 계층과 나머지 99%와의 빈부 격차가 날로 심화되는 양상에 대한 저항이었다. 계층 간의 소득 격차가 확대되고 실업률이 증가하고 중산층이 얇아지는 상황이 되면서 분배 문제에 대한 반발이 폭발하게 되었다. 거리 시위는 줄어들었지만, 금융가의 탐욕적 행태와 정부의 무기력한 감독 체제에 대한 비판은 미국뿐 아니라 다른 국가들에서도 폭넓은 호응을 얻었다.

월 스트리트 점령 시위: 2012년 미국 금융가의 탐욕스런 행태를 비판하는 행렬.
자료: Michael Fleshman, CC BY-SA 2.0.

그림 19-27

점령 운동의 확산 2012년 미국 금융가의 탐욕스러운 행태를 비판하는 행렬.
자료: Michael Fleshman, CC BY-SA 2.0.

이 저항 운동은 두 가지 측면에서 세계화의 또 하나의 분기점이 될 수 있다. 첫째, 저항이 신자유주의적 세계화를 주도하였던 국가들에서 가장 격렬하게 발생하였는데, 이는 세계화가 유발하는 부정적 효과가 국내적으로도 심각하게 인식되는 상황이 되었음을 의미하는 것이었다. 즉, 세계화에 대한 반발 움직임이 강자 독식을 체험한 **선진국 내부로부터도 확산**되기 시작하였다는 것이다. 둘째로, 9.11 사건에 대해서는 외부를 내부와 차단시키고 배제하는 정책으로 대응하였지만, 국내적 반발에 대해서는 이런 정책을 쓰기 곤란하다는 점이다. 다시 말하면, 국내 여론, 시민 사회 운동, 유권자로서의 정치 참여 등 여러 경로를 통한 정치 과정을 거쳐서 세계화에 대한 반발이 국내 정치에 직접적으로 영향을 끼치게 된다는 것이다.

대안 세계화 운동

　세계화는 본질적으로 한 사회, 한 개인이 다른 사회, 다른 개인에 의해 영향을 받는 범위와 강도와 속도가 증대됨을 의미한다. 따라서 세계화는 필연적으로 기존의 정치 체제, 경제 구조, 문화 유형에 변동을 초래하고 개인의 사고방식, 기호 체계, 행동 양태에도 변화의 필요성을 부각시킨다. 이러한 과정에서 세계화에 대해 반대 또는 주저하는 태도가 생성된다.

　현재 세계화에 대한 반발은 다양한 수준에서 전개되고 있다. 어떤 사람들은 세계화라는 추세 자체를 거부하고 개별 사회가 가능한 한 독자적인 길을 걷는 것이 바람직하다고 본다. **근본주의적 반(反)세계화론자**라고 불릴 수 있는 이 부류의 사람들은 세계화 자체에 대해 부정적인 견해를 보인다. 그러나 세계화를 비판하는 대부분의 사람들은 세계화 자체를 거부하기보다는 최근의 세계화가 추진되는 방식에 대해 불만을 표출하고 있다. 즉, 신자유주의의 영향으로 인해 세계화가 지나치게 빠르고 강압적인 방식으로 진행되었고, 그로 인해 피해를 입거나 불안감을 느끼는 사람들에 대해 고려를 충분히 하지 않고 있다는 점을 지적하는 것이다. '인간의 얼굴을 한 세계화'를 주창하는 이들의 입장은 반세계화라기보다는 **대안 세계화**의 성격을 가진다.

　세계화에 대한 저항 운동이 구체적인 힘을 가진 실체로 처음 등장한 것은 1999년의 일이다. 캐나다의 작은 시민 운동 단체에 의해 다자 간 투자 협정의 조인을 위한 WTO 회의가 시애틀에서 개최될 것이라는 소식이 인터넷을 통해 알려지면서 세계 곳곳에서 신자유주의적 세계화에 반대하는 사람들의 주목을 받았다. 총회 기간 시애틀에는 세계 각국으로부터 대규모 시위대가 몰려들어 시위를 벌이고 초국적 기업의 상점들을 공격하였다. 결국 투자 협정은 무위로 끝났고, 곧 이 '시애틀 전투'는 세계화에 저항하는 세계적 민중 운동의 선구로 인식되었다.

　승승장구하던 신자유주의적 세계화는 예상치 못한 저항에 직면하였고, 세계 각지의 시민 운동 세력은 반세계화 또는 대안 세계화의 기치 아래 응집력을 높여 갔다. 이후 세계화에 친화적인 국제기구가 모임을 개최하는 도시에는 늘 다국적인 시민 단체들이 운집하여 반대의 목소리를 높였고, 국제기구와 이 단체들 간의 숨바꼭질이 일상적인 뉴스거리가 되었다. 세계화 저항 운동은 단기간 내에 빠른 속도로 성장하였고, 이제는 세계화론자의 입장과 대조되는 논의를 발전시키는 장으로 세계 사회 포럼(WSF)을 정기적으로 개

대안 세계화: 기존의 세계화 기조에 저항하는 관점에서 제안하는 대안적인 개혁 방향을 일컫는다. 예를 들어, 기업의 사회적 책임을 강조하고, 협동조합과 공정 무역을 확산하며, IMF와 세계은행을 개혁할 것을 표방한다.

시애틀 전투: 1999년 WTO 각료 회의를 저지시킨 반세계화 시위. 참가 단체들의 주장은 반FTA, 노동 환경 개선, 환경 보호, 소비자 권리 보호 등 다양했지만 기존 세계화에 대한 저항이라는 면에서 공감대를 가졌다.

세계 사회 포럼: 대안 세계화 활동가들이 개최하는 연례 국제 행사로, 친(親)세계화 모임인 다보스 포럼(Davos Forum)에 대응하는 형태를 띤다.

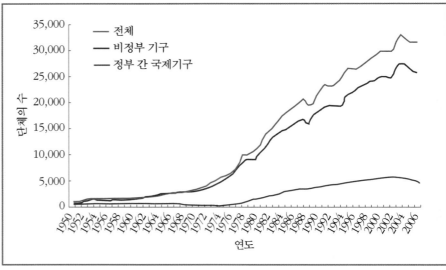

그림 19-28 세계적으로 활동하는 시민 단체의 수, 1960-2006년

자료: UIA(Union of International Associations).

최하고 있다. 세계화가 진행된 것과 발맞추어 세계적 범위에서 활동하는 시민 단체의 수 역시 그림 19-28이 보여 주는 바대로 빠르게 증가하였다.

세계화 저항 운동은 최근의 급속한 성장에도 불구하고 현재 많은 내부적 문제점을 안고 있다. 이 운동에 동조하는 단체들은 현재의 세계화 방식에 반대한다는 공통점을 지닐 뿐, 관심 분야나 향후 발전 방향, 내부 조직이나 운동 역량 등에 있어 지극히 다양하기 때문이다. 따라서 이 운동이 앞으로 지속적으로 역량을 키워 가고 미래에 대한 일관성 있는 비전과 체계화된 조직망을 갖추게 될 것인가에 전 세계의 많은 사람들이 긴밀한 관심을 보이고 있다.

세계화의 삼자택이와 선택

세계화의 미래에 대한 인식은 매우 다양하다. 한편에서는 세계화의 추세가 지속될 것이며 그 강도가 높아질 것이라고 예상한다. 정보 통신 산업과 같은 기술 진보가 계속될 것이기 때문에 세계화를 진전시키기에 유리한 물질적 기반이 강화될 수밖에 없다는 주장이 그 가운데 하나이다. 세계화는 자본주의 경제의 심화 발전이 필연적으로 낳게 되는 현상이라고 보는 주장도 있다. 정치적 민주화와 법치주의에 대한 열망도 비가역적인 속성을 가지므로 이 측면에서의 세계화가 필연적으로 진행될 것이라고 보는 견해도 마찬가지이다.

그러나 다른 한편에서는 세계화 추세에 대해 유연한 해석을 하는 견해도 있다. 현재의 세계화는 신자유주의적 색채를 짙게 띠고 있는데, 이것이 세계화의 유일한 방식은 아니라는 것이다. 문명의 충돌로 비쳐지는 작금의 국제 관계도 탈냉전 시대의 세계화가 필연적으로 초래한 결과물이라고 볼 것이 아니라, 특정한 국가와 권력의 특정한 정치 행위가 낳은 산물로 보는 것이 더 타당하다는 견해가 있다. 또한 세계화에 대한 저항 운동이 얼마나 효과적일 것인가에 따라 세계화의 방향과 속도가 영향을 받을 것이라는 예측도 가능하다.

세계화에 관해 우리는 얼마나 넓은 선택의 여지를 가지고 있을까? 세계화와 관련하여 우리는 어떤 세계적 경제 체제와 어떤 국내적 정치 구조를 선택할 수 있을까? 모두가 동의할 수 있는 최상의 선택이란 과연 있을 수 있는 것인가?

이와 같은 질문에 답하기 위해서는 앞에서 국제 통화 제도를 다루면서 살펴보았던 삼자택이의 문제를 다시 돌아보는 것이 유익하다. 이 문제의 핵심은 자본 시장의 자유화, 고정 환율 제도, 독립적인 통화 정책을 한꺼번에 만족시킬 수 있는 거시 경제 질서는 존재할 수 없다는 것이다. 그림 19-29의 (A)에 국제 통화 제도의 삼자택이 구조가 표시되어 있다. 금 본위제는 고정 환율제와 자본 이동성을 충족하지만 자율적 통화 정책과는 양립할 수 없다. 마찬가지로 브레턴우즈 체제하에서는 고정 환율제와 자율적 통화 정책이 가능하지만 자본의 이동성은 갖추지 못하며, 변동 환율제는 자본 이동성과 자율적 통화 정책은 허용하지만 환율을 고정시킬 수는 없는 것이다.

그런데 이 논리를 확대해 보면, 세계화 전반에 대해서도 삼자택이의 문제가 존재한다고 볼 수 있다. 그림 19-29의 (B)에 이 구조가 설명되어 있다. 초세계화(hyperglobalization), 국가 주권(national determination), 민주 정치(democracy)는 동시에 도달될 수 없고 하나는 반드시 희생이 되어야만 한다. 브레턴우즈 타협 체제(Bretton Woods compromise)란 1970년대에 형성된 국제 경제 질서, 즉 무역 자유화를 선도하는 GATT 체제에 대해 상당한 수준의 예외를 허용하여 개별 국가들이 자율적으로 산업 정책이나 무역 정책을 실시

초세계화: 경제, 문화, 기술, 제도 등 다방면에서 교역과 교류가 매우 긴밀하게 이루어지는 과정.

브레턴우즈 타협 체제: 기존의 브레턴우즈 체제에 개별 국가의 자율성을 결합한 세계 경제 체제를 의미한다.

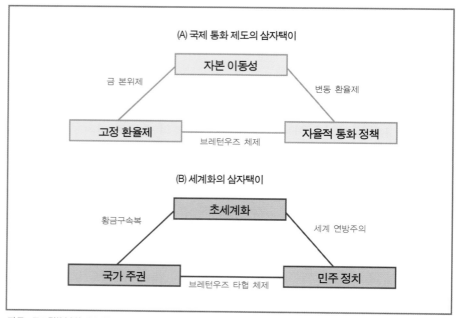

그림 19-29 세계화와 삼자택이

(A) 국제 통화 제도의 삼자택이

자본 이동성

금 본위제   변동 환율제

고정 환율제   브레턴우즈 체제   자율적 통화 정책

(B) 세계화의 삼자택이

초세계화

황금구속복   세계 연방주의

국가 주권   브레턴우즈 타협 체제   민주 정치

자료: 로드릭(2009), 260쪽: Rodrik(2012), xviii, 200-205쪽.

황금구속복: 세계화의 옹호론자인 칼럼니스트 프리드먼(T. Friedman)이 사용한 표현으로, 세계화의 흐름에 동참하기 위해 갖추어야 할 제도를 비유한 용어.

할 수 있도록 하는 체제를 말한다. 브레턴우즈 타협 체제는 국가 주권(자유롭고 독립적으로 주권을 행사하는 체제) 및 민주 정치(선거의 자유가 보장되며 선거결과에 따라 국가의 제도가 바뀌는 체제)와 양립할 수 있다. 그러나 국제적 시장통합에는 도달할 수 없다. 이 체제는 1980년대를 거치면서 신자유주의의 대두와 더불어 입지를 상실하여 결국 역사의 뒤안길로 접어들게 되었다. 뒤를이어 등장한 황금구속복(golden straitjacket)이란 세계화에 편입되기 위해 필요하다고 여겨지는 조건, 즉 상품 시장의 자유화, 노동 시장의 유연화, 자본 이동의 자유화, 정부 규제의 철폐 등의 제도 정비를 말한다. 달리 말하면 신자유주의적 경제 질서를 의미한다. 이 황금구속복은 국제적 시장 통합과 국가주권은 충족시키지만, 민주 정치와는 양립할 수 없다. 즉, 신자유주의 체제하에서는 정치 과정을 통해 제도에 변화를 가져올 수 있는 민주 정치의 공간이 왜소화될 수밖에 없다. 마지막으로 세계 연방주의는 미국이나 유럽 연합의 이상적 형태라고 볼 수 있는데, 이는 국제적 시장 통합과 민주 정치를 만족시킬 수 있지만, 개별 국가는 독자적 주권 행사에 제약을 받을 수밖에 없다.

스티글리츠가 보는 세계화의 선택 문제

세계은행 수석 부총재를 지낸 노벨 경제학상 수상자 스티글리츠(J. E. Stiglitz)는 2차 세계화가 지나치게 일방적으로 강요된 형태로 진행되었다고 비판적인 견해를 피력하였다. 아래의 문장에는 세계화의 삼자택일 문제를 둘러싸고 개별 국가들에게 선택의 폭이 넓게 제시되어야 한다는 그의 주장이 드러나 있다. 특히, 황금구속복에 대한 과도한 강조가 많은 국가들, 특히 개발 도상국들에서 민주 정치의 상실이라는 비용을 요구한다는 점을 강조한다.

세계 통합의 속도는 중요하다. 좀더 점진적인 과정을 밟아 나간다는 것은 전통적인 제도와 규범이 새로운 도전에 의해 압도당하기보다는 그것에 적응하고 대응할 수 있음을 의미한다.

이와 똑같이 중요한 것은 세계화가 민주주의에 미치는 영향이다. 여태껏 옹호되어 왔듯이, 세계화는 국가 엘리트에 의한 독재를 국제 금융에 의한 독재로 대체하고자 한다. 사실상 국가들은, 만약 그들이 특정한 조건들을 따르지 않는다면 자본 시장이나 IMF가 그들에게 돈을 빌려주기를 거부할 것이라는 말을 들어 왔다. 국가들은 그들의 주권을 포기하도록 국제 금융 기구들에 의해 강요당한다. 그들의 주권을 일부 포기한다는 것은, 한 국가의 장기적 성장과 생활 수준 향상이 아니라 오직 단기적 이득에만 관심이 있는 투기꾼들을 포함하여, 변덕스러운 자본 시장인 그들의 '규율'을 잡고 그들에게 해서 될 일과 안 될 일을 일일이 지적하도록 내버려 두는 것을 의미한다. 그들의 주권을 일부 포기한다는 것은, 국가들이 민주적 절차를 밟는 것을 포기하고 그들의 의사 결정 가운데 중심적인 부분을, 이해 관계가 금융 엘리트들과 왕왕 일치하는 전문가들에게 넘겨주는 것을 의미한다.

개발 도상국들은 독립적인 중앙은행을 가질 것을 강요당한다. 그래야만 정책의 우선순위가 고용 증대보다는 인플레이션 완화에 주어져 시장이 안심할 수 있을 것이기 때문이다. 나는 이런 방식의 일 추진에 전적으로 동의하지 않는다. 국가들에게는 분명 선택권이 있으며, 그러한 선택 가운데는 그들 스스로를 국제 자본 시장에 노출시키고 싶어하는 선택도 있을 수 있다.

동아시아에서 보았듯이 IMF의 구속을 피한 사람들은, IMF의 지령에 복종하였던 사람들보다 평등과 빈곤 감소를 더 많이 이루어 낸 가운데 더 빨리 성장하였다. 대안적인 정책들은 다른 집단들에게는 다른 영향을 미치기 때문에, 그 선택들을 가려내는 것은 정치적 과정 — 국제적 관료들이 아니라 — 의 역할이다. 설사 성장이 만에 하나 나쁜 영향을 미치더라도, 그것은 많은 개발 도상국들이 더 민주적이고 평등한 사회를 이루기 위해 기꺼이 치러야 할 대가일 것이다. 그것은 오늘날 많은 국가들이, 더 나은 환경을 위해서는 약간의 성장은 희생시킬 가치가 있다고 말하는 것이나 마찬가지이다. 여태까지 그래 왔던 방식으로 세계화가 제시되는 한 세계화는 공민권 박탈을 의미할 뿐이다. 그렇게 되면 공민권을 박탈당하고 있는 사람들로부터 저항을 받는다는 것은 이상한 일이 아니다.

자료: 스티글리츠(2002), 417쪽.

이렇듯 세계화 시대에 우리는 선택의 문제에 직면하게 된다. 학자들과 정책 결정자들이 생각하는 세계화의 바람직한 위치는 위의 세 축 어디에선가 위치해 왔다. 예를 들어, 2차 세계화 시대는 황금구속복을 강조한 나머지 민주 정치가 작동할 여지를 제한해 놓았다. 글로벌 금융 위기 이후의 세계 질서는 어떤 모습이 될 것인가? 신자유주의적 질서로 복귀할 것이라는 예상이 있는가 하면 브레턴우즈 타협 체제로 이행할 가능성이 높다는 주장도 제기되고 있다. 궁극적 지향점은 세계 연방주의이며, 이를 앞당기기 가장 좋은 제도를 구상해야 한다는 견해도 있다. 새로운 세계 질서에 대해 국가 간·집단 간·개인 간 견해가 합의점을 찾지 못하는 혼란한 상황이 대두할 것이라는 추측도 있다. 앞으로 어떤 위치를 목표로 하여 세계 질서를 형성해 가는 것이 바람직할지에 대해 현대를 살아가는 사람들의 많은 고민과 논의와 타협과 선택이 필요할 것이다.

과달루피, 지안니 지음, 이혜소·김택규 옮김, 『중국의 발견: 서양과 동양 문명의 조우』, 생각의 나무, 2004 (원저: G. Guadalupi, *China Revealed*, White Star, 2003).

국립중앙박물관, 『국립중앙박물관』, 국립중앙박물관, 2007.

_____, 『고려시대를 가다』, 국립중앙박물관, 2009.

_____, 『사농공상의 나라』, 국립중앙박물관, 2010.

기든스, 앤서니 지음, 박찬욱 옮김, 『질주하는 세계』, 생각의 나무, 2000 (원저: A. Giddens, *Runaway World: How Globalization is Reshaping Our Lives*, Profile Books, 1999).

기획재정부, 『2011 국가경쟁력보고서』, 기획재정부, 2011.

길로멘, 한스외르크 지음, 김병용 옮김, 『서양 중세 경제사』, 에코리브르, 2017.

김관호, 『세계화와 글로벌 경제』, 박영사, 2003.

김낙년, 『일제하 한국경제』, 해남, 2003.

김낙년 엮음, 『한국의 경제성장, 1910-1945』, 서울대학교출판부, 2006.

김동석·이진면·김민수, 『한국경제의 성장요인 분석: 1963-2000』, 한국개발연구원, 2002.

김두얼, 『한국경제사의 재해석』, 해남, 2017.

김세원, 『EU경제학』, 박영사, 2004.

김종현, 『근대경제사』, 경문사, 1989.

_____, 『영국 산업혁명의 재조명』, 서울대학교출판부, 2006.

_____, 『경제사』, 경문사, 2007.

노스, 더글러스 외 지음, 이상호 옮김, 『서구세계의 성장』, 자유기업센터, 1999 (원저: D. C. North and R. P. Thomas, *The Rise of the Western World*, Cambridge University Press, 1976).

다카시, 오카모토 지음, 강진아 옮김, 『중국경제사』, 경북대학교 출판부, 2016.

대시, 마이크 지음, 정주연 옮김, 『튤립, 그 아름다움과 투기의 역사』, 지호, 2002 (원저: Mike Dash, *Tulipomania: The Story of the World's Most Coveted Flower and the Extraordinary Passions It Aroused*, Broadway, 2001).

들루슈, 프레데리크 엮음, 윤승준 옮김, 『새 유럽의 역사』, 까치, 2000 (원저: Frédéric Delouche, *Histoire de l'Europe*, Hachette Livre, 1997).

디킨스, 찰스 지음, 장남수 옮김, 『어려운 시절』, 푸른산, 1989 (원저: Charles Dickins, *Hard Times*, 1854).

로드릭, 대니 지음, 제현주 옮김, 『더 나은 세계화를 말하다』, 북돋움, 2009 (원저: Dani Rodrik, *One Economics, Many Recipes: Globalization, Institutions, and Economic Growth*, Princeton University Press, 2009).

로빈슨, 프랜시스 외 지음, 손주영 외 옮김, 『케임브리지 이슬람사』, 시공사, 2002 (원저: Fransis Robinson *et al.*, *The Cambridge Illustrated History of Islam World*, Cambridge University Press, 1994).

로터문트, 디트마르 지음, 양동휴·박복영·김영완 옮김, 『대공황의 세계적 충격』, 예지, 2003 (원

저: Dietmar Rothermund, *The Global Impact of the Great Depression 1929-1939*, Routledge, 1996).

료이치, 미와 지음, 권혁기 옮김, 『일본경제사: 근대와 현대』, 보고사, 2004 (원저: 三和良一, 『改訂版 日本經濟史』 제2판, 放送大學教育振興會, 2002).

류웨이·장첸이 엮음, 허유영 옮김, 『중국역사대장 정』, 웅진지식하우스, 2009 (원저: 류웨이·장 첸이, 『圖說中國的文明』, The Commercial Press, 2009).

르몽드 디플로마티크 지음, 김계영·고광식 옮김, 『르몽드 환경아틀라스』, 한겨레출판, 2011 (원 저: Le Monde Diplomatique, *L'Atlas: Le Monde Diplomatique*, Armand Colin).

_____, 권지현 옮김, 『르몽드 세계사』, 휴머니스트, 2008 (원저: Le Monde Diplomatique, *L'Atlas de L' Environnement*, Armand Colin).

리비-바치, 마시모 지음, 송병건·허은경 옮김, 『세계 인구의 역사』, 해남, 2009 (원저: Massimo Livi-Bacci, *A Concise History of World Population*, 4th edn., Oxford: Blackwell, 2007).

마르코 폴로 지음, 김호동 옮김, 『동방견문록』, 사계 절, 2000 (원저: Marco Polo, *The Travels of Marco Polo*).

마르크스, 로버트 B. 지음, 윤영호 옮김, 『다시 쓰는 근 대세계사 이야기』, 코나투스, 2004 (원저: Robert B. Marks, *The Origins of the Modern World: A Global and Ecological Narrative*, Rowman & Littlefield, 2002).

맑스, 칼·프리드리히 엥겔스 지음, 박종철출판사 옮 김, 『공산주의 선언』, 박종철출판사, 1998 (원 저: Karl Marx and Friedrich Engels, *Manifesto of the Communist Party*, 1848).

망뚜, 뽈 지음, 정윤형·김종철 옮김, 『산업혁명사』 하편, 창작사, 1987 (원저: P. J. Mantoux, *The Industrial Revolution in the Eighteenth Century*, trans. M. Vernon, London: Jonathan Cape, 1928).

맥닐, 윌리엄 지음, 김우영 옮김, 『전염병의 세계사』, 이산, 2005 (원저: William H. McNeill, *Plagues and Peoples*, Anchor, 1976).

맥닐, 존·윌리엄 맥닐 지음, 유정희·김우영 옮김, 『휴먼 웹: 세계화의 세계사』, 이산, 2007 (원저: John R. McNeill and William H. McNeill, *The Human Web: A Bird's Eye View of World History*, Norton, 2003).

맬서스, T. R. 지음, 이서행 옮김, 『인구론』, 동서문화 사, 2011 (원저: T. R. Malthus, *An Essay on the Principle of Population*, 2nd edn., 1803).

미클스웨이크, 존, 에이드리언 울드리지 지음, 유경찬 옮김, 『기업의 역사』, 을유문화사, 2004 (원저: J. Michklethwait and A. Wooldridge, *The Company*, Modern Library, 2003).

바투타, 이븐 지음, 정수일 역주, 『이븐 바투타 여행 기』, 전2권, 창작과 비평사, 2001 (원저: Ibn Batuta, *The Travels of Ibn Batuta*, 『수방편답기문 보록(殊邦遍踏奇聞寶錄)』).

박섭, 『한국근대의 농업변동』, 일조각, 1997.

박한제 외, 『아틀라스 중국사』, 사계절, 2007.

버랜드, 이반 지음, 이헌대·김홍종 옮김, 『20세기 유 럽경제사』, 대외경제정책연구원, 2008 (원저: Ivan T. Berend, *An Economic History of Twentieth-Century Europe: Economic Regimes from Laissez-Faire to Globalization*, Cambridge University Press, 2006).

베른, 쥘 지음, 김석희 옮김, 『80일 간의 세계일주』, 열 림원, 2003 (원저: Jules Verne, *Tour de Monde in 80 Jours*, 1873).

베버, 막스 지음, 박종선 옮김, 『프로테스탄트 윤리와 자본주의정신』, 고려원, 1996 (원저: Max Weber, *Die Protestantische Ethik und der Geist* des Kapitalismus, 1904-5).

벤틀리, 제리 지음, 김병화 옮김, 『고대 세계의 만남』, 학고재, 2006 (원저: J. H. Bently, *Old World Encounters*, Oxford University Press, 1993).

보카치오, G. 지음, 구자운 옮김, 『데카메론』, 일신서적, 1996 (원저: G. Boccaccio, *Decameron*, 1349-1351).

브로델, 페르낭 지음, 주경철 옮김, 『물질문명과 자본주의 I-2, 일상생활의 구조』 하, 까치, 1995-7 (원저: F. Braudel, *Civilisation Matérielle, Économie et Capitalisme, XVe-XVIIIe*, Armand Colin, 1979).

빌라르, 피에르 지음, 김현일 옮김, 『금과 화폐의 역사, 1450-1920』, 까치, 2000 (원저: P. Vilar, *Or et Monnaie dans L'histoire 1450-1920*).

사마천 지음, 박기수 외 옮김, 『사기(史記)』, 「평준서(平準書)」, 『사료로 읽은 중국 고대 사회경제사』, 청어람 미디어, 2005.

사이드, 에드워드 지음, 김성곤·정정호 옮김, 『문화와 제국주의』, 창, 1995 (원저: E. Said, *Culture and Imperialism*, Vintage, 1994).

샤오, 앤드루·오드리아 림 엮음, 김은영 옮김, 『저항자들의 책』, 쌤앤파커스, 2012 (원저: Andrew Hsiao and Audrea Lim, eds., *The Verso Book of Dissent*, Verso Books, 2010).

산업자원부, 「한국의 수입」, 2003.

샌다즈, N. K. 지음, 이현주 옮김, 『길가메시 서사시』, 범우사, 1989 (원저: N. K. Sandars, *The Epic of Gilgamesh*, Penguin, 1960).

송병건, 『영국 근대화의 재구성』, 해남, 2008.

_____, 『비주얼 경제사』, 아트북스, 2015.

_____, 『산업재해의 탄생』, 해남, 2015.

_____, 『세계화의 풍경들』, 아트북스, 2017.

_____, 『지식 혁명으로 다시 읽는 산업 혁명』, 해남, 2018.

_____, 『세계화의 단서들』, 아트북스, 2019.

쉴러, 로버트 J. 지음, 이강국 옮김, 『이상과열』, 매일경제신문사, 2003 (원저: R. J. Shiller, *Irrational Exuberance*, Princeton University Press, 2000).

스미스, 애덤 지음, 김수행 옮김, 『국부론』 상·하권, 비봉, 2007 (원저: Adam Smith, *An Inquiry into the Nature and Causes of the Wealth of Nations*, 1776).

스타인벡, J. E. 지음, 최윤영 옮김, 『분노의 포도』, 혜원출판사, 1994 (원저: John E. Steinbeck, *The Grapes of Wrath*, 1939).

스탠디지, 톰 지음, 박중서 옮김, 『식량의 세계사』, 웅진지식하우스, 2012 (원저: Tom Standage, *An Edible History of Humanity*, Walker & Company, 2010).

스티글리츠, 조지프 지음, 송철복 옮김, 『세계화와 그 불만』, 세종연구원, 2002 (원저: J. E. Stiglitz, *Globalization and Its Discontents*, Norton, 2002).

아부-루고드, 재닛 지음, 박흥식·이은정 옮김, 『유럽 패권 이전』, 까치, 2006 (원저: Janet L. Abu-Lughod, *Before European Hegemony: The World System A.D. 1250-1350*, Oxford University Press, 1991).

아시아태평양 국제이해교육원, 『세계화시대의 국제이해교육』, 한울아카데미, 2003.

아틀라스한국사 편찬위원회, 『아틀라스 한국사』, 사계절, 2004.

안하이어, 헬무트·메어리 칼도어·말리스 글라시우스 지음, 조효제·진영종 옮김, 『지구시민사회: 개념과 현실』, 아르케, 2002 (원저: Helmut Anheier, Mary Kaldor, Marlies Glasius, eds., *Global Civil Society Yearbook 2001*, Oxford University Press, 2001).

애쓰모글루, 대런·제임스 A. 로빈슨 지음, 최완규 옮김, 『국가는 왜 실패하는가』, 시공사, 2012 (원저: Daron Acemoglu and James A. Robinson, *Why*

Nations Fail, Crown Publishing, 2012).

앨런, 로버트 C. 지음, 이강국 옮김, 『세계경제사』, 교유서가, 2017(원저: Robert C. Allen, *Global Economic History: A Very Short Introduction*, Oxford University Press, 2017).

양동휴, 『세계화의 역사적 조망』, 서울대학교출판부, 2007.

_____, 『20세기 경제사』, 일조각, 2009.

_____, 『대공황 시대』, 살림, 2011.

_____, 『유럽의 발흥』, 서울대학교출판문화원, 2014.

에브리, 페트리샤 버클리 지음, 이동진 외 옮김, 『케임브리지 중국사』, 시공사, 2001 (원저: P. B. Ebrey, *Cambridge Illustrated History of China*, Cambridge University Press, 1999).

에이더스, 마이클 지음, 김동광 옮김, 『기계, 인간의 척도가 되다』, 산처럼, 2011 (원저: Michael Adas, *Machine as the Measure of Men: Science, Technology, and Ideologies of Western Dominance*, Cornell University Press, 1989).

오금성 외, 『명청시대 사회경제사』, 이산, 2007.

오창훈, 『세계사』, 지학사, 2003.

월러스틴, 이매뉴얼 지음, 나종일 옮김, 『근대세계체제 I』, 까치, 1999 (원저: Immanuel Wallerstein, *The Modern World-System I*, Academic Press, 1974).

이성형, 『콜럼버스가 서쪽으로 간 까닭은』, 까치, 2003.

이영석, 『공장의 역사: 근대 영국사회와 생산, 언어, 정치』, 푸른역사, 2012.

이영훈 엮음, 『수량경제사로 다시 본 조선후기』, 서울대학교출판부, 2004.

이태숙 지음, 「토머스 B. 머콜리와 인도: '자유주의적 제국주의'의 일례」, 영국사학회 엮음, 『자본, 제국, 이데올로기: 19세기 영국』, 혜안, 2005.

이헌창, 『조선시대 최고의 경제발전안을 제시한 박제가』, 민속원, 2011.

_____, 『한국경제통사』, 해남, 2014.

일본사학회, 『아틀라스 일본사』, 사계절, 2011.

장시원·이영훈·박기주, 『한국경제사』, 한국방송통신대학교출판부, 2009.

장하준 지음, 형성백 옮김, 『사다리 걷어차기』, 부키, 2004 (원저: Ha-Joon Chang, *Kicking Away the Ladder*, Anthem Press, 2002).

정수일, 『씰크로드학』, 창작과비평사, 2001.

_____, 『문명담론과 문명교류』, 살림, 2009.

제임스, 해롤드 지음, 이헌대·이명휘·최상오 옮김, 『세계화의 종말』, 한울, 2001 (원저: H. James, *The End of Globalization: Lessons from the Great Depression*, Harvard University Press, 2001).

존스, 콜린 지음, 방문숙 외 옮김, 『케임브리지 프랑스사』, 시공사, 2001 (원저: C. Jones, *Cambridge Illustrated History of France*, Cambridge, 1999).

주경철, 『대항해시대』, 서울대학교출판부, 2008.

주명철, 「18세기 초 영국상인의 생활세계」, 한국서양사학회 엮음, 『서양의 가족과 성』, 당대, 2003.

주커먼, 래리 지음, 박영준 옮김, 『감자이야기』, 지호, 2000 (원저: Larry Zuckerman, *The Potato: How the Humble Spud Rescued the Western World*, North Point Press, 1999).

찌모쉬나, 따찌야나 미하일로브나 지음, 이재영 옮김, 『러시아 경제사』, 한길사, 2006.

차명수, 『금융공황과 외환위기』, 아카넷, 2004.

찬다, 나얀 지음, 유인선 옮김, 『세계화, 전 지구적 통합의 역사』, 모티브, 2007 (원저: Nayan Chanda, *Bound Together: How Traders, Preachers, Adventurers, and Warriors Shaped Globalization*, Yale University Press, 2007).

최영일, 『한국 경제의 성장과 정책』, 박영사, 2004.

카르팡티에, 장·프랑수아 르브룅 지음, 강민정·나선희 옮김, 『지중해의 역사』, 한길사, 2006 (원

저: Jean Carpentier and Francᵔois Lebrun, *Histoire de la Méditerrané*, Seuil, 2001).

캐머런, 론도 · 래리 닐 지음, 이헌대 옮김, 『간결한 세계경제사』, 에코피아, 2003 (원저: Rondo Cameron and Larry Neal, *A Concise Economic History of the World*, Oxford University Press, 2002).

커틴, 필립 D. 지음, 김병순 옮김, 『경제인류학으로 본 세계 무역의 역사』, 모티브, 2007 (원저: Philip D. Curtin, *Cross-Cultural Trade in World History*, Cambridge University Press, 1984).

켄우드, A. G. · A. L. 러기드 지음, 박명섭 옮김, 『국제경제사』, 형설출판사, 1992 (원저: A. G. Kenwood and A. L. Lougheed, *The Growth of International Economy, 1820-1980*, George Allen & Unwin, 1983).

콜럼버스, 크리스토퍼 지음, 박광순 옮김, 『콜럼버스 항해록』, 범우사, 2001 (원저: Christopher Columbus, *The Four Voyages*, London: Penguin Classics, 1992).

클라크, 그레고리 지음, 이은주 옮김, 『맬서스, 산업혁명, 그리고 이해할 수 없는 신세계』, 한스미디어, 2009 (원저: G. Clark, *A Farewell to Alms*, Princeton: Princeton University Press, 2008).

키친, 마틴 지음, 유정희 옮김, 『케임브리지 독일사』, 시공사, 2001 (원저: M. Kitchen, *Cambridge Illustrated History of Germany*, Cambridge, 2000).

킨들버거, 찰스 지음, 박명섭 옮김, 『대공황의 세계』, 부키, 1998 (원저: Charles P. Kindleberger, *The World in Depression 1929-1939*, University of California Press, 1986).

_____, 주경철 옮김, 『경제강대국 흥망사, 1500-1990』, 까치, 2004 (원저: Charles P. Kindleberger, *World Economic Primacy: 1500-1990*, Oxford: Oxford

University Press, 1996).

통계청, 「대한민국 50년의 경제사회상 변화」, 통계청, 1996.

파커, 지오프리 지음, 김성환 옮김, 『아틀라스 세계사』, 사계절, 2004 (원저: G. Parker, *The Times Atlas of World History*, Times Books, 1993).

퍼거슨, 니얼 지음, 김선영 옮김, 『금융의 지배』, 민음사, 2010 (원저: Niall Ferguson, *The Ascent of Money*, Penguin, 2009).

퍼거슨, 닐 지음, 김종원 옮김, 『제국』, 민음사, 2006 (원저: Niall Ferguson, *Empire*, Basic Books, 2004).

페르손, 카를 군나르 지음, 박이택 옮김, 『유럽 경제사』, 해남, 2016(원저: Karl Gunnar Persson, *An Economic History of Europe*, Cambridge: Cambridge University Press, 2010)

페어뱅크, 존 킹 · 멀 골드만 지음, 김형종 외 옮김, 『신중국사』, 까치, 2005 (원저: John K. Fairbank and Merle Goldman, *China: A New History*, Harvard University Press, 1998).

페인스틴, 찰스 · 피터 테민 · 지아니 토니올로 지음, 양동휴 · 박복영 · 김영완 옮김, 『대공황전후 세계경제』, 동서문화사, 2008 (원저: Charles Feinstein, Peter Temin and Gianni Toniolo, *The World Economy between the World Wars*, Oxford University Press, 2008).

포메란츠, 케네스 · 스티븐 토픽 지음, 박광식 옮김, 『설탕, 커피, 그리고 폭력』, 심산, 2003 (원저: Kenneth Pomeranz and Steven Topik, *The World that Trade Created*, M. E. Sharp, 2000).

폰 글란, 리처드 지음, 류형식 옮김, 『케임브리지 중국사』, 소와당, 2019(원저: Richard von Glahn, *The Economic History of China*, Cambridge: Cambridge University Press, 2016).

폰팅, 클라이브 지음, 이진아 옮김, 『녹색세계사』, 심지, 1996 (원저: Clive Ponting, *A Green History of the World*, Penguin Press, 1992).

프랑크, 안드레 군더 지음, 이희재 옮김, 『리오리엔트』, 이산, 2003 (원저: A. G. Frank, *ReOrient: Global Economy in the Asian Age*, Berkeley: University of California Press, 1998).

프리드만, 밀턴 · 안나 J. 슈워츠 지음, 양동휴 · 나원준 옮김, 『대공황 1929-1933』, 미지북스, 2010 (원저: Milton Friedman and Anna J. Schwartz, *The Great Contraction, 1929-1933*, Princeton University Press, 2008).

프리드먼, 밀턴 지음, 심준보 · 변동열 옮김, 『자본주의와 자유』, 청어람미디어, 2007 (원저: Milton Friedman, *Capitalism and Freedom*, University of Chicago Press, 2002).

프릴랜드, 크리스티아 지음, 박세연 옮김, 『플루토크라시: 모든 것을 가진 사람과 그 나머지』, 열린책들, 2013 (원저: Chrystia Freeland, *Plutocrats: The Rise of the New Global Super-rich and the Fall of Everyone Else*, New York: Penguin Books, 2012).

피어스, 크리스 지음, 황보종우 옮김, 『전쟁으로 보는 중국사』, 수막새, 2005 (원저: Chris Pierce, *Ancient Chinese Armies 1500-200 BC, Imperial Chinese Armies (1) 200 BC-589, Imperial Chinese Armies (2) 590-1260, Medieval Chinese Armies 1260-1520, Late Imperial Chinese Armies 1520-1840*, Osprey Publishing).

핀들레이, 로널드, 케빈 H. 오루크 지음, 하임수 옮김, 『권력과 부』, 에코리브르, 2015(원저: R. Findlay and K. H. O'Rourke, *Power and Plenty*, Princeton: Princeton University Press, 2007).

하트 데이비스, 애덤 지음, 윤은진 · 정범진 · 최재인 옮김, 『히스토리』, 북하우스, 2009 (원저: A. Hart-Davis, *History*, Dorlington Kingsley, 2007).

한국무역협회, 『한국무역사』, 한국무역협회, 2006.

한국은행, 『산업연관표(연장표)』, 한국은행, 각 연도.

한일공통역사교재제작팀, 『조선통신사』, 한길사, 2005.

헌트, E. K. 지음, 김성구 · 김양화 옮김, 『경제사상사 I』, 풀빛, 1982 (원저: E. K. Hunt, *History of Economic Thought*, New York, 1980).

헬드, 데이비드 · 앤터니 맥그루 · 데이비드 골드블라트 · 조너선 페라턴 지음, 조효제 옮김, 『전지구적 변환』, 창작과 비평사, 1999 (원저: David Held, Anthony McGrew, David Goldblatt and Jonathan Perraton, *Global Transformation*, Stanford University Press, 1999).

홉슨, J. A. 지음, 신홍범 · 김종철 옮김, 『제국주의론』, 창작과비평사, 1982 (원저: J. A. Hobson, *Imperialism: A Study*, Allen and Unwin, 1902).

홍석철, 「생활수준 연구의 경제사적 조망」, 『경제사학』, 55, 2013.

Acemoglu, D., *Introduction to Modern Economic Growth*, Princeton: Princeton University Press, 2008.

Adler, P. J., *World Civilizations*, 2nd edn., Belmont CA: Wadsworth, 2000.

Allen, R. C., *The British Industrial Revolution in Global Perspective*, Cambridge: Cambridge University Press, 2009.

Allen, R. C. and J. L. Weisdorf, 'Was there an "industrious revolution" before', *Economic History Review*, 64(3), 2011.

Andrews, K., *Trade, Plunder and Settlement*, Cambridge: Cambridge University Press, 1984.

Aristides, A., *The Complete Works*, Vol. 2, translated by Charls A. Behr, leide: E. J. Brill, 1986.

Ashenfelter, O. and R. Layard, eds., *Handbook of Labor Economics*, 2 Vols., Amsterdam: North-Holland, 1986.

Bairoch, P., 'International Industrialization Levels from 1750 to 1980', *Journal of European Economic History*, 11, 1982.

_____, *Economics and World History: Myths and Paradoxes*, Chicago: Chicago University Press, 1993.

Bayly, C. A., *The Birth of Modern World, 1780-1914*, Oxford: Blackwell, 2004.

Beare, E., *501 Must-Know Speeches*, London: Octopus Publishing, 2009.

Bentley, J. H., H. F. Ziegler and H. E. Streets-Salter, *Traditions and Encounters*, 2nd edn., 2 Vols., New York: McGraw-Hill, 2010.

Berg, M., *Luxury and Pleasure in Eighteenth-Century Britain*, Oxford: Oxford University Press, 2005.

Bhagwati, J., *The World Trading System as Risk*, Princeton: Princeton University Press, 1991.

_____, *In Defense of Globalization*, Oxford: Oxford University Press, 2004.

Blattman, C., J. Hwang and J. G. Williamson, 'The impact of the terms of trade on economic development in the periphery, 1870-1939: volatility and secular change', Harvard Institute of Economic Research Working Papers 2040, 2004.

Bordo, M. D., A. M. Taylor and J. G. Williamson, eds., *Globalization in Historical Perspective*, Chicago: University of Chicago Press, 2003.

Bourguignon, F. and C. Morrison, 'Inequality among world citizens: 1820-1992', *American Economic Review*, 92(4), 2002.

Braudel, F., *The Wheels of Commerce*, New York: Harper and Row, 1982.

Bruijn, J. R. and F. S. Gaastra, eds., *Ships, Sailors and Spices*, Aksant Academic Publishers, 2001.

Buringh, E. and J. L. van Zanden, 'Charting the "rise of the west": manuscripts and printed books in Europe, a long-term perspective from the sixth through eighteenth centuries', *Journal of Economic History*, 69(2), 2009.

Campbell, B. M. S., *English Seigniorial Agriculture 1250-1450*, Cambridge: Cambridge Univrsity Press, 2000.

Carr-Saunders, A. M., *World Population*, Oxford: Oxford University Press, 1936.

Castles, S. and M. J. Miller, *The Age of Migration: International Population Movements in the Modern World*, New York: Guildford, 1993.

Chambers, M. *et al.*, *The Western Experience*, 6th edn., New York: McGraw-Hill, 1995.

Chandler, A., *The Visible Hand: The Managerial Revolution in American Business*, Cambridge MA: Harvard University Press, 1977.

_____, *Managerial Hierarchies*, Cambridge MA: Harvard University Press, 1980.

_____, *Scale and Scope*, Cambridge MA: Harvard University Press, 1990.

Chaudhuri, K. N., *The Trading World of Asia and the English East India Company 1660-1760*, Cambridge: Cambridge University Press, 1978.

_____, *Trade and Civilization in the Indian Ocean*, Cambridge: Cambridge University Press, 1985.

Chesnais, J.-C., *La Transition Démographique*, Paris: PUF, 1986.

CIA, *The 2017 CIA World Factbook*, 2018.

Clark, C. L., *The American Economy: A Historical Encylopedia*, 2 Vols., ABC-CLIO, 2003.

Clark, G., 'The condition of the working class in England, 1209-2004', *Journal of Political Economy*, 113(6), 2005.

_____, 'The long march of history: farm wages, population, and economic growth, England 1209-

1869', *Economic History Review*, 60(1), 2007.

Clark, G. and Y. van der Werf Allen, 'Work in progress? The industrial revolution', *Journal of Economics History*, 58(3), 1998.

Clough, S. B. and C. W. Cole, *Economic History of Europe*, 3rd edn., Boston: Heath and Co., 1952.

Cohen, J. E., *How Many People Can the Earth Support?*, New York: Norton, 1995.

Cohn, R. C., 'Immigration to the United States', EH.NET encyclopedia(http://www.eh.net/encyclopedia/cohn.immigration.us, 2012).

Collier, P. and D. Dollar, *Globalization, Growth and Poverty*, Oxford: Oxford University Press, 2002.

Crafts, N. F. R., *British Economic Growth during the Industrial Revolution*, Oxford: Clarendon Press, 1985.

_____, 'The industrial revolution: economic growth in Britain, 1700-1860', in A. Digby and C. Feinstein, eds., *New Directions in Economic and Social History*, London: Macmillan, 1989.

_____, 'The world economy in the 1990s: a long-run perspective', in P. W. Rhode and G. Toniolo, eds., *The Global Economy in the 1990s: A Longrun Perspective*, Cambridge: Cambridge University Press, 2006.

Crafts, N. F. R. and A. J. Venables, 'Globalization in history: a geographical perspective', in M. D. Bordo, A. M. Taylor and J. G. Williamson, eds., *Globalization in Historical Perspective*, Chicago: University of Chicago Press, 2003.

Crosby, A. W., Jr., *The Columbian Exchange: Biological and Cultural Consequences of 1492*, Westport CT: Greenwood, 1972.

_____, *Ecological Imperialism: The Biological Expansion of Europe, 900-1900*, Cambridge: Cambridge University Press, 1986.

Curtin, P. D., *Cross-Cultural Trade in World History*, Cambridge: Cambridge University Press, 1984.

David, P. A., *Technological Choice, Innovation and Economic Growth*, Cambridge: Cambridge Univerity Press, 1975.

Deane, P. and W. A. Cole, *British Economic Growth 1688-1959*, Cambridge: Cambridge University Press, 1962.

De Vries, J., *The Industrious Revolution: Consumer Behaviour and the Household Economy, 1650 to the Present*, Cambridge: Cambridge University Press, 2008.

_____, 'The limits of globalization in the early modern world', *Economic History Review*, 63(3), 2010.

De Vries and A. van der Would, *The First Modern Economy: Success, Failure and Perseverance of the Dutch Economy, 1500-1815*, Cambridge: Cambridge University Press, 1997.

Dicken, P., *Global Shift: Mapping the Changing Contours of the World Economy*, 5th edn., London: SAGE, 2007.

Digby, A. and C. Feinstein, eds., *New Directions in Economic and Social History*, London: Macmillan, 1989.

Dosi, G. *et al.*, eds., *Technical Change and Economic Theory*, London: Pinter, 1988.

Dyer, C., *An Age of Transition?: Economy and Society in England in the Later Middle Ages*, Oxford: Oxford University Press, 2005.

Edgerton, D., *The Shock of the Old: Technology and Global History since 1900*, Oxford: Oxford University Press, 2007.

Eichengreen, B., *Globalizing Capital: A History of the International Monetary System*, Princeton:

Princeton University Press, 1996.

_____, *Capital Flows and Crises*, Cambridge MA, MIT Press, 2004.

Epstein, S. A., *Wage, Labor and Guilds in Medieval Europe*, Chapel Hill: University of North Carolina Press, 1991.

Epstein, S. R. and M. Prak, eds., *Guilds, Innovation and the European Economy, 1400-1800*, Cambridge: Cambridge University Press, 2008.

Equiano, O., *The Interesting Narrative of the Life of Olandah Equiano, or Gustavus Vassa the African*, London, 1789.

Evans, L. T., *Feeding the Ten Billion: Plants and Population*, Cambridge: Cambridge University Press, 1998.

Feini, R., 'Europe: a continent in decline?', in P. W. Rhode and G. Toniolo, eds., *The Global Economy in the 1990s: A Longrun Perspective*, Cambridge: Cambridge University Press, 2006.

Feinstein, C. H., 'Capital formation and the Industrial Revolution', in R. Floud and D. McCloskey, eds., *The Economic History of Britain Since 1700*, Vol. 1: *1700-1860*, Cambridge: Cambridge University Press, 1981.

Ferro, M., *Colonization: A Global History*, London: Routledge, 1997.

Findlay, R. and K. H. O'Rourke, 'Commodity market integration, 1500-2000', in M. D. Bordo, A. M. Taylor and J. G. Williamson, eds., *Globalization in Historical Perspective*, Chicago: University of Chicago Press, 2003.

Floud, R. and P. Johnson, eds., *The Cambridge Economic History of Modern Britain*, 2 Vols., Cambridge: Cambridge University Press, 2004.

Fogel, R. W., *The Escape from Hunger and Premature Death, 1700-2100*, Cambridge: Cambridge University Press, 2004.

Freeman, R. B., 'People flows in globalization', *Journal of Economic Perspectives*, 20(2), 2006.

Freeman, C. and C. Perez, 'Structural crises of adjustment, business cycle and investment behaviour', in G. Dosi *et al.*, eds., *Technical Change and Economic Theory*, London: Pinter, 1988.

Feinstein, H. C., 'Pessimism perpetuated: real wages and the standard of living in Britain during and after the industrial revolution', *Journal of Economic History*, 58(3), 1998.

Ferguson, N., *The Cash Nexus: Money and Power in the Modern World, 1700-2000*, New York: Basic Books, 2001.

Gallagher, J. and R. Robinson, 'The imperialism of free trade', *Eonomic History Review*, 6, 1953.

Gerhold, D., *Road Transport in the Horse-Drawn Era*, London: Scolar Press, 1996.

Gerschenkron, A., *Economic Backwardness in Historical Perspective*, Cambridge MA: Harvard University Press, 1962.

Gerth, K., *China Made: Consumer Culture and the Creation of the Nation*, Cambridge MA: Harvard University Press, 2003.

Gettleman, M. E. and S. Schaar, eds., *The Middle East and Islamic Reader*, New York: Grove Press, 2003.

Glyn, A., *Capitalism Unleashed: Finance, Globalization, and Welfare*, Oxford: Oxford University Press, 2006.

Gootenberg, P., *Between Silver and Guano*, Princeton: Princeton University Press, 1984.

Gottlieb, B., *The Family in the Western World from the Black Death to the Industrial Age*, Oxford: Oxford University Press, 1993.

Graff, M., A. G. Kenwood and A. L. Lougheed, *Growth of International Economy, 1820-2015*, 5th edn., London: Routledge, 2014.

Grief, A., *Institutions and the Path to the Modern Economy: Lessons from Medieval Trade*, Cambridge: Cambridge University Press, 2006.

Harley, C. K., 'Reassessing the Industrial Revolution: a macro view', in J. Mokyr, ed., The British *Industrial Revolaution: An Economic Perspective*, Oxford: Westview, 1993.

Harris, R., 'Government and the economy, 1688-1850', in R. Floud and P. Johnson, eds., *The Cambridge Economic History of Modern Britain*, Vol. 1: *Industrialization, 1700-1860*, Cambridge: Cambridge University Press, 2004.

Hatton, T. J., K. H. O'Rourke and A. M. Taylor, eds., *The New Comparative History*, Cambridge MA: MIT Press, 2007.

Hatton, T. J. and J. G. Williamson, *The Age of Mass Migration: Causes and Economic Impact*, Oxford: Oxford University Press, 1998.

_____, *Global Migration and the World Economy: Two Centuries of Policy and Performance*, Cambridge MA: MIT Press, 2005.

_____, 'The impact of immigration: comparing two global eras', *World Development*, 36(3), 2007.

Hayami, A., *The Historical Demography of Pre-Modern Japan*, Tokyo: University of Tokyo Press, 2001.

Heilbroner, R. L. and A. Singer, *The Economic Transformation of America: 1600 to Present*, 2nd ed., San Diego: Harcourt Brace Jovanovich, 1984.

Herbert, S. and J. Klein, *The Atlantic Slave Trade*, Cambridge: Cambridge University Press, 1999.

Hill, C., *The Century of Rovolution*, New York: W. W. Norton & Co., 1961.

Hinde, A., *England's Population*, Oxford: Oxford University Press, 2003.

Hopkins, A. G., ed., *Globalization in World History*, London: Norton, 2002.

Hoyland, J. S. trans., *The Commentary of Father Monserrate, S. J. on His Journey to the Court of Akbar*, London: Oxford University Press, 1922.

Hubbard, R. G. and A. P. O'Brien, *Money, Banking, and the Financial System*, Upper Saddle River NJ: Prentice Hall, 2011.

Hunter, D., *The Diseases of Occupation*, Oxford: Oxford University Press, 1962.

Hurd, J., 'Railways and the expansion of markets in India, 1861-1921', *Explorations in Economic History*, 12(3), 1975.

Inikori, J. E., *Africans and the Industrial Revolution in England*, Cambridge: Cambridge University Press, 2002.

Jacob, M. C., *Scientific Culture and the Making of the Industrial West*, 2nd edn., Oxford: Oxford University Press, 1997.

Jones, E., *The European Miracle*, Cambridge: Cambridge University Press, 1987.

Kennedy, P., *The Rise and Fall of Great Powers: Economic Change and Military Conflict from 1500 to 2000*, New York: Random House, 1987.

Kenwood, A. G. and A. L. Lougheed, *The Growth of the International Economy 1820-2000*, 4th edn., London: Routledge, 1999.

Keynes, J. M., *The Economic Consequences of the Peace*, New York: Harcourt, Brace and Howe, 1920.

Killingsworth, M. R. and J. J. Heckerman, 'Female labor supply: a survey', in O. Ashenfelter and R. Layard, eds., *Handbook of Labor Economics*, Vol. 1, Amsterdam: North-Holland, 1986.

Kindleberger, C. P., *World in Depression 1929-1939*, Berkeley: University of California Press, 1986.

Kirk, D., *Europe's Population in the Interwar Years*, Princeton: Princeton University Press, 1946.

Landes, D., *The Wealth and Poverty of Nations*, New York: W. W. Norton, 1998.

Lay Olivia, L., ed., *Peter the Great*, Upper Saddle River, NJ: Prentice-Hall, 1970.

Lindert, P. H. and J. G. Williamson, 'Does globalization make the world more equal?', M. D. Bordo, A. M. Taylor and J. G. Williamson, eds., *Globalization in Historical Perspective*, Chicago: University of Chicago Press, 2003.

Lovejoy, P. E., *Transformations in Slavery*, Cambridge: Cambridge University Press, 2000.

Lybeck, J. A., *A Global History of the Financial Crash of 2007-2010*, Cambridge: Cambridge University Press, 2011.

Lynch, K. A., *Individuals, Families, and Communities in Europe, 1200-1800*, Cambridge: Cambridge University Press, 2003.

Maddison, A., *The World Economy: A Millennial Perspective*, Paris: OECD Press, 2001.

_____, *The World Economy: Historical Statistics*, Paris: OECD Press, 2003.

_____, *Contours of the World Economy, 1-2030 AD*, Oxford: Oxford University Press, 2007.

Malanima, P., *Global Economic History Series*, Vol. V, *Pre-Modern European Economy: One Thousand Years (10th-19th Centuries)*, Boston MA, Brill Academic Publishers, 2009.

Malenbaum, W., *The World Wheat Economy, 1885-1939*, Cambridge MA: Harvard University Press, 1953.

Martin, P., M. Albello and C. Kuptsch, *Managing Labor Migration in the Twenty-First Century*, New Haven: Yale University Press, 2006.

McClellan, J. E. and H. Dorn, *Science and Technology in World History*, Baltimore: Johns Hopkins University Press, 1999.

McCormick, M., *Origins of the European Economy: Communications and Commerce A.D. 300-900*, Cambridge: Cambridge University Press, 2001.

McNeil, W. H., *A World History*, Oxford: Oxford University Press, 1999.

Meissner, C. M., 'A new world order: explaining the international diffusion of classical gold standard, 1870-1913', *Journal of International Economics*, 66(2), 2005.

Milanovic, B., *Worlds Apart: Measuring International and Global Inequality*, Princeton: Princeton University Press, 2005.

Miles, D., A. Scott and F. Breedon, *Macroeconomics: Understanding the Global Economy*, Chichester: Wiley, 2012.

Mokyr, J., *The Lever of Riches: Technological Creativity and Economic Progress*, Oxford: Oxford University Press, 1990.

Mokyr, J., ed., *The British Industrial Revolaution: An Economic Perspective*, Oxford: Westview, 1993.

_____, *The Oxford Encyclopedia of Economic History*, 5 Vols., Oxford: Oxford University Press, 2003.

National Bureau of Statistics of China, *China Statistical Yearbook 2017*, China Statistics Press, 2017.

Neal, L., *The Rise of Financial Capitalism.*, Cambridge: Cambridge University Press, 1990.

Needham, J., *Clerks and Craftsmen in China and the West*, Cambridge: Cambridge University Press, 1970.

North, D., *Institutions, Institutional Change, and Economic Performance*, Cambridge: Cambridge University Press, 1990.

Northrup, D., *Indentured Labor in the Age of Imperialism, 1834-1922*, Cambridge: Cambridge University Press, 1995.

O'Brien, P., ed., *Atlas of World History*, 2nd edn., Oxford: Oxford University Press, 2010.

Obstfeld, M. and A. M. Taylor, 'Globalization and capital market', M. D. Bordo, A. M. Taylor and J. G. Williamson, eds., *Globalization in Historical Perspective*, Chicago: University of Chicago Press, 2003.

_____, *Global Capital Markets: Integration, Crisis and Growth*, Cambridge: Cambridge University Press, 2004.

OECD, *OECD Historial Statistics, 1960-94*, Paris: OECD, 1994.

_____, *Statistical Annexes, 1960-94*, Paris: OECD, 2004-5.

O'Rourke, K. H. and R. Sinnott, 'The determinants of individual attitudes towards immigration', *European Journal of Political Economy*, 22(4), 2006.

O'Rourke, K. H. and J. G. Williamson, *Globalization and History: The Evolutions of a Nineteenth-Century Atlantic Economy*, Cambridge MA: MIT Press, 1999.

Ozden, C. and M. Schiff, *International Migration, Remittances, and the Brain Drain*, Washington DC: World Bank, 2006.

Phelps Brown, H. and S. V. Hopkins, *A Perspective of Wages and Prices*, London: Methuen, 1981.

Piketty, T., *Capital in the Twenty-First Century*, trans. by A. Goldhammer, Cambridge, MA: Belknap Press, 2014.

Pirenne, H., 'Mahomet et Charlemagne', *Revue Belge de Philologie et d'Histoire*, 1, 1922.

Polanyi, K., *The Great Transformation*, Boston: Beacon Press, 1957.

Pomeranz, K., *The Great Divergence: China, Europe, and the Making of the Modern World Economy*, Princeton: Princeton University Press, 2001.

Porter, A. N., *Atlas of British Overseas Expansion*, New York: Simon & Schuster, 1991.

Ransom, R. L., R. Sutch and B. Carter, eds., *Resaerch in Economic History*, Vol. 14, Westpoint CT: JAI Press, 1992.

Rhode, P. W. and G. Toniolo, eds., *The Global Economy in the 1990s: A Longrun Perspective*, Cambridge: Cambridge University Press, 2006.

Roberts, J. M., *The Illustrated World History*, 10 Vols., Oxford: Oxford University Press, 1998-2002.

Rockoff, H., 'The Wizard of Oz as a Monetary Allegory', *Journal of Political Economy*, 98(4), 1990.

Rodrik, D., *The Globalization Paradox*, London: Norton, 2012.

Saez, E. and G. Zucman, 'The distribution of US wealth, capital income and returns since 1913' (unpublished paper), 2014.

Sanders, T. *et al.*, *Encounters in World History: Sources and Themes from the Global Past*, 2 Vols., New York: McGraw-Hill, 2006.

Schenk, C. R., *International Economic Relations since 1945*, London: Routledge, 2011.

Serra, N. and J. E. Stiglitz, *The Washington Consensus Reconsidered: Towards a New Global Governance*, Oxford: Oxford University Press, 2008.

Smil, V., *Transforming the Twentieth Century*, Oxford: Oxford University Press, 2006.

Solow, B., eds., *Slavery and the Rise of the Atlantic System*, Cambridge: Cambridge University Press, 1991.

Spodek, H., *The World's History*, 3rd edn., Upper Saddle River NJ: Pearson Prentice Hall, 2006.

Stalin, J. V., 'On the tasks of workers in the economy', in *Works*, Vol. 13, Moscow: Foreign Language Publishing House, 1955.

Steensgaard, N., 'The growth and composition of the long-distance trade of England and the Dutch Republic before 1750', in J. Tracy, ed., *The Rise of Merchant Empires, Long-Distance Trade in the Early Modern World, 1350-1750*, Cambridge: Cambridge University Press, 1990.

Steger, M. B., *Globalization: A Very Short Introduction*, Oxford: Oxford University Press, 2003.

Strayer, R. W., *Ways of the World: A Brief Global History with Sources, Combined Volume*, New York: Bedford/St Martin's, 2010.

Strong, J., *Our Country: Its Possible Future and Its Present Crisis*, New York: American Home Missionary Society, 1885.

Subrahmanyam, S., *Portuguese Empire in Asia 1500-1700*, New York: Longman's, 1993.

Taylor, A. M., 'Globalization, trade, and development: some lessons from history', NBER Working Paper 9326, 2002.

Taylor, F., *The Principle of Scientific Management*, New York: Harper, 1914.

Thomas, H., *The Slave Trade: The Story of the Atlantic Slave Trade, 1440-1870*, New York: Simon & Schuster, 1997.

Thompson, E. P., 'Time, work-discipline and industrial capitalism', in E. P. Thompson, ed., *Customs in Common*, London: Merlin, 1991.

Thompson, E. P., ed., *Customs in Common*, London: Merlin, 1991.

Thornton, J., *Africa and Africans in the Making of the Atlantic World, 1400-1800*, 2nd ed., Cambridge: Cambridge University Press, 1998.

Tracy, J., ed., *The Rise of Merchant Empires, Long-Distance Trade in the Early Modern World, 1350-1750*, Cambridge: Cambridge University Press, 1990.

Tracy, J. D., *The Political Economy of Merchant Empire*, Cambridge: Cambridge University Press, 1991.

Trocki, C. A., *Opium, Empire and the Global Political Economy*, London: Routledge, 1999.

Turley, G. and P. J. Luke, *Transition Economics: Two Decades On*, London: Routledge, 2011.

UN, *World Population Report*, 2004 Revision, New York, 2005.

UNAIDA, *Aids Epidemic Update*, 2004 (http://www.unaids.org/).

UNDP, *Human Development Report*, 2007-9.

Ure, A., *The Philosophy of Manufactures*, London: Chas. Knight, 1835.

Weir, D. R., 'A century of U. S. unemployment', in R. L. Ransom, R. Sutch and B. Carter, eds., *Research in Economic History*, Vol. 14, Westpoint CT: JAI Press, 1992.

Williams, J., *Money: A History*, London: Palgrave, 1998.

Wong, R. B., *China Transformed: Historical Change and the Limits of European Experience*, London: Cornell University Press, 1997.

World Bank, World Development Indicators, 각 연도.

Woods, R. I., *The Demography of Victorian England and Wales, 1811-1911*, Cambridge: Cambridge University Press, 2000.

Wright, G., *Slavery and American Economic Development*, Baton Rouge: Louisiana State University Press, 2006.

Wrigley, E. A., *Continuity, Chance and Change*,

Cambridge: Cambridge University Press, 1988.

_____, 'British population during the "long" eighteenth century', in R. Floud and P. Thompson, eds., *The Cambridge Economic History of Modern Britain*, 2 Vols., Cambridge: Cambridge University Press, 2004.

WTO, *World Trade Report*, 2004 (http://www. wto.org).

_____, *International Trade Statistics*, 2009 (http://www. wto.org).

Xu, D. and C. Wu, *Chinese Capitalism*, 1522-1840, Basingstoke: Macmillan, 1999.

찾아보기

ㅌ

ㅍ